明文堂編輯部 校閱

備旨具解

原本周易

〔乾〕

明文堂

備旨具解 周易目錄 乾

備旨具解原本周易凡例

一、周易上下經二篇 孔子十翼十篇、各自爲卷、漢書藝文志云易經十二篇顏師古曰上下經及十翼故十二篇初無傳字 漢費
直、初以彖象、釋經、附於其後、今乾卦起大哉乾元至用九天德不可爲首也加一傳字附於卦後坤以下倣此係費直舊本 鄭玄、王弼、宗
之、又分附卦爻之下、增入乾坤文言、始加彖曰象曰文言曰、以別於經、今乾卦文言曰以後
至坤以下諸卦係鄭王所定本 而繫辭以後、自如其舊、歷代、因之、是爲今易、程子所爲作傳者、
是也、自嵩山晁說之、始考訂古經、釐爲八卷、卦爻一彖二象三文言四繫辭五說卦六序卦七雜卦八朱子謂未能盡合古文者此也
東萊呂祖謙、乃定爲經二卷傳十卷、是爲古易、朱子本義、從之、上經一下經二彖上傳一彖下
傳二象上傳三象下傳四繫辭上傳五繫辭下傳六文言傳七說卦傳八序卦傳九雜卦傳十朱子所序古周易即此也按藍田呂大防已嘗訂定與呂本同但自一至十二之序小異呂蓋偶未及見之爾 然、程
傳本義、既已並行而諸家定本、又各不同、天台董氏集程朱說據王弼本分爲高下字行以別四聖二賢之易而不能盡行於繫辭諸篇今所
刊本已變其例建安張氏又據董本獨刊本義鄱陽董氏傳義會通既不盡從今易又別爲經傳新例大略如費本只移大象寘於彖傳之前雲峯胡氏本義通既輒變古易且於今易又不免離析先後 故、今
定從程傳元本而本義、仍以類從、凡經文、皆平行書之、傳義則低一字書、以
別之、其繫辭以下、程傳、既闕則壹從本義所定章次、總釐爲二十四卷云、

一、程傳、據王弼本、只有六十四卦、繫辭以後、無傳、王弼只註六十四卦繫辭說卦序卦雜卦門人韓伯註 今法天
台董氏例、以東萊呂氏所集經說、補之、自上繫第一章至十章皆係全文十一章以後今參用呂氏精義二董附錄掇其要語附之以備一

(家之言)仍只稱程子曰、分註書之、別於傳也、

一、程傳本義刊本、間有脫誤字句、今合諸本、讎校歸正、其傳、有兩存同異者則係東萊呂氏舊例云、

一、二程文集遺書外書、與朱子文集語類、有及於易者、今合天台董氏鄱陽董氏附錄二本、參互考訂、取其與傳義相合而有發明者、各分註其次、(朱子嘗折衷程傳得失者則附傳下)仍以程子朱子曰、別之、其程子二序上下篇義、朱子圖說五贊筮儀、并二家說經綱領則參取二董附錄、及啓蒙諸書、別爲義例、列於篇端、自爲一卷云、

一、諸家之說、壹宗程傳本義折衷、並取其辭論之精醇、理象之明當者、分註二氏之後、以羽翼之而其同異得失、先儒雙湖胡氏、雲峯胡氏、嘗論訂者、亦詳擇而附著焉、

一、經中文字、有當音者、今從天台董氏例、參考呂氏音訓、直附其下、間有傳義音讀異者則明識別之、

一、經文圈點句絕、傳義、間有不同處、今壹以本義、爲正、

備旨具解原本周易卷首

引用先儒姓氏

漢

孔氏 安國 子國

揚氏 雄 子雲 成都

劉氏 歆 子駿

鄭氏 玄 康成 高密

魏

董氏 遇 季直 華陰

王氏 弼 輔嗣 山陽

吳

虞氏 翻 仲翔 餘姚

晉

韓氏 伯 康伯 長社

齊

劉氏 瓛 子珪 沛郡

北魏

關氏 朗子明 晉陽

唐

孔氏 穎達仲達 冀州

宋

陳氏 摶圖南 希夷

陸氏 秉端夫

胡氏 瑗翼之 安定

歐陽氏 脩永叔 廬陵

劉氏 彝執中 長樂

于氏 弇

張子 載子厚 橫渠

王氏 逢會之 廣陵

程子 顥伯淳 明道

胡氏 旦周父 渤海

孫氏 復明復 泰山

石氏 介守道 徂徠

錢氏 藻醇老 姑蘇

陳氏 皐希古

邵子 雍堯夫 康節

王氏 安石介甫 臨川

司馬氏 光君實 涑水

程子 頤正叔 伊川

蘇氏 軾子瞻 東坡
晁氏 說之以道 嵩山
房氏 審權
謝氏 良佐顯道 上蔡
楊氏 時中立 龜山
張氏 繹思叔 壽安
張氏 汝弼舜元 莆田
耿氏 南仲希道 開封
李氏 春年仲永
李氏 開去非 小舟
朱氏 震子發 漢上
王氏 大寶元鑑 海陽
都氏 潔聖與 丹陽

呂氏 大臨與叔 藍田
龔氏 原深父 括蒼
張氏 汝明祖舜 廬陵
游氏 酢定夫 廣平
尹氏 焞彥明 和靖
郭氏 忠孝立之 兼山
淩氏 唐佐公弼 新安
李氏 元量
閻氏 彥升
李氏 光泰發 上虞
劉氏 翔圖南 浦城
郭氏 雍子和 白雲
鄭氏 剛中漢章 北山

程氏 迥可久 沙隨
鄭氏 厚景章 莆田
洪氏 邁景盧 容齋
鄭氏 汝諧舜擧 東谷
蘭氏 廷瑞惠卿 漁樵
王氏 宗傳景孟 童溪
袁氏 樞機仲 梅巖
張氏 栻敬夫 南軒
王氏 炎晦叔 雙溪
李氏 舜臣子思 隆山
劉氏 爚晦伯 雲莊
陳氏 淳安卿 北溪
潘氏 柄謙之 瓜山

鄭氏 東卿少梅 合沙
閭邱氏 昕逢辰 麗水
劉氏 槩仲平 東明
楊氏 萬里廷秀 誠齋
馮氏 當可時行 縉雲
林氏 栗黃中 福清
朱子 熹元晦 考亭
呂氏 祖謙伯恭 東萊
項氏 安世平父 平庵
蔡氏 元定季通 西山
易氏 祓彥章 山齋
黃氏 榦直卿 勉齋
董氏 銖叔重 盤澗

陳氏 埴 器之 潛室
蔡氏 沈 仲默 九峰
馮氏 椅 儀之 厚齋
柴氏 中行 與之 恕齋
眞氏 德秀 景元 西山
潘氏 夢旂 天錫
錢氏 時 子是 融堂
馮氏 去非 可遷
沈氏 貴珤 誠叔 毅齋
趙氏 汝楳
董氏 楷 正叔 天台
楊氏 文煥 彬夫
翁氏 泳 永叔 思齋

蔡氏 淵 伯靜 節齋
李氏 過 季辨 西溪
毛氏 璞 伯玉 瀘川
張氏 洽 元德 清江
魏氏 了翁 華父 鶴山
劉氏 彌劭 壽翁 習靜
饒氏 魯 仲元 雙峰
蔡氏 模 仲覺 覺軒
趙氏 汝騰 茂實 庸齋
方氏 逢辰 君錫 蛟峰
黃氏 以翼 宗台 永春
徐氏 幾 子與 進齋
邱氏 富國 行可 建安

吳氏 綺 忠畝 三山
陳氏 友文 隆山
汪氏 深 所性
熊氏 禾 去非 勿軒
吳氏 應回
鄭氏 正夫
范氏 念德 伯崇
冷氏 以上六人 世次未詳

金

單氏 渢

元

許氏 衡 仲平 魯齋
吳氏 澄 幼清 臨川

徐氏 直方 立大 古爲
胡氏 次焱 濟鼎 婺源
謝氏 枋得 君直 疊山
史氏 詠 自亭 水東
路氏 純中
王氏 湘卿
姚氏 小彭
雷氏 思 西仲 渾源
胡氏 方平 師魯 玉齋
程氏 文海 鉅夫

胡氏 允 潛齋
程氏 龍 舜俞 荀軒
胡氏 炳文 仲虎 雲峯
張氏 清子 希獻 中溪
王氏 希朝 愈明 葵初
龍氏 仁夫 觀復 廬陵

齊氏 夢龍 覺翁 節初
胡氏 一桂 庭芳 雙湖
程氏 直方 道大 新安
徐氏 之祥 麒父 方塘
余氏 芑舒 德新 息齋
董氏 眞卿 季眞 鄱陽

奉　勅編輯諸臣職名

翰林院學士兼左春坊大學士奉政大夫臣胡廣

奉政大夫右春坊右庶子兼翰林院侍講臣楊榮

奉直大夫右春坊右諭德兼翰林院侍講臣金幼孜

翰林院修撰承務郎臣蕭時中

翰林院修撰承務郎臣陳循

翰林院編修文林郎臣周述

翰林院編修文林郎臣陳全

翰林院編修文林郎臣林誌

翰林院編修承事郎臣李貞

翰林院編修承事郎臣陳景著

翰林院檢討從仕郎臣余學夔

翰林院檢討從仕郎臣劉永清

翰林院檢討從仕郎臣黃壽生

翰林院檢討從仕郎臣陳用

翰林院檢討從仕郎臣陳璲

翰林院五經博士迪功郎臣王進

翰林院典籍修職佐郎臣黃約仲
翰林院庶吉士臣涂順
奉議大夫禮部郎中臣王羽
奉議大夫兵部郎中臣童謨
奉訓大夫禮部員外郎臣吳福
奉直大夫北京刑部員外郎臣吳嘉靜
承直郎刑部主事臣黃裳
承德郎刑部主事臣段民
承直郎刑部主事臣洪順
承直郎刑部主事臣沈升
承德郎刑部主事臣章敞
承德郎刑部主事臣楊勉
承德郎刑部主事臣周忱
承德郎刑部主事臣吳紳
文林郎廣東道監察御史臣陳道潛
承事郎大理寺評事臣王選
文林郎太常寺博士臣黃福

修職郎太醫院御醫臣趙友同
迪功郎北京國子監博士臣王復原
泉州府儒學教授臣曾振
常州府儒學教授臣廖思敬
蘄州府儒學學正臣傅舟
濟陽縣儒學教諭臣杜觀
善化縣儒學教諭臣顏敬守
常州府儒學訓導臣彭子斐
鎮江府儒學訓導臣留季安

易傳序

易、變易也、隨時變易、以從道也、郭忠孝議易傳序曰易則道也又何從道或以爲問程子曰人隨時變易爲何爲從道也○楊迪問有道又有易何如曰此語全未是更將傳序詳思當自通矣變易而後合道易字與道字不相似也○朱子曰隨時變易以從道主卦爻而言然天理人事皆在其中今以乾卦潛見飛躍觀之其流行而至此者易也其定理之當然者道也故明道亦曰其體則謂之易其理則謂之道而伊川又謂變易而後合道易字與道字不相似也又云人隨時變易爲何爲從道也此皆可以見其意矣易中无一卦一爻不具此理所以沿流而可以求其源也○易變易也隨時變易以從道正謂伊川這般說話難曉著他把這書硬定做人事之書他說聖人做這書只爲世間人事本有許多變樣所以做這書出來○范氏念德曰易也時也道也皆一也自其流行不息而言之則謂之易自其推遷无常而言之則謂之時而其所以然之理則謂之道○臨川吳氏曰凡陰陽變易道理便在其中元不相離直以道字解易字則不可而易之所以爲易者道也又曰時之爲時莫備於易程子謂之隨時變易以從道夫子傳六十四彖獨於十二卦發其凡而贊其時與時義時用之大一卦一時則六十四時不同也一爻一時則三百八十四時不同也始於乾之乾終於未濟之未濟則四千九十六時各有所値引而伸觸類而長時之百千萬變無窮而吾之所以時其時者則一而已

其爲書也、廣大悉備、將以順性命之理、通幽明之故、盡事物之情而示開物成務之道也、聖人之憂患後世、可謂至矣、去古、雖遠、遺經、尙存、然而前儒、失意以傳言、後學、誦言而忘味、自秦而下、盖无傳矣、予生千一有餘字載之後、悼斯文之湮晦、將俾後人、沿流而求源、此、傳所以作也、程子曰自孔子贊易之後更無人會讀易先儒不見於書者有則不可知見於書者皆未盡如王輔嗣韓康伯只以老莊解之是何道理某於易傳殺曾下工夫如學者見問儘有可商量書則未欲出之也○某於易傳已自成書但逐旋修補期以七十其書可出韓退之稱聰明不及於前時道德日負於初心然某於易傳後來所改者無幾不知如何故更期以十年之功看如何○張閎中問易傳不傳曰易傳未傳自量精力未衰尙覬有小進爾然亦不必直待身後覺老耄則傳矣書雖未出學未嘗不傳也第患無受之者爾○和靖尹氏曰伊川先生踐履盡易其作傳只是因而寫成熟讀玩味即可見矣○壽安張氏曰伊川易傳成書己久學者莫得傳授其後寢疾始以授尹焞○上蔡謝氏

曰伊川以易傳示門人曰只說得七分後人更須自體究易有聖人之道、四焉、以言者、尙其辭、以動者、尙其變、以制器者
尙其象、以卜筮者、尙其占、吉凶消長之理、進退存亡之道、備於辭、推辭考卦、可以
知變、象與占、在其中矣、君子、居則觀其象而玩其辭、動則觀其變而玩其占、得於辭、
不達其意者、有矣、未有不得於辭而能通其意者也、至微者、理也、至著者、象也、體用
一源、顯微、无間、觀會通、以行其典禮、則辭无所不備、尹焞問至微者理也至著者象也體用一源顯微无間莫太露天機否程子曰如此
分明說破猶自人不解悟○朱子曰至微者理也至著者象也體用一源顯微无間蓋自理而言則即體而用在中所謂
一源也自象而言則即顯而微不能外所謂无間也又曰體用一源者以至微之理言之則冲漠无眹而萬象昭然已具
也顯微无間者以至著之象言之則即事即物而此理无乎不在也言理則先體而後用蓋擧體而用之理已具是所以
爲一源也言事則先顯而後微蓋即事而理之體可見是所以爲无間也○至微者理也至著者象也體用一源顯微无
間觀會通以行其典禮則辭无所不備此是一箇理一箇象一箇辭然欲理會理與象又須就辭上理會辭上所載皆
觀會通以行其典禮之事凡於事物須就其聚處理會尋得一箇通路行去若不尋得一箇通路只驀地行去則必有礙
典禮只是常事會是事之合聚交加難分別處如庖丁解牛雖是奏刀騞然莫不中節若至那難處便著些氣力方得通
○汪端明說沈元用嘗問尹和靖易傳何處是切要處尹云體用一源顯微无間此是最切要處嘗擧似李先生先生曰
尹說固好然須看得六十四卦三百八十四爻都有下落處方始說得此話若學者未曾子細理會便與他如此說豈不
誤人○臨川吳氏曰至微之理者體也然體之至微而用之至著者已同時而有非是先有體而後有用也故曰一源至
顯之象而與至微之理相合爲一更
无間別非是顯生於微也故曰无間故、善學者、求言、必自近●易於近者、非知言者也、朱子曰求言必自近
易於近者非知言者也此伊川喫力爲人處予所傳者、辭也、由辭以得其意、則在乎人焉、有宋元符二年己卯正
月庚申、河南程頤正叔、序、和靖尹氏曰先生平生用意惟在易傳求先生之學者觀此足矣語錄之類出於學者所記所見有淺深故所記有工拙蓋未能无失也嘗謂祁寬曰汝與其讀他

書不若專讀易與其看伊川雜說不若專看伊川易傳易之爲書經四聖人乃成皆聖人粹言垂訓後世者也伊川作易傳意欲傳後者皆極至之言又曰某日讀伊川易傳一卦近來甚覺有與心相契融會處又曰學者須要自得至如伊川易傳吾儕讀時言下會解與伊川何異只是不似伊川自得者也自得者更不待思只憑胸中流出○朱子曰伊川先生晩年所見甚實更无一句懸空說底語今觀易傳可見何嘗有一句不著實○伊川晩年文字如易傳直是盛得水住○易傳不看本文亦自成一書○詩書略看訓詁解釋文義令通而已却只玩味本文其道理只在本文下面小字儘說如何會過得他若易傳却可脫去本文程子此書平淡地慢慢委曲說得更无餘蘊不如是那敲磕逼匝出底義理平鋪地放在面前只如此等行文亦自難學如其他峭拔雄健之文却可做若易傳淡底文字如何可及○易傳明白无難看處但此是先生以天下許多道理散入六十四卦三百八十四爻之中將作易看即无意味須將來作事看即句句字字有用處耳○問程傳大槪將三百八十四爻做人說恐通未盡否曰是也即是不可裝定做人說看占得如何有就事言者有以位言者以吉凶言之則爲事以終始言之則爲時以高下言之則爲位隨所作而看皆通繫辭云不可爲典要唯變所適豈可裝定做人說○易傳難看其用意精密道理平正更无抑揚若能看得有味則其人亦大段知義理矣蓋易中說理是預先說下箇未曾有底事故乍看甚難○問看易傳曰此書難看須經歷世故多識盡人情物理方看得入蓋此書平淡所說之事皆是見今所未嘗有者如言事君處及處事變患難處今皆未嘗當著可知讀時无味蓋他說得闊遠未有底事預包載在此學者須讀詩書他經自有箇見處及曾經歷過前件此等事方可以讀之得其无味之味蓋其間義理闊多伊川所自發與經文又似隔一重皮膜所以看者先箇貫穿處○易傳須先讀他書理會得義理了方有入路見其精密處蓋其所言義理極妙初學者未曾使著不識其味都无啓發處如遺書之類人看著即有啓發處非是易傳不好是不合使未當看者看須是已知義理者得此便可磨礱入細此書於學者非是啓發工夫乃磨礱工夫○呂伯恭謂易傳理到語精平易的當立言无毫髮遺恨此乃名言○伯恭多勸人看易傳一禁禁定更不得疑著局定學者只得守定此箇義理固是好但緣此使學者不自長意智何緣會有聰明○伊川言理甚備象數却欠在○易傳義理精字數足无一毫欠闕只是於本義不相合易本是卜筮之書程先生只說從一理又曰某本義只是卜筮大綱若義理充實遍滿離不得程夫子書也○書易傳後曰易之爲書更三聖人而制作不同若包犧氏之象文王之辭皆依卜筮以爲敎而其法則異至於孔子之贊則又一以義理爲敎而不專於卜筮也是豈其故相反哉俗之淳漓旣異故其所以爲敎爲法不得不異而道則未嘗不同也然自秦漢以來考象辭者泥於術數而不得其弘通簡易之法論義理者淪於空寂而不適乎仁義中正之歸求其因時立敎以承三聖不同於法而同於道者則惟伊川先生程氏之書而已後之君子誠能日取

其一卦若一爻者熟復而深玩之如已有疑將決於筮而得之者虛心端意推之於事而反之於身以求其所以處此之實則於吉凶消長之理進退存亡之道將无所求而不得邇之事父遠之事君亦无處而不當矣○東萊呂氏曰伊川先生遺言見於世者獨易傳爲成書傳摹浸舛失其本眞學者病之某舊所藏本出尹和靖先生家標注皆和靖親筆近復得新安朱元晦所訂讎校精甚遂合尹氏朱氏書與一二同志參合其同異兩存之以待知者○臨川吳氏曰上古聖人作卦象以先天而具體備於八八作蓍數以前民而其用衍於七七八八之象本於一而一无體七七之數始於一而一不用合卦與蓍是之謂易中古聖人體卦用蓍繫之彖繫之爻其辭雖爲占設然擬議所言理无不貫推而行之占云乎哉秦漢而下泥術數者陋溺辭義者泛而易道晦矣至邵子極深卦象蓍數之原而易之道大明夫子以來一人而已而於文王周公之辭有未暇及也若程子之傳則因文王周公之辭以發其眞知實踐之理推之爲修齊治平之用宜與二古聖人之易而爲四非可以傳註論也

易序

易之爲書、卦爻彖象之義、備而天地萬物之情、見、聖人之憂天下來世、其至矣、先天下而開其物、後天下而成其務、是故、極其數、以定天下之象、著其象、以定天下之吉凶 六十四卦三百八十四爻、皆所以順性命之理、盡變化之道也、散之在理則有萬殊、統之在道則无二致、所以易有太極、是生兩儀、太極者、道也、兩儀者、陰陽也、陰陽、一道也、太極、无極也、萬物之生、負陰而抱陽、莫不有太極、莫不有兩儀、絪縕交感、變化不窮、形一受其生、神一發其智、情僞、出焉、萬緖、起焉、易、所以定吉凶而生大業、故、易者、陰陽之道也、卦者、陰陽之物也、爻者、陰陽之動也、卦雖不同、所同者、奇偶、爻雖不同、所同者、九六、是以、六十四卦、爲其體、三百八十四爻、互爲其用、遠在六合之外、近在一身之中、暫於瞬息、微於動靜、莫不有卦之象焉、莫不有爻之義焉、至哉、易乎、其道、至大而无不包、其用、至神而无不存、時固未始有一而卦、未始有定象、事固未始有窮而爻亦未始有定位、以一時而索卦則拘於无變、非易也、以一事而明爻則窒而不通、非易也、知所謂卦爻彖象之義而不知有卦爻彖象之用、亦非易也、故、得之於精神之運心術之動、與天地合其德、與日月合其明、與四時合其序、與鬼神合其吉凶然後、可以謂之知易也、雖然、易之有卦、易之已形者也、卦之有爻、卦之已見者也、已形已見者、可以言知、未形未見者、不可以名求則所謂易者、果何如哉、此、學者、所當知也、

上下篇義

乾坤、天地之道、陰陽之本、故、爲上篇之首、坎離、陰陽之成質、故、爲上篇之終、咸恒夫婦之道、生育之本、故、爲下篇之首、未濟、坎離之合、旣濟、坎離之交、合而交則生物、陰陽之成功也、故、爲下篇之終、二篇之卦、旣分而後、推其義、以爲之次、序卦、是也、卦之分則以陰陽、陽盛者、居上、陰盛者、居下、所謂盛者、或以卦或以爻、卦與爻、取義、有不同、如剝、以卦言則陰長陽剝也、以爻言則陽極於上、又一陽、爲衆陰主也如大壯、以卦言則陽長而壯、以爻言則陰盛於上、用各於其所、不相害也、乾、父也、莫亢焉、坤、母也、非乾、旡與爲(一无爲字)敵也、故、卦有乾者、居上篇、有坤者、居下篇而復陽生、臨、陽長、觀、陽盛、剝陽極則雖有坤而居上、姤、陰生、遯、陰長、大壯、陰盛夬陰極則雖有乾而居下、其餘有乾者、皆在上篇、泰否需訟小畜履同人大有旡妄大畜也、有坤而在上篇、皆一陽之卦也、卦、五陰而一陽則一陽爲之主、故、一陽之卦、皆在上篇、師謙豫比復剝也、其餘有坤者、皆在下篇、晉明夷萃升也、卦、一陰五陽者、皆有乾也、又陽衆而盛也、雖衆陽、說於一陰、說之而已、非知一陽、爲衆陰主也、王弼、云一陰、爲之主、非也、故、一陰之卦、皆在上篇、小畜履同人大有也、卦、二陽者、有坤則居下篇、小過、雖無坤、陰過之卦也、亦在下篇、其餘二陽之卦、皆一陽、生於下而達於上、又二體、皆陽、陽之盛也、皆在上篇、屯蒙頤習坎也、陽生於下、謂震坎在下、震生於下也、坎、始於中也、達於上、謂一陽、至(一作在)上、或得正位也、生於下而上(一作陽)達、陽暢

之盛也、陽生於下而不達於上、又陰衆而陽寡、復失正位、陽之弱也、震也解也、上有
陽而下无陽、无本也、艮也蹇也、震坎艮、以卦言則陽也、以爻言則皆始變、微也而震
之上艮之下、无陽、坎則陽陷、皆非盛也、惟習坎則陽上達矣、故、爲盛、卦、二陰者、
有乾則陽盛、可知、需訟大畜无妄也、无乾而爲盛者、大過也離也、大過、陽、(一有過字)盛於
中、上下之陰、弱矣、陽居上下則綱紀於陰、頤、是也、陰、居上下、不能主制於陽而反
弱也、必上下、各二陰、中唯兩陽然後、爲勝、小過、是也、大過小過之名、可見也、離則
二體上下、皆陽、陰實麗焉、陽之盛也、其餘二陰之卦、二體、俱陰、陰盛也、皆在下篇、
家人睽革鼎巽兌中孚也、卦、三陰三陽者、敵也則以義爲勝、陰陽尊卑之義、男女長
少之序、天地之大經也、陽少於陰而居上則爲勝、蠱、少陽、居長陰上、賁、少男、在中
女上、皆陽盛也、坎、雖陽卦而陽爲陰所陷溺也、又與陰卦重、陰盛也、故、陰陽、敵而
有坎者、皆在下篇、困井渙節旣濟未濟也、或曰一體、有坎、尙爲陽陷、二體皆坎、反爲
陽盛、何也、曰一體、有坎、陽爲陰所陷、又重於陰也、二體、皆坎、陽生於下而達於上、
又二體、皆陽、可謂盛矣、男在女上、乃理之常、未爲盛也、若失正位而陰反居尊則弱
也、故、恒損歸妹豐、皆在下篇、女在男上、陰之勝也、凡女、居上者、皆在下篇、咸益漸
旅困渙未濟也、唯隨與噬嗑則男下、女、非女勝男也、故、隨之彖、曰剛來而下柔、噬嗑
彖、曰柔得中而上行、長陽、非少陰、可敵、以長明、下中少女、故、爲下之、若長少、敵
勢力侔則陰在上、爲陵陽在下、爲弱、咸益之類、是也、咸亦有下女之象、非以長下少

也、乃二少、相感(一作感說)以相與、所以致陵也、故、有利貞之戒、困、雖女少於男、乃陽陷而爲陰、揜、无相下之義也、小過、二陽、居四陰之中則爲陰盛、中孚、二陰、居四陽之中而不爲陽盛、何也、曰陽體、實、中孚、中虛也、然則頤中四陰、不爲虛乎、曰頤、二體、皆陽卦而本末、皆陽、盛之至也、中孚、二體、皆陰卦、上下各二陽、不成本末之象、以其中虛、故、爲中孚、陰盛、可知矣、鄱陽董氏曰按易序及上下篇義或以不載伊川文集爲疑然世俗相傳已久玩其辭義非程夫子亦不能及此也讀者詳焉○建安丘氏曰說卦曰天地定位山澤通氣雷風相薄水火不相射此八卦者上下經成始成終之義也上經首以乾坤者天地定位之象下經首咸而次恒者咸者上澤通氣之象恒者雷風相薄之象上經終以坎離下經終以旣濟未濟又水火不相射之象也然水火天地之大用也是以艮兌震巽之卦各一而坎離衆也又曰乾坤者父母之道坎離者男女之道有父母而後有男女此上經始終之義也咸者少男少女之合恒者長男長女之合旣濟未濟中男中女之合男女一配則成夫婦此下經始終之義也○雙湖胡氏曰嘗觀六十四卦反對之序上經自乾至離共用十八卦反對爲三十卦下經自咸至未濟亦用十八卦反對爲三十四卦有十八變而成卦之象乾數九二九爲十八坤數六三六亦十八乾奇其畫六坤偶二六十二合之則爲三六亦十八然上下經豈无以爲之主者乎蓋嘗思之天地爲萬物之祖乾坤爲六十四卦之祖不易之論也然以六十四卦分上下經則乾坤爲上經之首即爲上經之主而終之坎離餘震艮巽兌與坎離之餘卦皆其過也故八卦各體散見於上經者乾坤最多各十有二而震艮各七巽兌各四坎八離六而已以咸恒爲下經之首即爲下經之主艮兌巽震是也而終之以旣未濟亦坎離也餘乾坤坎離皆其過也故八卦各體散見於下經者兌巽最多各有十二震艮各九而乾坤各四坎八離十而已此上經自坎離外无一卦无乾坤下經自旣未濟外亦无一卦无艮兌巽震上經自乾坤之後三陰三陽之卦凡六乃乾坤之三變否泰乾坤之三陰三陽交不交也隨蠱乾坤之三陰三陽雜居也噬嗑賁乾坤之三陰三陽分布也餘則乾坤兩體各司諸卦下經自咸恒而後艮兌巽震相重之卦亦凡六乃咸恒之三變損益咸恒之首變咸變盡爲損而艮上兌下恒變盡爲益而巽上震下猶上經之有泰否也漸歸妹咸恒之再變咸恒之下二體艮巽合而爲漸咸恒之上二體兌震合而爲歸妹猶上經之有隨蠱也中孚小過咸恒之三變咸恒上下二體交互相重以咸下體艮遇恒上體震則爲小過以咸上體兌遇恒下體巽則爲中孚亦猶上經之有噬嗑賁也餘則艮兌巽震各司諸卦焉然乾坤三變必一吉而一凶泰隨賁吉而否蠱噬嗑凶矣咸恒三變亦必一吉而一凶益漸中孚吉而損歸妹小過凶矣或曰乾坤艮兌巽震分主上下經固也而上經屯蒙隨蠱噬嗑賁頤大過八卦乃艮兌巽震之合无乾坤正體下經遯壯晋明夷夬姤萃升八卦乃有乾坤非盡艮兌巽震之合體文王序卦何不徑以十六卦兩相慱易則非特上經自坎離外无一卦无乾坤正體而下經自旣未濟外艮兌巽震兩兩相從正體之外尤无間斷今下經晋明夷无艮兌巽震之正體只有互體之艮震不亦可乎曰聖人之智豈不及此而必爲是者其意誠不欲使上下經截然爲乾坤截然爲艮兌巽震於以見男女有從父母之象父母有臨男女之象而又不害其爲上下經雖不盡有主卦之正體而亦未嘗无可取之乾坤艮兌巽震也上經屯蒙有互體坤隨蠱噬嗑賁頤大過實分具乾坤三陰三陽之體下經晋明夷有艮震互體此猶分陰分陽陰陽又互爲根正易之妙處衆人固不識也以此求之庶乎可以竊窺文王之心而其間關脉理之通默而識之又存乎其人焉

易本義圖

河圖之圖

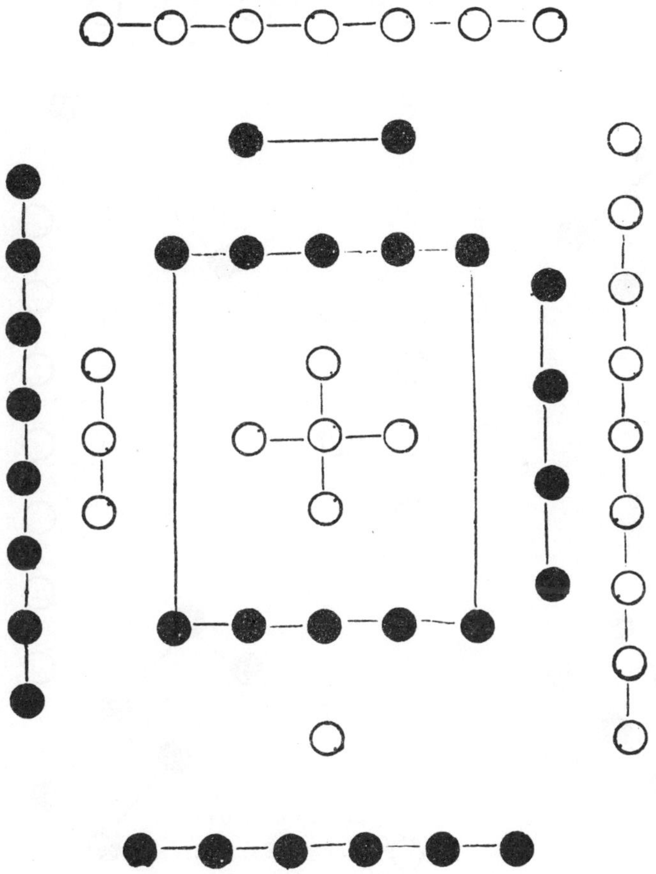

洛書之圖

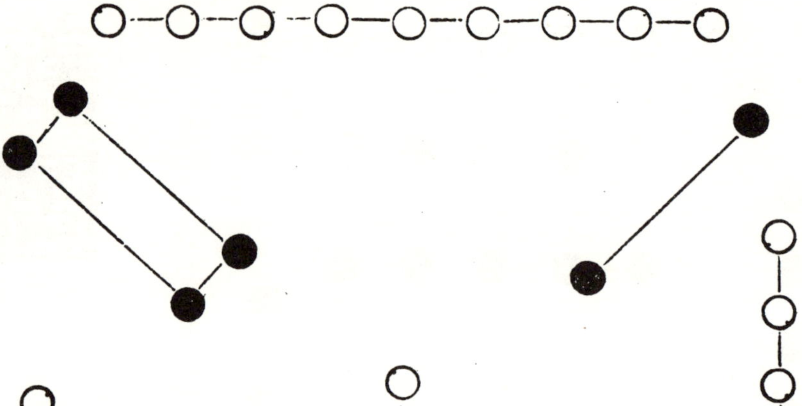

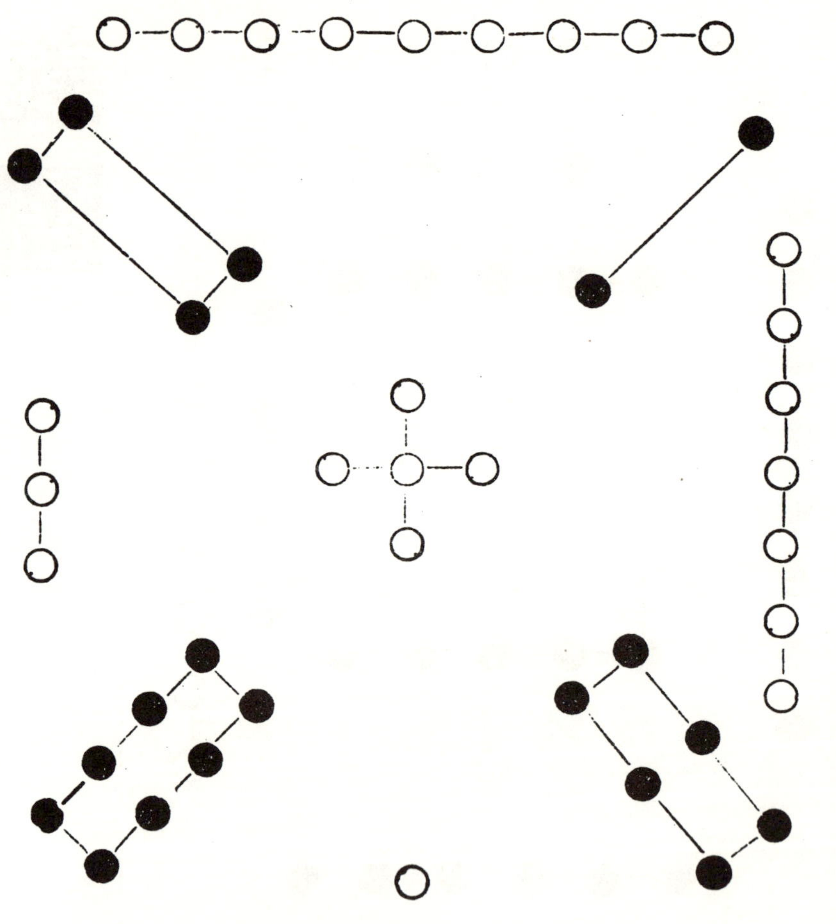

右、繫辭傳、曰河出圖、洛出書、聖人、則之、又曰天一地二天三地四天五地六天七地八天九地十、天數、五、地數、五、五位相得、而各有合、天數、二十有五、地數、三十、凡天地之數、五十有五、此、所以成變化、而行鬼神也、此、河圖之數也、洛書、蓋取龜象、故、其數、戴九履一、左三右七、二四、爲肩、六八、爲足、蔡元定曰圖書之象自漢孔安國劉歆魏關朗子明有宋康節先生邵雍堯夫皆謂如此至劉牧始兩易其名而諸家因之故今復之悉從其舊

【附錄】孔氏安國、曰河圖者、伏羲氏、王天下、龍馬、出河、遂則其文、以畫八卦、洛書者、禹、治水時、神龜負文而列於背、有數至九、禹、遂因而第之、以成九類、玉齋胡氏曰龍馬周禮夏官馬八尺以上爲龍言馬之特異如龍漢武帝元狩三年得神馬於渥洼水中亦此之類神龜大戴禮曰甲蟲三百六十而神龜爲之長○臨川吳氏曰河圖自一至十五十五點之在馬背者其旋毛之圈有如星象故謂之圖非五十五數之外別有所謂圖也○劉氏歆、曰伏羲氏繼、天而王、受河圖而畫之、八卦、是也、禹治洪水、賜洛書、法而陳之、九疇、是也、河圖洛書、相爲經緯、八卦九章相、爲表裏、潛室陳氏曰經緯之說非是以上下爲經左右爲緯大抵經言其正緯言其變而二圖互爲正變主河圖而言則河圖爲正洛書爲變主洛書而言則洛書爲正而河圖又爲變要之天地間不過一陰一陽以兩其五行而太極常居其中二圖雖縱橫變動要只是參伍錯見此所以謂之相爲經緯也表裏之說亦然蓋河圖不但可以畫卦亦可以明疇洛書不特可以明疇亦可以畫卦但當時聖人各因一事以垂後世伏羲但據河圖而畫卦大禹但據洛書而明疇要之伏羲之畫卦其表爲八卦而其裏固可以爲疇大禹之叙疇其表爲九疇而其裏固可以爲卦此所以謂之相爲表裏也○關氏朗、曰河圖之文、七前六後八左九右、洛書之文、九前一後三左七右四前左二前右八後左六後右、○邵子、曰圓者、星也、曆紀之數、其肇於此乎、朱子曰曆法合二始以定剛柔二中以定律曆二終以紀閏餘是所謂曆紀也問二始二中二終之說曰此本唐志一行之說二始者一二也一奇故爲剛二偶故爲柔二中

者五六也五者十日六者十二辰也二終者十與九也閏餘之法以十九歲爲一章故其言如此然一章之數似亦附會當時姑借其說以明十數之爲河圖爾

方者、土也、畫州井地之法、其放於此乎、

朱子曰州有九井九百畝是所謂畫州井地也○玉齋胡氏曰禹別九州冀北揚南靑東梁西兗東北雍西北徐東南荊西南豫中也孟子井九百畝其中爲公田八家各私百畝同養公田

蓋圓者、河圖之數、方者、洛書之文、故、羲文、因之而造易、禹箕、叙之而作範也、

朱子曰圓者星也圓者河圖之數言无那四角底其形便圓又曰河圖既无四隅則比之洛書固亦爲圓○九峯蔡氏曰河圖體圓而用方聖人以之而畫卦洛書體方而用圓聖人以之而叙疇卦者陰陽之象也疇者五行之數也象非偶不立數非奇不行奇偶之分象數之始也陰陽五行固非二體八卦九疇亦非二致理一分殊非深於造化者安能識之又曰河圖非无奇也而用則存乎偶洛書非无偶也而用則存乎奇偶者陰陽之對待乎奇者五行之迭運乎對待者不能孤迭運者不可窮天地之形四時之行人物之生萬化之凝其妙矣乎

○朱子、曰天地之間、一氣而已、分而爲二則爲陰陽而五行造化萬物始終、无不管於是焉、故、河圖之位、一與六、共宗而居乎北、二與七、爲朋而居乎南、三與八、同道而居乎東、四與九、爲友而居乎西、五與十、相守而居乎中、蓋其所以爲數者、不過一陰一陽一奇一偶、以兩其五行而已、

朱子曰一與六共宗二與七爲朋者蓋是那一在五下便有那六底數二在五邊便有那七底數三四皆然○天地生數到五便住那一二三四遇著那五便成六七八九五却自對五成十○問河圖自五之外便成六七八九十曰皆從五過則一對五而成六二對五而成七三對五而成八四對五而成九到末梢五又撞著箇五便成十

所謂天者、陽之輕淸而位乎上者也、所謂地者、陰之重濁而位乎下者也、陽數、奇、故、一三五七九、皆屬乎天、所謂天數五也、陰數、偶、故、二四六八十、皆屬乎地、所謂地數五也、天數地數、各以類而相求、所謂五位之相得者、然也、天、以一生水而地、以六成之、地、以二生火而天、以七成之、天、以三生木而地、以八成之、地、以四生金而天、以九成之、天、以五生土而地、以十成之、此、又其所謂

各有合焉者也、積五奇而爲二十五、積五偶而爲三十、合是二者而爲五十有五、此河圖之全數、皆夫子之意而諸儒之說也、

朱子曰相得如兄弟有合如夫婦蓋以相得則取其奇偶之相爲次第辨其類而不容紊也有合則取其奇偶之相爲生成合其類而不容間也相得有合四字該盡河圖之數又曰在十干甲乙木丙丁火戊己土庚辛金壬癸水便是相得甲與己合乙與庚合丙與辛合丁與壬合戊與癸合便是各有合也○勉齋黃氏曰自一至十特言奇偶之多寡爾初非以次序而言天得奇而爲水故曰一生水一之極而爲三故曰三生木地得偶而爲火故曰二生火二之極而爲四故曰四生金何也一極爲三以一運之圓而成三故一而三也二極爲四以二周之方而成四故二而四也如果以次序言則一生水而未成水必至五行俱足猶待第六而後成水二生火而未成火必待五行俱足然後第七而成火耶如此則全不成造化亦不成義理矣六之成水也猶坎之爲卦也一陽居中天一生水也地六包於外陽少陰多而水始盛成七之成火也猶離之爲卦也一陰居中地二生火也天七包於外陰少陽多而火始盛成坎屬陽而離屬陰以其內者爲主而在外者成之也○雲莊劉氏曰水陰也生於天一火陽也生於地二是其方生之始陰陽互根故其運行水居子位極陰之方而陽已生於子火居午位極陽之方而陰已生於午若木生於天三專屬陽故其行於春亦屬陽金生於地四專屬陰故其行於秋亦屬陰不可以陰陽互言矣蓋水火未離乎氣陰陽交合之初其氣自有互根之妙木則陽之發達金則陰之收斂而有定質矣此其所以與水火不同也○思齋翁氏曰水火金木不得土不能各成一器何以見之且天一生水一得五便爲水之成地二生火二得五便爲火之成天三生木三得五便爲木之成地四生金四得五便爲金之成皆本於中五之土也又曰河圖陰陽之位生數爲主而成數配之東北陽方則主之以奇而與合者偶西南陰方則主之以偶而與合者奇也○雙湖胡氏曰五行質具於地氣行於天以質言則曰水火木金土取天地生成之序也以氣言則曰木火土金水取春夏秋冬運行之序也

至於洛書、雖夫子之所未言、然其象其說、已具於前、有以通之則劉歆所謂經緯表裏者、可見矣、

朱子曰河圖四面太陽居一而連九少陰居二而連八少陽居三而連七太陰居四而連六數與位合爲十也洛書之位一與九對二與八對三與七對四與六對亦與河圖不異又曰河圖七八連於左九六連於右皆爲十五生數一三五連於左爲九二四連於右爲六九六之合亦爲十五五與十相守於中亦爲十五洛書縱橫數之皆十五互爲七八九六○雙湖胡氏曰書之中視河圖惟有五而无十然一九二八三七四六之合環而向之未嘗无十焉合圖書之數悉計之爲數者百如犬牙之相制牡牝之相銜其巧妙有如此者

或曰河圖洛書

之位與數、所以不同、何也、曰河圖、以五生數、統五成數而同處其方、蓋揭其全、以示人而道其常數之體也、洛書、以五奇數、統四偶數而各居其所、蓋主於陽、以統陰而肇其變數之用也、玉齋胡氏曰河圖以生成分陰陽以五生數之陽統五成數之陰而同處其方陽內陰外生成相合交泰之義也洛書以奇偶分陰陽以五奇數之陽統四偶數之陰而各居其所陽正陰偏奇偶既分尊卑之位也河圖數十十者對待以立其體故爲常洛書數九九者流行以致其用故爲變也常變之說朱子特各舉所重者爲言非謂河圖專於常有體而旡用洛書專於變有用而旡體也自河圖四象之合者觀之象之列于四方者各當其所處之位此其體之常象之處于西南者不協夫所生之卦又爲用之變矣伏羲則其變者以作易卽橫圖卦畫之成而究圓圖卦氣之運則知四象分爲八卦陰之老少不動而陽之老少迭遷此主變也豈拘於常者乎自洛書四象之分者觀之象之居于西南者不當其所處之位此其用之變象之列于四方者悉協夫所生之卦又爲體之常矣大禹則其常者以作範因武王彛倫攸叙之問以究天錫禹疇之對則知四象分爲九疇陽居四正則配四陽之卦以爲陰之宰陰居四隅則配四陰之卦以爲陽之輔此主常也豈撓於變者乎 曰其皆以五、居中者、何也、曰凡數之始、一陰一陽而已矣、陽之象、圓、圓者、徑一而圍三、陰之象、方、方者、徑一而圍四、圍三者、以一爲一、故、參其一陽而爲三、圍四者、以二爲一、故、兩其一陰而爲二、是所謂天兩地者也、三二之合則爲五矣、此、河圖洛書之數、所以皆以五中爲也、然、河圖、以生數、爲主、故、其中之所以爲五者、亦具五生數之象焉、其下一點、天一之象也、其上一點、地二之象也、其左一點、天三之象也、其右一點、地四之象也、其中一點、天五之象也、洛書、以奇數、爲主、故、其中之所以爲五者、亦具五奇數之象焉、其下一點、亦天一之象也、其左一點、亦天三之象也、其中一點、亦天五之象也、其右一點則天七之象也、其上一點則天九之象也、其數與位、皆三同而二異、蓋陽不可易而陰可易、成數、雖陽、固亦生之陰也、朱子曰成數雖陽固亦生之陰如子者父之陰臣者君之陰〇玉齋胡氏曰三同者圖書之一六皆在北三八皆在東五皆在中三者之位數皆同也二異者圖之二七在南而書則二七在西圖之四九在西而書則四九在南二者之位數皆異也陽不可易專指一三五陰可易統指二七四九二四以生數言雖屬陽然以偶數言則屬陰不得謂之陽矣故可易七九以奇數言雖屬陽然以成數言只可謂之陰矣故亦可易其曰成數雖陽固亦生之陰不曰生數雖陰固亦成之陽者蓋但主陰可易而言也〇雲莊劉氏曰圖之一三五七九皆奇數陽也而一三五之位不易七九之位易者亦以天地之間陽動主變故也然陽於北東則不動於西南則互遷者蓋北東陽始生之方西南陽極盛之方陽主進數又必進於極而後變也〇雙湖胡氏曰圖書之數三同二異其居中者不可易矣獨西南二方之數相易者則金乘火位火入金鄕有相克制之義焉此造化所以必易二方之數者正以成其相克之象也自二方旣易之後圖則左旋相生書則右轉相克造化不可无生亦不可无克不生則或幾乎熄不克亦无以爲之成就也

曰中央之五、固爲五數之象矣、然則其爲數也、奈何、曰以數言之則通乎一圖、由內及外、固各有積實可紀之數矣、然、河圖之一二三四、各居其五象本方之外而六七八九十者、又各因五而得數、以附于其生數之外、洛書之一三七九、亦各居其五象本方之外而二四六八者、又各因其類、以附于奇數之側、蓋中者、爲主而外者、爲客、正者、爲君而側者、爲臣、亦各有條而不紊也、盤澗董氏曰河圖之數不過一奇一偶相錯而已故太陽之位卽太陰之數太陰之位卽太陽之數少陰之位卽少陽之數少陽之位卽少陰之數見其迭陰迭陽陰陽相錯所以爲生成也天五地十居中者地十亦天五之成數蓋一二三四已含六七八九者以五乘之故也蓋數不過五也洛書之數因一二三四以對九八七六其數亦不過十蓋太陽占第一位已含太陽之數少陰占第二位已含少陰之數少陽占第三位已含少陽之數太陰占第四位已含太陰之數雖其陰陽各自爲數然五數居中太陽居一得五而成六少陰居二得五而成七少陽居三得五而成八太陰居四得五而成九則與河圖一陰一陽相錯而爲生成之數者亦无以異也〇覺軒蔡氏曰河圖位與數常相錯然五居中一得五而爲六二得五而爲七三得五而爲八四得五而爲九各居其方雖相錯而未嘗不相對也洛書位與數常相對然五數居中一得五而爲後右之六二得五而爲右之七三得五而爲後左之八四得五而爲前之九縱橫交綜雖相對而未嘗不相錯也

曰其多寡之不同、何也、曰河圖、主全、故、極於十而奇偶之位、均、論其積實然後、見其偶嬴而奇乏也、洛書、主變、故、極於九而其位與實、皆奇嬴而偶乏也、必皆虛其中也然後、陰陽之數、均於二十而无偏爾、玉齋胡氏曰河圖偶嬴而奇乏者地三十天二十五也洛書奇嬴而偶乏者天二十五地二十也河圖虛其中之十五洛書虛其中之五則陰陽之數均於二十矣

曰其序之不同、何也、曰河圖、以生出之次、言之則始下次上次左次右、以復于中而又始于下也、以運行之次、言之則始東次南次中次西次北、左旋一周而又始于東也、其生數之在內者則陽居下左而陰居上右也、其成數之在外者則陰居下左而陽居上右也、洛書之次、其陽數則首北次東次中次西次南、其陰數則首西南次東南次西北次東北也、合而言之則首北次西南次東次東南次中次西北次西次東北而究于南也、其運行則水克火火克金金克木木克土、右旋一周而土復克水也、是亦各有說矣、思齋翁氏曰河圖運行之序自北而東左旋相生固也然對待之位則北方一六水克南方二七火西方四九金克東方三八木而相克者已寓於相生之中洛書運行之序自北而西右轉相克固也然對待之位則東南方四九金生西北方一六水東北方三八木生西南方二七火其相生者已寓於相克之中盖造化之運生而不克則生者无從而裁制克而不生則克者有時而間斷此圖書生成之妙未嘗不各自全備也

曰其七八九六之數、不同、何也、曰河圖、六七八九、既附於生數之外矣、此、陰陽老少進退饒乏之正也、其九者、生數一三五之積也、故、自北而東自東而西、以成于四之外、其六者、生數二四之積也、故、自南而西自西而北、以成于一之外、七則九之自西而南者也、八則六之自北而東者也、此又陽陰老少互藏其宅之變也、朱子曰老陽之位一老陰之位四今河圖以老陽之九居乎四之外而老陰之六却居乎一之外是老陰老陽互藏其宅也少陰之位二少陽之位三而河圖以少陰之八居乎三之外少陽之七却居乎二之外是少陰少陽互藏其宅也

又曰一六共宗一爲老陽之位六爲老陰之數四九爲友四爲老陰之位九爲老陽之數此固二老之合然陽居陰位陰居陽位亦二老互藏其宅也二七爲朋二爲少陰之位七爲少陽之數三八同道三爲少陽之位八爲少陰之數此則二少之合然亦陽居陰位陰居陽位亦二少互藏其宅也

洛書之縱橫十五而七八九六、迭爲消長、虛五分十而一含九二含八三含七四含六則參伍錯綜、无適而不遇其合焉、此、變化无窮之所以爲妙也、

玉齋胡氏曰洛書雖縱橫有十五之數實皆七八九六之迭爲消長一得五爲六而與南方之九迭爲消長四得五爲九而與西北之六迭爲消長三得五爲八而與西方之七迭爲消長二得五爲七而與東北之八迭爲消長數之進者爲長退者爲消長者退則又消消者進則又長六進爲九則九長而六消九退爲六則九反消而六又長矣七進爲八則八長而七消八退爲七則八反消而七又長矣虛五分十者虛其中五之外則縱橫皆十以其十者分之則九者十分一之餘八者十分二之餘七者十分三之餘六者十分四之餘也參伍錯綜無適而不遇七八九六之合焉

然則聖人之則之也、奈何、曰則河圖者、虛其中、則洛書者、總其實也、河圖之虛五與十者、太極也、奇數二十偶數二十者、兩儀也、以一二三四、爲六七八九者、四象也、析四方之合、以爲乾坤離坎、補四隅之空、以爲兌震巽艮者、八卦也、

朱子曰以四象觀之太陽之位居一而數則九乾得其數而兌得其位故乾爲九而兌爲一少陰之位居二而數則八離得其數而震得其位故離爲八而震爲二少陽之位居三而數則七坎得其數而巽得其位故坎爲七而巽爲三太陰之位居四而數則六坤得其數而艮得其位故坤爲六而艮爲四今析六七八九之合以爲乾坤離坎而在四正之位依一二三四之次以爲震兌巽艮而補四隅之空也

洛書之實、其一、爲五行、其二、爲五事、其三、爲八政、其四、爲五紀、其五、爲皇極、其六、爲三德、其七、爲稽疑、其八、爲庶徵、其九、爲福極、其位與數、尤曉然矣、

玉齋胡氏曰大禹之則洛書以作範也未必拘拘於書之位次以定疇之先後然自一至九之數實有以默啓聖人作範之心故自初一之五行包天地自然之數餘八法則是大禹參酌天時人事而類之不必盡協於火木土金之位也

曰洛書而虛其中五則亦太極也、奇偶、各居二十則亦兩儀也、一二三四而含九八七六、縱橫十五而互爲七八九六則亦四象也、四方之正、以爲乾

坤離坎、四隅之偏、以爲兌震巽艮則亦八卦也、河圖之一六、爲水、二七、爲火、三八、爲木、四九、爲金、五十、爲土則固洪範之五行而五十五者、又九疇之子目也、是則洛書、固可以爲易而河圖、亦可以爲範矣、又安知圖之不爲書、書之不爲圖也耶、曰是其時雖有先後、數雖有多寡、然、其爲理則一而已、但易、乃伏羲之先得乎圖而初无所待於書、範則大禹之所獨得乎書而未必追考於圖爾、且以河圖而虛十則洛書四十有五之數也、虛五則大衍五十之數也、積五與十則洛書縱橫十五之數也、以五乘十以十乘五則又皆大衍之數也、洛書之五、又自含五則得十而通爲大衍之數矣、積五與十則得十五而通爲河圖之數矣、苟明乎此則橫斜曲直、无所不通而河圖洛書、又豈有先後彼此之間哉、玉齋胡氏曰洛書之五又自含五而得十者下一點含天一之象上一點含地二之象左一點含天三之象右一點含地四之象中一點含天五之象所謂五自含五而得十通在外四十爲大衍之數積五與十而得十五者以其所含之五積之則又合五與十而爲十五通在外四十而爲河圖之五十五也

〇西山蔡氏曰古今傳記、自孔安國劉向父子班固、皆以爲河圖、授羲、洛書、錫禹、關子明邵康節、皆以爲十爲河圖、九爲洛書、蓋大傳、旣陳天地五十有五之數、洪範、又明言天乃錫禹洪範九疇而九宮之數、戴九履一、左三右七、二四、爲肩、六八、爲足、正龜背之象也、唯劉牧意見、以九、爲河圖、十、爲洛書、託言出於希夷、旣與先儒舊說、不合、又引大傳、以爲二者、皆出於伏羲之世、其易置圖書、並无明驗、但謂伏羲、兼取圖書則易範之數、誠相表裏、爲可疑耳、其實、天地之理、一而已矣、雖時有古今先後之不同而其理則不容有二也、故、伏羲、但據河圖以作易則不必預見洛書而已逆與之合矣、大

禹、但據洛書以作範則亦不必追考河圖而已暗與之符矣、其所以然者、何哉、誠以此理之外、无復它理故也、潛室陳氏曰河圖以生數統成數洛書以奇數統偶數若不相似也然一必配六二必配七三必配八四必配九五必居中而配十圖書未嘗不相似也河圖之生成同方洛書之奇偶異位若不相似也然同方者有內外之分是河圖猶洛書也異位者有比肩之義是洛書亦猶河圖也○節齋蔡氏曰河圖數偶偶者靜靜以動爲用故河圖之行合皆奇一合六二合七三合八四合九五合十是故易之吉凶生乎動蓋靜者必動而後生也洛書數奇奇者動動以靜爲用故洛書之位合皆偶一合九二合八三合七四合六是故範之吉凶見乎靜蓋動者必靜而後成也 然、不特此耳、律呂、有五聲十二律而其相乘之數、究於六十、日名、有十幹十二支而其相乘之數、亦究於六十、二者、皆出於易之後、其起數、又各不同、然、與易之陰陽策數、老少、自相配合、皆爲六十者、无不若合符契也、朱子曰凡易數三十六對二十四三十二對二十八皆六十也以此知天地之數以六十爲節 下至運氣叅同太一之屬、雖不足道、然、亦无不相通、蓋自然之理也、玉齋胡氏曰五運者甲己化土乙庚化金丙辛化水丁壬化木戊癸化火是也六氣子午少陰君火寅申少陽相火丑未太陰濕土辰戌太陽寒水巳亥厥陰風木各司天爲主氣是也參同契脩養之書漢魏伯陽作太一日家有太一統紀之書 假令今世、復有圖書者、出、其數、亦必相符、可謂伏羲、有取於今日而作易乎、大傳所謂河出圖洛出書聖人則之者、亦汎言聖人、作易作範、其原、皆出於天之意、如言以卜筮者尙其占、與莫大乎蓍龜之類、易之書、豈有龜與卜之法乎、亦言其理、無二而已爾、○朱子、曰世傳一至九數者、爲河圖、一至十數者、爲洛書、正是反而置之、予、於啓蒙、辨之詳矣、近讀大戴禮明堂篇、言其制度、有曰二九四七五三六一八、鄭氏註、云法龜文也、得此一證則漢人、固以此九數者、爲洛書矣、又曰夫以河圖洛書、爲不足信、自歐陽公以來、己有此說、然、終无奈顧命繫辭論語、皆有是言而諸儒所傳二圖之

數、雖有交互而无乖戾、順數逆推、縱橫曲直、皆有明法、不可得而破除也、至如河
圖、與易之天一至地十者、合而載天地五十有五之數則固易之所自出也、洛書、與
洪範之初一至次九者、合而具九疇之數則固洪範之所自出也、繫辭、雖不言伏羲、
受河圖以作易、然、所謂仰觀俯察、近取遠取、安知河圖、非其中之一事耶、大抵聖人
制作所由、初非一端、然、其法象之規模、必有最親切處、如鴻荒之世、天地之間、陰
陽之氣、雖各有象、然、初未嘗有數也、至於河圖之出然後、五十有五之數、奇偶生
成、粲然可見、此其所以深發聖人之獨智、又非汎然氣象之所可得而擬也、是以、仰
觀俯察、遠求近取、至此而後、兩儀四象八卦之陰陽奇偶、可得而言、雖繫辭所論聖
人作易之由者、非一而不害其得此而後、決也、玉齋胡氏曰先天八卦乾兌生於老陽之四九離
震生於少陰之三八巽坎生於少陽之二七艮坤
生於老陰之一六其卦未嘗不與洛書之位數合後天八卦坎一六水離二七火震巽三八木乾兌四九金坤艮五十
土其卦未嘗不與河圖之位數合此圖書所以相爲經緯而先後天亦有相爲表裏之妙也○雙湖胡氏曰河圖洛書
皆木數居東方伏羲畫卦自下而上卽木之自根而幹幹而枝也其畫三木之生數也其卦八木之成數也重卦亦兩
其三八其八爾三八木數大備而後六十四卦大成一六水二七火四九金五十土皆在包羅中矣此春所以貫四時
仁所以包四端元所以統
四德大哉易也斯其至矣又曰以大傳之文、詳之、河圖洛書、蓋皆聖人所取以爲八卦者而
九疇、亦幷出焉、今以其象、觀之則虛其中者、所以爲易也、實其中者、所以爲洪範
也、其所以爲易者、已具於前段矣、所以爲洪範則河圖、九疇之象、洛書、五行之數、
有不可誣者、恐不得以其出於緯書而略之也、○古人、做易、其巧、不可言、太陽數、
九、少陰數、八、少陽數、七、太陰數、六、初亦不知其數、如何恁地、元來只是十數、

太陽、居一、除了本身、便是九箇、少陰、居二、除了本身、便是八箇、少陽、居三、除了本身、便是七箇、太陰、居四、除了本身、便是六箇、這處、都不曾有人見得、問老陽少陰少陽老陰、除了本身一二三四、便是九八七六之數、今觀啓蒙陽進陰退之說、也是如此、曰他進退、亦是如此、不是人、去强教他進退、但是以十言之則如前說、大故分曉、若以十五、言之則九便對六、七便對八、曉得時、這物事、也好則劇、○問看河圖上此數、控定了、曰天地、只是不會說、倩他聖人出來說、若天地、自會說話、想更說得好在、如河圖洛書、便是天地、畫出底、○謂甘叔懷曰曾看河圖洛書數否、无事時、好看、且得自家心、流轉得動、

伏羲八卦次序之圖

八卦四象兩儀

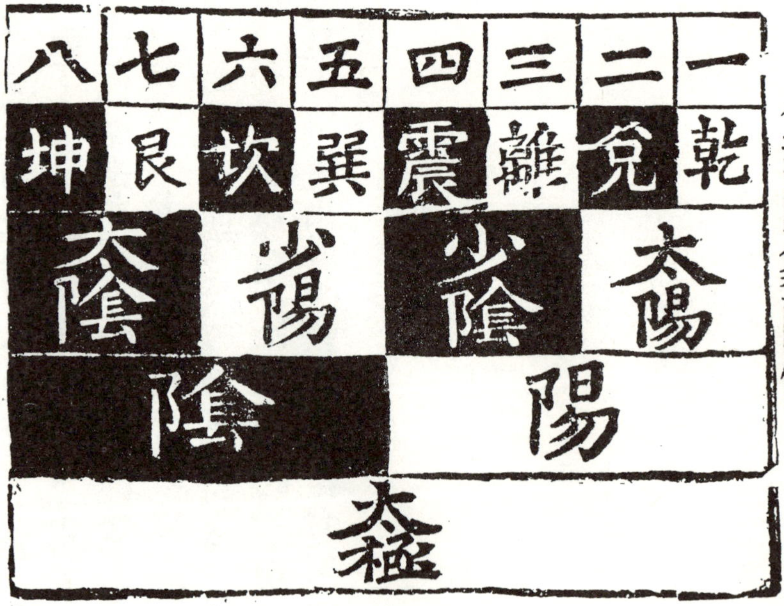

右、繫辭傳、曰易有太極、是生兩儀、兩儀、生四象、四象、生八卦、邵子、曰一分爲二、二分爲四、四分爲八也、說卦傳、曰易、逆數也、邵子、曰乾一兌二離三震四巽五坎六艮七坤八、自乾至坤、皆得未生之卦、若逆推四時之比也、後六十四卦次序、倣此、黑白之位本非古法但今欲易曉且爲此以寓之耳後六十四卦次序倣此

【附錄】朱子、曰太極者、象數未形而其理已具之稱、形器已具而其理无朕之目、在河圖洛書、皆虛中之象也、太極之判、始生一奇一偶而爲一畫者、二、是爲兩儀、其數則陽一而陰二、在河圖洛書則奇偶、是也、兩儀之上、各生一奇一偶而爲二畫者、四、是謂四象、其位則太陽一少陰二少陽三太陰四、其數則太陽九少陰八少陽七太陰六、以河圖言之則六者、一而得於五者也、七者、二而得於五者也、八者、三而得於五者也、九者、四而得於五者也、以洛書言之則九者、十分一之餘也、八者、十分二之餘也、七者、十分三之餘也、六者、十分四之餘也、四象之上、各生一奇一偶而爲三畫者、八、於是、三才、略具而有八卦之名矣、其位則乾一兌二離三震四巽五坎六艮七坤八、在河圖則乾坤離坎、分居四實、兌震巽艮、分居四虛、在洛書則乾坤離坎、分居四方、兌震巽艮、分居四隅也、盤澗董氏曰自兩儀生四象則太陽太陰不動而少陰少陽則交自四象生八卦則乾坤震巽不動而兌離坎艮則交蓋一老不動者陽儀還生陽之象陰儀還生陰之象二少則交者陽儀乃生陰之象陰儀乃生陽之象也乾坤震巽不動者陽象還生陽爻陰象還生陰爻兌離艮坎則交者陽象乃生陰爻陰象乃生陽爻 ○問易有太極是生兩儀兩儀生四象四象生八卦曰此太極、却是爲畫卦說、當未卦畫前、太極、只是一箇混淪底道理、裏面、包含陰陽剛柔奇偶、无所不有、及畫一奇一偶、是生

兩儀、再於一奇畫上、加一奇、此是陽中之陽、又於一奇畫上、加一偶、此是陽中之陰、又於一偶上、加一奇、此是陰中之陽、又於一偶上、加一偶、此是陰中之陰、是謂四象、所謂八卦者、一象上、有兩儀、每象、各添一奇一偶、便是八卦、或說一、爲儀、二爲象、三爲卦、四象、如春夏秋冬金木水火東西南北、无不可推矣、朱子曰太極之義正謂理之極致耳有是理即有是物无先後次序之可言故曰易有太極則是太極乃在陰陽之中而非在陰陽之外也若以乾坤未判大衍未分之時論之則非也形而上者謂之道形而下者謂之器有是理即有是氣理一而已氣則无不兩者故曰太極生兩儀而老子乃謂道生一而後乃生二則其察理亦不精矣○西山眞氏曰朱子此言可謂有功於學者大抵自周子以前凡論太極者皆以氣言莊子以道在太極之先所謂太極乃是指作天地人三者氣形已具而渾淪未判者之名而道又別是一懸空底物在太極之先則道與太極爲二矣不知道則太極太極即道以其通行而言則曰道以其極致而言則曰極又何嘗有二耶若列子渾淪之云漢志函三爲一之說所指皆同倘非周子啓其秘而朱子又闡而明之孰知太極之爲理而非氣也哉

伏羲八卦方位之圖

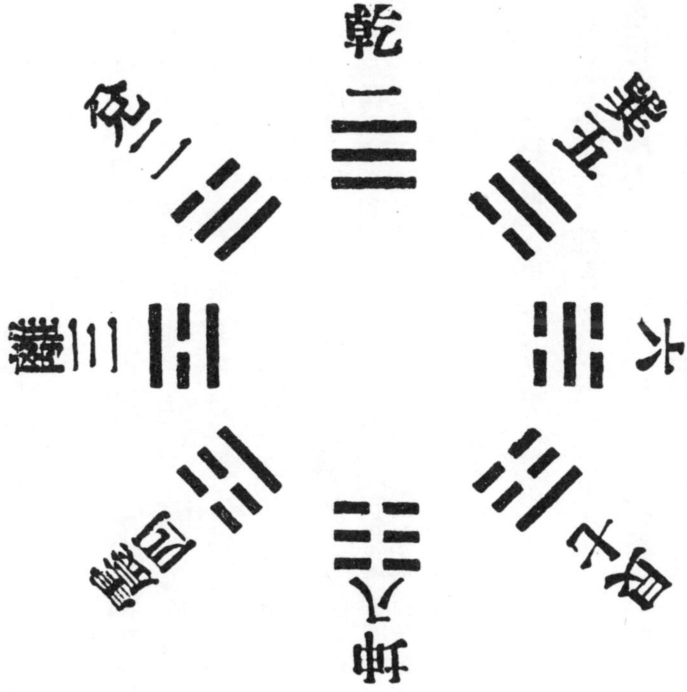

右、說卦傳、曰天地、定位、山澤、通氣、雷風、相薄、水火、不相射、八卦、相錯、數往者、順、知來者、逆、邵子、曰乾南坤北離東坎西震東北兌東南巽西南艮西北、自震至乾、爲順、自巽至坤、爲逆、後六十四卦方位、倣此、

【附錄】邵子、曰乾坤縱而六子橫、易之本也、又曰震始交陰而陽生、巽始消陽而陰生、兌、陽長也、艮、陰長也、震兌、在天之陰也、巽艮、在地之陽也、故、震兌、上陰而下陽、巽艮、上陽而下陰、天、以始生言之、故、陰上而陽下、交泰之義也、地、以旣成言之、故、陽上而陰下、尊卑之位也、乾坤、定上下之位、坎離、列左右之門、天地之所闔闢、日月之所出入、春夏秋冬、晦朔弦望、晝夜長短、行度盈縮、莫不由乎此矣、朱子曰此條是說圓圖震與坤接是震始交陰而一陽生也巽與乾接是巽始消陽而一陰生也○進齋徐氏曰一氣循環自復至乾爲陽生物之始也故震兌陰上而陽下爲交泰之義蓋主動而言太極之用所以行自姤至坤爲陰成物之終也故巽艮陽上而陰下爲尊卑之位蓋主靜而言太極之體所以立也○思思翁氏曰卯爲日門太陽所生酉爲月門太陰所生不但日月出入於此大而天地之開物雖始於寅至卯而門闢閉物雖始於戌至酉而門己闔一歲而春夏秋冬一月而晦朔弦望一日而晝夜行度莫不由乎左右之門所以極贊坎離功用之大也　又曰此一節、明伏羲八卦也、八卦相錯者、明交相錯而成六十四也、數往者順、若順天而行、是左旋也、皆己生之卦也、故、云數往也、知來者逆、若逆天而行、是右行也、皆未生之卦也、故、云知來也、夫易之數、由逆而成矣、此一節、直解圖意、若逆知四時之謂也、朱子曰以橫圖觀之有乾一而後有兌二有兌二而後有離三有離三而後有震四有震四而巽五坎六艮七坤八亦以次而生焉此易之所以成也而圓圖之左方自震之初爲冬至離兌之中爲春分以至於乾之末爲夏至焉皆進而得其己生之卦猶自今日而追數昨日也故曰數往者順其右方自巽之

初爲夏至坎艮之中爲秋分以至於坤之末而交冬至焉皆進而得其未生之卦猶自今日而逆計來日也故曰知者
來逆然本易之所以成則其先後始終如橫圖及圓圖右方之序而已故曰易逆數也○玉齋胡氏曰邵子據經文解
釋則先圓圖而後及橫圖朱子釋邵子之說則先自橫圖而論者誠以橫圖可以見卦畫之立圓圖可以見卦氣之行
所謂圓圖者其實卽橫圖規而圓之耳又曰嘗因邵子冬至子半之說推之以卦分配節候復爲冬至子之半頤屯益
爲小寒丑之初震噬嗑隨爲大寒丑之半无妄明夷爲立春寅之初賁旣濟家人爲雨水寅之半豊離革爲驚蟄卯之
初同人臨爲春分卯之半損節中孚爲淸明辰之初歸妹睽兌爲穀雨辰之半履泰爲立夏巳之初大畜需小畜爲小
滿巳之半大壯大有夬爲芒種午之初至乾之末交夏至午之半焉此三十二卦皆進而得夫震離兌乾已生之卦也
姤爲夏至午之半大過鼎恒爲小暑未之初巽井蠱爲大暑未之半升訟爲立秋申之初困未濟解爲處暑申之半渙
坎蒙爲白露酉之初師遯爲秋分酉之半咸旅小過爲寒露戌之初漸蹇艮爲霜降戌之半謙否爲立冬亥之初萃晉
豫爲小雪亥之半觀比剝爲大雪子之初至坤之末交冬至子之半焉此三十二卦皆進而得夫巽坎艮坤未生之卦
也二分二至四立總爲八節每節各計兩卦如坤復爲冬至无妄明夷爲立春同人臨爲春分之類是也其十六氣每
氣各計三卦如頤屯益爲小寒至觀比剝爲大雪之類是也八節計十六卦十六氣計四十八卦合之爲六十四卦此
以卦配氣者然也

○朱子、答董銖曰所問先天圖曲折、細詳圖意、若自乾一、橫排至坤八、此則全是自然、故、說卦、云易、逆數也、皆自已生以得未生之卦若如圓圖則須如此、方見陰陽消長次第、震一陽離兌二陽乾三陽巽一陰坎艮二陰坤三陰雖自稍涉安排、然、亦莫非自然之理、自冬至夏至、爲順、盖與前逆數者、相反、皆自未生而反得已生之卦自夏至冬至、爲逆、盖與前逆數者、同、其左右、與今天文說左右、不同、盖從中而分其初、若有左右之勢爾、自北而東爲左自南而西爲右又曰易、逆數也、以康節說、方可通、但方圖則一向皆逆、若以圓圖看、又只是一半逆、不知如何、

○西山蔡氏曰其法、自子中、至午中、爲陽、初四爻、皆陽、中前二爻皆陰、後二爻、皆陽、上一爻、爲陰、二爻、爲陽、三爻、爲陰、四爻、爲陽、自午中、至子中、爲陰、初

四爻、皆陰、中前二爻、爲陽、後二爻、爲陰、上一爻、爲陽、二爻、爲陰、三爻、爲陽、四爻、爲陰、在陽中、上二爻則先陰而後陽、陽生於陰也、在陰中、上二爻則先陽而後陰、陰生於陽也、其序、始震終坤者、以陰陽消息、爲數也、雙湖胡氏曰觀此圖以四正卦居四方之正位乾坤坎離反覆只是一卦以二反卦居四隅不正之位震反爲艮巽反爲兌本只震巽二卦反而成四卦合而言之天位乎上地位乎下日生於東月生於西山鎭西北澤注東南風起西南雷動東北自然與天地大造化合先天八卦對待以立體如此其位則乾一坤八兌二艮七離三坎六震四巽五各各相對而合成九數其畫則乾三坤六兌四艮五離四坎五震四巽五亦各各相對而合成九數九老陽之數乾之象而无所不包也造化隱然尊乾之意可見矣

伏羲六十四卦次序

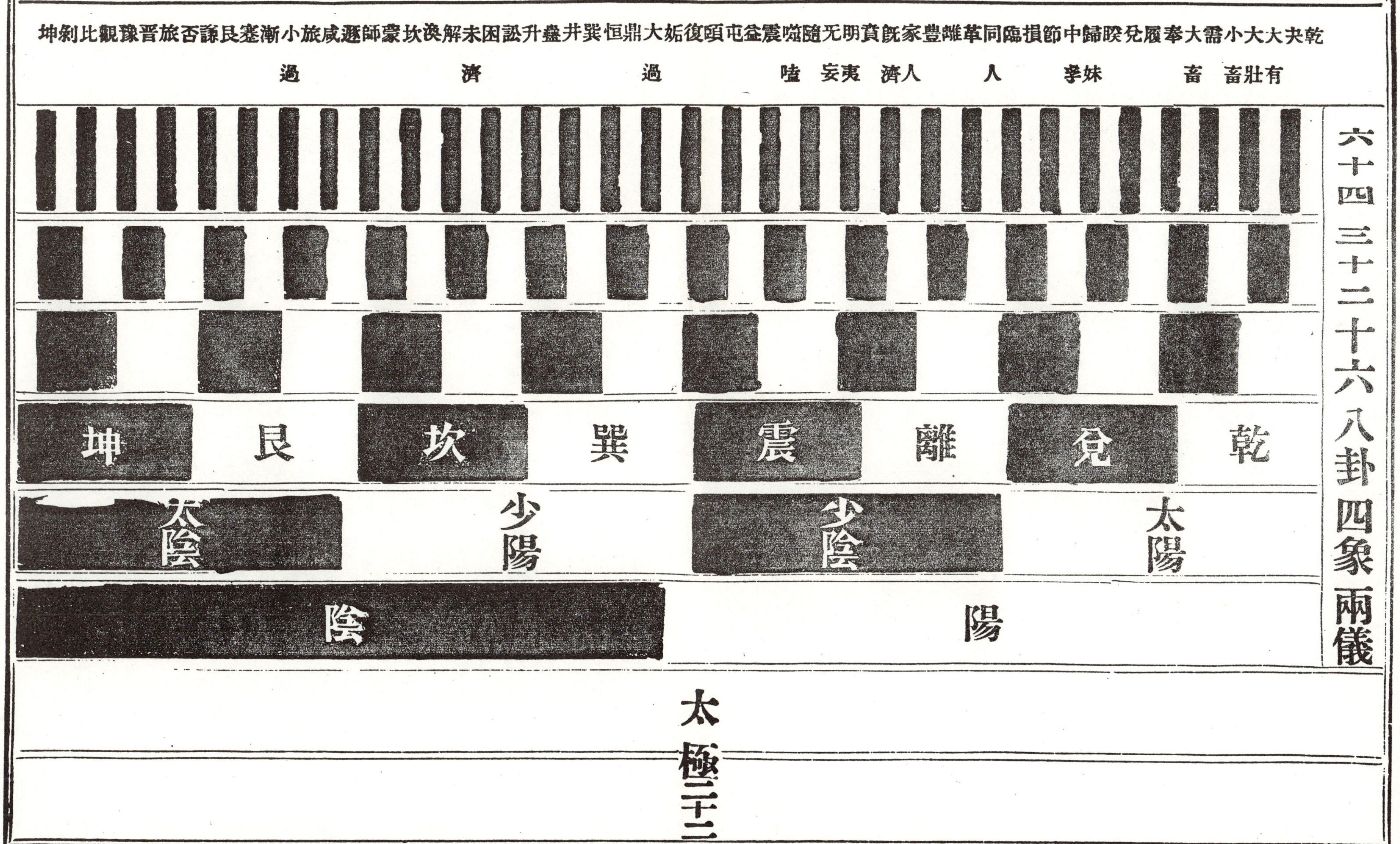
乾夬大大小大需大泰履兌睽歸中節損臨同革離豐家既賁明无隨噬震益屯頤復姤大鼎恒巽井蠱升訟困未解渙坎蒙師遯咸旅小漸蹇艮謙否旅晉豫觀比剝坤
有 壯 畜 畜 妹 孚 人 人 濟 夷 妄 嗑 過 濟 過
乾 兌 離 震 巽 坎 艮 坤
太陽 少陰 少陽 太陰
陽 陰
太極
六十四 三十二 十六 八卦 四象 兩儀
太極二十二

右前八卦、次序圖、卽繫辭傳所謂八卦成列者、此圖、卽其所謂因而重之者也、故、下三畫、卽前圖之八卦、上三畫則各以其序、重之而下卦、因亦各衍而爲八也、若逐爻漸生則邵子所謂八分爲十六、十六分爲三十二、三十二分爲六十四者、尤見法象自然之妙也、

【附錄】朱子、曰易有太極是生兩儀兩儀生四象四象生八卦此一節、乃孔子、發明伏羲畫卦自然之形體次第、最爲切要、古今說者、惟康節明道二先生、爲能知之、故、康節之言、曰一分爲二、二分爲四、四分爲八、八分爲十六、十六分爲三十二、三十二分爲六十四、猶根之有榦、榦之有枝、愈大則愈少、愈細則愈繁而明道先生、以爲加一倍法、其發明孔子之言、又可謂最切要矣、蓋以河圖洛書、論之、太極者、虛中之象也、兩儀者、陰陽奇偶之象也、四象者、河圖之一含六二含七三含八四含九、洛書之一含九二含八三含七四含六也、八卦者、河圖四實四虛之數、洛書四正四隅之位也、以卦畫、言之、太極者、象數未形之全體也、兩儀者、⚊爲陽而⚋爲陰、陽數、一而陰數、二也、四象者、陽之上、生一陽則爲⚌而謂之太陽、生一陰則爲⚍而謂之少陰、陰之上、生一陽則爲⚎而謂之少陽、生一陰則爲⚏而謂之太陰也、四象、旣立則太陽、居一而含九、少陰、居二而含八、少陽、居三而含七、太陰、居四而含六、此、六七八九之數所由定也、八卦者、太陽之上、生一陽則爲☰而名乾、生

一陰則爲☱而名兌、少陰之上、生一陽則爲☲而名離、生一陰則爲☳而名震、少陽之上、生一陽則爲☴而名巽、生一陰則爲☵而名坎、太陰之上、生一陽則爲☶而名艮、生一陰則爲☷而名坤、康節先天之說、所謂乾一兌二離三震四巽五坎六艮七坤八者、蓋謂此也、至於八卦之上、又各生一陰一陽則爲四畫者、十有六、經雖无文而康節所謂八分爲十六者、此也、四畫之上、又各生一陰一陽則爲五畫者、三十有二、經雖无文而康節所謂十六分爲三十二者、此也、五畫之上、又各生一陰一陽則爲六畫之卦、六十有四而八卦、相重、又各得乾一兌二離三震四巽五坎六艮七坤八之次、其在圖、可見矣、○天地之間、莫非太極陰陽之妙、聖人、仰觀俯察、遠求近取、固有超然而默契於心矣、故、自兩儀未分、渾然太極而兩儀四象六十四卦之理、已粲然於其中、太極分而兩儀則太極、固太極、兩儀、固兩儀也、兩儀分而四象則兩儀、又爲太極而四象、又爲兩儀矣、自是而推、四而八、八而十六、十六而三十二、三十二而六十四、以至於有百千萬億之无窮、雖見於模畫、若有先後而出於人爲、然、其已定之形、已成之勢、固已具於渾然之中而不容毫髮思慮作爲於其間也、○答袁樞曰要見得聖人作易根原、直截分明、不如且看卷首橫圖、自始初止有兩畫時、漸次看起、以至生滿六畫之後、其先後多寡、既有次第而位置、分明、不費辭說、於此、看得、方見六十四卦、全是天理自然挨排出來、聖人、只是見得分明、便只依

本畫出、元不曾用一毫智力添加、○問四爻五爻者、何所主名、曰一畫、爲儀、二畫、
爲象、三畫、爲卦則八卦、備矣、此上、若旋次各加陰陽一畫則積至三重、再成八卦者、
八、方有六十四卦之名、若徑以八卦、偏加乎一卦之上則亦如其位而得名焉方其四
畫之時、未成外卦、故、不得而名之耳、又曰第四畫者、以八卦、爲太極而復生之兩儀
也、第五畫者、八卦之四象也、第六畫者、八卦之八卦也、○又詩曰諸儒談易謾紛紛、
只見繁枝不見根、觀象徒勞推互體、玩辭亦是逞空言、須知一本能雙幹、始信千兒與
萬孫、喫緊包犧爲人意、悠悠千古向誰論、雲莊劉氏曰易畫生於太極故其理爲天下之至精易畫原
於圖書故其數爲天下之至變太極理也形而上者也必有
所依而後立故雖不離乎圖書之數而亦不離乎圖書之數太極爲理之原圖書爲數之祖理之與數本非二致也合
而觀之斯可矣

伏羲六十四卦方位

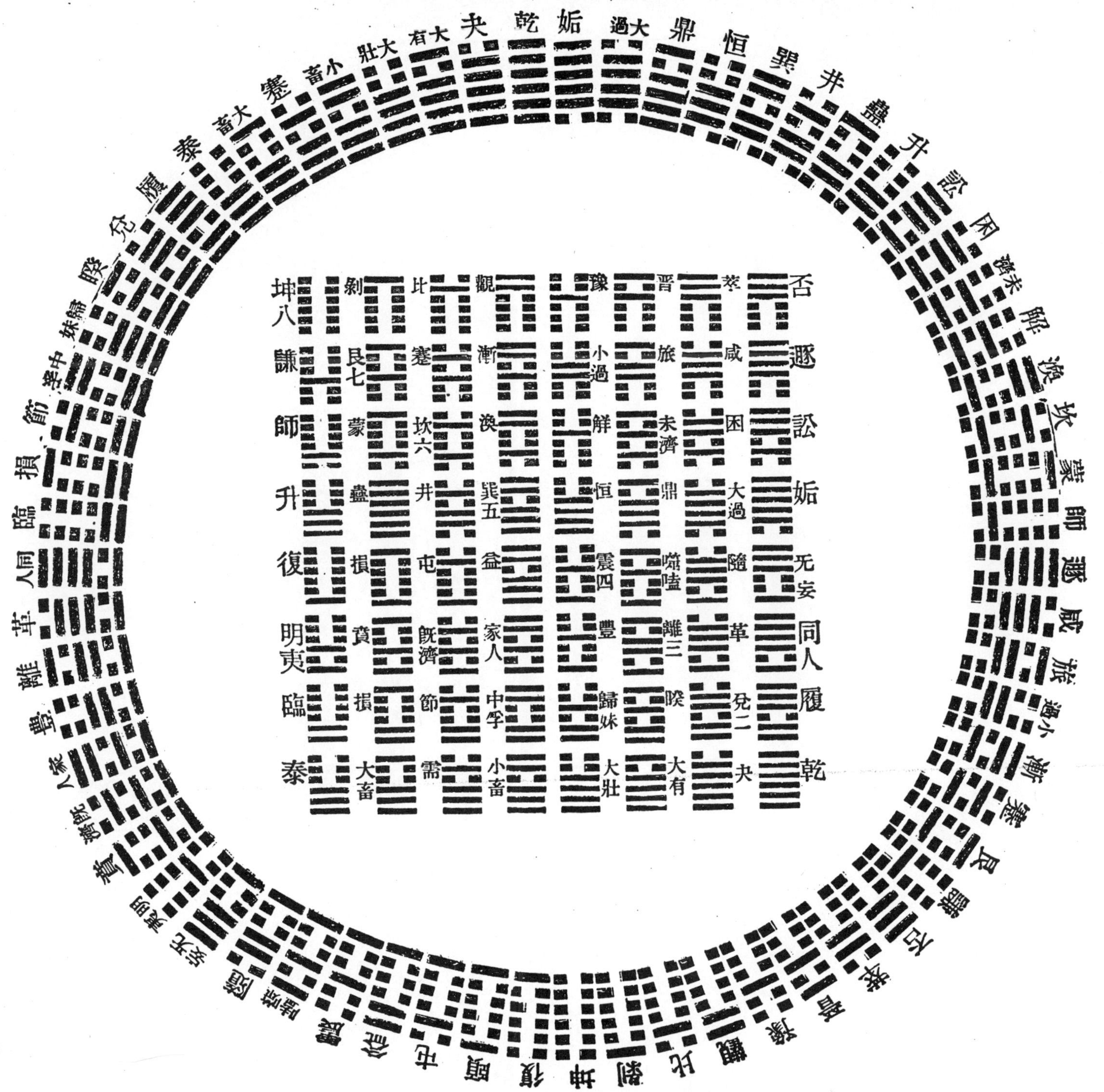

姤 大過 鼎 恒 巽 井 蠱 升 訟 困 未濟 解 渙 坎 蒙 師 遯 咸 旅 小過 漸 蹇 艮 謙 否 萃 晉 豫 觀 比 剝 坤
復 頤 屯 益 震 噬嗑 隨 无妄 明夷 賁 既濟 家人 豐 離 革 同人 臨 損 節 中孚 歸妹 睽 兌 履 泰 大畜 需 小畜 大壯 大有 夬 乾
否 遯 訟 姤 无妄 同人 履 乾
萃 咸 困 大過 隨 革 兌二 夬
晉 旅 未濟 鼎 噬嗑 離三 睽 大有
豫 小過 解 恒 震四 豐 歸妹 大壯
觀 漸 渙 巽五 益 家人 中孚 小畜
比 蹇 坎六 井 屯 既濟 節 需
剝 艮七 蒙 蠱 頤 賁 損 大畜
坤八 謙 師 升 復 明夷 臨 泰

右、伏羲四圖、其說、皆出於邵氏。蓋邵氏、得之李之才挺之、挺之、得之穆脩伯長、伯長、得之華山希夷先生陳摶圖南者、所謂先天之學也、此圖圓布者、乾盡午中、坤盡子中、離盡卯中、坎盡酉中、陽生於子中、極於午中、陰生於午中、極於子中、其陽、在南、其陰、在北、方布者、乾始於西北、坤盡於東南、其陽、在北、其陰、在南、此二者、陰陽對待之數、圓於外者、爲陽、方於中者、爲陰、圓者、動而爲天、方者、靜而爲地者也、

【附錄】邵子、曰太極、旣分、兩儀、立矣、朱子曰此下四節通論伏羲六十四卦圓圖此一節以第一爻而言左一奇爲陽右一偶爲陰所謂兩儀者也今此一奇爲左三十二卦之初爻一偶爲右三十二卦之初爻乃以累變而分非本卽有此六十四段也後放此 陽上交於陰、陰下交於陽而四象、生矣、朱子曰此一節以第一爻生第二爻而言也陽下之半上交於陰上之半則生陰中第二爻之一奇一偶而爲少陽太陰矣陰上之半下交於陽下之半則生陽中第二爻之一奇一偶而爲太陽少陰矣所謂兩儀生四象者也太陽一奇今分爲左上十六卦之第二爻少陰一偶今分爲左下十六卦之第二爻少陽太陰其分放此而初爻之二亦分爲四矣 陽交於陰、陰交於陽而生天之四象、剛交於柔、柔交於剛而生地之四象、朱子曰此一節以第二爻生第三爻言也陽謂太陽陰謂太陰剛謂少陽柔謂少陰太陽之下半交於太陰之上半則生太陰中第三爻之一奇一偶而爲艮爲坤矣太陰之上半交於太陽之下半則生太陽中第三爻之一奇一偶而爲乾爲兌矣少陽之上半交於少陰之下半則生少陰中第三爻之一奇一偶而爲離爲震矣少陰之下半交於少陽之上半則生少陽中第三爻之一奇一偶而爲巽爲坎矣此所謂四象生八卦也乾一奇今分爲八卦之第三爻坤一偶今分爲八卦之第二爻餘皆放此而初爻二爻之四今又分而爲八矣乾兌艮坤生於二太故爲天之四象離震巽坎生於二少故爲地之四象 八卦、相錯而後、萬物、生焉、朱子曰一卦之上各加八卦以相間錯則六十四卦成矣然第三爻之相交則生第四爻之一奇一偶於是一奇一偶各有四卦之第四爻而下三爻亦分爲十六矣第四爻又相交則生第五爻之一奇一偶於是一奇一偶各爲二卦之第五爻而下四爻亦分而爲三十二矣第五爻又相交則生第六爻之一奇一偶則一奇一偶各爲一卦之第六爻而下五爻亦分而爲六十四矣蓋八

卦相乘爲六十四而自三畫以上三加一倍以至六畫則三畫者亦加一倍而卦體橫分亦爲六十四矣二數殊途不約而會如合符節不差毫釐正是易之妙處

是故、一分爲二、二分爲四、四分爲八、八分爲十六、十六分爲三十二、三十二分爲六十四、猶根之有榦、榦之有枝、愈大則愈少、愈細則愈繁、是故、乾以分之、坤以翕之、震以長之、巽以消之、長則分、分則消、消則翕也、乾坤、定位也、震巽、一交也、兌離坎艮、再交也、故、震、陽少而陰尙多也、巽、陰少而陽尙多也、兌離、陽浸多也、坎艮、陰浸多也、

玉齋胡氏曰震者長之始雷以動之也歷離兌而乾則長之極而爲陰陽之分限矣乾以君之也巽者消之始風以散之也歷坎艮而坤則消之極而爲純陰之翕聚矣坤以藏之也此所以長則分分則消消則翕翕則復長而循環無端也乾至陽也居上而臨下故曰君以震離兌之陽得乾而有所君宰坤至陰也居下而括終故曰藏以巽坎艮之陰得坤而有所歸宿然謂乾以分之則動而陽者乾也靜而陰者亦乾也乾實分陰陽而無不君宰也又曰乾坤以陰陽之純定上下之位震一交兌離再交由一陽之交以至二陽之交也巽一交坎艮再交由一陰之交以至二陰之交也故初交爲震則陽尙少再交爲離兌則陽浸多矣初交爲巽則陰尙少再交爲坎艮則陰浸多矣

又曰無極之前、陰含陽也、有象之後、陽分陰也、陰爲陽之母、陽爲陰之父、故母孕男長而爲復、父生長女而爲姤、是以、陽起於復而陰起於姤也、

朱子曰邵子就圖上說循環之意自姤至坤是陰含陽自復至乾是陽分陰坤復之間乃无極自坤反姤是无極之前○思齋翁氏曰无極之前陰含陽也言自巽消而至坤翕靜之妙也有象之後陽分陰也言自震長而至乾分動之妙也陰含陽故曰母孕陽分陰故曰父生○臨川吳氏曰六十四卦圓圖左邊自復卦至乾卦屬陽陽主生言生物自无而有也右邊自姤卦至坤卦屬陰陰主殺言殺物自有而无也无極之前謂自坤卦右旋以至於姤也有象之後謂自復卦左旋以至於乾也自坤前至姤皆屬陰而陰之中有八十陽者陰中所含之陽也自復後至乾皆屬陽而陽之中有八十陰者陽中所分之陰也

又曰陽在陰中、陽逆行、陰在陽中、陰逆行、陽在陽中、陰在陰中則皆順行、此、眞至之理、按圖、可見矣、

朱子曰圖左屬陽右屬陰自震一陽離兌二陽乾三陽爲陽在陽中順行自巽一陰坎艮二陰坤三陰爲

陰在陰中順行坤无陽艮坎一陽巽二陽爲陽在陰中逆行乾无陰兌離一陰震二陰爲陰在陽中逆行○思齋翁氏曰先天圓圖左陽右陰左三十二卦陽始於復之初九歷十六變而二陽臨又八變而三陽泰又四變而四陽大壯又二變而五陽夬而乾以君之陽之進也始緩而終速其進也以漸所謂陽在陽中順也陽主升自下而升亦順也復至无妄二十陽明夷至同人二十八陽臨至履亦二十八陽乾至泰三十六陽二十者陽之微二十八陽之著三十六陽之盛陽在北則微在東則著在南則盛亦順也陽順而陰逆不言可知矣陽在右方三十二卦則反是故曰眞至之理按圖可見矣

又曰復至乾、凡百一十有二陽、姤至坤、凡八十陽、姤至坤、凡百一十有二陰、復至乾、凡八十陰、

玉齋胡氏曰自復至乾居圖之左陽方也故陽多而陰少自姤至坤居圖之右陰方也故陰多而陽少左邊一畫陽便對右邊一畫陰左邊一畫陰便對右邊一畫陽對待以立體而陰陽各居其半也由此觀之天地間陰陽各居其半本无截然爲陽截然爲陰之理但造化貴陽賤陰聖人扶陽抑陰故於消長之際淑慝之分有不能不致其區別爾豈容以槪論哉

又曰坎離者、陰陽之限也、故、離當寅坎當申而數常踰之者、陰陽之溢也、然、用數、不過乎中也、

朱子曰此更宜思離當卯坎當酉但以坤爲子半可見矣○西山蔡氏曰此一節論陰陽往來皆以馴致以坎離言離中當卯坎中當酉然離之生已起於寅震中坎之生已起於申巽中故謂離當寅坎當申也坤當子半乾當午半則離卯坎酉之謂也○玉齋胡氏曰坎離陰陽之限者就寅申而言也以四時言之春爲陽而始於寅是離當寅而爲陽之限秋爲陰而始於申是坎當申而爲陰之限也數常踰之者離雖當寅而盡於卯中坎雖當申而盡於酉中是踰寅申之限而爲陰陽之溢矣用數不過乎中者取寅申而不取卯酉也蓋子位陽雖生而未出乎地至寅則溫厚之氣始用事午位陰雖生而未害於陽至申則嚴凝之氣始用事是所謂用數仍不過乎寅申之中也由是推之則乾當巳坤當亥兌當卯辰震當子丑巽當午未艮當酉戌皆數之不及而邵子以爲中者也乾當午坤當子兌當辰巳震當丑寅巽當未申艮當戌亥皆四方之中四隅之會處而邵子以爲數常踰之者也此即邵子怕處其盛之意

又大易吟、曰天地定位、否泰反類、山澤通氣、損咸見義、風雷相薄、恒益起意、水火相射、旣濟未濟、四象相交、成十六事、八卦相盪、爲六十四、

朱子曰此是說方圖中兩交股底且如西北角乾東南角坤是天地定位便對東北角泰西南角否次乾是兌次坤是艮便對次否之咸次泰之損後四卦亦如是共十六卦又曰方圖自西北之東南便是自乾

以之坤自東北之西南便是由泰以之否其間有咸恒損益既濟未濟所以又於此八卦見義蓋爲是自兩角尖射上與乾坤相對不知怎生恁地巧○天台董氏曰愚因邵子大易吟欲以方圖分作四層看其第一層四隅乾坤否泰四卦所謂天地定位否泰反類也然以周圍二十八卦橫直觀之皆乾一坤八之卦此見天地定位之不可易也其第二層四隅兌艮咸損四卦所謂山澤通氣損咸見義也然以周圍二十卦橫直觀之亦皆兌二艮七之卦此見山澤通氣之象也其第三層四隅爲坎離既濟未濟四卦所謂水火相射既濟未濟是也然以周圍十二卦橫直觀之亦皆離三坎六之卦此足以見水火不相射之象也其最裏一層爲震巽恒益四卦所謂風雷相薄恒益起意其象亦可見矣以此言之邵子之詩曉然足以見先天法象自然之妙

又詩曰耳目聰明男子身、洪鈞賦予不爲貧、須探月窟方知物、未躡天根豈識人、乾遇巽時觀月窟、地逢雷處見天根、天根月窟閒來往、三十六宮都是春、朱子曰先天圖自復至乾陽也自姤至坤陰也陽主人陰主物天根月窟指復姤二卦乃是說他圖之所從起處三十六宮之說邵子嘗曰八卦之象不易者四乾坤坎離反易者二震反爲艮巽反爲兌本是四卦以反易爲二卦以六變而成八也重卦之象不易者八乾坤坎離頤中孚大小過反易者二十八如屯反爲蒙之類本五十六卦反易只二十八卦以三十六變爲六十四也張行成曰天地之間惟一无對惟中無對乾坤陰陽之一坎離陰陽之中頤大過似乾坤之一中孚小過似坎離之中所以皆無對其餘五十六卦不純乎一與中者則有對也劉砥問都是春蓋云天理流行而己常周流其間之意否曰是

○朱子、曰圓圖、乾在南、坤在北、方圖、坤在南、乾在北、乾位、陽畫之聚、爲多、坤位、陰畫之聚、爲多、此、陰陽之各以類而聚也、亦莫不有自然之法象焉、又曰圓圖、象天、一順一逆、流行中、有對待、如震八卦、對巽八卦之類、方圖、象地、有逆无順、定位中、有對待、四角、相對、如乾八卦、對坤八卦之類、此則方圓圖之辨也、圓圖象天者、天圓而動、包乎地外、方圖象地者、地方而靜、囿乎天中、圓圖者、天道之陰陽、方圖者、地道之柔剛、震離兌乾、爲天之陽地之剛、巽坎艮坤、爲天之陰地之柔、地道、承天而行、以地之柔剛、應天之陰陽、同一理也、特在天者、一逆一順、卦氣所以運、在地者、惟主

平逆、卦畫所以成耳、西山蔡氏曰邵子經世衍易圖一動一靜之間者易所謂太極也動靜者易所謂兩儀也陰陽剛柔者易所謂四象也太陽太陰少陽少陰少剛少柔太剛太柔者易所謂八卦也又曰動者爲天天有陰陽陽者動之始陰者動之極陰陽之中又各有陰陽故有太陽太陰少陽少陰太陽爲日乾太陰爲月兌少陽爲星離少陰爲辰震是爲天之四象靜者爲地地有柔剛柔者靜之始剛者靜之極剛柔之中又有剛柔故有太剛太柔少剛少柔太柔爲水坤太剛爲火艮少柔爲土坎少剛爲石巽是爲地之四象○天台董氏曰邵子以乾兌離震分太陽太陰少陽少陰爲天之四象以巽坎艮坤分少剛少柔太剛太柔爲地之四象蔡氏之說是也朱子以乾兌艮坤分陰陽爲天之四象以離震巽坎分剛柔爲地之四象又別是一說當闕疑以俟知者○玉齋胡氏曰邵子以太陽爲乾太陰爲兌少陽爲離少陰爲震四卦天四象少剛爲巽少柔爲坎太剛爲艮太柔爲坤四卦地四象天地各四象此八卦也朱子釋之乃曰乾兌艮坤生於二太故爲天四象離震巽坎生於二少故爲地四象其言乾兌巽坎同而言離震艮坤異何也蓋四象八卦之位邵子以陰陽剛柔四字分之朱子唯以陰陽二字明之其論四象旣殊則論八卦亦異邵子以乾兌離震爲天四象者以此四卦自陽儀中來以巽坎艮坤爲地四象者以此四卦自陰儀中來朱子則以乾兌艮坤生於太陽太陰故屬其象於天離震巽坎生於少陰少柔故屬其象於地二者各有不同也但詳玩邵子本意謂陰陽相交者指陽儀中之陰陽剛柔相交者指陰儀中之剛柔是以老交少少交老而生天地四象其機混然而無間朱子易陽爲太陽陰爲太陰剛爲少陽柔爲少陰二太相交而生天四象二少相交而生地四象其分粲然而有別朱子之說雖非邵子本意然因是可以見圖之分陰陽者以交易而成象之或老或少初不易其分也朱子嘗言文王後天八卦震東兌西爲長少相合於正方巽東南艮東北爲長少相合於偏方以長少之合爲非其偶必若伏羲先天八卦震以長男而合陰長之巽爲雷風不相悖艮以少男而合陰少之兌爲山澤通氣以長合長少合少爲得其偶又言無伏羲底做文王底不成其歸却在伏羲上今邵子說四象之變即文王之說也朱子說四象之交卽伏羲之說也觀朱子之說實廣邵子未盡之意而觀邵子說者亦庶乎有折衷矣

○問邵子、云先天之學、心法也、圖皆從中起、萬化萬事、生于心、何也、曰其中白處、便是大極、三十二陰三十二陽、便是兩儀、十六陰十六陽底、便是四象、八陰八陽底、便是八卦、又曰萬物萬化、皆從這裏流出、是心法、皆從中起也、新安程氏曰先天學心法也圖皆從中起曰皆者其故何也兼方圓圖而言也天地定位圓圖之從中起也雷以動之風以散之方圖之從中起也皆五與十所寄之位也故圓圖

左旋起於六十四之坤右轉起於一之乾是中起於天地之定位也方圖西北與東南之交也起於震巽東北與西南之交也起於恒益南北相直也則起於恒震巽益東西相直也則起於震益恒巽是中起於雷風之動散也由此而論圓者動以定位爲本方者靜以動散爲用故動而无動靜而无靜固先天之心法歟是不可不皆求之圖也○雙湖胡氏曰程氏此論甚的愚因推之天地定位起南北子午之中山澤通氣次西北東南之卦雷風相薄次東北西南之卦水火不相射又次東西之卦圓圖自南北之中起也雷以動之風以散之正居方圖中心雨以潤之日以烜之則坎次巽離次震艮以止之兌以說之則艮次坎兌次離乾以君之坤以藏之則乾次兌坤次艮實由中而達乎西北東南方圖亦自中起也 問圖雖無文、吾、終日言之、不離乎是、何也、曰先天圖今所寫者、是、以一歲之運、言之、若大而古今十二萬九千六百年、亦只是這圈子、小而一日十二時、亦只是這圈子、都從復上推起去、又曰以月言之、自坤而震、月之始生初三日也、至兌則月之上弦初八日也、至乾則月之望十五日也、至巽則月之始虧十八日也、至艮則月之下弦二十三日也、至坤則月之晦三十日也、又曰一日、有一日之運、一歲、有一歲之運、大而天地之終始、小而人物之生死、遠而古今之世變、皆不外乎此、只是一箇盈虛消息之理、如納甲法、乾納甲壬、坤納乙癸、離納己、坎納戊、巽納辛、震納庚、兌納丁、艮納丙、亦是此、玉齋胡氏曰自有先天圖以後如納甲法道家脩養法下至火珠林占筮等書莫不自先天圖出所謂天地萬物之理盡在其中者是也○易訓變易、又訓交易、是博易之義、觀先天圖、便可見東邊一畫陰、便對西邊一畫陽、蓋東一邊、本皆是陽、西一邊、本皆是陰、東邊陰畫、本皆是自西邊來、西邊陽畫、都是自東邊來、姤在西、是東邊五畫陽、過來、復在東、是西邊五畫陰、過來、互相博易而成、易之變、雖多般、然、此是第一變、又曰陽中、有陰、陰中、有陽、兩邊、交易・各各相對、其實、非此往彼來、只是其象、如此、然、聖人、當初、亦不恁地思量、只是畫一箇陰畫一箇陽、每箇、便生兩箇、就一箇陽上、又生一箇陽一箇陰、就一箇陰上、又生一箇陰一箇陽、只管恁地去、自一爲二、二爲四、四爲八、八爲十六、十六爲三十二、三十二爲六十四、旣成、便如此齊整、皆是天地本然之妙、元如此、但略假聖人手、畫出來、○問先天圖、有自然之象數、伏羲、當初、亦知其然否、曰也不見得如何、但橫圖、據見在底畫、較自然、圓圖、便是就這中間拗做兩截、恁地轉來底、是奇、恁地轉去底、是偶、有些造作、不甚依他元初畫底、伏羲、當初、也只見太極下面、有箇陰陽、便知得一生二、二又生四、四又生八、恁地推去、做成這物事、不覺成來、却如此齊整、○答葉永卿曰先天之說、此須先將六十四卦、作一橫圖則震巽復姤、正在中間、先自震復、却行、以至於乾、乃自巽姤而順行、以至於坤、便成圓圖而春夏秋冬、晦朔弦望、晝夜昏旦、皆有次第、此、作圖之大指也、又左方百九十二爻、本皆陽、右方百九十二爻、本皆陰、乃以對望、交相博易而成、此圖、若不從中起、以向兩端而但從頭至尾則此等類、皆不可通矣、試用此意推之、當自見得也、○先天、乃伏羲本圖、非康節所自作、雖无言語而所該、甚廣、凡今易中一字一義、无不自其中流出者、○問先天圖、與太極圖、不同、如何、曰中間虛者、便是太極、他圖、說從中起、今不合方圖、在中間塞、却待取出放外、他兩邊生者、即是陰根陽陽根陰、這箇、有對、從中出者、无對、○問先天圖、如何移出方圖在下、曰是某挑出、臨川吳氏曰羲皇始畫八卦因而重之但有方圓二圖而无書也後聖因之作連山歸藏周易雖一本諸羲皇之圖而其取用又各不同焉三易既亡其二而周易獨存世儒誦習知有周易而已羲皇卦圖鮮或傳授而淪落於方技家雖其說具見於繫辭說卦而讀者莫之察也至邵子始得而發揮之於是人乃知有羲皇之易不至於沿流而迷其源焉厥功大矣

文王八卦次序之圖

兌離巽	坤母	乾父	艮坎震
	☷	☰	

兌	離	巽	艮	坎	震
少女	中女	長女	少男	中男	長男
☱	☲	☴	☶	☵	☳
得坤上爻	得坤中爻	得坤初爻	得乾上爻	得乾中爻	得乾初爻

右、見說卦、

【附錄】朱子、曰坤、求於乾、得其初九而爲震、故、曰一索而得男、乾、求於坤、得其初六而爲巽、故、曰一索而得女、坤、再求而得乾之九二、以爲坎、故、曰再索而得男、乾、再求而得坤之六二、以爲離、故、曰再索而得女、坤、三求而得乾之九三、以爲艮、故、曰三索而得男、乾、三求而得坤之六三、以爲兌、故、曰三索而得女、又曰乾、索於坤而得女、坤、索於乾而得男、初間畫卦時、不是恁地、只是畫卦後、便見有此象耳、玉齋胡氏曰三男陽也乾之似也乃歸之於坤求而後得三女陰也坤之似也乃歸之於乾求而後得何也蓋三男本坤體各得乾一陽而成此陽根於陰故歸之坤也三女本乾體各得坤一陰而成此陰根於陽故歸之乾也

邵子曰母孕長男而爲復父生長女而爲姤陰陽互根之義可見矣

文王八卦方位之圖

右、見說卦、邵子、曰此、文王八卦、乃入用之位、後天之學也、

【附錄】邵子、曰至哉、文王之作易也、其得天地之用乎、故、乾坤交而爲泰、坎離交而爲旣濟也、乾生於子、坤生於午、坎終於寅、離終於申。以應天之時也、置乾於西北、退坤於東南、長子、用事而長女、代母、坎離、得位而兌艮、爲偶、以應地之方也、王者之法、其盡於是矣、朱子曰此言文王改易伏羲卦圖之意也蓋自乾南坤北而交則乾北坤南而爲泰矣自離東坎西而交則離西坎東而爲旣濟矣乾坤之交者自其所以成而反其所由生也故再變則乾退乎西北坤退乎西南也坎離之變者東自上而西西自下而東也故乾坤旣退則離得乾位而坎得坤位也震用事者發生於東方巽代母者長養於東南也○玉齋胡氏曰乾南坤北離東坎西者先天卦位乾坤由南北而交坤南乾北則坤上乾下故交而爲泰也離坎由東西而交則坎上離下故交而爲旣濟也先天卦乾居午而云生於子者以乾陽始生於復復子之半也坤居子而云生於午者以坤陰始生於姤姤午之半也午乾之所己成今下而交坤於子是反其所由生也子坤之所己成今上而交乾於午是反其所由生也故再變而爲後天卦則乾退西北坤退西南也先天卦離當寅而云終於申者申乃坎之位離交坎而終於申也坎當申而云終於寅者寅乃離之位坎交離而終於寅也寅者離之本位其變則交於坎而向西是東自上而西也西者坎之本位其變則交於離而向東是西自下而東也故再變而爲後天卦乾坤旣退則離上而得乾位坎下而得坤位也震代父始事而發生於東方巽代母繼事而長養於東南也先天主乾坤坎離之交其交也將變而无定位天時之不窮也故曰應天後天主坎離震兌之交其交也不變而有定位地方而有常也故曰應地此文王作易所以得天地之用而邵子以至哉之辭贊之也○雙湖胡氏曰邵子以此圖屬之文王八卦蓋本之坤卦下之辭卦辭文王所作而謂西南得朋東北喪朋正此圖之方位也

又曰易者、一陰一陽之謂也、震兌始交者也、故、當朝夕之位、坎離、交之極者也、故、當子午之位、巽艮、不交而陰陽、猶雜也、故、當用中之偏、乾坤、純陽純陰也、故、當不用之位也、西山蔡氏曰此一節論陰陽以易位爲交陽本在上陰本在下艮一陽在上巽一陰在下故云不交震一陽在下兌一陰在上故爲始交坎陽在中離陰在中故爲交之極春陽之始故震居之秋陰之始故兌居之夏陽極陰生故離居之冬陰極陽生故坎居之艮一陽二陰巽二陽一陰猶有用

乾純陽坤純陰不爲用東方爲陽主用西方爲陰不用故乾坤居西隅艮巽居東隅也乾艮爲陽坤巽爲陰北爲地之陽南爲地之陰故乾艮居北隅而巽坤居南隅也又曰兌離巽、得陽之多者也、艮坎震、得陰之多者也、是以、爲天地用也、乾極陽、坤極陰、是以不用也、又曰震兌橫而六卦縱、易之用也、

朱子曰嘗考此圖而更爲之說曰震東兌西者陽主進故以長爲先而位乎左陰主退故以少爲貴而位乎右也坎北者進之中也離南者退之中也男北而女南者互藏其宅也四者皆當四方之正位而爲用事之卦然震兌始而坎離終震兌輕而坎離重也乾西北坤西南者父母旣老而退居不用之地也然母親而父尊故坤猶半用而乾全不用也艮東北巽東南者少男進之後而長女退之先故亦皆不用也然男未就傅女將有行故巽稍向用而艮全未用也四者皆居四隅不正之位然居東者未用而居西者不復用也故下文歷擧六子而不數乾坤至其水火雷風山澤之相偶則又用伏羲卦云○盤澗董氏曰天地以中相易爲坎離水火以上下相易爲震兌澤雷以上下相易爲巽艮風山以上下交相易爲乾坤六子並以一爻變惟乾坤變其二爻陰陽之純故也故震兌橫而六卦縱有自然之象矣○思齋翁氏曰坎離是乾坤中爻之交在八卦位中只有東西南北四正位位之極好先天則位坎離以卯酉後天則位坎離以子午只此四位陽中有陰陰中有陽皆是羲文微意○隆山陳氏曰離爲日大明生於東故在先天居東日正照於午日中時也故在後天居南坎爲月月生於西故在先天居西月正照於子夜分時也故在後天居北在先天則居生之地在後天則居旺之地不特坎離後天卦位皆以生旺爲序震木旺於卯兌金旺於酉土旺中央故坤位金火之間艮位水木之間兌陰金乾陽金故乾次兌居西北震陽木巽陰木故巽次震居東南皆以五行生旺爲序此所謂易之用也○平庵項氏曰後天之序播五行於四時也震巽二木主春故震在東方巽東南次之離火主夏故爲南方之卦兌乾二金主秋故兌爲正秋乾西北次之坎水主冬故爲北方之卦土旺四季故坤土在夏秋之交爲西南之卦艮土在冬春之交爲東北之卦木金土各二者以形王也水火各一者以氣王也坤陰土故在陰地艮陽土故在陽地震陽木故正東巽陰木故近南而接乎陰兌陰金故正西乾陽金故近北而接乎陽也觀於說卦帝出乎震章其指瞭然矣

○朱子、答袁樞曰來喩、謂冬春爲陽、夏秋爲陰、以文王八卦、論之則自西北之乾、以至東方之震、皆父與三男之位也、自東南之巽、以至西方之兌、皆母與三女之位也、故、坤蹇解卦之彖辭、皆以東北、爲陽方、西南、爲陰方、然則謂冬春爲陽、夏秋爲陰、亦是一說、但說卦、又以乾 爲西 北則陰有

不盡乎西、以巽、爲東南則陽有不盡乎東、此亦以來書之說、推之而說卦之文、適與彖辭、相爲表裏、亦可以見此圖之出於文王也、但此自是一說、與他說十二卦之類、各不相通耳、又曰據邵氏說、先天者、伏羲所畫之易也、後天者、文王所演之易也、伏羲之易、初无文字、只有一圖、以寓其象數而天地萬物之理、陰陽始終之變、具焉、文王之易、即今之周易而孔子所爲作傳者、是也、孔子、旣因文王之易、以作傳則其所論、固當專以文王之易、爲主、然、不推本伏羲始畫之易、只從中半說起、不識向上根原矣、故、十翼之中、如八卦成列因而重之、太極兩儀四象八卦而天地山澤雷風水火之類、皆本伏羲畫易之意而某、於啓蒙原卦畫一篇、亦分兩義、伏羲在前、文王、在後、必欲知聖人作易之本則當考伏羲之畫、若只欲知今易書文義則但求之文王之經孔子之傳、足矣、兩者、初不相妨而亦不可以相雜也、又曰自初未有畫時、說到六畫滿處者、邵子所謂先天之學也、卦成之後、各因一義推說、邵子所謂後天之學也、如繫辭說卦、三才六位之說、即所謂後天者也、先天後天、旣各自爲一義而後天說中、取義、又多不同、彼此、自不相妨、不可執一而廢百也、○西山蔡氏曰伏羲八卦、是數之自然、文王八卦、乃是見之於用、或謂先天、乃模寫天地所以然、純乎天理者也、後天、乃整頓天地所當然之理、參以人事、此意固好、然、先天、豈非人事、後天、亦是天理之自然、顧有明體致用之不同、二者不可相无、故、夫子、釋帝出乎震一章、又以先天、說六子之用也、邵子、以帝出乎震、爲文王所定、今觀連山首艮、

以萬物、成終成始」恐古亦有此矣、玉齋胡氏曰先天卦乾以君言則所主者在乾後天卦震以帝言則
所主者又在震何哉此正夫子發明羲文尊陽之意也蓋乾爲震之
父震爲乾之子以統臨謂之君則統天者莫如乾而先天卦位宗一乾也此乾方用事則震居東北而綏其用也以主
宰謂之帝主器者莫若長子後天卦位宗一震也此乾不用則震居正東而司其用也先天所重者在正南後天所重
者在正東如此則文王改易伏羲卦圖均一尊陽之心可見矣又曰愚嘗合先後天之易而參之圖書矣伏羲先天之
易固以河圖爲本而其卦位未嘗不與洛書合且以乾南兌東南則老陽四九之位也離東震東北則少陽三八之位
也巽西南坎西則少陰二七之位也艮西北坤北則老陰一六之位也其卦實與洛書合焉文王後天之易雖但本之
伏羲然亦未嘗不與河圖合且以坎離當南北之正子午之中則兩卦各當夫水火之一象離當地二天七之火而居
南坎當天一地六之水而居北外此六卦則每卦各當一象震者木之生當天三之木於東巽者木之成當地八之木
於東南兌者金之生當地四之金於西乾者金之成當天九之金於西北艮者土之生當天五之土於東北坤者土之
成當地十之土於西南坤艮所以獨配夫中宮之五十者以土實寄旺於四季无乎不在故配夫中數耳其卦實與河
圖合焉原其初伏羲但據河圖以作易未必預見於書文王但據先天八卦以爲後天八卦未必追考於圖而方位旣
成自默相符合于以見天地之間河洛自然之數其與聖人心意之所爲自有不期合而合者此理之所必同也不可
不察焉○雙湖胡氏曰先天乾中爻下變坤中爻則成坎而襲坤之位故天氣下降而乾位西北先天坤中爻上變乾
中爻則成離而襲乾之位故地氣上騰而坤位西南先天離下爻變坎下爻則成兌襲先天坎之位故離居南而爲夏
兌居西而次夏爲秋先天坎上爻變離上爻則成震襲先天離之位故坎居北而爲冬震居東而次冬爲春後天乾旣
位西北而當先天艮之位則艮進而位於東北襲先天震之位艮亦震之反也後天坤旣位西南而當先天巽之位則
巽退而位於東南襲先天兌之位巽亦兌之反也後天四正四隅之卦所由定如此夫豈舍先天而自爲之哉

卦變圖彖傳或以卦變爲說今作此圖以明之蓋易中之一義非

畫卦作易之本指也

凡一陰一陽之卦、各六、皆自復姤而來、五陰五陽卦同圖異

凡二陰二陽之卦、各十有五、皆自臨遯而來、四陰四陽卦同圖異

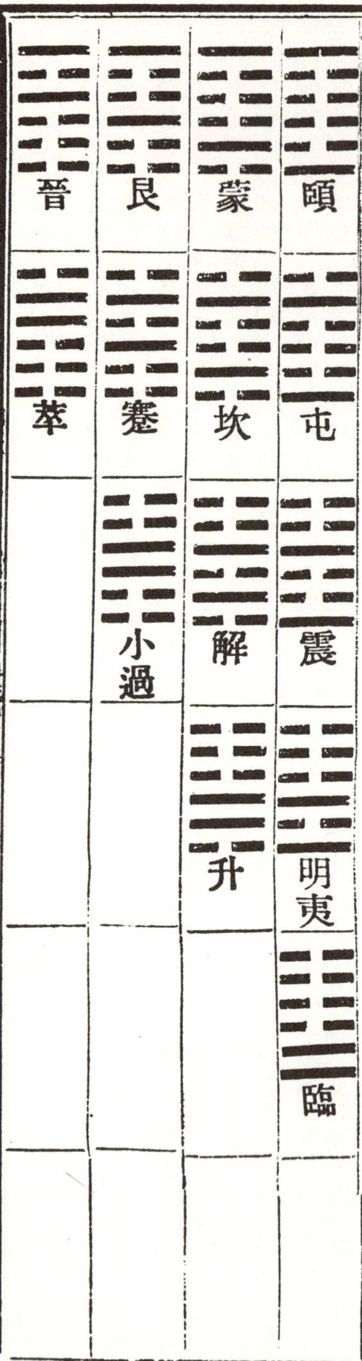

觀

大過　鼎　巽　訟　遯

革　離　家人　无妄

兌　睽　中孚

需　大畜

大壯

凡三陰三陽之卦、各二十、皆自泰否而來、

損　節　歸妹　泰

賁　既濟　豐

噬嗑　隨

益				
蠱	井	恒		
未濟	困			
渙				
旅	咸			
漸				
否				
咸	旅	漸	否	
困	未濟	渙		
井	蠱			

恒

隨　噬嗑　益

既濟　賁

豐

節　損

歸妹

泰

凡四陰四陽之卦、各十有五、皆自大壯觀而來、二陰二陽圖已見前

大畜　需　大壯

睽　兌

中孚

離
革

家人

无妄

鼎
大過

巽

訟

遯

萃
晉
觀

蹇
艮

小過	坎	解	升	屯	震	明夷	臨		大有
	蒙			頤					夬

凡五陰五陽之卦、各六、皆自夬剝來、一陰一陽圖已見前

䷈ 小畜	䷉ 履	䷌ 同人	䷫ 姤	䷇ 比	䷏ 豫	䷎ 謙	䷆ 師	䷗ 復
				䷖ 剝				

右易之圖、九、有天地自然之易、有伏羲之易、有文王周公之易、有孔子之易、自伏羲以上、皆无文字、只有圖畫、最宜深玩、可見作易本原精微之意、文王以下、方有文字、即今之周易、然、讀者、亦宜各就本文消息、不可便以孔子之說、爲文王之說也、

【附錄】董銖、問近、略考卦變、以彖辭考之、說卦變者、凡九卦、蓋言成卦之由、凡彖辭不取成卦之由則不言所變之爻、程子、專以乾坤、言變卦、然、只是上下兩體皆變者、可通、若只一體變者則不通、兩體變者、凡七卦、隨蠱賁咸恒漸渙、是也、一體變者、兩卦、訟无妄是也、七卦中、取剛來下柔剛上柔下之類者、可通、至一體變者則以來、爲自外來、故、說得有礙、大凡卦變、須觀兩體上下爲變、方知其所由以成之卦、朱子、曰便是此處、說得有礙、且程傳賁卦、所云豈有乾坤、重而爲泰、又自泰而變爲賁之理、若其說、果然則所謂乾坤、變而爲六子、八卦、重而爲六十四、皆由乾坤而變者、其說、不得而通矣、蓋有則俱有、自一畫而二、二而四、四而八而八卦、成八而十六、十六而三十二、三十二而六十四而重卦、備、故、有八卦則有六十四矣、此、康節所謂先天者也、若震一索而得男以下、乃是已有此卦了、就此卦生出此義、皆所謂後天之學也、今所謂卦變者、亦是有卦之後、聖人、見得有此象、故、發於彖辭、安得謂之乾坤、重而爲是卦則更不可變而爲他卦耶、若論先天、一卦、亦无、既畫之後、乾一兌二離三震四至坤居末、又安有乾坤、變而爲六子之理、凡今易中所

言、皆是後天之易耳、以此、見得康節先天後天之說、最爲有功、○太極兩儀四象八卦者、伏羲畫卦之法也、說卦天地定位至坤以藏之、以見伏羲所畫八卦之位也、帝出乎震以下、文王、即伏羲已成之卦而推其義類之辭也、如卦變圖剛來柔進之類、亦是就卦已成後用意推說、以見此爲自彼卦而來耳、非眞先有彼卦而後、方有此卦也、古註、說、賁卦、自泰卦而來、先儒、非之、以爲乾坤合而爲泰、豈有泰復變爲賁之理、殊不知若論伏羲畫卦則六十四卦、一時俱了、雖乾坤、亦无能生諸卦之理、若如文王孔子之說則縱横曲直、反覆相生、无所不可、要在看得活絡、无所拘泥、則无不通耳、○伊川、不取卦變之說、至柔來而文剛、剛自外來而爲主於内諸處、皆牽强說了、王輔嗣卦變、又變得不自然、某之說、却覺得有自然氣象、只是換了一爻、非是聖人、合下作卦如此、自是卦成了、自然有此象○朱漢上易卦變、只變到三爻而止、於卦辭、多有不通處、某、更推盡去、方通、如无妄、剛自外來而爲主於内、只是初剛、自訟二移下來、晉、柔進而上行、只是五柔、自觀四、挨上去、此等類、按漢上卦變則通不得、○卦有兩樣生、有從兩儀四象加倍生來底、有卦中互換自生一卦底、互換成卦、不過換兩爻、這般變卦、伊川、破之、及到那剛來而得中、却推不行、大率在就義理上看、不過如剛自外來而得中、分剛上而文柔等處、看其餘、多在占處用也、賁變節之象、這雖无緊要、然、後面、有數處彖辭、不如此看、无來處、解不得、雙湖胡氏曰按彖傳中本義所釋卦變訟泰否隨蠱噬嗑賁无妄大畜咸恒晉睽蹇解升鼎漸渙只十九卦且所釋自訟晉與圖同外餘皆不合如隨自困噬嗑未濟既濟來據圖則自泰否來之類是也蓋圖雖因彖傳而作而卦變則无所不通不可以一定拘也嘗考此圖之變各生於兩卦凡陽爻變陰則陽自下而上往居陰位陰自上而下來居陽位如復變師復初上爲師之二復二下爲師之初之類是也凡陰爻變陽則陰自下而上往居陽位陽自上而下來居陰位如姤變同人姤初上爲同人之二姤二下爲同人之初之類是也此圖變法又自是一例不過陰陽爻移上換下而與初九變爲初爻之八初六變爲初爻之七者其例又不同要之卜筮所用必八九六七之變如啓蒙三十二圖變例乃爲備也○鄱陽董氏曰鶴山魏氏謂朱子易大抵得於邵子爲多不讀邵易則茫不知啓蒙本義之所以作今觀此諸圖則魏氏之言爲尤信朱子嘗稱邵傳羲畫愚亦謂朱子文所以傳邵易云

五贊

原象

太一肇判、陰降陽升、陽一以施、陰兩而承、雲峯胡氏曰此畫前之易也太一即太極以其未分則曰太一以其極至則曰太極陽實則能施陰虛則能承乾曰雲行雨施曰德施普坤曰乃順承天曰承天時行施與承雖見於乾坤已畫之後此所言則未畫之前天地間陰陽之象與數凡陽皆一以施凡陰皆兩而承其理固如此太極判而生陰陽一每生兩此天地自然之易也惟皇昊羲、仰觀俯察、奇偶旣陳、兩儀斯設、旣幹乃支、一各生兩、陰陽交錯、以立四象、奇加以奇、曰陽之陽、奇而加偶、陽陰以章、偶而加奇、陰內陽外、偶復加偶、陰與陰會、兩一旣分、一復生兩、三才在目、八卦指掌、奇奇而奇、初一曰乾、奇奇而偶、兌次二焉、奇偶而奇、次三曰離、奇偶而偶、四震以隨、偶奇而奇、巽居次五、偶奇而偶、坎六斯覩、偶偶而奇、艮居次七、偶偶而偶、坤八以畢、初畫爲儀、中畫爲象、上畫卦成、人文斯朗、因而重之、一貞八悔、六十四卦、由內達外、或問一貞八悔朱子曰如乾夬大有大壯小畜需大畜泰內體皆乾是一貞外體八卦是八悔餘放此○問內卦爲貞外卦爲悔何如曰此出於洪範貞看來是正悔是過意凡悔字都是過了方悔這悔字是過底意思亦是多底事思下三爻便是正卦上三爻似是過多了恐是如此這貞悔亦似今占卜分甚主客○貞是事之始悔是事之終貞是意之主悔是事之客貞是在我底悔是應人底又曰本卦是貞支卦是悔前後十卦又自有貞悔貞便是一箇靜之本體悔是動用之意○問卦爻凡初者多吉上者多凶曰是運之窮自是如此亦是貞悔意交易爲體、往此來彼、變易爲用、時靜時動、降帝而王、傳夏歷商、有占无文、民用弗章、文王繫彖、周公繫爻、視此八卦、二純六交、乃乾斯父、乃坤斯母、震坎艮男、巽離兌女、離南坎北、震東兌西、乾坤艮巽、位以四維、建官立師、命曰周易、孔聖傳之、是爲十翼、遭秦弗

燼及宋而明、邵傳羲畫、程演周經、象陳數列、言盡理得、彌億萬年、永著常式、

述旨

昔在上古、世質民淳、是非莫別、利害不分、風氣既開、乃生聖人、聰明睿知、出類超羣、仰觀俯察、始畫奇偶、敎之卜筮、以斷可否、或問伏羲之後文王周公之前未有卦爻辭何以定吉四朱子曰此无可考但周禮三易經卦皆八別皆六十有凶則疑己有辭矣作爲君師、開鑿戶牖、民用不迷、以有常守、降及中古、世變風移、淳澆質喪、民僞日滋、穆穆文王、身蒙大難、安土樂天、惟世之患、乃本卦義、繫此彖辭、爰及周公、六爻是資、因事設敎、丁寧詳密、必中必正、乃亨乃吉、語子惟孝、語臣則忠、鉤深闡微、如日之中、爰曁末流、淫於術數、僂句成欺、黃裳亦誤、左傳昭公二十五年臧昭伯如晉臧會竊其寶龜僂句以卜爲信與僭僭吉後平子立會會曰僂句不余欺也註僂句龜所出地名僭不信也謂求立爲臧氏後也僂力主力具二反句居具反〇雲峯胡氏曰臧會本有僭上之心曰僂句成欺者會欲以欺人不過借龜以成其欺也南蒯有叛志得黃裳之占以爲大吉殊不知其擧事正反乎黃之中裳之下其大敗也固宜曰黃裳亦誤者非易之誤南蒯南蒯用易之誤也大哉孔子、晚好是書、韋編既絕、八索以祛、乃作彖象、十翼之篇、專用義理、發揮經言、居省象辭、動察變占、存亡進退、陟降飛潛、曰毫曰釐、匪差匪繆、假我數年、庶无大咎、恭惟三古、四聖一心、垂象炳明、千載是臨、惟是學者、不本其初、文辭象數、或肆或拘、嗟予小子、既微且陋、鑽仰沒身、奚測奚究、匪警滋荒、匪識滋漏、維用存疑、敢曰垂後、

明筮

倚數之元、參天兩地、衍而極之、五十乃備、是曰大衍、虛一无爲、其爲用者、四十九

蓍、信手平分、置右於几、取右一蓍、掛左小指、乃以右手、揲左之策、四四之餘、歸之于扐、初扐左手、无名指間、右策左揲、將指是安、再扐之奇、通掛之算、不五則九、是謂一變、置此掛扐、再用存策、分掛揲歸、復準前式、三亦如之、奇皆四八、三變既備、數斯可察、數之可察、其辨伊何、四五爲少、八九爲多、三少爲九、是曰老陽、三多爲六老陰是當、一少兩多、少陽之七、孰八少陰、少兩多一、朱子曰老陰老陽所以變者无他到極處了无去處只得變回來做八六下來便是五生數了也去不得所以却去做七又曰七八九六雖是逐爻之數然全用七八則當占本卦辭三爻七八則當占兩卦辭全用九六則當占之卦辭既得初爻、復合前蓍、四十有九如前之爲、三變一爻、通十八變、六爻發揮、卦體可見、老極而變、少守其常、六爻皆守、彖辭是當、變視其爻、兩兼首尾、變及三爻、占兩卦體、或四或五、視彼所存、四二五一、二分一專、皆變而他、新成舊毁、消息盈虛、舍此視彼、乾占用九、坤占用六、泰愕匪人、姤喜來復、朱子曰凡卦六爻皆不變則占本卦彖辭而以內卦爲貞外卦爲悔一爻變則以本卦變爻辭占二爻變則以本卦二變爻辭占仍以上爻爲主三爻變則占本卦及之卦之彖辭而以本卦爲貞之卦爲悔前十卦主貞後十卦主悔四爻變則以之卦二不變爻占仍以下爻爲主五爻變則以之卦不變爻占六爻變則乾坤占二用餘卦占之卦彖辭○汪氏深曰聖人用易以明民托之卜筮或所得之辭闕然不相對者何哉古人非有大事不疑不卜也若誠有兩可之疑而合筮之必誠敬專一以達于神明故神明亦以正告之倘有一毫不敬不誠不一則問此而答彼實神明之所不至而不告者也文王於彖特發不告之例夫揲蓍必成一卦卦爻必皆有辭何以言其不告也蓋誠意專一則神告之辭皆應所問否則問此而答彼是則不告也若是而臆度遷就曲推强取以定吉凶惑之甚矣○吳莊劉氏曰筮法占卦爻之辭然其辭或有不相應者吉凶何自而決蓋人於辭上會者淺於象上會者深伏羲教人卜筮亦有卦而已隨其所遇求之卦體卦象卦變无不應矣文王周公之辭所該終有限故有時而不應必如左傳國語所載占卦體卦象卦變而推互體始足以濟辭之所不及而爲吉凶之前知耳讀易者不可不察也○鄱陽董氏曰劉氏之說雖與汪氏不同然此說又自不可廢也

稽類

八卦之象、說卦詳焉、考之於經、其用弗專、彖以情言、象以象告、唯是之求、斯得其要、乾健天行、坤順地從、震動爲雷、巽入木風、坎險水泉、亦雲亦雨、離麗文明、電日而火、艮止爲山、兌說爲澤、以是舉之、其要斯得、雙湖胡氏曰文王繫彖周公繫爻至孔子而有象傳說卦其取象宜非一端也說卦之言象其有合於彖爻者即括彖爻之例也如震坎稱馬之類其有不合於彖爻者則又夫子之所自取也如坤牛震龍之類其有彖爻所未取而取者則又夫子所以括大象之例如乾天坤地之類而亦有出於大象之外者也如乾父坤母之類以此求之其庶乎不至於膠且泥矣凡卦六虛、奇偶殊位、奇陽偶陰、各以其類、得位爲正、二五爲中、二臣五君、初始上終、貞悔體分、爻以位應、陰陽相求、乃得其正、雲峯胡氏曰須看兩正字不同得位爲正主一爻而論陽居陽位陰居陰位是之謂正乃得其正分上下兩爻而論陰與陽應陽與陰應是之謂正也凡陽斯淑、君子居之、凡陰斯慝、小人是爲、常可類求、變非例測非常曷變、謹此爲則、

警學

讀易之法、先正其心、肅容端席、有翼其臨、朱子曰翼敬也于卦于爻、如筮斯得、假彼象辭、爲我儀則、字從其訓、句逆其情、事因其理、意適其平、曰否曰臧、如目斯見、曰止曰行、如足斯踐、毋寬以略、毋密以窮、毋固而可、毋必而通、平易從容、自表而裏、及其貫之、萬事一理、理定既實、事來尙虛、用應始有、體該本無、稽實待虛、存體應用、執古御今、由靜制動、或問理定既實以下八句朱子曰聖人作易只是說一箇理都未曾有許多事却待他甚麼事來發所謂事來尙虛蓋謂事之方來尙虛而未有若論其理則先自定固已實矣用應始有謂理之

用實故有體該本无謂理之體該萬物又初无形迹之可見故无下面云稽考實理以待物事之來存此理之體以應无窮之用執古便是易書裏面文字言語御今今便是今日之事以靜制動理便是靜底事便是動底且如卽鹿无虞唯入于林中君子幾不如舍往吝其理謂將卽鹿而无虞人必陷于林中若不舍而往是取吝之道這箇道理若從人做事如求官爵者求之不已便是取吝之道求財利者求之不已亦是取吝之道又如潛龍勿用其理謂當此時只當潛晦不當用若占得此爻凡事便未可做所謂君子動則觀其變而玩其占若是无事之時觀其象而玩其辭亦當知其理如此某每見前輩說易止把一事說某之說易所以異於前輩者正謂其理人人皆可用之不問君臣上下大事小事皆可用前輩止緣不把做占說了故此易竟无用處○勉齋黃氏曰理定既實以下皆深指學易者而言理則體也事則用也理之爲體雖甚實而所該者无形事之爲用雖本虛而因應乃有稽實存體所以玩理待虛應用所以制事當潛而潛當見而見皆理之自然而不可易者非實乎然求其所謂當然者則无形之可見非本无乎未有潛見之事非虛乎處陋巷三過其門而不入則有迹之可覩非始有乎

潔靜精微、是之謂易、體之在我、動有常吉、在昔程氏、繼周紹孔、奧指宏綱、星陳極拱、唯斯未啓、以俟後人、小子狂簡、敢述而申、

朱子答陸九韶曰近又作一小卜筮書亦以附是蓋緣近世說易者於象數全然闊畧其不然者又太拘滯支離不可究詰故推本聖人經傳中說象數者只此數條以意推之以爲是足以上究聖人作易之本旨下濟生人觀變玩占之實用學易者決不可以不知而凡說象數之過乎此者皆可以束之高閣而不必問矣○答呂祖儉曰所論易是聖人摸寫陰陽造化此說甚善但恐於盡其言處未免多著道理說殺了耳此非面論未易窮竟然同於五贊數章說得似己分明卒章尤切不知曾細看否幸試考之有所未安却望見敎也○雙發胡氏曰按五贊大要皆敎人以象占之學首篇原奇偶之象推象之由也次篇述作者之旨爲占而作也三篇明蓍以而其占四篇稽類以考其象五篇以警學名欲人讀易之際常如卜筮之臨假象辭以爲儀則而終趨於吉是又會象占可一之也朱子嘗曰某解易只作卜筮之書今五贊皆以象占示敎其旨深矣又本義啓蒙論曰有天地矣可无易乎不湖也有易矣可无本義啓蒙乎不可也金聲玉振集大成衆言殽亂折諸聖朱夫子其聖人之徒歟蓋自漢儒始變亂古易至有流爲術數之歸而卒大亂於王弼且雜以虛無之論吾易遂晦蝕於天下寥寥千載孰覺我之太極有圖易通有書發往古不傳之秘開萬世理學之源斯道始有係屬迨夫易傳寫胷中之成書皇極具經世之大法正蒙闡象數之條目是雖古經變亂未就釐正而術數虛無之學爲之一洗吾易粲然復明未幾陋儒妄作異端蠭起易置圖書劉牧指斥邵子外栗胷僞著述麻衣易之類易道又幾晦蝕朱夫子勃興探前聖之精微破俗學之謬妄本義啓蒙有作而後吾易始大明於世愚嘗謂孔聖以來朱夫子有功於易斷斷乎其不可及己今觀本義之爲書也圖書位定而天地自然之易

明先後天卦分而羲文之易辨二篇十翼不相混雜而經始爲之復古六十四卦三百八十四爻兩言以蔽之曰象占而觀玩不涉虛文至於扶陽抑陰進君子退小人發於坤初六之爻者不過數語而天之經地之義人之紀易之要領直包括無遺恨此本義不可少於天下也啓蒙之爲書也本圖書則揭天生神物章而易之本原正原卦畫則表易有太極章而易之位列明明蓍策則發明大衍章而掛扐之法定考變占則博取左氏傳以明斷例而吉凶趨避之見審合四篇大旨一皆寓尊陽之微意而小人盜賊不得竊取而用此啓蒙不可少於天下也其他如太玄關易麻衣劉牧與夫林栗袁樞之徒所以惑世誣民者莫不斥其繆黜其僞折其悖摧陷廓淸羽翼數聖人之易於天下此愚所謂自孔聖以來朱夫子有功於易斷斷乎不可及者豈誣也哉或曰是則然矣易者陰陽剛柔仁義性命道德之書今斷然蔽之以卜筮得无局於一偏而不免漢儒術數之弊乎且繫辭明言易有聖人之道四焉今本義惟以象占分之而不及辭變得无四者之目遺其二乎吁是皆未之思也易固陰陽剛柔仁義性命道德之書而卜筮者正將使人盡仁義之道參陰陽剛柔以順性命以和道德耳豈徒托之空言而不見諸實用乎又況卜筮之頭至理无乎不在正得聖人作易本意朱子已嘗言之奈何以此疑吾易乎至於聖人之道雖有四實不離乎二有象而後有辭有占而後有變不得於象則玩辭爲空言不由於占則觀變於何所故有象辭有占辭占而後有卦變爻辭擧象占則辭變在其中若惟擧占則象辭變在其中此四者之序由輕歸重辭變統於象占象又統於占所以本義擧象占而統論易書一以貫之曰占謂之有遺可乎哉或又曰易之所重在占固也人之於易必占而後可用不占則易竟无用矣乎曰不然也朱子嘗曰凡讀一卦一爻便如占筮所得虛心以求辭義之所歸以爲吉凶可否之決然後考其象之所以然求其理之所以然推之於事使上自王公下至民庶所以脩身治國皆有所用初未嘗不示人以學易而用之之方也必曰占乎而後用之朱子之志荒矣

易五贊

筮儀

擇地潔處爲蓍室南戶置牀于室中央

牀大約長五尺廣三尺毋太近壁 雙湖胡氏曰蓍必有室則神有所寓而人心亦日有致敬之所惟人神相接於平居閒暇之時一旦臨事質疑自然有如響斯答之效其與倉卒冒瀆者有間矣

蓍五十莖韜以纁帛貯以皂囊納之櫝中置于牀北

櫝以竹筒或堅木或布漆爲之圓徑三寸 如蓍之長半爲底半爲蓋下 別爲臺函之使不偃仆

設木格于櫝南居牀二分之北

格以橫木板爲之高一尺長竟牀當中 爲兩大刻相距一尺大刻之西爲三小刻相距各五寸許下施橫足側立案上

置香爐一于格南香合一于爐南日炷香致敬將筮則灑掃拂拭滌硯一注水及筆一墨一黃漆板一于爐東東上筮者齊潔衣冠北面盥手焚香致敬

筮者北面見儀禮若使人筮則 主人焚香畢少退北面立筮者進立於牀前 少西南向受

命主人直述所占之事筮者許諾主人右還西向立筮者右還北向立

兩手奉櫝蓋置于格南爐北出蓍于櫝去囊解韜置于櫝東

合五十策兩手執之熏於爐上

此後所用蓍策之數其說並見啓蒙

命之曰假爾泰筮有常假爾泰筮有常某官姓名今以某事

云云未知可否爰質所疑于神于靈吉凶得失悔吝憂虞惟

爾有神尙明告之乃以右手取其一策反於櫝中而以左右

手中分四十九策置格之左右兩大刻

此第一營所謂分而爲二以象兩者也

次以左手取左大刻之策執之而以右手取右大刻之一策

掛于左手之小指間

此第二營所謂掛一以象三者也

次以右手四揲左手之策

此第三營之半所謂揲之以四以象四時者也
次歸其所餘之策或一或二或三或四而扐之左手旡名指間
此第四營之半所謂歸奇於扐以象閏者也
次以右手反過揲之策於左大刻遂取右大刻之策執之而以左手四揲之
此第三營之半
次歸其所餘之策如前而扐之左手中指之間
此第四營之半所謂再扐以象再閏者也一變所餘之策左一則右必三左二則右亦二左三則右必一左四則右亦四通掛一之策不五則九五以一其四而爲奇九以兩其四而爲偶奇者三而偶者一也
次以右手反過揲之策於右大刻而合左手一掛二扐之策置於格上第一小刻

以東爲上後放此
是爲一變再以兩手取左右大刻之蓍合之
或四十四策或四十策
復四營如第一變之儀而置其掛扐之策於格上第二小刻
是爲二變
二變所餘之策左一則右必二左二則右必一左三則右必四左四則右必三通掛一之策不四則八四以一其四而爲奇八以兩其四而爲偶奇偶各得四之二焉
又再取左右大刻之蓍合之
或四十策或三十六策或三十二策
復四營如第二變之儀而置其掛扐之策於格上第三小刻
是爲三變
三變餘策與二變同
三變旣畢乃視其三變所得掛扐過揲之策而畫其爻於版
掛扐之數五四爲奇九八爲偶掛扐三奇合十三策則過揲三十六策而爲老陽其畫爲

口所謂重也掛扐兩奇一偶合十七策則過揲三十二策而爲少陰其畫爲--所謂拆也掛扐兩偶一奇合二十一策則過揲二十八策而爲少陽其畫爲一所謂單也掛扐一偶合二十五策則過揲二十四策而爲老陰其畫爲乂所謂交也朱子答曾三異曰交者拆之聚故爲老陰重者單之積則爲老陽然此六爻既成而畫地以記之象耳於揲法初无預也○鄱陽董氏曰乂者偶之欲合中已實而未純乎一也一則爲單矣口者奇之欲分中已虛而未離乎二也二則爲拆矣此老陰老陽之所以爲變爻也

如是每三變而成爻

第一第四第七第十第十三第十六凡六變並同但第三變以下不命而但用四十九蓍耳第二第五第八第十一第十四第十七凡六變亦同第三第六第九第十二第十五第十八凡六變亦同

凡十有八變而成卦乃考其卦之變而占其事之吉凶

卦變別有圖說見啓蒙

禮畢韜蓍襲之以囊入櫝加蓋斂筆硯墨版再焚香致敬而退

如使人筮則主人焚香揖筮者而退朱子曰揲蓍之法周禮領於太卜之官其法度必甚詳密今者不可見獨賴大傳有此數句可以畧見彷彿而今推之亦无不可通處學

者旣不得見當時舊法則亦且當守此不當妄以私意橫起計度也蓍固非蓍然亦是其類若以木棊竹算金錢當之則去蓍益遠矣又曰卜易卦以錢擲以甲子起卦始於京房○今之說易者先掊擊了卜筮如下繫說卜筮是甚次第某所恨者不深曉古人卜筮之法故今說處多是想象古人如此若更曉得須更有奧義可推或口布蓍求卦即其法也曰爻卦與事不相應則推不去古人於此須有變通或以支干推之○筮短龜長近得其說是筮有箇病于才一畫定便只有三十二卦永不到是那三十二卦到二畫便只有十六卦又到三畫便只有八卦又到四畫便只有四卦又五畫便只有二卦這二卦便可以著意揣度了不似龜才鑽折便无救處全不可容心輔廣曰制人之尙龜卜雖盜賊亦取決於此曰左傳載臧會卜信與僭僭吉此其法所以不傳聖人作易示人以吉凶却无此弊故言利貞不言利不貞言貞吉不言不貞吉言利禦寇不言利爲寇也○雙湖胡氏曰朱子筮法雖備見於啓蒙而筮儀則莫要切於此其制度儀物曲盡誠敬此誠尙占者所不可忽也又曰朱子嘗謂易只是卜筮之書本非以設敎然今凡讀一卦一爻便如筮斯得觀象玩辭觀變玩占而又求其理之所以然者方爲善讀是故於乾坤當識君臣父母之分於咸恒當識夫婦之別於震坎艮巽離兌當識長幼之序於麗澤兌當識朋友之講習以至愼言語節飮食當有得於頤懲忿窒欲遷善改過當有得於損益不姤不瀆以謹上下之交安其身之數語以爲全身之道當有得於大傳即此而推隨讀而受用焉是則君平依孝依忠之微意也雖日端策而筮其根柢所在亦何以尙此

筮儀

易說綱領

【程子曰】上天之載、無聲無臭、其體則謂之易、其理則謂之道、其用則謂之神、○陰
陽闔闢、便是易、一闔一闢、謂之變、○命之曰易、便有理、若安排定則更有甚理、天
地陰陽之變、便如二扇磨、升降盈虛剛柔、初未嘗停息、陽常盈、陰常虧故、便不齊、
譬如磨既行、齒都不齊、既不齊、便生出萬變、故、物之不齊、物之情也、而莊周、強
要齊物、然而物終不齊也、堯夫、有言、泥空、終是著齊物到頭爭、○易中、只言反復
往來上下、○作易者、自天地幽明、至于昆蟲草木微細、無不合、○聖人之道、如河
圖洛書、其始、止於畫上、便出義、後之人、既重卦、又繫辭、求之、未必得其理、○因
見賣兎者、曰聖人、見河圖洛書而畫八卦、然、何必圖書、只看此兎、亦可作八卦、數
便此中可起、古聖人、只取神物之至著者耳、只如樹木、亦可見數、○張閎中、問易
之義、本起於數、曰謂義起於數則非也、有理而後、有象、有象而後、有數、易、因象
以知數、得其義則象數、在其中矣、必欲窮象之隱微、盡數之毫忽、乃尋流逐末、術
家之所尙、非儒者之所務也、管輅郭璞之學、是也、又曰理、无形也、故、因象以明理、
理見乎辭矣、則可由辭以觀象、故、曰得其義則象數、在其中矣、○謂堯夫曰知易
數、爲知天、知易理、爲知天、堯夫、云還須知易理、爲知天、○尹焞、問易乾坤二卦、
斯可矣、曰聖人、設六十四卦三百八十四爻、後世、尙不能了、乾坤二卦、豈能盡也、
既而曰子、以爲何人分上事、對曰聖人分上事、曰若聖人分上事則乾坤二卦、亦不

須、况六十四卦乎、○看易、且要知時、凡六爻、人人有用、聖人、自有聖人用、賢人、自有賢人用、衆人、自有衆人用、學者、自有學者用、君有君用、臣有臣用、无所不通、○觀易、須看時然後、觀逐爻之才、一爻之間、常包函數意、聖人、常取其重者而爲之辭、亦有易中、言之已多、取其未嘗言者、亦不必重事、又有只言其時、不及其爻之才、皆臨時參考、須先看卦、乃看得繫辭、○大抵卦爻始立、義旣具、即聖人、別起義以錯綜之、如春秋時已前、旣已立例、到近後來、書得全別、一般事、便書得別有意思、若依前例觀之、殊失之也、○凡看書、各有門庭、詩易春秋、不可逐句看、尙書論語、可以逐句看、聖人用意深處、全在繫辭、詩書、乃格言、○古之學者、皆有傳授、如聖人、作經、本欲明道、今人、若不先明義理、不可治經、蓋不得傳授之意云爾、如繫辭、本欲明易、若不先求卦義則看繫辭不得、○易學、後來、曾子子夏、煞到上面也、○由孟子、可以觀易、○今時人、看易、皆不識得易是何物、只就上穿鑿、若念得不熟、與就上添一德、亦不覺多、就上減一德、亦不覺少、譬如不識此兀子、若減一隻脚、不覺是少、添一隻脚 亦不知是多、若識則自添減不得也、○易、須是默識心通、只竆文義、徒費力、

朱子曰、聖人、作易之初、蓋是仰觀俯察、見得盈乎天地之間、无非一陰一陽之理、有是理則有是象、有是象則其數、便自在這裏、非特河圖洛書、爲然 蓋所謂數者、秪是氣之分限節度處、得陽、必奇、得陰、必偶、凡物、皆然而圖書、爲特巧而著耳、於

是、聖人、因之而畫卦、其始也、只是畫一奇、以象陽畫一偶、以象陰而已、但才有
兩則便有四、才有四則便有八、又從而再倍之、便是十六、蓋自其无朕之中而无窮
之數、已具不待安排而其勢、有不容已者、卦畫、既立、便有吉凶在裏、蓋是陰陽、
往來交錯於其間、其時則有消長之不同、長者、便爲主、消者、便爲客、事則有當否
之或異、當者、便爲善、否者、便爲惡、即其主客善惡之辨而吉凶、見矣、故、曰八卦
定吉凶、吉凶、既決定而不差則以之立事而大業、自此生矣、此聖人、作易、敎民
占筮而以開天下之愚、以定天下之志、以成天下之事者、如此、但自伏羲而上、只有
此六畫而未有文字可傳、到文王周公、乃繫之以辭、故、曰聖人、設卦觀象繫辭焉而
明吉凶、蓋是卦之未畫也、因觀天地自然之法象而畫、及其既畫也、一卦、自有一卦
之象、象、謂有箇形似也、故、聖人、即其象而命之名、以爻之進退而言則如剝復之
類、以其形之肖似而言則如鼎井之類、此是伏羲、即卦體之全而立箇名、如此、及文
王、觀卦體之象而爲之彖辭、周公、視卦爻之變而爲之爻辭而吉凶之象、益著矣、大
率天下之道、只是善惡而已、但所居之位、不同、所處之時、既異而其幾、甚微、只
爲天下之人、不能曉會、所以聖人、因此占筮之法、以曉人、使人、居則觀象玩辭、動
則觀變玩占、不迷於是非得失之途、所以是書、夏商周、皆用之、其所言、雖不同、其
辭、雖不可盡見、然、皆太卜之官、掌之、以爲占筮之用、有所謂繇辭者、左氏所載、尤
可見古人用易處、蓋其所謂象者、皆是假此衆人共曉之物、以形容此事之理、使人、

知所取舍而已、故、自伏羲而文王周公、雖自略而詳、所謂占筮之用則一、蓋即那占
筮之中而所以處置是事之理、便在那裏了、故、其法、若粗淺而隨人賢愚、皆得其用、
蓋文王、雖是有定象有定辭、皆是虛說此箇地頭、合是如此處置、初不黏著物上故、
一卦一爻、足以包無窮之事、不可只以一事、指定說他裏面也、有指一事說處、如利
建侯利用祭祀之類、其他、皆不是指一事說、此所以見易之爲用、無所不該無所不
徧、但看人、如何用之耳、到得夫子、方始純以理言、雖未必是羲文本意而事上說理、
亦是如此、但不可便以夫子之說、爲文王之說也、○天地之間、別有甚事、只是陰與
陽兩箇字、看是甚麽物事、都離不得、只就身上體看、才開眼、不是陰、便是陽、密拶
拶在這裏、都不著得別物事、不是仁、便是義、不是剛、便是柔、只自家、要做向前、
便是陽、才收退、便是陰意思、才動、便是陽、才靜、便是陰、未消別看、只是一動一
靜、便是陰陽、伏羲、只因此畫卦、以示人、若只就一陰一陽、又不足以該衆理、於是、
錯綜爲六十四卦三百八十四爻、初只是許多卦爻、後來、聖人、又繫許多辭在下、如
他書則元有這事、方說出這箇道理、易則未曾有此事、先假託都說在這裏、又曰陰
陽、是氣、才有此理、便有此氣、才有此氣、便有此理、天下萬事萬物、何者、不出於
此理、何者、不出於陰陽、○易、只是陰陽錯綜、交換代易、莊生、曰易、以道陰陽、不
爲先見、如奇偶剛柔、便只是陰陽、做了易、○易、是陰陽、屈伸、隨時變易、大抵古
今、有大闔闢小闔闢、今人、說易、都無着摸、聖人便於六十四卦、只以陰陽奇偶、寫

出來、至於所以爲陰陽爲古今、乃是此道理、○龜山過黃亭詹季魯家、季魯、問易、龜山、取一張紙、畫箇圈子、用墨塗其半、云這便是易、此說、極好、易、只是一陰一陽、做出許多般樣、○潔靜精微之謂易、自是不惹着事、只懸空說一樣道理、不比似他書、各着事上說、所以後來、道家、取之、與老子爲類、便是老子說話、也不就事上說、又曰潔靜精微、是不犯手、○問卦下之辭、爲彖辭、左傳、以爲繇辭、何也、曰此只是彖辭、故、孔子、曰知者、觀其彖辭則思過半矣、如元亨利貞、乃文王所繫卦下之辭、以斷一卦之吉凶、此名彖辭、彖、斷也、陸氏音中語所謂彖之經也、大哉乾元以下孔子釋經之辭、亦謂之彖、所謂彖之傳也、爻下之辭、如潛龍勿用、乃周公所繫之辭、以斷一卦之吉凶也、天行健君子以自彊不息、所謂大象之傳、潛龍勿用陽在下也、所謂小象之傳、皆孔子所作也、天尊地卑以下、孔子所述繫辭之傳、通論一經之大體凡例、无經可附而自分上繫下繫也、左氏所謂繇字、從系、疑亦是言繫辭、繫辭者、於卦下、繫之以辭也、○通書、云聖人之精畫卦以示、聖人之緼、因卦以發、精、是聖人本意、緼、是偏傍帶來道理、如易有太極是生兩儀兩儀生四象四象生八卦、是聖人本意底、如文言繫辭等孔子之言、皆是因而發底、不可一例作重者、○易之有象、其取之、有所從、其推之、有所用、非苟爲寓言也、然、兩漢諸儒、必欲究其所從則旣滯泥而不通、王弼以來、直欲推其所用則又疎略而無據、二者、皆失之一偏而不能闕其所疑之過也、且以一端論之、乾之爲馬、坤之爲牛、說卦、有明文矣、馬之爲健、

牛之爲順、在物、有常理矣、至於案文責卦、若屯之有馬而無乾、離之有牛而無坤、
乾之六龍則或疑於震、坤之牝馬則當反爲乾、是皆有不可曉者、是以、漢儒、求之說
卦而不得則遂相與創爲互體變卦五行納甲飛伏之法、參互以求而幸其偶合、其說、
雖詳、然、其不可通者、終不可通、其可通者、又皆傅會穿鑿而非有自然之勢、雖其
一二之適然而無待於巧說者、爲若可信、然、上無所關於義理之本源、下無所資於
人事之訓戒則又何必苦心極力、以求於此而欲必得之哉、故、王弼、曰義苟應健、何
必乾、乃爲馬、爻苟合順、何必坤乃爲牛而程子、亦曰理、無形也、故、假象以顯義、
此其所以破先儒膠固支離之失而開後學玩辭玩占之方則至矣、然、觀其意、又似直
以易之取象、無復有所自來、但如詩之比興、孟子之譬喩而已、如此則是說卦之作、
爲无所與於易而近取諸身遠取諸物者、亦剩語矣、故、疑其說、亦若有未盡者、因竊
論之、以爲易之取象、固必有所自來而其爲說、必已具於太卜之官、顧今、不可復考
則姑闕之而直據辭中之象、以求象中之意、使足以爲訓戒而決吉凶、如王氏程子
與吾本義之云者、其亦可矣、固不必深求其象之所自來、然、亦不可謂假設而遽欲
忘之也、○伏羲、畫八卦、只此數畫、該盡天下萬物之理學者、於言上會得者、淺、
於象上會得者、深、王輔嗣伊川、皆不信象、如今、却不敢如此說、只可說道不及見
這箇了、且從象以下說、免得穿鑿、某嘗作易象說、大率以簡治繁、不以繁御簡、○
易之象、似有三樣、有本畫自有之象、如奇畫象陽偶畫象陰、是也、六十四卦之爻一爻各是一象有實

取諸物之象、如乾坤六子、以天地雷風之類、象之、是也、有只是聖人、以意自取那象來明是義者、如白馬翰如載鬼一車之類、是也、○看易、若是靠定象去看、便滋味長、若只恁地懸空看、也沒甚意思、又曰說易、得其理則象數、在其中、固是如此、然、泝流以觀、却須先見象數、的當下落、方說得理不走作、不然、事無實證則虛理易差也○上古之時、民心、昧然、不知吉凶所在、故聖人、作易、敎之卜筮、吉則行之、凶則避之此是、開物成務之道、故、繫辭、云以通天下之志以定天下之業以斷天下之疑、正謂此也、初但有占而無文、往往如今人、用火珠林起課者相似、但用其爻而不用其辭則知古人、占不待辭而後、見吉凶、至孔子、又恐人、不知其所以然、故、又復逐爻解之、謂此爻所以吉者、謂以中正也、此爻所以凶者、謂不當位也、明言之、使人易曉爾、至如文言之類、却又就上面發明道理、非是聖人本意、知此、方可學易、○聖人一部易、皆是假借虛設之辭、蓋緣天下之理、若正說出、便只作一件用、唯以象言則當卜筮之時、看是甚事、都來應得、○上古之易、方是利用厚生、周易、始有正德意、如利貞、是敎人利於貞正、貞吉、是敎人貞正則吉、至孔子則說得道理、又多○易、只是設箇卦象、以明吉凶而已、更無他說、又曰易、是箇有道理底卦、影、易、以卜筮作、許多理、便也在裏、○易、本卜筮之書後人、以止於爲卜筮、至王弼、用老莊解、後人、便只以爲理而不以爲卜筮、亦非、想當初伏羲畫卦之時、偶見得一是陽二是陰、從而畫放那裏、只是陽爲吉陰爲凶、无文字、後、文王、見其不可曉、故、爲之作彖辭、或占得爻處、不可曉、故、周公、爲之作爻辭、又不可曉、故、孔子、爲之作十翼、皆解當初之意、今人、不看卦爻而看繫辭、是猶不看刑統而看刑統之序例也、安能曉、今人、須以卜筮之書、看之、方得、不然、不可看易、○易、只是爲卜筮而作、故、周禮、分明言太卜、掌三易連山歸藏周易、古人、於卜筮之官、立之、凡數人、秦、去古未遠、故、周易、亦以卜筮、得不焚、今人、才說易是卜筮之書、便以爲辱累了易、見夫子、說許多道理、便以爲易、只是說道理、殊不知其言吉凶悔吝、皆有理而其敎人之意、无不在也、而今所以難理會時、蓋緣亡了那卜筮之法、如太卜掌三易之法、連山歸藏周易、便是別有理會周易之法、而今、却只有上下經兩篇、皆不見許多法了、所以難理會、今人、却道聖人、言理而其中因有卜筮之說、他、說理後、說從那卜筮上來做麽、○易、只是與人卜筮、以決疑惑、若道理、當爲、固是便爲、若道理、不當爲、自是不可做、何用更占、却是有一樣事、或吉或凶兩岐道理、處置不得、所以用占、○今學者諱言易、本爲卜筮作、須要說做爲義理作、若果爲義理作時、何不直述一件文字、如中庸大學之書、言義理以曉人、須畫八卦則甚、○陽爻、多吉、陰爻、多凶、又看他所處之地位、如何、易中、大槩陽吉而陰凶、間亦有陽凶而陰吉者、何故、蓋有當爲、有不當爲、若當爲而不爲、不當爲而爲之、雖陽、亦凶、○易中、却是貞吉、不曾有不貞吉、都是利貞、不曾說利不貞、如占得乾卦、固是大亨、下、則云利貞、蓋正則利、不正則不利、至理之權輿、聖人之至敎、寓其間矣、大率是爲君子設、非小人盜賊、所得竊取而用、橫渠、云易爲君子謀、不爲小人謀、極好、○易中利字、多爲占者設、如利涉大川、是利於行舟也、利有攸往、是利於啓行也、利用祭祀利用享祀、是卜祭吉、田獲三狐、田獲三品、是卜田吉、公用亨于天子、是卜朝覲吉、利建侯、是卜立君吉、利用爲依遷國、是卜遷國吉、利用侵伐、是卜侵伐吉之類、○今人、讀易、當分爲三等看、伏羲之易、如未有許多彖象文言說話、方見得易之本意、只是要作卜筮用、如伏羲畫卦、那裏、有許多文字言語、只是某卦、有某象、如乾有乾之象、坤有坤之象而已、今人、說易、未曾明乾坤之象、便先說乾坤之理、所以說得都无情理、及文王周公、分爲六十四卦、添入乾元亨利貞坤元亨利牝馬之貞、早不是、伏羲之意、已是文王周公、自說出一般道理了、然、猶是就人占處說、如占得乾卦則大亨而利於正耳、及孔子、繫易、作彖象文言則以元亨利貞、爲乾之四德、又非文王之易矣、○讀易之法、竊疑卦爻之辭、本爲卜筮者斷吉凶而具訓戒、至彖象文言之作、始因其吉凶訓戒之意而推說其義理以明之、後人、但見孔子所說義理而不復推本文王周公之本意、因鄙卜筮以爲不足言而其所以言者、遂遠於日用之實、類皆牽合委曲、偏主一事而言、无復包含該貫曲暢旁通之妙、若但如此則聖人、當時、自可別作一書、明言義理、以詔後世、何用假託卦象、爲此艱深隱晦之辭乎、故、今欲凡讀一卦一爻、便如占筮所得、虛心以求其辭義之所指、以爲吉凶可否之決然後、考其象之所以然者、求其理之所以然者、推之於事、使上自王公、下至民庶、所以脩身治國、皆有可用、私竊以爲如此求之、似得三聖之遺意、○孔子之易、非文王之易、文王之易、非伏羲之易、伊川易傳、自是程氏之易也、故、學者、且依古易次第、先讀本文則見本旨矣、○看易、須是看他未畫卦已前、是怎生模樣、却就這裏、看他許多卦爻象數、非是杜撰、都是合如此、未畫已前、便是寂然不動喜怒哀樂未發之中、只是箇至虛至靜而已、忽然在這至虛至靜之中、有箇象、方說出許多象數吉凶道理、所以禮、曰潔靜精微、易教也、蓋易之爲書、是懸空做出來、如書、便眞箇有這政事謀謨、方做出書來、詩、便眞箇有這人情風俗、方做其詩來、易、却都无這已往底事、只是懸空做底、未有爻畫之先、在易則渾然一理、在人則湛然一心、旣有爻畫、方見得這爻是如何這爻又是如何、然而皆是就這至虛至靜中、做出許多象數來、此其所以靈、○易、須是錯綜看、天下事、无不出於此、善惡是非得失、以至於屈伸消長盛衰、看甚事、都出於此、伏羲以前、不知如何占考、至伏羲、將陰陽兩箇、畫卦以示人、使人、於此、占考吉凶禍福、一畫、爲陽、二畫、爲陰、一畫、爲奇、二畫、爲偶、遂爲八卦、又錯綜爲六十四卦凡三百八十四爻、文王、又爲之彖辭、以釋其義、无非陰陽消長盛衰屈伸之理、聖人之所以學者、學此而已、○易、最難看、其爲書也、廣大悉備、包涵萬理、无所不有、其實、是古者卜筮書、不必只說理、象數、亦可說、初不曾滯於一偏、某、近看易、見得聖人、本无許多勞攘、自是後世、一向妄意增減、便要作一說、以强通其義、所以聖人經旨、愈見不明、且如解易、只是添虛字去迎過意來、便得、今人、解易、乃去添他實字、却是借他做己意說了、又恐或者一說、有以破之、其勢、不得不支離、更爲一說以護吝之、說千說萬、與易、全不相干、此書、本是難看底物、不可將小巧去說、又不可將大話去說、○易、難看、不比他書、易說一箇物、非眞是一箇物、如說龍、非眞龍、若他書則眞是實、孝悌、便是孝悌、仁、便是仁、易中、多有不可曉處、○易、難看、無箇言語可形容得、蓋爻辭、是說箇影、象、在那裏、无所不包、○看易、須著四日、看一卦、一日、看卦辭彖象、兩日、看六爻、一日、統看、方子細、又曰和靖、學易、一日、只看一爻、此物事、成一片、動著、便都成片、如何看一爻得、又曰先就乾坤二卦上、看得本意了則後面、皆有通路、○易、大槩欲人、恐懼脩省、今學易、非必待遇事而占、方有所戒、只平居、玩味、看他所說道理於自家所處地位、合是如何、故、云居則觀其象而玩其辭動則觀其變而玩其占、孔子所謂學易、正是平日、常常學之・想見聖人之所讀、異乎人之所謂讀、想見胷中、洞然於易之理、无纖毫蔽處、故、云可以无大過、○讀易之法、先讀正經不曉則將彖象繫辭來解、又曰易爻辭、如籤辭、○問易、如何讀、曰只要虛其心、以求其義、不要執己見、讀他書、亦然、○問讀易、未能浹洽、何也、曰此須是此心、虛明寧靜、自然道理、流通、方包羅得許多義理、蓋易、不比詩書、他是說盡天下後世、无窮无盡底事理、只一兩字、便是一箇道理、又人、須是經歷天下許多事變、讀易、方知各有一理、精審端正、今既未盡經歷、非是此心、大段虛明寧靜、如何見得・此不可不自勉也、

又曰如今、不曾經歷得許多事過、都自揍他道理不着、若便去看、也卒未得他受用、
孔子、晩而好易、可見這書、卒未可理會、○問易本義、何專以卜筮、爲主、曰且須熟
讀正文、莫看註解、蓋古易、彖象文言、各在一處、至王弼、始合爲一、後世諸儒、遂
不敢與移動、今難卒說、且須熟讀正文、久當自悟、○問讀本義所釋卦辭、若看得分
明則彖辭之義、亦自明、只須畧提破此是卦義、此是卦象卦體卦變、不必更下注脚
矣、曰某、當初作此文字時、正欲如此、蓋彖傳、本是釋經之卦辭、若看卦辭分明則
彖亦可見、但後來、要重整頓過未及、不知今所解者、能如本意否、又曰某、作本義、
欲將文王卦辭、只大綱依文王卦辭畧說、至其所以然之故、却於孔子彖辭中、發之、
且如大畜利貞不家食吉利涉大川、只是占得大畜者、爲利正不家食而吉利於涉大
川、至於剛上而尚賢等處、乃孔子發明、各有所主、爻象、亦然、如此則不失文王本
意、又可見孔子之意、但而今、未暇整頓耳、○某解一部易、只是作卜筮之書、今人、
說得來太精了、更入粗不得、如某之說、雖粗、却入得精、精義、皆在其中、若曉得某
說則曉得羲文之易、本是如此、元未有許多道理在、方不失易之本意、今未曉得聖
人作易之本意、便先要說道理、縱饒說得好、只是與易、元不相干、○某之易、簡畧
者、當時、只是畧搭記、兼文義、伊川及諸儒、皆說了、某、只就語脉中、畧牽過這意
思、○近得趙子欽書、云語孟說、極詳、易說、太畧、此、譬如燭籠、添一條骨則障了
一路明、若能盡去其障、使之統體光明、乃更好、蓋著不得詳說也、○看易、先看某

本義了、却看程傳、以相參考、如未看他易、先看某說、却也易看、蓋不爲他說所汨故也、

天台董氏曰昔者聖人之作易也因河圖而畫卦命爻因卦爻而取象繫辭更三聖人而卦爻象辭始備其要皆依卜筮以爲敎使天下後世之人得以決嫌疑定猶豫不迷於吉凶悔吝之途而已至夫子彖傳與大小象之辭則推明其所以爲卦爻象辭之理而大傳之書又自夫卦爻象辭以推極乎陰陽變化性命道德之蘊奧而河圖大衍之數太極兩儀四象八卦相生之序蓍策分揲掛扐之法无不備具其所以承三聖開來學功至大也及秦焚滅典籍此書以卜筮得不亡而千餘年間諸儒无有能明其義者於是借異端空妙之說而欲闡夫極深研幾之旨以術數拘泥之學而欲究夫開物成務之方其去易也不其遠而程子奮乎千載之下始以隨時變易從道而發明陰陽變易之妙因象以明理由理以貫事該體用合顯微使夫學是書者立言制行處己治人守常應變莫不有度迨乎朱子本義辭益簡嚴深探古聖因卜筮敎人之本意而不墮於諸儒術數之末流釋彖傳則第明其爲卦象卦變卦體卦德而不費於辭說釋大傳則又精密微妙明白簡易有先儒所未及者故愚竊嘗妄論以爲三聖之易惟夫子能明之而夫子十翼之外其有功於易道者則惟程子朱子之書而已其他不失於支離破碎則失於誕謾怪僻皆非卓然有見於斯道者也或曰程子言理而不及卜筮朱子則推本古聖人因卜筮敎人之意二者固不同矣子比而同之何耶愚聞之北溪陳氏曰易之起原於象數自象數之旣形則理又具於象數之中而不可以本末二其觀也易之作本故占筮自占筮之旣立則理又寓於占筮之內而不可以精粗二其用也此正程子所謂體用一源顯微无間者若偏於象占而不該夫理義則孔子之意泯一於理義而不及夫象占則義文周公之心亦幾乎息矣朱子本義之書作所以必表伏羲圖象冠諸篇端以明作易根源之所自來一出於天之自然而非人爲之智巧之私又復古經傳次序推原四聖所以成書之本意遞相解釋而惟占法之明隨人取決而无偏辭之滯而天下義理爲之磨刮精明依然涵萃於其中本末精粗兼該具擧近以補程傳之所不足而上以承四聖之心所謂開物成務之大用至是又益周備而易道之盛於此无餘蘊矣又曰凡文公之說皆所以發明程子之說或足其所未盡或補其所未圓或白其所未瑩或貫其所未一其實不離乎程說之中必如是而後謂有功於程子未可以優劣校之也夫朱子之書固以補程子之所未及而程子之名言蓋有朱子不能刪毫末於其間者謂二書爲不同可乎讀者詳之○葵初王氏曰善讀易者要識聖人畫卦作易來處無非太極河圖理數自然之妙則繫辭啓蒙是其機括又須分別四聖之易通卦名義然後以本義程傳相參考沿流泝源由蘊探精分合看之遠近取之則數陳象列言盡理得上極天地自然之易於是始信易與天地準窮理盡性開物成務內聖外王之學備於斯易何止五經之源其天地鬼神之奧豈欺我哉

易說綱領

備旨具解原本周易卷之一

周易上經

【本義】周、代名也、易、書名也、其卦、本伏羲所畫、有交易變易之義、故謂之易其辭則、文王周公所繫、故繫之周、以其簡袠重大、故分爲上下兩篇、經則伏羲之畫、文王周公之辭也、幷孔子所作之傳十篇、凡十二篇、中間、頗爲諸儒所亂、近世晁氏、始正其失而未能盡合古文、呂氏、又更定著、爲經二卷、傳十卷、乃復孔氏之舊云

或問伏羲始畫八卦其六十四者文王重之邪抑伏羲已自畫了邪看先天圖則有八卦便有六十四卦是伏羲之時已有六畫矣如何朱子曰周禮三易經卦皆八其別皆六十有四便見不是文王重又曰伏羲已上但有此畫而無文字可傳到得文王周公乃繫之以辭○問交易變易如何曰陰陽有箇流行底有箇定位底了動一靜互爲其根便是流行底寒徃暑來是也分陰分陽兩儀立焉便是定位底天地上下四方是也變易便是流行底交易便是對待底又曰交易是陽交於陰陰交於陽是卦圖上底如天地定位山澤通氣雷風相薄水火不相射八卦相錯者是也變易是陽變陰陰變陽老陽變爲少陰老陰變爲少陽此是占筮之法如晝夜寒暑屈伸徃來者是也○沙隨程氏曰周者著代也言文王之書以別連山歸藏也○虞氏翻曰易字從日下月○莆田鄭氏曰易從日從月天下之理一奇一耦盡矣天文地理人事物類以至性命之微變化之妙否泰損益剛柔得失出處語默皆有對敵故易設一長畫二短畫以總括之所謂一陰一陽之謂道者此也○西山眞氏曰日往月來寒往暑來晝夜昏明循環不息此天道之常也聖人擬之以作者不過推明陰陽消長之理而已陽長則陰消陰長則陽消一消一長天之道也人而學易則知吉凶消長之理進退存亡之道也○臨川吳氏曰伏羲始畫八卦因而重之以其有交易變易之義名之曰易其時未有易字也有圖而無書也後之造字者始合日月二文而爲易字夏商之時因其卦畫用以占筮其序各與先天之圖不同故連山首艮歸藏首坤朱子謂有占無文則以爲二易无繇辭也或云左傳所載繇辭與周易

不同者蓋夏商之易則以爲有繇辭矣至文王演八卦之名爲六十四且作彖辭周公又作爻辭故名曰周易孔子又爲之傳自是二易遂廢而周易獨傳焉○東萊呂氏曰按繫辭云二篇之策萬有一千五百二十所謂二篇則上下二篇也然則孔子時易固分上下經矣以此考之易經之分上下必始於文王定周易之時近世鼂氏編古周易乃合而爲一且謂後人妄有上下經之辨何其考之不詳哉○雙湖胡氏曰按鼂氏以道謂古者竹簡重大以經爲二篇本義從之然經分上下誠有至理上下經雖有三十卦二十四卦之不同以反對計之各十八卦一也上經反對五十二陽爻五十六陰爻下經反對五十六陽爻五十二陰爻二也上經以四正卦爲主首乾坤而終坎離與先天圖南北東西四方卦合下經以二變卦爲主震變爲艮巽變爲兌首咸恒而終既未濟與先天圖四維之卦合而坎離之交不交亦可見伏羲先天一圖大旨備見於文王序卦首尾中三也若是者豈以竹簡重大之故耶○雲峯胡氏曰上經首乾坤氣化之始也陰陽各三十畫然後爲泰否下經首咸恒形化之始也陰陽亦各三十畫然後爲損益見天地與長少男女之交不交上下經終坎離既未濟又坤中交之交而中男女之交不交程朱子變易交易之義深矣

䷀ 乾下乾上

乾은 **元**코 **亨**코 **利**코 **貞**ᄒᆞ니라

(本義) 元亨ᄒᆞ고 利貞ᄒᆞ니라

○乾은 元ᄒᆞ고 亨ᄒᆞ고 利ᄒᆞ고 貞ᄒᆞ니라 (本義) 크게 亨ᄒᆞ고 貞홈이 利ᄒᆞ니라

【傳】上古聖人、始畫八卦、三才之道、備矣、因而重之、以盡天下之變、故、六畫而成卦、重乾、爲乾、乾、天也、天者、天之形體、乾者、天之性情、乾、健也、健而无息之謂乾、夫天、專言之則道也、天且弗違、是也、分而言之則以形體、謂之天、以主宰、謂之帝、以功用、謂之鬼神、以妙用、(一无用字) 謂之神、以性情、謂之乾、乾者、萬物之始、

故、爲天爲陽爲父爲君、元亨利貞、謂之四德、元者、萬物之始、亨者、萬物之長、利
者、萬物之遂、貞者、萬物之成、唯乾坤、有此四德、在他卦則隨事而變焉、故、元、專
爲善大、利、主於正固、亨貞之體、各稱其事、四德之義、廣矣大矣、程子曰乾坤古无此二
字作易者特立此以明
難明之道○乾坤毀則无以見易須以意明之○讀易須先識卦體如乾有元亨利貞四德缺却一箇便不是乾須要
認得○張子曰乾之四德終始萬物迎之不見其首隨之不見其後然推本而言當父母萬物○朱子曰元亨利貞理
也有這四段氣也有這四段理便在氣中兩箇便不相離若是說時則有那未涉於氣底四德要就氣上看也得有是
氣則理便具所以伊川只恁地說便可見得物裏面便有這理○乾之利貞是陽中之陰坤之元亨是陰中之陽乾後
三畫是陰坤後三畫是陽又曰人只見夫子於乾坤文言觧作四德他卦只云大亨以正便須要於乾坤四德說教大
於他卦畢竟本皆占辭也○問據程子傳說却是聖人始畫八卦每卦便是三畫聖人因而重之爲六畫似與邵子一
生兩兩生四四生八八生十六十六生三十二三十二生六十四爲六畫不同曰程子之意只云三畫上疊成六畫八
卦上疊成六十四耳與邵子說誠異蓋康節此意不曾說與程子程子亦不及問之故一向只隨他所見去但他說聖
人始畫八卦不知聖人畫八卦時先畫甚卦此處便曉他不得○問乾者天之性情曰乾健也健之體爲性健之用是
情又曰性情二者常相參在此情便是性之發非性何以有情健而無息非性何以能如此又曰火之性情元是箇熱
水之性情則是箇寒天之性情則是箇健○乾者天之性情指理而言也謂之性情該體用動靜而言也○乾者天之
性情此只是論其性體之健靜專是性動直是情大抵乾健雖靜時亦專到動時便行之直到坤主順只是翕闢謂如
一箇剛健底人雖在此靜坐亦專一而有箇作用底意思只待去作用到得動時其直可知若一柔順人坐時便只恁
地靜坐收斂全無箇營爲底意思其動也只是闢而已又問如此則乾雖靜時亦有動意否曰然○乾坤是性情天地
是皮殼其實是一箇道理○問天專言則道也曰如云天命之謂性便是說道如云天之蒼蒼便是說形體惟皇上帝
降衷于下民是說帝便似以物給付與人便有主宰之意又曰天道虧盈而益謙地道變盈而流謙此是說形體○問
天專言之則道也天且弗違是也此語何謂曰程子此語某亦未敢以爲然天且弗違此只是上天曰知性則知天此
天便是專言之則道者否曰是○問以主宰謂之帝孰爲主宰曰自有主宰蓋天是箇至剛至陽之物自然如此運轉
不息所以如此必有爲之主宰者這樣處要人自見得非言語所能到也○問以功用謂之鬼神以妙用謂之神曰鬼
神只是往來屈伸功用只是論發見者所謂神也者妙萬物而爲言妙處即是神其發見而見於功用者謂之鬼神至

於不測者則謂之神又曰功用言其氣也妙用言其理也又曰功用是有迹底妙用是無迹底又曰功用兼精粗而言妙用言精者○伊川好意思固不盡在解經上然就解經上亦自有極好意思如說乾字便云乾健也健而無息之謂乾夫天專言之則道也天且弗違是也分而言之則以形體謂之天以主宰謂之帝以功用謂之鬼神以妙用謂之神以性情謂之乾○東萊呂氏曰乾元亨利貞如堯欽明文思舜濬哲文明○西溪李氏曰四德見性六爻見情○蛟峯方氏曰元亨利貞在乾爲四德者蓋六畫純陽惟天惟聖人足以當之本大本通本貞本无所不利不用戒辭非他卦之比也故孔子變例以四德釋之

【本義】六畫者、伏羲所畫之卦也、一者、奇也、陽之數也、乾者、健也、陽之性也、本註乾字、三畫卦之名也、下者、內卦也、上者、外卦也、經文、乾字、六畫卦之名也、伏羲、仰觀俯察、見陰陽、有奇耦之數、故、畫一奇、以象陽、畫一耦、以象陰、見一陰一陽、有各生一陰一陽之象、故、自下而上、再倍而三、以成八卦、見陽之性、健而其成形之大者、爲天、故、三奇之卦、名之曰乾而擬之於天也、三畫、已具、八卦、已成則又三倍其畫、以成六畫而於八卦之上、各加八卦、以成六十四卦也、此卦、六畫、皆奇、上下皆乾則陽之純而健之至也、故、乾之名天之象、皆不易焉、元亨利貞、文王所繫之辭、以斷一卦之吉凶、所謂彖辭者也、元、大也、亨、通也、利、宜也、貞、正而固也、文王、以爲乾道、大通而至正、故、於筮、得此卦而六爻、皆不變者、言其占、當得大通而必利在正固然後、可以保其終也、此、聖人所以作易、敎人卜筮而可以開物成務之精意、餘卦、放此、朱子曰數者祗是氣之分限節度處得陽必奇得陰必耦凡物皆然故聖人以之畫卦天便是一地便是二天之形雖包乎地之外而其氣實透乎地之中故乾一而實地雖一塊物事在天之中然其中實虛容得天許多氣故坤--而虛○乾只是箇健坤只是箇順純是陽所以健純是陰所以順至健者惟天至順者惟地所以後來取象乾便爲天坤便爲地○問以乾字爲伏羲之文元亨利貞爲文王之文固是不知履虎尾同人于野亨之類又如何曰此恐是少了字或是就上字立辭○古人淳質遇一事理會不下便須去占如占得乾時元亨便是大亨利貞便是利在於正知其大亨却守其正以俟之只此便是開物成務底道理即此是易之用蓋元亨是示其所以爲卦之意利貞是因以爲戒又曰元亨利貞四字文王本意在乾坤者只與諸卦一般至孔子作彖傳文言始以乾坤爲四德而諸卦自如其舊二聖人之意非有不同蓋各是發明一理耳今學者且當虛心玩味各隨本文之意而體會之其不同處自不相妨不可遽以己意橫作主張也○問本義云見陽之性健而成形之大者爲天故三奇之卦名之曰乾而擬之於天也切謂卦辭未見取象之意其成形之大者爲天反擬之於天二句恐當於大象言之下文天之象皆不易一句亦然曰纔設此卦時便有此象了故於此豫言之又後面卦辭亦有兼象說者故不得不豫言也○孔氏曰卦者掛也懸掛物象以示人也○希夷陳氏曰羲皇始畫八卦重爲六十有四不立文字使天下之人觀其象而已能如象焉則吉凶應違其象則吉凶反後世卦貫不明易道不傳聖人於是不得已而有辭學者謂易止於是而不復知有畫矣○節齋蔡氏曰卦者事物之質也原事物之始要事物之終以爲質也爻者效也效事物之時而動也○隆山李氏曰方一陰之生於時爲午於節爲夏至陰氣之所激宜其爲寒也而反熱一陽之生於時爲子於節爲冬至陽氣之所激宜其爲熱也而反寒蓋一陰之氣萌於地下推出陽氣而發見於外故熱一陽之氣萌於地下推出陰氣而發見於外故寒此陰陽之氣自下而上各分爲六層而卦之六畫象之非聖人之私意也○中溪張氏曰陽畫奇陰畫耦方其一畫之時一奇一耦只可謂之陰陽未可謂之乾坤自奇奇而奇耦耦而耦然後有乾坤之名重三而六六畫皆奇是爲純乾乾下者洪範曰貞是也乾上者洪範曰悔是也○雲峯胡氏曰夏連山首艮商歸藏首坤文王之易首乾易爲明大分而作也觀先天橫圖乾居一圓圖乾居前羲易固已如此矣本義云一奇也陽之數也從象上說乾健也陽之性也從理上說程子云至微者理至著者象朱子又即數與性發明之當伏羲時有乾卦畫未有元亨利貞卦辭想占得乾卦者即六爻之象已自知有元亨利貞之理矣又曰元亨利貞諸家便作四德解惟本義以爲占辭故筮得此卦而六爻皆不變者以此爲占按啓蒙則非特六爻不變者占此乾三爻變或他卦三爻變之乾者亦兼以此占大通而至正此天理之本然大通而必在正固人事之當然也乾爲易第一卦占得之者其事雖大通而非正固尚不能保其終況他卦乎故易六十四卦彖辭三十四卦言貞然則不貞者固不可以占也○雙湖胡氏曰六十四卦首乾次坤者蓋本天地之位著君臣上下之分以紀綱人極今觀乾坤二卦彖辭利貞安貞吉之訓可以見文王之心矣要之彖辭只是卜筮占決之辭亦多取象及卦變大抵皆因占以寓教如言利貞不言利不貞言貞吉不言不貞吉之類貞便是一箇正固底道理又曰聖人之道雖四聖人之教本一一者何占

是也故占筮之頃辭變象因可觀玩而言動制器固在其中矣此聖人之精意所寓學者所當潛心焉

初九는潛龍이니勿用이니라

○初九는潛흔龍이니쓰디말올디니라

【傳】下爻、爲初、九、陽數之盛、故、以名陽爻、理、无形也、故、假象以顯義、乾、以龍爲象、龍之爲物、靈變不測、故、以象乾道變化、陽氣消息、聖人進退、初九、在一卦之下、爲始物之端、陽氣方萌、聖人側微、若龍之潛隱、未可自用、當晦養以俟時、程子曰乾六爻如欲見聖人曾履處當以舜可見在側陋時便是潛陶漁時便是見升聞時便是乾乾納于大麓時便是躍○或問程易以初二三四四爻作舜說何以見得如此朱子曰此是推說爻象之意非本指也讀易若通得本指後便儘有道理可說問何謂本指曰易本因卜筮而有象因象而有占占辭中便有道理如筮得乾之初九初陽在下未可施用其象爲潛龍其占曰勿用凡遇乾而得此爻者當觀此象而玩其占隱晦而勿用可也他皆倣此此易之本指也蓋潛龍則勿用此便是道理故聖人爲彖辭象辭文言節節推去無限道理此程易所以推說得無窮然非易本義也先通得易本指後道理儘無窮推說不妨若便以所推說者去解易則失易之本指矣又曰伊川說得都犯手勢引舜來做乾卦乾又那裏有箇舜來當初聖人作易又何嘗說乾是舜他只是懸空說在這裏都被人說得來事多失了他潔靜精微之意易只是說箇象是如此何嘗有實事如春秋便句句是實事易不過是因畫以明象因象以推數因這象數便推箇吉凶以示人而已都無後來許多勞攘說話○縉雲馮氏曰居下而欲爲上禍斯及矣時方潛藏而欲發泄所謂反時爲烖也○毅齋沈氏曰易爲君子謀不爲小人謀乾言潛龍勿用則欲君子之難進坤言履霜堅氷則防小人之易長

【本義】初九者、卦下陽爻之名、凡畫卦者、自下而上、故、以下爻、爲初、陽數、九爲老、七爲少、老變而少不變、故、謂陽爻爲九、潛龍勿用、周公所繫之辭、以斷一爻之吉凶、所謂爻辭者也、潛、藏也、龍、陽物也、初陽在下、未可施用、故、其象、爲潛龍、

其占、曰勿用、凡遇乾而此爻變者、當觀此象而玩其占也、餘爻、放此、朱子曰看易者須識理象數辭四者未嘗相離蓋有如是之理便有如是之象有如是之象便有如是之數有理與象數便不能無辭六十四卦三百八十四爻有自然之象不是安排出來且如潛龍勿用初便是潛陽爻便是龍不當事便是勿用見龍在田離潛便是見陽便是龍出地上便是田又曰潛龍勿用只是戒占者之辭解者遂去上面生義理以初九當潛龍勿用九二當見龍在田利見大人初九是箇甚麽如何會潛如何會勿用九二爻又是甚麽人他又如何會見龍在田利見大人○易如一箇鏡相似看甚物來都能照得如所謂潛龍只是有箇象自天子至於庶人看甚人來都使得孔子說作龍德而隱不易乎世不成乎名便是就事上指殺說來然會看底雖孔子說也活也無不通不會看底雖文王周公說底也死了須知得他是假託說是包含說假託謂不惹著那事包含是說箇影象在這裏無所不包○乾初九只是陽氣潛藏之象未可發用之占耳若便著箇不易乎世不成乎名隱而未見行而未成之人坐在裏面便死殺了若會得卦爻本意却不妨當此時居此位作此人也○節齋蔡氏曰初位也九爻也初二三四五上爲位之陰陽九六爲爻之陰陽氣消息自下而上故畫卦自下而始潛象初龍象九○丹陽都氏曰以時言之有初則有終以位言之有上則有下以數言之有二三四五則有一六三者互文以見也○沙隨程氏曰水經龍以秋日爲夜埤雅龍秋分而降則蟄寢于淵聖人擬諸其形容象其物宜如此○李氏仁父曰龍鱗八十一爲九九之數亦以象乾也○臨川王氏曰龍行天之物也故以象乾馬行地之物也故以象坤○雲峯胡氏曰易之爲道辭變象占而已就此爻觀之九爲變潛龍爲象勿用爲占初九潛龍勿用爲占之辭餘倣此又曰乾初象潛龍謹微陽也坤初象履霜防微陰也於陽之微則恐其或用勿也者禁之之辭也於陰之微則慮其必盛至也者危之之辭也○雙湖胡氏曰六爻取六龍象固以純陽之物而象純陽之爻然亦實取其變也龍之爲物靈變不測能大能小能隱能見潛則入于淵飛則升于天亦猶乾爲純陽卦若其動而變則六爻可變三百八十四爻眞活動不拘爾○隆山李氏曰六爻之象皆取於龍者陽體之健其潛見惕躍飛亢者初終之序而變化之迹也○孔氏曰卦辭多文王後事升卦六五王用亨于岐山明夷六五箕子之明夷皆文王後事也故馬融陸績等皆以爲爻辭出於周公是也

九二ᄂᆞᆫ 見龍在田이니 利見大人이니라

見龍之見賢遍反卦內見龍並同

○九二ᄂᆞᆫ 見ᄒᆞᆫ 龍이 田애 在ᄒᆞᆷ이니 大人을 見ᄒᆞᆷ이 利ᄒᆞ니라

【傳】田、地上也、出見於地上、其德、已著、以聖人言之、舜之田漁時也、利見大德之君、以行其道、君亦利見大德之臣、以共成其功、天下、利見大德之人、以被其澤、大德之君、九五也、乾坤、純體、不分剛柔而以同德、相應、程子曰九二利見大人九五利見大人聖人固有在上者在下者〇朱子曰六爻不必限定說且如潛龍勿用若是庶人得之自當不用人君得之也當退避見龍在田若是衆人得之亦可用事利見大人如今人所謂宜見貴人之類易不是限定底物伊川亦自說一爻當一事則三百八十四爻只當得三百八十四事說得自好不知如何到他解却恁地說〇李氏開曰二爲地上故曰田〇隆山李氏曰田者象聖人應世之跡爾而龍豈眞在是哉

【本義】二、謂自下而上第二爻也、後放此、九二、剛健中正、出潛離隱、澤及於物、物所利見、故、其象、爲見龍在田、其占、爲利見大人、九二、雖未得位而大人之德、已著、常人、不足以當之、故、値此爻之變者、但爲利見此人而已、蓋亦謂在下之大人也、此、以爻與占者、相爲主賓、自爲一例、若有見龍之德則爲利見九五在上之大人矣、朱子曰乾卦他爻皆可作自家身上說惟九二九五要作自家說不得兩箇利見大人向來人都說不通九二有甚麽形影如何敎見大人看來只占得此二爻便可見大人大人不必說人君也占者當不得見龍飛龍則占者爲客利見那大人大人卽九二九五之德見龍飛龍是也若潛龍君子則占者自當之矣〇臨川吳氏曰凡卦畫陽爲大陰爲小以三畫卦言二爲人位九居二故爲大人〇兼山郭氏曰乾德以大爲主大人者其道大之人也〇雲峯胡氏曰龍九象見而在田二象以六畫言則初二地位二地上故象田以三畫言則二與五本人位故九二九五象大人九二方出潛而猶未大顯是有大人之德未有大人之位者也本義謂常人不足以當之蓋如初九潛龍之象凡占者皆可當之象占之正例也如九二見龍是象利見大人是占則以象爲主占爲客變例也

九三은君子ㅣ終日乾乾ᄒᆞ야夕惕若ᄒᆞ면厲ᄒᆞ나无咎ㅣ리라

【本義】夕惕若이니

○九三은君子ㅣ日이終토록乾乾ᄒᆞ야夕애惕ᄒᆞ면厲ᄒᆞ나咎ㅣ업스리라（本義）夕에惕흠이니

【傳】三雖人位、已在下體之上、未離於下而尊顯者也、舜之玄德升聞時也、日夕不懈而兢惕則雖處危地而无咎、在下之人而君德、已著、天下、將歸之、其危懼、可知雖言聖人事、苟不設戒則何以爲敎、作易之義也、或問陳瑩中嘗愛文中子或問學易子曰終日乾乾可也此語最盡文王所以聖亦只是箇不已程子曰凡說經義如只管節節推上可知是盡夫終日乾乾未盡得易據此一句只做九三使若謂乾乾是不已不已又是道漸漸推去則自然是盡理不如此○魯祖道因論易傳問九三終日乾乾是君子進德不懈不敢須臾寧否朱子曰程子云在下之人君德已著此語亦是拘了昔嘗有人問程子胡安定以九四一爻爲太子者程子笑之曰如此三百八十四爻只做得三百八十四件事了此說極是及到程子解易却又拘了要知此是通上下而言在君有君之用臣有臣之用父有父之用子有子之用以至事物莫不皆然若如程子之說則千百年間只有箇舜禹用得也大抵九三此爻才剛而位危故須著乾乾惕厲方可无咎若九二則以剛居中位易處了○問伊川云雖言聖人事苟不設戒何以爲敎竊意因時而惕雖聖人亦常有此心曰易之爲書廣大悉備人皆可得而用初無聖凡之別但當著此爻便用兢兢戒惕○厚齋馮氏曰乾坤君臣之分聖賢之德也然乾不專言聖人者作經立敎使夫婦之愚皆可與知與行若專以聖人言之則天下之望絶矣故自二五大人之外止言君子使天下之爲父爲夫爲子者皆可勉而至也又曰易爲天下作故必設爲警懼戒謹之辭所以立敎也○東萊呂氏曰讀程傳者多謂聖人无待於戒只爲戒衆人故設敎若如此看則是聖人處己敎人分作兩段大失傳意蓋傳言若謂聖人不須設敎則无以爲敎設如設官之設非假設之設也敎如儒敎之敎非敎人之敎也

【本義】九、陽爻、三、陽位、重剛不中、居下之上、乃危地也、然、性體剛健、有能乾乾惕厲之象、故、其占、如此、君子、指占者而言、言能憂懼如是則雖處危地而无咎

也、朱子曰九三以過剛不中而處危地當終日乾乾夕惕若則雖危无咎矣聖人正意只是如此○問九三不言象何也曰九三陽剛不中居下之上有强力勞苦之象不可言龍故特指言乾乾惕若而已言有乾乾惕厲之象也○厲无咎是一句他後面有此例如頻復厲无咎是也又曰厲多是陽爻說○聖人因卦爻以垂戒多是利於正未有不正而利者如云夕惕若厲无咎若占得這爻必是朝兢夕惕戒謹恐懼可以无咎若自家不省如此便有咎○括蒼龔氏曰君子九象終日三象三下卦之終故諸爻多於三言終夕亦三象日之終也三居下體之上當危懼之時惟自强不息戒謹恐懼可以免咎故曰乾乾夕惕若厲无咎然此非龍之所可爲故以君子言之○王氏曰凡言无咎者本皆有咎也處得其道故得无咎也○雲峯胡氏曰初二地位故二曰在田五上天位故五曰在天三四人位故三不稱龍而稱君子下乾終而上乾繼之故曰乾乾本義釋乾曰乾健也陽之性也此釋乾乾亦曰性體剛健蓋健者乾之性龍不過乾之象九三不言象而言性蓋性體剛健自有能乾乾夕惕之象也六爻惟三四言无咎以人位故也○雙湖胡氏曰初二爲地地者龍之下位五上爲天天者龍之上位三四人位非龍之所據乾九三一爻實居六十四卦人道之首聖人尤致意焉此六爻所以不言乾而三獨言乾乾也

九四는或躍在淵하면无咎ㅣ리라

【本義】或躍在淵이니

○九四는或躍거나淵에在ᄒᆞ면咎ㅣ업스리라(本義)或躍거나淵에在홈이니

【傳】淵、龍之所安也、或、疑辭、謂非必也、躍不躍、唯及時、以就安耳、聖人之動、无不時也、舜之歷試時也、或問胡先生解九四作太子恐不是卦義程子曰亦不妨只看如何用當儲貳便做儲貳使九四近君便作儲貳亦不害但不要拘一若執一事則三百八十四爻只作得三百八十四件事使休也○沙隨程氏曰初與二既皆稱龍此爻雖不稱龍即上文知其爲龍也亦猶大壯九三羝羊觸藩羸其角而九四不言羊知藩決不羸即羊也○瀘川毛氏曰躍者飛之漸或者未必然之辭○西溪李氏曰或躍陽使之也在淵陰係之也○中溪張氏曰躍淵即龍之象也在四不言龍蓋疑於五也○潛室陳氏曰无咎者善補過之辭乾聖人之事而九三九四皆以无咎言之何也曰易之爻義有不足處有當垂戒處故各係以无咎之辭固不問聖人與凡人也易之爲易謂變易不拘也在聖人即作聖人用之凡人即作凡人用之若乾卦只斷作聖人之事則六十四卦之用有窮矣豈所謂易者乎

【本義】或者、疑而未定之辭、躍者、无所緣而絶於地、特未飛爾、淵者、上空下洞、深昧不測之所、龍之在是、若下於田、或躍而起則向乎天矣、九陽四陰、居上之下、改革之際、進退、未定之時也、故、其象、如此、其占、能隨時進退則无咎也、朱子曰淵與天不爭多淵是那空虛無實底之物躍是那不著地了兩脚跳上去底意思淵雖下於田田即是箇平地淵則通上下一躍即飛在天○山齋易氏曰九四己離下體故謂之躍猶在上體之下故謂之在淵淵卑於田二言在田今反謂之在淵者淵乃龍之所宅非在田之比在田不能變而在淵有可變之道也○建安丘氏曰九爲陽陽動故言躍四爲陰陰虛故象淵或者疑之也進則躍退則在淵出處如此可无咎矣○雲峯胡氏曰其位上下之交其時進退未定之際躍以或言審於進也淵以在言安於退也

九五는飛龍在天이나利見大人이니라

○九五는飛ᄒᆞ는龍이天에在홈이니大人을見홈이利ᄒᆞ니라

【傳】進位乎天位也、聖人、旣得天位則利見在下大德之人、與共成天下之事、天下固利見夫大德之君也、龜山楊氏曰此舜之謳歌朝覲時也○朱子曰飛龍在天利見大人文言分明言同聲相應同氣相求水流濕火就燥雲從龍風從虎聖人作而萬物覩他分明是以聖人爲龍以作言飛以萬物覩解利見大人只是言天下利見夫大德之君也今人却別做一說恐非聖人本意○隆山李氏曰乾之六龍獨取君象潛見飛躍其跡不同同此一龍耳向以大人之德爲一世之所利見今以大人之德爲天下之所利見所謂聖人作而萬物覩也○西溪李氏曰人心所利見己在二矣況正九五之位乎○楊氏雄曰龍之潛亢不獲中矣過中則惕不及中則躍二五其中乎故有利見之吉

【本義】剛健中正、以居尊位、如以聖人之德、居聖人之位、故、其象、如此而占法、與九二、同、特所利見者、在上之大人爾、若有其位則爲利見九二在下之大人也、朱子曰九二九

五兩爻此當以所占之人之德觀之若己是有九二之德占得此九二爻則爲利見九五大德之君若常人无九二之德者占得之則只爲利見此九二之大人耳己爲九五之君而有九五之德占得此九五爻則爲利見九二大德之人若九二之人占得之則爲利見此九五大德之人各隨所占之人以爻與占者相爲賓主也太祖一日問王昭素曰九五飛龍在天利見大人常人何可占得此卦昭素曰何害若臣等占得則陛下是飛龍在天臣等利見大人是利見陛下也此說得最好如此所以三百八十四爻而天下萬事无不可該无不周遍此易之用所以不窮也○誠齋楊氏曰九天德也龍象也五天位也飛而在天之象也○雲峯胡氏曰本義於二五皆曰剛健中正九五以天德居天位剛健而純中正而粹者也文言曰剛健中正純粹精也其九五之謂歟雲行雨施天下平也則飛龍在天之事矣在田乃雲行在天乃雨施

上九는 亢龍이니 有悔리라

亢 苦浪反

○上九는 亢혼 龍이니 悔ㅣ 이시리라

【傳】九五者、位之極中正者、得時之極、過此則亢矣、上九、至於亢極、故、有悔也、有過則有悔、唯聖人、知進退存亡而无過則不至於悔也、莆陽張氏曰天地之道以六陽遞相往來生成萬物而無窮也陽氣至此而盛極陰氣將生而推之苟不能窮上返下以知變是之謂亢非入而不窮之道也○白雲郭氏曰三過而惕故无咎上過而亢故有悔龍德莫善於惕莫不善於亢亢則貪位慕祿不知進退存亡其悔宜矣堯老舜攝舜亦以命禹伊尹復政厥辟周公復子明辟君臣之間皆有是道○進齋徐氏曰堯老而舜攝極則變變則通此无悔之道也

【本義】上者、最上一爻之名、亢者、過於上而不能下之意也、陽極於上、動必有悔、故、其象占如此、朱子曰上九亢龍有悔若占得此爻必須以亢滿爲戒當極盛之時便須慮其亢如這般處最是易之大義大抵於盛滿時致戒蓋陽氣正長必有消退之漸自是理勢如此又曰當極盛之時便須慮其亢如當堯之時須交付與舜若不尋得舜便交付與他則堯之後天下之事未可知○雲峯胡氏曰凡卦爻有占无象象在占中有象无占占在象中如乾初二五上分衆與占九三終日乾乾夕惕若疑皆占辭也而曰

終日曰夕象在其中九四或躍在淵似若專言象也而曰或曰在占在其內若其辭則有不同者勿用禁之之辭利見幸之之辭无咎謂如此而後无咎勉之之辭有悔憂之之辭觀乾一卦大槩可見矣且卦以內爲貞外爲悔乾上九外卦之終曰有悔坤六三內卦之終曰可貞貞悔二字豈非發諸卦之凡例乎○李氏曰乾陽物也消息盈虛有時龍陽類也潛見躍飛亦有時聖人龍德也升降進退亦有時爻序可知矣○沙隨程氏曰易以道義配禍福故爲聖人之書陰陽家獨言禍福而不配以道義故爲伎術如此而詭遇獲禽則曰吉得正而斃則曰凶故王仲淹曰京房郭璞古之亂常人也○雙湖胡氏曰文王於乾无所取象蓋以乾卦畫即象而元亨利貞直占辭耳周公始象六爻以六龍至孔子大象方有天之名說卦方有馬之名而爲首爲君爲父爲玉爲金之類始大備後之象學者各據三聖而論庶无惑於紛紜之多端也大抵易莫難明於象象明則占煥而辭變亦有不難通者矣又曰沙隨謂易以道義配禍福最有補於世敎云

用九는 見羣龍ᄒᆞ되 无首ᄒᆞ면 吉ᄒᆞ리라

【本義】見羣龍无首ㅣ니

○九用ᄒᆞᆷ은 羣龍을 見ᄒᆞᄃᆡ 首ᄒᆞᆷ이 업스면 吉ᄒᆞ리라 (本義) 羣龍이 首ㅣ 업슴을 見ᄒᆞᆷ이니

【傳】用九者、處乾剛之道、以陽、居乾、體純乎剛者也、剛柔相濟、爲中而乃以純剛、是過乎剛也、見羣龍、謂觀諸陽之義、无爲首則吉也、以剛爲天下先、凶之道也、

程子曰荊公言用九只在上九一爻非也六爻皆用九故曰見羣龍无首吉用九便是行健處天德不可爲首言乾已至剛健又安可更爲物先爲物先則有禍所謂不敢爲天下先乾順時而動不過處便是不爲首六爻皆同○或問伊川之意似云用陽剛以爲天下先則凶无首則吉朱子曰凡說文字須有情理方是用九當如歐公說方有情理某解易所以不敢同伊川便是有這般處看來當以見羣龍无首爲句蓋六陽已盛如羣龍然龍之剛猛在首故見其无首則吉大意只是要剛而能柔自人君以至士庶皆須如此若說爲天下先便只是人主方用得以下更使不得恐不如此又曰如歐說蓋爲卜筮言所以須著有用九用六若如伊川說便无此也得○廣平游氏曰乾以純陽陽極而亢坤

以純陰陰極而戰如其不變則亢而災戰而傷不能免也乾用九則陽知其險而變故旡首吉坤用六則坤知其阻而變故利永貞

【本義】用九、言凡筮得陽爻者、皆用九而不用七、蓋諸卦百九十二陽爻之通例也、以此卦純陽而居首、故、於此發之而聖人、因繫之辭、使遇此卦而六爻皆變者、卽此占之、蓋六陽、皆變、剛而能柔、吉之道也、故、爲羣龍无首之象而其占、爲如是則吉也、春秋傳、曰乾之坤、曰見羣龍无首吉、蓋卽純坤卦辭牝馬之貞先迷後得東北喪朋之意、

或問乾坤獨言用九用六何也朱子曰此二卦純陽純陰而居諸卦之首故於此發此一例凡占法皆用變爻占故凡占得陽爻者皆用九而不用七占得陰爻者皆用六而不用八蓋七爲少陽九爲老陽六爲老陰八爲少陰老變而少不變凡占用九用六者用其變爻占也遇乾而六爻皆變則爲陰遇坤而六爻皆變則爲陽○用九用六此歐公舊說也而愚又嘗因其說而推之竊以爲凡得乾而六爻純九得坤而六爻純六者皆當直就此例占其所繫之辭不必更看所變之卦左傳蔡墨所謂乾之坤曰見羣龍无首卽坤之牝馬先迷也利永貞卽乾之不言所利也○用九不用七且如得純乾卦皆七數這却是不變底他未嘗得九未在這爻裏面所以只占上面彖辭用九蓋是變底○羣龍无首這便是利牝馬者爲不利牡而却利牝如西南得朋東北喪朋皆是无頭底又曰卦之本體元是六龍今變爲陰頭面雖變渾身却只是龍只一似无頭底龍相似○廬陵歐陽氏曰乾坤之用九用六何謂也曰乾爻七九坤爻八六九六變而七八无爲易道占其變故以其所占者名爻不謂六爻皆九六也及其筮也七八常多而九六常少有无九六者焉此不可以不釋也六十四卦皆然特於乾坤言之則餘可知耳○雲峯胡氏曰卦主乎用故先乾而不先坤艮動者爲主也爻主乎用故用九六而不用七八變者爲主也乾見群龍以知言坤利永貞以行言乾主知而坤主行也要之占固不用七八然有六爻俱不變者有六爻中一爻二爻不變者亦未嘗不用七八但遇七八常多九六常少多則以少爲主故常用九六易變易也以變爲主故三百八十四爻皆用九六

彖曰大哉라 **乾元**이여 **萬物**어 **資始**ᄒᆞᄂᆞ니 **乃統天**이로다

○彖에 ᄀᆞᆯ오ᄃᆡ 크다 乾元이여 萬物이 資ᄒᆞ야 始ᄒᆞᄂᆞ니 이예 天을 統ᄒᆞ얏도다

【本義】彖、即文王所繫之辭、傳者、孔子所以釋經之辭也、後凡言傳者、倣此、○此、專以天道、明乾義、又析元亨利貞爲四德、以發明之而此一節、首釋元義也、大哉、歎辭、元、大也、始也 乾元、天德之大始、故、萬物之生、皆資之以爲始也、又爲四德之首而貫乎天德之始終、故、曰統天、或問贊易之贊朱子曰稱述其事如大哉乾元之類是贊又曰凡彖辭象辭皆押韻○乾者萬物之始對坤而言天地之道也元者萬物之始對亨利貞而言四時之序也錯綜求之其義乃盡○乾元只是天之性不是兩箇物事如人之精神豈可謂人自是人精神自是精神萬物資始與資之深資於事父以事君之資皆訓取字○乾元統天蓋天只是以形體而言乾元即天之所以爲天者也猶言性統形耳○元者用之端而亨利貞之理具焉至於爲亨爲利爲貞則亦元之爲耳此元之所以包四德也若分而言之則元亨誠之通利貞誠之復其體用固有在矣以用言則元爲主以體言則貞爲主○大哉乾元萬物資始至哉坤元萬物資生那元字便是生物之仁資始是得其氣資生是成其形到得便亨是他彰著利便是結聚貞便是收斂收斂既无形跡又須復生至如夜半子時此物雖存猶未動在到寅卯便生巳午便著申酉便結亥子丑便實及至寅又生他這箇只管運轉一歲有一歲之運一月有一月之運一日有一日之運一時有一時之運雖一息之微亦有四箇段子恁地運轉又曰元亨利貞无斷處貞了又元今日子時前便是昨日亥時物有夏秋冬生底是到這裏方感得生氣他自有箇小小元亨利貞○節齋蔡氏曰彖者斷也卦之辭卦之斷也凡言彖曰者又釋彖之義也○雙湖胡氏曰彖傳乃孔子贊文王卦辭然多自發明己意以解伏羲卦不盡同於文王如乾卦辭文王只作占辭孔子自作四德又其間多說卦變此卦自某卦來皆孔子所自發文王間亦有之而不如孔子之多○毅齋沈氏曰資始者氣之始資生者形之始故皆謂之元而有施受倡和之分故以乾坤相配○建安丘氏曰以四德言雖有元亨利貞之分而其所以无間斷者亦惟一元之運行有所統攝也○蘭氏廷瑞曰乾元者天陽一元之氣亦如人之有元氣也人知萬物之生於地而不知天以乾元之氣爲之始亦如人之生於母而不知資始於父之元氣也始之於未生之前生之於有始之後

雲行雨施하야**品物**이**流形**하나니라 施始豉反 卦內皆同

○雲이行ᄒᆞ며雨ㅣ施ᄒᆞ야品物이形을流ᄒᆞᄂᆞ니라

【本義】此、釋乾之亨也、 程子曰雲行雨施是乾之亨處○誠齋楊氏曰彖言元利貞而獨不言亨者蓋雲行雨施即氣之亨也品物流形即形之亨也

大明始終ᄒᆞ면六位時成ᄒᆞ니時乘六龍ᄒᆞ야以御天ᄒᆞᄂᆞ니라

○終始ᄅᆞᆯ크게明ᄒᆞ면六位ㅣ時로成ᄒᆞᄂᆞ니時로六龍을乘ᄒᆞ야써天을御ᄒᆞᄂᆞ니라

【本義】始、即元也、終、謂貞也、不終則无始、不貞則无以爲元也、此、言聖人、大明乾道之終始則見卦之六位、各以時成而乘此六陽、以行天道、是乃聖人之元亨也、

朱子曰乾四德元最重其次貞亦重以明終始之義非元則无以生非貞則无以終非終則无以爲始不始則不能成終如此循環无窮此所謂大明終始也又曰終始即四德也始則元終則貞蓋不終則無以爲始不貞則無以爲元六爻之立由此而立耳以時成者言各以其時而成如潛見飛躍皆以時耳然皆四德之流行也初九九二之半即所謂元九二之半與九三即所謂亨九四與九五之半即所謂利九五之半與上九即所謂貞盖聖人大明乾道之終始故見六位各以時成乘此六爻之時以當天運而四德之所以終而復始應變而不窮也又曰天人一理人之動乃天之運也然以私意而動則人而不天矣惟其潛見飛躍各得其時則是以人當天也不曰當天而曰御天以見遲速進退之在我耳又曰時乘六龍以御天六龍只是六爻龍只是譬喩明此六爻之義潛見飛躍以時而動便是乘六龍便是御天聖人便是天天便是聖人○淸江張氏曰以上下之定位言之謂之六位以陽氣之變化言之謂之六龍○開封耿氏曰統天言乾之體御天言乾之用統如身之統四體御如心之御五官○建安丘氏曰聖人體乾之元亨而以終始言之何也蓋以重卦言之乾下三爻元亨也而九三爲下乾之終乾上三爻利貞也而九四爲上乾之始故九四曰乾道乃革所以先言終後言始也終始之間功用密庸陽變而陰春夏變而秋冬此正是造化過接處故聖人必大明之以成贊化之功也○雲峯胡氏曰天有十二時陰陽各司其半以成四時故爻位亦以六而成一爻有一爻之位則各有一爻之時六位時成泛指易六虛言時乘六龍專指乾六畫言三百八十四爻只是一時字故夫子首於乾彖發之坤止說行乾兼說知行大明是知御天是行

乾道ㅣ變化에各正性命ᄒᆞᄂᆞ니保合大和ᄒᆞ야乃利貞ᄒᆞ니라

【本義】各正性命ᄒᆞ야保合大和ᄒᆞᄂᆞ니乃利貞이니라
○乾道ㅣ變ᄒᆞ야化호매각각性命을正ᄒᆞᄂᆞ니 大和ᄅᆞᆯ保合ᄒᆞ야 이여利ᄒᆞ고貞ᄒᆞ니
라(本義) 각각性命을正ᄒᆞ야大和ᄅᆞᆯ保合ᄒᆞᄂᆞ니利貞이니라
【本義】變者、化之漸、化者、變之成、物所受、爲性、天所賦、爲命、大和、陰陽會合
冲和之氣也、各正者、得於有生之初、保合者、全於己生之後、此、言乾道、變化、无
所不利而萬物、各得其性命、以自全、以釋利貞之義也、朱子曰乾道變化似是再說元亨變化字且只大槩恁地說不比繫辭所說底
子細各正性命他那元亨時雖正了然未成形質到這裏方成如那百穀堅實了方喚做正性命乾道是統說底四德
是說他做出來底大率天地是那有形了重濁底乾坤是他性情其實乾道天德互換一般乾道又言深得些子又曰
乾道變化各正性命是那一草一木各得其理變化是箇混全底○問變者化之漸化者變之成如昨日是夏今日立
秋爲變到那全然天涼沒一些熱時是化否曰然又曰如此等字自是難說變者化之漸化者變之成固是如此然又
曰化而裁之謂之變則化又是漸蓋化如正月一日漸漸化至三十日至二月一日則是正月變爲二月矣然既變則
又化是化長而變短此等字須當通看乃好○大哉乾元是說天道流行各正性命是說人得這道理做那性命處却
不是正說性如天命之謂性孟子道性善便是就人身上說性易之所言却是說天人相接處○乾道變化各正性命
總只是一箇理此理處處相渾淪如一粒粟生爲苗苗便生花花便結實又成粟還復本形一穗有百粒每粒箇箇完
全又將這百粒去種又各成百粒生生只管不已初間只是這一粒分去物物各有理總只是一箇理○各正性命保
合大和聖人於乾卦發此兩句最好人之所以爲人物之所以爲物都是正箇性命保合得箇和氣性命便是當初合
下分付底保合便是有箇皮殼包褁在裏○保合大和即是保合此生理也天地氤氳乃天地保合此生物之理造化
不息及其萬物化生之後則萬物各自保合其生理不保合則無物矣○問保合大和乃利貞曰天之生物莫不各有
軀殼如人之有體果實之有皮核有箇軀殼保合以全之能保合則眞性常在生生不窮如一粒之粟外面有箇殼以
褁之方其發一萌芽之始是物之元也及其抽枝長葉則是物之亨到得生實欲熟未熟之際此便是利及其旣實而
堅便是貞矣○仁爲四德之首而智則能成始而成終猶元爲四德之長然元不生於元而生於貞蓋天地之化不翕
聚則不能發散也仁智交際之間乃萬化之機軸此理循環不窮脗合無間不貞則無以爲元也○開封耿氏曰乾道

所以變化者陰陽而己各正性命者陰陽之定分保合大和者陰陽之冲氣○雲峯胡氏曰以二氣之分言則變者萬物之出機元亨是也化者萬物之入機利貞是也以一氣之運言則變者其漸化者其成先言品物流形後言各正性命物有此形即有此性皆天所命也謂之各正則命之稟也乃性之所以一定而不易謂之保合則性之存也又命之所以流行而不己蓋大和者陰陽會合冲和之氣而乾元資始之理固在其中矣以漸而變是之謂和○瀘川毛氏曰變化之餘各正性命收斂於冬也斂之不固則泄不以時凡雨雪不應水泉不收慾陽伏陰冬華春實皆天地之沴氣也故斂之於冬者萬物之所以止也

首出庶物에 **萬國**이 **咸寧**ᄒᆞᄂᆞ니라

○庶物에웃듬으로出홈애萬國이다寧ᄒᆞᄂᆞ니라

【傳】 卦下之(一无之字)辭、爲彖、夫子、從而釋之、通謂之彖、彖者、言一卦之義、故、知者觀其彖辭則思過半矣、大哉乾元、贊乾元、始萬物之道、大也、四德之元、猶五常之仁、偏言則一事、專言則包四者、萬物資始乃統天、言元也、乾元、統言天之道也、天道、始萬物、(一更有萬字)物資始於天也、雲行雨施品物流形、言亨也、天道、運行、生育萬物也、大明天道之終始則見卦之六位、各以時成、卦之初終、乃天道終始、乘此六爻之時、乃天運也、以御天、謂以當天運、乾道、變化、生育萬物、洪纖高下、各以其類、各正性命也、天所賦、爲命、物所受、爲性、保合大和乃利貞、保、謂常存、合、謂常和、保合大和、是以、利且貞也、天地之道、常久而不已者、保合大和也、天爲萬物之祖、王爲萬邦之宗、乾道、首出庶物而萬彙、亨、君道、尊臨天位而四海、從、王者、體天之道則萬國、咸寧也、 程子曰大明終始人能大明乾之終始便知六位時成却時乘六龍以當天事○朱子曰伊川語錄中說仁者以天地萬物爲一體說得太深无捉摸處易傳其手筆只云四德之元猶五常之仁偏言則一事專言則包四者又曰仁者天下之公善之本也易傳只此兩處說仁說得極平實學者當精看此等處○問四德之元猶五常之仁偏言則一事專言則包四者曰元是初發生出來生後方會通通後方始向成利者物之遂方是六七分到貞處方是十分成此偏言也然發生中已具後許多道理此專言也惻隱是仁之端羞惡是義之端辭讓是禮之端是非是智之端若无惻隱便都沒下許多到羞惡也是仁發在羞惡上到辭讓也是仁發在辭讓上到是非也是仁發在是非上又曰大哉乾元萬物資始元者天地生物之端倪也元者生意在亨則生意之長在利則生意之遂在貞則生意之成若言仁便是這意思仁本生意生意乃惻隱之心也苟傷著這生意則惻隱之心便發若羞惡也是仁去那義上發若辭讓也是仁去那禮上發若是非也是仁去那智上發若不仁之人安得更有義禮智又曰元只是初底便是如木之萌如草之芽其在人如惻然有隱初來底意思便是所以程子謂看鷄雛可以觀仁爲是那嫩小底便有仁底意思在若能知得所謂元之元元之亨元之利元之貞上面一箇元字便是包那四箇下面元字則是偏言則一事者須要知得所謂元之元亨之元利之元貞之元者蓋見得此則知得所謂只是一箇也若以一歲之體言之則春便是元然所謂首夏清和便是亨之元孟秋之月便是利之元到那初冬十月便是貞之元也只是初底意思便是○四德之元猶五常之仁偏言則一事專言則包四者此段只於易元者善之長與論語言仁處看若天下之動貞夫一者也則貞又包四者周易一書只說一箇利則利又大也○專言仁則包三者言仁義則又管攝禮智二者如智之實知斯二者禮之實節文斯二者是也○問程易說大明天道之終始則見卦之六位各以時成不知是說聖人明之耶抑說乾道明之耶曰此處說得鶻突但遺書有一段明說云人能明天道終始則見卦爻六位皆以時成以此語證之可見大明者指人能明之也○問首出庶物萬國咸寧恐盡是聖人事伊川分作乾道君道如何曰乾道變化至乃利貞是天首出庶物萬國咸寧是聖人○東萊呂氏曰乾之六位自古自今隨在隨足何嘗不成但人不能明乾之終始故自見其不成其實六位元不曾損壞也苟大明乾之終始則事事物物中六位歷然森列應時俱成更无漸次

【本義】 聖人、在上、高出於物、猶乾道之變化也、萬國、各得其所而咸寧、猶萬物之各正性命而保合大和也、此、言聖人之利貞也、蓋嘗統而論之、元者、物之始生、亨者、物之暢茂、利則向於實也、貞則實之成也、實之既成則其根帶、脫落、可復種而生矣、此四德之所以循環而旡端也、然而四者之間、生氣流行、初旡間斷、此、元之所以包四德而統天也、其以聖人而言則孔子之意、蓋以此卦、爲聖人、得天位行天道而致太平之占也、雖其文義、有非文王之舊者、然、讀者、各以其意、求之則並行而不悖也、坤卦、放此、

朱子曰首出庶物須是聰明睿智高出庶物之上以君天下方得萬國咸寧禮記云聰明睿智足以有臨也須聰明睿智皆過於天下之人方可臨得他又曰這卦大槩是說那聖人得位底若使聖人在下亦自有箇元亨利貞如首出庶物不必在上方如此如孔子出類拔萃便是首出庶物著書立言澤及後世便是萬國咸寧○元亨繼之者善也陽也利貞成之者性也陰也○元是未通底亨利是收未成底貞是已成底譬如春夏秋冬冬夏便是陰陽極處其間春秋便是過接處○乾之四德元譬之則人之首也手足之運動則有亨底意思利則配之胷臟貞則元氣之所藏也又曰以五臟配之尤明白肝屬木木便是元心屬火火便是亨肺屬金金便是利腎屬水水便是貞○元亨利貞只就物上看亦分明所以有此物便有此氣所以有此氣便有此理故易傳只說元者萬物之始亨者萬物之長利者萬物之遂貞者萬物之成不說氣只說物者言物則氣與理皆在其中伊川所說四句自動不得只爲遂字成字說不盡故某略添字說盡○元亨利貞譬諸穀可見穀之生萌芽是元苗是亨穟是利成實是貞穀之實又復能生循環旡窮又曰梅蘂初生爲元開花爲亨結子爲利成熟爲貞物生爲元長爲亨成而未全爲利成熟爲貞○仁義禮智似一箇包子裏面合下都具了一理渾然非有先後元亨利貞便是如此不是說道有元之時有亨之時○元亨利貞其發見有次序仁義禮智在裏面自有次序到發見時隨感而動却旡次序又曰發時旡次第生時有次第○問孟子言仁義禮智義在第二易以義爲利却成在第三曰禮是陽故曰亨謂之仁義禮智猶東西南北所謂元亨利貞猶東南西北一箇是對說一箇是從一邊說○四德取貞配冬者以其固也孟子以知斯二者弗去爲智之實弗去之說乃貞固之意彼知亦配冬也又曰貞於五常爲智孟子曰知斯二者勿去是也既知又曰弗去有兩義又文言訓正固又於四時爲冬冬有始終之義王氏亦云腎有兩龜蛇亦兩所以朔易亦猶貞也○元亨利貞性也生長收藏情也以元生以亨長以利收以貞藏者心也仁義禮智性也惻隱羞惡辭讓是非情也以仁愛以義惡以禮讓以智知者心也性者心之理也情者心之用也心者性情之主也○建安丘氏曰此聖人體乾之利貞也元首者君之象也聖人出乎其類足以有臨於天下然後萬國咸底輯寧也○雲峯胡氏曰文王本從卜筮上說夫子則從義理上說故曰大曰始以贊乾之元曰終曰始以見乾貞下起元其釋元亨而曰終始者終

貞也不貞无以爲元此四德之所以循環而无窮也其釋利貞又曰首出首元也非元无以爲貞此又元之所以包四德而統天也其在聖人則得天位行天道而致太平之占蓋乘六龍是得天位御天是行天道萬國咸寧是致太平也彖傳主義理亦曷嘗不可推之卜筮哉

象曰天行이健ᄒᆞ니君子ㅣ以ᄒᆞ야自彊不息ᄒᆞᄂᆞ니라

○象애ᄀᆞᆯ오ᄃᆡ天의行이健ᄒᆞ니君子ㅣ以ᄒᆞ야스스로彊ᄒᆞ야息디아니ᄒᆞᄂᆞ니라

【傳】卦下象、解一卦之象、爻下象、解一爻之象、諸卦、皆取象以爲法、乾道覆育之象、至大、非聖人、莫能體、欲人、皆可取法也、故、取其行健而已、至健、固足以見天道也、君子以自彊不息、法天行之健也

【本義】象者、卦之上下兩象、及兩象之六爻、周公所繫之辭也、○天、乾卦之象也、凡重卦、皆取重義、此獨不然者、天、一而已、但言天行則見其一日一周而明日、又一周、若重複之象、非至健、不能也、君子、法之、不以人欲、害其天德之剛則自彊而不息矣、

朱子曰乾卦有兩乾是兩天也昨日行一天也今日行又一天也其實一天而行健不已此所以爲天行健也○天惟健故不息不可把不息做健○問健足以形容乾否曰可伊川曰健而无息之謂乾蓋自人而言固有一時之健有一日之健惟无息乃天之健○乾乾不息者體日往月來寒往暑來者用有體則有用有用則有體不可分先後說○問天運不息君子以自强不息曰非是說天運不息自家去趕逐也要學他如此不息只是常存得此心則天理常行而周流不息矣○安定胡氏曰天者乾之形乾者天之用天形蒼然南極入地下三十六度北極出地上三十六度狀如倚杵其用則一晝一夜行九十餘萬里人一呼一吸爲一息一息之間天行已八十餘里人一晝一夜有萬三千六百餘息故天行九十餘萬里天之行健可知故君子法之以自强不息云○廣平游氏曰至誠无息天行健也若文王之德之純是也未能无息而不息者君子之自强也若顏子三月不違仁是也○建安丘氏曰

自强者體下乾之象不息者體重乾之象○雲峯胡氏曰上經四卦乾曰天行坤曰地勢坎曰水洊至離曰明兩作先體而後用也下經四卦震曰洊雷艮曰兼山巽曰隨風兌曰麗澤先用而後體也乾坤不言重異於六子也稱健不稱乾異於坤也然乾雖不言重而言天行則一日一周明日又一周而重之義已見於行之一字自强所以爲天德之剛或以人欲害之則息矣○雙湖胡氏曰夫子六十四卦大象自釋伏羲一卦兩體之象象皆夫子所自取文王周公所未甞有故與卦爻之辭絕不相關六十四卦皆著一以字以者所以體易而用之也即一以字示萬世學者用易之方不可不察也

潛龍勿用은 陽在下也ㅣ오

○潛龍勿用은陽이下애在홈이오

【傳】陽氣在下、君子、處微、未可用也

【本義】陽、謂九、下、謂潛、朱子曰潛龍兩字是初九之象勿用兩字是告占者之辭孔子作小象又釋其所以爲潛龍者以其在下也諸爻皆如此推測自分明○進齋徐氏曰陽釋龍字下釋潛字在下故潛潛故勿用○雙湖胡氏曰小象於乾曰陽在下也於坤曰陰始凝也陰陽之稱始此蓋以六十四卦陰陽之初爻即太極所生兩儀之一以爲諸卦通例陰陽之名一立而動靜健順剛柔奇偶小大尊卑變化進退往來之稱亦由是而著矣○雲峰胡氏曰夫子於乾坤初爻揭陰陽二字以明易之大義乾初曰陽在下坤初曰陰始凝扶陽抑陰之意己見於言辭之表【備旨】揭一陽字便見德本可用特厄於時耳在字不可忽

見龍在田은 德施普也ㅣ오

○見龍在田은德의施ㅣ普홈이오

【傳】見於地上、德化及物、其施、已普也、朱子曰九二君德已著至九五然後得其位耳○厚齋馮氏曰龍在田則雨澤膏潤之象故曰德施普也○盤澗董氏曰九二在下而云德施普者如日方升雖未中天而其光已無所不被矣○雲峰胡氏曰小象提出一德字見九二之所謂大人者以德言非以位言也○山齋易氏曰初之陽在下者陽氣潛伏而未出於地二之德施普者陽氣著見

於地而普及於物此二爻地道也【備旨】提出德字見二之爲大人者以德 不以位俱就二身上說 未遂說到上下被德處

終日乾乾은 反復道也오ㅣ (復芳服反 本亦作覆)

○終日乾乾은反復홈을道로홈이오(本義)道를反復홈이오

【傳】 進退動息、必以道也

【本義】 反復、重複踐行之意、程子曰反復道也言終日乾乾往來皆由於道也三位在二體之中可進而上可退而下故言反復○進齋徐氏曰反復往來必出乎道動循天理雖危而安也○廣平游氏曰釋終日乾乾行事之時而曰反復道何也蓋君子之行事雖汲汲皇皇而易簡之理未嘗離也亦行其所无事而已九三在下體之上將離人而天矣故有反復道之象若夫聖人作而萬物覩則天德之所爲確乎其能事而已矣雖有爲而未嘗爲反復不容言矣【備旨】此就大人之學講道合下進修爲是反復是朝乾夕乾往來來輾轉於道而惟恐行之有缺也

或躍在淵은 進이 无咎也오ㅣ

○或躍在淵은進이咎ㅣ업슴이오

【傳】 量可而進、(一有也字) 適其時則无咎也 (一无也字)

【本義】 可以進而不必進也、徂徠石氏曰爻辭但云或躍无咎夫子加進字以斷其疑也【備旨】日進无咎許其進也照爻辭只添一進字多少生色

飛龍在天은 大人造也오ㅣ (造徂早反)

○飛龍在天은大人의造ㅣ오(本義)大人이造홈이오

【傳】大人之爲、聖人(一无人字)之事也、雲峯胡氏曰二之施以德言五之造兼德與位言有其德无其位不敢作禮樂即所謂造也

【本義】造、猶作也、進齋徐氏曰大人造者聖人作也龍以飛而在天猶大人以作而居位大人釋龍字造釋飛字【備旨】大人釋龍字造釋飛字造者應時而起也一之內有制作意一云有造於天下萬世皆是推出一層說

亢龍有悔는 盈不可久也오

○亢龍有悔는 盈이 可히 久티 몯홈이오

【傳】盈則變、有悔也、進齋徐氏曰盈謂陽極不可久謂陰生以盈釋亢字不可久釋有悔字人知其不可久而防於未亢之先則有悔者无悔矣○雲峯胡氏曰乾上九陽之盈盈則必消故不可久坤上六陰之虛虛則必息故稱龍焉【備旨】天地間極不好的是盈盈必毁天之道也如之何可久識其不可久則宜急退步亢與盈俱就時說

用九는 天德은 不可爲首也라

○用九는 天德은 可히 首ㅣ 되디 몯홀꺼시라

【傳】用九、天德也、天德、陽剛、復用剛而好先則過矣、東萊呂氏曰乾者萬物之首非有心於首萬物也雖爲首而實未嘗爲首也老子竊窺先首之義而曰後其身而身先居其後乃所以致其先跡雖不爲首心實爲首也觀此可知老易公私之辨

【本義】言陽剛、不可爲物先、故、六陽、皆變而吉、○天行以下、先儒、謂之大象、潛龍以下、先儒、謂之小象、後放此、朱子曰乾爲萬物之始故天下之物无不資之以始但其六爻有時而皆變故有羣龍无首之象而君子體之則當謙恭卑順不敢爲天

下先耳非謂天德不可爲首也又非謂乾不爲首也乾不爲首則萬物何所資始而誰爲首乎○進齋徐氏曰六爻皆用九則乾變之坤九者剛健之極天之德也天德不可爲首指卦變言即坤无首之義非謂乾剛有所不足也善用九者物極必變剛而能柔不爲物先用坤道也○雲峯胡氏曰經言无首傳言不可爲首爲人之用九者言也易存乎用用易存乎人【備旨】剛者天德柔者地德首字只作先字以陽剛爲物先必缺折矣陽剛不以爲體不可以爲用先者用之以應世宰物也

文言曰元者ᄂᆞᆫ善之長也ㅣ오亨者ᄂᆞᆫ嘉之會也ㅣ오利者ᄂᆞᆫ義之和也ㅣ오貞者ᄂᆞᆫ事之幹也ㅣ니 長丁丈反下長人同

○文言의 골오ᄃᆡ 元은 善의 長이오 亨은 嘉의 會ㅣ오 利ᄂᆞᆫ 義의 和ㅣ오 貞은 事의 幹이니

【傳】它卦、彖象而已、獨乾坤、更設文言、以發明其文(一作義)、推乾之道、施於人事、元亨利貞、乾之四德、在人則元者、衆善之首也、亨者、嘉美之會也、利者、和合於義也、貞者、幹事之用也、縉雲馮氏曰以長釋元義以會釋亨義以和釋利義以幹釋貞義○平菴項氏曰在事之初爲元善之衆盛爲嘉衆得其宜爲義義所成立爲事一理而四名也○臨川吳氏曰夫子於此釋元亨利貞四字而分爲四德後人因之以配春夏秋冬仁義禮智皆推廣而言之也

【本義】此篇、申彖傳象傳之意、以盡乾坤二卦之蘊而餘卦之說、因可以例推云、○元者、生物之始、天地之德、莫先於此、故、於時、爲春、於人則爲仁而衆善之長也、亨者、生物之通、物至於此、莫不嘉美、故、於時爲夏、於人則爲禮而衆美之會也、利者、生物之遂、物各得宜、不相妨害、故、於時、爲秋、於人則爲義而得其分之和、貞

者、生物之成、實理、具備、隨在各足、故、於時、爲冬、於人則爲智而爲衆事之幹、幹、

木之身而枝葉所依以立者也、或問元者善之長朱子曰元亨利貞皆善也而元乃爲四者之長是善端初發處也又曰萬物之生天命流行自始至終無非此理但初生之際淳粹未散尤易見耳只如元亨利貞皆是善而元則爲善之長亨利貞皆是那裏來仁義禮智亦皆善也而仁則爲萬善之首義禮智皆從這裏出耳又曰仁是惻隱之母惻隱是仁之子又仁包義禮智三者仁是長兄管屬得義禮智故曰元者善之長○春秋傳記穆姜所誦之語謂元者體之長覺得體字較好是一體之長也○亨者嘉之會萬物到此皆盛大長茂无不好者故曰嘉之會嘉是美會是聚无不盡美處是亨蓋自春至夏便是萬物暢茂物皆豐盈咸遂其美然若只一物如此他物不如此又不可以爲會須是合聚來皆如此方謂之會○義有箇分至如親其親長其長則是義之和如不親其親而親他人之親便是不和如君臣父子各得其宜此便是和處安得謂之不利如君不君臣不臣父不父子不子此便是不和安得謂之利又曰義之分別似乎无情却是要順乃和處蓋嚴肅之氣義也而萬物不得此不生乃是和利是那義裏面生出來底凡事處置得合宜利便隨之所以云利者義之和蓋是義便兼得利若只利會利却是從中間半截做下去遺了上面一截底○孔子只說義之和爲利不去利上求利只義和處便是利又曰義者得宜之謂處得其宜不逆了物即所謂利○貞者事之幹伊川說貞字只以爲正恐未足以盡貞之義須是說正而固然亦未推得到知上看得來合是如此知是那默運事變底一件物事所以爲事之幹又曰正字也有固字意思但不分明終是欠闕正如孟子所謂知斯二者弗去是也知斯是正意弗去是固意貞固是固得恰好如尾生之信是不貞之固須固得好方是貞問又有所謂不可貞者是如何曰也是這意思只是不可以爲正而固守

君子 體仁이 足以長人이며

○君子ㅣ仁을體ᄒᆞ욤이足히뻐人애長ᄒᆞᆯ새시며

【傳】體法於乾之仁、乃爲君長之道、足以長人也、體仁、體元也、比而效之、謂之體、

朱子曰體仁如體物相似人在那仁裏做骨子仁是箇道理須是有這箇人方體得他做箇骨子比而效之之說却覺不是○問伊川解體仁長人作體乾之仁看來在乾爲元在人爲仁只應就人上說曰然君子行此四德則體仁是君

子之仁也○東萊呂氏曰仁者人也合而言之道也只爲人不能合故必比而效之執柯伐柯其則不遠比而效之之謂也○進齋徐氏曰體者以身法之也仁乃天地生物之心君子能體之以身則念念皆仁而有博施濟衆之功故足以長人如克長克君之類是也○廣平游氏曰仁爲衆善之首故足以長人猶萬物發育乎春而震爲長子也

嘉會ㅣ足以合禮ㅣ며

○會ㅣ嘉홈이足히뻐禮애合홀새시며

【傳】得會通之嘉、乃合於禮也、不合禮則非理、豈得爲嘉、非理、安有亨乎、雷氏曰嘉美合於中而其德充實然後動與禮合

利物이足以和義ㅣ며

○物을利케홈이足히뻐義예和홀새시며

【傳】和於義、乃能利物、豈有不得其宜而能利物者乎、程子曰陰爲小人利爲不善不可一槩論夫陰助陽以成物者君子也其害陽者小人也夫利和義者善也其害義者不善也又曰義安處便爲利○朱子曰利物足以和義覺見他說得糊塗如何喚做和合於義此句都說不切○問程子曰義安處便是利只是當然而然便安否曰是也只萬物各得其分便是利便是義之和處程子當初此處解得未親切不似這語却親切正好去洋利者義之和處○毅齋沈氏曰義與利自人心言之則義爲天理利爲人欲自天理言之則利者義之宜義者利之理公天下之利則擧天下萬物各正其性命矣

貞固ㅣ足以幹事ㅣ니

○貞ㅎ고固ㅎ욤이足히뻐事를幹홀새시니

【傳】貞一作正固、所以能幹事也、東萊呂氏曰世人多謂疏通者能幹事貞固者不能幹事此蓋錯認朴拙爲貞固耳殊不知世所謂疏通者雖能取辦目前然不貞不固終必敗事

故惟貞固者爲能幹事也

【本義】以仁爲體則无一物不在所愛之中、故、足以長人、嘉其所會則无不合禮、使物各得其所利則義无不和、貞固者、知正之所在而固守之、所謂知而弗去者也、故足以爲事之幹・

朱子曰體仁不是將仁來爲我之體我之體便都是仁也又曰本義云以仁爲體者猶言自家一箇身體元來都是仁又曰本義說以仁爲體似不甚分明然也只得恁地說○嘉會足以合禮嘉美也會是集齊底意思許多嘉美一時鬪湊到此故謂之嘉會嘉其所會便動容周旋无不中禮人之脩爲便處處皆要好不特是只要一處好而已須是動容周旋皆中乎禮可也故曰嘉會就亨者嘉之會觀之嘉字是實會字是虛嘉會足以合禮則嘉字却輕會字却重又曰嘉會雖是有禮後底事然這意思却在禮之先嘉其所會時未說到那禮在然能如此則便能合禮利物時未說到和義在然能使物各得其利則便能和其義○義自然和不是義外別討箇和使物各得其宜何利如之如此便是足以和義這利字是好底如孟子所謂戰國時利是不好底這箇利如那未有仁而遺其親未有義而後其君之利又曰利物足以和義此句最難有老蘇論此謂慘殺爲義必以利和之如武王伐紂義也若徒義則不得天下之心必散財發粟而後可以和其義若如此說則義在利之外分截成兩段了看來義之爲義只是一箇宜其初則甚嚴如男正位乎外女正位乎內直是有內外之辨君尊於上臣恭於下尊卑大小截然不可犯似若不和之甚然能使之各得其宜則其和也孰大於是至於天地萬物无不得其所亦只是利之和爾此只是就義中便有一箇和旣曰利者義之和却說利物足以和義蓋不如此不足以和其義也○貞固足以幹事幹如木之幹事如木之枝葉貞固者正而固守之貞固在事是與立箇骨子所以爲事之幹了爲事而非此之貞固便植立不起自然倒了問貞固二字與體仁嘉會利物似不同曰屬北方者便著用兩字方能盡之○問文言四德一段曰元者善之長以下四句說天德之自然君子體仁足以長人以下四句說人事之當然元只是善之長萬物生理皆始於此衆善百行皆統於此故於是爲春於人爲仁亨是嘉之會此句自來說者多不明嘉美也會猶齊也嘉會衆美之會猶言齊好也春天發生萬物未大故齊到夏時洪纖高下各各暢茂蓋春方生育至此乃无一物不暢茂其在人則禮儀三百威儀三千事事物物大大小小一齊到恰好處所謂動容周旋皆中禮故於時爲夏於人爲禮周子遂喚作中利者爲義之和萬物至此各遂其性事理至此无不得宜故於時爲秋於人爲義貞者乃事之幹萬物至此收斂成實事理至此无不的正故於時爲冬於人爲智此天德之自然其在君子所當從事於此者則必體仁乃足以長人嘉會足

以合禮利物足以和義貞固足以幹事此四句倒用上面四箇字極有力體者以仁爲體蓋仁爲我之骨我以之爲體仁皆從我發出故无物不在所愛所以能長人嘉會足以合禮者須是美其所會也欲其所會之美當美其所會蓋其厚薄親踈尊卑小大相接之體各有節文无不中節則所會者美所以能合於禮也利物足以和義者使物物各得其利則義无不和蓋義是斷制裁制之物若似不和然惟義能使事物各得其宜不相妨害自无乖戾而各得其分之和所以爲義之和也貞固足以幹事者貞正也知其正之所在固守而不去故足以爲事之幹幹事言事之所依以立蓋正而能固萬事依此而立在人則是智至靈至明是是非非確然不可移易不可欺瞞所以能立事也幹如板築之有楨幹今人築墻必立一木於中爲骨俗謂之夜叉木无此則不可築橫曰楨直曰幹无是非之心非知也知得是是非非之正堅固確守不可移易故曰智周子則謂之正也○雲峰胡氏曰元亨利貞釋彖分而二之一陰一陽之謂也文言分而四之四時五行之謂也前四句程傳從人事上說本義兼天人說蓋前四句天德之自然而未嘗不在於人後四句人事之當然乃人之所以全其天又曰體仁有以存諸中嘉會則美見乎外利[illegible]有方乎外而貞固有以守於中前四句善以理言而嘉會則言用義以理言而幹爲用則禮者仁之著智者義之藏也後四句體仁長人貞幹事由理以及用嘉會合禮利物和義則由用以及理也○雙湖胡氏曰在乾爲元亨利貞在君子爲仁義禮智雖不言智而貞固者智之事也非智及安能貞固此仁智交接即貞下起元之義也

君子ㅣ行此四德者라ㅣ故로曰乾元亨利貞이라

○君子ㅣ이네덕을行하난者라故로골아듸乾은元亨利貞이니라

【傳】行此四德、乃合於乾也

【本義】非君子之至健、无以行此、故、曰乾元亨利貞、○此第一節、申彖傳之意、與春秋傳所載穆姜之言、不異、疑古者、已有此語、穆姜、稱之而夫子、亦有取焉、故、下文、別以子曰、表孔子之辭、蓋傳者、欲以明此章之爲古語也、或問乾元亨利貞猶言性仁義禮智朱子曰此語甚穩當又曰乾元亨利貞他把乾字當君子○隆山李氏曰曰乾道變化又曰君子行此四德者謂之道者統而言謂之德者分而言之然要其極則一也○雲峯胡氏曰天行健天之乾也君子行此四德君子之乾也○建安丘氏曰六十四卦彖辭曰元亨利貞者乾坤屯隨臨无妄革也如坤元亨利牝馬之貞屯隨之大亨貞臨无妄革之大亨以正皆只是大亨而利於正獨乾謂之四德者非夫子所自取也按左氏傳襄公九年穆姜往東宮筮之遇艮之隨至十二年而孔子始生上距穆姜十四年穆姜之時已誦隨繇之辭曰元體之長也亨嘉之會也利義之和也貞事之幹也體仁足以長人嘉會足以合禮利物足以和義貞固足以幹事其言比今文言纔易數字則知四德之論蓋古有是言非出於孔子明矣特夫子繫易之時見此四字所該甚大隨卦不足以盡之故削其辭而附于乾然元亨利貞在乾可以四德言他卦只當本文王之意而釋之也○節齋蔡氏曰文飾也言辭也文釋彖象之辭以盡彖象之意乾坤居衆卦之首故特詳之而餘卦可以類推也○雙湖胡氏曰朱子謂孔子十翼專用義理發揮經言韜意彖象繫辭說卦雜卦專言象數乃用易之括例惟乾坤文言純以義理發之其次則序卦只用卦名發其次序之義而不及象數也○陸氏德明曰周易經文王周公所作也傳孔子所作也司馬談論六經要指引天下殊塗而同歸一致而百慮謂之易大傳班固謂孔子晩而好易讀之韋編三絕而爲之傳傳即十翼也前漢六經與傳皆別行至後漢諸儒作註始合經傳爲一爾今王弼註本首卷題曰周易上經乾傳餘卷亦有泰傳噬嗑傳咸傳夬傳豊傳之名蓋弼所用者鄭氏本鄭氏旣合彖傳象傳於經故合題之耳○漢上朱氏曰魏高貴鄉公問博士淳于俊曰今彖象不連經文而註連之何也俊對曰鄭康成合彖象於經者欲使學者尋省易了孔子恐其與文王相亂是以不合則鄭未註易經之前彖象不連經文矣○東萊呂氏曰漢上謂王弼以文言附於乾坤二卦按淳于俊謂鄭康成合彖象於經不言合彖象文言於經則朱氏之說是也

初九曰潛龍勿用은 何謂也오 子ㅣ 曰龍德而隱者也니 不易乎世ᄒᆞ며 不成乎名ᄒᆞ야 遯世无悶ᄒᆞ며 不見是而无悶ᄒᆞ야 樂則行之ᄒᆞ고 憂則違之ᄒᆞ야 確乎其不可拔이 潛龍也라 樂音洛

○初九애 ᄀᆞᆯ오ᄃᆡ 潛龍勿用은 엇디 닐옴고 子ㅣ ᄀᆞᆯᄋᆞ샤ᄃᆡ 龍德이오 隱ᄒᆞᆫ 者ㅣ니 世로 易디 아니ᄒᆞ며 名을 成티 아니ᄒᆞ야 世예 遯ᄒᆞᄃᆡ 悶홈이 업스며 是홈을 見티 몯ᄒᆞ야도

悶홈이업서樂ᄒᆞ면行ᄒᆞ고憂ᄒᆞ면違ᄒᆞ야確히그可히拔티몯홈이潛ᄒᆞᆫ龍이라

【傳】自此以下、言乾之用、用九之道也、初九、陽之微、龍德之潛隱、乃聖賢之在側陋也、守其道、不隨世而變、晦其行、不求知於時、自信自樂、見可而動、知難而避、其守、堅不可奪、潛龍之德也、程子曰樂則行之憂則違之樂與憂皆道也非己之私也○朱子曰伊川說乾之用乾之時乾之義難分別到了時似用用似義○問時與義曰夏日冬日時也飲湯飲水義也許多名目須是逐一理會過少間見得一箇却有一箇落著不爾都只恁地鶻突過

【本義】龍德、聖人之德也、在下、故、隱、易、謂變其所守、大抵乾卦六爻、文言、皆以聖人明之、有隱顯而无淺深也、朱子曰潛龍勿用何謂也以下大槩各就他要說處便說不必言專說人事天道○確乎其不可拔非專爲退遯不改其操也憂樂行違時焉而已其守无自而可奪如富貴不淫貧賤不移之意○問文言六爻皆以聖人明之有隱顯而无淺深如所謂忠信進德脩辭立誠在聖人分上如何曰在學者則勉强而行之在聖人則不然安而行之也又問本義釋庸言庸行以爲盛德之至釋閑邪存誠以爲無斁亦保是此意否曰謹信存誠是裏面工夫无跡忠信進德脩辭居業外面事微有跡在聖人分位皆做得自別又曰乾一卦皆聖人之德非是自初九以至上九漸漸做來蓋聖人自有見成之德所居之位有不同爾德无淺深而位有高下也○廣平游氏曰龍德而隱故不易乎世不易乎世者用捨在我故遯世无悶不成乎名者非譽不在物故不見是而无悶○雲峯胡氏曰樂行憂違卽所謂用舍无與於己行藏安於所遇聖人之事也○進齋徐氏曰遯世无悶者安土樂天也樂行憂違最說出潛龍意思初九備聖人之德從容无礙日用之間无非此道之流行意苟順適與物无忤則不私其有庶同於人陽之舒也此樂則行之之意也少有拂逆我心不快則超然順避不失於己陰之翕也此憂則違之之意也樂行憂違雖不凝滯於物而所以立己者蓋確乎其不可拔非守道之固者能之乎此其所以爲潛龍也

九二曰見龍在田利見大人은何謂也오子ㅣ曰龍德而正中者也니庸言之信ᄒᆞ며庸行之謹ᄒᆞ야閑邪存其誠ᄒᆞ며善世而不伐ᄒᆞ며

德博而化ㅣ니 易曰見龍在田利見大人이라ᄒᆞ니 君德也ㅣ라 行下孟反

○九二에ᄀᆞᆯ오ᄃᆡ 見龍在田利見大人은엇디닐옴고子ㅣᄀᆞᆯᄋᆞ샤ᄃᆡ 龍德이오正히中ᄒᆞᆫ者ㅣ니庸言을信히ᄒᆞ며 庸行을謹ᄒᆞ야邪를閑ᄒᆞ야 그誠을存ᄒᆞ며世를善케ᄒᆞ야도伐티아니ᄒᆞ며 德이博ᄒᆞ야化홈이니易애ᄀᆞᆯ오ᄃᆡ 見龍在田利見大人이라ᄒᆞ니君의德이라。

【傳】以龍德而處正中者也、在卦之中、爲得正中之義、庸信庸謹、造次必於是也、旣處无過之地則唯在閑邪、邪旣閑則誠存矣、善世而不伐、不有其善也、德博而化、正己而物正也、皆大人之事、雖非君位、君之德也、 程子曰閑邪則誠自存如人有室垣墻不脩不能防寇寇從東來逐之則復有自西入逐得一人一人復至不如脩其垣墻則寇自不至故欲閑邪也○敬是閑邪之道閑邪存其誠雖是兩事然亦只是一存閑邪則誠自存矣天下有一箇善一箇惡去善即是惡去惡即是善○閑邪則誠自存而閑其邪者乃在於言語飮食進退與人交接之際而已矣○閑邪則誠自存不是外面捉一箇誠將來存著今人外面役役於不善中尋箇善來存著如此則豈有入善之理只是閑邪則誠自存閑邪更著甚工夫但惟是動容貌整思慮則自然生敬敬只是主一也○閑邪則固一矣然主一則不消言閑邪○或問閑邪則固一矣主一則更不消言閑邪朱子曰只是覺見邪在這裏要去閑他則心便一了所以說道閑邪則固一矣旣一則邪便自不能入便更不消說又去閑邪

【本義】正中、不潛而未躍之時也、常言亦信、常行亦謹、盛德之至也、閑邪存其誠、无斁亦保之意、言君德也者、釋大人之爲九二也、 朱子曰庸言庸行盛德之至到這裏不消恁地猶自閑邪存誠便是无斁亦保雖无厭斁亦當保也保者持守之意○乾之九二處得其中都不著費力常言旣信常行旣謹但用閑邪怕它入來若九三剛而不中過高而危故有乾乾之戒○兩處說箇君德却是要發明大人即是九二孔子怕人道別箇大人故互相發○龍德正

中以下皆君德言雖不當君位却有君德所以也做大人伊川却說得這箇大人做兩樣○蘭氏廷瑞曰邪自外入故閑之誠自我有故存之○西溪李氏曰天理人欲不兩存苟閑得一分人欲便存得一分天理又曰聖人之學正心誠意便是治國平天下底事信謹之始便要善世不伐德博而化蓋君德權輿於此矣○西山眞氏曰易以二五爲中故九二曰龍德正中九五曰飛龍在天皆以得中故也初則勿用三則危四則或上則悔夫乾天德聖人之事也必以中爲貴以不中爲戒則天下之至善豈有過於中者乎○厚齋馮氏曰易者理學之宗而乾坤二卦又易學之宗也子思孟子言誠者天之道先儒謂誠敬者聖學之源皆出於此○隆山李氏曰乾畫一實則誠坤畫--虛則生敬故乾九二言誠坤六二言敬誠敬二字始於包犧心畫而實天地自然之理也

九三曰君子終日乾乾夕惕若厲无咎는 何謂也오 子ㅣ曰君子ㅣ進德脩業ᄒᆞᄂᆞ니 忠信이 所以進德也오 脩辭立其誠이 所以居業也ㅣ라 知至至之라 可與幾也ㅣ며 知終終之라 可與存義也ㅣ니 是故로 居上位而不驕ᄒᆞ며 在下位而不憂ᄒᆞᄂᆞ니 故로 乾乾ᄒᆞ야 因其時而惕ᄒᆞ면 雖危나 无咎矣리라 (幾堅溪反)

○九三애ᄀᆞᆯ오ᄃᆡ君子終日乾乾夕惕若厲无咎ᄂᆞᆫ엇디닐옴고子ㅣᄀᆞᆯᄋᆞ샤ᄃᆡ君子ㅣ德을進ᄒᆞ며業을修ᄒᆞᄂᆞ니忠信이ᄡᅥ德을進ᄒᆞᄂᆞᆫ배오辭를修ᄒᆞ야그誠을立ᄒᆞ욤이ᄡᅥ業에居ᄒᆞᄂᆞᆫ배라至ᄒᆞᆯᄃᆡ를알아至ᄒᆞᄂᆞᆫ디라可히더브러幾ᄒᆞᆯ꺼시며終ᄒᆞᆯᄃᆡ를알아終ᄒᆞᄂᆞᆫ디라可히더브러義를存ᄒᆞᆯ꺼시니이런고로上位예居ᄒᆞ야驕티아니ᄒᆞ며下位예在ᄒᆞ야憂티아니ᄒᆞᄂᆞ니故로乾乾ᄒᆞ야그時를因ᄒᆞ야惕ᄒᆞ면비록危ᄒᆞ나咎

ㅣ업스리라

【傳】三居下之上而君德、已著、將何爲哉、唯進德脩業而已、內積忠信、所以進德也、擇言篤志 所以居業也、知至至之、致知也、求知所至而後、(一无後字)至之、知之、在先、故、可與幾、所謂始條理者、知之事也、知終終之、力行也、既知所終則力進而終之、守之在後、故、可與存義、所謂終條理者、聖之事也、此、學之始終也、君子之學、如是、故、知處上下之道而无驕憂、不懈而知懼、 雖在危地而无咎也、(程子曰忠信爲基本所以進德也辭脩誠意立所以居業也此乃乾道由此二句可至聖人也○脩辭立其誠不可不子細理會言能脩省言辭便是要立誠若只是脩飾言辭爲心只是爲僞也若脩其言辭正爲立己之誠意乃是體當自家敬以直內義以方外之實事道之浩浩何處下手惟立誠才有可居之處有可居之處則可脩業終日乾乾大小大事只是忠信所以進德爲實下手處脩辭立其誠爲實脩業處○知至則當至之知終則遂終之須以知爲本知之深則行之必至無有知之而不能行者只是知得淺飢而不食烏喙人不蹈水火只是知人爲不善只爲不知知至而至之知幾之事故可與幾知終而終之故可與存義知至是致知博學明辨審問愼思皆致知知至之事篤行便是終之如始條理終條理因其始條理故能終條理猶知至即能終之○知至至之主知知終終之主終知至至之如今學者且先知有至處便從此至之是可與幾也非知幾安能先識至處知終終之知學之終處而終之然後可以守義○朱子曰程傳云內積忠信是實心擇言篤志是實事擇言是脩辭篤志是立誠明道論脩辭立其誠所以居業說得來洞洞流轉若伊川以篤志解立其誠便緩了又曰伊川說內積忠信積字說得好○知至至之主知知終終之主終蓋上句則以知至爲重而至之二字爲輕下句則以知終爲輕而終之二字爲重)

【本義】忠信、主於心者、无一念之不誠也、脩辭、見於事者、无一言之不實也、雖有忠信之心、然、非脩辭立誠則无以居之、知至至之、進德之事、知終終之、居業之事、所以終日乾乾而夕猶惕若者、以此故也、可上可下、不驕不憂、所謂无咎也、(朱子曰進德脩業四箇字然包括道理最可玩味○忠信所以進德忠信只是實其心之發然從知上來吾心知得是非端的是如此此心便實實便忠信吾心以爲實然從此做去即是進德處脩辭立誠又是進德事問立誠不就制行上說而特指脩辭何也曰人不誠處多在言語上又曰人多將言語做沒緊要容易說出來若一一要實這工夫自是大忠信進德便是見得脩辭立誠底許多道理脩辭立誠便要立得這忠信若口不擇言逢事便說只這忠信亦被汨沒動盪立不住了○忠信是知得到眞實極至處脩辭立誠是做到眞實極至處若不是眞實知得進箇甚麽前頭黑窣窣地如何進得去既知得若不眞實去做那箇道理也只懸空在這裏無箇安泊處所謂忠信也只是虛底道理而已忠信進德脩辭立誠居業工夫之條件也知至至之可與幾知終終之可與存義工夫之功程也忠信與脩辭立誠便是材料下面知至知終惟有實了方會如此大抵以忠信爲本忠信只是實若無實如何會進如播種相似須是實有種子下在泥中方會日日見發生若把箇空殼下在裏面如何會發生即是空道理須是實見得若徒將耳聽過將口說過濟甚事忠信所以爲實者且如孝須實是孝方始那孝之德一日進一日如弟須實是弟方始那弟之德一日進一日若不實却自无根了如何會進今日覺見恁地去明日便漸能熟明日方見有一二分後日便見有三四分意思自然覺得不同立其誠誠依舊便是上面忠信脩辭是言語照管得到那裏面亦須照管得到居業是常常如此不少間斷德是得之於心業是見之於事進德是自覺得意思日强似一日日日振作似一日不是外面事只是自見得意思不同又曰忠信二字與別處說不同且如破釜甑燒廬舍持三日糧示士卒必死無還心如此方會斷殺忠信便是有還心如此方會進德又曰忠信便是意誠處如惡惡臭如好好色直是事事物物皆見得如此純是天理則德日進不成只如此了却脩辭立誠就事上理會脩辭便是立誠如今人持擇言語丁一確二一字是一字一句是一句便是立誠若還脫空亂語誠如何立又曰脩辭立誠只於平日語默之際以氣上驗之思與不思而發意味自別明道所謂體當自家敬以直內義以方外之實事者只觀發言之平易躁妄便見其德之厚薄所養之淺深矣問脩辭立誠與閑邪存誠相似否曰他地位自別閑邪存誠不大段用力脩辭立誠大段著氣力○問進德只一般說至脩業却又言居業何也曰修業居業二者只是一意如逐日修作是脩常常爲此是守業如屋宇未脩則當脩之既脩則居之進德是要日新又新業却著居脩業便是要居他進如日知其所亡只管進前去居如月無忘其所能只管日日恁地做○忠信是始脩辭立誠是終知至至之是忠信進德之事知終終之是居業之事人之所以一脚進前一脚退後只是不會眞實做如何得進忠信進德與知至至之可與幾也這幾句都是去底字脩辭立誠與知終終之可與存義都是住底字進德是日日新者業是日日如此進德是營度方架這屋相似居業是據見成底屋居之知之至是知得到至處至之謂意思也隨他到那

處這便可與理會幾微處知終是知得到終處終之謂意思也隨他到那裏這裏便可與存義可與幾是見得前面這箇道理便能日進向前去存義是守這箇義只是這箇道理常常在這裏可是心肯意肯之義譬如昨日是无奈何勉强去爲善今日是心肯意肯要去爲善可與幾可與存義是旁人說與可與立可與權之可與同又曰知至至之主在至上知終終之主在終上至是要到那處而未到之辭如去長安未到長安却先知道長安在那裏從後行去這便是進德之事進德只管要進去便是要至之未做到那裏先知得如此所以說可與幾進字貼著那幾字至字又貼著那進字終則只是要守業今日如此明日又如此所以下箇居字終者只這裏終居字貼著那存字終字又貼著那居字德是就心上說義是那業上底道理問終字至字其義相近如何曰這處人都作兩段衮將去所以難得分曉須分作四截說知至是知得到處知終是終其到處至之是須著行去到那處終之是定要守到那處上兩箇知字却一般遺書所謂知至至之主知也知終終之主終也均一知也上却主知下却主終要得守故如此○忠信脩辭且大綱說所以進德脩業之道知至知終則又詳其始終工夫之序如此忠信心也脩業事也然蘊於心者所以見於事脩於事者所以養其心此聖人之學所以爲內外兩進而非判然二事也知至則知其道之所止至之乃行矣而驗其所知也知終則見其道之極致終之乃力行而期至於所歸宿之地也知而行行而知二者交相警發而其道日益光明終日乾乾又安有一息之間哉○禮无剛柔位有貴賤因他這貴賤之位隨緊慢說有那難處有那易處九三處一卦之盡所以說得如此九二位正中便不恁地○乾卦分明是先見得這箇透徹便一直做將去如忠信所以進德至可與存義也都是徑前故去有勇猛嚴厲斬截剛果之意須是見得方能恁地更著力不得坤卦則未到這地位敬以直內義以方外未免緊貼把捉有持守底意又曰忠信所以進德是乾健工夫蓋是剛健粹精兢兢業業日進而不自已如活龍然精彩氣燄自有不可及者直內方外是坤順工夫蓋是固執持守依文按本底做將去所以爲學者事也忠信進德脩辭立誠與敬以直內義以方外分屬乾坤蓋取健順二體脩辭立誠自有剛健主立之體敬義便有靜順之體進脩便是箇篤實敬義便是箇虛靜故曰陽實陰虛又曰乾卦連格物致知誠意正心都說了坤卦只有後面一節只是一箇持守柔順貞固循規蹈矩依而行之又曰乾是聖人道理自然而然坤是賢人道理便有用力處○厚齋馮氏曰此言進德脩業忠信辭誠知至知終以明終日乾乾夕惕若之實也君德著於二君位尊於五自三以往无非養其德業之日而在上下之間處之尤難進脩惕厲求无過以合於道可也接上卦故可以進終下卦故可以居○雲峰胡氏曰忠信主於心脩辭見於事主於心是德見於事是業進者日新而不已居者一定而不易曰至曰幾皆進字意曰終曰存皆居字意○臨川吳氏曰居上在下釋厲字以下體言則三居上畫故曰上位以二體言則三在下卦故曰下位不

驕不憂釋无咎之義也

九四曰或躍在淵无咎는何謂也오子ㅣ曰上下无常이非爲邪也ㅣ며進退无恒이非離羣也ㅣ라君子ㅣ進德脩業은欲及時也ㅣ니故로无咎ㅣ니라 離力智反

○九四애 ᄀᆞᆯ오ᄃᆡ 或躍在淵无咎는 엇디 닐옴고 子ㅣ ᄀᆞᆯᄋᆞ샤ᄃᆡ 上ᄒᆞ며 下홈이 常이 업슴이 邪를 ᄒᆞ욤이 아니며 進ᄒᆞ며 退홈이 恒이 업슴이 羣을 離ᄒᆞ욤이 아니라 君子ㅣ 德을 進ᄒᆞ며 業을 修홈은 時예 及고져 홈이니 故로 咎ㅣ 업ᄉᆞ니라

【傳】或躍或處、上下无常、或進或退、去就從宜、非爲邪枉、非離羣類、進德脩業、欲及時耳、時行時止、不可恒也、故、云或、深淵者、龍之所安也、在淵、謂躍就所安、淵在深而言躍、但取進就所安之義、或、疑辭、隨時而未可必也、君子之順時、猶影之隨形、可離、非道也、

【本義】內卦、以德學言、外卦、以時位言、進德脩業、九三、備矣、此則欲其及時而進也、

或問九四進德脩業欲及時如何朱子曰君子進德脩業非但爲一身亦欲有爲於天下及時是及時而進蓋進德脩業九三已備此則欲及時以進耳又曰上下无常進退无恒非爲邪枉非離群類隨時而變動靜不失其宜乃進德脩業之實也○九四中不在人則進而至乎九五之位亦无嫌矣但君子本非有此心故云或躍而此又以非爲邪也等語釋之○問內卦以德學言外卦以時位言曰雖言德學而時位亦在其中非德學何以處時位○雲峰胡氏曰三四皆以進德脩業言者重剛不中皆危疑之時也自昔聖賢處此惟有進德脩業而已況二爻在上下進退之間乾道變化之際於進退而識其幾知時者也於變化而見其妙知道者也所謂窮理盡性以至於命也進脩之要孰大乎此

九五曰飛龍在天利見大人은何謂也오子ㅣ曰同聲相應하며同氣相求하야水流濕하며火就燥하며雲從龍하며風從虎ㅣ라聖人이作而萬物이覩하나니本乎天者는親上하고本乎地者는親下하나니則各從其類也ㅣ니라

○九五애ᄀᆞᆯ오ᄃᆡ飛龍在天利見大人은엇디닐옴고子ㅣᄀᆞᆯᄋᆞ샤ᄃᆡ同ᄒᆞᆫ聲이서ᄅᆞ應ᄒᆞ며同ᄒᆞᆫ氣ㅣ서ᄅᆞ求ᄒᆞ야水ㅣ濕애流ᄒᆞ며火ㅣ燥애就ᄒᆞ며雲이龍을從ᄒᆞ며風이虎ᄅᆞᆯ從ᄒᆞᄂᆞᆫ디라聖人이作ᄒᆞᆷ애萬物이覩ᄒᆞᄂᆞ니天애本ᄒᆞᆫ者ᄂᆞᆫ上애親ᄒᆞ고地예本ᄒᆞᆫ者ᄂᆞᆫ下애親ᄒᆞᄂᆞ니곧각각그類ᄅᆞᆯ從ᄒᆞᆷ이니라

【傳】人之與聖人、類也、五以龍德、升尊位、人之類、莫不歸仰、況同德乎、上應於下、下從於上、同聲相應同氣相求也、流濕就燥從龍從虎、皆以氣類、故、聖人、作而萬物、皆覩、上既見下、下亦見上、物、人也、古語、云人物物論、謂人也、易中、利見大人、其言則同、義則有異、如訟之利見大人、謂宜見大德中正之人則其辨、明、言在見前、乾之二五則聖人、既出、上下、相見、共成其事、所利者、見大人也、言在見後、本乎天者、如日月星辰、本乎地者、如蟲獸草木、陰陽、各從其類、人物이莫不然也、

程子曰雲從龍風從虎龍陰物也出來則濕氣烝然自出如濕物在日中氣亦自出雖木石之微感陰氣尙亦有氣則龍之興雲不足怪虎行處則風自生○動植之物有得天氣多者有得地氣多者本乎天者親上本乎地者親下然要

之雖木植亦兼有五行之性在其中只是偏得土之氣故重濁也

【本義】作、起也、物、猶人也、覩、釋利見之意也、本乎天者、謂動物、本乎地者、謂植物、物各從其類、聖人、人類之首也、故、興起於上則人皆見之、朱子曰夫子於此數句只是解飛龍在天利見大人覩字分明是解見字聖人作便是飛龍在天萬物覩便是人見之○天下所患无君不患无臣有如是君必有如是臣雖使而今光少間也必有出來雲從龍風從虎只怕不是眞箇龍虎若是眞箇龍虎必生風致雲也○本乎天者親上凡動物首向上是親乎上人類是也本乎地者親下凡植物本向下是親乎下草木是也禽獸首多橫生所以无智此本康節說○臨川吳氏曰鶴鳴而子和雄鳴而雌應一鷄鳴而衆鷄皆鳴同聲相應也日火之精而取火於日月水之精取水於月磁石鐵之母而可以引鍼同氣相求也濕者下地故水之流趨之燥者乾物故火之然就之龍興則致雲雲從龍也虎嘯則風生風從虎也凡此六者皆同類相感召聖人與人亦同類故作於上而萬物咸覩之又曰先以聲氣水火雲風六句爲比而後言聖人作則人利見之又以動植之親上親下喩利見者之親聖人亦然諄諄言之而又以各從其類一句總結上文九句也○雲峯胡氏曰九五只是釋利見二字蓋大人之所以爲大者已釋於九二九二閑邪存誠德博而化五之飛龍在天則至誠之變化者也○雙湖胡氏曰夫子之賛乾九五如此後乎有若之賛夫子曰麒麟之於走獸鳳凰之於飛鳥泰山之於丘垤河海之於行潦類也聖人之於民亦類也正相似只是譬喩作義理說而戒者以乾統八卦取象釋之穿鑿甚矣

上九曰亢龍有悔는 何謂也오子ㅣ曰貴而无位ᄒᆞ며高而无民ᄒᆞ며賢人이在下位而无輔ㅣ라是以動而有悔也ㅣ니라

○上九애 ᄀᆞᆯ오ᄃᆡ亢龍有悔는엇디닐옴고子ㅣᄀᆞᆯᄋᆞ샤ᄃᆡ 貴ᄒᆞᄃᆡ位ㅣ업스며 高ᄒᆞᄃᆡ民이업스며賢人이下位예이셔輔ᄒᆞᆯ이업ᄉᆞᆫ디라일로ᄡᅥ動ᄒᆞ면悔ㅣ잇ᄂᆞ니라

【傳】九居上而不當尊位、是以、无民无輔、動則有悔也

【本義】賢人在下位、謂九五以下、无輔、以上九、過高志滿、不來輔助之也、○此、第二節、申象傳之意、誠齋楊氏曰六龍之首故曰貴高自四以下皆從九五故曰无輔○進齋徐氏曰爻辭但言有悔而夫子以動釋之蓋吉凶悔吝生乎動也○臨川吳氏曰貴釋九之爲龍高釋上之爲亢无位者陽不得陽位也无民者純陽无陰也九三之賢在下而敵體不應是无輔也此所以動而有悔也然亢者天時有悔者人事識時善處者雖亢而能不動則亦不至於有悔矣

潛龍勿用은**下也**ㅣ오

○潛龍勿用은下홈이오

【傳】此以下、言乾之時、勿用、以在下、未可用也、雲峯胡氏曰陽在下也以氣言此曰下也以人言

見龍在田은**時舍也**ㅣ오 舍去聲

○見龍在田은時로舍홈이오(本義)時ㅣ舍홈이오

【傳】隨時而止也、

【本義】言未爲時用也、厚齋馮氏曰舍與出舍於郊之舍同適止於位非久安也○臨川吳氏曰龍之在田猶在下位未爲時用也【傳旨】舍非爲時所棄但方出潛尚未究厥施故曰時舍明非不足於飛也堯舜在上則舜禹之德業時姑舍之

終日乾乾은**行事也**ㅣ오

○終日乾乾은事를行홈이오

【傳】進德脩業也、雲峯胡氏曰行所當行也【傳旨】反復道主在道德上說行事也主在職任上說事而曰行此即終日乾乾之見於踐履者

或躍在淵은 自試也ㅣ오

○或躍在淵은스스로試홈이오

【傳】隨時自用也、

【本義】未遽有爲、姑試其可、厚齋馮氏曰試如書試可乃已之試四位近五未遽有爲也備旨自試自字最妙上下進退之宜存乎吾心非他人所能與自試正是聖人愼重之意非有心覬覦之謂

飛龍在天은 上治也ㅣ오 治傳直吏反本義讀作平聲

○飛龍在天은上의治ㅣ오(本義)上에서治홈이오

【傳】得位而行上之治也、

【本義】居上以治下、臨川吳氏曰上謂在天居上而治下也備旨居上治下所謂八柄以馭群臣八法以馭萬民也歸重居上方切飛龍在天語意

亢龍有悔는 窮之灾也ㅣ오

○亢龍有悔는窮의災ㅣ오

【傳】窮極而災至也、臨川吳氏曰窮謂亢灾謂有悔備旨之字不虛其災乃窮之災見災出於時而善反則在其人矣

乾元用九는 天下ㅣ治也ㅣ라 治直吏反

○乾元의九用홈은天下ㅣ治홈이라

【傳】用九之道、天與聖人、同、得其用則天下、治也、隆山李氏曰四德獨擧一元何也元亨利貞同出於元如循環然乾道之終則一元復用矣

【本義】言乾元用九、見與他卦不同、君道、剛而能柔、天下、无不治矣、○此、第三節再申前意、或問乾元用九天下治也朱子曰九是天德健中便自有順用之則天下治如下文乃見天則則便是天德與上文見羣龍无首又別作一樣看○雲峯胡氏曰乾元用九與他卦不同者蓋一百九十二爻皆用九各有所指乾之用九則獨以剛而能柔人君治天下之道當如是也所以與他卦不同【備旨】乾元二字不可忽過天以元君萬物聖人以元君萬民用九正是人君體元處乾之元不息聖人用九則亦不息故能乘龍御天而天下治

潛龍勿用은 陽氣潛藏이오

○潛龍勿用은陽氣ㅣ潛藏홈이오

【傳】此以下、言乾之義、方陽微潛藏之時、君子、亦當晦隱、未可用也、或問程易乾之用乾之時乾之義看來恐可移易說朱子曰凡說經若移易得便不是本意看此三段只是聖人反復贊詠乾之德耳如上文潛龍勿用下也便即是此段陽氣潛藏便是首段龍德而隱者也聖人反復發明以示人耳問聖人於文言只把做道理說曰有此氣便有此理○厚齋馮氏曰孔子釋潛曰隱曰下曰藏隨事制義无不可也【備旨】前皆言人事此多言天道而合之人潛藏只是未開意勿作天地閉塞不像乾時光景

見龍在田은 天下ㅣ文明이오

○見龍在田은天下ㅣ文明홈이오

【傳】龍德、見於地上則天下、見其文明之化也、一作而化之

【本義】雖不在上位、然、天下、己被其化、厚齋馮氏曰文謂物之鮮榮明謂化之光顯○龜山楊氏曰樂則行之憂則違之孔顏之所同天下文明則孔子而己備旨潛藏者上古之淳風文明者中天之景運二雖未得位然君德在二其化之及人自非小可

終日乾乾은 **與時偕行**이오

○終日乾乾은時로더브러홈의行홈이오

【傳】隨時而進也

【本義】時、當然也、臨川吳氏曰行即行事之行時當如此故曰與時偕行備旨行字承上行事行字來本義時當然者以其時當憂也无時不謹者君子守己之常時因加謹者君子處危之道

或躍在淵은 **乾道**ㅣ**乃革**이오

○或躍在淵은乾의道ㅣ이예革홈이오

【傳】離下位而升上位、上下革矣、

【本義】離下而上、變革之時林氏栗曰初潛龍勿用而四乃革者言革潛爲躍也備旨乃字見不敢輕意六位皆道所在位革則道亦革故曰乾道乃革寔用指天位言進德修業以乘時也不得變革者也上下進退以趨時也所得變革者也

飛龍在天은 **乃位乎天德**이오

○飛龍在天은이예天德애位홈이오

【傳】正位乎上位、當天德、一作德矣

【本義】天德、即天位也、蓋唯有是德、乃宜居是位、故、以名之、單氏曰乾六爻皆天德也而五爲天位此天德之得

位者也備旨乃字要發有位无德則亦位乎天位而已惟至九五躬上聖之天資馭統天之大柄德與位稱故曰乃位乎大德

亢龍有悔는 與時偕極이오

○亢龍有悔는時로더브러흠끠極흠이오

【傳】時旣極則處時者、亦極矣、

隆山李氏曰時行則偕行可也時極則偕極是爲不知變○進齋徐氏曰乾以德明爻初曰德之隱二曰德之中三四皆曰進德五曰位乎天德獨上不言德者過中非德亢則有悔故不言德備旨三居其危時當憂惕者也上處其極時當謙降者也三能憂惕故曰與時偕行上不能下故曰與時偕極時行偕行可也時極偕極是爲不知變矣

乾元用九는 乃見天則이라

○乾元用九는이에天則을見홀꺼시라

【傳】用九之道、天之則也、天之法則、謂天道也、或、問乾之六爻、皆聖人之事乎、曰盡其道者、聖人也、得失則吉凶、存焉、豈特乾哉、諸卦、皆然也、

【本義】剛而能柔、天之法也、○此、第四節、又申前意、

臨川吳氏曰剛柔適中天之則也則者理之有限節而无過无不及者也又曰夫子於文言傳釋一彖六爻已竟又申釋象傳至再以見彖爻之辭義理无窮蘊奧難盡然獨於乾卦如此者蓋以六十四卦之首卦故特致詳此下重釋彖爻七節則與坤卦相似云○雙湖胡氏曰文言釋六爻凡三節第一節似以德言惟上爻又似說位第二節初似說位二似說時位三以上又似說用第三節却全似說時亦畧有分別要之朱子所謂聖人學易只管體出許多意思說者尤得之備旨則者理有限制而无過不及之謂天道未嘗過亢陰陽每每相濟君道剛而能柔則天之法則昭然可見故曰乃見天則

乾元者는 始而亨者也ㅣ오

○乾元은始ᄒᆞ야亨ᄒᆞᄂᆞᆫ者ㅣ오

【傳】又反覆詳說、以盡其義、既始則必亨、不亨則息矣、備旨此節不說元亨只提乾元說起可知乾元爲主玩始而亨一而字便見亨而利利而貞貞下又起元一點生意直貫到底此言始亨下言性情總是從化機上指出四德來以爲乾始節作贊之張本

【本義】始則必亨、理勢、然也

利貞者ᄂᆞᆫ性情也ㅣ라

○利貞은性情이라

【傳】乾之性情也、既始而亨、非利貞、其能不息乎、程子曰元亨者只是始而亨者也謂始初發生大槩一例亨通也及到利貞便是各正性命○性情猶言資質體段亨毒化育皆利也不有其功常久而不已者貞也詩曰維天之命於穆不已貞也○利貞者性情也言利貞便是乾之性情○朱子曰明道云不有其功常久而不已者貞也此語說得好不有其功言化育之无跡處爲貞備旨性情二字不必生物之生理完足是性而後來生生不息之機卽此胎胚爲情情卽性所含之情當元亨時己有性情在

【本義】收斂歸藏、乃見性情之實、朱子曰利貞者性情也是乾之性情始而亨時是乾之發作處共是一箇性情到那利貞處一箇有一箇性情百穀草木皆有箇性情了元亨方是他開花結子時到這利貞時方見他底性情就這上看乾之性情便見得這是利貞誠之復處○問利貞者性情也曰此性情如言本體元亨是發用處利貞是收斂歸本體處如春時發生到夏長茂條達至秋結子有箇收斂撮聚底意思但未堅實至冬方成在秋雖是己實漸欲脫去其本之時然受氣未足便種不生故須到冬方成人只到秋冬疑若不見生意不知都己收斂在內如一株樹有千子結實各具生理却將其子種之便可成千株樹剝卦碩果不食正是此義於此見得生生不窮之意天地大德曰生天地別无句當只是生而已這箇道理直是自然无安排聖人亦只是見得此機緘而發明出來耳○建安丘氏曰乾以一元之氣運轉於六虛之中始而終終而始其生出者元

也其歸宿者貞也而亨利乃其間之功用耳析而四之則爲四時合而兩之則爲陰陽貫而一之則渾然一元之氣也○雲峯胡氏曰夫子於文言既分元亨利貞而四之至此又如釋象分而二之者也元亨萬物之出機其出也生意發見於外利貞萬物之入機其入也生意斂藏於內故乾之性情乃可於此而見之乾性情只是一健字健者乾之性而情其著見者也且性情並言昉於此釋彖曰性命此則曰性情言性而不言命非知性之本言性而不言情非知性之用也

乾始ㅣ能以美利로利天下ㅣ라不言所利하니大矣哉ㅣ라

乾의 始ㅣ 能히 아름다온 利로 뻐 天下를 利케ᄒᆞ논디라 利ᄒᆞᆫ바를 言티아니ᄒᆞ니 크다

【傳】乾始之道、能使庶類、生成、天下、蒙其美利而不言所利者、蓋旡所不利、非可指名也、故、贊其利之大曰大矣哉、

【本義】始者、元而亨也、利天下者、利也、不言所利者、貞也、或、曰坤利牝馬則言所利矣、

朱子曰不言所利是說得不似坤時利牝馬之貞但說利貞而已問程易謂旡所不利故不言利如何曰是也乾則旡所不利坤只利牧馬之貞則有利不利矣○節齋蔡氏曰不言所利此所以爲大也如言利建侯利涉大川則言所利矣○雲峯胡氏曰言乾始能以美利利天下利字已在元字中不言所利大矣哉貞字又在元字中前猶即四德而二之此則又合而一之曰乾元者始而亨始者元亨者亦元也以見元與亨一也利貞者性情也夫子於乾利貞必合而言之以見利與貞一也至此則又渾乎乾始之元又可見元亨利貞之一矣【備旨】上二節說元統四德意已了了此特緊承贊嘆一服回視上文而贊乾元之大通節只以乾始二字貫下緊緊跟去說能以二字要重看只言始不言亨利貞正見天德合一之妙不言所利謂天下之物歸根復命而造化生物之功不復可見有似於不言也大矣哉是總上文而贊乾元

大哉라乾乎여剛健中正純粹ㅣ精也오

【本義】剛健中正이純粹精也ㅣ오

○크다乾이여剛ᄒᆞ며健ᄒᆞ며中ᄒᆞ며正ᄒᆞ며純ᄒᆞ며粹ᄒᆞᆫ거시精ᄒᆞ고 (本義) 剛ᄒᆞ며
健ᄒᆞ며中ᄒᆞ며正ᄒᆞᆫ거시純ᄒᆞ고粹ᄒᆞ야精ᄒᆞ고

【本義】剛、以體言、健、兼用言、中者、其行、无過不及、 正者、其立、不偏、 四者、乾之
德也、純者、不雜於陰柔、粹者、不雜於邪惡、 蓋剛健中正之至極而精者、 又純粹之
至極也、或、疑乾剛无柔、不得言中正者、不然也、天地之間、 本一氣之流行而有動
靜爾、以其流行之統體而言則但謂之乾而无所不包矣、以其動靜、分之然後、 有陰
陽剛柔之別也、
或問所謂流行之統體指乾道而言耶朱子曰大哉乾元萬物資始乾道變化各正性命只乾便
是氣之統體物之所資始物之所正性命豈非无所不包但自其氣之動而言則爲陽自其氣之
靜而言則爲陰所以陽常兼陰陰不得兼陽陽大陰小陰必附陽皆此意也○剛健中正爲其嫌於不中正所以說
箇中正陽剛自是全體豈得不中正近趙善譽說乾只是剛底一邊坤只是柔底一邊某說與他道聖人做一部易
如何却將兩箇偏底物事放在劈頭如何不討箇混淪底放在那裏今註中便是破他說○雲峯胡氏曰剛柔以質
言健順以性言本義云剛以體言健兼用言何也曰本義之意蓋謂剛健皆體也健則兼以用言耳以質言則有一
定之體以性言則有无窮之用中者其行无過不及用也正者其立不偏體也純者不雜於陰柔指剛健言粹者不
雜於邪惡指中正言不雜於陰柔似專指剛而言不雜於邪惡似專指正而言本義之意皆以體也程子曰精者剛
健中正純粹之極本義曰純粹者剛健中正之至極精者又純粹之至極其論益精矣【備旨】乾元之大一句贊嘆不了
故又着剛健七字指四德之妙非四德之外別有剛健中正而剛健中正外別有純粹精也此二句只是就他氣數運
動而爲元亨利貞處細細想像許多妙處出來

六爻發揮ᄂᆞᆫ旁通情也ㅣ오

○六爻로發揮홈은情을旁으로通홈이오

【本義】旁通、猶言曲盡、節齋蔡氏曰剛健中正而純粹精者惟九五足以當之彖用六爻以發揮其義者欲旁通以盡乎事物之情耳○雲峯胡氏曰曲盡其義者在六爻而備全其德者在九五一爻時乘六龍以下則爲九五而言也備旨此節承上起下發揮不是着力字只布列而指明之耳微言之曰精顯言之曰情乾之情盡于卦爻辭元亨利貞之辭直通之潛見惕躍飛亢之辭旁通之也

時乘六龍ᄒᆞ야以御天也ㅣ니雲行雨施ㅣ라天下ㅣ平也ㅣ라

○時로六龍을乘ᄒᆞ야ᄡᅥ天을御ᄒᆞᄂᆞ니雲이行ᄒᆞ며雨ㅣ施ᄒᆞᄂᆞᆫ디라天下ㅣ平ᄒᆞᄂᆞ니라

【傳】大哉、賛乾道之大也、以剛健中正純粹六者、形容乾道、精謂六者之精極、以六爻、發揮旁通、盡其情義、乘六爻之時、以當天運則天之功用、著矣、故、見一作曰雲行雨施、陰陽溥暢、天下和平之道也、朱子曰陽氣方流行固已包了全體陰便在裏了所以說剛健中正然不可道這裏却夾雜些陰柔所以却說純粹精觀其文勢只是言此四者又純粹而精耳程易作六德解未安

【本義】言聖人、時乘六龍、以御天則如天之雲行雨施而天下平也、○此、第五節、復申首章之意、中溪張氏曰彖言雲行雨施而以品物流形繼之則雲雨爲乾之雲雨此言雲行雨施而以天下平繼之則聖人之功即乾而雲雨乃聖人之德澤也○雲峯胡氏曰彖言元亨利貞屬之乾而文言以屬之君子乾之德固在君子躬行中也彖傳言雲行雨施屬之乾而文言以屬之聖人乾之功固在聖人發用內也備旨情而曰旁通六爻足以貫萬變矣一爻足以周萬用矣乘龍御天是即此發揮旁通者通之於天下也以乾之情通天下之情則天下自平所謂各安其性命之情也天道即是君道御天即是統天而總乾始爲之信乎乾元之爲大

君子ㅣ以成德爲行ᄒᆞᄂᆞ니日可見之ㅣ行也ㅣ라潛之爲言也ᄂᆞᆫ隱而

未見ᄒᆞ며行而未成이라是以君子ㅣ弗用也ᄒᆞᄂᆞ니라 行並下孟反未見之見賢遍反

○君子ㅣ德을成홈으로ᄡᅥ行을삼ᄂᆞ니日로可히見홀거시行이라潛이란 말은隱ᄒᆞ야見티몯ᄒᆞ며行이成티몯ᄒᆞ연ᄂᆞᆫ디라일로ᄡᅥ君子ㅣ用티아니ᄒᆞᄂᆞ니라(本義)成ᄒᆞᆫ德으로ᄡᅥ

【傳】德之成、其事可見者、行也、德成而後、可施於用、初方潛隱未見、其行、未成、未成、未著也、是以、君子、弗用也、

【本義】成德、已成之德也、初九、固成德、但其行、未可見爾、 朱子曰德者行之本君子以成德爲行言德則行在其中矣德者得之於心行出來方見這便是行問行而未成如何曰只是事業未就問乾六爻皆聖人事安得有未成伊川云未成是未著莫是如此否曰雖是聖人畢竟初九行而未成問此只論事業不論德否曰不消如此費力且如伊尹居有莘之時便是行而未成○雙湖胡氏曰德行以在身者而言見之行以在事者而言初九德成行立固自可以見之行事矣但其時位方當潛隱故其德行雖可見之行而時位未能成其所以行也是以爻辭以勿用言之(備旨)首二句泛論個道理以起下文至潛之爲言通節三行字俱指功業說德已成而行未成病在時耳若是時輕用則併德而失之故惟成德者能爲用亦惟成德者能爲勿用是以句要發君子所以弗用之意

君子ㅣ學以聚之ᄒᆞ고問以辨之ᄒᆞ며寬以居之ᄒᆞ고仁以行之ᄒᆞᄂᆞ니易曰見龍在田利見大人이라ᄒᆞ니君德也ㅣ라

○君子ㅣ學ᄒᆞ야ᄡᅥ聚ᄒᆞ고問ᄒᆞ야 ᄡᅥ辨ᄒᆞ며寬ᄒᆞ야ᄡᅥ居ᄒᆞ고 仁ᄒᆞ야ᄡᅥ行ᄒᆞᄂᆞ니易에갈ᄋᆞ대見龍在田利見大人이라ᄒᆞ니君德이라

【傳】聖人、在下、雖已顯而未得位則進德脩業而已、學聚問辨、進德也、寬居仁行

脩業也、君德、己著、利見大人而進以行之耳、進居其位者、舜禹也、進行其德者、伊傳也、

【本義】蓋由四者、以成大人之德、再言君德、以深明九二之爲大人也、朱子曰學以聚之問以辨之旣探討得當且放頓寬大田地得觸類自然有會合處故曰寬以居之○廣平游氏曰乾之道不盡於九二故有學問之功坤之道盛於六二故不習无不利○進齋徐氏曰德者人所得於天之理雖我之所固有然亦未嘗不散在事事物物之間苟不務學則无以會聚衆理而有諸己也學而弗問亦无以辨別衆理使之條件不紊而精粗本末或不知所擇也學聚矣問辨矣必有涵養寬裕之意自莫匪從容中道之妙故橫渠張子云心大則百物皆通心小則百物皆病必寬以居之則吾之所以學聚問辨者常見其與心爲一矣然仁者心之全德生生而不窮也德至於仁與天同運无一息間斷則吾之所居者固非徒大而无實亦非固守而不化者也此仁以行之乃學問之極功君子之成德也○臨川吳氏曰學聚之以知其理仁行之以行其事問辨之以審別所當行於學聚之後寬居之以存貯所已知於仁行之先寬之所居即學之所聚者仁之所行即問之所辨者【備旨】此節是以聖學精一宗旨博約全功明九二之爲大人也學問四句相承說下歸重仁行句四之字不必指定理字只照德字看爲是仁以行之不是將仁去行只是心无私欲便自然流行无間君子體仁足以長人故仁以行之便是君德

九三은重剛而不中ᄒᆞ야上不在天ᄒᆞ며下不在田이라故로乾乾ᄒᆞ야因其時而惕ᄒᆞ면雖危나无咎矣리라 重直龍反下同

○九三은重ᄒᆞᆫ剛이오中티아니ᄒᆞ야上으로天애 在티아니ᄒᆞ며下로田애 在티아니ᄒᆞ디라故로乾乾ᄒᆞ야그時를因ᄒᆞ야惕ᄒᆞ면비록危ᄒᆞ나咎ㅣ업스리라

【傳】三重剛、剛之盛也、過中而居下之上、上未至於天而下已離於田、危懼之地也、因時順處、乾乾兢惕、以防危、故、雖危而不至於咎、君子、順時兢惕、所以能泰也、

【本義】重剛、謂陽爻陽位 節齋蔡氏曰下卦以二爲中上卦以五爲中三居二上過乎中也四居五下不及乎中也在天五也在田二也三上未至於五下己離乎二而中處人位惟乾乾不息則雖處危地而无咎矣【備旨】重剛言陽德之純先言重剛者其惕厲自從剛中來也不中只在時位上見不在天不在田正是不中之時位

九四ᄂᆞᆫ 重剛而不中ᄒᆞ야 上不在天ᄒᆞ며 下不在田ᄒᆞ며 中不在人이라 故로 或之ᄒᆞ니 或之者ᄂᆞᆫ 疑之也ㅣ니 故로 无咎ㅣ라

○九四ᄂᆞᆫ重ᄒᆞᆫ剛이오中티아니ᄒᆞ야上으로天애 在티아니ᄒᆞ며 下로田애在티아니ᄒᆞ며中으로人애在티아니ᄒᆞᆫ디라故로或이라ᄒᆞ니或이라 홈은疑홈이니 故로咎ㅣ업ᄉᆞᆫ니라

【傳】四不在天不在田而出人之上矣、危地也、疑者、未決之辭、處非可必也、或進或退、唯所安耳、所以无咎也、

【本義】九四、非重剛、重字、疑衍、在人、謂三、或者、隨時而未定也、 雲峯胡氏曰九三九四當合看復之六四曰中行四居五陰之中也益之三四皆曰中行三與四居六爻之中也乾之二四亦居六爻之中而文言以不中稱之非但謂其不中也謂其重剛而不中爾蓋下乾之剛以二爲中三則重剛而過乎中上乾之剛以五爲中四則重剛而不及乎中過則憂不及則疑然憂所當憂卒於无憂疑所當疑卒於无疑此二爻所以皆无咎也【備旨】通節疑字重上中下三句雖起或之句却是說明可疑處不在人不是謂人事己盡可以聽天正見處天人交際之會其擧動尤當愼耳疑非狐疑之疑乃是持重詳審不敢輕率意

夫大人者ᄂᆞᆫ 與天地合其德ᄒᆞ며 與日月合其明ᄒᆞ며 與四時合其

序ᄒᆞ며與鬼神合其吉凶ᄒᆞ야 先天而天弗違ᄒᆞ며 後天而奉天時ᄒᆞᄂᆞ니 天且弗違온 而況於人乎며 況於鬼神乎여 夫音扶先悉薦反後胡豆反

○大人은天地로더브러그德이合ᄒᆞ며 日月로더브러그明이合ᄒᆞ며 四時로더브러그序ㅣ合ᄒᆞ며鬼神으로더브러그吉凶이合ᄒᆞ야 天에先ᄒᆞ야도 天이違티몯ᄒᆞ며天에後ᄒᆞ야天時를奉ᄒᆞᄂᆞ니天도ᄯᅩ違티몯ᄒᆞ곤ᄒᆞ믈며人애며ᄒᆞ믈며鬼神에ᄯᅡ녀

【傳】大人、與天地日月四時鬼神、合者、合乎道也、天地者、道也、鬼神者、造化之跡也、聖人、先於天而天、同之、後於天而能順天者、合於道而已、合於道則人與鬼神、豈能違也、 程子曰大人者與天地合其德日月合其明非在外也又曰若不一本安得先天而天弗違後天而奉天時○鬼神言其功用天言其主宰○易言天亦不同如天道虧盈而益謙此通上下理亦如此天道之運亦如此如言天且弗違況於人乎況於鬼神乎此直謂形而上者言以鬼神爲天地矣○臨川吳氏曰夫天專言之則道也此雖兼地言之蓋以其主宰之理而言非指輕淸之氣爲天重濁之氣爲地也日月四時鬼神皆天地之氣所爲氣之有象而照臨者爲日月氣之循序而運行者爲四時氣之往來屈伸而生成萬物者爲鬼神命名雖殊其實一也其所以明所以序所以能吉能凶皆天地之理主宰之天地以理言故曰德日月四時鬼神以氣言故曰明曰序曰吉凶也○雙湖胡氏曰天地日月四時鬼神之所以爲德爲明爲序爲吉凶者同一道也大人之與合亦合其道而己

【本義】大人、即釋爻辭所利見之大人也、有是德而當其位、乃可以當之、人與天地鬼神、本无二理、特蔽於有我之私、是以、梏於形體而不能相通、大人、无私、以道爲體、曾何彼此先後之可言哉、先天不違、謂意之所爲、默與道契、後天奉天、謂知理如是、奉而行之、回紇、謂郭子儀曰卜者、言此行、當見一大人而還、其占、蓋與此合、

若子儀者、雖未及乎夫子之所論、然、其至公无我、亦可謂當時之大人矣、 或問先天而天弗違後天而奉天時聖人與天爲一安有先後之殊朱子曰只是聖人意要如此天便順從先後相應不差毫釐也又曰天地只以形言先天而天弗違如禮雖先王未之有而可以義起之類蓋雖天之所未爲而吾意之所爲自與道契天亦不能違也後天而奉天時如天敘有典天秩有禮之類雖天之所己爲而理之所在吾亦奉而行之耳蓋大人无私以道爲體此一節只是釋大人之德其曰與天地合其德與日月合其明與四時合其序與鬼神合其吉凶將天地對日月四時鬼神說便只是指形而下者言○童溪王氏曰先天而天弗違時之未至我則先乎天而爲之而天自不能違乎我後天而奉天時時之既至我則後乎天而奉之而我亦不能違乎天蓋大人即天也天即大人也○雲峯胡氏曰九二九五亦當合看九五利見之大人即九二之大人然大人之所以爲大人其工夫正在九二上至與天地合其德以下是釋大人之德乃學聚問辨之極功也九二大人於道不容不用力至此則以道爲體无所容力矣[illegible]此節是就大人二字極言之合德照體元看爲精寔合是脗合非配合之合先後天總是一天只是狀他橫行直撞與天爲一意此四句在合德內已有了特抽出說到弗違爲上去耳非合德外又有先後天之功也況於人三句重人邊此句正決其爲人所利見

亢之爲言也ᄂᆞᆫ 知進而不知退ᄒᆞ며 知存而不知亡ᄒᆞ며 知得而不知喪이니 喪息浪反

○亢이란말은進을알고退를아디몯ᄒᆞ며存을알고 亡을아디몯ᄒᆞ며得을알고 喪을아디몯홈이니

【本義】所以動而有悔也、 厚齋馮氏曰進退者身也存亡者位也得喪者物也此爻窮上反下則退矣九變爲六則亡矣无民无輔則喪矣○雲峯胡氏曰初九曰潛之爲言也隱而未見行而未成二句釋一潛字而言君子者再蓋必君子而後能安於潛也上九曰亢之爲言也知進而不知退知存而不知亡知得而不知喪三句釋一亢字而言聖人者再蓋必聖人然後不至於亢也

其唯聖人乎아 知進退存亡而不失其正者ㅣ 其唯聖人乎뎌

○그오직聖人가進ᄒᆞ며退ᄒᆞ며存ᄒᆞ며亡홈을알아 그正을 失티아니ᄒᆞᄂᆞᆫ 者ㅣ 그오직聖人인뎌

【傳】極之甚、爲亢、至於亢者、不知進退存亡得喪之理也、聖人則知而處之、皆不失其正、故不至於亢也、

【本義】知其理勢如是而處之以道則不至於有悔矣、固非計私以避害者也、再言其唯聖人乎、始若設問而卒自應之也、○此、第六節、復申第二第三第四節之意、

厚齋馮氏曰聖人知進退存亡而不言得喪者知進退存亡則无得喪矣○山齋易氏曰進退存亡在我者也得喪則效之見於彼者也○雲峯胡氏曰天數中於五陽極則剝乾上則亢中不可過也知其時將過乎中而處之不失其正其唯聖人乎貞者正也乾元之用所歸宿也乾之四德始於元至此又論聖人之體乾而歸于正其意深矣○朱子曰文言六爻皆是言聖人之德只所處之位不同初爻言不易乎世不成乎名遯世无悶不見是而无悶樂則行之憂則違之潛龍也、已是說聖人之德了只是潛而未用耳到九二却恰好其化已能及人矣蓋正是臣位所以處之而安到九三居下卦之上位已高了那時節无可做只得恐懼進德脩業乾乾不息此便是伊周地位九四位便乖或躍在淵伊川謂淵者龍之所安恐未然田是平所在縱有水亦淺淵是深不可測躍離乎行而未至乎飛行尙以足躍則不以足一跳而起足不踏地跳得便上天去不得依舊在淵裏皆不可測下離乎行上近乎飛上不在天下不在田中不在人故或之或之者疑之也不似九二安穩此時進退不得皆不由我只聽天時了以聖人言之便是舜歷試文王三分天下有二湯武鳴條牧野時到上九又亢了看來人處天運中无一時閑吉凶悔吝一息不曾停如大輪一般一恁衰將去聖人只隨他恁地去看道理如何這裏則將這道理處之那裏則將那道理處之又曰大抵易卦爻辭本只是各著本卦本爻之象明吉凶之占當如此耳非是就聖賢地位說道理也故乾六爻自天子以至於庶人自聖人以至於愚不肖筮或得之義皆有取但純陽之德剛健之至若以義類推之則爲聖人之象而其六位之高下又有似聖人之進退故文言因潛見躍飛自然之文而以聖人之跡各明其義位有高下而德无淺深也○伊川云卦爻有相應看來不相應者

多且如乾卦如其說時除了二與五之外初何嘗應四三何嘗應上坤卦更都不見相應此似不通○雙湖胡氏曰六爻取應與不應夫子彖傳例也如恒彖曰剛柔皆應恒此六爻以應言也如艮彖曰上下敵應不相與也此六爻雖居相應之位剛柔皆相敵而不相與則是雖應亦不應矣又如未濟六爻皆應故曰雖不當位剛柔應也以此例之則六爻皆應者八卦泰否咸恒損益既濟未濟是也皆不應者亦八卦乾坤坎離震巽艮兌是也二體所以相應者初應四四亦應初二應五五亦應二三應上上亦應三然上下體雖相應其實陽爻與陰爻應陰爻與陽爻應若皆陽皆陰雖居相應之位則亦不應矣江都李衡曰相應者同志之象志同則合是以相應然事固多變動在因時故有以有應而得者有以有應而失者亦有以无應而吉者以无應而凶者夬九三以援小人而凶剝六三以應君子而无咎咸貴虛心而受人故六爻以有應而失所蒙六四以无應而困吝斯皆時事之使然故不可執一而定論也又觀彖辭重在二五剛中而應者凡五卦師臨升二以剛中應五无妄萃五以剛中應二至若此五以剛中上下五陰應之大有五以柔中上下五剛應之小畜四以柔得位上下五剛亦應之又不以六爻之應例論也

備旨具解原本周易卷之一

備旨具解原本周易 卷之二

☷ 坤下
☷ 坤上

坤은元코亨코利코牝馬之貞이니

【本義】坤은元亨ᄒᆞ고利牝馬之貞이니

○坤은元ᄒᆞ고亨ᄒᆞ고利ᄒᆞ고牝馬의貞이니(本義)크게亨ᄒᆞ고 牝馬의貞이利ᄒᆞ니

【傳】坤、乾之對也、四德、同而貞體則異、乾、以剛固、爲貞、坤則以一作柔順而爲一作貞、牝馬、柔順而健行、故、取其象、曰牝馬之貞 程子曰利字不聯牝馬爲義如云利牝馬之貞則坤便只有三德○朱子曰利牝馬之貞不可將利字自作一句後云主利却當如此絕句此伊川只爲泥那四德所以如此說不通○平菴項氏曰物之牝者皆能順陽而行求其從一而不變莫牝馬若也故聖人取以象坤○建安丘氏曰馬象乾而坤言牝馬者明其爲乾之配也○節齋蔡氏曰乾貞剛健專固坤貞柔順承從

君子의有攸往이니라

【本義】君子ㅣ有攸往인댄

○君子의往ᄒᆞᆯ빠ᄅᆞᆯ둠이니라(本義)君子ㅣ往ᄒᆞᆯ배이실딘댄

【傳】君子所行、柔順而利且貞、合坤德也、朱子曰君子有攸往此是虛句伊川只見象傳辭押韻有柔順利貞君子攸行之語遂解云君子所行柔順而利且貞非也

先ᄒᆞ면迷ᄒᆞ고後ᄒᆞ면得ᄒᆞ리니主利ᄒᆞ니라

(本義)得ᄒᆞ야主利ᄒᆞ니

○先ᄒᆞ면迷ᄒᆞ고後ᄒᆞ면得ᄒᆞ리니利ᄅᆞᆯ主ᄒᆞ니라(本義)得ᄒᆞ야利예主ᄒᆞ니

【傳】陰、從陽者也、待唱而和、陰而先陽則爲迷錯、居後、乃得其常也、主利、利萬物則主於坤、生成、皆地之功也、臣道、亦然、君令臣行、勞於事者、臣之職也、程子曰先迷後得是一句主利是一句蓋坤道惟是主利

西南ᄋᆞᆫ得朋이오東北ᄋᆞᆫ喪朋이니安貞ᄒᆞ야吉하니라 喪息浪反

(本義)安貞ᄒᆞ면吉ᄒᆞ리라

○西과南ᄋᆞᆫ朋ᄋᆞᆯ得ᄒᆞ고東과北ᄋᆞᆫ朋ᄋᆞᆯ喪ᄒᆞ리니安ᄒᆞ고貞ᄒᆞ야吉ᄒᆞ니라(本義)貞애安ᄒᆞ면吉ᄒᆞ리라

【傳】西南、陰方、東北、陽方、陰必從陽、離喪其朋類、乃能成化育之功而有安貞之吉、得其常則安、安於常則貞、是以吉也、

【本義】⚋⚋者、偶也、陰之數也、坤者、順也、陰之性也、註中者、三畫卦之名也、經中者、六畫卦之名也、陰之成形、莫大於地、此卦三畫、皆偶、故、名坤而象地、重之又得坤焉則是陰之純順之至、故、其名與象、皆不易也、牝馬、順而健行者、陽先陰後、陽主義、陰主利、西南、陰方、東北、陽方、安、順之爲也、貞、健之守也、遇此卦者、其

占、爲大享而利以順健爲正、如有所往則先迷後得而主於利、往西南則得朋、往東北則喪朋、大抵能安於正則吉也、 朱子曰利牝馬之貞言利於柔順之正而不利於剛健之正利貞固虛字本无四德底意象中方有之又曰乾卦元亨利貞便都好到坤只一半好故云利牝馬之貞即是亦有不利者○問牝馬取其柔順健行坤順而言健何也曰守得這柔順亦堅確故有健象柔順而不堅確則不足以配乾矣乾主義坤便主利占得這卦便主利這事不是坤道主利萬物○問東北喪朋西南得朋何也曰陰不比陽陰只理會得一半不似陽兼得陰故无所不利陰半用故得於西南喪於東北先迷後得以下亦然自王弼以下皆不知此錯解了又曰占得坤體從西南方得其朋從東北方失其朋西南陰方東北陽方坤比乾減半○先迷後得東北西南大槩是陰爲陽一半就前後言沒了前一截就四方言沒了東北一截陽却是全體○陰體柔躁只爲他柔所以躁剛便不躁躁是那欲動而不得動之意剛則便動矣柔躁不能自守所以說安貞吉○安貞之吉他這分段只到這裏若更妄作以求全時便凶了在人亦當如此○廬陵龍氏曰巽離坤兌陰之朋也乾坎艮震陽之朋也○雲峯胡氏曰乾言利貞貞則无所不利矣坤言利牝馬之貞如牝馬之貞則利非牝馬之貞則不利也下文曰後得曰得朋利也牝馬之貞故也曰先迷曰喪朋不利也非牝馬之貞故也坤但得乾之半故乾无不利而坤有利不利與下文主利之利不同陽主義乾有剛斷意陰主利坤有斂藏意又輕淸主義重濁主利安貞分而言之安者順之爲貞者健之守合而言之則以順乎健爲正○雙湖胡氏曰文王卦辭取象始此坤自取牝馬象晉錫馬蕃庶亦坤象此象雜占中元亨利牝馬之貞己盡坤之全體君子以下則申占辭也又曰彖辭文王所作西南得朋東北喪朋後天卦位至哉文王之作易也其當西伯之時羑里之四耶味安貞吉之辭文王之心盡於此矣今觀自利牝馬貞而下反覆致戒无非謹守爲臣之分使凡居坤位者一守之以貞也萬世而下可想見文王之心且可爲不安貞而占者之戒矣

彖曰至哉라 坤元이여 萬物이 資生ᄒᆞᄂᆞ니 乃順承天이니

○彖애 ᄀᆞᆯ오ᄃᆡ 지극다 坤의元이여 萬物이 資ᄒᆞ야 生ᄒᆞᄂᆞ니 이예 順히 天을 承ᄒᆞᄂᆞ니

【本義】此、以地道、明坤之義而首言元也、至、極也、比大、義、差緩、始者、氣之始、生者、形之始、順承天施、地之道也、 朱子曰資乾以始便資坤以生不爭得霎時間乾底亨時坤底亦亨萬物資乾以始而有氣資坤以生而有形氣至而生即坤元也

○廣平游氏曰乾曰大哉坤曰至哉大則無所不包至則無所不盡乾之大無方而坤則未離乎方也○臨川吳氏曰萬物之形皆生於地而其氣實出於天坤所生之物即乾所始之物同此一元之亨利貞乾始之而坤順承之也

坤厚載物이**德合无疆**ᄒᆞ며

○坤의厚ㅣ物을載ᄒᆞ욤이德이无疆애合ᄒᆞ며

【傳】資生之道、可謂大矣、乾旣稱大、故、坤稱至、至、義、差緩、不若大之盛也、聖人、於尊卑之辨、謹嚴、如此、萬物、資乾以始、資坤以生、父母之道也、順承天施、以成其功、坤之厚德、持載萬物、合於乾之无疆也、中溪張氏曰乾職覆坤職載凡物之无不載於坤者厚爲之也博厚高明同乎悠久乃合上天覆物之德而无疆无疆即乾之不息也不息故可久无疆故可大

含弘光大ᄒᆞ야**品物**이**咸亨**ᄒᆞᄂᆞ니라

○含ᄒᆞ며弘ᄒᆞ며光ᄒᆞ며大ᄒᆞ야品物이다亨ᄒᆞᄂᆞ니라

【本義】言亨也、德合无疆、謂配乾也、廣平游氏曰其靜也翕故曰含弘含言无所不容弘言無所不有其動也闢故曰光大光言无所不著大言无所不被此所以德合无疆也○節齋蔡氏曰含弘坤之事也光大乾之事也德合乎乾故亦至乎光大也○臨川吳氏曰坤德配乾元而能致品物之咸亨者雖乾之功亦坤之功也乾坤非有二元亨也

牝馬는**地類**ㅣ니**行地无疆**ᄒᆞ며**柔順利貞**이**君子攸行**이라

○牝馬ᄂᆞᆫ地의類ㅣ니地에行홈이疆이업시ᄒᆞ며柔順ᄒᆞ고利貞홈이君子의行ᄒᆞᄂᆞᆫ배라

【傳】以含弘光大四者、形容坤道、猶乾之剛健中正純粹也、含、包容也、弘、寬裕也、光、昭明也、大、博厚也、有此四者、故、能成承(一作順)天之功、品物、咸(一作類)得亨遂、取

牝馬爲象者、以其柔順而健行、地之類也、行地无疆、謂健也、乾健坤順、坤亦健乎、
曰非健、何以配乾、未有乾行而坤止也、其動也、剛、不害其爲柔也、柔順而利貞、乃
坤德也、君子之所行也、君子之道、合坤德也、朱子曰程傳云未有乾行而坤止此說且如乾施物坤不應則不能生物既會生物便是動若不是他健後如何配乾只是健得來順

【本義】言利貞也、馬、乾之象而以爲地類者、牝、陰物而馬又行地之物也、行地无疆則順而健矣、柔順利貞、坤之德也、君子攸行、人之所行、如坤之德也、所行、如是則其占、如下文所云也、朱子曰彖中說四德自不分曉前數句說元亨處却分明後面幾句无理會牝馬地類行地无疆便是那柔順利貞君子攸行本連下面緣他趂押韻後故說在此問柔順利貞君子攸行曰柔順利貞坤之德也君子而能柔順堅正則其所行雖先迷而後得雖東北喪朋反之西南則得朋而有慶也

先ᄒᆞ면迷ᄒᆞ야失道ᄒᆞ고後ᄒᆞ면順ᄒᆞ야得常ᄒᆞ리니 西南得朋은乃與類行이오東北喪朋은乃終有慶ᄒᆞ리니

【本義】東北喪朋이나

○先ᄒᆞ면迷ᄒᆞ야道를失ᄒᆞ고後ᄒᆞ면順ᄒᆞ야常을得ᄒᆞ리니西과南은朋을得홈은이예類로더브러行홈이오東과北은朋을喪홈은ᄆᆞᄎᆞᆷ매慶이이시리니(本義)東과北은朋을喪ᄒᆞ나

【本義】陽大陰小、陽得兼陰、陰不得兼陽、故、坤之德、常減於乾之半也、東北雖喪

朋、然、反之西南則終有慶矣、朱子曰東北非陰之位陰柔至此旣喪其朋自立脚不得必須歸本位故終有慶也牝是柔順故先迷而喪朋然馬行却健故後得而有慶將牝馬字分開却形容得這意思言終有慶則慶不在今矣爲他是箇柔順底物東北陽方非他所安之地自是喪朋如憐水中魚去急水中不得喪朋於東北則必反於西南是終有慶也問大抵柔順中正底人做越常過分底事不得只是循常守分時又却自做得他底事曰是如此○建安丘氏曰坤道主成成在後故先乾而動則迷而失其道後乾而動則順而得其常西南爲後於坤爲得地故往西南則與類行東北爲先於坤爲不得地故往東北則必喪朋喪於東北則必反於西南乃終有慶終即後也言其慶當在東北之後也○平菴項氏曰東北喪朋乃終有慶者所以發文王言外之意也地之交乎天臣之事乎君婦之從乎夫皆喪朋之慶也

安貞之吉이 應地无疆이니라

○安貞의 吉홈이 地의 疆업슴을 應홈이니라

【傳】乾之用、陽之爲也、坤之用、陰之爲也、形而上曰天地之道、形而下曰陰陽之功、先迷後得以下、言陰道也、先唱則迷、失陰道、後和則順而得其常理、西南、陰方、從其類、得朋也、東北、陽方、離其類、喪朋也、離其類而從陽則能成生物之功、終有吉慶也、與類行者、本也、從於陽者、用也、陰體柔躁、故、從於陽則能安貞而吉、應地道之无疆也、陰而不安貞、豈能應地之道、彖有三无疆、蓋不同也、德合无疆、天之不已也、應地无疆、地之无窮也、行地无疆、馬之健行也、

【本義】安而且貞、地之德也、潛室陳氏曰德合无疆是坤配乾之德行地无疆是坤之本德應地无疆是人法坤之德○建安丘氏曰无疆天德也惟地能合天之无疆則地亦无疆君子能法地之无疆則君子亦无疆然則君子法地地法天不出於一天德之无疆而已矣

象曰地勢ㅣ 坤이니 君子ㅣ 以ᄒᆞ야 厚德으로 載物ᄒᆞᄂᆞ니라

○象에골오듸地의勢ㅣ坤이니君子ㅣ以ᄒᆞ야厚ᄒᆞᆫ德으로物을載ᄒᆞᄂᆞ니라

【傳】坤道之大、猶乾也、非聖人、孰能體之、地厚而其勢順傾、故、取其順厚之象而云地勢坤也、君子、觀坤厚之象、以深厚之德、容載庶物、或問坤者臣道也在君亦有用乎程子曰厚德載物豈非人君之用

【本義】地、坤之象、亦一而已、故、不言重而言其勢之順、則見其高下相因之无窮、至順極厚而无所不載也、朱子曰地之勢常有順底道理且如這箇平地前面便有坡陁處突然起底也自順地平則不見其順必其高下層層地去此所以見地勢之坤順○問大象乾不言乾而言健坤不言順而言坤如何曰只是當時下字時偶有不同必欲求說則穿鑿却反晦了當理會底問地勢高下相因以其順且厚否曰高下相因只是順若厚又是一箇道理然惟其厚所以上下只管相因去只見得他順若是薄底物高下只管相因則傾陷了不能如此之无窮矣惟其高下相因无窮所以爲至順也君子體之惟至厚爲能載物○李氏開曰天以氣運故曰行地以形載故曰勢○誠齋楊氏曰地之體不厚則載萬物不勝其重君子之德不厚則載萬民不勝其衆也

初六은履霜ᄒᆞ면堅氷이至ᄒᆞᄂᆞ니라

○初六은霜을履ᄒᆞ면堅ᄒᆞᆫ氷이至ᄒᆞᄂᆞ니라

【傳】陰爻稱六、陰之盛也、八則陽生矣、非純盛也、陰、始生於下、至微也、聖人、於陰之始生、以其將長、則爲之戒、陰之始、凝而爲霜、履霜則當知陰漸盛而至堅氷矣猶小人、始雖甚微、不可使長、長則至於盛也、

【本義】六、陰爻之名、陰數、六老而八少、故、謂陰爻爲六也、霜、陰氣所結、盛則水凍而爲氷、此爻、陰、始生於下、其端、甚微而其勢、必盛、故、其象、如履霜則知堅氷

之將至也、夫陰陽者、造化之本、不能相无而消長、有常、亦非人所能損益也、然、陽、主生、陰、主殺則其類、有淑慝之分焉、故、聖人、作易、於其不能相无者、旣以健順仁義之屬、明之而无所偏主、至其消長之際淑慝之分則未嘗不致其扶陽抑陰之意焉、蓋所以贊化育而參天地者、其旨、深矣、不言其占者、謹微之意、已可見於象中矣、朱子曰陰陽有以動靜言者有以善惡言者如乾元資始坤元資生則獨陽不生獨陰不成造化周流須是並用如履霜堅冰至則一陰之生便如一賊這道理在人如何看直看是一般道理橫看是一般道理所以謂之易○盈天地之間所以爲造化者陰陽二氣之終始盛衰而已陽生於北長於東而盛於南陰始於南中於西而終於北故陽常居左而以生育長養爲功其類則爲剛爲明爲公爲義而凡君子之道屬焉陰常居右而以夷傷慘殺爲事其類則爲柔爲暗爲私爲利而凡小人之道屬焉聖人作易畫卦係辭於其進退消長之際所以示人者深矣又曰易中說到陽處便扶助推移他說到陰處便抑遏壅絶他○聖人作易常以陽爲君子而引翼扶持惟恐其不盛陰爲小人而排擯抑黜惟恐其不衰○問履霜堅冰何以不著占象曰此自分曉占者目前未見有害却有未萌之禍所宜戒謹○雲峯胡氏曰履初象霜一陰象堅冰六陰象至危之之辭本義於此爻特詳焉者易交易也變易也交易者對待之陰陽陽之性健爲仁禮陰之性順爲義知不能相无者也變易者流行之陰陽消長之際陽爲生爲淑爲君子陰爲殺爲慝爲小人聖人未嘗不致其扶陽抑陰之意又曰履霜而知堅冰之將至羸豕而知蹢躅之有孚姤之一陰卽坤之初陰也其謹微之意可見矣乾之陽主發見潛龍則明其未見坤之陰主隱伏履霜則彰其已至君子進之難而小人進之易也

象曰履霜堅冰은 陰始凝也ㅣ니 馴致其道ᄒᆞ야 至堅冰也ᄒᆞᄂᆞ니라

○象애 골오ᄃᆡ 履霜堅氷은陰이비로소凝홈이니 그ᄅᆞᆯ馴ᄒᆞ야致ᄒᆞ야堅 氷애至ᄒᆞᄂᆞ니라

【傳】陰、始凝而爲霜、漸盛則至於堅氷、一有也字小人、雖微、長則漸至於盛、故、戒於初

馴、謂習、習而至於盛、習、因循也、

【本義】按魏志、作初六履霜、今當從之、馴、順習也、習靜劉氏曰坤初六在姤爲五月一陰始生便有凝意驗之井泉已寒然去冰霜之時尙遠聖人見微知著謂所履者已凝之霜馴致其道則至堅冰矣○雲峯胡氏曰上六曰其道窮也由初六順習其道以至於窮示兩其道字具載始末經曰堅冰至要其終也傳曰至堅冰原其始也【傳】始凝三句一直說下重一始字始凝之際全要消釋不然今不可摧折則柔成者之過此全是責成君子

六二는 直方大라 不習이라도 无不利ᄒᆞ니라

○六二는 直ᄒᆞ고 方ᄒᆞ고 大ᄒᆞᆫ디라 習디아니ᄒᆞ야도 利티아님이 업스니라

【傳】二、陰位、在下、故、爲坤之主、統言坤道、中正在下、地之道也、以直方大三者、形容其德用、盡地之道矣、由直方大、故、不習而无所不利、不習、謂其自然、在坤道則莫之爲而爲也、在聖人則從容中道也、直方大、孟子所謂至大至剛以直也、在坤體、故、以方、易剛、猶貞加牝馬也、言氣則先大、大、氣之體也、於坤則先直、方、由直方而大也、直方大、足以盡地道、在人識之耳、乾坤、純體、以位相應、二、坤之主、故、不取五應、不以君道、處五也、乾則二五、相應、程子曰至大至剛以直此三者不可缺一缺一便不是浩然之氣 如坤所謂直方大是也但坤卦不可言剛言剛則害坤體然孔子於文言又曰坤至柔而動也剛方即剛也又曰坤六二直方大不習无不利方便是剛 大便是大直 便是直於坤 不言剛而言方者言剛則害于地道故下復云至柔而動也剛以其先言柔而後云剛无害大只是對小而言是大也剛只是對柔而言是剛也直只是對曲而言是直也如此自然不習无不利坤之六二只爲己是地道又 是二又是六地道之精純者 至如六五便不同欲得學者且只看取地

道坤雖是學者之事然亦有聖人之道聖賢之道其發无二但至有深淺大小○朱子曰坤卦中惟這一爻最純粹蓋五雖尊位却是陽爻破了體了四重陰而不中三又不正惟此爻得中正所以就這說箇直方大此是說坤卦之本體然而本意却是敎人知道這爻有這箇德不待習學而无不利人占得這箇時若能直能方能大則亦不習无不利却不是要發明坤道伊川有這箇病從頭到尾皆然○厚齋馮氏曰乾六爻莫盛於五坤六爻莫盛於二何也中而且正乾尊坤卑各盡其道也

【本義】柔順正固、坤之直也、賦形有定、坤之方也、德合无疆、坤之大也、六二、柔順而中正、又得坤道之純者、故、其德、內直外方而又盛大、不待學習而无不利、占者有其德則其占、如是也、朱子曰方是一定不變之意坤受天之氣而生物而其直止是一定○問直方大不習无不利曰坤是純陰一卦諸爻皆不中正五雖中亦以陰居陽唯六二居中得正爲坤之最盛者故以象言之則有是三者之德而不習无不利占者得之有是則吉○占者有直方大之德則不習而无不利占者无此德則雖習而不利也如奢侈之人而得恭儉則吉之占明不恭儉者是占爲不吉也他皆倣此如此看自然意思活○問不習无不利或以爲此是成德之事或以爲學者須時習然後至於不習曰不是如此聖人作易只是說此爻中有此象人若占得便應此事有此用也未說到時習至於不習與成德之事若說到學者須習至於不習然聖人作易未有此意在○雲峯胡氏曰乾五爻皆取象唯九三獨指其性體剛健者言之坤五爻各取象唯六二獨指其性體柔順者言之初三五柔而不正四上柔而不中唯六二柔順而中正得坤道之純者也正則內直中則外方直則生物不可屈撓方則賦形不可移易內直外方其德自然盛大不待習熟而无不利占者如之則自然无不利也初六占在象中六二象在占中學者會於辭意之表可也

象曰六二之動이直以方也ㅣ니不習无不利는地道ㅣ光也ㅣ라

象에ᄀᆞᆯ오ᄃᆡ六二의動홈이直ᄒᆞ고ᄡᅥ方ᄒᆞ니不習无不利는地道ㅣ光홈이라

【傳】承天而動、直以方耳、直方則大矣、直方之義、其大无窮、地道、光顯、其功、順成、豈習而後利哉、雙峯饒氏曰六二之動直以方也欲知其直方當於動處觀之地之生物也藏於中者畢達於外而无所回隱此可以見其直其成物也洪纖高下飛潛動植隨物賦形而各有定分此

可以見其方若其大則地之无不持載固不待言而可見矣地道之光自然而然人之德能如地道之內直外方而又盛大則豈待學習而後利乎【備旨】人心易失於動故於動處驗直方非靜不可見而動可見之說直者順之極也稍不順即枉如其直而出則方故大不習者大而化也化故光凡德出於勉者形迹未融暴而愈晦二出於自然旣无勉强自无障蔽故以光贊之

六三은含章可貞이니或從王事ᄒᆞ야无成有終이니라

（本義）含章可貞이나或從王事ᄒᆞ면无成有終ᄒᆞ리라

○六三은章을含ᄒᆞᆷ이可히貞ᄒᆞᆯ디니或王事를從ᄒᆞ야成ᄒᆞᆷ이업고終을둘디니라（本義）章을含ᄒᆞᆷ이可히貞ᄒᆞ나或王事를從ᄒᆞ면成이업서도終이이시리라

【傳】三居下之上、得位者也、爲臣之道、當含晦其章美、有善則歸之於君、乃可常而得正、上无忌惡之心、下得柔一作恭順之道也、可貞、謂可貞固守之、又可以常久而无悔咎一作吝也或從上之事、不敢當其成功、唯奉事以守其終耳、守職以終其事一有者字臣之道也、 王氏大寶曰剛柔相雜曰文文之成者曰章剛動而柔緼之含章也○進齋徐氏曰或者不敢自決之辭從者不敢造始之意成謂專成无成謂以陰承陽但當盡臣道不可有所專成也有終陰之事也陽不足於後代其終者陰也三下卦之終故亦以終言

【本義】六陰三陽、內含章美、可貞以守、然、居下之上、不終含藏、故、或時出而從上之事則始雖无成而後必有終、爻有此象、故、戒占者、有此德則如此占也、 朱子曰六三陰居陽位本是陰帶些陽故爲含章之象又貞以守則爲陰象矣或從王事者以居下卦之上不終含藏故有或時出從王事之象无成有終者在人臣用之則爲不居其成而能有終之象在占者用之則爲始雖无成而終有能也此亦占意己見於象中者○雲峯胡氏曰陽主進陰主退乾九三陽居陽故曰乾乾其德主乎進也坤六四陰居陰故曰括囊其位主乎退也乾九四陽居陰坤六三陰居陽故皆曰或進退未定之際也特其退也曰在淵曰含章唯進則皆曰或聖人不欲

人之急於進也如此三多凶故聖人首於乾坤之第三爻其辭又獨詳焉【備旨】重含字章字輕惟內含故可貞或字當玩非不任事不專主於任事事至即任故无成有終此一爻足當坤之全象

象曰含章可貞이나以時發也ㅣ오

○象애ᄀᆞᆯ오대章을含홈이可히貞홀디나時로ᄡᅥ發홀거시오

【傳】夫子、懼人之守文而不達義也、又從而明之、言爲臣處下之道、不當有其功善、必含晦其美、乃正而可常、然、義所當爲者則以時而發、不有其功耳、不失其宜、乃以時也、非含藏終不爲也、含而不爲、不盡忠者也、漢上朱氏曰含章者坤之靜也以時發者坤之動也○東萊呂氏曰大凡人出來做事多被人疑忌只爲預先多露圭角不能含章惟含章然後可以時發初不是兩件事【備旨】發與含似相反然以時而發善發正善含處或從三字正跟時發來自古作福作威而買禍者號爲至愚故覩定无成有終而以知光大贊之要之惟知光大者乃能含晦淺暗之人有善惟恐人不知豈能含章

或從王事는知光大也ㅣ라 知音智

○或從王事는知ㅣ光大홈이라

【傳】象、只擧上句解義則幷及下文、它卦、皆然、或從王事而能无成有終者、是其知之光大也、唯其知之光大、故、能含晦、淺暗之人、有善、唯恐人之不知、豈能含章也、東萊呂氏曰傳云惟其知之光大故能含晦此極有意味尋常人欲含晦者多只去鋤治驕矜深匿名跡然愈鋤愈生愈匿愈露者蓋不曾去根本上理會自己知未光大胷中淺狹纔有一功一善便无安著處雖强欲抑遏終制不住譬如瓶小水多雖抑遏固閉終必泛溢若瓶大則水自不泛溢都不須閑費力○雲峯胡氏曰小象於三言知於二言義仁禮之性健義知之性順君子於坤法其柔順之貞而已

六四는 括囊이면 无咎ㅣ며 无譽ㅣ리라

(本義) 括囊이니

○六四는 囊을 括듯ᄒᆞ면 咎도 업스며 譽도 업스리라 (本義) 囊을 括홈이니

【傳】 四、居近五之位而无相得之義、乃上下閉隔之時、其自處以正、危疑之地也、若晦藏其知、如括結囊口而不露則可得无咎、不然則有害也、既晦藏則无譽矣、 或問程易云六四近君而不得於君爲上下間隔之時與重陰不中二說如何朱子曰只是重陰不中故當謹密如此六四爻不止言大臣事凡得此爻在位者便當去未仕者便當隱問比干事如何曰此又別是一義雖凶无咎○廬陵龍氏曰朱子當去當隱之說蓋深有功於易若當去不去當隱不隱惟阿諛乾沒竊位全身以應括囊之象者小人之流豈易之旨哉

【本義】 括囊、言結囊口而不出也、譽者、過實之名、謹密、如是則无咎而亦无譽矣、六四、重陰不中、故、其象占、如此、蓋或事當謹密、或時當隱遁也、 朱子曰六四重陰不中故有括囊之象无咎无譽亦是象中已見占意陰則渾是不發底六三含章爲是有陽半動半靜之爻若六四則渾是柔了所以括囊問本義云六四重陰不中何以見其有括囊之象曰陰而又陰其結塞不開即爲括囊矣又問占者必當括囊則无咎何也曰當天地閉賢人隱之時若非括囊則有咎矣○雲峯胡氏曰陰虛能受有囊象六三含章六四括囊皆取含蓄不露之象三以陰居陽猶或可出而從王事六四以陰居陰惟可括囊不出而已○隆山李氏曰譽者咎之招也六四之所以无咎者以其无譽也【備旨】括不徒言語緘默一切經綸俱晦藏不露无譽不是惜之凡處氣運未通之時不可有咎亦不可有譽世人因好譽多妄動以致咎四之无譽正是他好處所以无咎者以无譽也

象曰括囊无咎는 愼不害也ㅣ라

象애 ᄀᆞᆯ오ᄃᆡ 括囊无咎는 愼ᄒᆞ면 害티 아니 홈이라

【傳】能愼如此則旡害也、建安丘氏曰愼釋括囊義不害釋旡咎義愼則不害矣【備旨】愼釋括囊不害釋旡咎四處多懼之地才智鋒鍔稍稍穎露便是買禍故言愼不害也不愼則害必隨之矣

六五는黃裳이면元吉이리라

○六五는黃훈裳이면크게吉ᄒ리라(本義)黃훈裳이니크게吉ᄒ니라

(本義)黃裳이니元吉ᄒ니라

【傳】坤雖臣道、五實君位、故、爲之戒云黃裳元吉、黃、中色、裳、下服、守中而居下則元吉、謂守其分也、元、大而善也、爻象、唯言守中居下則元吉、不盡發其義也、黃裳、旣元吉則居尊、爲天下大凶、可知、後之人、未達則此義、晦矣、不得不辨也、五、尊位也、在它卦、六居五、或爲柔順、或爲文明、或爲暗弱、在坤則爲居尊位、陰者、臣道也、婦道也、臣居尊位、羿莽、是也、猶可言也、婦居尊位、女媧氏武氏、是也、非常之變、(一作大)不可言也、故、有黃裳之戒而不盡言也、或疑在革、湯武之事、猶盡言之、獨於此不言、何也、曰廢興、理之常也、以陰居尊位、非常之變也、或問伊川解作聖人示戒並擧女媧武后之事今考本爻旡此象這又是象外立敎之意否朱子曰伊川要立議論敎人可向別處說不可硬配在易上說此爻何曾有這義都是硬入這意所以說得絮了○隆山李氏曰乾之九五堯舜之君也坤之六五皐夔稷契之臣也坤六五之應在乾九五乾坤相應者堯舜皐夔之遇合也乾之事業則堯舜二典是也坤之事業則禹皐陶益稷三謨是也合典謨而觀然後堯舜皐夔之事業可見合乾坤二卦而觀然後君臣之配應可見乾坤定體一純而不雜坤六爻旡君位與諸卦六爻自爲配應例不同乾爲君六爻皆君事坤爲臣六爻皆臣道也先儒謂五君位以陰居之爲新莽武后之類此賊敎之大者不可。旡辨○縉雲馮氏曰天下之變旡常社稷有綴旒之危莫不賴腹心之臣從權制變而社稷以安君堯百

官總己以聽於冢宰三代之常制然則人臣而行君事無世無之坤之六爻初戒之四戒之上乂戒之而五復爲戒懼之辭世不幸而至於大變則爲臣者不敢犯難而任事爲君者終疑其臣於下誰與寄社稷之計不可之大者也亦惟忠誠純至臨大節而不可奪如黃裳者是賴焉而後成社稷之功矣○雙湖胡氏曰隆山所論甚當然先儒說乃是程傳傳意誠以五爲君位不可以臣與婦居之而不知坤旣純臣道則六五正大臣之位不得例以君位言矣然使羿莽媧武之徒居此位其不爲羿莽媧武之禍者亦希矣居此位者其必如六五黃裳之大臣焉斯可耳善觀程傳者正自不妨益致其戒也

【本義】黃、中色、裳、下飾、六五、以陰居尊、中順之德、充諸內而見於外、故、其象、如此而其占、爲大善之吉也、占者、德必如是則其占、亦如是矣、春秋傳、南蒯、將叛、筮得此爻、以爲大吉、子服惠伯、曰忠信之事則可、不然、必敗、外强內溫、忠也、和以率貞、信也、故、曰黃裳元吉、黃、中之色也 裳、下之飾也、元、善之長也、中不忠、不得其色、下不共、不得其飾、事不善、不得其極、且夫易、不可以占險、三者、有闕、筮雖當、未也、後、蒯、果敗、此可以見占法矣、朱子曰黃裳元吉不過是說在上之人能盡柔順之道黃中色裳是下體之服能似這箇則无不吉這是那居中處下之道乾之九五自是剛健底道理坤之六五自是柔順底道理各隨他陰陽自有一箇道理其爲九六不同所以在那五處亦不同這箇五之柔順從那六裏來又曰凡易中言占者有其德則其占如是言无其德而得是占者却是反說如南蒯是也○左傳昭公十二年南蒯將叛枚筮之遇坤䷁之比䷇曰黃裳元吉以爲大吉子服惠伯云云註坎外卦險故强坤外卦順故溫强而能溫所以爲忠水和而土安正和正信之本也夫易猶言此易謂此黃裳之占易道正大故險事不可以占○節齋蔡氏曰黃象五裳象六○厚齋馮氏曰黃以明其爲地之色也裳以明其配乾之衣也○林氏栗曰乾爲衣坤爲裳五雖尊配乾而爲下矣○雲峯胡氏曰離六二象黃離遯六二象黃牛裳又下象坤六二象黃裳可也何乃於六五言之蓋六二陰而在下柔順中正自然无不利六五以陰居尊非中順之德充諸內而見諸外必不能大善而吉也故曰黃裳元吉否則大凶言外之意可見矣

象曰黃裳元吉은文在中也ㅣ라

○象애ᄀᆞᆯ오ᄃᆡ黃裳元吉은文이中애在흠이라

【傳】黃、中之文、在中、不過也、內積至美而居下、故、爲元吉、息齋余氏曰坤六五黃裳元吉象曰文在中也則止發黃裳義蓋通坤卦皆可言裳唯六五則爲黃裳所以可貴也六二雖中而不文六三雖文而不中故直方但言其質之中而含章但戒其華之露(備旨)文即中順所發有是中順積於中故有是文治見於外王道必本於天德也

【本義】文在中而見於外也

上六은龍戰于野ᄒᆞ니其血이玄黃이로다

○上六은龍이野애戰ᄒᆞ니그血이玄ᄒᆞ고黃ᄒᆞ두다

【傳】陰、從陽者也、然、盛極則抗而爭、六既極矣、復進不已則必戰、故、云戰于野、野、謂進至於外也、既敵矣、必皆傷、故、其血、玄黃、

【本義】陰盛之極。至與陽爭、兩敗俱傷、其象、如此、占者、如是、其凶、可知、或問坤上六不言凶何耶朱子曰戰而至於俱傷其血玄黃不言而凶可知問乾只言亢坤却言戰何也曰乾无對待只有乾而已故不言坤坤則不可无乾陰體不足常虧欠若无乾便沒上截大抵陰陽二物本別无陰只陽盡處便是陰○臨川王氏曰以陰盛於陽故與陽俱稱龍陽衰於陰故與陰俱稱血○厚齋馮氏曰主龍而言則知陰不可亢亢則陽必伐之戒陰也以戰而言則知陰不可長長則與陽敵矣戒陽也○雲峯胡氏曰坤六爻皆臣而下卦之上曰王有君也六爻皆陰而上卦之上曰龍有陽也不言陰與陽戰而曰龍戰于野與春秋王師敗績于茅戎天王狩于河陽同一書法也其血玄黃兩敗俱傷陰雖極盛豈能獨傷陽哉又曰初上取象小人之情狀著矣曰堅冰至者防龍戰于野之禍於其始曰龍戰于野者著堅冰之至於其終也(備旨)此爻須抑揚說重陰不可害陽意以戰言則知陰不可使長長則與陽敵矣戒陽也以龍言則知陰不可爲抗抗則陽必伐之戒陰也扶陽抑陰之意隱然言內

象曰龍戰于野는 其道ㅣ窮也ㅣ라

○象애 굴오듸 龍戰于野는 그道ㅣ窮흠이라

【傳】陰盛至於窮極則必爭而傷也、朱子曰坤六爻雖有重輕大槩皆是持守收斂畏謹底意○建安丘氏曰坤卦六爻上二爻言陰道之消長中四爻言臣道之顯晦初六陰之微故曰履霜堅冰忌其長也上六陰之極故曰龍戰于野著其窮也此以陰道之消長言也二與五居得中位臣道之顯者二位內故曰直方大言其德之盛也五位外故曰黃裳元吉言其業之美也三與四居位不中臣道之晦者三爻陰位陽靜中有動故曰含章含則有時而發也四爻位俱陰靜而无動故曰括囊括則无時而可出矣此以臣道之顯晦言也○雲峰胡氏曰乾六爻皆取龍爲象坤之取象曰履霜曰直方曰含章曰括囊曰黃裳曰其血玄黃不一而足陽純而陰雜也【備旨】其道即初六馴致之道見禍始於微而成於著正明所以龍戰之故○堅氷是防龍戰之禍于其始龍戰是著堅氷之戒於其終聖人作易無非爲君子謀也

用六은 利永貞하니라

○六用흠은永ᄒ고貞흠이利ᄒ니라

【傳】坤之用六、猶乾之用九、用陰之道也、陰道、柔而難常、故、用六之道、利在常永貞固、厚齋馮氏曰乾極矣九將變而爲六能用九則不失其爲君之道坤極矣六將變而爲九能用六則不失其爲臣之節用九在无首用六在永貞永貞所以用六也

【本義】用六、言凡得陰爻者、皆用六而不用八、亦通例也、以此卦純陰而居首、故、變之、遇此卦而六爻俱變者、其占、如此辭、蓋陰、柔而不能固守、變而爲陽則能永貞矣、故、戒占者以利永貞、即乾之利貞也、自坤而變、故、不足於元亨云、朱子曰乾吉在無首坤利在永貞這只說二用變卦坤利在永貞不知有何關捩了這坤却不得見他元亨只得他永貞坤之本卦固自有元亨變卦却无又曰坤雖變而爲陽然坤性依舊在他本是箇无頭底物如婦從夫臣從君地承天先迷後得東北喪朋西

南得明皆是无頭處也○雲峰胡氏曰坤安貞變而爲乾則爲永貞安者順而不動永者健而不息乾變坤剛而能柔坤變乾雖柔必强善變化氣質者當如之陽先於陰而陽之極不爲首陰小於陽而陰之極以大終善撫馭世變者當如之【備旨】此還照彖辭主臣道說爲是順而能健曰用六貞即順永即順而健人臣能順到底何徃不吉故利

象曰用六永貞은 以大終也ㅣ라

○象에 ᄀᆞᆯ오ᄃᆡ 用六永貞은 終에 大홈으로ᄡᅥ라

【傳】陰既貞固、不足則不能永終、故、用六之道、利在盛大於終、能大於終、乃永貞也、沙隨程氏曰乾以元爲本所以資始坤以貞爲主所以大終也

【本義】初陰後陽、故、曰大終、朱子曰陽爲大陰爲小如大過小過之類皆是以陰陽而言六爻皆陰其始本小到此陰皆變爲陽矣所謂以大終也言始小而終大○雲峯胡氏曰既提出陰陽二字於乾坤初爻至此曰以大終也於以見陰爲小陽爲大陰陽之大分明矣【備旨】以大終雖釋永貞妙處全本用六得來人臣有此是委靡之資變爲剛毅之操所謂順而能健者故能永貞

文言曰坤은 至柔而動也ㅣ剛ᄒᆞ고 至靜而德方ᄒᆞ니

○文言에 ᄀᆞᆯ오대 坤은지극히柔호ᄃᆡ動홈이剛ᄒᆞ고지극히靜호대德이方ᄒᆞ나

【本義】剛方、釋牝馬之貞也、方、謂生物有常、朱子曰坤至柔而動也剛坤只是承天如一氣之施坤則盡能發生承載非剛安能如此又曰乾行健固是有力坤雖柔順亦是決然恁地順不是柔弱放倒了所以聖人說坤至柔而動也剛○建安丘氏曰坤體本至柔及其生物發動處柔中未嘗无剛也本至靜而大德曰生賦形一定不易於此可見其德之方也○西溪李氏曰聖人恐剛之害坤之體故曰動也剛動其發于處○臨川吳氏曰乾之爲德不徒剛健而能中正故爲乾元之大坤之爲德不徒柔靜而能剛方故爲坤元之至【備旨】剛即柔之剛惟剛乃見柔至方即靜之方惟方乃見靜至動兼始物之出機八

機言不必專指成物時德則坤作成物之德德方在動剛後一步動剛是說化機方則在物上見柔无專主便是居後靜无作爲便是主利故下緊接後得主而有常

後得ᄒᆞ야 **主而有常**ᄒᆞ며

○後ㅣ면得ᄒᆞ야利ᄅᆞᆯ主ᄒᆞ야常이이시며

【本義】程傳、曰主下、當有利字、臨川吳氏曰彖傳言後順得常此言後得主利是爲坤道之常也○進齋徐氏曰後得主利而有常是再釋利貞之義謂處後順乾則得其道而主利可以常久也

含萬物而化ㅣ **光**ᄒᆞ니

○萬物을含ᄒᆞ야化ㅣ光ᄒᆞ니

【本義】復明亨義、臨川吳氏曰彖傳言含弘光大此言靜翕之時含萬物生意於中動闢則化生萬物而光輝(備旨)含者含乾之氣也非斂藏之謂本重化光而必先之以含萬物者不翕聚則不能發散也化謂化機指在坤者言光則及物矣

坤道ㅣ **其順乎**ᅵᆫ뎌 **承天而時行**ᄒᆞᄂᆞ니라

○坤道ㅣ그順ᄒᆞᆫ뎌天을承ᄒᆞ야時로行ᄒᆞᄂᆞ니라

【傳】坤道、至柔而其動則剛、坤體、至靜而其德則方、動剛、故、應乾不違、德方、故、生物有常、陰之道、待唱而和、故、居後爲得而主利成萬物、坤之常也、含容萬類、其功化、光大也、主字下、脫利字、坤道其順乎承天而時行、承天之施、行不違時、贊坤

道之順也、或問程傳云坤道至柔而動則剛坤體至靜而德則方剛與剛相又靜與方疑相似朱子曰靜无形方有體方謂生物有常言其德方正一定確然不易而生物有常也靜言其體則不可得見方言其德則是其著也

【本義】復明順承天之義、○此、以上、申象傳之意、臨川吳氏曰彖言乃順承天此言坤道之順承天之健而隨天之時以行彖與文言互相發○隆山李氏曰坤道先成而代有終不可先乾而起亦不可後乾而不應一以柔順爲正承天之時而作成物以終其功則得矣故曰坤道其順乎承天而時行此總言純坤之大體以爲體坤元之用者當後天而不可先天也○中溪張氏曰陰陽寒暑生殺榮悴一出於天而地但聽命焉方其煖然爲春地亦與之爲春也及其淒然爲秋地亦與之爲秋也坤道其順乎亦惟上承天施而與時偕行爾○雲峯胡氏曰乾文言釋元亨利貞自元而亨亨而利利而貞乾以君之所主在元也坤文言則首釋牝馬之貞自貞而利利而亨亨而元坤以藏之所主在貞也[illegible]此節將順之一字總結上文而承天時行正是順處柔靜者坤之道道即坤之故用處也承天即是時行然謂之承天則甚柔且靜謂之時行則甚剛且方矣蓋順而未甞不健此坤之合德於乾也

積善之家ᄂᆞᆫ必有餘慶ᄒᆞ고積不善之家ᄂᆞᆫ必有餘殃ᄒᆞᄂᆞ니臣弑其君ᄒᆞ며子弑其父ㅣ非一朝一夕之故ㅣ라其所由來者ㅣ漸矣니由辯之不早辯也ㅣ니易曰履霜堅冰至라ᄒᆞ니蓋言順也ㅣ라

○善을積ᄒᆞᄂᆞᆫ家ᄂᆞᆫ반ᄃᆞ시나믄慶이잇고 不善을積ᄒᆞᄂᆞᆫ家ᄂᆞᆫ반ᄃᆞ시나믄殃이인ᄂᆞ니臣이그君을弑ᄒᆞ며子ㅣ그父ᄅᆞᆯ弑홈이一朝一夕의故ㅣ아니라 그말믜아마온배漸ᄒᆞ옴이니辯홈을일즉 辯티아님을말믜아매니易에ᄀᆞᆯ오대 履霜堅冰至라ᄒᆞ니順홈을닐옴이라

【傳】天下之事、未有不由積而成、家之所積者、善則福慶、及於子孫、所積、不善則災殃、流於後世、其大、至於弑逆之禍、皆因積累而至、非朝夕、所能成也、明者則知漸不可長、小積成大、辯之於早、不使順長、故、天下之惡、无由而成、乃知霜氷之戒也、霜而至於一无於字氷、小惡而至於一无於字大、皆事勢之順長也、

【本義】古字、順愼、通用、按此、當作愼、言當辯之於微也、朱子曰陰陽皆自微至著不是陰便積著陽便合下具足此處亦不說這箇意履霜堅冰只是說從微時便須著慎來所以說蓋言愼也由辯之不早辯李光祖云不早辯他直到得郞當了却方辯剗地激成事來此說最好○東萊呂氏曰積善之家必有餘慶積不善之家必有餘殃善如何得積惡如何得不積肉朽則蟻集醯酸則蚋聚若胷中有容著善處善自然積胷中无容著惡處惡自然不積○臨川吳氏曰小善積而爲大善則福慶亦大而爲餘慶小不善積而爲大不善則禍殃亦大而爲餘殃必然之理也○雲峰胡氏曰諸家釋順字謂善與不善皆由順而後積本義作愼言當辯之於微也蓋善與不善皆自微而至著於其微也審而謹之則善惡之幾以決善念之萌以長自不肯甘爲不善之習矣以此見讀作順字不若愼字有下工夫處[illegible]此釋初爻見當防小人於微要認一積字一漸字一辨字積由於漸漸由於不知辨夫子分出善不善兩路提醒人最深辨者幾微之界人所難晰正慶殃之所由起此處須要早辨辨之不早其肆禍不可勝言故緊接易辭而以愼之一言煞之

直은其正也ㅣ오方은其義也ㅣ니君子ㅣ敬以直內ᄒᆞ고義以方外ᄒᆞ야敬義立而德不孤ᄒᆞᄂᆞ니直方大不習无不利ᄂᆞᆫ則不疑其所行也ㅣ라

○直은그正홈이오方은그義니君子ㅣ敬ᄒᆞ야ᄡᅥ內를直ᄒᆞ고義ᄒᆞ야ᄡᅥ外를方ᄒᆞ야敬과義立ᄒᆞ야德이孤티아니ᄒᆞᄂᆞ니直方大不習无不利ᄂᆞᆫ그行ᄒᆞᄂᆞᆫ바를疑티아니홈이라

【傳】直、言其正也、方、言其義也、君子、主敬以直其內、守義以方其外、敬立而（一作則）內直、義形而（一作則）外方、義形於外、非在外也、敬義、既立、其德、盛矣、不期大而大矣、德不孤也、无所用而不周、无所施而不利、孰爲疑乎、程子曰敬以直內義以方外合內外之道也○切要之道无如敬以直內心敬則內自直○敬義夾持直上達天德自此○問人有專務敬以直內不務方外何如曰有諸中者必形諸外惟恐不直內內直則外必方○問敬義如何別曰敬只是持己之道義便知有是非順理而行是爲義也若只守一箇敬不是集義卻是都無事也○乾九三言聖人之學坤六二言賢人之學此其大致也若夫敬以直內義以方外則雖聖人不越乎此无異道故也○龜山楊氏曰守一之謂敬无適之謂一敬足以直內而已發之於外則未能時措之宜也故必有義以方外又曰盡其誠心而無僞焉所謂直也若施之於事則厚薄隆殺一定而不可易爲有方矣所主者敬而義則自此出焉故有內外之辨○朱子曰敬立而內自直義形而外自方若欲以敬要去直內以義要去方外則非矣曰義形而外方曰義是心頭斷事底心斷於內而外便方正萬物各得其宜○敬義夾持直上達天德自此最是他下得夾持字兩好敬主乎中義防於外二者相夾持要放下霎時也不得只得直上去故便達天德自此表裏夾持更无東西走作去處上面只更有箇天德直上者无許多人欲牽惹也

【本義】此、以學而言之也、正、謂本體、義、謂裁制、敬則本體之守也、直內方外、程傳、備矣、不孤、言大也、疑故、習而後、利、不疑則何假於習、朱子曰敬以直內是持守工夫義以方外是講學工夫直是直上直下胷中无纖毫委曲方是割截方正之意是處此事皆合宜截然區處得如一物四方在面前截然不可得而移易之意若是圓時便轉動得未有事時只說敬以直內若事物之來當辨別一箇是非敬譬如鏡義使是能照底○敬以養其心無一毫私念可以言直矣由此而發所施各得其當是之謂義又曰須將敬來做本領涵養得貫通時纔敬以直內便義以方外若無敬也不知義之所在○敬以直內義以方外八箇字一生用之不窮敬以直內是无纖毫私意胷中洞然徹上徹下表裏如一義以方外是見得是處決定是恁地不是處決定不恁地截然方方正正須是自將去做工夫又曰敬義工夫不可偏廢彼專務集義而不知主敬者固有虛驕急迫之病而所謂義者或非其義矣然專

敬而不知就日用念慮起處分別其公私義利之所在而決取舍之幾焉則亦不免於昏憒雜擾而所謂敬者有非敬
矣又曰有人專要就寂然不動上理會及其應事却顚倒又牽動它寂然底又有人專要理會事却於根本上全无工
夫須是徹上徹下表裏洞徹如敬以直內便義以方外義以方外便敬以直內又曰敬義只是一事如兩脚立定是敬
纔行是義合目是敬開眼見物便是義○文言將敬字解直字義字解方字敬義立而德不孤即解大字敬而无義則
做事出來必錯了只義而无敬則无本何以爲義皆是孤也須是敬義立方不孤施之事君則忠於君事親則悅於親
交朋友則信於朋友皆不待習而无一之不利也○坤六二末乃言不疑所行不疑方可入乾知處○潛室陳氏曰直
其正也方其義也而不言正以直內何也蓋以正解直則可以敬解直則不可轉正爲敬者蓋才敬則心必正敬則竪
起精神不令放倒乃是正以直內處爲下一轉語即喚起精神所以敬字更有工夫○雙峯饒氏曰所謂直者即人心
本然之正所謂方者即人心裁制之義皆其固有而非外鑠我者君子當主敬以直其內守義以方其外敬義並立則
其德不孤蓋孤則偏於一善而其德狹不孤則衆善畢集而其德大矣體用全備无適不宜其於行事坦然无所疑惑
此所以不習而无不利也○雲峯胡氏曰直方以用言正義以體言敬立而內直義形而外方有體固有用也就敬
與義言之則敬爲體義又爲用體用兼全此其德所以不孤也又曰乾九三明誠並進聖人事也坤六二敬義偕立學
者事也主敬是爲學之要集義乃講學之功○隆山李氏曰文言字字皆有位置非苟然也乾九三言誠坤六二言敬
誠敬者乾坤之別也先儒誠敬之學起於此乾九二言仁坤六二言義仁義者陰陽之辨也先儒論仁義之用取諸此
【備旨】正義非訓直方本體原无邪曲直只如其本體故曰直就是正本體原具化裁方適如其化裁故曰方就是義敬
是精明純一无一毫私念義是把此心做應事接物的尺寸區處調停无一不合於權度敬以義以非以敬去直內以
義去方外內本直敬則本體常惺自然不失其直外本方義則妙用時措自然不失其方敬之精明條理處即是義義
之整齊嚴肅處即是敬敬義原自合一放倒一邊不得內直則旁引不得外方則妄動不得不能引與不能動合所謂
立也敬義既立其德盛矣到此盛大地位直還其直方還其方何疑之有此謂純德

陰雖有美나 含之ᄒᆞ야 以從王事ᄒᆞ야 弗敢成也ㅣ니 地道也ㅣ며 妻道也ㅣ며
臣道也ㅣ니 地道ᄂᆞᆫ 无成而代有終也ㅣ라

○陰이 비록 美를 두나 含ᄒᆞ야 ᄡᅧ 王事를 從ᄒᆞ야 敢히 成티 말올디니 地의 道ㅣ며 妻의

道ㅣ며臣의道ㅣ니地道는成홈이업고代ᄒᆞ야終을두ᄂᆞ니라

【傳】爲下之道、不居其功、含晦其章美、以從王事、代上以終其事而不敢有其成功也、猶地道、代天終物而成功則主於天也、妻道、亦然、 朱子曰天地之間萬物粲然而陳者皆陰麗於陽其美外見者也六三六五皆以陰居陽故三則曰陰雖有美而五則曰美在其中然三方進而位不中者也故雖有美而尙含之五正位而居體者也故美在其中而發於事業人臣事業之著於世固自有時殆不可挾才能而躐進以取三五同功嫌逼之禍也○節齋蔡氏曰代天終物而成功主於天者地道也以數言之天數終於九不足于終代其終者地十也○中溪張氏曰弗敢云者非其才有所不足於其分有所不敢也凡地之於天妻之於夫臣之於君其道皆當如是則得以陰從陽之正而代上以終其事也下獨言地道蓋擧其大者爾○平菴項氏曰陰雖有美含之絶句以含之連下文讀者非傳旨爻言无成此言弗敢成正言其含之之心也語意精神全在弗敢二字非但弗敢居成功卽當事始而有此用自專之心亦成也亦不敢也三本臣道兼地與妻而言者推類以明之也爻言有終此曰代終則幷其終亦非地之所敢有矣此雖只言地道而臣道己可推

天地變化ᄒᆞ면草木이蕃ᄒᆞ고天地閉ᄒᆞ면賢人이隱ᄒᆞᄂᆞ니易曰括囊无咎无譽ㅣ라ᄒᆞ니蓋言謹也ㅣ라

○天地ㅣ變化ᄒᆞ면草木이蕃ᄒᆞ고 天地ㅣ閉ᄒᆞ면賢人이隱ᄒᆞᄂᆞ니 易애ᄀᆞᆯ오ᄃᆡ括囊无咎无譽ㅣ라ᄒᆞ니謹홈을닐옴이라

【傳】四居上、近君而无相得之義、故、爲隔絶之象、天地交感則變化萬物、草木、蕃盛、君臣、相際而道亨、天地閉隔則萬物、不遂、君臣、道絶、賢者、隱遯、四於閉隔之時、括囊晦藏則雖无令譽、可得无咎、言當謹自守也、 臨川吳氏曰草木蕃者召南所謂朝廷既治庶類蕃殖是也賢人隱者洪範所謂百

穀用不成俊民用微是也○平菴項氏曰草木且蕃況於人乎言盛者要其終也賢人隱則物從之矣言衰者記其始也○東萊呂氏曰天地變化草木蕃天地閉賢人隱人與天地萬物同是一氣泰則見否則隱猶春生秋落氣至即應間不容髮初不待思慮計較也若謂相時而動則已作兩事看所以獨稱賢人隱者蓋衆人將自隔絶故與天地之氣不相通氣至而覺者獨賢人而已○雲峰胡氏曰六四文言與初六相似兩爻當合看初六首言人之善不善末斷之曰蓋言愼也六四首言天地之交不交末斷之曰蓋言謹也初當謹審毋縱夫微陰之長四當謹審毋銜於重陰之時

【備旨】變化閉塞以天地大氣運言乃否泰之謂獨言草木蕃者草木得氣之先無情者先通其應也獨言賢人隱者賢人見幾明決有識者預睹其微也○乾初之隱隱於无位坤四之隱隱於有位无位則在是非得失之外而不易不成也若有位則在是非得失之中其无咎无譽也難非其戒愼之心時刻操持極其謹密何以能此

君子ㅣ黃中通理ᄒᆞ야

○君子ㅣ黃이中ᄒᆞ고理에通ᄒᆞ야

【本義】黃中、言中德、在內、釋黃字之義也、

正位居體ᄒᆞ야

○正位예서體에居ᄒᆞ야

【本義】雖在尊位而居下體、釋裳字之義也、平菴項氏曰黃中正位美在其中屬黃字通理居體暢於四支屬裳字

美在其中而暢於四支ᄒᆞ며發於事業ᄒᆞᄂᆞ니美之至也ㅣ라

○美ㅣ그中애在ᄒᆞ야四支예暢ᄒᆞ며事業애發ᄒᆞᄂᆞ니美애지극홈이라

【傳】黃中、文居中也、君子、文中而達於理、居正位而不失爲下之體、五、尊位、在坤則惟(一作故惟)取中正之義、美積於中而通暢於四體、發見於事業、德美之至盛也、

【本義】美在其中、復釋黃中、暢於四支、復釋居體、或問坤二五皆中爻二是就盡得地道上說五是就著見於文章事業上說否朱子曰不可說盡得地道他便是坤道也二在下方是就工夫處說文言云不疑其所行是也五得尊位則是就他成就處說所以云美在其中而暢於四支發於事業美之至也○進齋徐氏曰黃中中德在內通理文无不通言柔順之德蘊乎內而至盛也正位當在中之位居體居下體而不僭言柔順之德形於外而得當也黃中通理則美在其中而暢於四支正位居體則可發於事業二五皆中二內卦之中其發於外者不疑其所行而已五外卦之中其施於外者有事業之可觀坤道之美至此極矣故曰美之至也又曰黃中通理四字當玩涵養不熟操守不固天理有一毫之未純人欲有一毫之未去未得爲黃中也涵養熟矣操存固矣天理全而人欲去矣然條理未達脈絡未貫則是蘊於內者雖有中和渾厚之美而无融暢貫通之妙未得爲通理也必黃中而通理暢於四支發於事業而後爲美之至孟子曰充實而有光輝之謂大大而化之之謂聖亦此意也○雲峰胡氏曰六五當與六二並看故皆以君子言蓋直內方外之君子即黃中通理之君子也朱子嘗謂敬以直內是持守工夫義以方外是講學工夫大抵敬以直內則胷中洞然徹上徹下表裏如一是即所以爲黃中義以方外則凡事之來義以處之无不合理是即所以爲通理五之黃中通理本於直內方外故其正位也雖居乎五之尊而其居體也則不失乎二之常二之直內方外是內外夾持兩致其力到五之黃中通理則內外通貫无所容其力矣

陰疑於陽ᄒᆞ면 必戰ᄒᆞᄂᆞ니 爲其嫌於无陽也ㅣ라 故로 稱龍焉ᄒᆞ고 猶未離其類也ㅣ라 故로 稱血焉ᄒᆞ니 夫玄黃者ᄂᆞᆫ 天地之雜也ㅣ니 天玄而地黃ᄒᆞ니라

爲 于僞反 離 力智反 夫 音扶

○陰이陽애疑ᄒᆞ면반ᄃᆞ시戰ᄒᆞᄂᆞ니 그陽이업슴애嫌홈을爲ᄒᆞᆫ디라 故로龍이라稱ᄒᆞ고 오히려그類애離티몯ᄒᆞᆫ디라故로血이라稱ᄒᆞ니玄黃은天地의雜ᄒᆞᆫ거시니天은玄ᄒᆞ고地ᄂᆞᆫ黃ᄒᆞ니라

【傳】陽大陰小、陰必從陽、陰旣盛極、與陽、偕矣、是疑於陽也、不相從則必戰、卦雖純陰、恐疑无陽、故、稱龍、見其與陽戰也、于野、進不己而至於外也、盛極而進不己則戰矣、雖盛極、不離陰類也、而與陽爭、其傷、可知、故、稱血、陰旣盛極、至與陽爭、雖陽、不能无傷、故、其血、玄黃、玄黃、天地之色、謂皆傷也、

【本義】疑、謂鈞敵而无小大之差也、坤雖无陽、然、陽未嘗无也、血、陰屬、蓋氣陽而血陰也、玄黃、天地之正色、言陰陽、皆傷也、○此以上、申象傳之意、平菴項氏曰玄黃者上下无別所謂雜也曰疑於陽曰嫌於无陽曰猶未離其類曰天地之雜皆言陰之似陽臣之似君楚公子圍之美矣君哉也然終以野死則何利哉○西溪李氏曰玄天色也黃地色也雖曰天地之雜然天地定分終不可易故終之曰天玄而地黃○節齋蔡氏曰十月爲純坤之月六爻皆陰然生生之理无頃刻而息一陽雖生於子而實始於亥十月之陽特未成爻耳聖人爲其純陰而或嫌於无陽也故稱龍以明之古人謂十月爲陽月者蓋出於此○雲峯胡氏曰上六亦當與六三並看故皆揭以陰之一字三曰陰雖有美含之猶知有陽也上曰陰疑於陽必戰則與陽爲均敵而无小大之差矣天道不可一日无陽故稱龍於盛陰之時存陽也戰而俱傷在臣子雖罪不容誅在君父則宜早辯也蓋能辯之於初則如六五之黃裳元吉積善之慶有餘也不能辯之於初則如上六之其血玄黃積不善之殃有餘也

䷂ 震下坎上

【傳】屯、序卦、曰一无曰字有天地然後、萬物生焉、盈天地之間者、惟萬物、故、受之以屯、屯者、盈也、屯者、物之始生也、萬物、始生、鬱結未通、故、爲盈塞於天地之間、至通暢茂盛則塞意亡矣、天地生萬物、屯、物之始生、故、繼乾坤之後、以二象、言之、雲雷之興、陰陽、始交也、以二體、言之、震始交於下、坎始交於中、陰陽、相交、乃成雲

雷、陰陽、始交 雲雷、相應而未成澤、故、爲屯、若己成澤則爲解也、又動於險中、亦屯之義 陰陽、不交則爲否、始交而未暢則爲屯、在時則天下屯難未亨泰之時也、誠齋楊氏曰氣始交未暢曰屯物勾萌未舒曰屯世多難未泰曰屯○隆山李氏曰乾坤之後次以屯蒙此乾坤以生育之功付之三子也屯初建侯蒙二克家五童蒙蓋爲是也○雲峯胡氏曰屯蒙繼乾坤之後上下體有震坎艮坤交乾而成也震則乾坤之始交故先焉

屯은元亨코利貞ᄒᆞ니勿用有攸往이오利建侯ᄒᆞ니라 屯張倫反

○屯은크게亨ᄒᆞ고貞홈이利ᄒᆞ니뻐往홀빠를두디말오侯를建홈이利ᄒᆞ니라

【傳】 屯、有大亨之道而處之、利在貞正一作固、非貞正一作固、何以濟屯、方屯之時、未可有所往也、天下之屯、豈獨力、所能濟、必廣資輔助、故、利建侯也、或問程傳只言宜建侯輔助如何朱子曰易只有三處言利建侯屯兩言之豫一言之皆言立君左氏分明有立君之說衛公子元遇屯則可見矣○中溪張氏曰盈天地之間者萬物也而萬物以人爲首故屯爲人道之始具四德而繼乾坤也

【本義】 震坎、皆三畫卦之名、震一陽、動於二陰之下、故、其德、爲動、其象、爲雷、坎一陽、陷於二陰之間、故、其德、爲陷爲險、其象、爲雲爲雨爲水、屯、六畫卦之名也、難也、物始生而未通之意、故、其爲字、象屮、穿地始出而未申也、其卦、以震遇坎、乾坤、始交而遇險陷、故、其名、爲屯、震動、在下、坎險、在上、是能動乎險中、能動、雖可以亨而在險則宜守正而未可遽進、故、筮得之者、其占、爲大亨而利於正、但未可遽有所往耳、又初九、陽居陰下而爲成卦之主、是能以賢下人、得民而可君之象、

故 筮立君者、遇之則吉也、朱子曰屯是陰陽未通之時蹇是流行之中有蹇滯困則窮矣○問彖云利建侯而本義取初九陽居陰下爲成卦之主何也曰有一例成卦之主皆說於彖辭下如屯之初九利建侯大有之五同人之二皆如此又問屯利建侯此占恐與乾卦利見大人同例曰然此亦大槩如此若是自卜爲君者得之則所謂建侯者乃己也若是卜立君者得之則所謂建侯者乃君也此又看其所遇如何緣易本不是箇綳定底文字所以曰不可爲典要○雙湖胡氏曰元亨利貞占辭也當屯難之世遽稱元亨亦猶蠱壞之時而有元亨之義卦辭大抵主在震初九一爻勿用有攸往震性好動戒震也○雲峯胡氏曰初九以震之一陽居陰下而爲成卦之主元亨震之動也利貞爲震遇坎而言也非不利有攸往不可輕用以往也易言利建侯者二豫建侯上震也屯建侯下震也震長子震驚百里皆有侯象

彖曰屯은 剛柔ㅣ 始交而難生하며 難乃旦反 六二象同

（ 彖애 골오듸 屯은 剛과 柔ㅣ 비르소 交하야 難이 生하며

【本義】 以二體、釋卦名義、始交、謂震、難生、謂坎、中溪張氏曰乾坤之後一索得震爲始交再索得坎爲難生而者承上接下之辭所以合震坎之義而釋其爲屯也

動乎險中하니

（ 險한 中애 動하니

【傳】 以雲雷二象、言之則剛柔、始交也、以坎震二體、言之、動乎險中也、剛柔、始交、未能通暢則艱屯、故、云難生、又動於險中、爲艱屯之義、

大亨貞은

(本義) 大亨貞이니라

○크게亨ᄒᆞ고貞홈은(本義) 크게亨코貞ᄒᆞ니라

【本義】以二體之德、釋卦辭、動、震之爲也、險、坎之地也、自此以下、釋元亨利貞、乃用文王本意、或問本義云此以下釋元亨利貞用文王本義何也曰乾元亨利貞至孔子方作四德說後人不知將謂文王作易便作四德說即非也如屯卦所謂元亨利貞者以其能動難可以亨而在險則宜守正故筮得之者其下爲大亨而利於正初非謂四德也故孔子釋此彖辭只曰動乎險中大亨貞是用文王本意釋之也

雷雨之動이滿盈일서라

(本義) 滿盈ᄒᆞ야

○雷雨의動이滿盈ᄒᆞᆯ시라(本義) 滿盈ᄒᆞ야

【傳】所謂大亨而貞、一作正者、雷雨之動、滿盈也、陰陽、始交則艱屯未能通暢、及其和洽則成雷雨、滿盈於天地之間、生物、乃遂、屯有大亨之道也、所以能大亨、由夫一无夫字貞也、非貞固、安能出屯、人之處屯、有致大亨之道、亦在夫一无夫字貞固也、

天造草昧에는宜建侯ㅣ오而不寧이니라

(本義 天造草昧라

○天造ㅣ草昧ᄒᆞᆫ제는맛당이侯를建ᄒᆞ고寧티아닐디니라(本義) 天造ㅣ草昧ᄒᆞᆫ디라맛당이侯를建ᄒᆞ고寧티몯ᄒᆞᆯ떠니라

【傳】上文、(一有既字)言(一有夫字)天地生物之義、(一有是以字)此、言時事、天造、謂時運也、草、草亂无倫序、昧、冥昧不明、當此時運、所宜建立輔助、則可以濟屯、雖建侯自輔、又當憂勤兢畏、不遑寧處、聖人之深戒也、龜山楊氏曰天造草昧非寧居之時故宜建侯而不寧建侯所以自輔也使人各有主而天下定矣○或問剛柔始交而難生程傳以雲雷之象爲始交謂震始交於下坎始交於中如何朱子曰剛柔始交只指震言所謂震一索而得男也此三句各有所指剛柔始交而難生是以二體釋卦名義動乎險中大亨貞是以二體之德釋卦辭雷雨之動滿盈天造草昧宜建侯而不寧是以二體之象釋卦辭只如此看甚明緣後來說者交雜混了故覺語意重複

【本義】以二體之象、釋卦辭、雷、震象、雨、坎象、天造、猶言天運、草、雜亂、昧、晦冥也、陰陽交而雷雨作、雜亂晦冥、塞乎兩間、天下、未定、名分、未明、宜立君以統治而未可遽謂安寧之時也、不取初九爻義者、取義多端、姑擧其一也、朱子曰雷雨之動滿盈亦是那鬱塞底意思天造草昧宜建侯而不寧孔子又是別發出一道理說當此擾攘之時不可无君故須立君終不可道建侯便了須更自以爲不安寧方可蓋方動而遇險聖人見有此象故又因以爲戒也○雲峯胡氏曰彖傳自屯以下例分作兩節釋卦名是一節釋卦辭是一節或卦辭有未盡者從而推廣之如乾坤文言是也本義但分卦體卦象卦德卦變而彖之旨盡矣惟屯曰二體之象又曰二體之德見卦象卦德又因卦體而見之也

象曰雲雷ㅣ屯이니君子ㅣ以ᄒᆞ야經綸ᄒᆞᄂᆞ니라

○象애ᄀᆞᆯ오ᄃᆡ雲과雷ㅣ屯이니君子ㅣ以ᄒᆞ야經ᄒᆞ며綸ᄒᆞᄂᆞ니라

【傳】坎不云雨而云雲者、雲、爲雨而未成者也、未能成雨、所以爲屯、君子、觀屯之象、經綸天下之事、以濟於屯(一无屯字)難、經、緯、綸、緝、謂營爲也、

【本義】坎不言水而言雲者、未通之意、經綸、治絲之事、經、引之、綸、理之也、屯難之世、君子有爲之時也、或問屯需二象皆陰陽未和治成雨之象然屯言君子以經綸需乃言飲食宴樂何也朱子曰需是緩意在他无所致力只得飲食宴樂屯是物之始生象草木初出地之狀其初出時欲破地面而出不无齟齬艱難故當爲經綸其義所以不同也○東萊呂氏曰屯難之世人皆惶懼沮喪不敢有爲殊不知正是君子經綸時節○隆山李氏曰坎在震上爲屯以雲方上升畜而未散也坎在震下爲解以雨澤既沛无所不被也故雷雨作解者乃所以散屯而雲雷方興則屯難之始也○臨川吳氏曰君子治世猶治絲欲解其紛亂亦猶屯之時必欲解其鬱結也經者先總其序爲一而後分之象雷之自一而分綸者先理其緒爲二而後合之象雷之自二而合也

初九ᄂᆞᆫ 磐桓이니 利居貞ᄒᆞ며 利建侯ᄒᆞ니라

○初九ᄂᆞᆫ 磐桓홈이니 貞애 居홈이 利ᄒᆞ며 侯를 建홈이 利ᄒᆞ니라 (本義) 建ᄒᆞ야 侯ᄒᆞ음이 利ᄒᆞ니라

【傳】初以陽爻、在下、乃剛明之才、當屯難之世、居下位者也、未能便往濟屯、故、磐桓也、方屯之初、不磐桓而遽進則犯難矣、故、宜居正而固其志、凡人、處屯難則鮮能守正、苟无貞固之守則將失義、安能濟時之屯乎、居屯之世、方屯於下、所宜有助、乃居屯濟屯之道也、故、取建侯之義、謂求輔助也、東萊呂氏曰說者謂初以剛居剛在屯難之世恐其銳於進故戒之以磐桓此說不然蓋初以剛明之才乃能與時消息自制其剛磐桓而不敢躐此正所謂自勝之强也此正所謂剛也惟剛然後能磐桓孰謂以剛爲戒乎○瀘川毛氏曰利居貞者其利在我利建侯者其利在民

【本義】磐桓、難進之貌、屯難之初、以陽在下、又居動體而上應陰柔險陷之爻、故、有磐桓之象、然、居得其正、故、其占、利於居貞、又本成卦之主、以陽下陰、爲民所

歸、侯之象也、故、其象、又如此而占者、如是則、利建以爲侯也、或問初九利建侯本義云占者如是則利建以爲侯此占與彖異如何朱子曰卦辭通論一卦所謂侯者乃屬他人卽爻之初九也爻辭專言一爻所謂侯者乃其自已故不同也○雲峯胡氏曰文王卦辭有專主成卦之主而言者周公首於此爻之辭發之卦主震震主初磐桓卽勿用有攸往利居貞卽利貞卦言利建侯者其事也利於建初以爲侯也爻言利建侯者其人也如初之才利建以爲侯也爻言磐桓主爲侯者而言宜緩卦言利建侯而不專主建侯者而言不宜緩也備旨居貞者時之所限不可躁也建侯者民之所屬不可違也建侯非躁動者所宜惟居貞者利焉居貞乃濟時之本也

象曰雖磐桓ᄒᆞ나志行正也ㅣ며

○象애 ᄀᆞᆯ오ᄃᆡ 비록 磐桓ᄒᆞ나 志ㅣ 正을 行홈이며

【傳】 賢人、在下、時苟未利、雖磐桓未能遂往濟時之屯、然、有濟屯之志、與濟屯之用、志在行其正也、臨川吳氏曰志行正因爻辭居貞而廣其義居則不行行則不居初陽剛之才雖磐桓未可進其志固在於得行其正也居而貞非其志也

以貴下賤ᄒᆞ니大得民也ㅣ로다

○貴로ᄡᅧ 賤에 下ᄒᆞ니 크게 民을 得홈이로다

【傳】 九當屯難之時、以陽而來居陰下、爲以貴下賤之象、方屯之時、陰柔不能自存、有一剛陽之才、衆所歸從也、更能自處卑下、所以大得民也、或疑方屯于下、何有貴乎、夫以剛明之才而下於陰柔、以能濟屯之才而下於不能、乃以貴下賤也、況陽之於陰、自爲貴乎、誠齋楊氏曰震以一陽爲二陰之主故曰貴二陰賤而一陽下之故曰下賤○雲峯胡氏曰乾坤初爻提出陰陽二字此則以陽爲貴陰爲賤陽爲君陰爲臣尊陽之義益嚴矣備旨四句聯

絡說下志字要重看行對居說貞者濟天下之本惟志行正便非自私自利所以大得乎民大字從屯來所謂今時則易然也

六二는屯如邅如ᄒᆞ며乘馬班如ᄒᆞ니匪寇ㅣ면婚媾ㅣ리니女子ㅣ貞ᄒᆞ야不字ㅣ라가十年에야乃字ㅣ로다 (邅張連反)

(本義)匪寇ㅣ라婚媾ㅣ니

○六二는屯ᄒᆞ며邅ᄒᆞ며馬를乘ᄒᆞ얏다가班ᄒᆞ니寇ㅣ아니면婚媾애ᄒᆞ리니女子ㅣ貞ᄒᆞ야字티아니ᄒᆞ얏다가十年에아이예字ᄒᆞ리로다(本義)馬를乘ᄒᆞ야班ᄒᆞ니寇ᄒᆞᆷ이아니라婚媾를ᄒᆞᆷ이니

【傳】二以陰柔、居屯之世、雖正(一作五)應、在上而逼於初剛、故、屯難邅回、如(一有助字)辭也、乘馬、欲行也、欲從正應而復班如、不能進也、班、分布之義、下馬、爲班、與馬異處也、二當屯世、雖不能自濟而居中得正、有應在上、不失義者也、然、逼近於初、陰乃陽所求、柔者、剛所陵、柔、當屯時、固難自濟、又爲剛陽所逼、故、爲難也、設匪逼於寇難則往求於婚媾矣、婚媾、正應也、寇、非理而至者、二守中正、不苟合於初、所以不字、苟貞(一作正)固不易、至于十年、屯極必通、乃獲正應而字育矣、以女子陰柔、苟能守其志節、久必獲通、況君子、守道不回乎、初爲賢明剛正之人而爲寇、以侵逼於人、何也、曰此、自據二以柔、近剛而爲義、更不計初之德、如何也、易之取義、如此、或問匪寇婚媾程傳云設匪逼於寇難則往求於婚媾此說如何朱子曰此四字文義不應必如此費力解六二乘初九之剛下爲陽所逼然非爲寇也乃來求己爲婚媾耳此婚媾與己皆正指六二也○縉雲馮氏曰初寇二二欲應五而不得應屯之象也自己行藏他人得而制之者陰柔故也○進齋徐氏曰易之道有己正而他爻取之以爲邪者有己凶而他爻得之以獲吉者屯之初非不正也而二近之則爲寇旅之上非不凶也而五承之則有譽命

【本義】班、分布不進之貌、字、許嫁也、禮、曰女子、許嫁 笄而字、六二、陰柔中正、有應於上而乘初剛、故、爲所難而邅回不進、然、初非爲寇也、乃求與己爲婚媾耳、但己守正、故、不之許、至于十年、數窮理極則妄求者、去、正應者、合而可許矣、爻有此象、故、因以戒占者、 朱子曰耿氏解女子貞不字作嫁笄而字貞不字者未許嫁也却與婚媾之義相通亦說得有理伊川說作字育之字○問十年乃字十年只是指數窮理極而言耶曰易中此等取象不可曉如說十年三年七日八月等處皆必有所指但今不可穿鑿姑闕之可也○雲峯胡氏曰屯如以時言蹇而未遽通也邅如以遇屯之時者而言回而未遽進也屯者陰陽之始交二與四陰居陰初與五陽居陽二應五四應初故皆曰婚媾取陰陽之始交也○孔氏曰因六二之象以明男女婚媾之事其餘人事亦當法此如有人偪近於難遠有外應未敢遽進被近者所陵經久之後乃得相合是知萬事皆象於此非惟男女而已諸爻男女之象義皆然【備旨】乘剛只據二所乘之位言反常明相遇者乃固然幸之也本德來

象曰六二之難은乘剛也ㅣ오十年乃字는反常也ㅣ라

○象애글오ᄃᆡ六二의難은剛을乘홈이오十年乃字ᄂᆞᆫ常애反홈이라

【傳】六二、居屯之時而又乘剛、爲剛陽所逼、是其患難也、至於十年則難久必通矣、乃得反其常、與正應、合也、十、數之終也、 雲峯胡氏曰柔乘剛非常也十年乃字則應乎剛而反常矣

六三은即鹿无虞ㅣ라惟入于林中이니君子ㅣ幾ᄒᆞ야不如舍니ㅣ往ᄒᆞ면吝ᄒᆞ리

라 幾音機舍音捨象同

○六三은鹿애卽호ᄃᆡ虞ㅣ업슨디라오직林中애入홈이니君子ㅣ幾ᄒᆞ야舍홈만ᄀᆞᆮ디몯ᄒᆞ니往ᄒᆞ면吝ᄒᆞ리라

【傳】六三、以陰(一无陰字)柔、居剛、柔旣不能安屯、居剛而不中正則妄動、雖貪於所求、旣不足以自濟、又无應援、將安之乎、如卽鹿而无虞人也、入山林者、必有虞人以導之、无導之者則惟陷入于林莽中、君子、見事之幾微、不若舍而勿逐、往則徒取窮吝而已、

【本義】陰柔居下、不中不正、上无正應、妄行取困、爲逐鹿无虞陷入林中之象、君子、見幾、不如舍去、若往逐而不舍、必致羞吝、戒占者、宜如是也 朱子曰六三陰柔在下而居陽位陰不安於陰則貪求陽欲乘陰即妄行故不中不正又上无正應妄行取困所以爲卽鹿无虞陷入林中之象此爻在六二六四之間便是林中之象鹿陽物指五无虞无應也以此觸類而長之當自見得○建安丘氏曰屯四陰爻二四上皆言乘馬而三獨言卽鹿者蓋二四上爻皆以陰居陰才位皆柔不能進者故有乘馬班如之象班者將進而止不能往者也六三以陰居陽爻柔位剛躁於進者故有卽鹿无虞之象无虞卽鹿者不量而進徒勞而无功也○雲峯胡氏曰卦下體震震動也初九利居貞猶戒其輕動六二貞不字則喜其不輕動六三不中不正上无正應而妄動取困必矣故有逐鹿无虞陷入林中之象幾者動之微六三互體艮聖人於其震之動而猶庶幾其知艮之止故勉之曰不如舍欲其止也懼之曰往吝戒其動也○惟字最是悚惕人處言徒陷於林中而他无所獲也凡田者必有虞人設驅以逆于車使禽計趣田无虞是不驅鹿就我我反就鹿故曰卽鹿幾字最是喚醒人處林中之困其著者也當卽鹿无虞之始其困己寓其微者也幾也幾不在著而在微所以要見

象曰即鹿无虞ᄂᆞᆫ 以從禽也오 君子ㅣ舍之ᄂᆞᆫ 往ᄒᆞ면 吝窮也ㅣ라

○象애 ᄀᆞᆯ오ᄃᆡ 即鹿无虞ᄂᆞᆫ 禽을 從ᄒᆞᆷ으로ᄡᅥ 오 君子ㅣ 舍ᄒᆞ믄 往ᄒᆞ면 吝ᄒᆞ야 窮ᄒᆞᆷ이라

【傳】 事不可而妄動、以從欲也、无虞而即鹿、以貪禽也、當屯之時、不可動而動、猶无虞而即鹿、以有從禽之心也、君子則見幾而舍之不從、若往則可吝而困窮(一作窮困)也、

雲峯胡氏曰經言不如舍辨之審也傳言舍之去之決也[illegible]乘馬班如是危其才之弱求婚媾是教以處屯之方歟緊在一求字初雖爲我正應使我不屈己以求初肯爲我用乎四正不必諱求之名而束手班如也婁師德固才力不逮而薦在傑潜授五龍夾日以飛則求婚媾往吉无不利之說

六四ᄂᆞᆫ 乘馬班如ㅣ니 求婚媾ᄒᆞ야 往ᄒᆞ면 吉ᄒᆞ야 无不利ᄒᆞ리라

○六四ᄂᆞᆫ 馬ᄅᆞᆯ 乘ᄒᆞ얏다가 班ᄒᆞᆷ이니 婚媾ᄅᆞᆯ 求ᄒᆞ야 往ᄒᆞ면 吉ᄒᆞ야 利티아 님이 업ᄉᆞ리라 (本義) 馬ᄅᆞᆯ 乘ᄒᆞ야 班ᄒᆞᆷ이니 婚媾ᄅᆞᆯ 求ᄒᆞ거든

(本義) 求婚媾ㅣ어든

【傳】 六四、以柔順、居近君之位、得於上者也而其才、不足以濟屯 故、欲進而復止、乘馬班如也、己既不足以濟時之屯、若能求賢以自輔則可濟矣、初、陽剛(一作剛陽)之賢、乃是正應、己之婚媾也、若求此陽剛(一作剛陽)之婚媾、往與共輔陽(一无陽字)剛中正之君、濟時之屯則吉而无所不利也、居公卿之位、己之才、雖不足以濟時之屯、若能求在下之賢、親而用之、何所不濟哉、東萊呂氏曰无之六四居近君之位其才陰柔不足以濟屯故將進復止如乘馬之班如若能自知不足下親暱於初與之同向前共濟天下之事

則吉旡不利夫子釋之曰求而往明也明之一字最宜詳玩蓋得時得位肯自伏弱求賢自助非明者能之乎

【本義】 陰柔居屯、不能上進、故、爲乘馬班如之象、然、初九、守正居下、以應於己、故、其占、爲下求婚媾則吉也、

或問六四求婚媾此婚媾䟽指初九之陽婚媾是陰何得陽亦可言朱子曰婚媾通指陰陽但程傳謂六四往求初九之婚媾則恐其未然也○雙湖胡氏曰本義云下求婚媾是指初九在下來求四爲婚媾求者在彼往者在我故吉不然豈有陽不倡而陰反倡男不行而女先行以是爲吉旡不利者乎○建安丘氏曰三四皆欲從初者也四以應而往吉三以不應而往則吝往同而吉凶異者應不應故也○雲峯胡氏曰凡爻例上爲往下爲來六四下而從初亦謂之往者據我適人於文當言往不可言來如需上六三人來據人適我可謂之來不可謂往又變例也男下女爲婚初下二婚媾也二之不字非應也初下四求婚媾也四之往者應也士夫有不待求而往者讀二四爻辭亦可愧矣諸家多以求婚媾爲四求初唯本義謂初居下而應於已四待下之求而後往則吉必如是而後合男女婚媾之禮必如是而後見士夫出處之義

象曰求而往은明也ㅣ라

○象애ᄀᆞᆯ오ᄃᆡ求ᄒᆞ야往ᄒᆞᆷ은明ᄒᆞᆷ이라(本義)求ᄒᆞ거든往호믄

【傳】 知己不足、求賢自輔而後、往、可謂明矣、居得致之地、位一作己不能而遂已、至暗者也、

九五는屯其膏ㅣ니小貞이면吉코大貞이면凶ᄒᆞ리라

○九五는그膏ㅣ屯ᄒᆞᆷ이니져기貞ᄒᆞ면吉ᄒᆞ고크게貞ᄒᆞ면凶ᄒᆞ리라(本義)小애는貞ᄒᆞ면吉ᄒᆞ고大애는貞ᄒᆞ여도凶ᄒᆞ리라

【傳】 五、居尊得正而當屯時、若有剛明之賢、爲之輔則能濟屯矣、以其旡臣也、故、

屯其膏、人君之尊、雖屯難之世、於其名位、非有損也、唯其施爲、有所不行、德澤、有所不下、是屯其膏、人君之屯也、旣膏澤有所不下、是威權、不在己也、威權、去己而欲驟正之、求凶之道、魯昭公高貴鄕公之事、是也、故、小貞則吉也、小貞則漸正之也、若盤庚周宣、脩德用賢、復先王之政、諸侯、復朝、謂以道馴致、爲之不暴也、又非恬然不爲、若唐之僖昭也、不爲則常屯以至於亡矣、朱子曰伊川易解也失契勘說屯其膏云又非恬然不爲若唐之僖昭也這兩人全不同一人是要做事一人是不要做與小黃門啗果實度日呼田令孜爲阿父不知東漢時若一向盡引得忠賢布列在內不知如何只那時都无可立天下大勢如人衰老之極百病交作略有些變動便成大病○誠齋楊氏曰以剛明之主宜其撥亂反正有餘也然其膏猶屯者有君无臣故也六四近臣則弱六三近臣則又弱六二大臣則又弱惟一初九遠而在下賢而在下然則將欲有爲誰與有爲哉此所以屯其膏也

【本義】九五、雖以陽剛、中正、居尊位、然、當屯之時、陷於險中、雖有六二正應而陰柔才弱、不足以濟、初九、得民於下、衆皆歸之、九五、坎體、有膏潤而不得施、爲屯其膏之象、占者、以處小事則守正、猶可獲吉、以處大事則雖正而不免於凶、雲峯胡氏曰六爻唯二五言屯二在下而柔五剛而陷於柔皆非濟屯之才二曰屯如時之屯也五曰屯其膏五自屯之也可以施而不施是自屯其膏出納之吝謂之有司非大君之道也又曰學易者貴於觀時識變卦有二陽初陽在下而衆方歸之時之方來者也五陽在上而陷於險時之已去者也時已去雖陽剛亦无如之何矣故凶【備旨】屯時收拾人心全要膏澤不究旣屯其膏其誰歸乎小事猶正而吉大事雖正亦凶甚言膏之不可屯也

象曰屯其膏ᄂᆞᆫ施ㅣ未光也ㅣ라 施式豉反

○象애ᄀᆞᆯ오ᄃᆡ屯其膏ᄂᆞᆫ施ㅣ光티몯홈이라

【傳】膏澤不下、及是、以德施、未能光大也、人君之屯也、中溪張氏曰光陽德也五陽體本明以陷於坎中爲二陰所揜故曰施未光也【備旨】光原取顯意屯則一无所施怎得顯著此蓋類於時勢之故

上六은乘馬班如ᄒᆞ야泣血漣如ㅣ로다

○上六은馬를乘ᄒᆞ얏다가班ᄒᆞ야泣血ᄒᆞᆷ을漣히ᄒᆞ논다(本義)馬를乘ᄒᆞ야班ᄒᆞ야

【傳】六以陰柔、居屯之終、在險之極而无應援、居則不安、動无所之、乘馬欲往、復班如不進、窮厄之甚、至於泣血漣如、屯之極也、若陽剛而有助則屯既極、可濟矣、誠齋楊氏曰屯上難極非剛明何以亨今以柔當之進無必爲之才退有無益之泣朝夕必亡而已唐之僖昭是也○東萊呂氏曰屯極則當通如亂極則當治上居屯之極正是一機會然六以陰柔居之雖欲有爲而才不足坐失機會故乘馬班如泣血漣如也 象所以言何可長也者蓋謂屯極之時 若不變而爲治即入於亂亡 只有兩件更不容停待

【本義】陰柔无應、處屯之終、進无所之、憂懼而已、故、其象、如此、雲峯胡氏曰爻言乘馬班如者三二班如待五應也四班如待初應也上陰柔无應處屯之終其班如也獨无所待進又无所之憂懼而已蓋初得時二比初亦得之五失時上比五亦失之

象曰泣血漣如ㅣ어니何可長也ㅣ리오

○象애ᄀᆞᆯ오ᄃᆡ泣血漣如ᄒᆞ거니엇디可히長ᄒᆞ리오

【傳】屯難、窮極、莫知所爲、故、至泣血顚沛、如此、其能長久乎、夫卦者、事也、爻者、事之時也、分三而又兩之、足以包括衆理、引而伸之、觸類而長之、天下之能事、

畢矣、建安丘氏曰屯卦六爻二陽四陰凡卦以陰陽爻之少者爲主故二陽爲四陰之主然五坎體陷而失勢初震體動而得時故初又爲屯之主也其曰利居貞利建侯則卦之所主可知矣至九五則但曰屯其膏小貞吉而已其餘陰爻皆因初以起義四應初則往吉三不應初則往吝二乘初而應五則邅如而不能進上遠初而處卦之窮此所以泣血漣如也

備旨具解原本周易卷之二

備旨具解原本周易卷之三

䷃ 坎下艮上

【傳】蒙、序卦、屯者、盈也、屯者、物之始生也、物生必蒙、故、受之以蒙、蒙者、蒙也物之穉也、屯者、物之始生、物始生、穉小、蒙昧未發、蒙所以次屯也、爲卦、艮上坎下、艮、爲山爲止、坎、爲水爲險、山下有險、遇險而止、莫知所之、蒙之象也、水必行之、物始出、未有所之、故、爲蒙、及其進則爲亨義、白雲郭氏曰屯者物之始生生而後穉卦之序也○誠齋楊氏曰蒙猶屯也屯者物之初非物之厄蒙者人之初非性之昧勾而未舒曰屯穉而未達曰蒙○雙湖胡氏曰乾坤之後屯主在震初九一爻蒙主在坎九二一爻此長子代父長弟次兄之象艮爲少男方有待於開發此屯蒙次乾坤之義屯建侯有君道焉蒙求我有師道焉天地旣位君師立矣

蒙은**亨**ᄒᆞ니**匪我**ㅣ**求童蒙**이라**童蒙**이**求我**ㅣ니**初筮**ㅣ어든**告**ᄒᆞ고**再三**이면**瀆**이라**瀆則不告**이니**利貞**ᄒᆞ니라 告古毒反

○蒙은亨ᄒᆞ니내童蒙애求ᄒᆞᄂᆞᆫ주리아니라童蒙이내게求홈이니처엄筮ᄒᆞ거든告ᄒᆞ고再三ᄒᆞ면瀆ᄒᆞᆫ디라瀆거든告티아닐디니貞으로홈이利ᄒᆞ니라

【傳】蒙、有開發之理、亨之義也、卦才、時中、乃致亨之道、六五、爲蒙之主而九二、發蒙者也、我、謂二也、二非蒙主、五旣順巽於二、二、乃發蒙者也、故、主二而言、匪我求童蒙、童蒙、求我、五居尊位、有柔順之德而方在童蒙、與二、爲正應而中德、又同、

能用二之道、以發其蒙也、二以剛中之德、在下、爲君所信嚮、當以道自守、待君至誠求己而後、應之、則能用其道、匪我求於童蒙、乃童蒙、來求於我也、筮、占決也初筮告、謂至誠一意、以求己則告之、再三則瀆慢矣、故、不告也、發蒙之道、利以貞正、又二雖剛中、然、居陰、故、宜有戒、朱子曰伊川說蒙亨髣髴是指九二一爻說所以云剛中也○白雲郭氏曰物穉者有必亨之理聖人發蒙有致亨之道所以亨也○毅齋沈氏曰蒙昧而能亨者由九二以剛中之德時而發之所以亨也

【本義】艮亦三畫卦之名、一陽、止於二陰之上、故、其德、爲止、其象、爲山、蒙、昧也、物生之初、蒙昧未明也、其卦、以坎遇艮、山下有險、蒙之地也、內險外止、蒙之意也、故、其名、爲蒙、亨以下、占辭也、九二、內卦之主、以剛居中、能發人之蒙者而與六五、陰陽、相應、故、遇此卦者、有亨道也、我、二也、童蒙、幼穉而蒙昧、謂五也、筮者、明則人當求我而其亨、在人、筮者、暗則我當求人而亨在我、人求我者、當視其可否而應之、我求人者、當致其精一而扣之而明者之養蒙、與蒙者之自養、又皆利於以正也、朱子曰山下有險蒙之地也山下已是險峻處又遇險前後去不得故於此蒙昧也蒙之意只是心下鶻突○人來求我我則當視其可否而告之蓋視其來求我之發蒙者有初筮之誠則告之再三煩瀆則不告之也我求人則當致其精一以叩之蓋我而求人以發蒙則當盡初筮之誠而不可有再三之瀆也○盤澗董氏曰本義發此一例即所謂稽實待虛者也○雲峯胡氏曰諸家訓亨與利貞以亨屬蒙利貞屬養蒙者惟本義以爲蒙與養蒙者皆有亨道而利於貞易必如是看方爲不滯也

彖曰蒙은山下有險하고險而止ㅣ蒙이라

○彖애ᄀᆞᆯ오ᄃᆡ蒙은山下애險이잇고險ᄒᆞ고止홈이蒙이라

【本義】以卦象卦德、釋卦名、有兩義、朱子曰山下有險是卦象險而止是卦德蒙有二義險而止險在內止在外自家這裏先自不安穩了外面更去不得便是蒙昧之象若見險而能止則爲蹇却是險在外自家這裏見得去不得所以不去故曰知矣哉○雲峯胡氏曰卦象分上下艮山下有坎水之險是一義卦德分內外內險己不能安外止又不能進是一義

蒙亨은 以亨行이니 時中也ㅣ오 匪我求童蒙童蒙求我는 志應也ㅣ오

(本義)以亨行ᄒᆞ야

○蒙이亨홈은뻐行홈이니時ᄒᆞ고中홈이오匪我求童蒙童蒙求我 는志ㅣ應홈이오ㅣ(本義)亨으로뻐行ᄒᆞ야時의中이오

【傳】山下有險、內險、不可處、外止、莫能進、未知所爲、故、爲昏蒙之義、蒙亨以亨行時中也、蒙之能亨、以亨道行也、所謂亨道、時中也、時、謂得君之應、中、謂處得其中、得中則(一有得字)時也、匪我求童蒙童蒙求我、志應也、二以(一無以字)剛明之賢、處於下、五以童蒙、居上、非是二求於五、蓋五之志、應於二也、賢者、在下、豈可自進、以求於君、苟自求之、必无能信用之理、古之人、所以必待人君致敬盡禮而後、往者、非欲自爲尊大、蓋其尊德樂道、不如是、不足與有爲也、張子曰蒙卦主者全在九二彖之所論皆二之義敎者但只看蒙者時之所及則導之是以亨行時中也○厚齋馮氏曰學記云當其可之謂時九二陽明其於五陰之暗時而發之无過不及所以亨也○東萊呂氏曰匪我求童蒙童蒙求我志應也說者多謂發蒙者不可自屈必待童蒙先來求我志與我相應然後可敎苟急於敎人不待學者有志而强告之必不能入也此固是正理然人或錯會此說亢然不復與學者相接學者亦望風不敢進少徒寡與道卒不明要須詳玩志應二字此无以感之彼安得而應之應生於感也古之敎人雖不區區先求學者然就不求之中自有感發之理不然學者之志何自而應乎

初筮告은以剛中也ㅣ오再三瀆瀆則不告은瀆蒙也ㅣ시니

○初筮告은剛ᄒᆞ고中홈으로뻐오再三瀆瀆則不告은蒙을瀆ᄒᆞ심이니

【傳】初筮、謂誠一而來、求決其蒙、則當以剛中之道、告而開發之、再三、煩數也、來筮之意、煩數不能誠一則瀆慢矣、不當告也、告之、必不能信受、徒爲煩瀆、故、曰瀆蒙也、求者告者、皆煩瀆矣、（東萊呂氏曰初筮告以剛中也九二發蒙者也九剛也二中也剛中九二之全體也當學者初來請問之時其心誠一故徑以全體告之再三瀆瀆則不告瀆蒙也再三瀆是蒙者瀆發蒙者今不曰瀆發蒙者而反曰瀆蒙何也蓋聖人敎人不倦豈嘗厭蒙者之瀆我哉所以再三瀆而不告者蓋至理不容擬議一言之下便當領解苟未領解再置之而不告彼雖未達其胷中天理固完然不動也若再三瀆告之則彼將入於擬議卜度反瀆亂其天理矣此所謂瀆蒙也）

蒙以養正이聖功也ㅣ라

○蒙애뻐正을養홈이聖홀功이라

【傳】卦辭、曰利貞、彖、復伸其義、以明不止爲戒於二、實養蒙之道也、未發之謂蒙、以純一未發之蒙而養其正、乃作聖之功也、發而後禁則扞格而難勝、養正於蒙、學之至善也、蒙之六爻、二陽、爲治蒙者、四陰、皆處蒙者也、

【本義】以卦體、釋卦辭也、九二、以可亨之道、發人之蒙而又得其時之中、謂如下文所指之事、皆以亨行而當其可也、志應者、二剛明、五柔暗、故、二不求五而五求二、其志、自相應也、以剛中者、以剛而中、故、能告而有節也、瀆、筮者、二三則問者、固瀆而告者、亦瀆矣、蒙以養正、乃作聖之功、所以釋利貞之義也、（或問本義云九二以可亨之道發人）

之蒙而又得其時之中如下文所指之事皆以亨行而當其可何以見其當其可朱子曰下文所謂二五以志相應而初筮則告之再三瀆則不告皆時中也初筮告以剛中者亦指九二有剛中之德故能告而有節夫能告而有節卽所謂以剛而中也○蒙以養正聖功也蓋言蒙昧之時先自養敎正當了到那開發時便有作聖之功若蒙昧之中已自不正他日何由得會有聖功○南軒張氏曰孟子曰大人者不失其赤子之心者也蓋童穉之時純一不雜人欲未起天理實存謂之大人者守此而已謂之小人者失此而已人於是時保護養育則虛靜純白渾然天成施爲動作酧酢進退皆天理也非作聖之功起於此乎○雲峯胡氏曰程傳云亨道卽時中也本義謂九二以可亨之道發人之蒙而又得其時之中蓋蒙豈无可亨之道但恐亨之不得乎時之中爾本義謂如下文所指之事蓋謂五之志未與初應而遽欲亨之非時中也再三瀆而亦告之非時中也蒙宜養正過此而後養之非時中也

象曰山下出泉이蒙이니君子ㅣ以ᄒᆞ야果行ᄒᆞ며育德ᄒᆞᄂᆞ니라 行下孟反六三象同

○象애골오ᄃᆡ山下에泉이出홈이、蒙이니君子ㅣ以ᄒᆞ야行을果ᄒᆞ며德을育ᄒᆞᄂᆞ니라

【傳】山下出泉、出而遇險、未有所之、蒙之象也、若人、蒙穉、未知所適也、君子、觀蒙之象、以果行育德、觀其出而未能通行則以果、決其所行、觀其始出而未有所向則以養、育其明德也、南軒張氏曰泉始出而遇險未有所之如人蒙穉未有所適貴於果行育德充而達之也育德之義尤當深體○廣平游氏曰山下出泉其一未散其勢未達觀其勢之未達則果行觀其一之未散則育德○西山眞氏曰泉之始出也涓涓之微壅於沙石豈能遽達哉唯其果決必行雖險不避故終能流而成川然使其源之不深則其行雖果而易以竭艮之象山也其德止也山唯其靜止故泉源之出者无窮有止而後有行也君子觀蒙之象果其行如水之必行育其德如水之有本則其體盛大而其用周流矣夫德者行之自出行者德之所形體用之謂也有體而後有用所養者厚則其應不窮中庸曰溥博淵泉而時出之又曰小德川流大德敎化皆此義也

【本義】泉、水之始出者、必行而有漸也、朱子曰山下出泉却是箇流行底物事暫時被他礙住在這裏觀這意思却是說自家當恁地做工夫卦中如此者多以

象言之果者泉之必通育者靜之時也季通云育德是艮止也又曰果行有水之象育德有山之象○進齋徐氏曰蒙而未知所適也必體坎之剛中以決果其行而達之蒙而未有所害也必體艮之靜止以養育其德而成之

初六은發蒙호딕利用刑人ᄒᆞ야用說桎梏이니以往이면吝ᄒᆞ리라 說吐活反

○初六은蒙을發호딕써人을刑ᄒᆞ야벼桎梏을說호니써往ᄒᆞ면吝ᄒᆞ리라 (本義)蒙홀디니써人을刑ᄒᆞ고

【傳】初以陰暗、居下、下民之蒙(一作象)也、爻言發之之道、發下民之蒙、當明刑禁以示之、使之知畏然後、從而敎導之、自古聖王、爲治、設刑罰以齊其衆、明敎化以善其俗、刑罰立而後、敎化行、雖聖人、尙德而不尙刑、未嘗偏廢也、故、爲政之始、立法、居先、治蒙之初、威之以刑者、所以說去其昏蒙之桎梏、桎梏、謂拘束也、不去其昏蒙之桎梏則善敎、无由而入、旣以刑禁、率之、雖使心未能喩、亦當畏威以從、不敢肆其昏蒙之欲、然後、漸能知善道而革其(一无其字)非心、則可以移風易俗矣、苟專用刑以爲治則蒙雖畏而終不能發、苟免而无恥、治化不可得而成矣、故、以往則可吝、 龜山楊氏曰蒙无知也告之而弗喩引之而麼達非威之以刑莫能從也故發蒙之初利用刑人記曰榎楚二物以收其威書曰扑作敎刑是也○童溪王氏曰禁於未發之謂豫胥制官刑儆于有位用訓于蒙士初陰暗正蒙士也○建安丘氏曰治蒙之道示之以刑則人知警畏自可撤其昏蒙之蔽而无拘攣之患開發之機由此而始初六以陰暗之蒙切近九二陽明之賢足以開發之故曰發蒙

【本義】以陰居下、蒙之甚也、占者、遇此、當發其蒙、然、發之之道、當痛懲而暫舍之、以觀其後、若遂往而不舍則致羞吝矣、戒占者、當如是也、 朱子曰發蒙之義或自家是蒙得他人發或他人是蒙得自家發利

用刑人用說桎梏粗說時如今人打人棒也須與脫了那枷方可一向枷他不得若一向枷他便是以往吝這只是說
治蒙者當寬慢蓋法當如此○雲峯胡氏曰利用刑人痛懲之也用說桎梏暫舍之以觀其後也痛懲而不暫舍一於
嚴以往是不知有敬敷五敎在寬之道也故吝

象曰利用刑人은 **以正法也**ㅣ라

○象애 ᄀᆞᆯ오ᄃᆡ 利用刑人은ᄡᅥ 法을正ᄒᆞᆷ이라

【傳】治蒙之始、立其防限、明其罪罰、正其法也、使之由之、漸至於化也、或疑發蒙之初、遽用刑人、无乃不敎而誅乎、不知立法制刑、乃所以敎也、蓋後之論刑者、不復知敎化、在其中矣、

【本義】發蒙之初、法不可不正、懲戒、所以正法也、雲峯胡氏曰君師之道正而已屯初志行正蒙初以正法初之正猶懼失之於終況不正於初乎

九二ᄂᆞᆫ **包蒙**이면 **吉**ᄒᆞ고 **納婦**ㅣ면 **吉**ᄒᆞ리니 **子**ㅣ **克家**ㅣ로다

(本義) 包蒙이니 吉ᄒᆞ고 納婦ㅣ니 吉ᄒᆞ고 子ㅣ 克家ㅣ니라

○九二ᄂᆞᆫ 蒙을 包ᄒᆞ면 吉ᄒᆞ고 婦를 納ᄒᆞ면 吉ᄒᆞ리니 子ㅣ 家을 克ᄒᆞᆷ이로다 (本義) 蒙을 包ᄒᆞᆷ이니 吉ᄒᆞ고 婦를 納ᄒᆞᆷ이니 吉ᄒᆞ고 子ㅣ 家를 克ᄒᆞᆷ이니라

【傳】包、含容也、二居蒙之世、有剛明之才而與六五之君、相應、中德、又同、當時之任者也、必廣其含容、哀矜昏愚、則能發天下之蒙、成治蒙之功、其道、廣、其施、博、如是則吉也、卦唯二陽爻、上九、剛而過、唯九二、有剛中之德而應於五、用於時

而獨明者也、苟恃其明、專於自任則其德、不弘、故、雖婦人之柔闇、尙當納其所善、則其明、廣矣、又以諸爻、皆陰、故、云婦、堯舜之聖、天下所莫及也、尙曰淸問下民取人爲善也、二能包納則克濟其君之事、猶子能治其家也、五旣陰柔、故、發蒙之功、皆在於二、以家言之、五、父也、二、子也、二能主蒙之功、乃人子、克治其家也、 誠齋楊氏曰五求二二匪求五乃曰子克家何也臣事君如子事父正使致君如伊周亦臣子分內事如子之克家耳非功也○隆山李氏曰震以建侯而有經綸之功此長子事也坎以剛中而有克家之能此次子事也艮以柔巽而得童蒙之吉此少子事也乾坤三子至是各得其宜矣

【本義】九二、以陽剛、爲內卦之主、統治群陰、當發蒙之任者、然、所治、旣廣、物性、不齊、不可一槩取必而爻之德、剛而不過、爲能有所包容之象、又以陽受陰、爲納婦之象、又居下位而能任上事、爲子克家之象、故、占者、有其德而當其事則如是而吉也、 朱子曰卦中說剛中處最好看剛故能包蒙不剛則方且爲物所蒙安能包蒙剛而不中亦不能包蒙如上九過剛而不中所以爲擊蒙大抵蒙卦除了初爻統說治蒙底道理其餘三四五皆是蒙者所以唯九二一爻爲治蒙之主○雲峯胡氏曰此爻具三象義各不同兩吉字是兩占辭包蒙納婦是兩象諸家解此比而同之本義三象字兩又字見得三句取象自具三義觀此最可見易凡例包蒙包上下四陰也納婦納六五一陰也包與納二虛能受之象克九剛能任之象一六五也性陰有蒙象陰應陽有婦象位尊有父象以五之一爻而取象不同如此又於應爻見之易之不可爲典要如此

象曰子克家는 **剛柔**ㅣ **接也**ㅣ라

○象애ᄀᆞᆯ오ᄃᆡ子克家ᄂᆞᆫ剛과柔ㅣ接홈이라

【傳】子而克治其家者、父之信任、專也、二能主蒙之功者、五之信任、專也、二與五

剛柔之情、相接、故、得行其剛中之道、成發蒙之功、苟非上下之情、相接則二雖剛中、安能尸其事乎、

【本義】指二五之應、進齋徐氏曰使蒙者與發蒙者之情一不相接雖有善敎無從入也○雲峯胡氏曰剛柔有上下之分故屯二之於初惡其乘剛柔有往來之情故蒙二之於五喜其接

六三은勿用取女니見金夫ᄒᆞ고不有躬ᄒᆞ니无攸利ᄒᆞ니라 取七具反

○六三은써女를取티말올디니金夫를見ᄒᆞ고躬을두디몯ᄒᆞ니利ᄒᆞᆫ배업스니라

【傳】三、以陰柔、處蒙闇、不中不正、女之妄動者也、正應、在上、不能遠從、近見九二、爲群蒙所歸、得時之盛、故、捨其正應而從之、是女之見金夫也、女之從人、當由正禮、乃見人之多金、說而從之、不能保有其身者也、无所往而利矣、

【本義】六三、陰柔、不中不正、女之見金夫而不能有其身之象也、占者、遇之則其取女、必得如是之人、无所利矣、金夫、蓋以金賂己而挑之、若魯秋胡之爲者、朱子曰六三說勿用取女者大率陰爻又不中不正合是一般无主宰底女人金夫不必解做剛夫○雲峯胡氏曰諸爻皆說蒙此爻別發一義昧其所適見利忘身蒙不足以盡之女一失身且如此士而失身於所從用之何利焉○隆山李氏曰屯之六二近初九之陽而正應在五然震之性動而趨上舍初而歸五故曰女子貞不字十年乃字此女子之屯者也蒙之六三近九二之陽而正應在上然坎之性陷而趨下舍上而從二故曰勿用取女見金夫不有躬此女子之蒙者也

象曰勿用取女ᄂᆞᆫ行이不順也ㅣ라

(本義) 行不順也ㅣ라

○象애ᄀᆞᆯ오ᄃᆡ勿用取女ᄂᆞᆫ行이順티아니홈이라(本義)行을愼티아니홈이라

【傳】女之如此、其行、邪僻、不順、不可取也、

【本義】順、當作愼、蓋順愼、古字通用、荀子、順墨、作愼墨、且行不愼、於經意、尤親切、今當從之、

六四는 困蒙이니 吝토다

○六四는蒙애困홈이니吝토다

【傳】四以陰柔而蒙闇、无剛明之親援、无由自發其蒙、困於昏蒙者也、其可吝、甚矣、吝、不足也、謂可少也、

【本義】既遠於陽、又无正應、爲困於蒙之象、占者、如是、可羞吝也、能求剛明之德而親近之則可免矣、節齋蔡氏曰困讀如困而不學之困○隆山李氏曰六四以陰居陰而上下又皆陰蒙暗之甚者也欲從九二則下隔六三欲從上九則上隔六五獨遠於陽无以發蒙而久困○中溪張氏曰天下之蒙皆可敎也苟能隆師親友則困而知者與生知學知一也若終於困則吝矣

象曰困蒙之吝은 獨遠實也라 遠于萬反

○象애골오딕困蒙의吝홈은홀로實애遠홈이라

【傳】蒙之時、陽剛、爲發蒙者、四、陰柔而最遠於剛、乃愚蒙之人而不比近賢者、无由得明矣、故、困於蒙、可羞吝者、以其獨遠於賢明之人也、不能親賢、以致困、可吝之甚也、實、謂陽剛也、

【本義】實、叶韻、去聲、龜山楊氏曰陰資陽以爲明者六四之困遠於陽故也陽實陰虛實謂陽也○平菴項氏曰初三近九二五近上九三五皆與陽應惟六四所比所應皆陰故曰獨遠實

也○沙隨程氏曰小象叶聲韻故太玄測亦有韻孔氏正義於離爻亦嘗論之○鄱陽董氏曰今易自坤以後六十三卦小象傳散入爻辭之下遂不可以韻讀之本義一用古易故多論叶韻而尤詳備於小過旣濟二卦則通一部易皆可類推矣

六五는童蒙이니吉ᄒᆞ니라

○六五는童蒙이니吉ᄒᆞ니라

【傳】五以柔順、居君位、下應於二、以柔中之德、任剛明之才、足以治天下之蒙、故、吉也、童、取未發而資於人也、爲人君者、苟能至誠任賢、以成其功、何異乎出於己也、

【本義】柔中居尊、下應九二、純一未發、以聽於人、故、其象、爲童蒙而其占、爲如是則吉也、龜山楊氏曰五居尊位而下求九二之臣不挾貴也以童蒙自居不挾長不挾賢也苟有求焉而有所挾皆在所不告自天子至於庶人一也故惟童蒙乃吉夫湯之於伊尹高宗之於傅說皆學焉而後臣之由斯道也○雲峯胡氏曰屯所主在初卦曰利建侯而爻於初言之蒙所主在二卦曰童蒙求我而爻於五言之五應二者也知童蒙之爲五則知我之爲二矣童蒙純一未發以聽於人五居尊位而能以童蒙自處一聽於二其吉可知

象曰童蒙之吉은順以巽也ᄂᆞᆯ새라

○象애ᄀᆞᆯ오ᄃᆡ童蒙의吉홈은順ᄒᆞ고ᄡᅥ巽ᄒᆞᆯ새라

【傳】舍己從人、順從也、降志下求、卑巽也、能如是、優於天下矣、雙湖胡氏曰順以爻柔言巽以志應言

上九는擊蒙이니不利爲寇ㅣ오利禦寇ᄒᆞ니라

○上九는蒙을擊홀디니寇되옴이利리아니ᄒᆞ고寇를禦홈이利ᄒᆞ니라(本義)蒙을擊홈이니

【傳】九、居蒙之終、是當蒙極之時、人之愚蒙、旣極、如苗民之不率爲寇爲亂者、當擊伐之、然、九居上、剛極而不中、故、戒不利爲寇、治人之蒙、乃禦寇也、肆爲貪暴、乃爲寇也、若舜之征有苗、周公之誅三監、禦寇也、秦皇漢武、窮兵誅伐、爲寇也、朱子曰占得此爻凡事不可過當如伊川作用兵說亦是但只做得一事用不如且就淺處說去却事事上有用若便說深了則一事用得別事用不得 蒲陽張氏曰諸爻皆蒙其不蒙者惟二剛二以剛居中包蒙以開其善上以剛過中擊蒙以懲其惡

【本義】以剛居上、治蒙過剛、故、爲擊蒙之象、然、取必、太過、攻治、太深則必反爲之害、惟捍其外誘、以全其眞純則雖過於嚴密、乃爲得宜、故、戒占者如此、凡事、皆然、不止爲誨人也、或問本義只就自身克治上說如何朱子曰事之大小都然治身也恁地若治人做得太甚亦反成爲寇○進齋徐氏曰上過剛不中又居過高之位在下者旣昏蒙在上者又高亢情意不接彼此扞格乃以爲瀆而至於擊蒙也○雲峯胡氏曰本義釋此爻與九二爻相應蓋所治旣廣而又攻治太深物性不齊不可一槩取必而又取必太過是欲去其害而反爲害者也故曰不利爲寇人性純一未發之蒙不能不爲外誘之物所化惟爲之捍其外誘以全其眞純雖過於嚴乃爲得宜故曰利禦寇且曰凡事皆然不止爲誨人也朱子之敎人可謂精且備矣(備旨)擊蒙是治法過嚴正以攻其包納之窮不利爲寇二句重下句要識聖人語意原重在嚴上特貴善用以嚴耳不是貶上九

象曰利用禦寇는上下ㅣ順也ㅣ라

○象애ᄀᆞᆯ오ᄃᆡ써寇를禦홈이利홈은上下ㅣ順홈이라

【傳】利用禦寇、上下、皆得其順也、上不爲過暴、下得擊去其蒙、禦寇之義也、

【本義】禦寇以剛、上下、皆得其道、白雲郭氏曰上九過剛之才發蒙則爲暴包蒙則不能容以之禦寇則利矣能禦寇亦去衆蒙之害也○雲峰胡氏曰上之剛不爲寇而止寇上之順也下之人隨其所止而止之下之順也○建安丘氏曰蒙卦六爻二陽四陰故以二陽爲四陰之主然九二得中得時上九過中失時故二又爲蒙之主其曰包蒙吉納婦吉則爻之所指可見矣至上九則但擊蒙禦寇而已其上下四陰爻皆因二以起義五應二則爲童蒙之吉初承二則爲發蒙之利四遠二不明者也則爲困蒙之吝三乘二不順者也聖人不以蒙待之故此爻不言蒙【備旨】得道即順順牽正貼利字上之順順在施非益其所本无下之順順在受第還其所本有較重上邊○蒙之初利用法防寇於早也蒙之極利用擊防寇於終也

䷄ 乾下 坎上

【傳】需、序卦、蒙者、蒙也、物之穉也、物穉、不可不養也、故、受之以需、需者、飲食之道也、夫物之幼穉、必待養而成、養物之所需者、飲食也、故、曰需者飲食之道也、雲上於天、有蒸潤之象、飲食、所以潤益於物、故、需爲飲食之道、所以次蒙也、卦之大意、須待之義、序卦、取所須之大者耳、乾、健之性、必進者也、乃處坎險之下、險爲之阻、故、須待而後、進也、徂徠石氏曰凡乾在下者必當上復今欲上復前遇坎險未可直進宜須待之○誠齋楊氏曰傳曰需事之賊言猶豫不決之害事也易之需非不決之需見險而未可動能動而能不動者也

需는有孚ᄒᆞ야光亨코貞吉ᄒᆞ니利涉大川ᄒᆞ니라

【本義】需ㅣ有孚ᄒᆞ면光亨ᄒᆞ고貞ᄒᆞ면吉ᄒᆞ야

○需는孚ㅣ이셔光ᄒᆞ야亨ᄒᆞ고貞ᄒᆞ야吉ᄒᆞ니大川을涉홈이利ᄒᆞ니라 (本義) 需ㅣ孚ㅣ이시면光亨ᄒᆞ고貞ᄒᆞ면吉ᄒᆞ야

【傳】需者、須待也、以二體言之、乾之剛健、上進而遇險、未能進也、故、爲需待之義、以卦才言之、五居君位、爲需之主、有剛健中正之德而誠信、充實於中、中實、有孚也、有孚則光明而能亨通、得貞正 正字一无 而吉也、以此而需、何所不濟、雖險无難矣、故、利涉大川也、凡貞吉、有旣正且吉者、有得正則吉者、當辨也、 莆陽張氏曰利涉大川者乾濟乎坎也以剛中之德臨事而懼何所往而不利哉○西山眞氏曰按諸卦凡言利涉大川皆利濟險涉難之義

【本義】需、待也、以乾遇坎、乾健坎險、以剛遇險而不遽進、以陷於險、待之義也、孚、信之在中者也、其卦、九五、以坎體、中實、陽剛中正而居尊位、爲有孚得正之象、坎水、在前、乾健、臨之、將涉水而不輕進之象、故、占者、爲有所待而能有信則光亨矣、若又得正則吉而利涉大川、正固 无所不利而涉川、尤貴於能待則不欲速而犯難也、 朱子曰需主事孚主心需其事而心能信實則光亨以位乎尊位而中正故所爲如此利涉大川而能需則往必有功利涉大川亦蒙上文有孚光亨貞吉又曰需者寧耐之意以剛遇險時節如此只當寧耐以待之且如涉川者多以不能寧耐致覆溺之禍故需卦首言利涉大川○雲峯胡氏曰需待也乾陽在下皆有所需九五坎陽在上又爲衆所需需而无實无光且亨之時需而非正无吉且利之理世有心雖誠實而處事或有未正者故曰孚又曰貞

彖曰需는 須也ㅣ니 險이 在前也ㅣ니 剛健而不陷하니 其義ㅣ 不困窮矣라

○彖애 골오듸 需는 須홈이니 險이 前애 在홈이니 剛健호듸 陷티 아니호니 그 義ㅣ 困窮티 아니호리라

【傳】需之義、須也、以險在於前、未可遽進、故、需待而行也、以乾之剛健而能需待不輕動、故不陷於險、其義、不至於困窮也、剛健之人、其動、必躁、乃能需待而動、處之至善者也、故、夫子、贊之云其義不困窮矣、

【本義】此、以卦德、釋卦名義、涑水司馬氏曰坎陷也而云不陷者何也需然後進所以不陷也○隆山李氏曰乾之三陽在下而上卦遇坤離兌則爲泰爲大有爲夬進无齟齬何也柔順在上而无逆也若夫坎險在上安得冐進而不少需哉○中溪張氏曰需合乾坎成卦乾三陽進迫乎坎遇險而能須者坎也一陽居中守正處險而能需者也遇險而能需則不至犯險處險而能需則又將出險矣

需有孚光亨貞吉은 **位乎天位**ᄒᆞ야 **以正中也**ㅣ오

○需有孚光亨貞吉은天位예位ᄒᆞ야正ᄒᆞ고中홈으로써오

【傳】五以剛實、居中、爲孚之象而得其所需、亦爲有孚之義、以乾剛而至誠、故、其德、光明而能亨通、得貞正而吉也、所以能然者、以居天位而得正中也、居天位、指五、以正中、兼二言、故、云正中、楊氏曰需之義有二有需於人者有爲人所需者需於人者初二三四上是也爲人所需者五是也惟爲人所需者旣中正而居天位則雖險在前而終必克濟非若蹇之見險而止也雖坎居上而剛健不陷非若困之剛揜也

利涉大川은 **往有功也**ㅣ라

○利涉大川은往ᄒᆞ면功이이심이라

【傳】旣有孚而貞正、雖涉險阻、往則有功也、需道之至善也、以乾剛而能需、何所不利、建安丘氏曰乾在坎下爲需剛健而不陷故云利涉大川乾在坎上爲訟健无所施故云不利涉大川

【本義】以卦體及兩象、釋卦辭、朱子曰以正中以中正也即一般這只是要協韻利涉大川利涉是乾也大川是坎也往有功是乾有功也或云以乾去涉大川○雲峯胡氏曰凡五皆天位也屯不足言特於需發其義

象曰雲上於天이需ㅣ니君子ㅣ以ᄒᆞ야飮食宴樂ᄒᆞᄂᆞ니라 上時掌反 樂音洛

○象애ᄀᆞᆯ오ᄃᆡ雲이天애上홈이需ㅣ니君子ㅣ以ᄒᆞ야飮食ᄒᆞ며宴樂ᄒᆞᄂᆞ니라

【傳】雲氣、蒸而上升於天、必待陰陽和洽然後、成雨、雲方上於天、未成雨也、故、爲須待之義、陰陽之氣、交感而未成雨澤、猶君子、畜其才德而未施於用也、君子、觀雲上於天、需而爲雨之象、懷其道德、安以待時、飮食、以養其氣體、宴樂以和一作養其心志、所謂居易以俟命也

【本義】雲上於天、无所復爲、待其陰陽之和而自雨爾、事之當需者、亦不容更有所爲、但飮食宴樂、俟其自至而已、一有所爲則非需也、朱子曰需待也以飮食宴樂謂更无所爲待之而已待之須有至時學道者亦猶是也○東萊呂氏曰雲上於天而未成雨猶君子未施於用而需待之時也飮食宴樂涵養此理而已與後世不得志而麴糵之託昏冥之逃者異矣○勉齋黃氏曰雲上於天需待之象今而曰雲上於天无所復爲則是兼取於飮食宴樂之義雲上於天自爲需待之義飮食宴樂則君子處需而得其道也其義九五一爻盡之矣

初九는需于郊ㅣ라利用恒이니无咎ㅣ리라

○初九ᄂᆞᆫ郊애需홈이라뻐恒홈이利ᄒᆞ니咎ㅣ업ᄉᆞ리라

【傳】需者、以遇險、故、需而後、進、初、最遠於險、故、爲需于郊、郊、曠遠之地也、處於曠遠。利在安守其常、則无咎也、不能安常則躁動犯難、豈能需於遠而无過也、

【本義】郊、曠遠之地、未近於險之象也、而初九陽剛、又有能恒於其所之象、故、戒占者、能如是則无咎也、隆山李氏曰安詳守靜待時之義以乾之健而必進乃能需以待焉以此涉世何咎之有○雲峯胡氏曰國外曰郊同人以象上九此以象初皆取其遠也同人于門于宗而後于郊近而遠也需于郊而後于沙于泥遠而近也初能需于曠遠之地而又戒之以利用恒者身不輕進必志不妄動斯无咎也

象曰需于郊는**不犯難行也**오ㅣ**利用恒无咎**는**未失常也**ㅣ라 難乃旦反

○象애ᄀᆞᆯᄋᆞᄃᆡ 需于郊는難을犯티아니ᄒᆞ야行ᄒᆞᆷ이오利用恒无咎는常을失티아니ᄒᆞᆷ이라

【傳】處曠遠者、不犯冒險難而行也、陽之爲物、剛健上進者也、初能需待於曠遠之地、不犯險難而進、復宜安處不失其常、則可以无咎矣、雖不進而志動者、不能安其常也、君子之需時也、安靜自守、志雖有須而恬然若將終身焉、乃能用常也、龜山楊氏曰乾道上行爲常方需之時坎險在前宜需而後進雖久於其所未爲失常也

九二는**需于沙**ㅣ라**小有言**ᄒᆞ나**終吉**ᄒᆞ리라

○九二는沙애需ᄒᆞᆷ이라져기言이이시나ᄆᆞᄎᆞᆷ애吉ᄒᆞ리라

(本義)貞ᄒᆞ면吉ᄒᆞ리라

【傳】坎爲水、水近則有沙、二、去險漸近、故、爲需于沙、漸近於險難、雖未至於患害、已小有言矣、凡患難之辭、大小、有殊、小者、至於有言、言語之傷、至小者也、二以剛陽之才而居柔守中、寬裕自處、需之善也、雖去險漸近而未至於險、故、小有言

語之傷而无大害、終得其吉也、

【本義】沙則近於險矣、言語之傷、亦災害之小者、漸進近坎、故、有此象、剛中能需、故、得終吉、戒占者、當如是也、臨川吳氏曰九二剛而在地上位與坎水中爻相應猶沙地雖瀕水而遠水己漸潰于其中故曰需于沙有言如鄭息有違言謂以口語相傷也○雲峰胡氏曰初最遠坎利用恒乃无咎九二漸近坎小有言矣而曰終吉者初九以剛居剛恐其躁急故雖遠險猶有戒辭九二以剛居柔性寬而得中故雖近險而不害其爲吉

象曰需于沙는衍으로在中也ㅣ니雖小有言ᄒᆞ나以吉로終也ㅣ리라 衍以善反

○象애ᄀᆞᆯ오ᄃᆡ需于沙는衍으로中애이심이니비록져기言이이시나吉로ᄡᅥ終ᄒᆞ리라

【傳】衍、寬綽也、二雖近險而以寬裕、居中、故、雖小有言語及之、終得其吉、善處者也、

【本義】衍、寬意、以寬居中、不急進也、雲峰胡氏曰下體乾九二衍在中即乾九二寬以居之也初不失常故不犯難二以寬居中故不急進

九三은需于泥니致寇至리라

○九三은泥애需ᄒᆞᆷ이니寇ㅣ至ᄒᆞᆷ을致ᄒᆞ리라

【傳】泥、逼於水也、既進逼於險、當致寇難之至也、三、剛而不中、又居健體之上、有進動之象、故、致寇也、苟非敬愼則致喪敗矣、

【本義】泥、將陷於險矣、寇則害之大者、九三、去險愈近而過剛不中、故、其象、如此、朱子曰以其迫近坎險故有致寇至之象○瀘川毛氏曰近則有言迫則致寇其勢然也○誠齋楊氏曰初需于郊止而不敢進二需于沙進而不敢逼三需于泥則進而逼於水矣然坎猶在外也災在外而我逼之是水不溺

人而入自狎水也狎水死者勿咎水致寇敗者勿咎寇自我致之故也〇雲峰胡氏曰需與漸皆取有所待而進之義需內卦于郊于沙于泥由平原而水際水際非人所安也漸內卦于干于磐于陸由水際而平原平原非鴻所安也皆以三危地故也需之三過坎而曰致寇至漸之三互坎而曰禦寇禦寇者艮剛而能止致寇者乾剛而不中也致之一字罪在三矣險何嘗逼三三急於求進自逼於險云

象曰需于泥는 **災在外也**ㅣ라 **自我致寇**ᄒᆞ니 **敬愼**이면 **不敗也**ㅣ리라

〇象애ᄀᆞᆯ오ᄃᆡ 需于泥ᄂᆞᆫ 災ㅣ 外예 이슘이라 날로브터 寇를 致ᄒᆞ니 敬愼ᄒᆞ면 敗티 아니ᄒᆞ리라

【傳】三、切逼上體之險難、故、云災在外也、災、患難之通稱、對眚而言則分也、三之致寇、由己進而迫之、故、云自我、寇自己致、若能敬愼、量宜而進則无喪敗也、需之時、須而後、進也、其義、在相時而動、非戒其不得進也、直使敬愼毋失其宜耳、

【本義】外、謂外卦、敬愼不敗、發明占外之占、聖人示人之意、切矣、或問敬愼不敗本義以爲發明占外之意何也朱子曰言象中本无此意占者不可无此意所謂占外意也〇問敬愼二字曰敬字大愼字小如人行路一直恁地去便是敬前面險處防有喫跌便是愼愼是惟恐有失之意又曰孔子雖說推明義理這般所在又變例推明占筮之意需于泥灾在外占得此象雖若不吉然能敬愼則不敗又能堅忍以需待處之得其道所以不凶或失其剛健之德又无堅忍之志則不能不敗矣〇建安丘氏曰坎險在外未嘗迫人由人急於求進自逼於險以致禍敗象以自我釋之明致災之由不在他人也

六四는 **需于血**이니 **出自穴**이로다

(本義) 需于血이나 出自穴ᄒᆞ리라

〇六四ᄂᆞᆫ 血애 需홈이니 出홈을 穴로브터 ᄒᆞ놋다 (本義) 血애 需ᄒᆞ나 出홈을 穴로브

더ᄒᆞ리라

【傳】四以陰柔之質、處於險而下當三陽之進、傷於險難者也、故、云需于血、旣傷於險難則不能安處、必失其居、故、云出自穴、穴、物之所安也、順以從時、不競於險難、所以不至於凶也、以柔居陰、非能競者也、若陽、居之則必凶矣、蓋无中正之德、徒以剛競於險、適足以致凶耳、或問程傳釋穴物之所安朱子曰穴是陷處喚做所安處不得分明有箇坎陷也一句柔得正了需而不進故能出於坎陷四又是坎體之初有出底道理到那上六則索性陷了

【本義】血者、殺傷之地、穴者、險陷之所、四交坎體、入乎險矣、故、爲需于血之象、然、柔得其正、需而不進、故、又爲出自穴之象、占者、如是則雖在傷地而終得出也、雙湖胡氏曰坎爲水爲血今不曰需于水而曰需于血故本義以爲殺傷之地四下卦之上又有出自穴之象○雲峰胡氏曰出自穴諸家以爲三陽方來四出而不安於穴本義以爲四陰柔得正可出而不陷於穴夫以小畜之時下三陽並進而六四當之其終也猶血去惕出需之時三陽非急於進者四需于血而終得出自穴者宜也以爲不安於其穴者過矣【備旨】需于血只不安動其間寔有委曲挽回作用作出穴全本善需來○唐之狄梁公似此

象曰需于血은順以聽也ㅣ라

○象애ᄀᆞᆯ오ᄃᆡ需于血은順ᄒᆞ야ᄡᅥ聽홈이라

【傳】四以陰柔、居於險難之中、不能固處、故、退出自穴、蓋陰柔、一作柔弱不能與時、競、不能處、則退、是順從以聽於時、所以不至於凶也、雲峰胡氏曰三能敬則雖迫坎之險而不敗四能順則雖陷坎之險而可出敬與順固處險之道也【備旨】順字有韜晦調停從容寧耐意機會未至不兢既至不拂一聽自然所謂順也惟順故能聽惟聽故能出

九五ᄂᆞᆫ 需于酒食이니 貞코 吉ᄒᆞ니라

○九五ᄂᆞᆫ 酒食애 需홈이니 貞코 吉ᄒᆞ니라(本義) 貞ᄒᆞ면 吉ᄒᆞ리라

【傳】五以陽剛、居中、得正位乎天位、克盡其道矣、以此而需、何需不獲、故、宴安酒食以俟之、所須、必得也、既得貞正而所需、必遂、可謂吉矣

【本義】酒食、宴樂之具、言安以待之、九五、陽剛中正、需于尊位、故、有此象、占者、如是而貞固則得吉也、

或問需于酒食貞吉朱子曰需只是待當此之時別无作爲只有箇待底道理然又須是正方吉坎體中多說酒食想須有此象但今不可考○進齋徐氏曰九五爲需之主以一陽處二陰之中以待下三陽同德之援者也陽彙而進陰引而退自此坎可平險可夷矣人君於此復何爲哉唯出而位乎中正之位需于酒食優游宴樂與天下相安於太平醉飽之域可也雲上於天物需雨澤以爲養也需于酒食人需飲食以爲養也○雲峯胡氏曰酒食坎象開闢以來生民有欲莫大於飲食男女屯蒙卦爻既於婚娶之正三致意焉此復以飲食之正言之五有剛中之德時乎當需且宜需于酒食安以待之況在下者乎五需于酒食惟正乃吉況在下而可宴酣无度乎本義云古者如是而貞固則吉其敎人之意切矣【備旨】遠取之主類急躁切而銳意揮霍惟建中表正之君則務恢宏而收功必世夫子以中正中之見善需治者必本於德也、

象曰酒食貞吉은 以中正也ㅣ라

○象애 ᄀᆞᆯ오ᄃᆡ 酒食貞吉은 中正으로ᄡᅥ라

【傳】需于酒食而貞且吉者、以五、得中正而盡其道也

上六은 入于穴이니 有不速之客三人이 來ᄒᆞ리니 敬之면 終吉이리라

○上六은 穴애 入홈이니 速디 아니ᄒᆞᆫ 客三人이 來ᄒᆞ리 이시리니 敬ᄒᆞ면 ᄆᆞᄎᆞᆷ애 吉ᄒᆞ리라

【傳】需、以險在前、需時而後、進、上六、居險之終、終則變矣、在需之極、久而得矣、陰止於六、乃安其處、故、爲入于穴、穴、所安也、安而旣止、後者、必至、不速之客三人、謂下之三陽、乾之三陽、非在下之物、需時而進者也、需旣極矣、故、皆上進、不速、不促之而自來也、上六、旣需得其安處、羣剛之來、苟不起忌疾忿競之心、至誠盡敬以待之、雖甚剛暴、豈有侵陵之理、故、終吉也、或疑二陰、居三陽之上、得爲安乎、曰三陽、乾體、志在上進、六、陰位、非所止之正、故、无爭奪之意、敬之則吉也、

新安胡氏曰四外卦之初出尚有可之之所上外卦之終出無可之矣故入而藏出逃其巢穴所以避陽而去入伏於巢穴所以避陽之來○隆山李氏曰三陽君子也其進也四以抗而傷上以敬而吉小人不敢干君子君子亦不薄小人也乾知險而需所以爲君子之謀陰知敬而避所以爲小人之戒○臨川吳氏曰上獨不言需者時旣終矣无復有所需也

【本義】陰居險極、无復有需、有陷而入穴之象、下應九三、九三、與下二陽、需極並進、爲不速客三人之象、柔不能禦而能順之、有敬之之象、占者、當陷險中、然、於非意之來、敬以待之則得終吉也、朱子曰乾陽上進之物前遇坎險不可遽進以陷於險故爲需遇此時節當隨遠隨近寧耐以待之直至需于泥已甚狠當矣然能敬慎亦不至敗至於九五需得好只是又難得這般時節當此時只要定以待之耳至上六居險之極又有三陽並進六不當位又處陰柔亦只得敬以待之則吉○雲峯胡氏曰外卦險體二陰皆有穴象四出自穴而上則入于穴何哉六四柔正能需猶可出於險故曰出者許其將然也上六柔而當險之終惟入于險而已故曰入者言其已然也然雖已入于險非意之來敬之終吉君子未嘗无處險之道也【備旨】大抵馳驅王事豪傑每抱一日之慼而顏色拒人英俊多止千里之間此爻當玩一來字一敬字。來者是契合之緣相投僅在意氣敬者是肝胆之結相感寔在精神一節歸重敬之終吉一句○沛公垓下之難得遇項伯以解似之。

象曰不速之客來敬之終吉은雖不當位나未大失也라 當都浪反後凡言當

位不當位者倣此

○象애 ᄀᆞᆯ오ᄃᆡ 不速之客來敬之終吉은 비록 位애 當티 아니ᄒᆞ나 크게 失티 아니홈이라

【傳】不當位、謂以陰而在上也、爻以六、居陰、爲所安象、復盡其義、明陰宜在下而居上、爲不當位也、然、能敬愼以自處則陽不能陵、終得其吉、雖不當位而未至於大失也

【本義】以陰居上、是爲當位、言不當位、未詳、或問不當位如何朱子曰凡初上二爻皆无位二士三卿大夫四大臣五君位上六之不當位如父老不任家事而退閑僧家之有西堂之類王弼說初上无陰陽定位伊川云陰陽奇耦豈容无也乾上九貴而无位需上六不當位乃爵位之位非陰陽之位此說極好○東萊呂氏曰需初九九五二爻之吉固不待言至於餘四爻雖時有悔吝然終歸於吉如二則小有言終吉如三之象則曰敬愼不敗四之象則曰順以聽也上則曰有不速之客三人來敬之終吉大抵天下之事苟能欵曲停待終是少錯

䷅ 坎下 乾上

【傳】訟、序卦、飮食必有訟、故、受之以訟、人之所需者、飮食、旣有所須、爭訟所由起也、訟所以次需也、爲卦、乾上坎下、以二象、言之、天陽、上行、水性、就下、其行、相違、所以成訟也、以二體言之、上剛下險、剛險、相接、能无訟乎、又人、內險阻而外剛强、所以訟也、建安丘氏曰訟字從言從公言出於公則爲訟不公則爲詘爲詐非訟也○雲峯胡氏曰屯蒙之後繼以需訟需由於屯世不屯无需訟由於蒙人不蒙无訟

訟은 有孚ㅣ나 窒ᄒᆞ야 惕ᄒᆞ니 中은 吉코 終은 凶ᄒᆞ니

(本義) 窒ᄒᆞ니 惕ᄒᆞ야

○訟은孚ㅣ이시나窒ᄒᆞ야惕ᄒᆞ니中홈은吉ᄒᆞ고終홈은凶ᄒᆞ니

【傳】訟之道、必有其孚實中、無其實、乃是誣妄、凶之道也、卦之中實、爲有孚之象、訟者、與人爭辯而待決於人、雖有孚、亦須窒塞未通、不窒則己明、无訟矣、事既未辯、吉凶、未可必也、故、有畏惕、中吉、得中則吉也、終凶、終極其事則凶也、厚齋馮氏曰有孚而窒焉故訟訟而未明則惕○潛齋胡氏曰曲直未明故窒勝負未明故惕中吉虞芮之相遜是也終凶雍子納賂而蔽罪邢侯是也

利見大人이오不利涉大川ᄒᆞ니라

○大人을見홈이利ᄒᆞ고大川을涉홈이利티아니ᄒᆞ니라

【傳】訟者、求辯其曲直也、故、利見於大人、大人則能以其剛明中正、決所訟也、訟非和平之事、當擇安地而處、不可陷於危險、故、不利涉大川也

【本義】訟、爭辯也、上乾下坎、乾剛坎險、上剛以制其下、下險以伺其上、又爲內險而外健、又爲己險而彼健、皆訟之道也、九二、中實、上无應與、又爲加憂、且於卦變、自遯而來、爲剛來居二而當下卦之中、有有孚而見窒能懼而得中之象、上九、過剛、居訟之極、有終極其訟之象、九五、剛健中正、以居尊位、有大人之象、以剛乘險、以實履陷、有不利涉大川之象、故、戒占者、必有爭辯之事而隨其所處、爲吉凶也、朱子曰訟攻責也如今訟人攻責其短而訟之自訟則反之於身亦如此○盤澗董氏曰九二中實爲有孚坎險爲窒坎爲加憂爲惕九二居下卦之中故曰有信而見窒能懼而得中也終凶蓋取上九終極於訟之象利見大人蓋取九五剛健中正居尊之象不利涉大川又取以剛乘險以實履陷之象此取義不一也然亦有不必如此取者此特其一例也先生嘗曰卦辭如此辭極齊整蓋所取諸爻義皆與爻中本辭協亦有雖取爻義而與爻本辭不同

者此爲不齊整處是也○雲峰胡氏曰需訟二卦皆以坎之中實爲主特需之坎在上爲光爲亨訟之坎在下爲窒爲惕窒惕者光亨之反也本義謂涉川尤貴於能待就需之義說利涉以剛乘險以實履陷就爭訟之危說不利涉其義精矣大抵能安其分則爲需以相待不能安其分則爲訟以相待故需卦辭有吉无凶有利无不利於訟則曰如是而吉如是而凶如是利如是而不利別白言之所謂隨其所處爲吉凶者也

彖曰訟은上剛下險하야險而健이訟이라

○彖에 ᄀᆞᆯ오ᄃᆡ訟은上이剛ᄒᆞ고下ㅣ險ᄒᆞ야險ᄒᆞ고健ᄒᆞᆷ이訟이라

【傳】訟之爲卦、上剛下險、險而又健也、又爲險健相接、內險外健、皆所以爲訟也、若健而不險、不生訟也、險而不健、不能訟也、險而又健、是以訟也

【本義】以卦德、釋卦名義、嵩山晁氏曰上以剛陵下下不險則未必訟下以險陷上上不剛則未必訟外健而內不險未必生訟內險而外不健未必能訟○雲峯胡氏曰上下以分言本不當訟上剛以勢陵下也下險其情始不可測矣以一人言內險而外健以二人言己險而彼健也

訟有孚窒惕中吉은剛來而得中也오

○訟有孚窒惕中吉은剛이來ᄒᆞ야中을得ᄒᆞᆷ이오

【傳】訟之道、固如是、又據卦才而言、九二、以剛、自外來而成訟則二乃訟之主也、以剛處中、中實之象、故、爲有孚、處訟之時、雖有孚信、亦必艱阻窒塞而有惕懼、不窒則不成訟矣、又居險陷之中、亦爲窒塞惕懼之義、二以陽剛、自外來而得中、爲以剛來訟而不過之義、是以吉也、卦有更取成卦之由、爲義者、此、是也、卦義、不取成卦之由、則更不言所變之爻也、據卦辭、二乃善也而爻中、不見其善、蓋卦辭、取其有

爭得中而言、乃善也、爻則以自下訟上、爲義、所取、不同也

終凶은 訟不可成也오ㅣ

○終凶은訟은可히成티몯홀꺼시오

【傳】訟非善事、不得已也、安可終極其事、極意於其事則凶矣、故、曰不可成也、成、謂窮盡其事也、

利見大人은 尙中正也오ㅣ

○利見大人은尙홈이中正이오

【傳】訟者、求辯其是非也、辯之當、乃中正也、故、利見大人、以所尙者、中正也、聽者、(一有或字)非其人則或不得其中正也、中正大人、九五、是也、楊氏曰虞芮爭田之訟必欲見文王故其訟之理決鼠牙雀角之誠僞必欲見召伯故其訟之理明爲聽訟之大人者不尙中正可乎

不利涉大川은 入于淵也ㅣ라

○不利涉大川은淵애入홈이라

【傳】與人訟者、必處其身於安平之地、若蹈危險則陷其身矣、乃入于深淵也、卦中、有中正險陷之變

【本義】以卦變卦體卦象、釋卦辭、朱子曰訟卦變自遯而來爲剛來居二此是卦變中二爻變者蓋四陽二陰自遯來者十四卦訟卽初變之卦剛來居二柔進居三故曰

剛來而得中○進齋徐氏曰天下唯剛者訟柔者不訟以險而遇健所以訟也二以剛中則爲有孚但二五剛敵而不相應上下猶有窒塞之情必因其窒塞而懷吾怵惕憂懼之心不過於訟則爲吉以其剛來而得中也訟卦下體本艮今九自三來居於下卦之中而成訟故得訟之中吉終極而成則凶故又以不可成戒之○建安丘氏曰剛來而得中此卦變也易中言卦變始於此剛自上而反下爲來柔自下而升上爲往爲進凡卦中言剛柔上下之往來者多三陰三陽之卦謂內外兩體之變也如噬嗑賁之類是也有四陽二陰四陰二陽之卦亦言剛來柔進者謂上下一爻之變也如訟晉之類是也[illegible]之言卦變於此見其兩端焉

象曰天與水違行이訟이니君子ㅣ以ᄒᆞ야作事謀始ᄒᆞᄂᆞ니라

○象애 ᄀᆞᆯ오ᄃᆡ 天과 다ᄆᆞᆺ 水ㅣ 違ᄒᆞ야 行홈이 訟이니 君子ㅣ 以ᄒᆞ야 事를 作홈애 始애 謀ᄒᆞᄂᆞ니라

【傳】天上水下、相違而行、二體、違戾、訟之由也、若上下、相順、訟何由興、君子觀象、知人情、有爭訟之道、故、凡所作事、必謀其始、絕訟端於事之始、則訟无由生矣、謀始之義、廣矣、若愼交結明契券之類、是也、

【本義】天上水下、其行、相違、作事謀始、訟端、絕矣、龜山楊氏曰天左旋而水東注違行也作事至於違行而後謀之則无及矣○雲峰胡氏曰凡事有始有中有終訟中吉終凶然能謀於其始則訟端既絕中與終不必言矣○平菴項氏曰乾陽生於坎水坎水生於天一乾坎本同氣而生者也一動之後相背而行遂有天淵之隔由是觀之天下之事不可以細微而不謹也不可以親暱而不敬也禍難之端夫豈在大習劉共飯地分於匕筋之間蘇史滅宗忿起於笑談之頃謀始之誨豈不深切著明乎○丹陽都氏曰天爲三才之始水爲五行之始君子法之作事謀始

初六은不永所事ㅣ면小有言ᄒᆞ나終吉이리라

(本義)不永所事ㅣ니

○初六은事ᄒᆞᄂᆞᆫ바를永티아니면져기言이이시나ᄆᆞᄎᆞᆷ애吉ᄒᆞ리라

(本義 事ᄒᆞᄂᆞᆫ바를永티아님이니

【傳】六以柔弱、居下、不能終極其訟者也、故、於訟之初、因六之才、爲之戒曰若不長永其事則雖小有言、終得吉也、蓋訟非可長之事、以陰柔之才而訟於下、難以吉矣、以上有應援而能不永其事、故、雖小有言、終得吉也、有言、災之小者也、不永其事而不至於凶、乃訟之吉也、蘭氏廷瑞曰六爻唯初與三陰柔而不爭故不言訟○臨川吳氏曰柔弱居下不能終訟故曰不永所事雖有言語之傷而終則吉也與終凶之終不同

【本義】陰柔居下、不能終訟、故、其象占、如此、朱子曰此爻是陰柔之人也不會十分與人訟那人也無十分傷犯底事但只畧去訟才辯得明便止所以曰終吉○臨川吳氏曰不永所事此邵子所謂意象也○雲峯胡氏曰不曰不永訟而曰不永所事事之初猶冀其不成訟也小有言與需不同需有言近坎也人不能不小有言也此之小有言坎也我不得已而小有言也又曰終凶者上九在訟爲終在人爲不終終吉者初六在訟爲不終在人爲有終○誠齋楊氏曰六以才弱而位下才弱者有憖忿而无遂心故雖訟而不永位下者敢於微愬而不敢於大訟故雖有言而小不永則易收小言則易釋所以終吉

象曰不永所事ᄂᆞᆫ訟不可長也ㅣ니

○象애ᄀᆞᆯ오ᄃᆡ不永所事ᄂᆞᆫ訟은可히長티몯ᄒᆞᆯ거시니

【傳】六以柔弱而訟於下、其義、固不可長永也、永其訟則不勝而禍難、及矣、又於訟之初、即戒訟非可長之事也

雖小有言이나其辯이明也ㅣ라

○비록져기말이이시나그辯홈이明ᄒᆞ니라

【傳】柔弱居下、才不能訟、雖不永所事、旣訟矣、必有小災、故、小有言也、旣不永其事、又上有剛陽之正應、辯理之明、故、終得其吉也、不然、其能免乎、在訟之義、同位而相應、相與者也、故、初於四、爲獲其辯明、同位而不相得、相訟者也、故、二與五、爲對敵也

九二ᄂᆞᆫ不克訟이니歸而逋ᄒᆞ야其邑人이三百戶ㅣ면无眚ᄒᆞ리라

(本義) 不克訟ᄒᆞ야歸而逋ㅣ니

○九二ᄂᆞᆫ訟을克디몯ᄒᆞ욤이니歸ᄒᆞ야逋ᄒᆞ야 그邑人이三百戶ㅣ면眚이업스리라

(本義) 訟을克디몯ᄒᆞ야歸ᄒᆞ야逋ᄒᆞᆷ이니

【傳】二五、相應之地而兩剛、不相與、相訟者也、九二、自外來、以剛處險、爲訟之主、乃與五爲敵、五以中正、處君位、其可敵乎、是爲訟而義不克也、若能知其義之不可、退歸而逋避、以寡約自處則得无過眚也、必逋者、避爲敵之地也、三百戶、邑之至小者、若處强大、是猶競也、能无眚乎、眚、過也、處不當也、與知惡而爲、有分也、

【本義】九二、陽剛、爲險之主、本欲訟者也、爲以剛居柔、得下之中而上應九五、陽剛居尊、勢不可敵、故、其象占、如此、邑人三百戶、邑之小者、言自處卑約、以免災患、占者、如是則无眚矣、 朱子曰九二正應在五五亦陽故爲窒塞之象不克訟歸而逋其邑人三百戶无眚何故不言二百戶以其有定數也今解者却要牽强故只得說小邑某嘗以爲易有象數者以此聖人之象便依樣子今不可考王弼說得意忘象是要忘了這象伊川又說假象是只要假借此象今看得不解恁地全無那象只是不可知只得且從理

上說○節齋蔡氏曰克能也位柔故不克逋逃也隱兩柔之中有逋象邑內地退處卑小故无眚○雲峯胡氏曰九二九四皆以剛居柔故皆不克訟但九四居健體之初非能用其健者九二爲險體之主則本欲用其險者本義謂其本欲訟盖誅其心而言之也但以九五勢不可敵故從而退避省約然則二之不克訟非不能也勢不可也故僅可以无眚焉爾○進齋徐氏曰退處卑小示屈服之意也苟猶據大邑雖曰退聽跡尙可疑如都城百雉足以偶國臧武仲據防請後豈理也哉○雙湖胡氏曰六爻自五君位外上不足言初三四吉二僅无眚者以犯分於先不克而後逋竄非本无訟上之心也易於君臣之分其嚴矣哉

象曰不克訟ᄒᆞ야歸逋竄也ㅣ니

○象애ᄀᆞᆯ오ᄃᆡ訟을克디몯ᄒᆞ야歸ᄒᆞ야逋竄ᄒᆞᆷ이니

【傳】義旣不敵、故、不能訟、歸而逋竄、避去其所也、

自下訟上이患至ㅣ掇也ㅣ라

○下로브터上을訟ᄒᆞᆷ이患이至ᄒᆞᆷ이掇ᄃᆞᆺᄒᆞ니라(本義)掇ᄒᆞᆷ이라

【傳】自下而訟其上、義乖勢屈、禍患之至、猶拾掇而取之、言易得也、

【本義】掇、自取也、平菴項氏曰上兩句皆是爻辭下兩句方是象傳如需之上六象傳句法

六三은食舊德ᄒᆞ야貞ᄒᆞ면厲ᄒᆞ나終吉이리니

○六三은舊德을食ᄒᆞ야貞ᄒᆞ면厲ᄒᆞ나ᄆᆞᄎᆞᆷ애吉ᄒᆞ리니

【傳】三雖居剛而應上、然、質本陰柔、處險而介二剛之間、危懼、非爲訟者也、祿者、稱德而受、食舊德、謂處其素分、貞、謂堅固自守、厲終吉、謂雖處危地、能知危懼則終必獲吉也、守素分而无求則不訟矣、處危、謂在險而承乘、

皆剛與居、訟之時也、 進齋徐氏曰聖人於初三兩柔爻皆係之以終吉之辭所以勉人之无訟也苟知柔而不喜訟者終吉則知剛而好訟者終凶矣

或從王事ᄒᆞ야无成이로다

(本義) 或從王事ㅣ라도无成이리라

○或王事를從ᄒᆞ야成홈이업도다(本義) 或王事를從홀디라도成홈이업스리라

【傳】柔、從剛者也、下、從上者也、三、不爲訟而從上九所爲、故、曰或從王事无成、謂從上而成不在己也、訟者、剛健之事、故、初則不永、三則從上、皆非能訟者也、二爻、皆以陰(一作處)柔不終而得吉、四亦以不克而渝、得吉、訟以能止、爲善也、 平菴項氏曰坤六三雖无成而有終但不敢爲倡而已訟六三止云无成則始終皆无矣○進齋徐氏曰王事卽訟事无成卽象之訟不可成也

【本義】食、猶食邑之食・言所享也、六三、陰柔、非能訟者、故、守舊居正則雖危而終吉、然、或出而從上之事、則亦必无成功、占者、守常而不出則善也、

雲峯胡氏曰食舊德與位乎天德語同位必稱德而居故寧德過其位毋位過其德食必稱德而食故寧德浮于食毋食浮于德食猶食邑之食九二邑人三百戶食之最約者也二剛險本欲訟者能退處於分之小僅可无眚三陰柔本不能訟者能安守其分之常雖厲猶吉謂之貞者守常則爲貞不守常非貞也曰貞曰或從王事无成與坤六三爻辭同此獨不曰有終者三下卦之終也在坤之三而或出始雖无成而後猶可以有終在訟之三而或出但見其无成而已訟固非可終者本義曰占者守常而不出則善矣蓋守常而或出則非眞能守者矣深戒之也

象曰食舊德ᄒᆞ니從上이라도吉也ㅣ리라

(本義) 食舊德은從上이면

○象애ᄀᆯ오ᄃᆡ舊德을食ᄒᆞ니上을從홀디라도吉ᄒᆞ리라(本義)食舊德은上을從ᄒᆞ면

【傳】守其素分、雖(一无雖字)從上之(一无之字)所爲、非由己也、故、无成而終得其吉也、

【本義】從上吉、謂隨人則吉、明自主事則无成功也

九四는不克訟이라復卽命ᄒᆞ야渝ᄒᆞ야安貞ᄒᆞ면吉ᄒᆞ리라

○九四는訟을克디몯ᄒᆞᄂᆞᆫ디라復ᄒᆞ야命애나아가渝ᄒᆞ야安ᄒᆞ고貞ᄒᆞ면吉ᄒᆞ리라

(本義) 貞애安홈이니

【傳】四以陽剛而居健體、不得中正、本爲訟者也、承五履三而應(一有於字)初、五、君也、義不克訟、三、居下而柔、不與之訟、初、正應而順從、非與訟者也、四雖剛健欲訟、无與對敵、其訟、无由而興、故、不克訟也、又居柔以應柔、亦爲能止之義、旣義不克訟、若能克其剛忿欲訟之心、復卽就於命、革其心平其氣、變而爲安貞則吉矣、命、謂正理、失正理、爲方命、故、以卽命爲復也、方、不順也、書云方命圮族、孟子云方命虐民、夫剛健而不中正則躁動、故、不安處非中正、故、不貞、不安貞、所以好訟也、若義不克訟而不訟、反就正理、變其不安貞、爲安貞則吉矣、東萊呂氏曰以九居四是剛强之人處不中正之地本好訟者也然所承者五五至尊而不敢與之訟所履者三三至柔而不至於生訟所應者初初旣相應亦非與之爲訟者也左右前後皆无可者雖有好訟之心略不得騁則其心必自還而歸善故曰復卽命命正理也好訟之心旣无所施則必復就於正理渝變而爲善也譬如水之泛溢欲擊東岸而其岸堅而不可動欲擊西岸而其岸又

堅而不可動必循循歸于故道矣心之所之只有善惡兩件於惡既不得騁不之於善將何之乎

【本義】即、就也、命、正理也、渝、變也、九四、剛而不中、故、有訟象、以其居柔、故、又爲不克而復就正理、渝變其心、安處於正之象、占者、如是則吉也、括蒼龔氏曰二與五訟四與初訟其與爲敵者强弱不同而皆曰不克者蓋二以下訟上其不克者勢也四以上訟下其不克者理也二見勢之不可敵故歸而逋竄四知理之不可渝故復而即命二四皆剛居柔故能如此○雲峯胡氏曰命有指理言者有指氣言者否九四曰有命指氣言也此曰即命指理言也皆上乾故皆曰命四之不克訟與二不同九二坎體其心本險九四乾體其心能安乎天理之正然曰歸曰渝皆知反者九二識時勢能反而安其分之亦九四明義理能變而安於命之正聖人不貴无過而貴改過又如此

象曰復即命渝安貞은不失也라ㅣ

○象애골오대復即命渝安貞은失티아니홈이라

【傳】能如是則爲无失矣、所以吉也、建安丘氏曰二沮於勢四屈於理此二之美所以止於无眚而四之貞吉所以爲不失也

九五는訟애元吉이라

○九五는訟홈에元吉ᄒᆞ리라（本義）元吉이리라

【傳】以中正、居尊位、治訟者也、治訟、得其中正、所以元吉也、元吉、大吉而盡善也、吉大而不盡善者、有矣、

【本義】陽剛中正、以居尊位、聽訟而得其平者也、占者、遇之、訟而有理、必獲伸矣、濾川毛氏曰使小民无爭安用有司使諸侯无爭委裘可也然則天下不能无爭者勢也所以利見大人者利其主之也又曰九五乃聽訟之主刑獄之官皆足以當之不必專謂人君然人君於訟之大者如刑

獄亦豈得不聽攷之王制周官蓋可見矣所謂罔攸兼于庶獄獄事之小不必聽者也又曰朱子謂筮者遇之訟而有理必獲伸矣如此乃无滯碍蓋訟者遇此爻則爲利見大人之中正曲直必定乃所謂元吉也○雙湖胡氏曰九五聽訟之主訟元吉亦爲占者人有正直之事遇此聽訟之人自有元吉之道○雲峰胡氏曰九五剛健中正聽訟必得其平然古人不貴聽訟而貴无訟初不永訟三不訟四二不克訟在下皆无訟此九五所以於訟爲元吉也

象曰訟元吉은 **以中正也**ㅣ라

○象애ᄀᆞᆯ오ᄃᆡ訟元吉은中正으로ᄡᅥ라

【傳】中正之道、何施而不元吉、

【本義】中則聽不偏、正則斷合理、東萊呂氏曰訟元吉以中正也九五聽訟者也訴訟之繁多至千百聽訟者欲其盡善而咸吉苟件件尋一道理以應之則亦不勝其勞矣殊不知聽訟所以能盡善咸吉者本无多術只是一箇中正待之而已○中溪張氏曰九五出而聽天下之訟惟中則无偏聽之病惟正則无私繫之失擧天下之事是非曲直一以中正之道裁之訟其決矣此所以大吉彖曰尙中正象曰以中正則知人君之聽訟當以中正爲主也獄訟之歸舜虞芮之質文九五有之

上九는 **或錫之鞶帶**라도 **終朝三褫之**리라 褫敕紙反

○上九는或鞶帶를錫ᄒᆞᆯ디라도아ᄎᆞᆷ이ᄆᆞᄎᆞ매세번褫ᄒᆞ리라

【傳】九以陽、居上、剛健之極、又處訟之終、極其訟者也、人之肆其剛强、窮極於訟、取禍喪身、固其理也、設或使之善訟能勝、窮極不已、至於受服命之賞、是亦與人仇爭、所獲、其能安保之乎、故、終一朝而三見褫奪也、

【本義】鞶帶、命服之飾、褫、奪也、以剛、居訟極、終訟而能勝之、故、有錫命受服之象、然、以訟、得之、豈能安久、故、又有終朝三褫之象、其占、爲

終訟、无理而或取勝、然、其所得、終必失之、聖人、爲戒之意、深矣、

南軒張氏曰以六三對上九剛柔不敵矣故六三但食舊德而上九錫之鞶帶焉○兼山郭氏曰鞶帶大帶也男子鞶帶婦人帶絞蓋爵命之服非以賞訟○雲峰胡氏曰或設者也非必之辭上九過於剛設若訟勝而得鞶帶終朝且三褫之況鞶帶命服以錫有德非以賞訟也豈有必得之理甚言訟之不可終也○平菴項氏曰上九以剛居柔可以不克訟矣而在訟之終居高用剛不勝不已此終訟之凶人也○厚齋馮氏曰初六上九不能无訟明矣而初不言訟杜其始也上不言訟惡其終也

象曰以訟受服이 亦不足敬也ㅣ라

○象애 갈오대 訟으로써 服을 受홈이 또한 足히 敬홀꺼시 아니라

【傳】窮極訟事、設使受服命之寵、亦且不足敬而可賤惡、況又禍患、隨至乎、

磐澗董氏曰觀訟一卦之體只是訟不可成初只不永所事九二不克訟六三守舊居正非能訟者九四不克訟而能復就正理渝變心志安處於正九五聽訟元吉上九雖有鞶帶之錫而不免終朝之三褫首尾皆是不可訟之意故彖曰終凶訟不可成此即本義所指卦體者是也○建安丘氏曰以六爻言之則上乾三爻與下坎三爻訟也九五居尊爲聽訟之主故訟元吉餘五爻則皆訟者也然天下之人惟剛者訟柔者不訟初與三柔也故初不永所事而終吉三食舊德而終吉二四上剛也二與五對揆勢不敵而不訟四與初對顧理不可以不訟亦以其居柔故二无眚而四安貞也獨上九處卦之窮下與三對柔不能抗故有錫鞶帶之辭焉然一日三褫辱亦甚矣訟之勝者何足敬乎

備旨具解原本周易卷之三

備旨具解原本周易卷之四

䷆ 坎下坤上

【傳】師、序卦、訟必有衆起、故、受之以師、師之興、由有爭也、所以次訟也、爲卦、坤上坎下、以二體言之、地中有水、爲衆聚之象、以二卦之義言之、內險外順、險道而以順、行師之義也、以爻言之、一陽而爲衆陰之主、統衆之象也、比以一陽、爲衆陰之主而在上、君之象也、師以一陽、爲衆陰之主而在下、將帥之象也、龜山楊氏曰自昔先王之制民居則爲比閭族黨州鄕故比則衆在內一陽在上爲之主君象也伍兩卒旅軍師之制則衆在外一陽在下爲主將帥象也○雲峯胡氏曰乾坤而後屯蒙需訟師比皆有坎險之一體興師動衆尤其最險者也

師는 貞이니 丈人이라아 吉코 无咎하리라

(本義) 貞코

○師는貞홀디니丈人이라아吉ᄒᆞ고咎ㅣ업스리라(本義)貞ᄒᆞ고

【傳】師之道、以正爲本、興師動衆、以毒天下而不以正、民弗從也、强驅之耳、故、師、以貞爲主、其動、雖正也、帥之者、必丈人、則吉而无咎也、蓋有吉而有咎者、有无咎而不吉者、吉且无咎、乃盡善也、丈人者、尊嚴之稱、帥師總衆、非衆所尊信畏服則安能得人心之從、故、司馬穰苴、擢自微賤、授之以衆、乃以衆心未服、請莊賈爲

將也、所謂丈人、不必素居崇貴、但其才謀德業、衆所畏服一作嚴畏、則是也、如穰苴、旣誅莊賈則衆心、畏服、乃丈人矣、又如淮陰侯、起於微賤、遂爲大將、蓋其謀爲、有以使人尊畏也

【本義】師、兵衆也、下坎上坤、坎險坤順、坎水坤地、古者、寓兵於農、伏至險於大順、藏不測於至靜之中、又卦惟九二一陽、居下卦之中、爲將之象、上下五陰、順而從之、爲衆之象、九二、以剛居下而用事、六五、以柔居上而任之、爲人君命將出師之象、故、其卦之名、曰師、丈人、長老之稱、用師之道、利於得正而任老成之人、乃得吉而无咎、戒占者、亦必如是也、朱子曰吉无咎謂如一件事自家做出來好方得无罪咎若做得不好雖是好事也則有咎无咎吉謂如一件事元是合做底自家做出來又好如所謂戰則克祭則受福戰而臨事懼好謀成祭而恭敬齊肅便是无咎克與受福便是吉如行師之道旣已正了又用丈人率之如此則是都做得是便是吉了還有甚咎○師象辭亦是說得齊整○東萊呂氏曰丈人者老成持重諳練之人如趙充國之比是也二以一陽爲卦之主猶將帥也二雖剛中必待五之應猶將帥雖賢必待君爲之應然後能成功也苟五不應師變爲坎矣將帥臨敵而上无君之應豈非天下之至險乎○隆山李氏曰師止言貞而不及元亨利者凡兵出似非一元生育之事故不言元不以亨利誨天下者懼其貪功困生靈也要之師之爲用惟守一貞足矣又曰師以殺伐爲事死生存亡繫焉豈无悔咎唯以丈人行之則吉而咎可无矣

彖曰師ᄂᆞᆫ**衆也**ㅣ오**貞**은**正也**ㅣ니**能以衆正**ᄒᆞ면**可以王矣**리라 王往況反

○彖애ᄀᆞᆯ오ᄃᆡ 師ᄂᆞᆫ衆이오 貞은正이니 能히衆으로ᄡᅧ正케ᄒᆞ면 可히ᄡᅧ王ᄒᆞ리라

(本義)衆을以ᄒᆞ야正ᄒᆞ면

【傳】能使衆人、皆正、可以王天下矣、得衆心服從而歸正、王道、止於是也

【本義】此、以卦體、釋師貞之義、以、謂能左右之也、一陽、在下之中而五陰、皆爲所以也、能以衆正則王者之師矣、漢上朱氏曰周官自五人爲伍積之至於二千五百人爲師衆之義也○西溪李氏曰王者之兵行一不義殺一不辜而得天下不爲故曰能以衆正可以王矣○雲峰胡氏曰本義提出一以字依春秋書法謂能左右之也一陽而五陰皆爲所以閫外之事將得專制之也然以之歸於正則爲王者之師以之微有不正則爲覇者之術

剛中而應ᄒᆞ고行險而順ᄒᆞ니

○剛中이오應ᄒᆞ고險을行ᄒᆞ되順으로ᄒᆞ니(本義)順ᄒᆞ니

【傳】言二也、以剛處中、剛而得中道也、六五之君、爲正應、信任之專也、雖行險道而以順動、所謂義兵、王者之師也、上順下險、行險而順也、進齋徐氏曰剛中而應行險而順此爲將之道蓋不剛則无威嚴而不足以服衆過剛則暴而无以懷之有剛中之才而信任不專亦不能有成功此師所以貴乎剛中而應也兵凶器戰危事不得已而興師動衆禁暴除亂此師所以貴乎行險而順也

以此毒天下而民이從之ᄒᆞ니吉ᄒᆞ고又何咎矣리오

○일로ᄡᅥ天下를毒ᄒᆞ되民이從ᄒᆞ니吉ᄒᆞ고ᄯᅩ므ᄉᆞᆷ咎ㅣ리오

【傳】師旅之興、不无傷財害人、毒害天下、然而民心、從之者、以其義動也、古者、東征西怨、民心、從也、如是、故、吉而无咎、吉、謂必克、无咎、謂合義、又何咎矣、其義、故、一作固 无咎也、

【本義】又以卦體卦德、釋丈人吉无咎之義、剛中、謂九二、應、謂六五、應之、行險、

謂行危道、順謂順人心、此非有老成之德者、不能也、毒、害也、師旅之興、不无害於天下、然、以其有是才德、是以、民悅而從之也、童溪王氏曰殺戮之慘供億之苦勞民而費財所謂毒天下也○雙湖胡氏曰衆正可王贊六五剛中而應贊九二行險而順贊兩體師本毒害而民從之吉且无咎者特以中正順道耳後之王者可以觀矣○雲峰胡氏曰剛中而應彖傳凡五見或五應二或二應五本義於他卦不明言之而師獨曰剛中謂九二應謂六五應之以在師之時五之信任乎二尤不可不專也毒之一字見得王者之師不得己而用之如毒藥之攻病非有沈痾堅癥不輕用也其指深矣

象曰地中有水ㅣ師ㅣ니君子ㅣ以ᄒᆞ야容民畜衆ᄒᆞᄂᆞ니라 畜傳勅六反 本義許六反

○象애ᄀᆞᆯ오ᄃᆡ地中애水ㅣ이숌이師ㅣ니君子ㅣ以ᄒᆞ야民을容ᄒᆞ며衆을畜ᄒᆞᄂᆞ니라

(本義)民을容ᄒᆞ야衆을畜ᄒᆞᄂᆞ니라

【傳】地中有水、水聚於地中、爲衆聚之象、故、爲師也、君子、觀地中有水之象、以容保其民、畜聚其衆也

【本義】水不外於地、兵不外於民、故、能養民則可以得衆矣、朱子曰易有精有蘊如師貞丈人吉此聖人之精畫前之易不可易之妙理至於容民畜衆等處因卦以發皆其蘊也○李氏曰容民則无流民畜衆則无叛衆左傳武有七德安民和衆亦此義也○習靜劉氏曰古者兵農合一居則爲比閭族黨之民役則爲卒伍軍旅之衆容之畜之於无事之時而用之於有事之日此衆即此民也○隆山李氏曰於師得古人井田之法於比得古人封建之法

初六은師出以律이니否ㅣ면臧이라도凶ᄒᆞ니라

(本義)否臧이면凶ᄒᆞ리라

○初六은師를出호ᄃᆡ律로ᄡᅥ홀디니否ㅣ면臧홀디라도凶ᄒᆞ니라(本義)臧티아니

면凶ᄒᆞ리라

【傳】初、師之始也、故、言出師之義、及行師之道、在邦國興師(一作動衆)而言、合義理、則是以律法也、謂以禁亂誅暴而動、苟動不以義、則雖善、亦凶道也、善、謂克勝、凶、謂殃民害義也、在行師而言、律、謂號令節制、行師之道、以號令節制、爲本、所以統制於衆、不以律、則雖善、亦凶、雖使勝捷、猶凶道也、制師无法、幸而不敗、且勝者、時有之矣、聖人之所戒也、程子曰律有二義有出師不以義者有行師而无號令節制者皆失律也師出當以律不然雖臧亦凶

【本義】律、法也、否臧、謂不善也、鼂氏曰否字、先儒、多作不、是也、在卦之初、爲師之始、出師之道、當謹其始、以律則吉、不臧則凶、戒占者、當謹始而守法也、隆山李氏曰二爲師主初受節制有師出以律之象○西溪李氏曰甘誓攻右攻左御非其馬之正牧誓五步六步七步五伐六伐七伐皆不可亂周公司馬法坐作進退皆有常節魯侯撫師牛馬臣妾戒以勿逐以其亂部分後不可以爲師也○雲峰胡氏曰初六才柔故有否臧之戒然以律不言吉否臧則言凶者律令謹嚴出師之常其勝負猶未可知也故不言吉出而失律凶立見矣

象曰師出以律이니失律ᄒᆞ면凶也ㅣ리라

○象애ᄀᆞᆯ오ᄃᆡ師를出호ᄃᆡ律로ᄡᅥ홀디니律을失ᄒᆞ면凶ᄒᆞ리라

【傳】師出、當以律、失律則凶矣、雖幸而勝、亦凶道也

九二는在師ᄒᆞ야中ᄒᆞᆯ시吉ᄒᆞ고无咎ᄒᆞ니王三錫命이로다

(本義)在師中ᄒᆞ야

○九二는師애이셔中ᄒᆞᆯᄉᆡ吉ᄒᆞ고咎ㅣ업ᄉᆞ니王이命을세번錫ᄒᆞ놋다(本義)師中에이셔

【傳】師卦、唯九二一陽、爲衆陰所歸、五居君位、是其正應、二乃師之主、專制其事者也、居下而專制其事、唯在師則可、自古命將、閫外之事、得專制之、在師、專制而得中道、故、吉而无咎、蓋恃專則失爲下之道、不專則无成功之理、故、得中、爲吉、凡師之道、威和、並至則吉也、既處之盡其善則能成功而安天下、故、王錫寵命、至于三也、凡事、至于三者、極也、六五、在上、既專倚任、復厚其寵數、蓋禮不稱則威不重而下不信也、他卦、九二、爲六五所任者、有矣、唯師、專主其事而爲衆陰所歸故、其義、最大、人臣之道、於事、无所敢專、唯閫外之事則專制之、雖制之在己、然、因師之力而能致者、皆君所與而職當爲也、世儒、有論魯祀周公以天子禮樂、以爲周公、能爲人臣不能爲之功則可用人臣不得用之禮樂、是、不知人臣之道也、夫居周公之位則(一有能字)爲周公之事、由其位而能爲者、皆所當爲也、周公、乃盡其職耳、子道、亦然、唯孟子、爲知此義、故、曰事親、若曾子者、可也、未嘗以曾子之孝、爲有餘也、蓋子之身、所能爲者、皆所當爲也、象山郭氏曰威克厥愛允濟愛克厥威允罔功九二剛勝之將能用中焉是以有功而宜膺寵錫者也○臨川吳氏曰錫命如王使宰周公錫齊侯命王使內史過錫晉侯命是也至于三者天寵之優渥也

【本義】九二、在下、爲衆陰所歸而有剛中之德、上應於五而爲所寵任、故、其象占、

如此、朱子曰在師中吉言以剛中之德在師中所以爲吉○建安丘氏曰九二卽師之丈人也以一陽統衆陰而居下卦之中有帥師之象唯二以剛居柔得師之中无過不及故吉无咎獨與卦辭同也○雲峯胡氏曰九二剛中所謂丈人者故吉而无咎六四无咎不言吉三則凶矣二曰王三錫命五應也五曰長子帥師二應也五應二故曰錫

象曰在師中吉은承天寵也ㅣ오王三錫命은懷萬邦也ㅣ라

(象애ᄀᆞᆯ오ᄃᆡ在師中吉은天寵을承홈이오王三錫命은萬邦을懷홈이라

【傳】在師中吉者、以其承天之寵任也、天、謂王也、人臣、非君、寵任之則安得專征之權而有成功之吉、象、以二專主其事、故、發此義、與前所云世儒之見、異矣、王三錫以恩命、褒其成功、所以懷萬邦也、一有威字 建安丘氏曰上承天子之寵任而以兵權屬之錫命至三使之得專閫外之事王者用兵非得已嗜殺豈其本心故三錫之命惟在於懷綏萬邦而已○雲峯胡氏曰爻言王命象言天寵亦春秋王必稱天之意也

六三은師或輿尸면凶ᄒᆞ리라

(本義)師或輿尸니凶ᄒᆞ니라

○六三은師ᄂᆞᆯ或모다尸ᄒᆞ면凶ᄒᆞ리라(本義)師ㅣ或尸를輿홈이니凶ᄒᆞ니라

【傳】三居下卦之上、居位當任者也、不唯其才陰柔不中正、師旅之事、任當專一、二既以剛中之才、爲上信倚、必專其事、乃有成功、若或更使衆人、主之、凶之道也、輿尸、衆主也、蓋指三也、以三、居下之上、故、發此義、軍旅之事、任不專一、覆敗、必矣、龜山楊氏曰師之或以衆尸之也衆尸之稟命不一而无功矣凶之道也六三上乘衆陰輿尸也故凶唐九節度之師不立統帥雖李郭之善兵猶不免敗衄則輿尸之凶可知○誠齋楊氏曰河曲之師趙盾爲將而

令出趙穿邲之師荀林父爲將而令出先縠後世復有中人監軍者師焉往而不敗

【本義】輿尸、謂師徒、撓敗、輿尸而歸也、以陰居陽、才弱志剛、不中不正而犯非其分、故、其象占、如此、或問師或輿尸伊川說爲衆主如何朱子曰從來有輿尸血刃之說何必又牽引別說某自少時未曾識訓詁只讀白本時便疑如此說後來從鄉先生學皆作衆主說甚不以爲然今看來只是兵敗輿其尸而歸之義○雲峰胡氏曰剝一陽在上而衆陰載之有得輿象六三衆陰在上如積尸而坤爲輿坎爲車輪有輿尸象此爻甚言師徒撓敗之凶以見師之成敗生死皆繫於將九二剛中可以用師六四柔正猶能全師以退六三不中不正才柔志剛輿尸而歸其凶何如哉

象曰師或輿尸면大无功也ㅣ라

(本義)師或輿尸는大无功也ㅣ라

○象애ᄀᆞᆯ오ᄃᆡ師或輿尸면크게功이업스리라(本義)師或輿尸는크게功이업슴이라

【傳】倚付二三、安能成功、豈唯无功、所以致凶也

六四는師左次니无咎ㅣ로다

○六四ᄂᆞᆫ師ㅣ左로次ᄒᆞ욤이니咎ㅣ업도다

【傳】師之進、以强勇也、四以柔居陰、非能進而克捷者也、知不能進而退、故、左次、左次、退舍也、量宜進退、乃所當也、故、无咎、見可而進、知難而退、師之常也、唯取其退之得宜、不論其才之能否也、度不能勝(一作進)而完師以退、愈於覆敗、遠矣、可進而退、乃爲咎也、易之發此義、以示後世、其仁、深矣

【本義】左次、謂退舍也、陰柔不中而居陰得正、故、其象、如此、全師以退、賢於

六三、遠矣、故、其占、如此、臨川吳氏曰春秋師次于郎次于召陵左氏傳曰凡師三宿爲次按兵家尙左右爲前左爲後故八陣圖天前衝地前衝在右天後衝地後衝在左左次猶言退舍謂不進前而退後也

象曰左次无咎는 **未失常也**ㅣ라

○象애 ᄀᆞᆯ오ᄃᆡ 左次无咎는 常을 失홈이 아니라 (本義) 常을 失티 아니홈이라

【傳】行師之道、因時施宜、乃其常也、故、左次、未必(一无必字)爲失也、如四、退次、乃得其宜、是以无咎

【本義】知難而退、師之常也、誠齋楊氏曰善戰者不必進而退亦進也禹之班師晉文之退舍是已使高帝不至白登太宗不渡鴨綠吝於何有○雲峰胡氏曰恐人以退爲怯故明當退而退亦師之常也

六五는 **田有禽**이어든 **利執言**ᄒᆞ니 **无咎**ㅣ리라 **長子**ㅣ **帥師**ㅣ니 **弟子**ㅣ **輿尸**ᄒᆞ면 **貞**이라도 **凶**ᄒᆞ리라 長丁丈反

(本義) 田有禽이라 利執言이니 无咎ㅣ리라 長子로 帥師오 弟子로 輿尸면

○六五는 田애 禽이 잇거든 言을 執홈이 利ᄒᆞ니 咎ㅣ 업스리라 長子ㅣ 師를 帥홀디니 弟子ㅣ 모다 尸케 ᄒᆞ면 貞ᄒᆞ야도 凶ᄒᆞ리라 (本義) 田애 禽이 이숌이라 執홈이 利ᄒᆞ니 咎ㅣ 업스리라 長子로 師를 帥ᄒᆞ고 弟子로 尸를 輿케 ᄒᆞ면

【傳】五、君位、興師之主也、故、言興師任將之道、師之興、必以蠻(一作戎)夷猾夏 寇賊

姦宄、爲生民之害、不可懷來然後、奉辭以誅之、若禽獸、入于田中、侵害稼穡、於義宜獵取則獵取之、如此而動、乃得无咎、若輕動以毒天下、其咎、大矣、執言、奉辭也、明其罪而討之也、若秦皇漢武、皆窮山林以索禽獸者也、非田有禽也、任將授師之道、當以長子帥師、二在下而爲師之主、長子也、若以弟子、衆主之則所爲、雖正、亦凶也、弟子、凡非長(一有子字)者也、自古、任將、不專而致覆敗者、如晉荀林父邲之戰、唐郭子儀相州之敗、是也、程子曰帥師以長子今以弟子衆主之亦是失律故雖貞亦凶也○厚齋馮氏曰禹之征苗啓之伐有扈胤之征羲和自虞夏以來其伐有罪必執言不但鳴條以後也

【本義】六五、用師之主、柔順而中、不爲兵端者也、敵加於己、不得已而應之、故、爲田有禽之象而其占、利以搏執而无咎也、言、語辭也、長子、九二也、弟子、三四也、又戒占者、專於委任、若使君子、任事而又使小人、參之則是、使之輿尸而歸、故、雖貞而亦不免於凶也、或問易爻取義如師之五長子帥師乃是本爻有此象又却說弟子輿尸何也朱子曰此假設之辭也言若弟子輿尸則凶矣問此例與家人嗃嗃而繼以婦子嘻嘻同曰然○雲峯胡氏曰二三四皆將也五任將者也於三曰師或輿尸危之之辭而不忍必言之也至五則直書曰弟子輿尸蓋謂五用二而又用三必至於如此故長子帥師不言吉而弟子則曰輿尸貞凶甚言任將之不可不審且專也長子即彖所謂丈人也自衆尊之則曰丈人自君稱之則曰長子皆長老之稱彖言師必用老成則既貞又吉爻言用老成而或以新進參之雖貞亦凶吉凶之鑑昭然矣

象曰長子帥師는 **以中行也**오 **弟子輿尸**는 **使不當也**라(當去聲)

○象애 골오디 長子帥師는 中으로써 行홈이오 弟子輿尸는 使홈이 當티 아니홈이라

【傳】長子、謂二以中正之德、合於上而受任以行、若復使其餘者、衆尸其事、是、任
使之不當也、其凶、宜矣、 建安丘氏曰以中行者謂九二以剛中之道而行師也使不當者謂六三才弱不足倚仗必致喪師而歸是任使之不當也○雲峯胡氏曰一使字繫民命之生死國家之安危或當或否吉凶天壤可不戒哉

上六은 大君이 有命이니 開國承家에 小人勿用이니라

(本義) 大君有命ᄒᆞ야開國承家ㅣ니

○上六은大君이命을둠이니國을開ᄒᆞ며家를承ᄒᆞ욤애小人을쓰디마롤디니라(本義) 大君이命을두어國을開ᄒᆞ며家를承홈이니

【傳】上、師之終也、功之成也、大君、以爵命、賞有功也、開國、封之爲諸侯也、承家、以爲卿大夫也、承、受也、小人者、雖有功、不可用也、故、戒使勿用、師旅之興、成功非一道、不必皆君子也、故、戒以小人、有功、不可用也、賞之以金帛祿位、可也、不可使有國家而爲政也、小人、平時、易致驕盈、況挾其功乎、漢之英彭、所以亡也、聖人之深慮遠戒也、此、專言師終之義、不取爻義、蓋以其大者、若以爻言則六以柔、居順之極、師旣終而在旡位之地、善處而旡咎者也

【本義】師之終、順之極、論功行賞之時也、坤爲土、故、有開國承家之象、然、小人則雖有功、亦不可使之得有爵土、但優以金帛、可也、戒行賞之人、於小人則不可用此占而小人遇之、亦不得用此爻也、 朱子曰開國承家一句是公共得底未分別君子小人在小人勿用則是勿更用他與之謀議經畫爾漢光武能用此義自定天下

之後一例論功行封其所以用之在左右者則鄧禹耿弇賈復數人他不與焉○建安丘氏曰初言師之出上言師之還至此則功成凱奏之時也大君必有賞功之命開國功之大者也承家功之小者也象曰以正功者言爵賞之命乃所以正諸將武功之等差也然兵行詭道而販繒屠狗之人孰不願出奇以立功而立功不必皆君子也此又曰小人勿用何耶蓋以小人有功固當例以賞之若使之參預國家之謀議則挾功以逞必生僭竊亂邦之禍故於小人戒以勿用而象曰必亂邦也其意嚴矣

象曰大君有命은 **以正功也**ㅣ오 **小人勿用**은 **必亂邦也**ㅣ니라

○象애ᄀᆞᆯ오ᄃᆡ大君有命은ᄡᅥ功을正홈이오小人勿用은반ᄃᆞ시邦을亂ᄒᆞᆯ시라

【傳】大君、持恩賞之柄、以正軍旅之功、師之終也、雖賞其功、小人則不可以有功而任用之、用之、必亂邦、小人、恃功而亂邦者、古有之矣

【本義】聖人之戒、深矣、雲峰胡氏曰王三錫命命於行師之始大君有命命於行師之終懷邦亂邦丈人小人之所以分此固聖人之所深慮遠戒也○隆山李氏曰六爻出師駐師將兵將將與夫奉辭伐罪旋師班賞无所不載雖後世兵書之繁殆不如師卦六爻之略而況於論王者之師比之後世權謀之書奇正甚遠爲天下者不得已而用師又何必捨此而他求哉○建安丘氏曰師卦以九二一陽統衆陰有大將總兵之象故卦名曰師出師之道不可不正故曰師貞師師之任不可非人故曰丈人吉无咎蓋只七字而用師之道盡矣初六師之始故曰師出以律上六師之終故曰開國承家師之次序然也中四爻六五爲任將之君也故以長子弟子係之二三四三爻則皆用師之將也九二以剛居中威而不暴持重之將也故有師中之吉即五所謂長子也六三以柔居剛輕躁妄動僨師之將也故有輿尸之凶即五所謂弟子也六四以柔居柔僅知自守蓋度德量力之人固無戰勝之功亦无喪敗之禍止於左次无咎而已四之无咎不如二之吉而三之凶又不如四之无咎聖人以萬世用兵利害而權輕重於吉凶无咎四字之間後之出師命將者盍亦鑑之於斯乎【備旨】正功不可以家國分蓋家國中亦有差等耳小人有才无德亂邦之事常有故必愼之師之始則任於懷邦師之終則慮其亂邦可見王者之慮師无非爲萬民計也。

䷇ 坤下坎上

【傳】比、序卦、衆必有所比、故、受之以比、比、親輔也、一作比輔比也一作比輔也 人之類、必相親輔然後、能安、故、既有衆則必有所比、比所以次師也、爲卦、上坎下坤、以二體言之、水在地上、物之相切比无間、莫如水之在地上、故、爲比也、又衆爻、皆陰、獨五、以陽剛、居君位、衆所親附而上亦親下、故、爲比也、東萊呂氏曰師以二爲主二將帥也以一陽而爲衆陰之所聽命者比以五爲主以一陽而爲衆陰之所親輔者也比所以次師者言衆雖聽命於將帥而心當親輔於君也○白雲郭氏曰一陽之卦得位者師比而已得君位者爲比得臣位者爲師○雲峰胡氏曰易一陽之卦凡六復師謙豫比剝也而最吉莫如比

比ᄂᆞᆫ吉ᄒᆞ니原筮호ᄃᆡ元永貞이면无咎ㅣ리라 比毗志反

(本義) 比ᄂᆞᆫ吉ᄒᆞ나原筮ᄒᆞ야元永貞이라야无咎ㅣ리라

○比ᄂᆞᆫ吉ᄒᆞ니原ᄒᆞ야筮호ᄃᆡ元ᄒᆞ고永ᄒᆞ고貞ᄒᆞ면咎ㅣ업스리라 (本義) 比ᄂᆞᆫ吉ᄒᆞ나두번筮ᄒᆞ야元ᄒᆞ고永ᄒᆞ고貞ᄒᆞ야아咎ㅣ업스리라

【傳】比、吉道也、人相親比、自爲吉道、故、雜卦、云比樂師憂、人相親比、必有其道、苟非其道則、有悔咎、故、必推原占決其可比者而比之、筮、謂占決卜度、非謂以蓍龜也、所比、得元永貞則无咎、元、謂有君長之道、永、謂可以常久、貞、謂得正道、上之比下、必有此三者、下之從上、必求此三者則无咎也、龜山楊氏曰先王什伍其民鄕田同井出入相友守望相助疾病相扶持比所以吉也衆散民流用蕩析離居凶可知矣○白雲郭氏曰卦之一陽惟比得天位莫吉於此故直言吉○涑水司馬氏曰原筮者比不可以苟合也比之道不可以不善也不可以不長久也不可以不正也故曰元永貞无咎○漢上朱氏曰凡物孤

則危群則强父子夫婦朋友未有孤危而不凶者人君爲甚故比而吉○厚齋馮氏曰萃與比下體坤順同上體水澤不相遠惟九四一爻有分權之象故元永貞言於五比下无分權者故元永貞言於卦義各有在也

不寧이어아 **方來**니 **後**ㅣ면 **夫**ㅣ라도 **凶**이리라

(本義) 不寧이方來니後夫ᄂᆞᆫ凶ᄒᆞ리라

○寧티몯ᄒᆞ야아보야ᄒᆞ로來ᄒᆞᄂᆞ니後ᄒᆞ면夫ㅣ라도凶ᄒᆞ리라(本義) 寧티몯ᄒᆞᆫ이보야ᄒᆞ로來ᄒᆞ리니後ᄒᆞᆫ夫ᄂᆞᆫ凶ᄒᆞ리라

【傳】人之不能自保其安寧、方且來求親比、得所比則能保其安、當其不寧之時、固宜汲汲以求比、若獨立自恃、求比之志、不速而後則雖夫、亦凶矣、夫猶凶、況柔弱者乎、夫、剛立之稱、傳、曰子南、夫也、又曰是謂我非夫、凡生天地之間者、未有不相親比而能自存者也、雖剛强之至、未有能獨立者也、比之道、由兩志相求、兩志不相求則睽矣、君、懷撫其下、下、親輔一作附於上、親戚朋友鄕黨、皆然、故、當上下、合志以相從、苟无相求之意則離而凶矣、大抵人情、相求則合、相持則睽、相持、相待莫先也、人之相親、固有道、然而欲比之志、不可緩也、進齋徐氏曰後夫凶如萬國朝禹而防風後至天下歸漢而田横不來隗囂公孫述之徒皆是也

【本義】比、親輔也、九五、以陽剛、居上之中而得其正、上下五陰、比而從之、以一人而撫萬邦、以四海而仰一人之象、故、筮者、得之則當爲人所親輔、然、必再筮以自

審、有元善長永正固之德然後、可以當衆之歸而无咎、其未比而有所不安者、亦將皆來歸之、若又遲而後至則此交、已固、彼來、已晚而得凶矣、若欲比人則亦以是而反觀之耳、或問比卦大抵占得之多是人 君爲人所比之象朱子曰也不必拘若三家村中推一箇人作頭首也是爲人所比也須自審自家才德可以爲之 比否所以原筮元永貞也○問不寧方來後夫凶曰別人自相比了 已既後於衆 人却要强去比 他豈不爲人 所惡是取凶也後夫猶言後人亦是占中一義左傳齊崔武子卜娶妻卦云入于其宮不見其妻凶人以爲凶他云先夫己當之矣彼云先夫則此云後夫正是一樣語陽便是夫陰便是婦後夫凶言 九五既爲衆 陰所歸若後面更添 一箇陽來則必凶古人如袁紹劉馥劉繇劉備之事可見兩雄不並棲之義○雲峯胡氏曰蒙之筮問之人者也不一 則不專比之筮問其在我者也不再則不審曰吉曰无咎曰凶皆占辭吉乃上下相比之占統言之也无咎則所比者之占凶爲比人者之占分言之也不寧方來指下四陰而言後夫凶指上一陰 而言來者自 來後者自後 吾惟問我之可比不可比彼之來比不來比吾不問也此固王者大公之道 而爲九五之顯 比者也又曰 原筮元永貞 爲比於人者言也本義又發出比人之義言外意也

彖曰比ᄂᆞᆫ吉也ㅣ며

○彖애ᄀᆞᆯ오ᄃᆡ比ᄂᆞᆫ吉홈이며

【本義】此三字、疑衍文、朱子曰比吉也也字羨當云比吉比輔也下順從也比輔也解比字下順從也解吉字○嵩山晁氏曰王昭素謂多此也字

比ᄂᆞᆫ輔也ㅣ니下ㅣ順從也ㅣ라

○比ᄂᆞᆫ輔홈이니下ㅣ順從홈이라

【傳】比、吉也、比者、吉之道也、物相親比、乃吉道也、比輔也、釋比之義、比者、相親輔也、下順從也、解卦所以爲比也、五以陽、居尊位、群下、順從以親輔之、所以爲比也、

【本義】此、以卦體、釋卦名義、

原筮元永貞无咎는 **以剛中也**오ㅣ

○原筮元永貞无咎는剛으로써中홈이오

【傳】推原筮(占一作)决相比之道、得元永貞而後、可以无咎、所謂元永貞、如五、是也、以陽剛居中正、盡比道之善者也、以陽剛當尊位、爲君德元也、居中得正、能永而貞也、卦辭、本泛言比道、彖言元永貞者、九五、以剛處中正、是也、

不寧方來는 **上下**ㅣ **應也**오ㅣ

○不寧方來는上下ㅣ應홈이오

【傳】人之生、不能保其安寧、方且來求附比、民不能自保、故、戴君以求寧、君不能獨立、故、保民以爲安、不寧而來比者、上下、相應也、以聖人之公、言之、固至誠求天下之比、以安民也、以後王之私、言之、不求下民之附則危亡、至矣、故、上下之志、必相應也、在卦言之、上下群陰、比於五、五比其衆、乃上下應也、朱子曰程傳云以聖人之公言之固至誠求天下之比以安民也以後王之私言之不求下民之附則危亡至矣蓋且得他畏危亡之禍而求所以比附其民猶勝於全不顧者也

後夫凶은 **其道**ㅣ **窮也**ㅣ라

○後夫凶은그道ㅣ窮홈이라

【傳】衆必相比而後、能遂其生、天地之間、未有不相親比而能遂者也、若相從之志、

不疾而後則不能成比、雖夫、亦凶矣、无所親比、困屈以致凶、窮之道也、

【本義】 亦以卦體、釋卦辭、剛中、謂五、上下、謂五陰 雲峯胡氏曰凡應字多謂剛柔兩爻相應此則爲上下五陰應乎五之剛又一例也師比皆一陽五陰師之應獨重謂五應二將之任專也比之應則謂上下應五君之分嚴也其曰上下應者五陰皆當應也曰其道窮者上以一陰獨不能應也易窮則變乾上九窮之災坤比上六皆曰其道窮皆不知變者

象曰地上有水ㅣ 比니 先王이 以ᄒᆞ야 建萬國ᄒᆞ고 親諸侯ᄒᆞ니라

○象에ᄀᆞᆯ오ᄃᆡ 地上에 水ㅣ 이슘이 比니 先王이 以ᄒᆞ야 萬國을 建ᄒᆞ고 諸侯를 親ᄒᆞ니라

【傳】 夫物相親比而无間者、莫如水在地上、所以爲比也、先王、觀比之象、以建萬國親諸侯、建立萬國、所以比民也、親撫諸侯、所以比天下也、朱子曰伊川言建萬國以比民言民不可盡得而比故建諸侯使比民而天子所親者諸侯而已這便是他比天下之道

【本義】 地上有水、水比於地、不容有間、建國親侯、亦先王所以比於天下而無間者也、彖意、人來比我、此、取我往比人、 龜山楊氏曰水在地上相比而不離先王觀比之象建國畫地而封之爲之屬連使相親比則諸侯知尊君親上而天下從之矣○建安丘氏曰夫水與地相親比有合无間也先王以建萬國親諸侯而不曰親萬國者蓋人君以一身而居九重之上萬國如此其廣人民如此其衆安得人人而親比之必也分建萬國而先親諸侯使諸侯又親萬國之民則莫不尊君親上而比于一矣○方塘徐氏曰彖言五陰比一陽象言一陽比五陰以互相發比之義盡矣○雲峰胡氏曰師之容民畜衆井田法也可以使民自相合而无間比之建國親侯封建法也可使君與民相合而无間

初六은 有孚比之라아 无咎ㅣ리니

【本義】 有孚比之라

○初六은孚를두어比ᄒᆞ야야咎ㅣ업스리니(本義)孚를두어比홈이라

【傳】初六、比之始也、相比之道、以誠信爲本、中心、不信而親人、人誰與之、故、比之始、必有孚誠、乃无咎也、孚、信之在中也、朱子曰孚有在陽爻者有在陰爻者伊川謂中虛信之本中實信之質是也○蘭氏廷瑞曰易言有孚者二十一有言信其如此者有言有孚誠者

有孚ㅣ盈缶ㅣ면終에來有他吉ᄒᆞ리라

【本義】終來有他吉ᄒᆞ리라

○孚를둠이缶애盈듯ᄒᆞ면終애來ᄒᆞ야他吉이이시리라(本義)終來에他吉이이시리라

【傳】誠信、充實於內、若物之盈滿於缶中也、缶、質素之器、言若缶之盈實其中、外不加文飾則終、能來有他吉也、他、非此也、外也、若誠實、充於內、物无不信、豈用飾外以求比乎、誠信、中實、雖他外、皆當感而來從、孚信、比之本也、

【本義】比之初、貴乎有信、則可以无咎矣、若其充實、則又有他吉也、朱子曰終來有他說將來似顯比便有那周遍底意思○厚齋馮氏曰缶瓦器爾雅云盎也初陽實六陰虛虛者缶也實者盈也○雲峰胡氏曰與人交止於信親比之初能有誠信所以比之无咎及其誠信充實則非特无咎又有他吉初六不與五應故曰有他大過九四中孚初九皆曰有他皆指非應而言但彼則戒其有他向之心此則許其有他至之吉也○沙隨程氏曰終來有他吉者非初之時吉在後也○趙氏曰易六爻貴於正應其近而相得亦有不應者惟比諸爻不論應否而專以比五爲義

象曰比之初六은有他吉也ㅣ니라

○象애골오ᄃᆡ比의初六은他吉이인ᄂᆞ니라

【傳】言比之初六者、比之道、在乎始也、始能有孚則終、致有他之吉、其始不誠、終焉得吉、上六之凶、由无首也、

六二는 比之自內니 貞야흐吉토다

【本義】貞이라吉ᄒᆞ리라

○六二ᄂᆞᆫ比ᄒᆞᆷ을內로브터홈이니貞ᄒᆞ야吉ᄒᆞ도다(本義)貞ᄒᆞᆫ디라吉ᄒᆞ리라

【傳】二與五、爲正應、皆得中正、以中正之道、相比者也、二處於內、自內、謂由己也、擇才而用、雖在乎上而以身許國、必由於己、己以得君、道合而進、乃得正而吉也、以中正之道、應上之求、乃自內也、不自失也、汲汲以求比者、非君子自重之道、乃自失也、

【本義】柔順中正、上應九五、自內比外而得其貞、吉之道也、占者、如是則正而吉矣、中溪張氏曰小人比而不周所惡於比者爲其不正也苟比之以正則无惡於比矣五爲比之主二其應也以陰從陽各當其位故曰貞吉○隆山李氏曰比之世陰皆求陽而非陽求陰故二之比五自內之外出應乎上者也○雲峰胡氏曰初不係四之應而五應之故曰他四不係初之應而應乎五故曰外惟二本與五應故曰比之自內而又以正故吉凡卦以下卦爲內上卦爲外比六二言內六四言外內外卦之分見於此

象曰比之自內는 不自失也라

○象애ᄀᆞᆯ오ᄃᆡ比之自內ᄂᆞᆫᄉᆞᄉᆞ로失티아니미라

【傳】守己中正之道、以待上之求、乃不自失也、易之爲戒、嚴密、二雖中正、質柔體

順、故、有貞吉自失之戒、戒之自守、以待上之求、旡乃涉後凶乎、曰士之修己、乃求上之道、降志辱身、非自重之道也、故、伊尹武侯、救天下之心、非不切、必待禮至然後、出也、

【本義】得正則不自失矣、進齋徐氏曰二柔順中正上應九五由內比外故曰自內以中相應故曰貞吉象言不自失者則又推原二之比五必當反求諸己自旡所失而後可以比於人也

六三은 比之匪人이라

【本義】比之匪人이로다

○六三은匪人에比홈이라(本義)比ᄒᆞᆫ거시人이아니로다

【傳】三不中正而所比、皆不中正、四、陰柔而不中、二、存應而比初、皆不中正、匪人也、比於匪人、其失、可知、悔吝、一作吝不假言也、故、可傷、二之中正而謂之匪人、隨時取義、各不同也、東萊呂氏曰二之中正本未嘗存應而比初但三以私心觀之故見其存應而比初耳蓋君子之所爲本公苟以私心觀之則但見其私也三旣看得二爲小人故與二相比未嘗得近君子之益反得近小人之損此三之罪非二之咎也爻辭隨時取義最當詳考

【本義】陰柔不中正、承乘應、皆陰、所比、皆非其人之象、其占、大凶、不言可知、朱子曰初應四四是外比於賢爲比得其人二應五五爲顯比之君亦爲比得其人惟三乃應上上爲比之旡首者故爲比之匪人也○進齋徐氏曰匪人謂上六五爲比主上獨背之而六三位不中正復與之應是所比之非其人也○三山劉氏曰承乘應皆陰匪人之象凡居者之隣學者之友仕者之同僚皆所當戒也

象曰比之匪人이不亦傷乎아

○象애골오딕比之匪人이또흔傷홈디아니흐냐

【傳】人之相比、求安吉也、乃比於匪人、必將(一无必將字)反得悔吝、(一作咎)其亦可傷矣、深戒失所比也、(進齋徐氏曰三居不正之位而應上比之匪人也上比无首而凶己乃應之亦可傷矣馬援勸隗囂專意東方而隗囂降蜀至於殺身亡宗爲天下笑者非大可傷乎○雲峯胡氏曰爻不言其大凶而夫子於象惻然痛憫之曰不亦傷乎即孟子哀哉之意令人惕然有深省處)

六四는外比之흐니貞흐야吉흐도다

【本義】外比之니貞이라吉흐리라

○六四는外로比흐니貞흐야吉흐도다(本義)外로比홈이니貞흐다라吉흐리라

【傳】四與初、不相應而五比之、外比於五、乃得貞正而吉也、君臣相比、正也、相比、相與宜也、五、剛陽中正、賢也、居尊位、在上也、親賢從上、比之正也、故、爲貞吉、以六居四、亦爲得正之義、又陰柔不中之人、能比於剛明中正之賢、乃得正而吉也、又比賢從上、必以正道則吉也、數說相須、其義、始備、

【本義】以柔居柔、外比九五、爲得其正、吉之道也、占者、如是則正而吉矣、(王氏湘卿曰五爲比主六二自內卦比之六四自外卦比之二四陰皆得正故皆貞吉○趙氏曰外有可比則爲貞吉不必應而後爲正也○雲峯胡氏曰初六內也九五外也四宜應內者內无可比而比乎五義之與比而无適莫者是舍柔暗而比剛明得正而吉之道也)

象曰外比於賢은以從上也라

○象애ᄀᆞᆯ오ᄃᆡ外로賢에比호믄ᄡᅥ上을從홈이라

【傳】外比、謂從五也、五、剛明中正之賢、又居君位、四、比之、是、比賢、且從上、所以吉也、中溪張氏曰以位言之五在四之外也五有剛中之德賢而在上四外比而佐之即彖所謂比輔也君剛臣柔以下從上故曰貞吉

九五는顯比니王用三驅에失前禽ᄒᆞ며邑人不誠니吉토다

【本義】失前禽ᄒᆞ고邑人도不誠니吉ᄒᆞ리라

○九五는比를顯홈이니王이三驅를用홈애前禽을失ᄒᆞ며邑人애誠티아니ᄒᆞ니吉ᄒᆞ도다(本義)前禽은失ᄒᆞ고邑人도誠티아니홈이니吉ᄒᆞ리라

【傳】五居君位、處中得正、盡比道之善者也、人君比天下之道、當顯明其比道而已、如誠意以待物、恕己以及人、發政施仁、使天下、蒙其惠澤、是人君親比天下之道也、如是、天下、孰不親比於上、若乃暴其小仁、違道干譽、欲以求下之比、其道、亦狹矣、其能得天下之比乎、故、聖人、以九五、盡比道之正、取三驅爲喩曰王用三驅失前禽邑人不誠吉、先王、以四時之畋、不可廢也、故、推其仁心、爲三驅之禮、乃禮所謂天子不合圍也、成湯祝綱、是其義也、天子之畋、圍合其三面、前開一路、使之可去、不忍盡物、如生之仁也、只取其不用命者、不出而反入者也、禽獸前去者、皆免矣、故曰失前禽也、王者、顯明其比道、天下、自然來比、來者、撫之、固不煦煦、一作呴呴然求比於物、若田之三驅、禽之去者、從而不追、來者則、取之也、此、王道之大、所以其民、皥

㠀而莫知爲之者也、邑人不誠吉、言其至公不私、无遠邇親疎之別也、邑者、居邑、
易中所言邑、皆同、王者所都、諸侯國中也、誠、期約也、待物之一、不期誠於居邑、
如是則吉也、聖人、以大公无私、治天下、於顯比、見之矣、非唯人君比天下之道、如
此、大率人之相比、莫不然、以臣於君、言之、竭其忠誠、致其才力、乃顯其比一作比其君之道
也、用之與否、在君而已、不可阿諛逢迎、求其比已也、在朋友、亦然、脩身誠意以待
之、親己與否、在人而已、不可巧言令色、曲從苟合、以求人之比己也、於鄕黨親戚、
於衆人、莫不皆然、三驅失前禽之義也、或問伊川解顯比王用三驅失前禽所謂來者撫之去者不追
與失前禽而殺不去者所譬頗不相類如何朱子曰田獵之禮
置旃以爲門刈草以爲長圍田獵者自門驅而入禽獸向我而出者皆免惟被驅而入者皆獲故以前禽比去者不追
獲者譬來則取之大意如此无緣得一一相似伊川解此句不須疑但邑人不誠吉一句似可疑恐易之文義不如此
耳○進齋徐氏曰五以剛健之德而居正中之位能顯明比道於天下比以顯言則天下皆依光之臣近光之民矣其
吉可知王者田獵合三面之網而開其一面以驅逐禽獸至再至三使之可去其順而來者則取之以喩下四陰之順
乎五也其逆而去者則舍之以喩上一陰之背乎五也前禽指上六也一卦五陰而四陰從陽上獨背之是失前禽也
然聖人雖无心於留天下而天下自不能釋然於聖人有不待告誡而自然順從之者矣故曰邑人不誡吉

【本義】一陽、居尊、剛健中正、卦之詳陰、皆來比己、顯其比而无私、如天子、不合
圍、開一面之網、來者、不拒、去者、不追、故、爲用三驅失前禽而邑人不誡之象、蓋
雖私屬、亦喩上意、不相警備、以求必得也、凡此、皆吉之道、占者、如是則吉也、
朱子曰邑人不誡蓋上之人顯明其比道而不必人之從己而其私屬亦化之不相戒約而自然從己也○邑人不誡
如有聞无聲言其自不消相告誡又如歸市者不止耕者不變相似○林氏栗曰陽爲明故稱顯比○沙隨程氏曰比
卦師之反也故九五喩王者之田○雲峯胡氏曰諸陰爻皆言比之陰比陽也五言顯比陽爲陰之所比也比易近於
私王者之比大公至正顯然於天下而无私三驅失前禽此成湯祝網之心也師比之五俱取禽象師之田有禽害物

之禽也比之前禽背己之禽也在師則執之王者之義也在比能失之王者之仁也然使邑人不喩上意或有惟恐失之之心則禽无遺類其仁不廣矣未可以吉言也

象曰顯比之吉은位正中也ㅣ오

○象애ᄀᆞᆯ오ᄃᆡ顯比의吉은位ㅣ正히中홈이오

【傳】顯比所以吉者、以其所居之位、得正中也、處正中之地、乃由正中之道也、比以不偏、爲善、故、云正中、凡言正中者、其處正得中也、比與隨、是也、言中正者、得中與正也、訟與需、是也

舍逆取順이失前禽也ㅣ오 舍音捨

○逆을舍ᄒᆞ고順을取ᄒᆞ요미前禽을失홈이오

【傳】禮、取不用命者、乃是舍順取逆也、順命而去者、皆免矣、比、以向背而言、謂去者爲逆、來者爲順也、故、所失者、前去之禽也、言來者、撫之、去者、不追也、

建安丘氏曰舍逆謂舍上一陰而陰以乘陽爲逆也取順謂取下四陰而陰以承陽爲順也失上一陰故曰失前禽

邑人不誡는上使ㅣ中也ㅣᆯ서라

(本義) 上使中也ㅣᆯ시라

○邑人不誡는上의使홈이中ᄒᆞᆯ시라(本義) 上이ᄒᆞ여곰中케ᄒᆞᆯ시라

【傳】不期誡於親近、上之使下、中平不偏、遠近、如一也

【本義】由上之德、使不偏也、雲峯胡氏曰使字與師六五同師之使不當誰使之五也比之使中誰使之亦五也

上六은比之无首니凶호니라

○上六은比홈애首ㅣ업스니凶호니라

【傳】六、居上、比之終也、首、謂始也、凡比之道、其始、善則其終、善矣、有其始而无其終者、或有矣、未有无其始而有終者也、故、比之无首、至終則凶也、此、據比終而言、然、上六、陰柔不中、處險之極、固非克終者也、始比、不以道、隙於終者、天下、多矣

【本義】陰柔、居上、无以比下、凶之道也、故、爲无首之象而其占則凶也、厚齋馮氏曰以六位自下言之初始而上終初本而上末以全體自上觀之上首而初足上角而初尾乾姤艮賁既未濟之象可見上六无首不能率衆以比於君之象言无能爲首也與乾用九辭同而旨異○沙隨程氏曰卦言其才則夫當順從而不可後爻言其變則首當統下而不可无其凶一也○雲峯胡氏曰王弼云乾剛惡首比吉惡後上六居五之後比之不先即卦辭所謂後夫凶者也諸家皆依之惟本義則與後夫之取義不同蓋乾以六爻陽剛盡變而爲坤之陰柔故曰无首比以陰柔居上亦曰无首者乾之无首剛而能柔不爲首也故吉比之无首陰柔不足爲首也故凶然卦辭惡其後爻辭惡其无首蓋其才既不足以高人又不能自卑以從人其凶同耳兩義亦自相貫

象曰比之无首ㅣ无所終也ㅣ니라

○象애ᄀᆞᆯ오ᄃᆡ比之无首ㅣ終홀배업스니라

【傳】比既无首、何所終乎、相比有首、猶或終違、始不以道、終復何保、故曰无所終

也

【本義】以上下之象、言之則爲无首、以終始之象、言之則爲无終、无首則无終矣、雲峰胡氏曰陰柔在上其德不足以爲首无以比下其效不能以有終○建安丘氏曰比卦六爻一陽五陰九五居得尊位爲顯比之主五陰爻皆求比者也比貴急不貴緩象曰後夫凶是也初六比之始先於比者故有他吉上六比之終後於比者故无首凶二以應五而内比四以承五而外比以柔比剛得比之正者故皆曰貞吉三於五非近非應不知比五反應上六无位之爻此所以有匪人之傷也歟【備旨】无所終言必不能終兒王者雖不與較而欲保首領以沒則從无所事乃決後夫之必凶也。

䷈ 乾下巽上

【傳】小畜、序卦、比必有所畜、故、受之以小畜、物、相比附則爲聚、聚、畜也、又相親比則志相畜、小畜所以次比也、畜、止也、止則聚矣、爲卦、巽上乾下、乾、在上之物、乃居巽下、夫畜止剛健、莫如巽順、爲巽所畜、故、爲畜也、然、巽、陰也、其體、柔順、唯能以巽順、柔其剛健、非能力止之也、畜道之小者也、又四以一陰、得位、爲五陽所說、得位、得柔巽之道也、能畜群陽之志、是以爲畜也、小畜、謂以小畜大、所畜聚者、小、所畜之事、小、以陰故也、彖、專以六四、畜諸陽、爲成卦之義、不言二體、蓋擧其重者、或以小畜爲臣畜君以大畜爲君畜臣程子曰不必如此大畜只是所畜者大小畜只是所畜者小不必定一件事便是君畜臣臣畜君皆是這道理隨大小用○或問有說此卦作巽體順是小人以柔順畜君子以庶禮卑辭相拘係其畜止人術甚小而无大謀大作故曰小畜不知如何朱子曰易不可專就人上說且就陰陽上看分明巽畜乾陰畜陽故謂之小若配之人事則爲小人畜君子也得爲臣畜君也得爲因小小事畜止也得不可泥定事說○南軒張氏曰以大畜小以陰畜陽天地之大經古今之通義也然事有出於一時不獨天下國家凡百君子之欲行事小人得以擾係之大事之將就小物得以邀阻之皆小畜也○白雲郭氏曰有止而畜之者畜之

大也有入而畜之者畜之小也

小畜은亨ᄒᆞ니密雲不雨는自我西郊ᄂᆞᆫ셔니라 畜勅六反 大畜卦同

(本義) 小畜은亨ᄒᆞ나密雲不雨ㅣ自我西郊ㅣ로다

○小畜은亨ᄒᆞ니雲이密호ᄃᆡ雨티몯호믄우리西郊로브터홈시니라 (本義) 小畜은亨ᄒᆞ나雲이密호ᄃᆡ雨티몯홈이우리西郊로브터홈이로다

【傳】雲、陰陽之氣、二氣、交而和則相畜固而成雨、陽倡而陰和、順也、故、和、若陰先陽倡、不順也、故、不和、不和則不能成雨、雲之畜聚、雖密而不(一有能字)成雨者、自西郊故也、東北、陽方、西南、陰方、自陰倡、故、不和而不能成雨、以人觀之、雲氣之興、皆自四遠、故、云郊、據四而言、故、云自我、畜陽者、四、畜之主也、或問密雲不雨自我西郊程子曰西郊陰所凡雨須陽倡乃成陰倡則不成矣今雲過西則雨過東則否是其義也所謂尙往者陰自西而往不待陽矣○建安丘氏曰乾本在上之物今在巽下則爲柔所畜故曰小畜巽爲陰乾爲陽惟巽順爲能畜乾健之性但六四以一陰而畜止五陽能係其志而不能固其志此又畜道之小者也夫物畜則止止極則行故小畜亦有亨義密雲陰氣也自二至四互兌屬西方故曰西郊四以柔居柔故有此象自我指四也凡雲自東而西則雨自西而東則不雨陰先倡也小畜以柔爲主不能固陽而止之故雲雖密而不雨

【本義】巽亦三畫卦之名、一陰、伏於二陽之下故、其德、爲巽爲入、其象、爲風爲木、小陰也、畜、止之之義也、上巽下乾、以陰畜陽、又卦唯六四一陰、上下五陽、皆爲所畜、故、爲小畜、又以陰畜陽、能係而不能固、亦爲所畜者、小之象、內健外巽、二五、皆陽、各居一卦之中而用事、有剛而能中其志得行之象、故、其占、當得亨通、

然、畜未極而施未行、故、有密雲不雨自我西郊之象、蓋密雲、陰物、西郊、陰方、我者、文王、自我也、文王、演易於羑里、視岐周、爲西方、正小畜之時也、筮者、得之則占亦如其象云、 朱子曰小畜是以巽之柔順而畜三陽畜他不住大畜則以艮畜乾畜得有力所以喚作大畜小畜亨是說陽緣陰畜他不住故陽得自亨橫渠言易爲君子謀不爲小人謀凡言亨皆是說陽到得說陰處便分曉說道小人吉亨字便是下面剛中而志行乃亨○問密雲不雨自我西郊曰此是以巽畜乾巽順乾健畜他不得故不能雨○沙隨程氏曰不雨者未能施澤也人臣道盛而未得君之象○胡氏旦曰文王當紂之時左右憸人終不能以止其進以此知文王志在明夷而道在小畜○雲峰胡氏曰自乾坤而下屯蒙需訟師比皆三男陽卦用事至此方見巽之一陰用事而以小畜名焉尊陽也陰之畜陽唯能以巽入柔其剛健非能力制之故陽之亨自若也小過六五爻辭與小畜彖辭同文王之意謂一陰畜乎五陽陰有所不及不能成雨也周公之意謂四陰過乎二陽陽有所不及亦不能成雨也陰不及不許小者之畜陽不及不許小者之過何也易固爲尊陽作也本義以爲文王之事何也下畜上小畜大正爲文王與紂之事但能用柔巽之道以止畜其惡然終不能大有所爲文王觀象而適有會於心故以其所遭者而言之

彖曰小畜은柔ㅣ得位而上下ㅣ應之ᄒᆞᆯᄉᆡ曰小畜이라

○彖애ᄀᆞᆯ오ᄃᆡ小畜ᄋᆞᆫ柔ㅣ位를得ᄒᆞ고上下ㅣ應ᄒᆞᆯᄉᆡᄀᆞᆯ온小畜이라

【傳】言成卦之義也、以陰居四、又處上位、柔、得位也、上下五陽、皆應之、爲所畜也、以一陰而畜五陽、能係而不能固、是以爲小畜也、彖解成卦之義而加曰字者、皆重卦名、文勢、當然、單名卦、惟革、有曰字、亦文勢、然也

【本義】以卦體、釋卦名義、柔得位、指六、居四、上下、謂五陽、 進齋徐氏曰柔得位者以六居四也上下應者五陽應之也凡卦一陰五陽則一陰爲之主小畜以四爲主而又得位故上下五陽皆爲所畜也然四得位而不能大有所畜者以柔故爾此卦之所以爲小畜也

健而巽ᄒᆞ며剛中而志行ᄒᆞ야乃亨ᄒᆞ니라

(本義)剛中而志行이라乃亨ᄒᆞ리라

○健ᄒᆞ고巽ᄒᆞ며剛이中ᄒᆞ고行애志ᄒᆞ야이예亨ᄒᆞ니라 (本義) 剛이中ᄒᆞ고志ㅣ行홈이라이예亨ᄒᆞ니라

【傳】以卦才、言也、內健而外巽、健而能巽也、二五、居中、剛中也、陽性、上進、下復乾體、志在於行也、剛居中、爲剛而得中、又爲中剛、言畜陽則以柔巽、言能亨則由剛中、以成卦之義言則爲陰畜陽、以卦才言則陽爲剛中、才、如是、故、畜雖小而能亨也

【本義】以卦德卦體而言陽猶可亨也、進齋徐氏曰健而巽以二德言剛中以二五言志行謂陽之志可以行也亦釋亨義○厚齋馮氏曰凡卦一陰五陽則一陰爲之主此孔子論易之例非必包犧文王命卦之本意也又曰健而巽剛中而志行彖多言卦材此亦孔子之例也上九之雨豈非亨乎天下之理未有畜而不亨者說者止述孔子之意而文王之志隱矣○雙湖胡氏曰朱子嘗說四聖之易不同因論大畜卦辭而曰文王說只是占得者爲利貞不家食而吉利涉大川至於剛上尙賢等處乃孔子發明卦義各有所主今厚齋可謂得朱子之心者若能如此灼見解經則非但文王之指不晦而夫子翼易又自發胷中所蘊不盡同於先聖之意亦昭然可見矣惜朱子欲以此例更定本義而未能也

密雲不雨는尙往也ㅣ오自我西郊는施未行也ㅣ라 施始豉反

○密雲不雨는오히려往홈이오自我西郊는施ㅣ行티몯홈이라 (本義) 尙ᄒᆞ야往홈이오

【傳】畜道、不能成大、如密雲而不成雨、陰陽、交而和則相固而成雨、二氣、不和、陽尙往而上、故、不成雨、蓋自我陰方之氣先倡、故、不和而不能成雨、其功施未行也、小畜之不能成大、猶西郊之雲、不能成雨也

【本義】尙往、言畜之未極、其氣、猶上進也、朱子曰凡雨者皆是陰氣盛凝結得密方濕潤下降爲雨且如飯甑蓋得密了氣鬱不通四畔方有濕汗今乾上進一陰止他不得所以云尙往也是指乾欲上進之象是陰包住他不得陽氣更散做雨不成所以尙往也○進齋徐氏曰尙往陽也言陽升而陰不能固止之也施未行陰也言陰未能畜陽降而成雨也言未行則非終不行矣○中溪張氏曰象既言志行而又言施未行何哉蓋志行者指二五兩陽而言謂陽以得行爲亨也施未行者主六四一陰而言謂其未能畜陽而成雨也○雲峯胡氏曰曰剛中而志行曰施未行兩行字相應陽被畜而志猶可行陰雖得位而施未可行本義兩猶字專爲陽言亦扶陽抑陰之意也

象曰風行天上이 小畜이니 君子ㅣ以ᄒᆞ야 懿文德ᄒᆞᄂᆞ니라

○象애ᄀᆞᆯ오ᄃᆡ風이天上에行홈이小畜이니君子ㅣ以ᄒᆞ야文德을懿ᄒᆞᄂᆞ니라

【傳】乾之剛健而爲巽所畜、夫剛健之性、惟柔順、爲能畜止之、雖可以畜止之、然、非能固制其剛健也、但柔順以擾係之耳、故、爲小畜也、君子、觀小畜之義、以懿美其文德、畜、聚、爲蘊畜之義、君子所蘊畜者、大則道德經綸之業、小則文章才藝、君子、觀小畜之象、以懿美其文德、文德、方之道義、爲小也

【本義】風、有氣而无質、能畜而不能久、故、爲小畜之象、懿文德、言未能厚積而遠施也、或問風行天上小畜象義如何朱子曰天在山中大畜蓋山是堅剛之物故能力畜其三陽風是柔軟之物止能小畜之而已○君子以懿文德言畜他不住且只逐些子發泄出來只以大畜比之便見得大畜說多

識前言往行以畜其德小畜只是做得這些箇文德如威儀文辭之類○潛室陳氏曰風行天上而有取於畜之理何也蓋風者披揚解散之意今爲風矣而止行於天之上是猶有物止畜而未得解散所以成畜之小也○雲峯胡氏曰小畜風行天上有氣无質懿文德者以之大畜天在山中氣凝於質多識前言往行者以之

初九는 復이 自道ㅣ어니 何其咎ㅣ리오 吉ᄒᆞ니라

○初九는 復홈이 道로브터 ᄒᆞ거니 므슴 그 咎ㅣ리오 吉ᄒᆞ니라

【傳】初九、陽爻而乾體、陽、在上之物、又剛健之才、足以上進而復、與在上、同志、其進復於上、乃其道也、故、云復自道、復既自道、何過咎之有、无咎而又有吉也、諸爻、言无咎者、如是則无咎矣、故、云无咎者、善補過也、雖使爻義、本善、亦不害於不如是、則有咎之義、初九、乃由其道而行、无有過咎、故、云何其咎、无咎之甚明也

【本義】下卦、乾體、本皆在上之物、志欲上進而爲陰所畜、然、初九、體乾、居下得正、前遠於陰、雖與四爲正應而能自守以正、不爲所畜、故、有進復自道之象、占者、如是則无咎而吉也、或問此爻與四相應正爲四所畜者乃云復自道何耶朱子曰易有不必泥爻義看者如此爻只平看自好復自道便吉復不自道便凶自无可疑者矣復自道之復與復卦之復不同復卦言己前不見了這陽如今復在此復自道是復他本位從那道路上去如无往不復之復○厚齋馮氏曰陽本在上之物故自下升上曰復此言由其所復之故道也○雲峯胡氏曰復字雖與復卦之復不同然復卦惟初與二言復言吉小畜惟初與二言復言吉復自道似不遠復二之牽復似休復休復以其下於初牽復以其連於初也彼則於六陰己極之時喜陽之復生於下此則於一陰得位之時喜陽之復升於上者也

象曰 復自道는 其義吉也ㅣ라

○象애ᄀᆞᆯ오ᄃᆡ復自道는그義ㅣ吉ᄒᆞ니라

【傳】陽剛之才、由其道而復、其義吉也、初與四、爲正應、在畜時、乃相畜者也、雲峯胡氏曰卦言畜取止之義爻言復取進之義爻與卦不可一例觀也蓋在下而畜於陰勢也其不爲所畜而復於上者理也況初以陽居陽雖與四陰爲正應而能自守以正其進復於上乃當然之理何咎之有其義當吉也

九二는牽復이니吉ᄒᆞ니라

○九二는牽ᄒᆞ야復홈이니吉ᄒᆞ니라

【傳】二以陽、居下體之中、五以陽、居上體之中、皆以陽剛、居中、爲陰所畜、俱欲上復、五雖在四上而爲其所畜則同、是同志者也、夫同患相憂、二五、同志、故、相牽連而復、二陽、並進則陰不能勝、得遂其復矣、故、吉也、曰遂其復則離畜矣乎、曰凡爻之辭、皆謂如是則可以如是、若已然則時已變矣、尙何敎誡乎、五爲巽體、巽畜於乾而反與二、相牽、何也、曰擧二體而言則巽畜乎乾、全卦而言則一陰、畜五陽也、在易、隨時取義、皆如此也、雙湖胡氏曰九二以陽剛應五五雖剛陽居上而體本陰柔非制畜之極不能逆己之進故得牽連而復所以得吉者居中之故也○東萊呂氏曰初九復自道何其咎吉九二牽復吉九陽也陽非久爲陰所畜者也故其志皆欲進復於上焉然則安於豢養而不復進者非可恥耶

【本義】三、陽、志同而九二、漸近於陰、以其剛中、故、能與初九、牽連而復、亦吉道也、占者、如是則吉矣、建安丘氏曰九二以陽剛而在下體之中亦欲上進非六四所能畜故與初九陽類牽連而進復其本位不失其中道所以吉也○雲峯胡氏曰初九前遠於陰以剛正能復九二漸近於陰以剛中而能牽復亦吉道也按程傳以爲二與五相牽攣本義之說則以爲二與五无應二之牽復自係於初五之攣如自係於四[illegible]道不同者不能牽既與初九牽連而復則亦進復自道矣小畜時君子最患勢孤二與初

牽其氣壯矣人安得而畜之故其吉與初九同

象曰牽復은在中이라亦不自失也ㅣ라

○象애ᄀᆞᆯ오ᄃᆡ牽復은中에인ᄂᆞᆫ디라ᄯᅩᄒᆞᆫ스ᄉᆞ로失티아니미라

【傳】二、居中得正者也、剛柔進退、不失乎中道也、陽之復、其勢、必强、二以處中、故、雖强於進、亦不至於過剛、過剛、乃自失也、爻、止言牽復而吉之義、象、復發明其在中之美、

【本義】亦者、承上爻義、張子曰初反自道三爲說輻二以彙征在中故未爲失○中溪張氏曰復待於牽己不如初復之爲易然牽而能復亦不爲失也 備旨 夫子恐人以牽復爲依附似少丁自道一節故特揭出在中二字以表之見得與復自道者一般自字正與自道自字應

九三은輿說輻이며夫妻反目이로다 說吐活反

○九三은輿ㅣ輻을說홈이며夫妻ㅣ目을反홈이로다

【傳】三、以陽爻、居不得中而密比於四、陰陽之情、相求也、又暱比而不中、爲陰畜制者也、故、不能前進、猶車輿、說去輪輻、言不能行也、夫妻反目、陰、制於陽者也、今反制陽、如夫妻之反目也、反目、謂怒目相視、不順其夫而反制之也、婦人、爲夫寵惑、旣而遂反制其夫、未有夫不失道而妻能制之者也、故、說輻反目、三、自爲也、

【本義】九三、亦欲上進、然、剛而不中、迫近於陰而又非正應、但以陰陽相說而爲所係畜、不能自進、故、有輿說輻之象、然、以志剛、故、又不能平而與之爭、故、又爲

夫妻反目之象ᄒᆞ、戒占者、如是則不得進而有所爭也、朱子曰小畜但能畜得九三一爻而已九三是迫近他底那下兩爻自牽連上來○龜山楊氏曰輿說輻不能有行也重剛不中切比於四爲陰所畜則道不行於妻子矣○漢上朱氏曰初二皆復三畜於四而不復者比而說之也陽无失道陰豈能畜之哉○平菴項氏曰輻陸氏釋文云本亦作輹按輻車轑也輹車軸轉也輻以利輪之轉輹以利軸之轉然輻无說理必輪破轂裂而後可說若輹則有說時車不行則說之矣大畜大壯皆作輹字又曰九三反目稱妻言相敵也上九既雨稱婦言相順也○雲峰胡氏曰大畜九三曰日閑輿衛則利有攸往小畜則曰輿說輻可也大畜以艮畜乾小畜以巽畜乾大畜九三與艮一陽同德故其輿利往小畜九三近巽之一陰而爲其所制故其輿不可行輿說輻陽畜於陰而不得進也夫妻反目陽不平其畜而與之爭也

象曰夫妻反目은不能正室也ㅣ라

○象애ᄀᆞᆯ오ᄃᆡ夫妻反目은能히室을正티몯홈이라

【傳】夫妻反目、蓋由不能正其室家也、三、自處不以道故、四、得制之、不使進、猶夫不能正其室家、故、致反目也

【本義】程子、曰說輻反目、三、自爲也、建安丘氏曰三雖陽剛乃昵於六四不正之陰爲其係畜而不能進至於反目皆三有以自取之也夫制於妻則其正家之道蓋可知矣孔子曰大車无輗小車无軏其何以行之哉此之謂也○雲峰胡氏曰非四之能制三三剛而不中自制於四耳【備旨】夫以妻爲室其責在夫三亦剛健君子不能守正故聖人專罪之自復者自也不自失者自也不能正室咎亦歸之自而已。

六四는有孚ㅣ면血去코惕出ᄒᆞ야无咎ㅣ리라 去上聲

(本義)有孚ᄒᆞ야血去코惕出이니

○六四ᄂᆞᆫ孚ᄅᆞᆯ두어ᄒᆞ면血이去ᄒᆞ고惕애出ᄒᆞ야咎ㅣ업스리라(本義)孚ㅣ이셔血이

去ᄒᆞ고惕애出홈이니

【傳】四於畜時、處近君之位、畜君者也、若內有孚誠則五志信之、從其畜也、卦獨一陰、畜衆陽者也、諸陽之志、係于四、四、苟欲以力畜之則一柔、敵衆剛、必見傷害、惟盡其孚誠以應之則可以感之矣、故、其傷害、遠、其危懼、免也、如此則可以无咎、不然則不免乎害矣、此、以柔畜剛之道也、以人君之威嚴而微細之臣、有能畜止其欲者、蓋有孚信以感也

【本義】以一陰、畜衆陽、本有傷害憂懼、以其柔順得正、虛中巽體、二陽、助之、是、有孚而血去惕出之象也、无咎、宜矣、故、戒占者、亦有其德則无咎也、隆山李氏曰需三陽並進九三雖曰致寇而六四則曰需于血出自穴小畜三陽並進九三雖曰說輻而六四亦曰血去惕出陰陽相迫不能无傷聖人必使陰避陽著以爲訓雖六四爲一卦之主不少假借也易之書其專戒陰柔之用事者耶○雲峰胡氏曰三陽健進四强畜之三雖說輻四亦不能无傷故曰血曰惕危之也必有孚而後血可去惕可出乃可无咎戒之也或曰九五陽實曰有孚六四陰虛亦曰有孚何也曰中孚二陰居一卦之中中虛爲信之本二五皆陽居上下卦之中中實爲信之質小畜四與五皆曰有孚亦此意也

象曰有孚惕出은上合志也ㅣ라

○象애ᄀᆞᆯ오ᄃᆡ有孚惕出은上과志ㅣ合홈이라

【傳】四旣有孚則五、信任之、與之合志、所以得惕出而无咎也、惕出則血去、可知擧其輕者也、五旣合志、衆陽、皆從之矣、雙湖胡氏曰三陽上進而六四獨當其鋒將拒而止之必爲所傷然以由中之信依附上之二陽與之合志而共畜之則

可以血去惕出而无咎矣 備旨 此上合志要說得斟酌四惟有孚以待君子故與五之有孚攣如相合合乃四之有孚能致其合非四合上之志也。

九五는 有孚ㅣ라 攣如ᄒᆞ야 富以其鄰이로다 攣力專反

(本義) 有孚攣如ᄒᆞ야

○九五는孚를둔는디라 攣ᄒᆞ야 富ㅣ그鄰으로뻐ᄒᆞ놋다 (本義) 孚ㅣ이셔攣ᄒᆞ야 富로그鄰을以ᄒᆞ놋다

【傳】 小畜、衆陽、爲陰所畜之時也、五以中正、居尊位而有孚信則其類、皆應之矣、故、曰攣如、謂牽連相從也、五必援挽、與之相濟、是富以其鄰也、五以居尊位之勢、如富者、推其財力、與鄰比、共之也、君子、爲小人所困、正人、爲羣邪所厄則在下者、必攀挽於上、期於同進、在上者、必援引於下、與之戮力、非獨推己力、以及人也、固資在下之助、以成其力耳

【本義】 巽體三爻、同力畜乾、鄰之象也、而九五、居中處尊、勢能有爲、以兼乎上下、故、爲有孚攣固用富厚之力而以其鄰之象、以、猶春秋、以某師之以、言能左右之也、占者、有孚則能如是也、 朱子曰富以其鄰與上合志是說上面巽體同力畜乾鄰如東家取箇西家取箇取上下兩畫也此言五居尊位便動得那上下底攣如手把攣住之象○問小畜以一陰而畜五陽而九五乃云富以其鄰是與六四之陰並力而畜下三陽不知九五何故反助陰邪曰九五上九皆爲陰所畜又是同巽之體故反助之也○徂徠石氏曰上三爻巽體皆務畜者也六四爲畜之主然陰則虛乏九五陽爲富能推其富以助六四共止畜之是富以其鄰也○睽氏淵曰以統體言之固是以一陰畜五陽然就九五而言則下與四比上與上連爲鄰之象謂巽三爻同力畜乾却見得自上畜下之意分明也○雲峰胡氏曰攣

字與牽字皆有相連之義初與二皆乾體故二連初皆欲上進有牽之象四與五皆巽體故五連四上相與畜在下之三陽有攣之象然二與初之占皆吉五與四上皆无占吉之辭聖人言外之意可見也中孚九五亦言有孚交如蓋言交如者異體之交也攣如者同體之合也

象曰有孚攣如ᄂᆞᆫ不獨富也ㅣ라

○象애 ᄀᆞᆯ오ᄃᆡ 有孚攣如ᄂᆞᆫ 혼자 富티 아니미라

【傳】有孚攣如、(一有而字)蓋其鄰類、皆牽攣而(一无而字)從之、與衆同欲、不獨有其富也、君子之處難厄、惟其至誠、故、得衆力之助而能濟其衆也、臨川吳氏曰五之能攣四也不獨有其富而與四共之也【備旨】爻象言富而象獨歸重孚蓋推心置腹爲收拾人心之本而豪傑之望風景從寔出爵祿圭組之外也。

上九ᄂᆞᆫ既雨既處ᄂᆞᆫ尙德ᄒᆞ야載니婦ㅣ貞이면厲ᄒᆞ리라

(本義)婦ㅣ貞이라도厲ᄒᆞ리니。

○上九ᄂᆞᆫ 임의 雨ᄒᆞ야 임의 處ᄒᆞ요ᄆᆞᆫ 德을 尙ᄒᆞ야 載홈이니 婦ㅣ 貞ᄒᆞ면 厲ᄒᆞ리라 (本義) 婦ㅣ 貞ᄒᆞ야도 厲ᄒᆞ리니

【傳】九以巽順之極、居卦之上、處畜之終、從畜而止者也、爲四所止也、既雨、和也、既處、止也、陰之畜陽、不和則不能止、既和而止、畜之道、成矣、(一作畜道之成也)大畜、畜之大、故、極而散、小畜、畜之小、故、極而成、尙德載、四、用柔巽之德、積滿而至於成也、陰柔之畜剛、非一朝一夕、能成、由積累而至、可不戒乎、載、積滿也、詩云厥聲載路、婦貞厲、婦、謂陰、以陰而畜陽、以柔而制剛、婦、若貞固守此、危厲之道也、安有婦制其夫、臣制其君而能安者乎、建安丘氏曰卦辭言不雨未成畜也上九言既雨畜道成矣此卦爻互辭以見意也如履卦不咥人亨爻言咥人凶亦與此類同○雙湖胡氏曰嘗觀卦爻辭多不同今小畜諸爻各自取義無復密雲西郊意亦可見爻辭周公作故不同也

月幾望이니君子ㅣ征이면凶ᄒ리라 幾音機

○月이거의望이니君子ㅣ征ᄒ면凶ᄒ리라

【傳】月望則與日敵矣、幾望、言其盛將敵也、陰、已能畜陽而云幾望、何也、此、以柔巽、畜其志也、非力能制也、然、不已則將盛於陽而凶矣、於幾望而爲之戒曰婦將敵矣、君子、動則凶也、君子、謂陽、征、動也、幾望、將盈之時、若已望則陽已消矣、尙何戒乎

【本義】畜極而成、陰陽、和矣、故、爲既雨既處之象、蓋尊尙陰德、至於積滿而然也、陰加於陽、故、雖正、亦厲、然、陰既盛而抗陽則君子、亦不可以有行矣、其占、如此、爲戒深矣、朱子曰既雨既處言便做畜得住了做得雨後這氣畢竟便透出散了德積是說陰德婦人雖正亦危月才滿便虧君子到此亦行不得這是那陰陽皆不利底象又曰上九雖是陰畜陽至極處和而爲雨畢竟陰制陽是不順所以雖正亦厲○厚齋馮氏曰乾陽至上而窮窮則不可復進而受畜矣故不雨者今既雨牽復者今既處巽之陰於是乎尙德之載然使爲婦者以是爲貞則厲也戒巽也巽於是乎爲幾望之月使爲君子者猶有所征則凶也戒乾也夫陰雖盛豈得加陽陽不失道豈制於陰此易所以兩致其戒不使至於極也○雲峯胡氏曰四之畜道成於終故於終爻示戒密雲不雨爲陰言也今既雨矣剛中志行爲陽言也今既處而不行矣尙德載婦貞厲又爲陰言月幾望君子貞凶又爲陽言蓋陰畜陽至此已成陰雖正亦厲陽有動必凶陰陽兩不利之象坤六陰欲敵陽極而陰陽兩傷小畜一陰欲畜陽極而陰陽兩不利爲戒深矣

象曰既雨既處는德이積載也ㅣ오君子征凶은有所疑也ㅣ니라

○象애ᄀᆞᆯ오ᄃᆡ既雨既處ᄂᆞᆫ德이積ᄒᆞ야載홈이오君子征凶은疑ᄒᆞᄂᆞᆫ배이시미니라

【傳】既雨既處、言畜道、積滿而成也、陰將(一作既)盛(一有則字)極、君子、動則有凶也、陰敵陽則必消陽、小人、抗君子則必害君子、安得不疑慮乎、若前知疑慮而警懼、求所以制之則不至於凶矣、節齋蔡氏曰疑均敵也柔畜既盛必敵剛也○臨川吳氏曰此與訟卦九二象傳例同全擧爻辭下文有所疑也四字乃幷釋其義○建安丘氏曰小畜以巽畜乾巽陰卦陰小也故爲小畜在六爻上三爻巽爲畜者也下三爻乾受畜者也乾初與四應未受四之畜故初復自道而四有孚血去也二與五應漸爲五所畜故二牽復而五有孚攣如也此四爻皆未成畜者至三與上以同德相應始爲上所畜而不能進焉故三言輿說輻上言既雨既處也畜而至此畜道成矣(備旨)陰德非積是漸漸養成有罪君子不能謹微意疑訓碍是不利於小人不利故凶

備旨具解原本周易卷之四

備旨具解原本周易卷之五

☰☱ 兌下乾上

【傳】履、序卦、物畜然後、有禮、故、受之以履、夫物之聚則有大小之別、高下之等、美惡之分、是物畜然後、有禮、履所以繼畜也、履、禮也、禮、人之所履也、爲卦、天上澤下、天而在上、澤而處下、上下之分、尊卑之義、理之當也、禮之本也、常履之道也、故爲履、履、踐也、藉也、履物、爲踐、履於物、爲藉、以柔藉剛、故、爲履也、不曰剛履柔而曰柔履剛者、剛乘柔、常理、不足道、故、易中、唯言柔乘剛、不言剛乘柔也、言履藉於剛、乃見卑順說應之義、

履虎尾라도 **不咥人**이라 **亨**ᄒᆞ니라 咥直結反

○虎의尾를履ᄒᆞ야도人을咥티아니홈이라亨ᄒᆞ니라

【傳】履、人所履之道也、天在上而澤處下、以柔履藉於剛、上下、各得其義、事之至順、理之至當也、人之履行、如此、雖履至危之地、亦无所害、故、履虎尾而不見咥嚙、所以能亨也、

【本義】兌亦三畫卦之名、一陰、見於二陽之上、故、其德、爲說、其象、爲澤、履、有所躡而進之義也、以兌遇乾、和說以躡剛强之後、有履虎尾而不見傷之象、故、其卦、

爲履而占、如是也、人能如是則處危而不傷矣、朱子曰履虎尾言履危而不傷之象上乾下兌以陰躡陽是隨後躡他如踏他脚跡相似所以云履虎尾是隨後履他尾故於卦之三四爻發虎尾義便是陰去躡他陽背脊後處伊川云履藉說得生受○西溪李氏曰履虎尾蹈危機也人唯履患難而不爲患難所傷然後爲履道之亨○潛室陳氏曰卦辭之虎尾主九四言其正體也爻辭之虎尾主九五言其變體也卦爲正體爻多變體不可執泥○中溪張氏曰履虎尾即書云心之憂危若蹈虎尾是也履虎尾安有不咥人者此特寓言其履至危而不危之象爾○雲峯胡氏曰程傳訓履爲踐爲藉以上下論也本義云有所躡而進以前後論也於尾字爲切諸家多以兌爲虎本義從程傳以乾爲虎本夫子彖傳意也不咥人亨小畜之亨在乾乾之陽能達於一陰之上也履之亨在兌兌之陰能安於三陽之下也大抵人之涉世多是危機不爲所傷乃見所履大傳曰易之興也其當文王與紂之事耶是故其辭危危眞危於履虎尾之辭矣故九卦處憂患以履爲首

彖曰履ᄂᆞᆫ柔履剛也ㅣ니

○彖애 ᄀᆞᆯ오ᄃᆡ 履ᄂᆞᆫ柔ㅣ剛애履ᄒᆞ옴이니

【本義】以二體、釋卦名義、雲峯胡氏曰本義謂二體見得是以兌體之柔履乾體之剛非指六三以柔而履剛也

說而應乎乾이라是以履虎尾不咥人亨이라 說音悅

○說로乾ᄅᆞᆯ應ᄒᆞᄂᆞᆫ디라일로써虎尾ᄅᆞᆯ履ᄒᆞ야도人을咥티아니ᄒᆞ야亨ᄒᆞᆷ이라

【傳】兌以陰柔、履藉乾之陽剛、柔履剛也、兌以說順、應乎乾剛而履藉之、下順乎上、陰承乎陽、天下之至正一作正理也、所履如此、至順至當、雖履虎尾、亦不見傷害、以此履行、其亨、可知、

【本義】以卦德、釋彖辭、雷氏曰六三進則履乾之後履虎尾也反不咥人而得亨者由說而應乎乾故也○平菴項氏曰以兌說而應乎乾則所行无忤履雖危而不傷莊周曰虎媚養己者順也唯柔順而說則履虎尾而不咥人且有能亨之理○雲峰胡氏曰說而應乎乾亦是以下體之兌應上體之乾若蒙曰志應師曰剛中而應是剛柔兩爻自相應比小畜上下應是一爻爲主而衆爻應之

剛中正으로履帝位ᄒᆞ야而不疚ㅣ면光明也ㅣ라

(本義) 而不疚ㅣ니光明也ㅣ라

○剛코中코正홈으로帝位를履ᄒᆞ야疚티아니ᄒᆞ면光明ᄒᆞ리라 (本義) 疚티아니ᄒᆞ니光明ᄒᆞ니라

【傳】九五、以陽剛中正、尊履帝位、苟无疚病、得履道之至善光明者也、疚、謂疵病、夬履、是也、光明、德盛而輝光也、

【本義】又以卦體、明之、指九五也、臨川吳氏曰又以卦體釋彖辭之占言占之亨者以九五之剛中正履帝位而不疚且光明也剛而得中得正其德之不疚病尊居帝位而臨下其位之光明顯著也不疚光明所謂亨也○雲峰胡氏曰釋彖已畢又於此專指九五以推廣其義猶乾坤文言也履者小畜之反小畜曰柔得位此則曰剛中正履帝位而不疚言外之意可見

象曰上天下澤이履ㅣ니君子ㅣ以ᄒᆞ야辯上下ᄒᆞ야定民志ᄒᆞᄂᆞ니라

○象애ᄀᆞᆯ오ᄃᆡ上이天이오下ㅣ澤이履ㅣ니君子ㅣ以ᄒᆞ야上下를辯ᄒᆞ야民志를定ᄒᆞᄂᆞ니라

【傳】天在上、澤居下、上天一作下之正理也、人之所履、當如是、故、取其象而爲履、君

子、觀履之象、以辯別上下之分、以定其民志、夫上下之分、明然後、民志、有定、民志、定然後、可以言治、民志、不定、天下、不可得而治也、古之時、公卿大夫而下、位各稱其德、終身居之、得其分也、位未稱德則君、擧而進之、士修其學、學至而君、求之、皆非有預於己也、農工商賈、勤其事而所享、有限、故、皆有定志而天下之心、可一、後世、自庶士、至于公卿、日志于尊榮、農工商賈、日至于富侈、億兆之心、交騖於利、天下、紛然、如之何其可一也、欲其不亂、難矣、此、由上下、无定志也、君子、觀履之象而分辯上下、使各當其分、以定民之心志也、

【本義】程傳、備矣、或問履如何都做禮字說朱子曰辯上下定民志便也是禮底意思○廣平游氏曰天高地下禮制行矣人之所履禮而已故上天下澤有履之象君子觀象於此則可以辯上下上下既辯則名分立而民志定矣此以成卦之體言之○厚齋馮氏曰卦本以兌履乾爲義正與小畜以巽畜乾對也天澤上下自是孔子贊象之意然市合之取諸噬嗑備豫之取諸豫古人用字聲同者皆通則履之爲禮因天澤之象亦可無通要之立卦之義則以踐履之履也

初九는素履로往ᄒᆞ면无咎ㅣ리라

○初九는素履로往ᄒᆞ면咎ㅣ업스리라(本義)素履니往ᄒᆞ야

(本義)素履니往ᄒᆞ야

【傳】履不處者、行之義、初處至下、素在下者也、而陽剛之才、可以上進、若安其卑下之素而往則无咎矣、夫人、不能自安於貧賤之素則其進也、乃貪躁而動、求去乎貧賤耳、非欲有爲也、既得其進、驕溢、必矣、故、往則有咎、賢者則安履其素、其處

也、樂、其進也、將有爲也、故、得其進則有爲而无不善、乃守其素履者也、

【本義】以陽在下、居履之初、未爲物遷、率其素履者也、占者、如是則往而无咎也、張子曰陰累不干无應於上故其履潔素○東萊呂氏曰此最是敎人出門第一步○臨川吳氏曰初九陽剛安於在下不變所守素其位而行者也舜飯糗茹草若將終身顏子居於陋巷不改其樂其斯之謂歟○雲峯胡氏曰初未交於物有素象按本義與蔡氏皆曰居履之初不爲物遷蔡氏則曰素者无文之謂蓋履禮也履初言素禮以質爲本也賁文也賁上言白文之極反而質也白賁无咎其即此之素履往无咎者歟本義只未爲物遷一句己含此意蓋以爲質素而未遷可也以爲安於貧賤之素而未遷亦可也【備旨】素平素履行也率其素履而行則窮達无兩心其處也樂其出也有爲奕有作淡素質素說者反小了君子之素居仁由義堯舜君民何等的大淡質云乎哉

象曰素履之往은獨行願也ㅣ라

○象애ᄀᆞᆯ오ᄃᆡ素履의往홈은홀로願을行홈이라

【傳】安履其素而往者、非苟利也、獨行其志願耳、獨、專也、若欲貴之心、與行道之心、交戰于中、豈能安履其素也、程子曰素履者雅素之履也初九剛陽素履己定但行其志耳故曰獨行願也○厚齋馮氏曰无應故曰獨中庸君子素其位而行不願乎其外是也【備旨】獨者專也履與願皆君子所素具專行其願而不分於他故能率其素履而不改也此最士人出門第一着

九二ᅵ는履道ㅣ坦坦ᄒᆞ니幽人이라아貞코吉ᄒᆞ리라

(本義)幽人이라

○九二ᄂᆞᆫ履ᄒᆞ논道ㅣ坦坦ᄒᆞ니幽ᄒᆞᆫ人이라아貞코吉ᄒᆞ리라(本義)幽ᄒᆞᆫ人이라

【傳】九二、居柔、寬裕得中、其所履、坦坦然平易之道也、雖所履、得坦易之道、亦

必幽靜安恬之人、處之、則能貞固而吉也、九二、陽、志、上進、故、有幽人之戒、朱子曰伊川這一卦說那大象幷彖履履道坦坦處却說得好履道道卽路也

【本義】剛中在下、无應於上、故、爲履道平坦幽獨守貞之象、幽人、履道而遇其占則貞而吉矣、進齋徐氏曰上无應與而獨善其身日用常行坦然平易不爲艱難阻絶之行自守以正外物不亂故吉○雙湖胡氏曰九二不正而云貞吉者戒之以正則吉也○雲峰胡氏曰本義云幽人履道而遇其占則貞而吉看得道字重蓋人之所履未有不合道而吉者小畜初九與六四一陰相應而能復自道所以吉履九二與六三一陰相比而自能履道所以貞吉也○建安丘氏曰履以陽爻處陰位爲美二與四同也而二有坦之四易有愬愬之懼者二得中而四不得中也二與五各得中位二貞吉而五貞厲者二以剛居柔五以剛居剛也故履卦諸爻惟九二爲能盡履道之義【備旨】履道者尊德樂義所履惟道也坦坦是形容他履道的氣象蓋世網不攖行門泌水海濶天空也貞吉而曰幽人者明乎身江湖而心魏闕者不足以當之也○嚴子陵桐江下絲繫漢九鼎似此

象曰幽人貞吉은 中不自亂也ㅣ라

○象애ᄀᆞᆯ오ᄃᆡ幽人貞吉은中이스스로亂티아니ᄒᆞᆷ이라

【傳】履道、在於安靜、其中、恬正則所履、安裕、中若躁動、豈能安其所履、故、必幽人、則能堅固而吉、盖其中心、安靜、不以利欲、自亂也、張子曰中正不累无援于上故中不自亂得幽人之貞也○進齋徐氏曰初二皆陽剛而說體故有素履幽人之戒又皆无應於上故初曰獨行願也二曰中不自亂也【備旨】自字最妙中能自持便自不亂見非矯以拒物者

六三은 眇能視며 跛能履라 履虎尾호야 咥人이니 凶호고 武人이 爲于大

君이로다 跛 波我反

○六三은眇ㅣ能히視ㅎ며跛ㅣ能히履홈이라虎尾를履ㅎ야人을咥홈이니凶ㅎ고武人이大君이되오미로라

【傳】三、以陰居陽、志欲剛而體本陰柔、安能堅其所履、故、如盲眇之視、其見、不明、跛躄之履、其行、不遠、才既不足而又處不得中、履非其正、以柔而務 一作勝 剛、其履如此、是、履於危地、故、曰履虎尾、以不善履、履危地、必及禍患、故、曰咥人凶、武人爲于大君、如武暴之人而居人上、肆其躁率而已、非能順履而遠到也、不中正而志剛、乃爲群陽所 一有不字 與、是以、剛躁蹈危而得凶也、

【本義】六三、不中不正、柔而志剛、以此履乾、必見傷害、故、其象、如此而占者、凶、又爲剛武之人、得志而肆暴之象、如秦政項籍、豈能久也、 朱子曰武人爲于大君必有此象但六三陰柔不見得有武人之象○雲峰胡氏曰眇能視跛能履本義以爲不中不正柔而志剛之象歸妹初與二分言之行不中則跛歸妹初九但曰跛不中也視不正則眇歸妹九二但曰眇不正也易春秋書法美惡不嫌同辭履六三一爻並書之者兼三不中且不正也凡卦辭以爻爲主則爻辭與卦同如屯卦利建侯而初爻亦利建侯以卦上下體論則爻辭與卦不同如此卦云履虎尾不咥人而六三則書曰咥人是也卦書不咥人兌三爻說體自與乾三爻健體相應也爻書咥人六三一爻與上九一爻獨相應履虎尾而首應也六三眇自以爲能視跛自以爲能履猶武人而自以爲能有爲於天下者也爻之辭曰履虎尾咥人凶象占具矣又繼以武人爲于大君須看兩人字三人位也人而不能免人道之患者必得志而肆暴之武人也其示戒深矣○爪山潘氏曰以六居三質柔志剛不量己力妄欲有爲應上九而履羣陽如眇欲視跛欲履武人欲爲君其凶宜矣○雙湖胡氏曰武人陰象以一柔爲成卦之主而統五陽有武人爲大君之象人陽也

或者謂六三陰柔非武人之象不知陽類多是寬和仁厚底人陰類多是勇敢强暴之人陽主生陰主殺陽之氣溫厚陰之氣嚴凝也

象曰眇能視는不足以有明也ㅣ오跛能履는不足以與行也ㅣ오

○象애 ᄀᆞᆯ오ᄃᆡ 眇能視ᄂᆞᆫ足히 써明이 잇ᄯᅵ 몯홈이오 跛能履ᄂᆞᆫ足히 써더 브러行 티몯홈이오

【傳】陰柔之人、其才、不足、視不能明、行不能遠而乃務剛、所履如此、其能免於害乎、建安丘氏曰眇跛爻柔也能視能履位剛也但眇者之視則明不足以燭遠跛者之履則行不足以致遠也

咥人之凶은位不當也ㅣ오武人爲于大君은志剛也ㅣ라

○咥人의凶홈은當티아니홈이오武人爲于大君은志ㅣ剛홈이라

【傳】以柔居三、履非其正、所以致禍害被咥而凶也、以武人爲喩者、以其處陽、才弱而志剛也、志剛則妄動、所履、不由其道、如武人而爲大君也、雲峯胡氏曰爻以位爲志三志剛所以觸禍四志行所以避禍

九四는履虎尾니愬愬이면終吉이라 愬山革反

（本義）履虎尾니愬愬ᄒᆞ야

○九四ᄂᆞᆫ虎의尾을履홈이니愬愬ᄒᆞ면 ᄆᆞᄎᆞ매吉ᄒᆞ리라（本義）虎尾ᄅᆞᆯ履ᄒᆞ나 愬愬ᄒᆞ야

【傳】九四、陽剛而乾體、雖居四、剛勝者也、在近君多懼之地、无相得之義、五復剛決之過、故、爲履虎尾、愬愬、畏懼之貌、若能畏懼則當終吉、蓋九雖剛而志柔、四雖近而不處、故、能兢愼畏懼則終免於危而獲吉也、

【本義】九四、亦以不中不正、履九五之剛、然、以剛居柔、故、能戒懼而得終吉、朱子曰履三四爻正是躡他虎尾處陽是進底物事四又上躡五亦爲虎尾之象○雲峰胡氏曰三履虎尾四亦言之者承三而言也但本義於三之履虎尾曰不中不正以履乾是以乾爲虎而三在其後也於四之履虎尾則曰亦以不中不正履九五之剛是以九五爲虎而四在其後也大抵以兌說視乾剛則乾爲虎自乾之三爻視之唯五以剛居剛謂五爲虎亦可也然三四皆不中正而占有不同者三多凶履之三以柔居剛其凶也宜四多懼履之四以剛居柔愬愬然所以終吉○胡氏曰卦彖爻之辭言履虎尾者凡四以卦彖言則兌以和說履乾剛之後非決行不顧者故不咥人亨以爻言三正當兌口以柔爻以蹈剛位和說之體不具所以咥人凶四位雖不正然以剛履柔剛不至於强暴所以能戒懼而終吉故不言咥人也【備旨】愬愬有詳審顧慮意蓋是夙夜匪解小心翼翼的光景所以雖危不危

象曰愬愬終吉은 志行也ㅣ라

○象애골오ᄃᆡ愬愬終吉은志ㅣ行호려홈이라

【傳】能愬愬畏懼則終得其吉者、志在於行而不處也、去危則獲吉矣、陽剛、能行者也、居柔、以順自處者也、龜山楊氏曰以剛承陽處多懼之地履虎尾之象也然體剛而志柔知愬愬戒懼順以從上故志行而終吉矣○朱子曰志行也只是說進將去【備旨】愬愬而後吉可見剛君之前竝不得才使不得氣全以敬謹感格爲主也

九五는 夬履니 貞이라도 厲ᄒᆞ리라

○九五는夬히履홈이니貞ᄒᆞ야도厲ᄒᆞ리라

【傳】夬、剛決也、五以陽剛乾體、居至尊之位、任其剛決而行者也、如此則雖得正、猶危厲也、古之聖人、居天下之尊、明足以照、剛足以決、勢足以專、然而未嘗不盡天下之議、雖芻蕘之微、必取、乃其所以爲聖也、履帝位而光明者也、若自任剛明、決行不顧、雖使得正、亦危道也、可固守乎、有剛明之才、苟專自任、猶爲危道、況剛明不足者乎、易中、云貞厲、義各不同、隨卦可見、

【本義】九五、以剛中正、履帝位而下以兌說、應之、凡事、必行、无所疑礙、故、其象爲夬決、其履、雖使得正、亦危道也、故、其占、爲雖正而危、爲戒深矣、或問彖言剛中正履帝位而不疚正指九五而言而九五爻辭乃曰夬履貞厲有危象焉何也朱子曰夬決也九五以剛中正履帝位而下又以和說應之故其所行果決自爲无所疑礙所以雖正亦厲蓋曰雖使得正亦危道也爲戒深矣又曰夬履是做得忒快雖合底也有危厲正東坡所謂藝治世而危明主也○雲峰胡氏曰九五剛中正履帝位而下以兌說應之凡事必行何不可者而聖人猶以夬履爲戒蓋處順境愈不可不戒懼也在下者不患其不憂患其不能樂故喜其履坦在上者不患其不樂患其不能憂故戒其夬履二之坦則正而吉喜之也五之夬則雖正而危戒之也

象曰夬履貞厲는 位正當也ㄹ시라

○象에 골오ᄃᆡ 夬履貞厲는 位ㅣ 正히 當ᄒᆞᆯ시라

【傳】戒夬履者、以其正當尊位也、居至尊之位、據能專之勢而自任剛決、不復畏懼、雖使得正、亦危道也、

【本義】傷於所恃、雲峰胡氏曰或恃其聰明或恃其勢位惟其自恃所以自決

上九는 視履ᄒᆞ야 考祥호ᄃᆡ 其旋이면 元吉이리라

○上九ᄂᆞᆫ 履ᄅᆞᆯ 보와 祥을 考호ᄃᆡ 그 旋ᄒᆞ면 元코 吉ᄒᆞ리라

【傳】上處履之終、於其終、視其所履行、以考其善惡禍福、若其旋則善且吉也、旋、謂周旋、完備无不至也、人之所履、考視其終、若終始周完无疚、善之至也、是以、元吉、人之吉凶、係其所履善惡之多寡、吉凶之小大也、程子曰視履考祥居履之終反觀吉凶之祥周至則善吉也故曰其旋元吉

【本義】視履之終、以考其祥、周旋无虧則得元吉、占者禍福、視其所履而未定也、

朱子曰視履考祥居履之終視其所履而考其祥做得周備底則大吉若只是半截時无由考得其祥後面半截却不好未可知旋是那團旋來却到那起頭處○漢上朱氏曰吉事有祥祥生於所履者也視我所履則吉可考而知矣○進齋徐氏曰履至上九履道成矣降祥在天不必考之於天唯視吾之所履何如耳使其動容周旋之際无不合禮則必獲元吉○雲峰胡氏曰小畜履上九皆不取本爻義小畜取畜之終履取履之終但小畜之終專從六四一陰說來故曰凶履之終統從諸爻說來故曰其旋元吉凡事善而或一事之未善一事中九分善而或一分之未善皆非旋也皆非大善而吉也故本義云占者禍福視其所履而未定也

象曰元吉在上이 大有慶也니라

○象애 ᄀᆞᆯ오ᄃᆡ 元吉로 上애 이쇼미 크게 慶이 이실이니라

【傳】上、履之終也、人之所履、善而吉、至其終、周旋无虧、乃大有福慶之人也、人之行、貴乎有終、

【本義】若得元吉則大有福慶也、雲峰胡氏曰吉所以爲慶元所以爲大○建安丘氏曰履以上天下澤爲象則履者禮也象言履虎尾踐履之象也在六爻則皆主踐履之義言之初上履之始終也初言往上言旋一進一反而履之象見矣中四爻以剛履柔者吉以柔履剛者凶以剛履剛者厲以剛履柔者能行而不輕於行九二之幽人貞吉九四之愬愬終吉是也以柔履剛者不能行而强於行六三

之跛履是也以剛履剛者能行而果決於行九五之夬履是也王輔嗣曰陽爻處陰位謙也故此一卦皆以陽處陰爲善

䷊ 乾下坤上

【傳】泰、序卦、履而泰然後、安、故、受之以泰、履得其所則舒泰、泰則安矣、泰所以次履也、爲卦、坤陰、在上、乾陽、居下、天地陰陽之氣、相交而和則萬物、生成、故、爲通泰、誠齋楊氏曰乾坤天地之泰初屯蒙人物之泰初有物此有養故需而養之養者生之源亦爭之端爭一生焉小者訟大者戰師以除其惡比以附其善畜以生聚履以辯治而後致泰豈一手一足之力哉故曰古之无聖人則人之類滅久矣

泰ᄂᆞᆫ小ㅣ往고大ㅣ來ᄒᆞ니吉ᄒᆞ야亨ᄒᆞ니라

○泰ᄂᆞᆫ小ㅣ往ᄒᆞ고大ㅣ來ᄒᆞ니吉ᄒᆞ야亨ᄒᆞ니라

【傳】小、謂陰、大、謂陽、往、往之(一作居)於外也、來、來居於內也、陽氣下降、陰氣上交也、陰陽、和暢則萬物、生遂、天地之泰也、以人事言之、大則君上、小則臣下、君、推誠以任下、臣、盡誠以事君、上下之志、通、朝廷之泰也、陽爲君子、陰爲小人、君子、來處於內、小人、往處於外、是君子、得位、小人、在下、天下之泰也、泰之道、吉而且亨也、不云元吉元亨者、時有汚隆、治有小大、雖泰、豈一槩哉、言吉亨則可包矣、隆山李氏曰天位乎上地位乎下此乾坤之體也天氣下降地氣上騰此乾坤之用也當泰通之世陽來于內陰往于外來者爲主故大者吉而亨蓋在內而實則吉氣騰而爲亨也又曰凡易中陽爲明陰爲暗陽爲實陰爲虛陽爲富陰爲貧陽爲貴陰爲賤陽爲大陰爲小諸卦可例推作易者尊陽而卑陰蓋如此

【本義】泰、通也、爲卦、天地交而二氣通、故、爲泰、正月之卦也、小、謂陰、大、謂陽、言坤往居外、乾來居內、又自歸妹來則六往居四、九來居三也、占者、有剛陽之德則吉而亨矣、節齋蔡氏曰坤本在下之物自下而上故曰往乾本在上之物自上而下故曰來往者已去則來者當時大來則陽當時用故曰吉亨○雙湖胡氏曰小往大來卦變也泰自否來三陰往居於外三陽來居於內而成泰也伏羲畫卦陰陽一時俱定卦中爻畫无能上下往來之理唯卜筮遇九六則有本卦之卦以爲占文王觀象而係卦見此卦有自彼卦來之象寓於往來數字間卦體始爲之活動矣上經可推僅四卦非揲蓍求卦之義也

○雲峯胡氏曰三陽來而居內三陰往而居外陰陽之正唯泰卦爲然自乾坤至履陽三十畫陰三十畫陰陽之數適相等然後爲三陰三陽之泰泰豈偶然哉三陰三陽往來之卦凡二十而泰否適居其先故卦辭獨以往來言又曰按辟卦乾四月卦坤十月卦本義於乾坤不言獨自泰正月以下言之何也蓋嘗思之自乾坤二卦外上經泰否臨觀剝復六卦三十六畫而陰之多於陽者十二下經遯大壯夬姤四卦二十四畫而陽之多於陰者十二又上經自泰正月而臨十二月而復十一月陽月順數已往自否七月而觀八月而剝九月陰月逆推未來下經自遯六月而姤五月陰月順數旣往自大壯二月而夬三月陽月逆推方來以上必皆除乾坤然後見其多寡逆順自然之序此本義所以斷自泰正月首言之也至若乾不言四月而言之於下經之姤坤不言十月而言之於上經之復蓋先天圓圖剝復之間自有坤後天復次剝剝復又自有坤下坤上此坤十月之卦本義所以不言於坤而言於復也先天姤夬之間自有乾後天姤次夬夬姤又自有乾上乾下此乾四月之卦本義所以不言於乾而言於姤也天地乾坤陰陽之極剝復夬姤陰陽消長之際也讀本義者不可以不知

象曰泰小往大來吉亨은 **則是天地**ㅣ **交而萬物**이 **通也**ㅣ며 **上下**ㅣ **交而其志**ㅣ **同也**ㅣ라

○象애 ᄀᆯ오ᄃᆡ 泰小往大來吉亨은 이 天地ㅣ 交ᄒᆞ야 萬物이 通ᄒᆞ며 上下ㅣ 交ᄒᆞ야 그 志ㅣ 同홈이라

【傳】小往大來、陰往而陽來也、則是天地陰陽之氣、相交而萬物、得遂其通泰也、

在人則上下之情、交通而其志意同也、

內陽而外陰ᄒᆞ며 **內健而外順**ᄒᆞ며 **內君子而外小人**ᄒᆞ니 **君子道**ㅣ **長**ᄒᆞ고 **小人道**ㅣ **消也**ㅣ라 長丁丈反 否卦同

○陽이內ᄒᆞ고陰이外ᄒᆞ며健이 內ᄒᆞ고順이外ᄒᆞ며君子ㅣ內ᄒᆞ고小人이 外ᄒᆞ니君子의道ㅣ長ᄒᆞ고小人의道ㅣ消홈이라

【傳】陽來居內、陰往居外、陽進而陰退也、乾健、在內、坤順、在外、爲內健而外順、君子之道也、君子、在內、小人、在外、是君子道長小人道消、所以爲泰也、旣取陰陽交和、又取君子道長、陰陽交和、乃君子之一无之字道、長也、朱子曰易之陰陽以天地自然之氣論之則不可相无以君子小人之象言之則聖人之意未嘗不欲天下之盡爲君子而无小人也○聖人作易以立人極其義以君子爲主故爲君子謀不爲小人謀觀泰否剝復名卦之意可見矣○論陰陽各有一半聖人於泰否只爲陽說道理看來聖人出來做須有一箇道理使得天下皆爲君子世間人多言君子小人常相半不可太去治他急迫之却爲害不然如舜湯擧皐陶伊尹不仁者遠自是小人皆不敢爲非被君子夾持得皆革面做好人了○節齋蔡氏曰太極理也陰陽氣也剛柔質也健順德也乾者太極之動故釋彖不言陰陽剛柔坤主質故以剛柔言泰否交不交氣也各具乾坤之體故皆以陰陽言否不交則質著故兼以剛柔言餘卦各滯乎物故不言陰陽止言剛柔健順又曰上下指君臣言天地君臣其位己定所交通者其氣與志耳○建安丘氏曰天地之形不可交而以氣交氣交而物通者天地之泰也上下之分不可交而以心交心交而志同者人事之泰也陰陽以氣言健順以德言君子小人以類言內外釋往來之義陰陽健順君子小人釋小大之義○厚齋馮氏曰泰否之彖歸宿在君子小人之消長故曰易以天道明人事

象曰天地交ㅣ **泰**ㅣ니 **后**ㅣ **以**ᄒᆞ야 **財成天地之道**ᄒᆞ며 **輔相天地之宜**ᄒᆞ야

以左右民ᄒᆞᄂᆞ니라 相息亮反左音佐右音佑

○象애ᄀᆞᆯ오ᄃᆡ天地ㅣ交홈이泰ㅣ니后ㅣ以ᄒᆞ야天地의 道를財ᄒᆞ야成ᄒᆞ며天地의宜를輔相ᄒᆞ야ᄡᅥ民을左右ᄒᆞᄂᆞ니라

【傳】天地交而陰陽和則萬物、茂遂、所以泰也、人君、當體天地通泰之象而以財成天地之道、輔相天地之宜、以左右生民也、財成、謂體天地交泰之道而財制、成其施爲之方也、輔相天地之宜、天地、通泰則萬物、茂遂、人君、體之而爲法制、使民、用天時因地利、輔助化育之功、成其豐美之利也、如春氣發生萬物則、爲播植之法、秋氣成實萬物則爲收斂之法、乃輔相天地之宜、以左右輔助於民也、民之生、必賴君上、爲之法制、以敎率輔翼之、乃得遂其生養、是左右之也、或問財成天地之道輔相天地之宜如何程子曰天地之道不能自成須聖人財成輔相之如歲有四時聖人春則敎民播種秋則敎民收穫是裁成也敎民鋤耘灌漑是輔相也又問以左右民如何曰古之盛時未嘗不敎民故立之君師設官以治之周公師保萬民與此言左右民皆是也後世未嘗敎民任其自生自育只治其闕而已

【本義】財成、以制其過、輔相、以補其不及、朱子曰財成猶裁截成就之也裁成者所以輔相也且如君臣父子兄弟夫婦聖人便爲制下許多禮數倫序只此便是裁成處至大至小之事皆是固是萬物本自有此理若非聖人裁成亦不能如此齊整所謂贊天地之化育而與之參也又曰裁成是截做段子底輔相是佐助他底天地之化儱侗相續下來聖人便截作段子如氣化一年一周聖人與他截做春夏秋冬四時問財成輔相无時不當然何獨於泰時言之曰泰時則萬物各遂其理方始有裁成輔相處若否塞不通一齊都无理會了如何裁成輔相得○節齋蔡氏曰天地之道以氣形全體言天地之宜以時勢所適言財成者因其全體而裁制其節使不過輔相者隨其所宜而贊助其不及如氣化流行籠統相續聖人則爲之裁制以分春夏秋冬之節地形廣邈經緯交錯聖人則爲之裁制以分東西南北之限此裁成天地之道也春生

秋殺此時運之自然高黍下稻亦地勢之所宜聖人則輔相之使當春而耕當秋而斂高者種黍下者種稻此輔相天地之宜也○雲峯胡氏曰乾坤而後陰陽各三十畫然後爲泰是泰由於陰陽无過无不及者也旣泰之後制其過補其不及所以保泰也

初九는 拔茅茹라ㅣ 以其彙로 征이니 吉하니라

【本義】拔茅茹ㅣ니以其彙면征이吉하리라

○初九는茅의茹를拔홈이라그彙로써征홈이니 吉하니라(本義) 茅의 茹를拔홈이니그彙로써하면征홈이吉하리라

【傳】初以陽爻、居下、是、有剛明之才而在下者也、時之否則君子、退而窮處、時旣泰則志在上進也、(一作將)君子之進、必與其朋類、相牽援、如茅之根然、拔其一則牽連而起矣 茹、根之相牽連者、故、以爲象、彙、類也、賢者、以其類、進、同志以行其道、是以吉也、君子之進、必以其類、不唯志在相先、樂於與善、實乃相賴以濟、故、君子小人、未有能獨立不賴朋友之助者也、自古、君子、得位則天下之賢、萃於朝廷、同志協力、以成天下之泰、小人、在位則不肖者、並進然後、其黨、勝而天下、否矣、蓋各從其類也、

【本義】三陽在下、相連而進、拔茅連茹之象、征行之吉也、占者、陽剛則其征、吉矣、郭璞洞林、讀至彙字、絕句、下卦放此、 朱子曰以其彙屬上文嘗見郭璞易林如此做句便是那時人已自恁地讀了蓋拔茅連茹者物象也以其彙者人也○臨川吳氏曰三陽爲類茅雖不共本拔之則其根相連而起初之以其類同進似之○梅巖袁氏曰不謂之往吉而謂之征吉蓋凡言征者必以正行之○隆山李氏曰卦以氣交自上而下也爻以位升自下而上也○雲峯胡氏曰拔茅茹在

物爲相連之象以其彙在人爲相連而進之占初曰以其彙君子與君子爲類也三陽欲進而以之者在初四曰以其隣小人與小人爲類也三陰欲復而以之者在四四不曰吉初曰征吉者易爲君子謀也

象曰拔茅征吉은 志在外也ㅣ라

○象애골오ᄃᆡ拔茅征吉은志ㅣ外애이심이라

【傳】時將泰則羣賢、皆欲上進、三陽之志、欲進、同也、故、取茅茹彙征之象、志在外、上進也、誠齋楊氏曰君子之志在天下不在一身故曰志在外

九二ᄂᆞᆫ 包荒ᄒᆞ며 用馮河ᄒᆞ며 不遐遺ᄒᆞ며 朋亡ᄒᆞ면 得尙于中行ᄒᆞ리라 馮音憑

(本義) 包荒코用馮河ᄒᆞ며不遐遺코朋亡ᄒᆞ면

○九二ᄂᆞᆫ荒을包ᄒᆞ며河를馮홈을ᄡᅳ며遐ᄂᆞᆯ遺티아니ᄒᆞ며朋을亡ᄒᆞ면시러곰中行애尙ᄒᆞ리라(本義)荒을包ᄒᆞ고河를馮홈을쓰며遐를遺티아니ᄒᆞ고朋을亡ᄒᆞ면

【傳】二以陽剛得中、上應於五、五以柔順得中、下應於二、君臣、同德、是、以剛中之才、爲上所專任、故、二雖居臣位、主治泰者也、所謂上下交而其志同也、故、治泰之道、主二而言、包荒用馮河不遐遺朋亡四者、處泰之道也、人情、安肆則政、舒緩而法度、廢弛、庶事、无節治之之道、必有包含荒穢之量則其施爲、寬裕詳密、弊革事理而人安之、若无含弘之度、有忿疾之心則无深遠之慮、是暴擾之患、深弊、未去而近患、已生矣、故、在包荒也、用馮河、泰寧之世、人情、習於久安、安於守常、惰於

因循、憚於更變、非有馮河之勇、不能有爲於斯時也、馮河謂其剛果、足一作可以濟深越險也、自古、泰治之世、必漸至於衰替、蓋由狃習安逸因循而然、自非剛斷之君、英烈之輔、不能挺特奮發、以革其弊也、故、曰用馮河、或疑上云包荒則是包含寛容、此云用馮河則是奮發改革、似相反也、不知以含容一作弘之量、施剛果之用、乃聖賢之爲也、不遐遺、泰寧之時、人心、狃於泰則苟安逸而已、惡能復深思遠慮、及於遐遠之事哉、治夫泰者、當周及庶事、雖遐遠、不可遺、若事之微隱、賢才之在僻一作側陋、皆遐遠者也、時泰則固遺之矣、朋亡、夫時之既泰則人習於安、其情、肆而失節、將約而正之、非絶去其朋與之私則不能也、故、云朋亡 自古、立法制事、牽於人情、卒不能行者、多矣、若夫禁奢侈則害於近戚、限田產則妨於貴家、如此之類、既不能一无既不能字斷以大公而必行則是一有不字牽於朋比也、治泰、不能朋亡則爲之難矣、治泰之道、有此四者則能合於九二之德、故、曰得尙于中行、言能配合中行之義也、尙、配也、

【本義】九二、以剛居柔、在下之中、上有六五之應、主乎泰而得中道者也、占者、能包容荒穢而果斷剛決、不遺遐遠而不昵朋比則合乎此爻中行之道矣、雲峯胡氏曰陰爻雜有荒穢象包之者二柔虛也用馮河又見九之爲剛陰在外有遐遠象不遺之者九剛大也朋亡又見二之爲中大槩泰卦上下三爻得陰陽之中五二兩爻又各適陰陽之中只九二一爻亦自有中行之象若有包容而无斷制非剛柔相濟之中也必包容荒穢而又果斷剛決則合乎中矣雖不遺遐遠而或自私於吾之黨類則易至偏重非輕重不偏之中也唯不遺遐遠而又不昵朋比是不忘遠又不泄邇合乎中矣本義兩而字當細玩

象曰包荒得尙于中行은以光大也ㅣ라

○象애골오ᄃᆡ包荒得尙于中行은써光ᄒᆞ고大홈이라

【傳】象擧包荒一句而通解四者之義、言如此則能配合中行之德而其道、光明顯大也、或問包荒得尙于中行以光大也以九二剛中有光大之德乃能包荒邪爲是包荒得尙于中行所以光大邪朱子曰易上如說以中正也皆是以其中正方能如此此處也只得做以其光大說若不是一箇心胷明闊底如何做得

九三은无平不陂며无往不復이니艱貞이면无咎ᄒᆞ야勿恤이라도其孚ㅣ라于食애有福ᄒᆞ리라 陂彼僞反

(本義)艱貞이면无咎ᄒᆞ고勿恤其孚ㅣ면

○九三은平ᄒᆞ고陂티아니미업ᄉᆞ며往ᄒᆞ고復디아니미업ᄉᆞ니艱ᄒᆞ고貞ᄒᆞ면咎ㅣ업서恤티아니ᄒᆞ야도그孚홀디라食애福이이시리라(本義)艱ᄒᆞ야貞ᄒᆞ면咎ㅣ업고그孚를恤티말면

【傳】三居泰之中、在諸陽之上、泰之盛也、物理、如循環、在下者、必升、居上者、必降、泰久而必否、故、於泰之盛、與陽之將進而爲之戒曰无常安平而不險陂者、謂无常泰也、无常往而不返者、謂陰當復也、平者、陂、往者、復則爲否矣、當知天理之必然、方泰之時、不敢安逸、常艱危其思慮、正固其施爲、如是則可以无咎、處泰之道、既能艱貞則可常保其泰、不勞憂恤、得其所求也、不失所期、爲孚、如是則於其祿食、

有福益也、祿食、謂福祉、善處泰者、其福、可食也、盖德善、日積則福祿、日臻、德踰於祿則雖盛而非滿、自古、隆盛、未有不失道而喪敗者也、

【本義】將過于中、泰將極而否欲來之時也、恤、憂也、孚、所期之信也、戒占者、艱難守貞則无咎而有福、雲峯胡氏曰陽居於內爲平往而外則爲陂陰出於外爲往返而內亦爲復陽之平也已有陂之幾陰之往也已有復之幾況九三將過乎中其陂其復此天運之必至而有孚者也能存艱苦貞固之心必不憂天運之必至則泰之福可長享矣○節齋蔡氏曰孚者信然之謂勿恤其孚謂不可以陰之必復而動其心也○建安丘氏曰孚指六四不誠以孚之孚不以三陰之復而動其慮唯嚴於自守以防之則庶幾長享所有之福矣○古爲徐氏曰或曰陰陽交運否泰相仍時勢然也雖艱貞勿恤如之何曰平陂往復者天運之不能无艱貞勿恤者人事之所當盡天人有交勝之理處其交際其會者必有變化持守之道若一諉之天運以爲无預於人事則聖人之易可无作也

象曰无往不復은天地際也ㅣ라

○象애ᄀᆞᆯ오ᄃᆡ无往不復은天地ㅣ際홈이라

【傳】无往不復、言天地之交際也、陽降于下、必復于上、陰升于上、必復于下、屈伸往來之常理也、一作理之常也因天地交際之道、明否泰不常之理、以爲戒也、雲峯胡氏曰此一際字天地否泰之會陰陽消長之交○東萊呂氏曰无平不陂天地際也今本作无往不復晁氏云宋衷本作无平不陂无往不復○鄱陽董氏曰按程傳仍今本本義從古易然先儒間兩存之今不敢輒改姑從程傳云

六四는翩翩히不富以其鄰ᄒᆞ야不戒以孚로다

○六四는翩翩히富티아니ᄒᆞ야도其鄰으로써ᄒᆞ야戒티아니ᄒᆞ야도써孚ᄒᆞ놋다

【傳】六四、處泰之過中、以陰在上、志在下復、上二陰、亦志在趍下、翩翩、疾飛之貌、四、翩翩就下、與其鄰、同也、鄰、其類也、謂五與上、夫人、富而其類、從者、爲利也、不富而從者、(一无者字)其志、同也、三陰、皆在下之物、居上、乃失其實、其志、皆欲下行、故、不富而相從、不待戒告而誠意、相合也、夫陰陽之升降、乃時運之否泰、或交或散、理之常也、泰既過中則將變矣、聖人、於三、尙云艱貞則有福、蓋三、爲將中、知戒則可保、四、已過中矣、理必變也、故、專言始終反復之道、五、泰之主則復言處泰之義、

【本義】已過乎中、泰已極矣、故、三陰、翩然而下、復不待富而其類、從之、不待戒令而信也、其爻、爲有小人合交、以害正道、君子、所當戒也、陰虛陽實、故、凡言不富者、皆陰爻也、朱子曰不富以其鄰言不待富厚之力而能用其鄰也○雲峯胡氏曰三陰翩翩然下來不待富而其類從之必來者小人之勢也不待戒令而自相從期於必來者小人之心也其來也必不利吾子之貞矣三將過乎中且以艱貞爲君子之戒四已過乎中君子所當戒固不待言也○中溪張氏曰陽之進曰拔茅以其自下而上升之難也陰之返曰翩翩以其自上而下復之易也

象曰翩翩不富ᄂᆞᆫ皆失實也ㅣ오不戒以孚ᄂᆞᆫ中心願也ㅣ라

○象애ᄀᆞᆯ오ᄃᆡ翩翩不富ᄂᆞᆫ다實을失홈이오不戒以孚ᄂᆞᆫ中心이願홈이라

【傳】翩翩、下往之疾、不待富而鄰從者、以三陰、在上、皆失其實故也、陰本在下之物、今乃居上、是失實也、不待告戒而誠意相與者、蓋其中心所願故也、理當然者、天也、衆所同者、時也、

【本義】 本陰居下、在上、爲失實、雲峯胡氏曰以德言則凡陽爲實陰爲不實以位言凡陰在上皆爲失實也

六五는帝乙歸妹니以祉며元吉이리라

○六五는帝乙이妹를歸홈이니써祉하며크게吉ᄒᆞ리라

【傳】 史、謂湯爲天乙、厥後、有帝祖乙、亦賢王也、後又有帝乙、多士曰自成湯、至于帝乙、罔不明德恤祀、稱帝乙者、未知誰是、以爻義、觀之、帝乙、制王姬下嫁之禮法者也、自古帝女、雖皆下嫁、至帝乙然後、制爲一作其禮法、使降其尊貴、以順從其夫也、六五、以陰柔、居君位、下應於九二剛明之賢、五能倚任其賢臣而順從之、如帝乙之歸妹然、降其尊而順從於陽則以之受祉、且元吉也、元吉、大吉而盡善者也、謂成治泰之功也、建安丘氏曰商之君以天干甲乙丙丁爲次帝乙乃制王姬下嫁之禮者也歸者嫁也歸帝之妹則陰雖貴而必下降以就於陽乃泰之義以此受祉斯獲元吉○厚齋馮氏曰福祉自天泰之時天道下濟故多以福祉言之

【本義】 以陰居尊、爲泰之主、柔中虛己、下應九二、吉之道也、而帝乙歸妹之時、亦嘗得此爻、占者、如是則有祉而元吉矣、凡經、以古人爲言、如高宗箕子之類者、皆倣此、朱子曰帝乙歸妹今人只做道理譬喩推說看來須是帝乙嫁妹時占得此爻○左傳哀公九年晉趙鞅卜救鄭陽虎以周易筮之遇泰之需曰宋方吉不可與也微子帝乙之元子也宋鄭甥舅也祉祿也若帝乙之元子歸妹而有吉祿我安得吉焉乃止○臨川吳氏曰六五以柔中應在下之剛中帝女下嫁從夫之象泰卦互體及卦變皆成歸妹卦故以歸妹爲辭按京房傳載湯歸妹之辭曰无以天子之尊而乘諸侯无以天子之富而驕諸侯陰之從陽女之順夫天地之義也往事爾夫必以禮義其辭雖善要是後世好事者假托爲之或乃因是遂指帝乙爲湯而謂非受辛之父者惑矣○雙湖胡氏曰證以京房傳則帝乙爲湯證以陽虎之書則帝乙爲紂父姑兩存之以備參考然其爲

嫁妹之辭則一耳【備旨】自古帝女皆下嫁至帝乙始制爲禮法使修以從陽之義故柔中之主虛己下賢象之○初九彙征二之中行三之艱貞諸臣協力以保泰者也臣任其勞則君享其逸只虛心委任而翩翩不足虞矣寧至復隍乎哉故曰元吉

象曰以祉元吉은 **中以行願也**ㅣ라

○象애ᄀᆞᆯ오ᄃᆡ以祉元吉은中으로ᄡᅥ願을行홈이라

【傳】所以能獲祉福且元吉者、由其以中道、合而行其志願也、有中德、所以能任剛中之賢、所聽從者、皆其志願也、非其所欲、能從之乎、進齋徐氏曰中以行願居中應二行其志願非勉强也【備旨】中是一個純心提一中字在行願之上見是實落下賢與貌恭修容者大不同

上六은 **城復于隍**이라 **勿用師**ㅣ오 **自邑告命**이니 **貞**이라도 **吝**ᄒᆞ니라

○上六은城이隍애復홈이라師를用티말오邑으로브터告命홈이貞ᄒᆞ야도吝ᄒᆞ니라(本義)告命홈디니

【傳】掘隍土積累、以成城、如治道、積累、以成泰、及泰之終、將反於否、如城土、頹圮、復反于隍也、上、泰之終、六、以小人、處之、行將否矣、勿用師、君之所以能用其衆者、上下之情、通而心從也、今泰之將終、失泰之道、上下之情、不通矣、民心、離散、不從其上、豈可用也、用之則亂、衆既不可用、方自其親近而告命之、雖使所告命者、得其正、亦可羞吝、邑、所居、謂親近、大率告命、必自近始、凡貞凶貞吝、有二義、有貞固守此則凶吝者、有雖得正、亦凶吝者、此不云貞凶而云貞吝者、一无者字將否

而方告命、爲可羞吝、否不由於告命也、

【本義】泰極而否、城復于隍之象、戒占者、不可力爭、但可自守、雖得其正、亦不免於羞吝也、朱子曰方泰極之時只得自治其邑程先生說民心離散自其親近者而告命之雖正亦吝然此時只得如此雖吝却未至於凶○建安丘氏曰泰過九二則曰无平不陂過六五則曰城復于隍泰以二五爲中不可過也過則否矣坤土本在下之物在上則有傾頹之理復于隍者反其本也坤上爲泰坤下爲否此特以陰陽之氣言爾○進齋徐氏曰古之人君有處泰之時忽安逸而不戒馴至於喪師敗國窮守一邑而播告之修不能及遠雖貞固自保亦貽千古之羞者蓋不知此爻之義也○趙氏曰三上各居一卦之極故雖應而皆有警戒之辭九三之時尚可爲也故能艱貞則无咎上六之時不可爲也雖自邑告命而不免於吝此所以貴於制治于未亂保邦于未危也歟[備旨]平日積累之功廢於一旦其象爲土崩故曰城復於隍命是紀綱法度之類大抵治亂皆乘於命之勤治故重自治不重威武命之不行自近者始故曰自邑吝者儆其亂之晚也

象曰城復于隍은 其命이 亂也ㅣ라

○象애 골오ᄃᆡ 城復于隍은 그 命이 亂홈이라

【傳】城復于隍矣、雖其命之亂、不可止也、

【本義】命亂、故復否、告命、所以治之也、雲峯胡氏曰告命以治之則不付之於不可爲也○建安丘氏曰泰通也卦以小往大來爲義故內三陽爻屬泰外三陰爻屬否初九言拔茅則君子進用之始九二言包荒則大臣致泰之功九三言无平不陂則世道盛衰消長之會此三爻皆以泰言也至六四言翩翩不富則泰已過中而否欲來之時也六五言帝乙歸妹則人君保泰之事上六言城復于隍則泰轉而爲否矣天下豈有常泰之時乎○誠齋楊氏曰乾坤開闢之世乎屯蒙洪荒之世乎需養結繩之世乎訟師阪泉涿鹿之世乎畜履書契大法之世乎泰通堯舜雍熙之世乎過此而後泰而否否而泰一治一亂治少亂多泰豈可復哉故曰泰其上古之極治歟○厚齋馮氏曰自乾坤之後始涉人道經歷六坎險阻備嘗內有所啇外有所履然後致泰而泰之後否即繼之以此知斯人之生立之難而喪之易國家之興成之難而敗之易天下之治致之難而亂之易此又序易者之深意而亦天地自然之理也[備旨]告命命字與命亂命字相照命亂故否使能告焉則轉危爲安矣聖人指出命亂之故是要人知所改圖

䷋ 坤下乾上

【傳】否、序卦、泰者、通也、物不可以終通、故、受之以否、夫物理、往來、通泰之極則必否、否所以次泰也、爲卦、天上地下、天地相交、陰陽、和暢則爲泰、天處上、地處下、是天地隔絕、不相交通、所以爲否也、三山吳氏曰泰否之機常相待也亦常相禪也先天之卦泰以否對後天之卦泰以否繼對則遠而繼則近也先天自乾八卦便至泰泰三十二卦方至否泰易而否難也後天自乾十卦方至泰泰一卦便至否泰難而否易也雖否而泰泰而否有若循環然泰之中又有否否之中又有泰倚伏之機可畏也哉

否之匪人이니 否備鄙反

○否ㅣ人이안이니

【傳】天地交而萬物、生於中然後、三才備、人爲最靈、故、爲萬物之首、凡生天地之中者、皆人道也、天地不交則不生萬物、是无人道、故、曰匪人、謂非人道也、消長闔闢、相因而不息、泰極則復、否終則傾、无常而不變之理、人道、豈能无也、既否則泰矣、雲峯胡氏曰以天地言陰陽不交生道絕矣匪人也以一身言陽上亢而陰下滯元氣竭矣匪人也以人心言人欲爲主於內天理緣飾於外失其所以爲人矣匪人也

不利君子貞ᄒᆞ니**大往小來**니라

○君子의貞애利티아니ᄒᆞ니大ㅣ往ᄒᆞ고小ㅣ來흠이니라

【傳】夫上下、交通、剛柔、和會、君子之道也、否則反是、故、不利君子貞、君子正道、

否塞不行也、大往小來、陽往而陰來也、小人道長、君子道消之象、故、爲否也、

【本義】否、閉塞也、七月之卦也、正與泰、反、故、曰匪人、謂非人道也、其占、不利於君子之正道、蓋乾往居外、坤來居內、又自漸卦而來則九往居四、六來居三也、或疑之匪人三字、衍文、由比六三而誤也、傳不特解、其義、亦可見、劉氏曰否之時雖不利君子之貞君子之貞不可无也守此不變時之否道之亨也〇雙湖胡氏曰大往小來卦變也否自泰來三陽往外三陰來內成否也〇進齋徐氏曰泰先言小往大來而後言吉亨是以天運推之人事否先言匪人不利君子貞而後言大往小來是以人事參之天運泰則歸之天否則責之人聖人之意深矣

象曰否之匪人不利君子貞大往小來ᄂᆞᆫ則是天地ㅣ不交而萬物이不通也ㅣ며上下ㅣ不交而天下ㅣ无邦也ㅣ라內陰而外陽ᄒᆞ며內柔而外剛ᄒᆞ며內小人而外君子ᄒᆞ니 小人道ㅣ長ᄒᆞ고君子道ㅣ消也ㅣ라

〇象애ᄀᆞᆯ오ᄃᆡ否之匪人不利君子貞大往小來ᄂᆞᆫ이天地ㅣ 交티아니ᄒᆞ야萬物이通티아니ᄒᆞ며上下ㅣ交티아니ᄒᆞ야天下ㅣ邦 이업ᄉᆞ미라 陰이內ᄒᆞ고陽이外ᄒᆞ며柔ㅣ內ᄒᆞ고 剛이外ᄒᆞ며小人이內ᄒᆞ고 君子ㅣ外ᄒᆞ니小人의道ㅣ長ᄒᆞ고君子의道ㅣ消ᄒᆞᆷ이라

【傳】夫天地之氣、不交則萬物、无生成之理、上下之義、不交則天下、无邦國之道、建

邦國、所以爲治也、上、施政以治民、民、戴君而從命、上下、相交、所以治安也、今上下、不交、是天下、无邦國之道也、陰柔、在內、陽剛、在外、君子、往居於外、小人、來處於內、小人道長、君子道消之時也、 臨川吳氏曰天地之氣交則萬物發達而生天地之氣不交則萬物抑閼而死先王建邦以分治天下之民民之情上通於君則天下治而爲泰若君心不下逮民情不上通是上下隔絕不交天下雖有邦與无邦同矣所以爲否也○建安丘氏曰內陰外陽以天道言內柔外剛以地道言內小人外君子以世道言○節齋蔡氏曰彖傳言陰陽者惟泰否而已蓋泰否二卦皆具乾坤之體也而泰言健順則乾坤之德否言剛柔則其質也否者氣藏乎質而不交故不可以德言但言其質而已○李氏曰否泰反其類故否之辭皆與泰反○隆山李氏曰夫陰陽二氣對行乎天地間或者謂陽一而陰二故君子少小人多治世少亂世多然自有天地以來陰陽二氣分于四序无一歲不得其平者而君子小人治亂之運則或不齊豈幽陰之氣獨盛於人間而天運不爾邪是不然天人有相勝之理治亂有可易之運特在人所以制之者如何耳否之世雖則小人道長君子道消而所以消小人長君子亦必有道矣此作易者所以極論其消長而寄之於爻

象曰天地不交ㅣ否ㅣ니君子ㅣ以ᄒᆞ야儉德辟難ᄒᆞ야不可榮以祿이니라

辟音避 難去聲【本義】儉德辟難이라

○象애 골오ᄃᆡ 天地ㅣ交티 아니홈이 否ㅣ니 君子ㅣ以ᄒᆞ야 德을 儉ᄒᆞ야 難을 辟ᄒᆞ야 可히 祿으로ᄡᅥ 榮티 아닐디니라(本義) 德을 儉ᄒᆞ야 難을 辟ᄒᆞᄂᆞᆫ디라 可히 祿으로ᄡᅥ 榮케 몸ᄒᆞᄂᆞ니라

【傳】天地不相交通、故、爲否、否塞之時、君子道消、當觀否塞之象而以儉損其德、避免禍難、不可榮居祿位也、否者、小人得志之時、君子、居顯榮之地、禍患、必及其身、故、宜晦處窮約也、 張子曰天地閉則賢人隱君子於此時期於无咎无譽足矣○隆山李氏曰泰之時君子勝則包小人故泰之象辭止論后以財成輔相而不及君子小人否之時小人

勝則害君子故否之象辭要使君子以險避難而辭榮祿孔子曰天地閉賢人隱善乎其處否者也

【本義】收斂其德、不形於外、以避小人之難、人不得以祿位、榮之、平菴項氏曰儉德避難不與害交也不可榮以祿不與利交也不可榮者言不可得而榮非戒其不可也○建安丘氏曰儉德避難象坤陰之吝不可榮以祿象乾德之剛如六四之括囊无咎即儉德避難也乾初九之遯世无悶即不可榮以祿也

初六은 **拔茅茹**ㅣ라 **以其彙**로 **貞**이니 **吉**ᄒᆞ야 **亨**ᄒᆞ니라

【本義】以其彙니 貞ᄒᆞ면吉ᄒᆞ야亨ᄒᆞ리라

○初六은茅의茹를拔홈이라그彙로써貞홈이니吉ᄒᆞ야亨ᄒᆞ니라(本義) 그彙로써 홈이니貞ᄒᆞ면吉ᄒᆞ야亨ᄒᆞ리라

【傳】泰與否、皆取茅爲象者、以群陽羣陰、同在下、有牽連之象也、泰之時則以同征、爲吉、否之時則以同貞、爲亨、始以內小人外君子、爲否之義、復以初六否而在下、爲君子之道、易、隨時取義、變動无常、否之時、在下者、君子也、否之三陰、上皆有應、在否隔之時、隔絶不相通、故、无應義、初六、能與其類、貞固其節則處否之吉而其道之亨也、當否而能進者、小人也、君子則伸道免禍而已、君子進退、未嘗不與其類、同也、或問程傳以此爻爲君子在下以正自守如何朱子曰恐牽强不是此意

【本義】三陰、在下、當否之時、小人、連類而進之象而初之惡則未形也、故、戒其貞則吉而亨、蓋能如是則變而爲君子矣、朱子曰拔茅茹貞吉亨這是吉凶未判時若能於此改變時小人便是做君子○平菴項氏曰泰之初九君子始以類進君子難進故聖人勉之以征否之初六小人始以類進小人進而爲邪故聖人戒之以貞○建安丘氏曰君子小人本无定名唯正與不正而已正便是君子不正便是小人否小人長之卦不利君子正之時也以下三陰言之則皆爲時之小

人唯初六之過未形易於從善聖人於此即以正勉之蓋小人而能正則變爲君子矣故彖辭以貞字屬君子而初六以貞字訓小人所以爲小人謀即所以爲君子謀也

象曰拔茅貞吉은 志在君也ㅣ라

○象애ᄀᆞᆯ오ᄃᆡ 拔茅貞吉은志ㅣ君에이쇼미라

【傳】爻以六、自守於下、明君子處下一作否之道、象、復推明、以象君子之心、君子、固守其節、以處下者、非樂於不進獨善也、以其道、方否、不可進、故、安之耳、心固未嘗不在天下也、其志、常在得君而進、以康濟天下、故、曰志在君也、兼山郭氏曰居廟堂則憂其民處江湖則憂其君蓋泰之志在外而否之志在君之意也

【本義】小人而變爲君子則能以愛君、爲念而不計其私矣、臨川吳氏曰泰初九應六四六四陰也民也初之陽志在澤民不獨善其身而兼濟天下故曰志在外否初六應九四九四陽也君也初之陰志在承君不自植私黨而同仕公朝故曰志在君

六二ᄂᆞᆫ 包承이니 小人은 吉코 大人은 否니 亨이라

【本義】大人은否라아亨ᄒᆞ리라

○六二ᄂᆞᆫ包ᄒᆞᆫ거시承이니小人은吉ᄒᆞ고大人은否홈이亨홈이라(本義) 包ᄒᆞ여承홈이니大人은否ᄒᆞ여아亨ᄒᆞ리라

【傳】六二、其質則陰柔、其居則中正、以陰柔小人而言則方否於下、志所包畜者、在承順乎上、以求濟其否、爲身之利、小人之吉也、大人、當否則以道自處、豈肯枉

己屈道、承順於上、唯自守其否而已、身之否、乃其道之亨也、或曰上下、不交、何所承乎、曰正則否矣、小人、順上之心、未嘗无也、中溪張氏曰六二以柔居柔包藏陰謀以承順其上當此之時群小彈冠相慶可謂小人吉矣唯大人之德以儉約自守不求榮祿身之否乃道之亨故曰大人否亨○潛室陳氏曰此爻程傳謂承順乎上求濟其否爲身之利小人之吉看來只是否之時居中用事爲卦之主但其質柔順而居中正乃小人之忠厚善承君子者故在小人分上不害爲吉大人如是則可羞矣

【本義】陰柔而中正、小人而能包容承順乎君子之象、小人之吉道也、故、占者、小人、如是則吉、大人則當安守其否而後、道亨、蓋不可以彼包承於我而自失其守也、

朱子曰易中亦有時而爲小人謀如包承小人吉大人否亨言小人當否之時能包承君子則吉但此雖爲小人謀乃所以爲君子謀也包承也是包得許多承順底意思○雲峯胡氏曰初之惡未形故不稱曰小人至六二則直以小人稱矣泰卦辭曰吉亨否初爻辭亦曰吉亨否之初猶可變而爲泰也二曰小人吉大人否亨於是乎成否矣曰大人否亨者見得否者君子之事小人固无所謂否也小人能包容承順乎君子小人之吉也大人不可以其包承於我而自失其守大人之身雖否大人之道固亨也

象曰大人否亨은不亂羣也ㅣ라

○象애ᄀᆞᆯ오ᄃᆡ大人否亨은羣애亂티아니홈이라

【傳】大人、於否之時、守其正節、不雜亂於小人之羣類、身雖否而道之亨也、故、曰否亨、不以道而身亨、乃道之否也、不云君子而云大人、能如是則一无則字其道、大也、

【本義】言不亂於小人之羣 雲峯胡氏曰二陰在下小人之羣也大人不爲其羣所亂雖否而亨矣

六三은包ㅣ羞ㅣ로다

【本義】包羞ㅣ라

○六三은包ᄒᆞᆫ거시羞홈도다(本義)羞를包홈이라

【傳】三以陰柔、不中不正而居否、又切近於上、非能守道安命、窮斯濫矣、極小人之情狀者也、其所包畜謀慮、邪濫、无所不至、可羞恥也、

【本義】以陰居陽而不中正、小人志於傷善而未能也、故、爲包羞之象、然、以其未發、故无凶咎之戒、 朱子曰初六是那小人欲爲惡而未發露之時到六二包承則已是打破頭面了然尙自承順那君子未肯十分做小人在到六三便全做小人了所以包許多羞恥大凡小人做了罪惡他心下也自不穩當此便是包羞之說○建安丘氏曰否下三爻雖皆陰類然初六六二則尙介乎君子小人正邪之間獨六三則邪而不正純乎小人矣宜其不顧屈辱而包羞忍恥也○雲峯胡氏曰二與三皆陰柔故皆有包含之象六二陰柔中正其所蘊者欲承順乎君子六三陰柔不中正所蘊者直欲傷害君子而未能耳故有包羞之象占不曰凶咎者或謂包羞而未發也倘其自以爲可羞則亦羞恥之心義之端也故不言凶咎

象曰包羞ᄂᆞᆫ位不當也ᄅᆞᆯ서라

○象애ᄀᆞᆯ오ᄃᆡ包羞ᄂᆞᆫ位ㅣ當티 아닐시라

【傳】陰柔居否而不中不正、所爲、可羞者、處不當故也、處不當位、所爲、不以道也、東萊呂氏曰人无有不善所以包蓄邪濫至可羞恥者豈其本心也特所處之位不當而已位之一字當詳玩

九四ᄂᆞᆫ有命이면无咎ᄒᆞ야疇ㅣ離祉리라

【本義】有命이오

○九四ᄂᆞᆫ命을두어ᄒᆞ면咎ㅣ업서疇ㅣ祉애離ᄒᆞ리라【本義】命이잇고

【傳】四以陽剛健體、居近君之位、是、以濟否之才而得高位者也、足以輔上濟否、

然、當君道方否之時、處逼近之地、所惡、在居功取忌而已、若能使動必出於君命、威柄、一歸於上則无咎而其志、行矣、能使事皆出於君命則可以濟時之否、其疇類、皆附離其福祉、離、麗也、君子、道行則與其類、同進、以濟天下之否、疇、離祉也、小人之進、亦以其類、同也、龜山楊氏曰東漢之衰嬖倖持權內小人而外君子至是而否極矣竇武何進倚元舅之親招集天下名儒碩德共起而圖之宜若可爲也然命不出於君而下不應故與疇類皆陷於禍

【本義】否過中矣、將濟之時也、九四、以陽居陰、不極其剛、故、其占、爲有命无咎而疇類三陽、皆獲其福也、命、謂天命、朱子曰否已過中上三爻是說君子言君子有天命而无咎○否九四雖陽爻猶未離乎否體只緣他是陽故可以有爲然須有命方做得有命是箇機會方可以做占者便須是有箇築著磕著時節方做得事成方无咎又曰有命无咎疇離祉這裏是吉凶未判須是有命方得无咎故須得一箇幸會方能轉禍爲福○問九四三陰已過而陽得亨則否過中而將濟之時與泰九三正相類曰泰九三時已有小人便是可畏如此故艱貞則无咎否下三爻君子尙畏他至九四即不畏之矣故有有命无咎疇離祉之象占○進齋徐氏曰否九四有命即泰九三无往不復之義言陰陽往來否泰反復天運之常道固如此也○雲峯胡氏曰諸解各以命爲君命本義以爲天命蓋泰九三无平不陂无往不復否九四有命否泰之變皆天也然泰變爲否易故於內卦即言之否變爲泰難故於外卦始言之此本義於泰否之四皆曰已過乎中而否之三不言也泰之三必无咎而後有福否之四必无咎而後疇離祉三四乾坤交接之處陰陽往來之會君子當此必自无過而後可爲福而後可爲疇類之福或曰否九四時吉凶未判必有命方得无咎其所謂无咎者天也非人也曰本義云九四以陽居陰不極其剛故其占爲有命无咎蓋唯四不極其剛此所以爲四之无咎也一諉諸天可乎哉○雙湖胡氏曰泰九三平陂往復皆警戒辭尙冀其艱貞无咎而否九四則直稱有命无咎疇離祉歡欣慶賀之意溢於言表然則爲小人者讀易至此爻曷不改心易慮何樂乎爲小人哉

象曰有命无咎는 志行也ㅣ라

○象애 갈오되 有命无咎는 志ㅣ 行홈이라

【傳】有君命則得无咎、乃可以濟否、其志、得行也、東谷鄭氏曰君子不可榮以祿蓋爲不在位者設也若四之志行以居近君之位而任濟否之責者也而欲儉德避難可乎

九五는休否라大人의吉이니其亡其亡이라아繫于苞桑이리라

(本義)大人이吉ᄒᆞ니

○九五는否를休ᄒᆞ논디라大人의 吉이니그亡ᄒᆞᆯ가 그亡ᄒᆞᆯ가ᄒᆞ여사苞ᄒᆞᆫ桑애繫ᄃᆞᆺᄒᆞ리라

【傳】五以陽剛中正之德、居尊一作君位、故、能休息天下之否、大人之吉也、大人、當位、能以其道、休息天下之否、以循致於泰、猶未離於否也、故、有其亡之戒、否既休息、漸將反一作及泰、不可便爲安肆、當深慮遠戒、常虞否之復來曰其亡矣其亡矣、其繫于苞桑、謂爲安固之道、如維繫于苞桑也、桑之爲物、其根、深固、苞、謂叢生者、其固、尤甚、聖人之戒、深矣、漢王允、唐李德裕、不知此戒、所以致禍敗也、繫辭曰危者、安其位者也、亡者、保其存者也、亂者、有其治者也、是故、君子、安而不忘危、存而不忘亡、治而不忘亂、是以、身安而國家、可保也、

【本義】陽剛中正、以居尊位、能休時之否、大人之事也、故、此爻之占、大人、遇之則吉、然、又當戒懼、如繫辭傳所云也、或問九五其亡其亡繫于苞桑如何朱子曰有戒懼危亡之心則便有苞桑繫固之象蓋能戒懼危亡則如繫于苞桑堅固不

拔矣如此說則象占乃有收殺非是其亡其亡而又繫于苞桑也又曰九五以陽剛得位可以休息天下之否然須常存得危亡之心方有苞桑之固不知聖人於否泰只管說包字如何須是象上如何取其義今曉他不得問看否泰二卦見得泰无不否若是有手段底則是稍遲得曰自古由治而入亂者易由亂而入治者難治世少不支吾便入亂去亂時須是大人休否方做得○進齋徐氏曰否六二柔也故以大人小人對言蓋雖否塞之時未嘗无陽類也九五剛也故以大人獨言大人即九五也○雲峯胡氏曰二五皆以大人言蓋以大人而處六二之時有德无位當守其否而後道亨以大人而居九五之位則有德有位能休時之否矣然則九五休否之大人即六二所謂否亨之大人也前日不能處否而亨今日其能休天下之否乎然謂之休否否雖暫息猶未盡傾也九五大、之心則是否之方休已有苞桑繫固之象矣其卒能傾否而爲泰也固宜

象曰大人之吉은 位ㅣ正當也ㅣ시라

○象애ᄀᆞᆯ오ᄃᆡ大人의吉홈은位ㅣ正히當ᄒᆞᆯ시라

【傳】 有大人之德而得至尊之正位、故、能休 一有息字 天下之否、是以吉也、无其位則雖有其道、將何爲乎、故、聖人之位、謂之大寶、 中溪張氏曰處否而能獲吉者以九五之位正當也有其德而无其位則否安能吉哉此漢光武自隴蜀既平之後未嘗不存苞桑之戒者是也○勿軒熊氏曰泰不能不否者六五柔懦之君當任其咎否終復泰者九五剛明之君是賴焉然則爲君者與其爲泰六五之柔寧爲否九五之剛

上九ᄂᆞᆫ 傾否니 先否코 後喜로다

○上九ᄂᆞᆫ否ㅣ傾홈이니몬져否ᄒᆞ고後애喜홈이로다

【傳】 上九、否之終也、物理、極而必反、故、泰極則否、否極則泰、上九、否既極矣、故、否道、傾覆而變也、先、極否也、後、傾喜也、否傾則泰矣、後喜也、

【本義】 以陽剛、居否極、能傾時之否者也、其占、爲先否後喜、 朱子曰易爲君子謀如否內三爻是小人得志之時然不

大段會做得事初則如此二又如此三雖做得些箇也不濟事到四則聖人便說他那君子得時否漸次反泰底道理五之苞桑繫辭中說得條暢盡之矣上九之傾否到這裏便傾了否做泰又曰否本是陰長之卦九五休否上九傾否又自大故好蓋陰之與陽自是不可相无者今以四時寒暑而論若是无陰陽亦做事不成但以善惡及君子小人而論則聖人直是要消盡了惡去盡了小人蓋亦抑陰進陽之義某於坤卦曾略發此意○董溪王氏曰言傾否而不言否傾人力居多焉以陽剛之才居否之終固所優爲也○雲峯胡氏曰九四有命是否已過中將濟之時九五休否是否方休息可濟之時上九傾否則如水之傾否於此盡矣先否後喜此喜字又自其亡其亡戒懼中來○閭丘氏曰泰之終言城復于隍以之終言先否後喜以勸之者以否泰相仍爲一定之數則易不必作矣○和靖尹氏曰易之道如日星但患於理未精失其機會即暗於理者也問所謂機會豈非當泰之時便可裁成輔相當否時便可儉德避難否曰非也易逆數也若是其時人誰不會如此做正在未到泰之上六便要知泰將極未到否之上九便知否欲傾也此謂機會

象曰否終則傾ᄒᆞᄂᆞ니何可長也ㅣ리오

○象애ᄀᆞᆯ오ᄃᆡ否ㅣ終ᄒᆞ면傾ᄒᆞᄂᆞ니엇디可히長ᄒᆞ리오

【傳】否終則必傾、豈有長否之理、極而必反、理之常也、然、反危爲安、易亂爲治、必有剛陽之才而後、能也、故、否之上九則能傾否、屯之上六則不能變屯也、

建安丘氏曰否卦以大往小來爲義故內三陰爻屬否外三陽爻屬泰初六言拔茅則小人用事之始六二言包承則小人得志之時六三言包羞則小人欲傷善而未能之意此三爻皆以否言也至九四言有命无咎則否已過中而泰欲來之時也九五言繫于苞桑則人君休否之事上九言先否後喜則否傾而爲泰矣天下豈有終否之時乎○趙氏曰泰三陽在內有君子同升之象陰雖在外而六五下應九二有柔得尊位而能下賢之象故六爻以交相應爲善否則三陰在內有小人方進之象陽雖在外而九五得位有剛健中正以與衰撥亂之象故六爻唯三陽爲善各以爻義取與成卦之體不同也

備旨具解原本周易卷之五

備旨具解原本周易卷之六

䷌ 離下乾上

【傳】同人、序卦、物不可以終否、故、受之以同人、夫天地、不交則爲否、上下、相同則爲同人、與否義、相反、故、相次、又世之方否、必與人同力(一作欲)乃能濟、同人所以次否也、爲卦、乾上離下、以二象言之、天、在上者也、火之性、炎上、與天同也、故、爲同人、以二體言之、五居正位、爲乾之主、二爲離之主、二爻、以中正相應、上下相同、同人之義也、又卦唯一陰、衆陽所欲同、亦同人之義也、他卦、固有一陰者、在同人之時而二五、相應、天火、相同、故、其義、大、厚齋馮氏曰上乾君也天也下離六二一爻在離之中人位也乾上離下五陽同歸二之一陰有以天同人之象亦爲人君同乎斯人之象故成卦曰同人○雲峯胡氏曰坎離皆乾坤之用易至此十二卦坎體凡六見離體於此始見焉需訟小畜履四卦互離至同人大有而見離體凡六離之用與坎等矣同人大有皆主離之一陰而言離一陰在二而上下五陽同與之故曰同人離一陰在五而上下五陽皆爲所有故曰大有也

同人于野ㅣ면亨ᄒᆞ리니利涉大川이며利君子의貞ᄒᆞ니라

(本義)同人于野ㅣ니亨ᄒᆞ고利涉大川ᄒᆞ니利君子貞ᄒᆞ니라

○人으로同ᄒᆞᄃᆡ野애ᄒᆞ면亨ᄒᆞ리니大川을涉홈이利ᄒᆞ며君子의貞으로홈이利ᄒᆞ니라

【本義】人으로同ᄒᆞᄃᆡ野애홈이니亨ᄒᆞ고大川을涉홈이利ᄒᆞ니君子의貞이利ᄒᆞ니라

【傳】野、謂曠野、取遠與外之義、夫同人者、以天下大同之道則聖賢大公之心也、常人之同者、以其私意所合、乃暱比之情耳、故、必于野、謂不以暱近情之所私而于郊野曠遠之地、既不繫所私、乃至公大同之道、无遠不同也、其亨、可知、能(一作既)與天下大同、是、天下、皆同之也、天下、皆同、何險阻之不可濟、何艱危之不可亨、故、利涉大川、利君子貞、上言于野、止謂不在暱比、此復言宜以君子正道、君子之貞、謂天下至公大同之道、故、雖居千里之遠、生千歲之後、若合符節、推而行之、四海之廣、兆民之衆、莫不同、(一作合)小人則唯用其私意、所比者、雖非、亦同、所惡者、雖是、亦異、故、其所同者則爲阿黨、蓋其心、不正也、故、同人之道、利在君子之貞正、

【本義】離亦三畫卦之名、一陰、麗於二陽之間、故、其德、爲麗爲文明、其象、爲火爲日爲電、同人、與人同也、以離遇乾、火上同於天、六二、得位得中而上應九五、又卦唯一陰而五陽、同與之、故、爲同人于野、謂曠遠而无私也、有亨道矣、以健而行、故、能涉川、爲卦、內文明而外剛健、六二、中正而有應則君子之道也、占者能如是則亨而又可涉險、然、必其所同、合於君子之道、乃爲利也、 朱子曰同人于野亨利涉大川是兩象一義利君子貞是一象

○建安丘氏曰以三畫卦言之二五皆在人位相應則相同故曰同人野者廣大曠遠之地川者險阻艱難之所于野而亨者大同也涉川而利者此同舟共濟何患胡氏越之異心也利君子貞者蓋正則同邪則異正則公邪則私所以利君子之守正也○雲峯胡氏曰或曰君子周而不比和而不同而卦名曰比曰同何哉曰比者一陽爲衆陰所比而坎陽居五爲得其正故曰元永貞是其比也即所以爲君子之周同人一陰爲五陽所同而離陰居二爲得其正故曰

利君子貞是其同也卽所以爲君子之和同人于野其同也大利君子貞其同也正爲人大同亨道也雖大川可涉然有所同者大而不出於正者故又當以正爲本

彖曰同人은柔ㅣ得位ᄒᆞ며得中而應乎乾ᄒᆞᆯᄉᆡ曰同人이라

○彖애ᄀᆞᆯ오ᄃᆡ同人은柔ㅣ位ᄅᆞᆯ得ᄒᆞ며中을得ᄒᆞ야乾에應ᄒᆞᆯᄉᆡᄀᆞᆯ온同人이라

【傳】言成卦之義、柔得位、謂二以陰、居陰、得其正位也、五、中正而二以中正、應之、得中而應乎乾也、五、剛健中正而二以柔順中正、應之各得其正、其德、同也、故、爲同人、五、乾之主、故、云應乎乾、象、取天火之象而彖、專以二言

【本義】以卦體、釋卦名義、柔、謂六二、乾、謂九五、沙隨程氏曰所以成卦者在六二故曰柔得位得中而應乎乾○厚齋馮氏曰孔子贊易五陽一陰卦則以一陰爲主明卦名義自是孔子之例非經之本旨也至序卦乃云與人同者物必歸焉則經之本旨孔子非不知之

同人曰

【傳】此三字、羨文

【本義】衍文、嵩山晁氏曰按虞翻諸儒無一人爲之說者特王弼失之耳

同人于野亨利涉大川은乾行也ㅣ오

○同人于野亨利涉大川은乾의行이오

【傳】至誠无私、可以蹈險難者、乾之行也、无私、天德也、朱子曰乾行也言須是這般剛健之人方做得這般事若柔弱者如

何會出去外面同人又去涉險○沙隨程氏曰所以同人利涉者在九五故曰乾行

文明以健ᄒᆞ고中正而應이君子正也ㅣ니

○文明ᄒᆞ고ᄡᅥ健ᄒᆞ고正으로應ᄒᆞᆷ이君子의正이니

【傳】又以二體、言其義、有文明之德而剛健、以中正之道、相應、乃君子之正道也、節齋蔡氏曰以彖言則文明以健以爻言則中正而應○沙隨程氏曰所以利君子貞者在二體之相爲用故曰文明以健中正而應○臨川吳氏曰內文明則察於理外剛健則勇於義中正則內無私心應乾則外合天德此皆君子之正道也

唯君子아ㅣ爲能通天下之志ᄒᆞᄂᆞ니라

○오직君子ㅣ아能히天下의志를通ᄒᆞᄂᆞ니라

【傳】天下之志、萬殊、理則一也、君子、明理、故、能通天下之志、聖人、視億兆之心、猶一心者、通於理而已、文明則能燭理、故、能明大同之義、剛健則能克己、故、能盡大同之道、然後、能中正、合乎乾行也、朱子曰程傳說得通天下之志處好云文明則能燭理故能明大同之義剛健則能克己故能盡大同之道此說甚善大凡讀書只就眼前說出底便好崎嶇尋出底便不好

【本義】以卦德卦體、釋卦辭、通天下之志、乃爲大同、不然則是私情之合而已、何以致亨而利涉哉、誠齋楊氏曰人與人羣居天地中能高飛遠走不在人間乎而獨與人異何也人異乎人者物之棄人同乎人者物之歸然同而險則其同不大同而暱則其同不公同人于野公而大也○雲峯胡氏曰必通天下之志乃爲大同然非明與健不能大同也

象曰天與火ㅣ同人이니君子ㅣ以ᄒᆞ야類族으로辨物ᄒᆞᄂᆞ니라

(本義 類族辨物ᄒᆞᄂᆞ니라

○象애ᄀᆞᆯ오ᄃᆡ天과다못火ㅣ同人이니君子ㅣ以ᄒᆞ야類族으로物을辨ᄒᆞᄂᆞ니라

【本義】族을類ᄒᆞ며物을辨ᄒᆞᄂᆞ니라

【傳】不云火在天下、天下有火而云天與火者、天、在上、火性、炎上、火與天、同、故、爲同人之義、君子、觀同人之象而以類族、辨物、各以其類族、辨物之同異也、若君子小人之黨、善惡是非之理、物情之離合、事理之異同、凡異同者、君子、能辨明之、故、處物、不失其方也、或問伊川說云各以其類族辨物之同異則是就類族上辨物否朱子曰類族是就人上說辨物是就物上說天下有不可省同之理故隨他頭項去分別類族如分姓氏張姓同作一類李姓同作一類辨物如牛類是一類馬類是一類就其異處以致其同此其所以爲同伊川之說不可曉

【本義】天在上而火炎上、其性、同也、類族辨物、所以審異而致同也、朱子曰類族辨物言類其族辨其物且如靑底做一類白底做一類恁地類了時同底自同異底自異○馮氏去非曰類族如天之兼覆辨物如火之燭照○厚齋馮氏曰族如非此族也不在祀典之族物如是其生也與吾同物之物如士大夫之族爲士大夫農之族爲農工商之族爲工商此類族也祼生爲祼物羽生爲羽物毛生爲毛物鱗介之生爲鱗介之物此辨物也○臨川吳氏曰天之所生各族殊分法乾覆之无私者於殊分之族而類聚其所同異中之同也火之所及凡物均照法離明之有別者於均照之物而辨析其所異同中之異也○東坡蘇氏曰水之於地爲比火之於天爲同人然比以无所不比爲同人以有所不同爲同也

初九ᄂᆞᆫ同人于門이니无咎ㅣ리라

○初九ᄂᆞᆫ人으로同ᄒᆞᆷ을門애ᄒᆞᆷ이니咎ㅣ업스리라

【傳】九居同人之初而无係應、是、无偏私、同人之公者也、故、爲出門同人、出門、謂在外、在外則无私昵之偏、其同、博而公、如此則无過咎也

【本義】同人之初、未有私主、以剛在下、上无係應、可以无咎、故其象占、如此、節齋

蔡氏曰同人之始出門即同未見遠近廣狹之情故无咎○建安丘氏曰兩戶爲門陰畫偶有門之象同人隨之初九節之九二皆前遇偶故謂之門一扇爲戶陽畫奇有戶之象節之初九亦前遇奇故謂之戶戶一而門二也○雲峯胡氏曰同人與隨之初皆易溺於私隨必出門而後可以有功同人必出門而後可以无咎蓋易以人名卦者有二卦名家人一家之人也卦名同人天下之人也門以內所同者一家之人而已六二同人于宗是也出門同人所同者一國之人也天下之人也卦辭同人于野是也【備旨】于門氣象似與于野有別然曰无私主則亦无所不同矣蓋同於門以內則必有所繫同於門以外則无所係也

象曰出門同人을又誰咎也ㅣ리오

○象애골오ᄃᆡ門에出ᄒᆞ야人으로同ᄒᆞᆷ을또뉘咎ᄒᆞ리오

【傳】出門同人于外、是其所同者、廣、无所偏私、人之同也、有厚薄親疎之異、過咎所由生也、旣无所偏黨、誰其咎之、朱子曰易中所謂又誰咎也自有三箇而其義則有兩樣如不節之嗟與自我致寇言之則謂咎皆由己不可咎諸人如出門同人言之則謂人誰有咎之者矣以此見古人立言有用字雖同而其義則不同○誠齋楊氏曰門室之始初九同人之始吾與人曷嘗不同隔之者門也吾一出門則天地四方孰不吾同者何咎之有○雷氏曰同人于門亦客道也故釋之曰出門同人則通而不狹矣【備旨】此爻加一出字要見其洞開門戶未嘗拘於畛域不但與同者感之即不與同者亦諒之也凡言无咎是我自家无咎又誰咎是人不得咎我

六二는同人于宗이니吝토다

○六二는人으로同흠을宗애흠이니吝흠도다

【傳】二與五、爲正應、故、曰同人于宗、宗、謂宗黨也、同於所係應、是、有所偏與、在同人之道、爲私狹矣、故、可吝、二若陽爻則爲剛中之德、乃以中道、相同、不爲私也、

【本義】宗、黨也、六二、雖中且正、然、有應於上、不能大同而係於私、吝之道也、故其象占、如此、朱子曰易雖抑陰然有時把陰爲主如同人是也然此一陰雖是一卦之主又却柔弱做主不得○問六二與九五柔剛中正上下相應可謂盡善却有同人于宗吝與先號咷之象如何曰以其太好兩者時位相應意趣相合只知欵密却无至公大同之心未免係於私故有吝觀二人同心其利斷金同心之言其臭如蘭固是他好處然於好處猶有失以其係於私暱而不能大同也大凡悔者自凶而之吉吝者自吉而趍凶○節齋蔡氏曰二與五本應故曰宗○雲峯胡氏曰二往同五復成離五來同二復成乾往來相同乾離各反其本是之謂宗同人于宗似不失其爲六二之正也較之于野之同則亦係於私矣初九出門无所係故无咎六二于宗有所係故吝○縉雲馮氏曰以卦體言之則有大同之義以爻義言之則示阿黨之戒○雙湖胡氏曰卦統論乾天下同乎離六二之人而六二爻則自論其與人同之道固不可以一槩論也【備旨】宗非不當同只是偏於所主便是私係便非大同是從公中辨出個私來洛蜀諸君子與此同

象曰同人于宗이吝道也ㅣ라

○象애ᄀᆞᆯ오ᄃᆡ同人于宗이吝ᄒᆞᆫ道ㅣ라

【傳】諸卦以中正相應、爲善而在同人則爲可吝、故、五不取君義、蓋私比、非人君

之道、相同以私、爲可吝也、臨川吳氏曰六二一爻衆陽之所與而獨同於五所同者私狹而不公廣其爲道可吝也

九三은 伏戎于莽ᄒᆞ고 升其高陵ᄒᆞ야 三歲不興이로다

○九三은 戎을 莽애 伏ᄒᆞ고 그 高陵에 升ᄒᆞ야 三歲라도 興티 몯ᄒᆞ놋다

【傳】三以陽、居剛而不得中、是、剛暴之人也、在同人之時、志在於同、卦唯一有二字一陰、諸陽之志、皆欲同之、三又與之比、然、二以中正之道、與五相應、三、以剛强、居二五之間、欲奪而同之、然、理不直義不勝、故、不敢顯發、伏藏兵戎于林莽之中、懷惡而內負不直、故、又畏懼、時升高陵以顧望、如此至於三歲之久、終不敢興。此爻、深見小人之情狀、然、不曰凶者、既不敢發、故、未至凶也、或問伏戎于莽升其高陵如何朱子曰只是伏于高陵之草莽中三歲不敢出與九四乘其墉皆爲剛盛而高三欲同於二而懼九五之見攻故升高伏戎欲敵之而五陽方剛則不可奪故三歲不興而象不能行也四欲同於二而爲三所隔故乘墉攻之而以居柔遂自反而弗克而象曰義弗克也程傳謂升高陵有升高顧望之意此說雖巧恐非本意○東谷鄭氏曰伏戎于莽以伺五之隙升其高陵以窺二之動

【本義】剛而不中、上无正應、欲同於二而非其正、懼九五之見攻、故、有此象、劉氏瓛曰三居下體之上故謂之陵有憑上之志故謂之升○西溪李氏曰三與五隔三爻故曰三歲○雲峯胡氏曰二與五同者也九三欲攘二而畏五伏與升備見三之情狀伏戎于莽欲攻二似有畏五意升其高陵雖畏五又有顧望意五終不可敵也是以三歲不興卦唯三四不言同人二與五相同而三四有爭奪之象非同者也○隆山李氏曰天下之理萃則必爭卦以相同爲義而三則伏戎四則乘墉五則大師克何也二應五而三爻據之所以爭也嗚呼出而與人同至易簡之事而乃如此故易中必知險簡中必知阻不學易者殆不可以涉世也備旨戎曰伏不敢顯發似有畏五意高陵曰升雖畏五又有覬望意總是形容小人意欲妄同情然至于三歲不興則終歸无用矣

象曰伏戎于莽은 敵剛也오ㅣ 三歲不興이어니 安行也오ㅣ리

○象애ᄀᆞᆯ오ᄃᆡ伏戎于莽은敵이剛홈이오三歲에興티몯ᄒᆞ거니엇다行ᄒᆞ리오

【傳】所敵者、五、旣剛且正、其可奪乎、故、畏憚伏藏也、至於三歲不興矣、終安能行乎

【本義】言不能行、平庵項氏曰言敵剛恐人誤以爲攻二也○節齋蔡氏曰安何也讀如安往而不得貧賤之安

九四는 乘其墉호되 弗克攻이니 吉ᄒᆞ니라

(本義)乘其墉ᄒᆞ나弗克攻이니吉ᄒᆞ리라

○九四는그墉애乘호ᄃᆡ능히攻티아니ᄒᆞ니吉ᄒᆞ니라 (本義) 그墉애乘ᄒᆞ나능히攻티몯홈이니吉ᄒᆞ리라

【傳】四、剛而不中正、其志、欲同二、亦與五、爲仇者也、墉、垣、所以限隔也、四、切近於五、如隔墉耳、乘其墉、欲攻之、知義不直而不克也、苟能自知義之不直而不攻則爲吉也、若肆其邪欲、不能反思義理、妄行攻奪則其凶、大矣、三、以剛居剛、故、終其强而不能反、四、以剛居柔、故、有困而能反之義、能反則吉矣、畏義而能改、其吉、宜矣、童溪王氏曰九四乘其墉其志亦欲阻三以攻五也然九三以剛敵剛猶不能行其欲況九四之非全剛乎其弗克攻也宜矣

【本義】剛不中正、又无應與、亦欲同於六二而爲三所隔、故、爲乘墉以攻之象、然、

以剛居柔、故、有自反而不克攻之象、占者、如是則能改過而得吉也、或問同人三四皆有爭奪之義朱子曰只是爭六二一陰爻却六二自與九五相應三以剛居剛便迷而不返四以剛居柔便有反底道理繫辭云近而不相得則凶如初上則各在事外不相干涉所以无爭○潛齋胡氏曰三之升高陵升四而望五也四之乘其墉乘三而攻二也三惡五之親二故有犯上之心四惡二之比三故有陵下之志○雲峯胡氏曰三雖以剛居剛猶懼五之見攻者屈於勢而不可敵也四以剛居柔欲乘墉以攻終不克攻者是能屈於義而不敢敵也春秋文公十年書晉人納捷菑于邾弗克納有得於周公爻辭弗克攻之旨矣穀梁傳曰弗克納其義也有得於夫子象傳義弗克之旨矣諸家多以三四爲欲攻五於理悖甚唯本義得之

象曰乘其墉은 義弗克也오 其吉은 則困而反則也라

○象에 골오ᄃᆡ 乘其墉은 義ㅣ 克디 몯홈이오 그 吉홈은 困ᄒᆞ야 則에 反홈이라

【傳】所以乘其墉而弗克攻之者、以其義之弗(一作不)克也、以邪攻正、義不勝也、其所以得吉者、由其義不勝、困窮而反於法則也、二者、衆陽所同欲也、獨三四、有爭奪之義者、二爻、居二五之間也、初終、遠、故、取義別

【本義】乘其墉矣則非其力之不足也、特以義之弗克而不攻耳、能以義斷、困而反於法則、故、吉也、雲峯胡氏曰力不足而不攻者屈於勢也力有餘而不攻者屈於理也則者理之不可踰者也○潛齋徐氏曰四之困而反則聖人予之以吉者正欲反天下之睽異而爲同也○建安丘氏曰或謂同人之世二五正應當同者也而三四介乎其間皆欲爭之其不顧命義一也而商其罪之輕重則三爲甚何也曰三近二而爭者也四遠二而爭者也四之乘墉方萌窺伺之意而三之伏戎已見爭奪之形矣四之反則則知義之不勝而止而三之不興則畏勢之不敵而不敢爭況四之所欲攻者三三臣位同人之寇也三之欲敵者五五君位同人之主也其逆順之勢又不侔焉噫此四之吉所以異乎三之不興歟【備旨】看一義字是聖人提醒人處幾是人心

自然之則要就同人上見之而同即是義即是則困字在義弗克上來見其義之不可則自然有一段困心衡慮處困而知反者是貞能復義之人故得吉

九五는 **同人**이 **先號咷而後笑**ㅣ니 **大師克**이라아 **相遇**ㅣ로다 號戶羔反咷道刀反旅卦同

○九五는人으로同홈이몬져號咷ᄒ고 後에笑홈이니大師로克ᄒ야아서르遇ᄒ리로다

【傳】九五、同於二而爲三四二陽所隔、五、自以義直理勝、故、不勝憤抑、至於號咷、然、邪不勝正、雖爲所隔、終必得合、故、後笑也、大師克、相遇、五與二正應而二陽、非理隔奪、必用大師克勝之、乃得相遇也、云大師云克者、見二陽之强也、九五、君位而爻不取人君同人之義者、蓋五、專以私暱、應於二而、失其中正之德、人君、當與天下大同而獨私一人、非君道也、又先隔則號咷、後遇則笑、一有正字 是私暱之情、非大同之體也、二之在下、尙以同於宗、爲吝、況人君乎、五既於君道、无取、故、更不言君道而明二人、同心、不可間隔之義、繫辭、云君子之道、或出或處或默或語、二人同心、其利、斷金、中誠所同、出處語默、无不同、天下、莫能間也、同者、一也、一不可分、分、乃二也、一可以通金石冒水火、无所不能入、故、云其利斷金、其理、至微、故、聖人、贊之曰同心之言、其臭、如蘭、謂其言、意味深長也、

【本義】五、剛中正、二以柔中正、相應於下、同心者也、而爲三四所隔、不得其同、然、

義理所同、物不得而間之、故、有此象、然、六二、柔弱而三四、剛强、故、必用大師以勝之然後、得相遇也、【厚齋馮氏曰九五大君也當與天下相孚於大同之世而乃私繫所應是以彊弗友之徒競起而爭之夫以上伐下直舉而措之耳謂至動大衆而僅能勝之哉私故也作易者以爲失君人大同之道故備言其私昵之狀而以敵國交兵之法言之其訓嚴矣○雲峯胡氏曰二五剛柔相應而皆合乎中正本義所謂義理之同也程傳謂五自以義直理勝不勝憤抑故號咷邪不勝正終必得合故後笑春秋書鄭伯克段于鄢傳曰如二君故曰克五之於四也必用大師克之而始與二遇則三之非理而强可見矣又曰同人九五剛中正而有應于六二故先號咷而後笑旅上九剛不中正而无應于九三故先笑而後號咷

象曰同人之先은 以中直也ㅣ오 大師相遇는 言相克也ㅣ라

○象애 ᄀᆞᆯ오ᄃᆡ 同人의 몬져 는 中이 直홈으로뼈오 大師相遇는 서르 克홈을 니ᄅᆞ니라

【傳】 先所以號咷者、以中誠理直、故、不勝其忿切而然也、雖其敵、剛强、至用大師、然、義直理勝、終能克之、故、言能相克也、相克、謂能勝、見二陽之强也、

【本義】 直謂理直、 盤澗董氏曰二五本自同心而爲三四所隔故先號咷先謂理直也雖大師相克而後相遇亦以義理之同物終不得而間之故也○雲峯胡氏曰六爻惟三四不言同傳以二五之同者爲理直則可以見三四之爭同者爲非理矣

上九는 同人于郊ㅣ니 无悔ㅣ니라

(本義)同人于郊ᄒᆞ나 无悔니라

○上九ᄂᆞᆫ 人으로 同홈을 郊애 ᄒᆞ욤이니 悔업ᄉᆞ니라 (本義) 人으로 同홈을 郊애 ᄒᆞ나 悔업ᄉᆞ니라

【傳】 郊、在外而遠之地、求同者、必相親相與、上九、居外而无應、終无與同者也、

始有同則至終、或有睽悔、處遠而无與、故、雖无同、亦无悔、雖欲同之志、不遂而其終、无所悔也、

【本義】居外无應、物莫與同、然、亦可以无悔、故、其象占、如此、郊、在野之內、未至於曠遠、但荒僻无與同耳、朱子曰郊是荒寂无人之所言不能如同人于野曠遠无私荒僻无與同蓋居外无應莫與同者亦可以无悔也又曰同人于野是廣大无我之意同人于郊是无可與同之人也取義不同自不相悖○節齋蔡氏曰國外曰郊郊外曰野雖在卦上猶未出乎卦也故止曰郊○雲峯胡氏曰初上皆无應初出門同人出乎家之外而同乎國之人也在下而无私應者也上九不同乎國之人乃出乎國之外是荒僻无人之所在外而无與應者如荷蕢之徒是也故不謂之凶但謂之无悔【備旨】同人于野是廣大无我之意同人于郊是无可與羣之人用世與避世逈若天淵故止以无悔小之

象曰同人于郊는志未得也ㅣ라

○象애ᄀᆞᆯ오ᄃᆡ同人于郊ᄂᆞᆫ志ᄅᆞᆯ得디몯홈이라

【傳】居遠莫同、故、終无所悔、然而在同人之道、求同之志、不得遂、雖无悔、非善處也、臨川吳氏曰无可同之人故志未得○建安丘氏曰上九處同人之世豈不欲與人同者哉特以一卦五陽皆欲同二而三伏戎四乘墉五用師相刃相摩不奪不厭而已適處於无與同之地超然出於羣爭之表於人固无所失矣而於己亦未爲得也周公於爻以不異於人者喜之故言其无悔孔子於象以不能同於人者病之故釋之曰志未得也又曰同人六爻以六二一陰爲卦主上下五陽皆欲同之同人之道貴廣不貴狹卦言于野亨是也在諸爻以比應爲同故不能盡卦義合而論之有應而同者有比而同者有遠而无與同者有爭而不能同者二與五應以正道相同在二言于宗五言相遇此應而同者初在卦下出即遇二无爭于五故同人于門此比而同者上處卦外无應于五亦无得於二故同人于郊此遠而无與同者三四介乎二五之間與五爭二而不知天理之同物莫能間故三伏戎不與四乘墉弗克此爭而不能同者同人之道難矣哉然則世之與人同者與其爲初之比而同不若五之

應而同者之出於正爲三四之爭而不能同不若上之遠而无與同者之无所爭也【備旨】周公於爻以不係於人者寬之故言其无悔孔子於象以不能同於人者病之故釋之曰志未得與通天下之志正相反

䷍ 乾下離上

【傳】大有、序卦、與人同者、物必歸焉、故、受之以大有、夫與人同者、物之所歸也、大有所以次同人也、爲卦、火在天上、火之處高、其明、及遠、萬物之衆、无不照見、爲大有之象、又一柔、居尊、衆陽、並應、居尊執柔、物之所歸也、上下、應之、爲大有之義、大有、盛大豊有也、雙湖胡氏曰易以陽爲大凡卦稱大者皆以陽得名大有以一陰統五陽大畜以一陰畜三陽大過四陽過盛於中大壯四陽壯長於下皆名之曰大也○雲峯胡氏曰或曰小畜亦五陽一陰之卦主巽之一陰則曰小主離之一陰則爲大何也曰巽之一陰在四欲畜上下五陽其勢逆而難離之一陰在五而有上下五陽其勢順而易卦名因四五二爻而有大小之分君人者之大分明矣故小畜之亨不在六四而在上下五陽大有之元亨不但在上下五陽而在六五

大有는元亨하니라

○大有는元코亨하니라

【傳】卦之才、可以元亨也、凡卦德、有卦名、自有其義者、如比吉謙亨、是也、有因其卦義、便爲訓戒者、如師貞丈人吉同人于野亨、是也、有以其卦才而言者、大有元亨、是也、由剛健文明應天時行、故、能元亨也、

【本義】大有、所有之大也、離居乾上、火在天上、无所不照、又六五一陰、居尊得中而五陽、應之、故、爲大有、乾健離明、居尊、應天、有亨之道、占者、有其德則大善而

亨也、建安丘氏曰一陰在上卦之中而五陽宗之居尊能柔物之所與而諸爻之有皆六五之有也豈不大哉唯其所有者大故其亨亦大也

彖曰大有는柔ㅣ得尊位ᄒᆞ고大中而上下ㅣ應之ᄒᆞᆯ셰曰大有ㅣ니

○彖에ᄀᆞᆯ오ᄃᆡ大有ᄂᆞᆫ柔ㅣ尊位ᄅᆞᆯ得ᄒᆞ고크게中ᄒᆞ고上下ㅣ應ᄒᆞᆯ셰ᄀᆞᆯ온大有ㅣ니

【傳】言卦之所以爲大有也、五以陰居君位、柔得尊位也、處中、得大中之道也、爲諸陽所宗、上下應之也、夫居尊執柔、固衆之所歸也、而又有虛中文明大中一无大中字之德、故、上下、同志應之、所以爲大有也、

【本義】以卦體、釋卦名義、柔謂六五、上下、謂五陽誠齋楊氏曰同人大有一柔五剛均也柔在下者曰得位曰得中曰應乎乾而爲同人我同乎彼之辭也柔在上者曰尊位曰大中曰上下應而爲大有我有其大之辭也○雲峯胡氏曰同人以六居二則曰柔得位得中大有以六居五則曰柔得尊位大中上下之分嚴矣

其德이剛健而文明ᄒᆞ고應乎天而時行이라是以元亨ᄒᆞ니라

○其德이剛健ᄒᆞ고文明ᄒᆞ고天에應ᄒᆞ야時로行ᄒᆞ논디라일로ᄡᅥ元亨ᄒᆞ니라

【傳】卦之德、內强健而外文明、六五之君、應於乾之九二、五之一有體字性、柔順而明、能順應乎二、二、乾之主也、是應乎乾也、順應乾行、順乎天時也、故曰應乎天而時行、其德、如此、是以元亨也、王弼、云不大通、何由得大有乎、大有則必元亨矣、此不識卦義、離乾成大有之義、非大有之義、便有元亨、由其才、故、得元亨、大有而不

善者、與不能亨者、有矣、諸卦、具元亨利貞則彖、皆釋爲大亨、恐疑與乾坤、同也、不兼利貞則釋爲元亨、盡元義也、元有大善之義、有元亨者、四卦、大有蠱升鼎也、唯升之彖、誤隨他卦作大亨、曰諸卦之元、與乾不同、何也、曰元之在乾、爲元始之義、爲首出庶物之義、他卦則不能有此義、爲善爲大而已、曰元之爲大、可矣、爲善、何也、曰元者、物之先也、物之先、豈有不善者乎、事成而後、有敗、敗非先成者也、興而後、有衰、衰固後於興也、得而後、有失、非得則何以有(一作爲)失也、至於善惡治亂是非、天下之事、莫不皆然、必善爲先、故、文言、曰元者善之長也、

涑水司馬氏曰夫柔而不明則前有讒而不見後有賊而不知明而不健則知善而不能擧知惡而不能去二者皆亂亡之端也明而燭之健而決之居不失中行不失時然後能保有其衆元亨也○或問應乎天而時行程說以爲應天時而行何如朱子曰是以時而行是有可行之時○楊氏文煥曰上下應而不得尊位者小畜之六四也有能致之資居得致之位者正大有之時也

【本義】以卦德卦體、釋卦辭、應天指六五也、

建安丘氏曰六五以柔居尊故曰尊位處剛而中故曰大中卦唯一柔而二體皆以剛應故曰上下應之剛健居內乾德也文明居外離德也五以柔而應二之剛應乎天也順時而行是以大亨也○雙湖胡氏曰彖辭自柔得尊位以下專主六五一爻以論人君之位能有衆陽之大自其德剛健以下實兼上下兩體以論人君之德能致元亨之治也唯一陰居尊位故可以全體歸之○雲峯胡氏曰文明以健自明而誠之事剛健而文明自誠而明之事又若有聖賢之等焉

象曰火在天上이大有니君子ㅣ以ᄒᆞ야遏惡揚善ᄒᆞ야順天休命ᄒᆞᄂᆞ니라

○象에ᄀᆞᆯ오ᄃᆡ火ㅣ天上애이쇼미大有ㅣ니君子ㅣ以ᄒᆞ야惡을遏ᄒᆞ고善을揚ᄒᆞ야天의休命을順ᄒᆞᄂᆞ니라

【傳】火、高在天上、照見萬物之衆多、故、爲大有、大有、繁庶之義、君子、觀大有之象、以遏絕衆惡、揚明善類、以奉順天休美之命、萬物、衆多則有善惡之殊、君子、享大有之盛、當代天工、治養庶類、治衆之道、在遏惡揚善而已、惡懲善勸、所以順天命而安群生也、

【本義】火在天上、所照者、廣、爲大有之象、所有、旣大、无以治之則釁蘖、萌於其間矣、天命、有善而无惡、故、遏惡揚善、所以順天、反之於身、亦若是而已矣、朱子曰火在天上大有凡有物須是自家照見得方見得有若不照見則有无不可知何名爲有天命有善而无惡當大有時遏止其惡顯揚其善反之於身亦莫不然非止用人用人乃其一事耳○龜山楊氏曰因天之明物无遁形矣君子觀火天之象以遏惡揚善休命者正命也善惡不當其實非順休命者也○誠齋楊氏曰天討有罪吾遏之以天天命有德吾揚之以天吾何與焉此舜禹有天下而不與也故曰順天休命同人雖在下而權不敢專故止於類而辨大有雖在上而權由己出故極於遏而揚○雲峰胡氏曰休命諸家多作眷命本義以爲性命蓋天命之性有善而无惡遏惡揚善亦不過順天命之本然者而已用人反身皆當若是本義之說精矣

初九는 无交害니 匪咎나 艱則无咎리라

○初九는 害에 交홈이 업스니 咎ㅣ 아니나 艱ᄒᆞ면 咎ㅣ 업스리라

【傳】九居大有之初、未至於盛、處卑无應與、未有驕盈之失、故、无交害、未涉於害也、大凡富有、鮮不有害、以子貢之賢、未能盡免、況其下者乎、匪咎艱則无咎、言富有、本匪有咎也、人、因富有、自爲咎耳、若能享富有而知難處則自无咎也、處富有而不能思艱兢畏則驕侈之心、生矣、所以有咎也、

【本義】 雖當大有之時、然、以陽居下、上无係應而在事初、未涉乎害者也、何咎之有、然、亦必艱以處之則无咎、戒占者、宜如是也、 或問初九无交害匪咎艱則无咎朱子曰此爻本最吉不解有咎然須說艱則无咎蓋易之書大抵敎人戒謹恐懼无有以爲易而處之者雖至易之事亦必以艱難處之然後无咎也○雲峯胡氏曰諸家多以初九无交害爲无上下之交所以有害本義從程子之說謂居下无係應而未涉乎害蓋无係應三字已自見无上下之交矣富者怨之府故當大有之時反易有害初陽在下未與物接所以未涉於害也何咎之有然以爲匪咎而以易心處之反有咎矣无交害大有之初如此艱則无咎大有自初至終皆當如此

象曰大有初九는 无交害也ㅣ라

○象애 골오ᄃᆡ 大有의 初九ᄂᆞᆫ 害예 交홈이 업ᄉᆞ니라

【傳】 在大有之初、克念艱難則驕溢之心、无由生矣、所以不交涉於害也、 中溪張氏曰大有其時也初九其位也時位如此是以无害也

九二는 大車以載ㅣ니 有攸往ᄒᆞ야 无咎ㅣ리라

(本義) 有攸往이면

○九二ᄂᆞᆫ 大車로ᄡᅥ 載홈이니 往홀ᄲᅡ를두어 咎ㅣ업스리라 (本義) 往홀ᄲᅡ를두면

【傳】 九以陽剛、居二、爲六五之君、所倚任、剛健則才勝、居柔則謙順、得中則无過、其才、如此、所以、能勝大有之任、如大車之材、强壯、能勝載重物也、可以任重行遠故、有攸往而无咎也、大有豐盛之時、有而未極、故、以二之才、可往而无咎、至於盛極則不可以往矣、

【本義】剛中在下、得應乎上、爲大車以載之象、有所往而如是、可以无咎矣、占者、必有此德、乃應其占也、節齋蔡氏曰大車二也載謂載五也剛健居中而應五故有大車以載之象○林氏栗曰二五相應陽志上行故有有攸往之象以是而往何咎之有○雲峰胡氏曰坤爲大輿九二體乾而曰大車者輿指軫之方而能載者言此則以其全體而言引之以馬之健行之以輪之圜皆乾象也況九二以剛居柔柔則其虛足以受剛則其健足以行有大車象得應乎五載上之象有所往而如是可以无咎矣不曰吉者大臣任天下之重職當如此也僅得无咎處大有之難如此

象曰大車以載는積中不敗也ㅣ라

○象애ᄀᆞᆯ오ᄃᆡ大車以載는中에積ᄒᆞ야敗티아니ᄒᆞᆷ이라

【傳】壯大之車、重積載於其中而不損敗、猶九二材力之强、能勝大有之任也、臨川吳氏曰車大則能勝重載故載雖多積於中而車行不至於敗占之所以往而无咎也○中溪張氏曰伊尹任天下之重此爻足以當之

九三은公用亨于天子ㅣ니小人은弗克이니라 亨傳如字本義讀作享

○九三은公이ᄡᅥ天子ᄭᅴ亨ᄒᆞᆷ이니小人은克디몯ᄒᆞᄂᆞ니라

【傳】三、居下體之上、在下而居人上、諸侯人君之象也、公侯、上承天子、天子、居天下之尊、率土之濱、莫非王臣、在下者、何敢專其有、凡土地之富、人民之衆、皆王者之有也、此、理之正也、故、三、當大有之時、居諸侯之位、有其富盛、必用亨通乎天子、謂以其有、爲天子之有也、乃人臣之常義也、若小人、處之則專其富有、以爲

私、不知公己奉上之道、故、曰小人弗克也、隆山李氏曰居下卦之上爲三陽之長以君子而當公侯之任者也○臨川王氏曰易之辭有王有先王有帝有后有大君王以德業言先王以垂統言帝以主宰言天子以正位言后天子諸侯通稱大君天子尊稱

【本義】亨、春秋傳、作享、謂朝獻也、古者、亨通之亨、享獻之享、烹飪之烹、皆作亨字、九三、居下之上、公侯之象、剛而得正、上有六五之君、虛中下賢、故、爲亨于天子之象、占者、有其德則其占、如是、小人、无剛正之德則雖得此爻、不能當也、朱子曰古文无享字亨享烹並通用如公用亨于天子辭作亨字便不是又曰亨享二字據說文本是一字故易中多互用如王用亨于岐山亦當爲享如王用享于帝之云也字畫音韻是經中淺事故先儒得其大者多不留意然不知此等處不理會却枉費了无限辭說牽補而卒不得其本義亦甚害事也○京房傳曰享獻也○雙湖胡氏曰按春秋傳晉文公將納王使卜偃筮之遇大有之睽曰吉遇公用享于天子之卦戰克而王享孰大焉則是卜偃時已讀爲享矣○雲峰胡氏曰九二宰相任重之事九三諸侯朝享之事皆不言吉皆臣職之當然者然享有朝享之享有宴享之享本義唯訓享爲朝獻又曰六五虛中下賢則又兼宴享之義矣享禮之盛者必如九三有剛正之德乃能當之在小人則有不供苞茅不脩朝貢者矣安足以當此

象曰公用亨于天子는 **小人**은 **害也**ㅣ리라

○象애ᄀᆞᆯ오ᄃᆡ公用亨于天子ᄂᆞᆫ小人은害ᄒᆞ리라

【傳】公、當用(一无用字)亨于天子、若小人、處之則爲害也、自古諸侯、能守臣節、忠順奉上者則蕃養其衆、以爲王之屏翰、豊殖其財、以待上之徵賦、若小人、處之則不知爲臣奉上之道、以其爲己之私、民衆財豊則反擅其富强、益爲不順、是小人、大有則爲

害、又大有、爲小人之害也、臨川吳氏曰小人得此占則不利也

九四는匪其彭이면无咎ㅣ리라 彭步郞反

(本義)匪其彭이니

○九四ᄂᆞᆫ彭티아니ᄒᆞ면咎ㅣ업ᄉᆞ리라(本義)그彭티아니미니

【傳】九四、居大有之時、已過中矣、是大有之盛者也、過盛則凶咎所由生也、故、處之之道、匪其彭則得无咎、謂能謙損、不處其太盛則得无咎也、四、近君之高位、苟處太盛則致凶咎、彭、盛多之貌、詩載驅、云汶水湯湯、行人彭彭、行人盛多之狀、雅大明、云駟騵彭彭、言武王戎馬之盛也、

【本義】彭字、音義、未詳、程傳、曰盛貌、理或當然、六五、柔中之君、九四、以剛近之、有僭偪之嫌、然、以其處柔也、故、有不極其盛之象而得无咎、戒占者、宜如是也、

東谷鄭氏曰九四居四陽之首而率諸陽與之偕進其盛多蓋彭彭矣然明不能燭理智不能慮遠以其盛多者而震之必非柔中之君所能安也下三陽皆健體四乃明之首也有明辨之晳則匪其彭然後免於咎○雲峯胡氏曰卦名大有彭字即大字之義大有皆六五之有也六五在上而九四以剛近之有僭偪之嫌必不有其大而後可以无咎也

象曰匪其彭无咎는明辨晳也ㅣ라

○象애ᄀᆞᆯ오ᄃᆡ匪其彭无咎ᄂᆞᆫ明辨ᄒᆞᆫ晳이라(本義)明辨ᄒᆞᆷ이晳ᄒᆞᆷ이라

【傳】能不處其盛而得无咎者、蓋有明辨之智也、晳、明智也、賢智之人、明辨物理、

當其方盛則知咎之將至、故、能損抑、不敢至於滿極也、

【本義】 晳、明貌、 雲峯胡氏曰當大有之時而不有其
大非明者不能也辨晳皆以離言

六五ᄂ 厥孚ㅣ交如ㅣ니 威如ㅣ면 吉ᄒ리라

○六五ᄂ 그孚ㅣ 交흠이니 威ᄒ면 吉ᄒ리라

【傳】 六五、當大有之時、居君位虛中、爲孚信之象、人君、執柔守中而以孚信、接於下則下亦盡其信誠、以事於上、上下、孚信相交也、以柔居尊位、當大有之時、人心、安易、若專尙柔順則陵慢、生矣、故、必威如則吉、威如、有威嚴之謂也、旣以柔和孚信、接於下、衆志、說從、又有威嚴、使之有畏、善處有者也、吉可知矣、

【本義】 大有之世、柔順而中、以處尊位、虛己以應九二之賢而上下、歸之、是其孚信之交也、然、君道、貴剛、太柔則廢、當以威濟之、則吉、故、其象占、如此、亦戒辭也、

潛室陳氏曰大有之六五但言厥孚交如威如吉者蓋一卦以一陰爲主所有已極其大但當交之以孚濟之以威則
能保有其大矣孚者其本有威者其不足也○中溪張氏曰六五爲大有之主離體中虛有厥孚之象柔得尊位而上
下應之故曰交如以我之誠心而發彼之誠心此其所以交孚也然當大有海內富庶之時人心易至玩弛寛裕溫柔
雖足以有容非發强剛毅則不足以有執故交如之後繼之以威如則可以保其吉也苟徒有以孚之而无以威之則
人將慢易之心生而无畏備之者矣豈能常保其有乎此威如之吉聖人之深戒也【備旨】孚是五所己能聖人恐他過
柔故又以威戒之孚威而兩曰如者眞誠所結似交非交交而不以迹交之至也德威所及似威非威威不以形威之
妙也司馬温公之論君道也曰仁曰明曰武五爻象具之矣

象曰厥孚交如ᄂ 信以發志也ㅣ오

○象애ᄀᆞᆯ오ᄃᆡ厥孚交如ᄂᆞᆫ信으로ᄡᅥ志를發ᄒᆞᆷ이오(本義)信이ᄡᅥ志를發ᄒᆞᆷ이오

【本義】一人之信、足以發上下之志也、

威如之吉은易而无備也ㅣㄹ시라 易以豉反

○威如의吉ᄒᆞᆷ은易ᄒᆞ야備ᄒᆞᆷ이업슴이라

【傳】下之志、從乎上者也、上以孚信、接於下則下亦以誠信、事其上、故、厥孚交如、由上、有孚信以發其下孚信之志、下之從上、猶響之應聲也、一有威如之吉易而无備也九字 威如之所以吉者、謂若无威嚴則下易慢而无戒備也、謂无恭畏備上之道、備、謂備上之求責也、

【本義】太柔則人將易之而无畏備之心、西溪李氏曰太平之世禍亂皆起於无虞故必威如而後吉才上下玩易則无畏備也故詰爾戎兵董正治官皆守成之世所當講者也【備旨】上二句是誠以結人心下二句是威以肅人心信字易字俱重任上邊

上九ᄂᆞᆫ自天祐之라吉无不利로다

○上九ᄂᆞᆫ天으로브터祐ᄒᆞ논다라吉ᄒᆞ야利티아니미업도다

【傳】上九、在卦之終、居无位之地、是大有之極而不居其有者也、處離之上、明之極也、唯至明、所以不居其有、不至於過極也、有極而不處則无盈滿之災、能順乎理者也、五之孚信而履其上、爲蹈履誠信之義、五有文明之德、上能降志以應之、爲尙

賢崇善之義、其處、如此、吉道之至也、自當亨其福慶、自天祐之、行順乎天而獲天祐、故、所往、皆吉、无所不利也、

【本義】大有之世、以剛居上而能下從六五、是能履信思順而尙賢也、滿而不溢、故、其占、如此、或問上九自天祐之吉无不利朱子曰上九以陽剛居上而能下從六五者蓋陽從陰也大有唯六五一陰而上下五陽應之上九能下從六五則爲履信思順而尙賢蓋五之交孚信也而上能履之謙退不居思順也志從於五尙賢也天之所助者順人之所助者信所以有自天祐之吉无不利之象若无繫辭此數句此爻遂无收殺以此見聖人讀易見爻辭有不分明處則於繫辭傳說破如此類是也【備旨】大有至上九極矣聖人特於此發有大不盈之意蓋有極易盈而能下從六五是滿而不溢動與天合故以天祐歸之處有之始便欲其艱能艱到底自不至於有溢聖人處盈滿時全貴持守故其論有者如此

象曰大有上吉은自天祐也ㅣ라

○象애ᄀᆞᆯ오ᄃᆡ大有의上이吉호믄天으로브터祐홈이라

【傳】大有之上、有極當變、由其所爲、順天合道、故、天、祐助之、所以吉也、君子、滿而不溢、乃天祐也、繫辭、復申之云天之所助者、順也、人之所助者、信也、履信思乎順、又以尙賢也、是以自天祐之吉无不利也、履信、謂履五、五、虛中、信也、思順、謂謙退不居、尙賢、謂志從於五、大有之世、不可以盈、豐而復處盈焉、非所宜也、六爻之中、皆樂據權位、唯初上、不處其位、故、初九、无咎、上九、无不利、上九、在上、履信思順、故、在上而得吉、蓋自天祐也、節齋蔡氏曰大有一柔五剛故以柔爲一卦之主而衆爻皆于五取義初以遠五而有艱二以應五而无咎三以公位而用亨于天子四以能謙承五而无咎上以近五而獲自天之祐也○平庵項氏曰大有之卦以六五爲主初之无交害逸民也上九在上賓師也中爻三位爲臣二大臣也受大有之任故爲載三外臣也奉大有之物以朝貢故爲亨二中故

无咎三不中故戒君子用亨則爲桓文小人弗克則爲曹馬矣四近臣也以柔自抑不怙大有之寵故爲匪其彭五離中虛中孚爲信而上下應之則其孚交矣所處者居易无備故必威如乃吉欲其克自警畏也○誠齋楊氏曰八卦乾爲尊六十四卦泰爲盛然乾之上九悔於亢泰之上六吝於亂盛治備福孰若大有者六爻亨一吉二无咎三明主在上群賢畢集无一敗亂之小人无一害治之棐德士生斯世也緼袍華於珮玉飮水甘於列鼎而況九二之大臣九三之諸侯上九功成身退之耆舊乎嗚呼盛哉【備旨】爻自天而推之人象又自人而推之天總見得福之自不外履信思順而尙賢持盈守滿之要道也

䷎ 艮下坤上

【傳】謙、序卦、有大者、不可以盈、故、受之以謙、其有、旣大、不可至於盈滿、必在謙損、故、大有之後、受之以謙也、爲卦、坤上艮下、地中有山也、地體、卑下、山、高大之物而居地之下、謙之象也、以崇高之德而處卑之下、謙之義也、隆山李氏曰設卦命名多以畫之反對取象謙豫二卦反履小畜之對也履謙取畫在三豫小畜取畫在四特陰陽之畫不同耳皆五陰一陽五陽一陰之卦也一陰在下卦三陽之上其位不順故名之小畜一陽在下卦三陰之上其位則順故名之豫一陰在上卦三陽之下其位則宜故名之履一陽在上卦三陰之下其位非宜故名之謙○厚齋馮氏曰一陽五陰之卦其立象也一陽在上下者爲剝復象陽氣之消長也在中者爲師比象衆之所歸也至於三四在二體之際當六畫之中故以其自上而退處於下者爲謙自下而奮出乎上者爲豫此觀畫立象之本旨也

謙은 亨ᄒᆞ니 君子ㅣ 有終이니라

(本義) 君子ㅣ 有終이리라

○謙은 亨ᄒᆞ니 君子ㅣ 終이 인ᄂᆞ니라 (本義) 終이 이시리라

【傳】謙有亨之道也、有其德而不居、謂之謙、人、以謙巽自處、何往而不亨乎、君子有終、君子、志存乎謙巽、達理、故、樂天而不競、內充、故、退讓而不矜、安履乎謙、終身不易、自卑而人益尊之、自晦而德益光顯、此所謂君子有終也、在小人則有欲必競、有德必伐、雖使勉慕於謙、亦不能安行而固守、不能有終也、程子曰他卦皆有悔凶咎唯謙卦未嘗有他卦有待而亨唯謙則便亨○涑水司馬氏曰君子之德誠盛矣業誠大矣不謙以持之无以保其終也○隆山李氏曰此易中最吉之卦而天下最難行之事非謙之難謙而能終者之難也非君子豈能有終乎

【本義】謙者、有而不居之義、止乎內而順乎外、謙之意也、山、至高而地、至卑、乃屈而止於其下、謙之象也、占者、如是則亨通而有終矣、有終、謂先屈而後伸也、朱子曰謙便能亨又爲君子有終之象○節齋蔡氏曰剛屈乎柔之下謙之義也剛下乎柔交通之道故亨君子三也君子有是德則始雖卑而終益尊始雖晦而終益光故有終○雲峯胡氏曰乾爲易第一卦本義謂筮得乾卦者其事雖大亨猶未易以保其終蓋天下之事始而亨者十九亨而有終者十一唯謙則於德爲君子於事爲亨而有終

彖曰謙亨은天道ㅣ下濟而光明ᄒᆞ고地道ㅣ卑而上行이라 (上時掌反)

○彖애ᄀᆞᆯ오ᄃᆡ謙亨은天道ㅣ下濟ᄒᆞ야光明ᄒᆞ고地道ㅣ卑ᄒᆞ야上行홈이라

【傳】濟、當爲際、此、明謙而能亨之義、天之道、以其氣、下際、故、能化育萬物、其道、光明、下際、謂下交也、地之道、以其處卑、所以其氣、上行、交於天、皆以卑降而亨也、

【本義】言謙之必亨、童溪王氏曰夫天氣下降以濟萬物天之謙也化育之功光明著見則謙之亨也地勢卑順處物之下地之謙也其氣上行以交於天則謙之亨也莫大乎天地而天地猶不

敢以自滿況於人與鬼神乎○節齋蔡氏曰下濟而光明艮有光明之象故艮之彖曰其道光明謂艮陽止乎上陰不得而掩之故光明卑而上行坤也○實峯胡氏曰下濟爲謙光明爲亨卑爲謙上行爲亨彖傳但言謙之必亨而不言卦體蓋下濟光明自含艮坤二體於其間也

天道ᄂᆞᆫ虧盈而益謙ᄒᆞ고

○天道ᄂᆞᆫ盈을虧ᄒᆞ고謙을益ᄒᆞ고

【傳】以天行而言、盈者則虧、謙者則益、日月陰陽、是也、程子曰虧盈益謙此通上下言理亦如此天道之運亦如此○朱子曰虧盈益謙是自然之理

地道ᄂᆞᆫ變盈而流謙ᄒᆞ고

○地道ᄂᆞᆫ盈을變ᄒᆞ고謙을流ᄒᆞ고

【傳】以地勢而言、盈滿者、傾變而反陷、卑下者、流注而益增也、朱子曰變盈流謙楊子雲言山殺瘦澤增高此是說山上之土爲水漂流下來山便瘦澤便高

鬼神은害盈而福謙ᄒᆞ고

○鬼神은盈을害ᄒᆞ고謙을福ᄒᆞ고

【傳】鬼神、謂造化之跡、盈滿者、禍害之、謙損者、福祐之、凡過而損、不足而益者、皆是也、朱子曰天道是就寒暑往來上說地道是就地形高下上說鬼神言害福是有些造化之柄各自主一事而言耳

人道는 惡盈而好謙ᄒᆞᄂᆞ니 惡烏路反 好呼報反

○人道ᄂᆞᆫ盈을惡ᄒᆞ고謙을好ᄒᆞᄂᆞ니

【傳】人情、疾惡於盈滿而好與於謙巽也、謙者、人之至德、故、聖人、詳言所以、戒盈而勸謙也、或問謙之爲義不知天地人鬼何以皆好尙之朱子曰太極中本无物若事業功勞於我何有觀天地生萬物而不言所利可見矣○節齋蔡氏曰虧盈益謙以氣言日月陰陽是也變盈流謙以形言山谷川澤是也害盈福謙以理言災祥禍福是也惡盈好謙以情言予奪進退是也○白雲郭氏曰四者非有心於如是其道自然故皆曰道○厚齋馮氏曰復擧天地因及鬼神與人以推廣謙所以亨之意

謙은 尊而光ᄒᆞ고 卑而不可踰니 君子之終也ㅣ라

○謙은尊ᄒᆞ고光ᄒᆞ고卑호ᄃᆡ可히踰티몯홈이니君子의終이라(本義) 尊ᄒᆞ니ᄂᆞᆫ光ᄒᆞ고卑ᄒᆞ니도

【傳】謙爲卑巽也而其道、尊大而光顯、自處、雖卑屈而其德、實高、不可加尙、是不可踰也、君子、至誠於謙、恒而不變、有終也、故、尊光、

【本義】變、謂傾壞、流、謂聚而歸之、人能謙則其居尊者、其德、愈光、其居卑者、人亦莫能過、此、君子所以有終也、或問謙尊而光卑而不可踰朱子曰尊字是對卑字說言能謙則位處尊而德愈光位雖卑而莫能踰如古之賢聖之君以謙下人則愈尊而愈光若驕奢自大則雖尊而不光蓋以尊而行謙則其道光以卑而行謙則其德不可踰也伊川以謙對卑說非是○童溪王氏曰尊者三居下卦之上也光艮體也卑者三居上卦之下也不可踰謂位雖居下而德剛莫有過之者蓋以謙居尊而道光以謙居卑而德不可踰此專以九三爻言君子有終之義也○臨川吳氏曰六十四卦惟謙之占辭最美夫子傳彖亦惟謙之贊辭最盛內三爻倶吉外三爻倶利卦辭則云亨且有終他卦之占未有若是其全美者也天

之所益地之所流人之所好鬼神之所福悉萃於能謙者之身他卦之贊未有若是其盛者此謙之所以爲至德也

象曰地中有山이 **謙**이니 **君子**ㅣ **以**ᄒᆞ야 **裒多益寡**ᄒᆞ야 **稱物平施**ᄒᆞᄂᆞ니라 裒蒲侯反 稱尺證反 施始豉反

○象애ᄀᆞᆯ오ᄃᆡ地中에山이이시미謙이니君子ㅣ以ᄒᆞ야多ᄅᆞᆯ裒ᄒᆞ야寡ᄅᆞᆯ益ᄒᆞ야物을稱ᄒᆞ야施ᄅᆞᆯ平히ᄒᆞᄂᆞ니라

【傳】地體、卑下、山之高大而在地中、外卑下而內蘊高大之象、故、爲謙也、不云山在地中而曰地中有山、言卑下之中、蘊其崇高也、若言崇高、蘊於卑下之中則文理、不順、諸象、皆然、觀文可見、君子以裒多益寡稱物平施、君子觀謙之象、山而在地下、是高者、下之、卑者、上之、見抑高擧下損過益不及之義、以施於事則裒取多者、增益寡者、稱物之多寡、以均其施與、使得其平也、 程子曰謙者治盈之道故曰裒多益寡稱物平施

【本義】以卑蘊高、謙之象也、裒多益寡、所以稱物之宜而平其施、損高增卑、以趣於平、亦謙之意也、 朱子曰裒多益寡便是謙稱物平施便是裒多益寡○問裒多益是寡損高就低使教恰好不是一向低去曰大抵人多見得在己者高在人者卑謙則抑己之高而卑以下人便是平也○臨川吳氏曰山在地中則高者降而下卑者升而上一升一降而高卑適平矣物之多者裒取而使之寡猶降山之高而使之卑也物之寡者增益而使之多猶升地之卑而使之高也一裒一益而多寡適平矣稱物平施謂稱量物之多寡而損益之然後所施均平而多者不偏多寡者亦不偏寡也○厚齋馮氏曰凡大象皆別立一意使人知用易之理裒多益寡稱物平施俾小大長短各得其平非君子謙德之象乃君子治一世使謙之象也象與六爻全无此意

初六은 **謙謙君子**ㅣ니 **用涉大川**이라도 **吉**ᄒᆞ니라

(本義)用涉大川吉ᄒᆞ리라

○初六은謙ᄒᆞᄂᆞᆫ君子ㅣ니ᄡᅥ大川을涉ᄒᆞᆯ지라도吉ᄒᆞ니라(本義) ᄡᅥ大川을涉ᄒᆞᆷ이吉ᄒᆞ니라

【傳】初六、以柔順、處謙、又居一卦之下、爲自處卑下之至、謙而又謙也、故、曰謙謙、能如是者、君子也、自處至謙、衆所共與也、雖用涉險難、亦无患害、況居平易乎、何所不吉也、初處謙而以柔居下、得無過於謙乎、曰柔居下、乃其常也、但見其謙之至、故、爲謙謙、未見其失也、

【本義】以柔處下、謙之至也、君子之行也、以此涉難、何往不濟、故、占者、如是則利以涉川也、 童溪王氏曰六謙德也初卑位也以謙德而處卑位謙而又謙者也故曰謙謙○蘭氏廷瑞曰用涉與利涉不同用涉自我用之不若利之无往不濟也○臨川王氏曰利涉者其才其時利於涉耳用涉者用此以涉然後吉也○雙湖胡氏曰涉川貴於遲重不貴於急速用謙謙之道以涉川只是謙退居後而不爭先自然萬无失一故吉後登舟亦有先登岸之利謙固自多利也○雲峯胡氏曰謙主九三故三爻辭與卦辭皆稱君子有終初亦曰君子何也三在下卦之上勞而能謙在上之君子也初在下卦之下謙而又謙在下之君子也在上者躋而光在下者卑而不可踰皆所以爲君子之終也用涉大川吉雖用以濟患可也況平居乎

象曰謙謙君子는卑以自牧也ㅣ라

○象에ᄀᆞᆯ오ᄃᆡ謙謙君子ᄂᆞᆫ卑로ᄡᅥ스스로牧ᄒᆞᆷ이라

【傳】謙謙、謙之至也、謂君子、以謙卑之道、自牧也、自牧、自處也、詩云自牧歸荑、南軒張氏曰謙謙君子卑以自牧如牧牛羊然使之馴服方可以言謙今人往往反以驕矜爲養氣此特客氣非浩然之氣也○建安丘氏曰牧養也養德之地未有不基於至卑所養者至則愈卑而愈不卑矣

六二는鳴謙이니貞코吉ᄒᆞ니라

○六二는謙을鳴홈이니貞코吉ᄒᆞ니라(本義)謙으로鳴홈이니

【傳】二以柔順、居中、是爲謙德、積於中、謙德、充積於中、故、發於外、見於聲音顏色、故、曰鳴謙、居中得正、有中正之德也、故、云貞吉、凡貞吉、有爲貞且吉者、有爲得貞一有正字則吉者、六二之貞吉、所自有也、童溪王氏曰六二以謙德而居下之正位則得其所欲矣故發於聲音也无非中心之誠然者故曰鳴謙貞吉而象以中心得也釋之

【本義】柔順中正、以謙有聞、正而且吉者也、故、其占、如此、朱子曰鳴謙在六二又言貞者言謙而有聞須得其正則吉蓋六二以陰處陰所以戒他要貞謙而不貞則近於邪佞上六之鳴却不同處謙之極而有聞則失謙本意蓋謙本不要人知況在人之上而有聞乎此所以志未得○雲峯胡氏曰諸家釋鳴謙多謂自鳴其謙謙而以自鳴非謙矣或以爲六二謙德積於中發見於聲音者如此本義以爲六二柔順中正以謙有聞蓋謂發於聲音不若謙而有聲有非可勉强爲之者要之初六謙謙在下而謙未必人皆聞之至六二則宜聞之矣

象曰鳴謙貞吉은中心得也ㅣ라

○象애ᄀᆞᆯ오ᄃᆡ鳴謙貞吉은中心에得홈이라

【傳】二之謙德、由至誠、積於中、所以發於聲音、中心所自得也、非勉一有强字爲之也、

九三은勞謙이니君子ㅣ有終이니吉ᄒᆞ니라

(本義)君子ㅣ有終ᄒᆞ야吉하리라

○九三은勞ᄒᆞ고謙홈이니君子ㅣ終을두미니吉ᄒᆞ니라(本義) 君子ㅣ終이이셔吉ᄒᆞ니라

【傳】三、以陽剛之德而居下體、爲衆陰所宗履、得其(一作正)位、爲下之上、是上爲君所任、下爲衆所從、有功勞而持謙德者也、故、曰勞謙、古之人、有當之者、周公、是也、身當天下之大任、上奉幼弱之主、謙恭自牧、夔夔如畏然、可謂有勞而能謙矣、旣能勞謙、又須君子、行之、有終則吉、夫樂高喜勝、人之常情、平時能謙、固已鮮矣、況有功勞可尊乎、雖使知謙之善、勉而爲之、若矜負之心、不忘則不能常久、欲其有終、不可得也、唯君子、安履謙順、乃其常行、故、久而不變、乃所謂有終、有終則吉也、九三、以剛居正、能終者也、此爻之德、最盛、故、象辭特重、

【本義】卦唯一陽、居下之上、剛而得正、上下所歸、有功勞而能謙、尤人所難、故、有終而吉、占者、如是則如其應矣、雙湖胡氏曰謙以九三一陽爻爲成卦之主文王彖辭唯主九三一爻而言不及其他故周公爻辭不復易但推原其勞而要其吉耳○雲峯胡氏曰文王卦辭曰謙亨君子有終周公於三之爻辭以吉代亨字謙之上加一勞字蓋謙非難勞而能謙爲難九三之勞當在上位而位止於下所謂勞而能謙者也乾之三以君子稱坤之三以有終言謙之三兼乾坤之占辭蓋所謂勞者即乾之終日乾乾者是也而謙則又坤之含章也○楊氏曰夫六謙德也而三則以九居之何耶曰所以成天下之功者非剛明之才不可也今三以剛明之才上爲君所任下爲衆所倚信勞而有功矣然勞而不伐有功而不德此君子恭以存其位之道也故獲有終之吉

象曰勞謙君子ᄂᆞᆫ萬民이服也ㅣ라

○象애골오ᄃᆡ勞謙君子ᄂᆞᆫ萬民이服ᄒᆞᆷ이라

【傳】能勞謙之君子、萬民所尊服也、繫辭、云勞而不伐、有功而不德、厚之至也、語以其功下人者也、德言盛、禮言恭、謙也者、致恭以存其位者也、有勞而不自矜伐、有功而不自以爲德、是其德、弘厚之至也、言以其功勞而自謙以下於人也、德言盛禮言恭、以其德言之則至盛、以其自處之禮言之則至恭、此所謂謙也、夫謙也者、謂致恭以存其位者也、存、守也、致其恭巽、以守其位、故、高而不危、滿而不溢、是以、能終吉也、夫君子、履謙、乃其常行、非爲保其位而爲之也、而言存其位者、蓋能致恭、所以能存其位、言謙之道、如此、如言爲善、有令名、君子、豈爲令名而爲善也哉、亦言其令名者、爲善之故(一作效)也、臨川吳氏曰萬民服謂有終而吉也萬民以卦之五陰言○誠齋楊氏曰萬民服者非服其勞也服其勞而能謙謙而有終也○童溪王氏曰舜之賢禹也而曰洚水警予成允成功惟汝賢此服其勞也又曰汝惟不矜天下莫與爭能汝惟不伐天下莫與爭功此服其勞而能謙也夫功吾功也能吾能也天下何與焉矜伐之心一不克去則天下羣起而與之爭矣何以致萬民之服哉

六四ᄂᆞᆫ无不利撝謙이니라

○六四ᄂᆞᆫ謙을撝ᄒᆞ매利티아니미업ᄉᆞ니라(本義) 利티아니미업ᄉᆞ나謙을撝ᄒᆞᆯ디니라

【傳】四居上體、切近君位、六五之君、又以謙柔自處、九三、又有大功德、爲上所任衆所宗而已居其上、當恭畏以奉謙德之君、卑巽以讓勞謙之臣、動作施爲、无所不

利於撝謙也、撝、施布之象、如人手之撝也、動息進退、必施其謙、蓋居多懼之地、又在賢臣之上故也、

【本義】柔而得正、上而能下、其占、无不利矣、然、居九三之上、故、戒以更當發揮其謙、以示不敢自安之意也、 朱子曰撝謙言發揚其謙蓋四是陰位又在上卦之下九三之上所以更當發揮其謙○雲峯胡氏曰四多懼之地下乘功臣非利也上近於君非利也今而上下皆謙四又柔而得正上而能下此四之所以无不利也无不利之時人每易以自安況四以柔乘剛无功而在功臣之上危地也愈當撝布其謙以示其不自安之意可也故先言无不利而後言撝謙者以其所處之地雖无不利而尤貴於散布其謙也六五言利用侵伐而後言无不利者言侵伐五之柄於五爲利而其他亦无所不利也

象曰无不利撝謙은 **不違則也**ㅣ라

(本義) 无不利나 撝謙이니라

○象애골오ᄃᆡ 无不利撝謙은則에違티아니홈이라

【傳】凡人之謙、有所宜施、不可過其宜也、如六五、或用侵伐、是也、唯四、以處近君之地、據勞臣之上、故、凡所動作、靡不利於撝謙、如是然後、中於法則、故曰不違則也、謂得其宜也、

【本義】言不爲過、 朱子曰不違則言不違法則撝謙是合如此不是過分事○雲峯胡氏曰以六居四而撝布其謙似失之過而象斷之曰不違則以見四之撝謙乃天理之當然非過也

六五는 **不富以其鄰**이니 **利用侵伐**이니 **无不利**ᄒᆞ리라

○六五는富티아니코그鄰으로뻐홈이니뻐侵伐홈이利ᄒᆞ니利티아님이업ᄉᆞ리라

(本義)써侵伐홈이利ᄒᆞ고

【傳】富者、衆之所歸、唯財、爲能聚人、五以君位之尊而執謙順、以接於下、衆所歸也、故、不富而能有其鄰也、鄰、近也、不富而得人之親也、爲人君而持謙順、天下所歸心也、然君道、不可專尙謙柔、必須威武相濟然後、能懷服天下、故、利用行侵伐也、威德、竝著然後、盡君道之宜而无所不利也、蓋五之謙柔、當防於過、故、發此義、

【本義】以柔居尊、在上而能謙者也、故、爲不富而能以其鄰之象、蓋從之者衆矣、猶有未服者則利以征之而於他事、亦无不利、人有是德則如其占也、

雲峯胡氏曰謙之一字自禹征有苗而伯益發之六五一爻不言謙而曰利用侵伐何也蓋不富者六五虛中而能謙也以其鄰者衆莫不服五之謙也如此而猶有不服者則征之固宜抑亦以戒夫謙柔之過或不能自立者也故六五獨不言謙无不利者又言謙非特利於侵伐而他事亦无不利又以示夫後世之主或不能謙者也聖人之言詳密如此○中溪張氏曰六五謙柔之主而利用侵伐毋乃內謙而外好勝乎豈知惟辟作福作威而威武乃文德之輔助也其有梗化而不服者如之而勿征倘君道專用謙柔則流於姑息失之驕縱乃謙毋過也非謙之益也【備旨】五之謙就在不富二字上看山富而不富故爲人民樂從非曰謙故不恃富而類從之也利用侵伐二語是極言謙道之得民心夫征伐己與揖讓反威武爲文德之助征伐亦謙世時所有惟以謙而致民心之樂從即侵伐亦利他无不利可知乃是推而論及之辭不是贅語

象曰利用侵伐은征不服也ㅣ라

○象애골오ᄃᆡ利用侵伐은服디아니ᄒᆞᄂᆞ니를征홈이라

【傳】征其文德謙巽、所不能服者也、文德所不能服而不用威武、何以平治天下、非人君之中道、謙之過也、

誠齋楊氏曰征不服者不服而征不得已爾舜征苗不得已也武征匈奴豈不得己乎○漢上朱氏曰征者上伐下也以正而行司馬法曰負固不服則侵之聖人

慮後世觀此爻有干戈妄動者故發之曰征不服也【備旨】利用侵伐爻只言得人心耳夫子恐人泥其旨而妄開兵端故以征不服釋之曰征不服以謙止爭固无損於其謙也

上六은鳴謙이니利用行師ᄒᆞ야征邑國이니라

(本義)利用行師ㅣ나征邑國ᄒᆞᄂᆞ니라

○上六은謙을鳴홈이니ᄡᅥ師를行ᄒᆞ야邑國을征홈이利ᄒᆞ니라(本義) 謙이鳴홈이니ᄡᅥ師를行홈이利ᄒᆞ나邑國을征홀디니라

【傳】六、以柔處柔、順之極、又處謙之極、極乎謙者也、以極謙而反居高、未得遂其謙之志、故、至發於聲音、又柔處謙之極、亦必見於聲色、故、曰鳴謙、雖居无位之地、非任天下之事、然、人之行己、必須剛柔相濟、上、謙之極也、至於太甚則反爲過矣、故、利在以剛武自治、邑國、己之私有、行師、謂用剛武、征邑國、謂自治其私、

【本義】謙極有聞、人之所與、故、可用行師、然、以其質柔而无位、故可以征己之邑國而已、 或問謙之五上專說征伐何意朱子曰坤爲地爲衆凡說國邑征伐處多是因坤聖人元不曾著意只是因有此象方說此事又問程易說利用侵伐蓋以六五柔順謙卑然君道又當有剛武意故有利用侵伐之象然上九亦言利用行師如何曰便是此等有不通處○雲峯胡氏曰二與上皆曰鳴謙何也有諸中自然聞諸外故於下卦之中爻言之凡善惡不能掩人之聞況至於極乎故又於上卦之極言之本義於六二之鳴謙曰柔順中正以謙有聞於上則曰謙極有聞蓋謂此也初曰用涉大川吉五曰利用侵伐上曰利用行師歷言夫謙之功用非特可以處常用之亦可以濟變非特可以致萬民之服用之亦可以征不服故初无位其謙也用之可以濟人五居君位其謙也用之可以治人上无位用之唯可以治己之私而已夫初上皆无位而上之征邑不如初之涉大川何也初居卦之始有出而用之之時上則居卦之極故也【備旨】謙爻兩言行師者蓋以謙柔道也恐爲君侯者專以柔是尙則又未

免以謙而釀亂與之言行師蓋以戒夫柔順之過而不能自立者得衆利用謙服遼利用威止曰征邑國者德雖盛而才力不足故也

象曰鳴謙은 志未得也니 可用行師ᄒᆞ야 征邑國也ㅣ라

【本義】 可用行師ㅣ나

○象애 ᄀᆞᆯ오ᄃᆡ 鳴謙은 志를 得디 몯홈이니 可히 ᄡᅥ 師를 行ᄒᆞ야 邑國을 征홀디니라

【本義】 可히 ᄡᅥ 師를 行ᄒᆞ나

【傳】 謙極而居上、欲謙之志、未得、故不勝其切、至於鳴也、雖不當位、謙既過極、宜以剛武、自治其私、故、云利用行師征邑國也、

【本義】 陰柔无位、才力、不足、故、其志、未得而至於行師、然、亦適足以治其私邑而已、

或問上六志未得也如何朱子曰爲其志未得所以行師征邑國蓋以未盡信從故也○雲峯胡氏曰上雖謙極有聞然陰柔无位志未得也視二之中心得者有間矣至於行師足以治其私邑而已視五之征不服者有間矣无位故也然而猶不至於悔且凶者謙故也○建安丘氏曰謙卦六爻五陰一陽陽實陰虛陰皆有求於陽者故以九三一陽爲卦之主其諸陰爻則以去三遠近取義二四兩爻與三最近皆有得乎陽者故二鳴謙貞吉而四无不利撝謙也初在下欲進而求三則隔乎二五上在上欲下而求三則隔乎四皆无得乎陽者故初用涉而五侵伐上行師也○雙湖胡氏曰謙一卦下三爻皆吉而无凶上三爻皆利而无害易中吉利罕有若是純全者謙之效固如此然艮體稱吉而坤體稱利者辭則多吉順則多利故也【備旨】四句一順說下下二句正是志未得處志未得是措辭非貶辭

備旨具解原本周易卷之六

備旨具解原本周易卷之七

䷏ 坤下 震上

【傳】豫、序卦、有大而能謙、必豫、故、受之以豫、承二卦之義而爲次也、有旣大而能謙則有豫樂也、豫者、安和悅樂之義、爲卦、震上坤下、順動之象、動而和順、是以豫也、九四、爲動之主、上下群陰、所共應也、坤又承之以順、是以動而上下、順應、故、爲和豫之義、以二象言之、雷出於地上、陽、始潛閉(一作閉潛)於地中、及其動而出地、奮發其聲、通暢和豫、故、爲豫也、程子曰豫者備豫也逸豫也事豫故逸樂其義一也○王氏大寶曰豫以和樂主義和而不備則乖戾隨之故有備豫之義和而不飭則驕怠生焉故又有豫怠之義卦辭云利建侯行師雖主人心和樂而言亦有豫備飭豫之意

豫는 利建侯行師ᄒᆞ니라

○豫는 侯를 建ᄒᆞ며 師를 行홈이 利ᄒᆞ니라

【傳】豫、順而動也 豫之義、所利、在於建侯行師、夫建侯樹屛、所以共安天下、諸侯、和順則萬(一作兆)民、悅服、兵師之興、衆心、和悅則順從而有功、故、悅豫之道、利於建侯行師也、又上動而下順、諸侯從王師衆順令之象、君萬邦聚大衆、非和悅、不能使之服從也、

【本義】豫和樂也、人心、和樂以應其上也、九四一陽、上下、應之、其志、得行、又以坤遇震、爲順以動、故、其卦、爲豫而其占、利以立君用師也、朱子曰建侯行師順動之大者○雲峯胡氏曰建萬國聚大衆非順理而動使人心皆和樂而從不可也○中溪張氏曰坤下震上爲豫地以靜鎭建侯也雷以威動行師也○建安丘氏曰屯有震无坤則言建侯而不言行師謙有坤无震則言行師而不言建侯豫卦合震坤成體故兼言之

彖曰豫는剛應而志行ᄒᆞ고順以動이豫라

○彖애ᄀᆞᆯ오ᄃᆡ豫ᄂᆞᆫ剛이應ᄒᆞ이여志ㅣ行ᄒᆞ고順ᄒᆞ고ᄡᅥ動홈이豫라

【傳】剛應、謂四爲羣陰所應、剛得衆應也、志行、謂陽志上行、動而上下、順從、其志得行也、順以動豫、震動而坤順、爲動而順理、順理而動、又爲動而衆順、所以豫也、

【本義】以卦體卦德、釋卦名義、嵩山晁氏曰剛應志行以爻言豫之才也順以動豫以卦言豫之德也○雲峯胡氏曰小畜與豫皆以四爲主小畜剛中而志行是釋卦義亨字此剛應而志行是釋卦名豫字小畜一陰畜五陽陽之志自行故亨豫則五陰皆應一陽陽之志得行故豫者扶陽之意也

豫順以動故로天地도如之온而況建侯行師乎여

○豫ㅣ順ᄒᆞ고ᄡᅥ動ᄒᆞᄂᆞᆫ故로天地도如ᄒᆞ곤ᄒᆞ믈며侯ᄅᆞᆯ建ᄒᆞ며師ᄅᆞᆯ行홈이ᄯᆞ녀

【傳】以豫順而動則天地如之而弗違、況建侯行師、豈有不順乎、天地之道萬物之理唯至順而已、大人所以先天後天而不違者、亦順乎理而已、

【本義】以卦德、釋卦辭、西溪李氏曰建侯行師六爻无此意故彖以一卦之德言之

天地ㅣ以順動이라**故**로**日月**이**不過而四時ㅣ不忒**ᄒᆞ고**聖人**이**以順**
動이라**則刑罰**이**淸而民**이**服**ᄒᆞᄂᆞ니

○天地ㅣ順으로ᄡᅥ動ᄒᆞᄂᆞᆫ디라故로日月이過티아니ᄒᆞ야 四時ㅣ忒디아니ᄒᆞ고 聖人이順으로ᄡᅥ動ᄒᆞᄂᆞᆫ디라刑罰이淸ᄒᆞ야民이服ᄒᆞᄂᆞ니

【傳】復詳言順動之道、天地之運、以其順動、所以日月之度、不過差、四時之行、不忒、聖人、以順動、故、經正而民興於善、刑罰、淸簡而萬民服也、原齋馮氏曰日月之行景長不過南陸短不過北陸故分至啓閉不差其序以順陰陽之氣而動也）朱子曰刑罰不淸民不服只爲擧動不順了致得民不服便是徒配了他亦不服

豫之時義ㅣ大矣哉라

○豫의時와義ㅣ크다

【傳】旣言豫順之道矣、然、其旨味、淵永、言盡而意有餘也、故、復贊之云豫之時義大矣哉、欲人、硏味其理、優柔涵泳而識之也、時義、謂豫之時義、諸卦之時與義用、大者、皆贊其大矣哉、豫以下十一卦、是也、豫遯姤旅、言時義、坎睽蹇、言時用、頤大過解革、言時、各以其大者也、

【本義】極言之而贊其大也、朱子曰豫之時義言豫之時底道理○雲峯胡氏曰頤大過解革言時坎睽蹇言時用豫隨遯旅姤言時義凡十二卦釋彖之己言者又復推廣彖所未言者

於是極言以贊其大欲人涵泳於言意之表即如乾之文言是也○隆山李氏曰自豫以下凡十二卦或言時義或言時用或只言時各隨卦體而贊之初无異義未有有時而无義有義而无用者也要之時義時用共歸於大哉者均所以爲推廣之意嘗觀彖辭因論天地聖人王公則多有是言所以廣言之也不如是拘隘而不通矣學易者從羲文以探其始從孔子以要其終其庶幾知易之道乎

象曰雷出地奮이豫니先王이以ᄒ야作樂崇德ᄒ야殷薦之上帝ᄒ야以配祖考ᄒ니라

○象애골오ᄃ 雷ㅣ地에出ᄒ야奮홈이豫니先王이以ᄒ야樂을作ᄒ야德을崇ᄒ야殷히上帝씌薦ᄒ야ᄡ祖考로配ᄒ니라

【傳】雷者、陽氣奮發、陰陽、相薄而成聲也、陽、始潛閉地中、及其動則出地奮震也、始閉鬱、及奮發則通暢和豫、故、爲豫也、坤順震發、和順、積中而發於聲樂之象也、先王、觀雷出地而奮和暢發於聲之象、作聲樂以褒崇功德、其殷盛、至於薦之上帝、推配之以祖考、殷、盛也、禮有殷奠、謂盛也、薦上帝配祖考、盛之至也、

【本義】雷出地奮、和之至也、先王、作樂、既象其聲、又取其義、殷、盛也、朱子曰先王作樂无處不用然用樂之大者尤在於薦上帝配祖考也問崇德是自崇其德如大韶大武之類是否曰是○涑水司馬氏曰雷出地者春分候也春分之時雷迅出地以動萬物萬物莫不奮迅悅豫而從之也豫喜意也作樂所以飾喜薦之上帝以配祖考田樂之盛者○瓜山潘氏曰樂之爲用朝覲聘享祭祀各有所主唯郊祀上帝則大合古今衆樂而奏之大司樂圜丘之奏樂極九變是也故曰殷薦之上帝以配祖考郊祀后稷以配天配以祖也宗祀文王於明堂以配上帝配以考也○雲峯胡氏曰本義云象其聲者樂之聲法雷之聲又取其義者豫以和爲義雷所以發揚化功而皷天地之和樂所以發揚功德而召神人之和也○東萊呂氏曰履爲易中之禮豫爲易中之樂○進齋徐氏曰先王之一動一靜皆

禮以奉天從事方雷在地中伏而未發則以之閉關商旅不行而后不省方法其靜也及出地奮而成聲則以之作樂崇德薦上帝而配祖考法其動也曰閉曰不行曰不省皆靜之意曰作曰崇曰薦配皆動之意也

初六은鳴豫니凶ᄒᆞ니라

○初六은豫를鳴ᄒᆞᆷ이니凶ᄒᆞ니라

【傳】初六、以陰柔居下、四、豫之主也而應之、是不中正之小人、處豫而爲上所寵、其志意、滿極、不勝其豫、至發於聲音、輕淺、如是、必至於凶也、鳴、發於聲也、

【本義】陰柔小人、上有强援、得時主事、故、不勝其豫而以自鳴、凶之道也、故、其占如此、卦之得名、本爲和樂、然、卦辭、爲衆樂之義、爻辭、除九四與卦同外、皆爲自樂、所以有吉凶之異、

或問豫初六與九四爲應九四由豫大有得本亦自好但初六特有强援不勝其豫至於自鳴所以凶否朱子曰九四自好自是初六不好○雙湖胡氏曰豫初六即謙上六向也鳴謙今也鳴豫然鳴謙猶有行師之利鳴豫直凶而已信矣豫之不可沈溺如此○雲峯胡氏曰爻辭與卦不同者三卦辭取同樂之意爻辭除九四外皆爲獨樂卦辭只一豫字而爻之言豫者不同初六上六逸豫也六二幾先之豫也六三之遲猶豫也九四和豫也六五之疾弗豫也卦辭主九四曰剛應而志行是以德言至於爻辭則九四以勢位言六三以其有勢位之可慕故上視之以爲豫初六以其勢位可以爲强援故應之以爲豫且不勝其豫而以自鳴凶之道也或曰豫與謙反對謙之上反而爲豫之初者也本義於上之鳴謙則曰謙極有聞於初之鳴豫不曰有聞而曰自鳴均之爲鳴也何其訓釋之異耶曰謙之極而有聞善不能不聞也豫之初而以豫自鳴志已極矣其惡有聞不言可知也

象曰初六鳴豫는志窮ᄒᆞ야凶也ㅣ라

○象애ᄀᆞᆯ오ᄃᆡ初六鳴豫는志ㅣ窮ᄒᆞ야凶ᄒᆞᆷ이라

【傳】云初六、謂其以陰柔、(一无柔字)處下而志意、窮極、不勝其豫、至於鳴也、必驕肆而致(一作至)凶矣、

【本義】窮、謂滿極、 雲峯胡氏曰志不可滿樂不可極初六位卑材弱當豫之初而志已滿極凶可知也

六二는介于石이라不終日이니貞코吉ᄒᆞ니라

【本義】貞ᄒᆞ야吉ᄒᆞ니라

○六二는介ㅣ石인디라日을終티아니미니貞코吉ᄒᆞ니라

【傳】逸豫之道、放則失正、故、豫之諸爻、多不得正、才與時合也、唯六二一爻、處中正自守之象、可謂特立之操、是其節介、如石之堅也、介于石、其介、如石也、人之於豫樂、心悅之、故、遲遲、遂致於耽戀、不能已也、二以中正、自守、其介、如石、其去之速、不俟終日、故、貞正而吉也、不可安且久也、久則溺矣、如二、可謂見幾而作者也、夫子、因二之見幾而極言知幾之道曰知幾其神乎、君子、上交不諂、下交不瀆、其知幾乎、幾者、動之微、吉之先見者也、君子、見幾而作、不俟終日、易曰介于石、不終日貞、吉、介如石焉、寧用終日、斷可識矣、君子、知微知彰知柔知剛、萬夫之望、夫見事之幾微者、其神妙矣乎、君子、上交不至於諂、下交不至於瀆者、蓋知幾也、不知幾則至於過而不已、交於上、以恭巽、故、過則爲諂、交於下、以和易、故、過則爲瀆、君

子、見於幾微、故、不至於過也、所謂幾者、始動之微也、吉凶之端、可先見而未著者也、獨言吉者、見之於先、豈復至有凶也、君子、明哲、見事之幾微、故、能其介、如石其守、旣堅則不惑而明、見幾而動、豈俟終日也、斷、別也、其判別、可見矣、微與彰柔與剛、相對者也、君子、見微則知彰矣、見柔則知剛矣、知幾如是、衆所仰也、故、贊之曰萬夫之望

【本義】豫雖主樂、然、易以溺人、溺則反而憂矣、卦獨此爻、中而得正、是上下、皆溺於豫而獨能以中正、自守、其介、如石也、其德、安靜而堅確、故、其思慮、明審、不俟終日而見凡事之幾微也、大學、曰安而后、能慮、慮而后、能得、意正、如此、占者、如是則正而吉矣、

建安丘氏曰豫諸爻以无所係應者爲吉豫初應四而三五比四皆有係者也是以爲凶爲悔爲疾獨六二陰靜而中正與四无係特立於衆陰之中而无遲遲耽戀之意方其靜也則確然自守而介于石及其動也則見幾而作不俟終日蓋其所居得正故動靜之間不失其正吉可知矣○雲峯胡氏曰諸爻皆溺於豫者惟二五不言豫六五貞疾不得豫也六二貞吉不爲豫也初應四三五比四故爲凶爲悔爲疾六二不爻於四介乎初與三之間獨以中正自守其堅確如石故豫最易以溺人而六二則不俟終日而去之其德安靜而堅係故能見幾而作蓋不爲逸豫之豫而知有先事之豫者也【備旨】介石有安靜不染堅確不移二義然非斷絕其事境即在豫中而敎介石之操歷乎繁華震蕩之地行乎喜怒哀樂之途而不染不移是非有大聖賢手段者不能故以不終日與之不終日是形容介石之妙此是能定能靜能安能慮之學

象曰不終日貞吉은 以中正也ㅣ라

○象애 ᄀᆞᆯ오ᄃᆡ 不終日貞吉은 中正홈으로 ᄡᅥ라

【傳】能不終日而貞且吉者以有中正之德也、中正、故、其守、堅而能辨之早去之速、

爻言六二處豫之道、爲敎之意、深矣、雲峯胡氏曰九四一陽用事初應之而鳴豫三比之而肝豫不中不正也五乘之而貞疾中而不正也六爻之中不係應於四者惟六二中而且正也[備旨]中正即介石意是推明所以不終日之故所謂私欲靜而義理自精致慮極而幾先獨灼者也

六三은 盱豫ㅣ라 悔며 遲ᄒᆞ야도 有悔리라

【本義】盱豫라 悔니 遲ᄒᆞ면 有悔리라

○六三은 盱ᄒᆞ야 豫ᄒᆞᄂᆞᆫ디라 悔ᄒᆞ야 遲ᄒᆞ야도 悔이시리라 (本義) 盱ᄒᆞ고 豫홈이라 悔홀디니 遲ᄒᆞ면 悔이시리라

【傳】六三、陰而居陽、不中不正之人也、以不中正而處豫、動皆有悔 盱、上視也、上瞻望於四則以不中正、不爲四所取、故、有悔也、四、豫之主、與之切近、苟遲遲而不前則見棄絶、亦有悔也、蓋處身、不正、進退、皆有悔吝、當如之何、在正身而已、君子處己有道、以禮制心、雖處豫時、不失中正、故、無悔也、厚齋馮氏曰三四本近而相得然震動而上坤靜而下上下異趣故有此象○東谷鄭氏曰此猶豫之豫故動則取悔

【本義】盱、上視也、陰中正而近於四、四爲卦主、故、六三、上視於四而下溺於豫、宜有悔者也、故、其象、如此而其占、爲事當速悔、若悔之遲則必有悔也、朱子曰盱豫悔言覷著九四之豫便當速悔遲時便有悔盱豫是句問上視於四而下溺於豫下溺之義如何曰比如人趨時附勢以得富貴而自以爲樂者也○雲峯胡氏曰二中而得正三陰不中正故盱豫與介石相反遲與不終日相反中正與不中正故也六三雖柔其位則陽猶有能悔意然悔之速可也悔之遲則又必有悔矣此蓋溺於逸豫而悔之遲則又猶豫者也○中溪張氏曰聖人於六三一爻凡兩言悔者始則示人以致悔之端終則勉人以改過之勇也[備旨]小人附勢只是仰面着人故

曰盱然其良心不死必有一段不自安處聖人不言凶咎但提一悔字以動其良心下一遲字以竦其速改之心曰遲有悔明速悔則无悔也

象曰盱豫有悔는 位不當也라(ᄂᆞᆯ서)

○象애골오되 盱豫有悔는 位當티 아니홀시라

【傳】自處不當、失中正也、是以、進退有悔、 臨川吳氏曰六三與六二相反者六二中正而六三不中正也【備旨】豫與介石反遲與不終曰反由於位不當則與中正反也

九四는 由豫라 大有得이니 勿疑면 朋이 盍簪ᄒᆞ리라

○九四는 由ᄒᆞ야 豫ᄒᆞ논디라 크게 得홈이 이시니 疑티 말면 朋이 盍簪하리라

【傳】豫之所以爲豫者、由(一无由字)九四也、爲動之主、動而衆陰悅順、爲豫之義、四、大臣之位、六五之君、順從之、以陽剛而任上之事、豫之所由也、故云由豫、大有得、言得大行其志、以致天下之豫也、勿疑朋盍簪、四居大臣之位、承柔弱之君而當天下之任、危疑之地也、獨當上之倚任而下无同德之助、所以疑也、唯當盡其至誠、勿有疑慮則(一有其字)朋類、自當盍聚、夫欲上下之信、唯至誠而已、苟盡其至誠則何患乎其(一无乎字 一无其字)无助也、簪、聚也、簪之名簪、取聚髮也、或曰卦唯一陽、安得同德之助、曰居上位而至誠求助、理必得之、姤之九五、曰有隕自天、是也、四以陽剛、迫(一作逼)近君位而專主乎豫、聖人、宜爲之戒而不然者、豫、和順之道也、由和順之道、不失爲臣之正也、

如此而專主於豫、乃是任天下之事而致時於豫者也、故、唯戒以至誠勿疑、

【本義】九四、卦之所由以爲豫者也、故、其象、如此而其占、爲大有得、然、又當至誠不疑、則朋類、合而從之矣。故、又因而戒之、簪、聚也、又速也、朱子曰由豫猶言由頤○梅巖袁氏曰莫不由之以致養謂之由頤莫不由之以和悅謂之由豫○進齋徐氏曰大剛也由如觀其所由之由豫之所從來也一剛而得五柔故曰大有得居位非正故有疑朋謂衆柔○劉氏曰德雖陽而位則陰猶未離其類也故稱朋焉○雲峯胡氏曰九四一陽而衆陰皆爲其所得故其象曰由豫其占曰大有得然四以陽居陰性易有疑乾九四或躍疑其所當疑故曰或之或之者疑之也許之之辭也豫九四不當疑而疑故曰勿疑戒之之辭也五惟至誠不疑則一誠之感衆陰之朋自聚而從之簪又訓速也謂不疑則朋之從者自速也此和豫之豫也

象曰由豫大有得은 志大行也ㅣ라

○象애 ᄀᆞᆯ오ᄃᆡ 由豫大有得은 志ㅣ 크게 行홈이라

【傳】由己而致天下於樂豫、故、爲大有得、謂其志、得大行也、臨川吳氏曰卽彖傳所謂剛應而志行者○誠齋楊氏曰神禹集治水之大勳伊尹任伐桀之大事周公决東征之大議此皆大有得之事故曰志大行也

六五는 貞호ᄃᆡ 疾ᄒᆞ나 恒不死ㅣ로다

【本義】貞疾이라

○六五는 貞호ᄃᆡ 疾ᄒᆞ나 덛덛이 死티 아닌ᄂᆞᆺ다 (本義) 貞ᄒᆞᆫ 疾이라

【傳】六五、以陰(一无陰字)柔、居君位、當豫之時、沈溺於豫、不能自立者也、權之所主、衆之所歸、皆在於四、四之陽剛、得衆、非耽惑柔弱之君、所能制也、乃柔弱不能自立之君、

受制於專權之臣也、居得君位、貞也、受制於下、有疾苦也、六居尊位、權雖失而位未亡也、故、云貞疾恒不死、言貞而有疾、常疾而不死、如漢魏末世之君也、人君致危亡之道、非一而以豫爲多、在四、不言失正而於五、乃見其强逼者、四本無失、故、於四、言大臣、任天下之事之義、於五則言柔弱居尊、不能自立、威權去己之義、各據爻以取義、故、不同也、若五、不失君道而四主於豫、乃是任得其人、安享其功、如太甲成王也、蒙、亦以(一无以字)陰、居尊位、二以陽、爲蒙之主、然、彼吉而此疾者、時不同也、童蒙而資之於人、宜也、耽豫而失之於人、危亡之道也、故、蒙、相應則倚任者也、豫、相逼則失權者也、又上下之心、專歸於四也

【本義】 當豫之時、以柔居尊、沈溺於豫、又乘九四之剛、衆不附而處勢危、故、爲貞疾之象、然、以其得中、故、又爲恒不死之象、即象而觀、占在其中矣、 厚齋馮氏曰貞疾猶曰痼疾也痼猶固也疾自外入者也六五陰柔當豫之時上下耽於逸樂以天下之事天下之才盡付九四大臣而漫不省此貞疾之證也然四雖剛强猶在下也五雖陰柔猶在上也君臣之名位未亡此恒不死之證也春秋時不唯周存名號而已齊以諸田疾魯以三家疾政在大夫孔子周流列國欲起其疾而无能用者○童溪王氏曰六二貞吉以中且正也六五貞疾以雖中不正也當豫之時而不爲豫者六二是也當豫之時而不得豫者六五是也○雲峯胡氏曰頤之由在上九故六五不可涉大川豫之由在九四故六五貞疾易之言疾者四曰无妄之疾勿藥有喜曰損其疾使遄有喜曰介疾有喜皆言疾之愈而可喜此言貞疾僅得不死爾未可喜也豫最易以溺人六二柔中且正能不終日而去之六五陰柔不正未免溺於豫而有疾矣猶得不死者中不亡也人莫不生於憂患死於逸樂以六五之中僅得不死然則初之鳴三之盱上之冥其不中者皆非生道矣

象曰六五貞疾은乘剛也ㅣ오恒不死는中未亡也ㅣ라

○象애골오ᄃᆡ六五貞疾은剛을乘홈이오恒不死는中이亡티아녀심이라

【傳】貞而疾、由乘剛、爲剛所逼也、恒不死、中之尊位、未亡也、臨川吳氏曰乘剛而有衰弱之疾則无以御其下矣處上卦之中則位與號猶未亡也周衰之時權歸弱國周雖微弱亦以久存此爻近之○中溪張氏曰正而不死中而未亡者君臣之分不可泯滅故也【備旨】提出六五字便見柔弱沉溺于豫以幾於亡日中未亡見止有此乃危之非幸之也

上六은冥豫ㅣ니成ᄒᆞ나有渝ㅣ면无咎ㅣ리라

(本義) 冥豫라成ᄒᆞ나有渝ㅣ니

○上六은豫애冥홈이니成ᄒᆞ나渝홈이이시면咎ㅣ업스리라 (本義) 豫에冥ᄒᆞᆫ디라成ᄒᆞ나渝ㅣ이실디니

【傳】上六、陰柔、非有中正之德、以陰居上、不正也、而當豫極之時、以君子、居斯時、亦、當戒懼、況陰柔乎、乃耽肆於豫、昏迷不知反者也、在豫之終、故、爲昏冥、已成也、若能有渝變則可以无咎矣、在豫之終、有變之義、人之失、苟能自變、皆可以无咎、故、冥豫、雖已成、能變則善也、聖人、發此義、所以勸遷善也、故、更不言冥之凶、專言渝之无咎、

【本義】以陰柔、居豫極、爲昏冥於豫之象、以其動體、故、又爲其事雖成而能有渝之象、戒占者、如是則能補過而无咎、所以廣遷善之門也、雲峯胡氏曰冥豫與冥升迷復同義聖人不言冥豫之凶而言成有

渝之无咎廣遷善之門也事己成而能變猶可无咎則未成而變可知矣初鳴豫卽斷之以凶甚於初者所以遏其惡也上冥豫則開之以無咎恕於終者所以開其善也或曰豫上六變則爲晉晋明出地上非冥矣

象曰冥豫在上^이어^니 **何可長也**^리^오

○象애 골오듸 豫에 冥ᄒᆞ야 上애 잇거니 엇디 可히 長ᄒᆞ리오

【傳】昏冥於豫、至於終極、災咎、行及矣、其可長然乎、當速渝也、中溪張氏曰上雖處豫之終昏迷而不知反然在震之極動則有能渝變之理苟能知逸豫之不可長幡然而改安知冥冥者其不昭昭乎○建安丘氏曰豫以和豫逸豫爲義六爻惟九四由豫與卦辭同至於諸爻皆有心於求豫則失豫之正流爲逸豫矣故在豫以四之一陽爲主初以應四而豫故曰鳴豫凶三以比四而豫故曰盱豫悔五以乘四而不知所豫故有貞疾恒不死之證上去四雖遠而與震同體則亦冥然爲豫而已皆有涉乎四者也惟六二柔順中正與四无係獨能介于石不終日焉蓋見幾者也故爻以貞吉歸之豫之不可溺也蓋如此○進齋徐氏曰豫有三義曰和豫曰逸豫曰備豫大象所言和豫也六爻所言逸豫也豫備不虞卦爻无此義傳曰重門擊柝以待暴客蓋取諸豫此備豫也[illegible]樂極生悲再无不敗之理何可長聖人危言以動之正冀其改之速耳

䷐ 震下兌上

【傳】隨、序卦、豫必有隨、故、受之以隨、夫悅豫之道、物所隨也、隨所以次豫也、爲卦、兌上震下、兌爲說震爲動、說而動、動而說、皆隨之義、女、隨人者也、以少女、從長男、隨之義也、又震爲雷兌爲澤、雷震於澤中、澤隨而動、隨之象也、又以卦變言之、乾之上、來居坤之下、坤之初、往居乾之上、陽來下於陰也、以陽下陰、陰必說隨、爲隨之義、凡成卦、旣取二體之義、又有取爻義者、復有更取卦變之義者、如隨

之取義、尤爲詳備、朱子曰伊川說說而動動而說不是不當說說而動凡卦皆從內說出去蓋卦自內生動而說却是若說說而動却是自家說他後動不成隨了我動彼說此之謂隨動而說成隨如巽而止成蠱○隆山李氏曰咸隨二卦皆男下女者也咸少男少女陰陽之氣相等而相應故謂之咸隨長男少女陽壯於陰可以相制而陰自隨之故謂之隨君子體陽剛之德以立斯世要當使我能轉物而物自隨我不可使物得以轉我而我反隨物此所以出而應世雖无心於致人而自得於一世之說隨也

隨ᄂᆞᆫ元亨ᄒᆞ니利貞이라无咎ㅣ리라

【本義】元亨ᄒᆞ나

○隨ᄂᆞᆫ크개亨ᄒᆞ니貞ᄒᆞᆷ이利ᄒᆞᆫ디라咎ㅣ업스리라(本義)크게亨ᄒᆞ나

【傳】隨之道、可以致大亨也、君子之道、爲衆所隨、與己隨於人、及臨事擇所隨、皆隨也、隨得其道則可以致大亨也、凡人君之從善、臣下之奉命、學者之從義、臨事而從長、皆隨也、隨之道、利在於貞正、隨得其正然後、能大亨而无咎、失其正則有咎矣、豈能亨乎、

【本義】隨、從也、以卦變言之、本自困卦九、來居初、又自噬嗑九、來居五而自未濟來者、兼此二變、皆剛來隨柔之義、以二體言之、爲此動而彼說、亦隨之義、故、爲隨、己能隨物、物來隨己、彼此相從、其通、易矣、故、其占、爲元亨、然、必利於貞、乃得无咎、若所隨、不貞則雖大亨而不免於有咎矣、春秋傳、穆姜、曰有是四德、隨而无咎、我皆无之、豈隨也哉、今按四德、雖非本義、然、其下、云云、深得占法之意、左傳襄公

九年穆姜薨於東宮始往而筮之遇艮之八䷳史曰是謂艮之隨䷐隨其出也君必速出姜曰亡是於周易曰隨元亨利貞元體之長也亨嘉之會也利義之和也貞事之幹也體仁足以長人嘉德足以合禮利物足以和義貞固足以幹事然故不可誣也是以雖隨无咎今我婦人而與於亂固在下位而有不仁不可謂元不靖國家不可謂亨作而害身不可謂利棄位而姣不可謂貞有四德者隨而无咎我皆无之豈隨也哉○厚齋馮氏曰震動而兌說隨之所以元亨也元者震也蓋乾之一元來爲動之主是以亨也九五正中當位所謂利貞也○中溪張氏曰隨而得其道則可以致大亨然隨之道利於貞正不正則爲詭隨雖大亨而有咎故必大亨而利於正然後无咎亦猶影之隨形響之應聲也○雲峯胡氏曰屯臨无妄革皆言元亨利貞不言无咎惟隨則以无咎繼之蓋我隨人或爲人所隨其事雖大亨非貞固易有咎也況動而說易失於不正其何能无咎不正則隨中有事而蠱患生矣作易者繼之以无咎有深意焉

彖曰隨는剛來而下柔ᄒᆞ고動而說이隨ㅣ니 下遐嫁反 說音悅

○彖애ᄀᆞᆯ오ᄃᆡ隨ᄂᆞᆫ剛이來ᄒᆞ야柔애下ᄒᆞ고動ᄒᆞ고說홈이隨ㅣ니

【本義】以卦變卦德、釋卦名義、

大亨코貞ᄒᆞ야无咎ᄒᆞ야而天下ㅣ隨時ᄒᆞᄂᆞ니

（本義）時當作之

○크게亨코貞ᄒᆞ야咎ㅣ업서天下ㅣ時를隨ᄒᆞᄂᆞ니（本義）天下ㅣ隨ᄒᆞᄂᆞ니

【傳】卦所以爲隨、以剛來而下柔、動而說也、謂乾之上九、來居坤之下、坤之初六、往居乾之上、以陽剛、來下於陰柔、是、以上下下、以貴下賤、能如是、物之所說隨也、又下動而上說、動而可悅也、所以隨也、如是則可以(一有字)大亨而得正、能大亨而得

正則爲无咎、不能亨不得正則非可隨之道、豈能使天下隨之乎、天下所隨者、時也、故、云天下隨時、

【本義】王肅本、時、作之、今當從之、釋卦辭、言能如是則天下之所從也、

隨時之義ㅣ大矣哉라

(本義)時字在之字下

○時를隨ᄒᆞᄂᆞᆫ義크다(本義)隨의時와義ㅣ크다

【傳】君子之道、隨時而動、從宜適變、不可爲典要、非造道之深知幾能權者、不能與於此也、故、贊之曰隨時之義大矣哉、凡贊之者、欲人、知其義之大、玩而識之也、此贊隨時之義大、與豫等諸卦、不同、諸卦、時與義、是兩事、一作與豫卦以下諸卦不同時義是兩事一作與豫等諸卦不同時與義是兩事○程子曰自畫卦垂衣裳至周文方偏只爲時也若不是隨時卽一聖人出百事皆做了後來者沒事又非聖人智慮所不及只有時不可也○龜山楊氏曰夫趨變无常吝當其可非夫可與權者其孰能之其義豈不大矣哉○節齋蔡氏曰天下所隨者聖人之時而聖人制作又當隨天下之時禮樂法度始於伏羲成於周者豈聖人智慮有所不及哉此隨時之義所以大也

【本義】王肅本、時字、在之字下、今當從之、臨川吳氏曰爲人之隨者以己從人而已宜若小然於斯時也而思義之大則不以隨爲小事而輕且苟矣○雲峯胡氏曰今本作隨時之義惟本義從王肅本作隨之時義必如此而後贊時之大者凡十二卦然曰隨時之義則隨字重義字輕曰隨之時義則二字俱重而所謂隨時之義自在其中矣

象曰澤中有雷ㅣ隨ㅣ니君子ㅣ以ᄒᆞ야嚮晦入宴息ᄒᆞᄂᆞ니라

○象애ᄀᆞᆯ오ᄃᆡ澤中에雷ㅣ이쇼미隨ㅣ니 君子ㅣ以ᄒᆞ야晦애嚮커든入ᄒᆞ야 宴息ᄒᆞᄂᆞ니라

【傳】雷震於澤中、澤隨震而動、爲隨之象、君子、觀象、以隨時而動、隨時之宜、萬事皆然、取其最明且近者言之、君子以嚮晦入宴息、君子、晝則自强不息、及嚮昏晦則入居於內、宴息以安其身、起居隨時、適其宜也、禮、君子、晝不居內、夜不居外、隨時之道也、程子曰凡易卦有就卦才而得其義者亦有擧兩體便得其義者隨剛來而下柔動而說隨此是就卦才而得隨之義澤中有雷隨此是就象上得隨之義也○問程子云澤隨雷動君子當隨時宴息是否朱子曰既曰雷動何不言君子以動作却言宴息蓋其卦震下兌上乃雷入地中之象隨時藏伏故君子亦嚮晦入宴息

【本義】雷藏澤中、隨時休息、黃氏曰卦爻取隨時而動大象取隨時而息○南軒張氏曰隨者非隨時俛仰之謂蓋有是事則有是理君子順理而行如嚮晦則入宴息特擧一事之著者言之耳○建安丘氏曰雷陽聲也發聲於春夏其動也收聲於秋冬其靜也澤中有雷其秋冬之時乎君子體天行事故動與雷俱出而靜與雷俱入如雷出地奮豫以之作樂崇德雷在天上大壯以之非禮弗履天下雷行无妄以之對時育物皆法雷之動也如雷在地中復以之閉關息旅后不省方澤中有雷隨以之嚮晦宴息皆法雷之靜也或曰周公坐以待旦孔子終夜不寢果嚮晦入宴息之義哉曰嚮晦入宴息者君子隨時之義待旦不寢者聖人救時拯世之心也

初九는 **官有渝**ㅣ니 **貞**이면 **吉**ᄒᆞ니 **出門交**ㅣ면 **有功**ᄒᆞ리라

○初九ᄂᆞᆫ官이渝ᄒᆞᆷ이이시니貞ᄒᆞ면吉ᄒᆞ니門애出ᄒᆞ야交ᄒᆞ면功이이시리라 (本義)官ᄒᆞ야渝ᄒᆞᆷ이이시니

【傳】九居隨時而震體、且動之主、有所隨者也、官、主守也、既有所隨、是其所主

守、有變易也、故、曰官有渝、貞吉、所隨、得正則吉也、有渝而不得正、乃過動也、出門交有功、人心所從、多所親愛者也、常人之情、愛之則見其是、惡之則見其非、故、妻孥之言、雖失而多從、所憎之言、雖善、爲惡也、苟以親愛而隨之則是私情所與、豈合正理、故、出門而交則有功也、出門、謂非私暱、交不以私、故、其隨、當而有功、

【備旨】提出來親來是

【本義】卦、以物隨、爲義、爻、以隨物、爲義、初九、以陽居下、爲震之主、卦之所以爲隨者也、既有所隨則有所偏主而變其常矣、惟得其正則吉、又當出門以交、不私其隨則有功也、故、其象占、如此、亦因以戒之、或問官是主守之義初九是一卦之主首變得正便吉不正便凶朱子曰是如此又曰官有渝隨之初主有變動然尚未深○中溪張氏曰官主也渝變也當隨之初剛來下柔爲震之主震動也官有渝是主守有變動之象官其事而有渝是隨時而動有所變易不能保其无偏也故必變而從其正則吉出門而交即同人于門之意得隨之正而不牽於私則有功而无失矣○雲峯胡氏曰无妄內震故曰主此亦內震故曰官初爲動之主有官守者也九之剛能守官者也官本在上今來居於初官之有渝者也官守者不可渝今陽得陽有渝而正矣故吉然必出門以交方爲有功否則所隨或昵於私非惟无功且有過咎所謂因以戒之者也【備旨】出門交與利貞不平出門交只推廣利貞之義心不論寂感全以集芳爲主聖人提出利貞之說是爲有渝者急下一鍼

象曰官有渝에從正이면吉也ㅣ니

○象애ᄀᆞᆯ오ᄃᆡ官이渝홈이이쇼매正을從ᄒᆞ면吉ᄒᆞᆯ디니

【傳】既有隨而變、必所從、得正、則吉也、所從、不正、則有悔吝、

出門交有功은不失也ㅣ라

○出門交有功은失티아니홈이라

【傳】出門而交、非牽於私其交、必正矣、正則无失而有功、(備旨)人心一正便吉從正則綱紏愈嚴出門交則聲氣愈廣不失節不失其正皆推明得吉之由

六二는係小子ㅣ면失丈夫ᄒᆞ리라

【本義】係小子ㅣ오失丈夫ㅣ로다

○六二는小子에係ᄒᆞ면丈夫를失ᄒᆞ리라(本義)小子에係ᄒᆞ고丈夫를失ᄒᆞ로다

【傳】二應五而比初、隨先於近、柔不能固守、故、爲之戒云若係小子則失丈夫也、初陽、在下、小子也、五正應、在一作居上、丈夫也、二若志係於初則失九五之正應、是失丈夫也、一无也字係小子而失丈夫、捨正應而從不正、其咎、大矣、二有中正之德、非必至如是也、在隨之時、當爲之戒也

【本義】初陽、在下而近、五陽、正應而遠、二、陰柔、不能自守、以順正應、故、其象、如此、凶吝、可知、不假言矣、朱子曰小子丈夫程傳說是○雲峯胡氏曰六柔有係象小子初陽在下象丈夫五陽在上象六二以初陽在近而係之則五陽雖正應必失之矣○楊氏曰以剛隨人者謂之隨以柔隨人者謂之係剛有以自立而柔不足以自立也故初九九四九五不言係而六二六三上六皆言係也

象曰係小子ㅣ면弗兼與也ㅣ리라

【本義】係小子는弗兼與也ㅣ라

○象애ᄀᆞᆯ오ᄃᆡ係小子ㅣ면兼ᄒᆞ야與티몯ᄒᆞ리라(本義)兼ᄒᆞ야與티몯홈이라

【傳】人之所隨、得正則遠邪、從非則失是、无兩從之理、二、苟係初則失五矣、弗能兼與也、所以戒人、從正當專一也、臨川吳氏曰二之中正非必果背五嚮初也但以其近比易於牽係儻若係此則必失彼二者弗能兼與也故爻辭示戒云爾[illegible]弗兼與是爲呢小丈夫者戒非獨論其事宜

六三은係丈夫ᄒᆞ고失小子ᄒᆞ니隨에有求를得ᄒᆞ나利居貞ᄒᆞ니라

【本義】隨ᄒᆞ야

○六三은丈夫를係ᄒᆞ고小子를失ᄒᆞ니隨ᄒᆞ매有求를得ᄒᆞ나貞에居홈이利ᄒᆞ니라

【傳】丈夫、九四也、小子、初也、陽之在上者、丈夫也、居下者、小子也、三雖與初、同體而切近於四、故、係於四也、大抵陰柔、不能自立、常親係於所近者、上係於四、故、下失於初、舍初從上、得隨之宜也、上隨則善也、如昏之隨明、事之從善、上隨也、背是從非、舍明逐暗、下隨也、四亦无應、无隨之者也、近得三之隨、必與之親善、故、三之隨四、有求必得也、人之隨於上而上與之、是得所求也、又凡所求者、可得也、雖然、固不可非理枉道、以隨於上、苟取愛說、以遂所求、如此、乃小人邪諂趨利之爲也、故、云利居貞、自處於正則所謂有求而必一无必字得者、乃正事、君子之隨也

【本義】丈夫、謂九四、小子、亦謂初也、三、近係四而失於初、其象、與六二、正相反、

四陽、當任而己隨之、有求必得、然、非正應、故、有不正而爲邪媚之嫌、故、其占、如此而又戒以居貞也、進齋徐氏曰以六居三不正也以九居四亦不正也以不正相比必至於詭隨故又以居貞爲利也○雲峯胡氏曰程傳本義皆以初爲小子易之例不問陰陽小子皆指初而言隨初九陽稱小子漸初六陰亦稱小子也事有得必有失失於此必有得於彼六二失丈夫失其所不可失也故不言得六三失小子而言有求得失其所當失也失即是得瘡以潰爲得病以去爲得六三之失乃所以爲得也利居貞有三義初九陽居陽貞也故言貞吉六三陰居陽不正故戒之曰利居貞而不言吉三係丈夫固異於二之係小子然四非正應又有所係而隨己非正大之情故不言吉而戒以居貞或曰士之病莫大於有所求三之於四不可以有求必得之故而妄有不正之求也故戒之【備旨】三之質地亦无過於二偶與四近與初遠而從遠得以不謬曰隨有求得者慮其係而有所求也士人之病莫大於有所求有所求則名敗節喪從前所係之善皆無用矣故以居貞戒之

象曰係丈夫는志舍下也ㅣ라 舍音捨

○象에ᄀᆞᆯ오ᄃᆡ係丈夫ᄂᆞᆫ志ㅣ下를舍홈이라

【傳】既隨於上則是其志、舍下而不從也、舍下而從上、舍卑而從高也、於隨、爲善矣、建安丘氏曰以陰隨陽舍下隨上不求則己有求必得其志亦可嘉矣但以非其正故戒之【備旨】在二則因係以明其弗兼在三則因舍以堅其所係

九四는隨에有獲이면貞이라도凶ᄒᆞ니有孚ᄒᆞ고在道ᄒᆞ고以明이면何咎ㅣ리오

【本義】隨有獲이니

○九四ᄂᆞᆫ隨에獲홈이이시면貞ᄒᆞ야도凶ᄒᆞ니孚를두고道애잇고明을ᄡᅧᄒᆞ면므ᄉᆞᆷ咎ㅣ리오(本義)隨ᄒᆞ야獲홈이이심이니

【傳】九四、以陽剛之才、處臣位之極、若於隨、有獲則雖正、亦凶、有獲、謂得天下

之心、隨於己、爲臣之道、當使恩威、一出於上、衆心、皆隨於君、若人心、從己、危疑之道也、故、凶、居此地者、奈何、唯孚誠、積於中、動爲、合於道、以明哲、處之則又何咎、古之人、有行之者、伊尹周公孔明、是也、皆德及於、一无於字民而民、隨之、其得民之隨、所以成其君之功、致其國之安、其至誠、存乎中、是有孚也、其所施爲、无不中道、在道也、唯其明哲、故、能如是、以明也、復何過咎之有、是以、下信而上不疑、位極而无逼上之嫌、勢重而无專强一作權之過、非聖人大賢則不能也、其次如唐之郭子儀、威震主而主不疑、亦由中有誠孚而處无甚失也、非明哲、能如是乎、

【本義】九四、以剛、居上之下、與五、同德、故、其占、隨而有獲、然、勢陵於五故、雖正而凶、惟有孚在道而明則上安而下從之、可以无咎也、占者、當時之任、宜審此戒

白雲郭氏曰六三隨有求得隨人而有得也九四隨有獲以得人之隨爲獲也○建安丘氏曰豫隨九四皆大臣也豫之有得猶隨之有獲也但豫柔君在上四之志可以行故其戒在君而五貞疾隨剛君在上非四之所可犯故其戒在臣而四貞凶也然則處豫隨九四之位者奈何曰唯有以自信而孚上下之心斯免矣是以豫四勿疑則朋盍簪而從隨四有孚則有明功而无咎也○雲峯胡氏曰豫九四大有得不言凶隨九四有獲而言貞凶何也豫九四以一陽得五陰卦之所以爲豫者在四若夫卦之所以爲隨者不在四而在初四下不與初應而上欲勢陵於五未必上安而下從之也雖貞亦凶況不貞乎有孚在道以明戒之深矣非孚非明凶咎其能免乎【備旨】凶字跟隨有獲說然凶而出於貞正不得生規避之念但要處之得其法耳有孚在道正處之之法也然在道又本有孚來本之以忠誠凡福國利民之事知无不爲而爲无不盡是也夫當權勢極盛時內盡其心外守其節非胸臆光明洞達有大識見者不能故指之以爲明在道以明正有孚處

象曰隨有獲은 其義ㅣ凶也ㅣ오 有孚在道는 明功也ㅣ라

○象애골오딕隨有獲은그義ㅣ凶흠이오有孚在道는明한功이라

【傳】居近君之位而有獲，其義固凶、能有孚而在道則无咎、蓋明哲之功也、梅巖袁氏曰其義凶者有凶之理而未必凶也處得其道如下所云則无咎矣【備旨】凶在理不在事故曰其義處得其義則不凶矣功猶功力之功謂有孚在道皆明哲之力也爻言有孚在道就是明象言有孚在道本於明義正相發

九五는孚于嘉ㅣ니吉ᄒᆞ니라

○九五는嘉에孚흠이니吉ᄒᆞ니라

【傳】九五、居尊得正而中實、是其中誠、在於隨善、其吉、可知、嘉、善也、自人君、至於庶人、隨道之吉、唯在隨善而已、下應二之正中、爲隨善之義、

【本義】陽剛中正、下應中正、是信于善也、占者如是、其吉、宜矣、進齋徐氏曰九五陽剛中正爲隨之主得衆爻之隨者而五之應唯在於二故曰孚于嘉吉此隨之至善者也○中溪張氏曰九五居正中之位而下得六二之正應中正相孚善莫大焉所謂亨嘉之會也其吉可知彖曰大亨貞无咎而天下隨之九五足以當之矣○雲峯胡氏曰四五以陽居三上二陰之中陽內陰外有中實之象故皆曰孚然四之孚戒之之辭也欲其孚乎五也五之孚許之之辭也喜其孚于二也【備旨】嘉是美指賢臣詩曰我有嘉賓是也人之相信必由同德來不然雖曰相信終是勉强亦或始信而終疑孚于嘉是信結於德知之深信之篤君臣肝胆相照无毫髮之疑也不曰隨而曰孚是中心之明和不曰善而曰嘉是愛樂之極忱

象曰孚于嘉吉은位正中也일새라

○象애골오딕孚于嘉吉은位ㅣ正ᄒᆞ고中홀시라

【傳】處正中之位、由正中之道、孚誠所隨者、正中也、所謂嘉也、其吉、可知、所孚

之嘉、謂六二也、隨以得中、爲善、隨之所防者、過也、蓋心所說隨則不知其過矣、進齋徐氏曰明五之於二皆得其位之正中也【備旨】爻之言孚己是跟定正中說夫子指明之亦見取人之必以身也

上六은 拘係之오 乃從維之니 王用亨于西山이로다 亨音見大有卦後升卦同

【本義】 亨讀作享

○上六은拘係ᄒᆞ고조초維ᄒᆞᆷ이니王ᄡᅥ西山에亨ᄒᆞᆷ이로다

【傳】 上六、以柔順而居隨之極、極乎隨者也、拘係之、謂隨之極、如拘持縻係之、乃從維之、又從而維繫之也、謂隨之固結、如此、王用亨于西山、隨之極、如是、昔者、太王、用此道、亨王業于西山、太王、避狄之難、去豳來岐、豳人老稚、扶携以隨之、如歸市、蓋其人心之隨、固結、如此、用此、故 能亨盛其王業於西山、西山、岐山也、周王之業、蓋興於此、上居隨極、固爲太過、然、在得民一有心字之隨、與隨善之固、如此、乃爲善也、施於他則過矣、程子曰隨之上六才與位皆陰柔隨之極也故曰拘係之乃從維之王用亨于西山唯太王之事民心固結而不可解者其他皆不可如是之固也○螢溪王氏曰王用亨于西山則歸市之隨至此亦莫之禦矣此周家王業始基之地也

【本義】 居隨之極、隨之固結而不可解者也、誠意之極、可通神明、故、其占、爲王用亨于西山、亨、亦當作祭享之享、自周而言、岐山、在西、凡筮祭山川者、得之、其誠意、如是則吉也、朱子曰王用亨于西山言誠意通神明神亦隨之如況於鬼神乎之意○雲峯胡氏曰六柔有係象居柔又有拘係象西兌象山互艮象兌爲巫西陰方有祭而固結於幽陰之象拘係

之所以象隨之極固結而不可觧也至誠之極可以固結神明而況於人乎故曰王用享於西山周視岐山爲西意者太王之在岐其祭山川必嘗占得此歟○平庵項氏曰大有九三公用亨于天子隨上六王用亨于西山益六二王用亨于帝升六四王用亨于歧山四爻句法皆同古文亨即享字今獨益作享讀者俗師不識古字獨於享帝不敢作亨帝也若天子則或以爲無享理不知賓禮自有享王此爻與升四則吉禮山川之祭也【備旨】居卦之上是大臣之位已極而猶戀主便是固結而不解處格君莫甚於誠况誠之堅持而不變者乎故以格西山比之而許其必格君也

象曰拘係之는上窮也ㅣ라

○象애ᄀᆞᆯ오ᄃᆡ拘係之는上ᄒᆞ야窮홈이라

【傳】隨之固、如拘係 一无係字 維持、一无持字 隨道之窮極也、

【本義】窮、極也、雲峰胡氏曰窮之義一爾豫初而曰滿極惡其人欲沉溺而不能脫也隨終而曰窮極喜其人心固結而不可觧也又曰六爻陰陽各半陽有所隨无所係故初五皆吉而四何咎陰性隨而不能無所係故二係小子三係丈夫上拘係之皆不言吉然係丈夫猶可也係小子凶咎不言可知○建安丘氏曰卦以物隨爲義爻以隨物爲義六爻以陰隨陽者言則上之陽可隨而下之陽不可隨此三隨四所以有得上隨五所以用亨而二隨初所以有係小子之失以陽得陰之隨者言則五君位當爲人所隨四臣位不當爲人所隨此四得陰之隨所以貞凶五得陰之隨所以貞吉隨之不可苟也如此【備旨】窮即極字窮是隨之極不是誠之極誠之極只在隨之極上見

䷑ 巽下艮上

【傳】蠱、序卦、以喜隨人者、必有事、故、受之以蠱、承二卦之義、以爲次也、夫喜悅以隨於人者、必有事也、无事則何喜何隨、蠱所以次隨也、蠱、事也、蠱非訓事、蠱乃有事也、爲卦、山下有風、風在山下、遇山而回則物亂、是爲蠱象、蠱之義、壞亂也、

在文、爲蟲皿、皿之有蟲、蠱壞之義、左氏傳、云風落山、女惑男、以長女、下於少男、
亂其情也、風遇山而回、物皆撓亂、是爲有事之象、故、云蠱者、事也、旣蠱而治之、
亦事也、以卦之象、言之、所以成蠱也、以卦之才、言之、所以治蠱也、東坡蘇氏曰器久不用則蟲生之謂蠱人
久宴溺而疾生之謂蠱天下久安无爲而弊生之謂蠱

蠱ᄂᆞᆫ 元亨ᄒᆞ니 利涉大川이니

○蠱ᄂᆞᆫ元ᄒᆞ야亨ᄒᆞ니大川을涉홈이利ᄒᆞ니(本義)크게亨ᄒᆞ야

【傳】旣蠱則有復治之理、自古、治必因亂、亂則開治、理自然也、如卦之才、以治蠱
則能致元亨也、蠱之大者、濟時之艱難險阻也、故、曰利涉大川、朱子曰皿蟲爲蠱言器中盛那蟲教他自相併便是
那積蓄到那壞爛底意思一似漢唐之衰弄得來到那極弊大壞時所以言元亨蓋極弊則將復興故言元亨○問蠱
是壞亂之象雖亂極必治如何便會元亨曰亂極必治天道循環自是如此如五胡亂華以至於隋亂之極必有唐太
宗者出又如五季必生太祖若不如此便无天道了所以彖只云蠱元亨而天下治也○雙湖胡氏曰蠱者事也壞也
事斲而不發者謂之蠱草之斲也其久必腐木之斲也其久必蠹未有事而不壞者也蠱之所以元亨者以能飭之爾
飭之則不壞矣易窮則變變則通是以事之壞者又當振而起之○臨川吳氏曰蠱之時不可靜俟當往濟險難故利
涉大川也

先甲三日ᄒᆞ며 後甲三日이니라 [先息薦反 後胡豆反]

【本義】先甲三日ᄒᆞ고

○甲으로몬저三日을ᄒᆞ며甲으로後ᄃᆞ三日을ᄒᆞᆯ디니라(本義)甲으로몬저三日을ᄒᆞ고、

【傳】甲、數之首、事之始也、如辰之甲乙、甲第甲令、皆謂首也、事之端也、治蠱之道、當思慮其先後三日、蓋推原先後、爲救弊可久之道、先甲、謂先於此、究其所以然也、後甲、謂後於此、慮其將然也、一日二日、至於三日、言慮之深推之遠也、究其所以然則知救之之道、慮其將然則知備之之方、善救則前弊、可革、善備則後利、可久、此、古之聖王、所以新天下而垂後世也、後之治蠱者、不明聖人先甲後甲之誡、慮淺而事近、故、勞於救世而亂不革、功未及成而弊已生矣、甲者、事之首、庚者、變更之首、制作政敎之類則云甲、擧其首也、發號施令之事則云庚、庚、猶更也、有所更變也、程子曰先甲三日以窮其所以然而處其事後甲三日以究其將然而爲之防甲者事之始也庚者有所革也自甲乙至于戊己春夏生物之氣已備庚者秋冬成物之氣也故有所革別一般氣

【本義】蠱、壞極而有事也、其卦、艮剛、居上、巽柔、居下、上下、不交、下卑巽而上苟止、故、其卦、爲蠱、或曰剛上柔下、謂卦變、自賁來者、初上二下、自井來者、五上上下、自旣濟來者、兼之、亦剛上而柔下、皆所以爲蠱也、蠱壞之極、亂當復治、故、其占、爲元亨而利涉大川、甲、日之始、事之端也、先甲三日、辛也、後甲三日、丁也、前事、過中而將壞則可自新以爲後事之端而不使至於大壞、後事、方始而尙新、然、更當致其丁寧之意、以監其前事之失而不使至於速壞、聖人之戒、深也、朱子曰先甲後甲言先甲之前三日乃辛也是時前段事已過中了是那欲壞之時便當圖後事之端略略撑拄則箇雖終歸於弊且得支吾幾時○問先甲辛也後甲丁也辛有新意丁有丁寧意其說似出月令註曰然但古人祭祀亦多用先庚先甲先庚丁也先甲辛也如用丁亥辛亥之類○雲峯胡氏曰先甲後甲之說不一愚以爲蠱由巽艮而成當從艮巽看先天甲在東之離由甲逆數離震坤三位得艮先甲三日也自甲順數離兌乾三位得巽後甲三日也然則上艮止下卑巽所以爲蠱於

艮得先甲三日之辛於巽得後甲三日之丁又所以治蠱也

彖曰蠱는剛上而柔下ᄒᆞ고巽而止ㅣ蠱ㅣ라

○彖애ᄀᆞᆯ오ᄃᆡ蠱ᄂᆞᆫ剛이上코柔ㅣ下ᄒᆞ고巽ᄒᆞ고止ㅣᄒᆞ요미蠱ㅣ라

【傳】以卦變及二體之義而言、剛上而柔下、謂乾之初九、上而爲上九、坤之上六、下而爲初六也、陽剛、尊而在上者也、今往居於上、陰柔、卑而在下者也、今來居於下、男雖少而居上、女雖長而在下、尊卑、得正、上下順理、治蠱之道也、由剛之上柔之下、變而爲艮巽、艮、止也、巽、順也、下巽而上止、止於巽順也、以巽順之道、治蠱、是以元亨也、或問巽而止蠱莫是遇事巽順以求其理之所止而後爲治蠱之道朱子曰非也大抵資質柔巽之人遇事便不能做无奮迅之意所以事遂至於蠱壞了蠱只是事之壞者大凡看易須先看成卦之義險而健則成訟巽而止則成蠱蠱艮上而巽下艮剛居上巽柔居下上高亢而不下交下卑巽而不能救此所以蠱壞也巽而止只是巽順便止了更无所施爲如何治蠱○易要分內外卦看伊川却不甚理會如巽而止則成蠱止而巽便不同蓋先止後巽却是有根株了方巽將去故爲漸○剛上柔下巽而止此是言致蠱之由非治蠱之道

【本義】以卦體卦變卦德、釋卦名義、蓋如此、則積弊而至於蠱矣、朱子曰龜山說巽而止乃治蠱之道言當柔順而止不可堅正必爲此說非惟不成道理且失易彖文義巽而止蠱猶順以動豫動而說隨皆言卦義趙德莊說下面人只務巽上面人又懶惰不肯向前上面一向剛下面一向柔倒塌了這便是蠱底道理○盤澗董氏曰卦之爲蠱有數義剛在上柔在下此卦體也下卑巽而上苟止所以爲蠱此卦德也又自賁井既濟來皆剛上而柔下此卦變也○童溪王氏曰夫蠱非事也以天下爲无事而不事事則後有不勝事矣此蠱之所以爲事也剛上艮也柔下巽也在上者有止息而無動作在下者有巽順而无違忤則禍亂之萌乃在於己安己治之中遂至於敗壞而不可勝矣此剛上而柔下巽而止所以成蠱也○雲峯胡氏曰諸解以巽而止爲治蠱之道夫苟下卑巽而上苟止豈所以治蠱哉先儒

云通其變則爲隨不能通其變則爲蠱蓋剛來而下柔剛柔之情交兼此動而彼應故曰隨剛上而柔下上下不交且下卑巽而上苟止故曰蠱蠱隨之相反以此凡卦德當分內外先後如隨則我先動而彼說歸妹則先說而後動歸妹之凶又與隨反蠱則內卑巽而外苟止漸則內靜止而外卑巽漸之吉又與蠱反

蠱ㅣ元亨ᄒᆞ야而天下ㅣ治也ㅣ오

○蠱ㅣ元ᄒᆞ야亨ᄒᆞ야天下ㅣ治홈이오(本義)蠱ㅣ크게亨ᄒᆞ야

【傳】治蠱之道、如卦之才則元亨而天下、治矣、夫治亂者、苟能使尊卑上下之義、正、在下者、巽順、在上者、能止、齊安定之、事皆止於順則何蠱之不治也、其道、大善而亨也、如此則天下、治矣、南軒張氏曰由朝廷至閭里孰非事也而卦之治蠱獨擧父子何也蓋天下之本在國國之本在家一家之責莫重於子能盡父道則家齊矣由是而之爲則國可治而天下可平故曰蠱元亨而天下治也

利涉大川은往有事也ㅣ오

○利涉大川은往ᄒᆞ야事를둠이오

【傳】方天下壞亂之際、宜涉艱險以往而濟之、是往有所事也、臨川吳氏曰蠱之時當勇往有所事以濟險難若巽懦而止則終於蠱而已豈能元亨哉

先甲三日後甲三日은終則有始ㅣ天行也ㅣ라

○先甲三日後甲三日은終ᄒᆞ면始ㅣ이슴이天의行이라

【傳】夫有始則必有終、既終則必有始、天之道也、聖人、知終始之道、故、能原始而

究其所以然、要終而備其將然、先甲後甲而爲之慮、所以能治蠱而致元亨也、

【本義】釋卦辭、治蠱至於元亨則亂而復治之象也、亂之終、治之始、天運、然也、朱子曰蠱元亨而天下治須是大善以亨方能治蠱也○臨川吳氏曰數日以甲者以其爲十日之始也先乎甲之三日者辛也由辛歷壬癸而十日終終則又始於甲歷乙丙以至于丁而爲後乎甲之三日矣終始循環天之運行也治蠱者亦當終前事始後事如天之行也○古爲徐氏曰先三後三者六爻也爻終于六七則更爲之端矣所謂終則有始天行也七日得七日來復皆其義也○雲峯胡氏曰諸卦皆言往有功蠱獨曰往有事蠱者事也事雖已治不可以无事視之也前事過中而將壞即當爲自新之圖後事方始而尚新即當致丁寧之意亂之極而治之始雖天運然也亦人事致然也

象曰山下有風이蠱ㅣ니君子ㅣ以ᄒᆞ야振民ᄒᆞ며育德ᄒᆞᄂᆞ니라

○象애ᄀᆞᆯ오ᄃᆡ山下애風이이숌이蠱ㅣ니君子ㅣ以ᄒᆞ야民을振ᄒᆞ며德을育ᄒᆞᄂᆞ니라

【傳】山下有風、風遇山而回則物皆散亂、故、爲有事之象、君子、觀有事之象、以振濟於民、養育其德也、在己則養德、於天下則濟民、君子之所事、无大於此二者、程子曰蠱之象君子以振民育德君子之事惟有此二者餘无他爲二者爲己爲人之道也○童溪王氏曰於民務振作其氣使力其所謂相生相養之道无廢惰自安之人於己務涵養其德使日新又新无逸豫自止之意

【本義】山下有風、物壞而有事矣、而事莫大於二者、乃治己治人之道也、或問振民育德如何朱子曰當蠱之時必有以振起聳動民之觀聽而在己進德不已必須有此二者則可以治蠱矣○隆山李氏曰山下有風則風落山之謂山木摧落蠱敗之象飭蠱者必須有以振起之振民者猶巽風之鼓爲號令也育德者猶艮山之養成材力也易中育德多取於山故蒙亦曰果行育德○臨川吳氏曰蠱之象非美也君子以之則取其美風在內而能振動外物則象之以振動其民山在外而能涵育內氣則象之以涵育其德振者作興彼之善新民之事也育者培養己之善明德之事也

初六은 幹父之蠱ㅣ니 有子ㅣ면 考ㅣ 无咎ᄒ리니 厲ᄒ야아 終吉이리라

○初六은父의蠱를幹홈이니子ㅣ이시면考ㅣ 咎ㅣ업스리니厲ᄒ야아 ᄆᆞᄎᆞᆷ내吉ᄒ리라

【傳】初六、雖居最下、成卦由之、有主之義、居內在下而爲主、子幹父蠱也、子幹父蠱之道、能堪其事則爲有子而其考、得无咎、不然則爲父之累、故、必惕厲則得終吉也、處卑而尸尊事、自當兢畏、以六之才、雖能巽順、體乃陰柔、在下无應而主幹、非有能濟之義、若以不克幹而(一无而字)言則其義、甚小、故、專言爲子幹蠱之道、必克濟則不累其父、能厲則可以終吉、乃備見爲子幹蠱之大法也、

【本義】幹、如木之幹、枝葉之所附而立者也、蠱者、前人已壞之緒、故、諸爻皆有父母之象、子能幹之則飭治而振起矣、初六、蠱未深而事易濟、故、其占、爲有子則能治蠱而考得无咎、然、亦危矣、戒占者、宜如是、又知危而能戒則終吉也、

或問有子考无咎與意承考之考皆是指父在而得云考何也朱子曰古人多通言如康誥大傷厥考心可見○南軒張氏曰艮止於上巽順於下无爲而尊於上者父道也服勞而順於下者子道也故蠱多言幹父之事○雲峰胡氏曰爻辭有以時位言者有以才質言者如蠱初六以陰在下所應又柔才不足以治蠱以時言之則爲蠱之初蠱猶未深事猶易濟故其占爲有子則其考可无咎矣然謂之蠱則已危厲不可以蠱未深而忽之也故又戒占者知危而能戒則終吉○藍田呂氏曰父母之蠱人子所難治也幹者以身任其事而不敢避也以子之難故初則厲二則不可貞三則小有悔然卒任其事爲功故初終吉三无咎五用譽也○瓜山潘氏曰程傳云初居內而在下故取子幹父蠱之象本義云蠱者前人已壞之緒故諸爻皆以子幹父蠱爲言若如程說惟初爻爲可通若他爻則說不行矣本義之說則諸爻皆可通也

象曰幹父之蠱는意承考也ㅣ라

○象에ᄀᆞᆯ오ᄃᆡ幹父之蠱ᄂᆞᆫ意ㅣ考ᄅᆞᆯ承ᄒᆞᆷ이라

【傳】子幹父蠱之道、意在承當於父之事也、故、祗敬其事、以置父於无咎之地、常懷惕厲則終得其吉也、盡誠於父事、吉之道也、鄭氏曰子改父道始雖厲而終則吉事若不順而意則順也 ○中溪張氏曰不承其事而承其意此善繼父之志者也

九二는幹母之蠱ㅣ니不可貞이니라

○九二ᄂᆞᆫ母의蠱ᄅᆞᆯ幹ᄒᆞ욤이니可히貞티몯ᄒᆞᆯ거시니라

【傳】九二、陽剛、爲六五所應、是、以陽剛之才、在下而幹夫在上陰柔之事也、故、取子幹母蠱爲義、以剛陽之臣、輔柔弱之君、義亦相近、二、巽體而處柔、順義爲多、幹母之蠱之道也、夫子之於母、當以柔巽、輔導之、使得於義、一有母字 不順而致敗蠱則子之罪也、從容將順、豈无道乎、以婦人言之則陰柔可知、若伸己剛陽之道、遽然矯拂則傷恩、所害、大矣、亦安能入乎、在乎屈己下意、巽順將承、使之身正事治而已、故曰不可貞、謂不可貞固、盡其剛直之道、如是、乃中道也、又安能使之爲甚高之事乎、若於柔弱之君、盡誠竭忠、致之於中道則可矣、又安能使之大有爲乎、且以周公之聖、輔成王、成王、非甚柔弱也、然、能使之爲成王而已、守成不失道則可矣、固不能使之爲羲黃堯舜之事也、二、巽體而得中、是能巽順而得中道、合不可貞之義、得幹母蠱之道也、

【本義】九二、剛中、上應六五、子幹母蠱而得中之象、以剛承柔而治其壞、故、又戒以不可堅貞、言當巽以入之也、朱子曰幹母之蠱伊川說得是○龜山楊氏曰或曰卦以五爲君位而可以母言乎曰母者陰尊之稱如晉六二之稱王母小過六二之稱過其妣皆謂六五也○厚齋馮氏曰世固有父喪而母任家事者以衆子在而母總其事也故六五以陰柔爲一卦之主而取象於母蠱焉諸爻不取此義而獨於九二言之者以其正應在下又取乎內有陽剛之才能幹者也又家事之敗或由婦人亂政而其才子能飭之亦爲幹母之蠱○李氏椿年曰母柔子剛於義爲得然而不可以爲貞也有母在而以剛行之有時而違拂矣○雲峯胡氏曰貞者事之幹九二幹蠱而戒之曰不可貞幹母之蠱也非不可正也不可固執以爲正也母性多柔暗以二之剛承五之柔巽以入之不固守其剛乃中道也固則反傷恩害義矣【備旨】人臣事庸主與事英主異英主喜怒有爲一轉回頭便隨我去做庸主極怕事必從容委曲方得其信從而有濟不可貞正是善用其貞能幹母蠱處

象曰幹母之蠱는得中道也ㅣ라

○象애ᄀᆞᆯ오ᄃᆡ幹母之蠱는中道를得홈이라

【傳】二得中道而不過剛幹母蠱之善者也、中溪張氏曰幹母之蠱與幹父之蠱不同子之於母但當柔行巽入以飭治其蠱若專尙剛直盡行撥亂反正之事則於中道未爲得也【備旨】中道是振飭內寓委曲之意即在不可貞看出不可貞即是中

九三은幹父之蠱ㅣ니小有悔나无大咎ㅣ리라

○九三은父의蠱을幹홈이니져기悔ㅣ有ᄒᆞ나大咎ㅣ无ᄒᆞ리라

【傳】三以剛陽之才、居下之上、主幹者也、子幹父之蠱也、以陽處剛而不中、剛之過也、然而在巽體、雖剛過而不爲无順、順、事親之本也、又居得正、故、无大過、以剛陽

之才、克幹其事、雖以剛過而有小小之悔、終无大過咎也、然、有小悔、已非善事親也

【本義】過剛不中、故、小有悔、巽體得正、故、无大咎、或問九三幹父之蠱小有悔无大咎言有小悔則无大悔矣言无大咎則不免有小咎矣但象曰終无咎則以九三雖過剛不中然在巽體不爲无順而得正故雖悔而无咎至六四則不然以陰居柔不能有爲寬裕以治蠱將日深而不可治故往則見吝言自此以往則有吝也朱子曰此兩爻說得悔吝二字最分明九三有悔而无咎由凶而趨吉也六四雖目下无事然却終吝由吉而趨凶也元祐間劉莘老劉器之之徒欲盡去小人却是未免有悔至其他諸公欲且寬裕无事莫大段整頓不知目前雖遮掩拖延得過後面憂吝却多可見聖人之深戒○蘭氏廷瑞曰三剛太過不免小有悔然時方蠱壞非剛過之才不能以濟也○雲峯胡氏曰幹蠱之道以剛柔相濟爲尙初六六五柔而剛九二剛而居柔皆可幹蠱不然與其爲六四之過於柔而吝不若九三過於剛而悔始焉曰小有悔若不足其過於剛繼之曰无大咎猶幸其能剛也幸其能體巽之權而不失其正也(備旨)此是聖人要人幹蠱重无咎邊悔是悔其幹得大顯然不免形君之過然不幹則大不可有悔亦何妨但不可有所推托而不去幹耳

象曰幹父之蠱는 終无咎也ㅣ니라

○象애 골오ᄃᆡ 幹父之蠱는 ᄆᆞᄎᆞᆷ내 咎ㅣ 업스니라

【傳】以三之才、幹父之蠱、雖小有悔、終无大咎也、蓋剛斷能幹、不失正而有順、所以終无咎也、王氏湘卿曰以九居三剛之至也以此爲臣是諍君之臣以此爲子是諍父之子諍則有不順之名故始不免於小有悔然不陷君父於不義則終无大咎也(備旨)无咎上加一終字見悔不過止是暫時終可无尤暫時有悔亦何足惜

六四는 裕父之蠱ㅣ니 往ᄒᆞ면 見吝ᄒᆞ리라

○六四는 父의 蠱를 裕로 ᄒᆞᆷ이니 往ᄒᆞ면 吝을 見ᄒᆞ리라

【傳】四、以陰、居陰、柔順之才也、所處、得正、故、爲寬裕以處其父事者也、夫柔順

之才而處正、僅能循常自守而已、若往幹過常之事則不勝而見吝也、以陰柔而无應助、往安能濟、

【本義】以陰居陰、不能有爲、寬裕以治蠱之象也、如是則蠱將日深、故、往則見吝、戒占者、不可如是也、習靜劉氏曰强以立事爲幹怠而委事爲裕事弊而裕之弊益甚矣蓋六四體艮之止而爻位俱柔夫貞固足以幹事今止者怠柔者懦怠且懦皆增益其蠱者也持是以往吝道也安能治蠱耶○雲峯胡氏曰初六之時蠱猶未深故但有子則考可以无咎四之時非初比也而復寬裕以視之蠱將日深矣以是而往其見吝也固宜○梅巖袁氏曰諸爻之幹蠱者或體剛或乘剛或應剛獨六四以柔而止所以致蠱非所以幹蠱也備旨裕只是苟安不在事置蠱於勿理意强以立事爲幹怠以委事爲裕玩一往字有過一日偸安一日之意

象曰裕父之蠱ᄂᆞᆫ 往앤 未得也ㅣ라

○象에 ᄀᆞᆯ오ᄃᆡ 裕父之蠱ᄂᆞᆫ 往홈엔 得디 몯ᄒᆞᆯ디라

【傳】以四之才、守常、居寬裕之時則可矣、欲有所往則未得也、加其所任則不勝矣、盧川毛氏曰九三之銳失之過故悔六四之緩失之不及故吝必不得已焉寧爲三之悔不可爲四之吝此治亂興亡之幾也備旨裕蠱之人必托言急遽不如舒徐之爲得聖人直曰往未得乃破其一種規避之心

六五ᄂᆞᆫ 幹父之蠱ㅣ니 用譽리라

○六五ᄂᆞᆫ 父의 蠱ᄅᆞᆯ 幹홈이니 ᄡᅥ 譽ᄒᆞ리라

【傳】五居尊位、以陰柔之質、當人君之幹而下應於九二、是能任剛陽之臣也、雖能下應剛陽之賢而倚任之、然、己實陰柔、故、一作固 不能爲創始開基之事、承其舊業則

可矣、故、爲幹父之蠱、夫創業垂統之事、非剛明之才則不能、繼世之君、雖柔弱之資、苟能(一有信字)任剛賢則可以爲善繼而成令譽也、太甲成王、皆以臣而用譽者也、

【本義】柔中居尊而九二、承之以德、以此幹蠱、可致聞譽、故、其象占、如此、(張子曰雖天子必有繼也故亦云幹父之蠱○進齋徐氏曰六五柔中之主本无幹蠱之才而九二陽剛得中又處多譽之地位與五應五能任之以治蠱則二之譽即五之譽也○雲峯胡氏曰五爲繼世之君有九二承之以德是能用賢以致聞譽者也諸家以爲用九二令譽之臣近於以名用人不若謂任九二之德自可成六五之名者也○雙湖胡氏曰在九二以五爲母柔居尊也在六五又自取子道以繼世之君言也象何常之有(備旨)得賢輔治以清積弊不難明譽者用此以得譽也)

象曰幹父用譽는承以德也ㅣ라

○象애골오ᄃᆡ幹父用譽는承홈을德으로써홈이라

【傳】幹父之蠱而用有令譽者、以其在下之賢、承輔之以剛中之德也、

上九는不事王侯ᄒᆞ고高尚其事ㅣ로다

○上九는王侯를섬기디아니ᄒᆞ고그事를高尚ᄒᆞ놋다

【傳】上九、居蠱之終、无係應(一无應字)於下、處事之外、无所事之地也、以剛明之才、无應援而處无事之地、是、賢人君子、不偶於時而高潔自守、不累於世務者也、故、云不事王侯高尚其事、古之人、有行之者、伊尹太公望之始、曾子子思之徒、是也、不

屈道以徇時、既不得施設於天下則自善其身、尊高敎尙其事、守其志節而已、士之自高尙、亦(一无亦字)非一道、有懷抱道德、不偶於時而高潔自守者、有知止足之道、退而自保者、有量能度分、安於不求知(一无知字)者、有淸介自守、不屑天下之事、獨潔其身者、所處、雖有得失小大之殊、皆自高尙其事者也、象所謂志可則者、進退合道者也、(或問程傳云知止足之道退而自保者與量能度分安於不求知者何以別朱子曰知止足是能做底量能度分是不能做底)

【本義】剛陽、居上、在事之外、故、爲此象而占與戒、皆在其中矣、(朱子曰不事王侯无位之地如何出得來更幹箇甚麽問此爻本義云占與戒皆在其中如何曰有此象則其占當如此又戒其必如此乃可也若得此象而不能從則有凶矣○隆山李氏曰君子當蠱之世方事之興也盡力以幹焉操巽之權而行其所當事行及事之休也潔身以退體艮之義而止其所當止故也○誠齋楊氏曰上九在蠱之終事之蠱壞者至六五而幹之畢矣此上九所以高尙其事也○臨川吳氏曰上九在一卦至高至上之位故曰高尙下五爻无屑屑於一家之事至此則一國之事天下之事猶且視爲卑下而不屑爲彼一家之事又何足道哉○雲峯胡氏曰初至五皆以蠱言不言君臣而言父子臣於君事猶子於父事也上九獨以不事王侯言者蓋君臣以義合也子於父母有不可自諉於事之外王侯之事君子有不可事者矣是故君子之出處在事之中盡力以幹焉而不爲汙在事之外潔身以退焉而不爲僻本義謂占與戒皆在其中蓋以時當高尙或自在卑下而當戒也)

象曰不事王侯는 志可則也라

○象애 골오디 不事王侯는 志ㅣ 可히 則ᄒᆞ염즉 ᄒᆞ니라

【傳】如上九之處事外、不累於世務、不臣事於王侯、蓋進退以道、用捨隨時、非賢者、能之乎、其所存之志、可爲法則也、朱子曰當此時節若能斷然不事王侯高尙其事不牟上落下或出或入則其志眞可法則矣只爲人不能如此也○雲峯胡氏曰初六言意上九言志意柔而志剛也○建安丘氏曰六爻取家事爲象上爲父故本爻不稱父而他爻言父五爲母故本爻不言母而他爻言母在下四爻則皆子也然子幹父母之蠱惟剛柔相濟者爲善初爻柔位剛故无咎二爻剛位柔故得中三爻位俱剛過於剛者故小有悔四爻位俱柔過於柔者故往未得此四位剛柔之異而得失之判也然上五二爻以家事言則上爲父五爲母衆爻爲子以國事言則五爲君下四爻爲用事之臣上一爻爲不事之臣故曰不事王侯高尙其事觀下五爻以幹父言則父之位存矣觀上一爻以王侯言則君之位存矣此易之道所以屢遷而不可爲典要也

備旨具解原本周易卷之七

備旨具解原本周易卷之八

䷒ 兌下坤上

【傳】臨、序卦、有事而後、可大、故、受之以臨、臨者、大也、蠱者、事也、有事則可大矣、故、受之以臨也、韓康伯、云可大之業、由事而生、二陽、方長而盛大、故、爲臨也、爲卦、澤上有地、澤上之地、岸也、與水相際、臨近乎水、故、爲臨、天下之物、密近(一作逼)相臨者、莫若地與水、故、地上有水則爲比、澤上有地則爲臨也、臨者、臨民臨事凡所臨、皆是、在卦、取自上臨下、臨民之義、

臨은 元亨코 利貞ᄒᆞ니

○臨은크게亨ᄒᆞ고貞홈이利ᄒᆞ니

【傳】以卦才言也、臨之道、如卦之才則大亨而正也、

至于八月ᄒᆞ얀 有凶ᄒᆞ리라

○八月에니르러는凶이이시리라

【傳】二陽、方長於下、陽道嚮盛之時、聖人、豫爲之戒曰陽雖方盛、至於八月則其道、消矣、是有凶也、大率聖人爲戒、必於方盛之時、方盛而慮衰則可以防其滿極而圖其永久、若旣衰而後、戒、亦无及矣、自古、天下、安治、未有久而不亂者、蓋不能戒

於盛也、方其盛而不知戒、故、狃安富則驕侈、生、樂舒肆則綱紀、壞、忘禍亂則釁孽、萌、是以、浸淫不知亂之至也、程子曰臨言八月有凶謂至八月是遯也當其剛浸長之時便戒以陰長之意○節齋蔡氏曰臨與遯反自臨之初爻至遯之二爻在卦經八爻於月經八月剛柔皆變臨盡消矣故曰至于八月有凶

【本義】臨、進而淩逼於物也、二陽、浸長、以逼於陰、故、爲臨、十二月之卦也、又其爲卦、下兌說上坤順、九二、以剛居中、上應六五、故、占者、大亨而利於正、然、至于八月、當有凶也、八月、謂自復卦一陽之月、至于遯卦二陰之月、陰長陽遯之時也、或曰八月、謂夏正八月、於卦、爲觀、亦臨之反對也、又因占而戒之、或問臨不特上臨下之謂臨凡進而逼近者皆謂之臨否朱子曰然此是二陽自下而進上則凡相逼近者皆爲臨也○問至于八月有兩說前說自復一陽之月至遯二陰之月陰長陽遯之時後說自泰至觀觀二陽在上四陰在下與臨相反亦陰長陽消之時二說孰長曰前說是周正八月後說是夏正八月恐文王作卦辭時只用周正紀之不可知也○雙湖胡氏曰自乾以下元亨利貞占辭凡七卦乾坤屯隨臨无妄革此臨卦元亨利貞二陽浸長之占也然一陽復惟曰亨三陽泰惟曰吉亨四陽壯惟曰利貞五陽夬元亨利貞皆不言何獨臨與乾似也豈非元則一陽初動自二陽以往皆陽德亨通皆利在貞正乎七卦除坤外皆一陽居下可見矣後儒不作占辭惟以四德論以爲乾坤後數卦與諸卦優劣不同故得具四德誤矣若作占辭方知文王偶於數卦及之他卦未嘗不可用此占也○臨川吳氏曰自天正建子之月一陽始生爲復其二建丑之月二陽長而爲臨其七建午之月一陰始生爲姤至其八建未之月則二陰長而爲遯遯者臨之正對臨卦六畫變盡也今曰二陽之臨陽長而消陰也至於八月二陰之遯則陰長而消陽也故其占爲至于八月則有凶也○隆山李氏曰陽生於子終于巳陰生於午終于亥故一陽復十一月至巳爲乾則陽極陰生一陰姤五月二陰遯六月三陰否七月四陰觀八月方建丑月卦爲臨二陽浸長逼四陰當此之時陽勢方盛至于八月建酉卦爲觀四陰浸長逼二陽則臨二陽至觀危矣故曰至于八月有凶所謂至于八月有凶者言之于臨則當自臨數而不當自復數以觀次臨則當數至觀而不當數至遯臨觀乃陰陽反對消長之常理文王於臨以八月有凶爲戒其義甚著豈可外引遯卦謂周八月哉○雲峰胡氏曰本義解臨字諸家所未發蓋訓近訓大即見上臨下不見下剛臨柔之意本義依如臨深

淵之臨謂進而逼於淵此所謂臨者剛進而逼於柔也蓋謂之復者七日來復陰之極而陽初來也謂之臨者朋來无咎二陽皆來而逼於陰也故復亨而臨則大亨復不言利貞者復是初陽之萌无有不善臨則二陽浸盛易至放肆故戒之也或曰方臨之時即懼其爲遯何也曰遯者去也剛浸而長君子之朋來固可喜陰浸而長君子之易去尤可憂長有消之幾來有去之幾不可不戒也陽長至二未過乎中即爲之戒戒貴乎早也若論反對則觀爲八月聖人於觀不言陰之盛而於臨言之易爲君子謀也又曰八月有三說觀八月一說也歷臨六位至遯初二二陰凡八位八於數爲陰於象爲月歷剝六爻至復初一陽凡七位七於數爲陽於象爲日二也復下震震少陽七位於東爲日出之方臨下兌兌少陰八位於西爲月出之方三也

彖曰臨은剛浸而長ᄒᆞ며 長丁丈反

○彖애ᄀᆞᆯ오ᄃᆡ臨은剛이浸ᄒᆞ야長ᄒᆞ며

【本義】以卦體、釋卦名、 進齋徐氏曰浸漸也陰符經曰天地之道浸亦用此義言一氣不頓進一形不頓虧二陽長於下而漸進也○中溪張氏曰自復一陽生積而至臨則二陽長矣故曰剛浸而長遯者臨之反也臨彖曰剛浸而長易爲君子謀也遯彖不曰柔浸而長而止曰小利貞浸而長易不爲小人謀也

說而順ᄒᆞ고剛中而應ᄒᆞ야 說音悅

○說ᄒᆞ고順ᄒᆞ고剛이中ᄒᆞ고應ᄒᆞ야

【本義】又以卦德卦體、言卦之善、 中溪張氏曰說而順以二德言內兌爲說說則二陽之進也爲不逼外坤爲順順則四陰之從也爲不逆二以剛中而應乎五故能大亨而得正

大亨以正ᄒᆞ니天之道也ㅣ라

○크게亨ᄒᆞ고ᄡᅥ正ᄒᆞ니天의道ㅣ라

【傳】浸、漸也、二陽、長於下而漸進也、下兌上坤和說而順也、剛得中道而有應助、是以、能大亨而得正、合天之道、剛正而和順、天之道也、化育之功、所以不息者、剛正和順而已、以此臨人臨事臨天下、莫不大亨而得正也、兌爲說、說乃和也、夬彖、云決而和、

【本義】當剛長之時、又有此善、故、其占、如此也、朱子曰剛浸而長以下三句解臨字大亨以正便是天之道也解亨字亦是惟其如此所以如此又曰易中言天之道也天之命也義只一般但取其成韻耳不必强分析〇中溪張氏曰剛貴乎長己有成乾之勢天之道也〇雲峯胡氏曰臨无妄皆曰元亨利貞臨曰剛中而應大亨以正天之道也无妄曰剛中而應大亨以正天之命也本義於臨曰以卦德卦體言卦之善當剛長之時有此善故其占如此无妄亦曰言卦之善如此故其占當獲大亨而利於正乃天命之當然也他卦但曰釋卦名義釋卦辭此二卦又有所謂言卦之善者何哉蓋二卦皆以剛爲主剛不如此非剛之善也兼之天道賦予无有不善善字又從天道天命而言也

至于八月有凶은消不久也ㅣ라

〇至于八月有凶은消ᄒᆞ기久티아니홈이라

【傳】臨、二陽、生、陽方漸盛之時、故、聖人、爲之戒云陽雖方長、然、至于八月則消而凶矣、八月、謂陽生之八月、陽、始生於復、自復、至遯、凡八月、自建子、至建未也二陰、長而陽消矣、故、云消不久也、在陰陽之氣言之則消長、如循環、不可易也、以人事言之則陽爲君子、陰爲小人、方君子道長之時、聖人、爲之誡、使知極則有凶之理而虞備之、常不至於滿極、則无凶也、

【本義】言雖天運之當然、然、君子、宜知所戒、中溪張氏曰自臨之丑至遯之未凡八月歷時尙久而曰消不久者於其方長之時而告之以將消之理

則庶乎知所戒也○廬陵龍氏曰臨反對爲觀乃八月卦一轉則爲剝爲坤故曰消不久也○雲峯胡氏曰觀卦不取四陰爲義於臨曰八月有凶則觀爲八月卦己見於此矣○進齋徐氏曰陰陽消長若循環然彖易聖人深言消長之機其來甚速吉凶靡定禍福无常思患豫防君子所當戒懼也

象曰澤上有地ㅣ臨이니君子ㅣ以ᄒᆞ야敎思ㅣ无窮ᄒᆞ며容保民이无疆ᄒᆞᄂᆞ니라 思去聲

○象애ᄀᆞᆯ오ᄃᆡ澤上에地ㅣ이숌이臨이니君子ㅣ以ᄒᆞ야敎ᄒᆞᄂᆞᆫ思ㅣ窮이업ᄉᆞ며民을容ᄒᆞ야保홈이疆이업시ᄒᆞᄂᆞ니라

【傳】澤之上、有地、澤、岸也、水之際也、物之相臨與含容、无若水之在地、故、澤上有地、爲臨也、君子、觀親臨之象則敎思、无窮、親臨於民則有一无有字敎導之意思也、无窮、至誠无斁也、觀含容之象則有容保民之心、无疆、廣大无疆限也、含容、有廣大之意故、爲无窮无疆之義、

【本義】地臨於澤上。臨下也、二者、皆臨下之事、敎之无窮者、兌也、容之无疆者、坤也、節齋蔡氏曰敎思无窮澤潤地之象也容保民无疆地容澤之象也○雲峯胡氏曰不徒曰敎而曰敎思其意思如兌澤之深不徒曰保民而曰容民其度量如坤土之大

初九ᄂᆞᆫ咸臨이니貞ᄒᆞ야吉ᄒᆞ니라

○初九ᄂᆞᆫ咸ᄒᆞ야臨홈이니貞ᄒᆞ야吉ᄒᆞ니라(本義)다臨홈이니

【傳】咸、感也、陽長之時、感動於陰、四應於初、感之者也、比他卦、相應、尤重、四、

近君之位、初得正位、與四感應、是、以正道、爲當位所信任、得行其志、獲乎上而得行其正道、是以吉也、他卦、初上爻、不言得位失位、蓋初終之義、爲重也、臨則以初得位居正、爲重、凡言貞吉、有既正且吉者、有得正則吉者、有貞固守之則吉者、各隨其事(一作時)也、或問程易作咸感之義如何朱子曰陰必從陽謂咸爲感亦是但覺得牽强些○童溪王氏曰咸感也陰陽之氣相感而相應故也初九當君子道長之初所居者正位所行者正道而所與相感而相應者又皆履正之人故曰貞吉○隆山李氏曰山澤通氣故山上有澤其卦爲咸而澤上有地初二爻亦謂之咸陰陽之氣相感也

【本義】卦唯二陽、徧臨四陰、故、二爻、皆有咸臨之象、初九、剛而得正、故、其占、爲貞吉、建安丘氏曰咸皆也以二陽而臨四陰陽雖長而陰猶盛非協力不足以勝故初二皆曰咸臨○雲峯胡氏曰復曰朋來初二兩咸字即朋之義兩臨字即來之義故復初元吉臨初亦貞吉○ 雙湖胡氏曰王弼己訓咸爲感諸儒因之然而以二陽方長乃區區感四五二陰與之相臨當三上不問不亦狹乎故不若訓偏與皆義見得陽道廣大公溥而且於立卦命爻之義皆得也【[illegible]】本義偏謂普偏即大全廣大公溥爲偏也即此是貞即此便可得吉

象曰咸臨貞吉은志行正也ㅣ라

○象애ᄀᆞᆯ오ᄃᆡ咸臨貞吉은志ㅣ正을行홈이라

【傳】所謂貞吉、九之志、在於行正也、以九居陽、又應四之正、其志、正也、建安丘氏曰當臨之始初能固守其正以從二則陽剛浸長群陰退聽而得吉也以其未當臨陰之任故曰志行正而已

九二ᄂᆞᆫ咸臨이니吉ᄒᆞ야无不利ᄒᆞ리라

○九二ᄂᆞᆫ咸ᄒᆞ야臨홈이니吉ᄒᆞ야利티아니홈이업ᄉᆞ리라(本義)다臨홈이니

【傳】二方陽長而漸盛、感(一作咸)動於六五中順之君、其交之親、故、見信任得行其志所臨、吉而无不利也、吉者、已然、如是、故、吉也、无不利者、將然、於所施爲、无所不利也、厚齋馮氏曰以卦義言之以大臨小初九九二臨四陰也以爻位言之以上臨下六四六五臨初九九二者也惟其正應而陰陽相感故交相爲臨而謂之咸言其交相感而交相臨也初與二同爲咸臨而初貞二无不利者蓋初位卑而不中故取其正二得中而應君故无不利不言貞位不當也君臣正應以相與故陽之上進群陰順之所以无不利也

【本義】剛得中而勢上進、故、其占、吉而无不利也、進齋徐氏曰初九曰咸臨貞吉而九二則曰咸臨吉无不利何也曰初未得中未當臨陰之任故在初惟當固守其志以從二得貞而吉也二得中則勢上進已當臨陰之任矣在二不過率初之陽以同往則柔不能抑是以吉而无不利也貞吉者戒初之辭吉无不利者勉二之辭也○雲峯胡氏曰初剛得正未見其勢之進故曰貞吉二剛得中勢可以上進故不特曰吉又曰无不利至六三則曰无攸利扶陽抑陰之意可見矣【備旨】二與初同一咸臨而二剛而得中則其秉道疾邪不傷於激德之所及尤爲群邪所敬服而勢上進群邪又自阻撓他不得德足服人力足制人皆吉於初故不獨吉而又无不利

象曰咸臨吉无不利는 未順命也ㅣ라

○象애 ᄀᆞᆯ오ᄃᆡ 咸臨吉無不利ᄂᆞᆫ 命을順ᄒᆞᄂᆞᆫ주리아니라

【傳】未者、非遽之辭、孟子、或、問勸齊伐燕、有諸、曰未也、又云仲子所食之粟、伯夷之所樹歟、抑亦盜跖之所樹歟、是未可知也、史記、侯嬴、曰人固未易知、古人用字之意、皆如此、今人、大率用對已字、故、意似異、然、實不殊也、九二、與五、感應以臨下、蓋以剛德之長而又得中、至誠相感、非由順上之命也、是以、吉而无不利、五、順體而二、說體、又陰陽、相應、故、象、特明其非由說順也、

【本義】未詳、節齋蔡氏曰命君命謂五也○進齋徐氏曰二剛咸臨有進逼陵躐之勢五柔二剛有君弱臣强之疑以此相臨豈能遽合自二言之其初未順命也然五以柔中用二二以剛中應五豈終不順哉聖人以未順命釋之欲人知以道事君而不苟於從上也

六三은 甘臨이라 无攸利ᄒᆞ니 旣憂之라 无咎ㅣ니라

○六三은甘으로臨ᄒᆞ는디라利ᄒᆞᆫ배업스니임의憂ᄒᆞ는디라咎ㅣ업스리라

【傳】三居下之上、臨人者也、陰柔而說體、又處不中正、以甘說臨人者也、在上而(一无而字)以甘說臨下、失德之甚、无所利也、兌性、旣說、又乘二陽之上、陽方長而上進、故、不安而益甘、旣知危懼而憂之、若能持謙守正、至誠以自處則无咎也、邪說、由己能憂而改之、復何咎乎、

【本義】陰柔不中正而居下之上、爲以甘說臨人之象、其占、固无所利、然、能憂而改之則无咎也、勉人遷善、爲致、深矣、朱子曰三近二陽也去臨他如小人在上位却把甘言好語臨在下之君子○節齋蔡氏曰爻柔而位不正兌體而迫於剛故以甘說邪佞而臨乎二也然剛長而以正又豈甘說邪佞之所利也能順剛長之正理憂懼知變不爲甘說之態則咎可无矣○平庵項氏曰六三以甘媚臨而无攸利見君子之難悅也旣憂之无咎又見君子之易事也其處己也嚴故不受不正之媚其與人也寬故不治旣憂之人爻辭雖爲六三言之然亦可以見二陽之用心矣○雲峯胡氏曰象惟取剛臨柔爻則初二外皆上臨下三兌體在二陽之上爲以甘說臨人之象節九五以中正爲甘則吉此以不中不正爲甘故无攸利憂者說之反能憂而改則无咎矣六三變則爲泰九三能改而自新則旣憂之无咎即泰之艱貞无咎也象以八月有凶警君子爻以旣憂之无咎戒小人易於君子小人之際用意深矣哉

象曰甘臨은 位不當也오 旣憂之ᄒᆞ니 咎不長也ㅣ리라

○象애ᄀᆞᆯ오ᄃᆡ甘臨은位ㅣ當티아니홈이오임의憂ᄒᆞ니咎ㅣ長티아니ᄒᆞ리라

【傳】陰柔之人、處不中正而居下之上、復乘二陽、是處不當位也、旣能知懼而憂之則必强勉自改、故、其過咎、不長也、

臨川吳氏曰以不正故爲媚說之態先雖媚說而後能憂則始雖有咎而其咎不長故可无咎也

六四는至臨이니无咎ᄒᆞ니라

○六四ᄂᆞᆫ至ᄒᆞᆫ臨이니咎ㅣ업스니라

【傳】四居上之下、與下體、相比、是切臨於下、臨之至也、臨道、尙近、故、以比爲至、四居正位而下應於剛陽之初、處近君之位、守正而任賢、以親臨於下、是以无咎、所處、當也、

【本義】處得其位、下應初九、相臨之至、宜无咎者也、

或問六四以陰居正柔順臨下又有正應臨之極善故謂之至臨朱子曰至臨无咎未是極好只是與初相臨得切至故謂之至○龜山楊氏曰六四初九皆當位誠意以相與至臨也故无咎○雲峯胡氏曰六四以陰居陰處得其正下應初九之正相臨之至所以无咎又地附澤澤依地六四坤兌之間地與澤相臨之至也【通旨】相臨之至者絕无嫌疑都不能陽極其懇至也斷斷休休群策畢効相臣之任勝至故无咎

象曰至臨无咎는位當也라

○象애ᄀᆞᆯ오ᄃᆡ至臨无咎ᄂᆞᆫ位ㅣ當ᄒᆞᆯ시라

【傳】居近君之位、爲得其任、以陰處四、爲得其正、與初相應、爲下賢、所以无咎、蓋由位之當也、

建安丘氏曰三四皆陰柔三无攸利而四无咎者三乘陽而四應陽三位不當而四位當也【通旨】凡人之相與惟臭味相投者兩下精神自相凝結若非同德則浮慕虛聲者有矣始信終疑者有

矣焉能篤至而不可解乎

六五는 知臨이니 大君之宜니 吉하니라 知音智

○六五는 知로 臨홈이니 大君의 宜니 吉하니라

【傳】五以柔中順體、居尊位而下應於二、剛中之臣、是能倚任於二、不勞而治、以知臨下者也、夫以一人之身、臨乎天下之廣、若區區自任、豈能周於萬事、故、自任其知者、適足爲不知、唯能取天下之善、任天下之聰明則无所不周、是不自任其知則其知、大矣、五、順應於九二剛中之賢、任之以臨下、乃己以明知、臨天下、大君之所宜也、其吉、可知、

【本義】以柔居中、下應九二、不自用而任人、乃知之事而大君之宜、吉之道也、

中溪張氏曰一人出而君天下自任者其智小任人而不自任者其智大況當二剛浸長之世六五在上與九二爲正應不忌其進而以柔道接之則剛中而應反爲吾用是兼衆智以臨天下大君之宜孰大於此吉可知矣此帝舜能用禹皐陶而臨下以簡謂之大智者歟○雲峯胡氏曰六五自是柔闇之主何爲以智稱蓋謂之臨多是以己臨人五虛中下應九二不任已而任人所以爲知所以爲大君之宜中庸曰聰明睿智足以有臨又曰舜其大知也歟舜好問而好察邇言其皆出於此歟夫子釋乾四德言仁義禮不言智知光大言於坤周公爻辭獨於臨之坤體曰知臨五常之德知藏於內坤以藏之故也【備旨】人主以自用爲愚任賢爲知知即是大君之宜宜者道之當然也宜而曰君曰大君見其所治者廣自用必不給也敎思委之司徒容保委之司空无窮无疆之治有何不成

象曰大君之宜는 行中之謂也라

○象애 골오되 大君之宜는 中을 行홈을 닐옴이라

【傳】君臣、道合、蓋以氣類相求、五有中德、故、能倚任剛中之賢、得大君之宜、成知臨之功、蓋由行其中德也、人君之於賢才、非道同德合、豈能用也、南軒張氏曰六五知臨者豈任察以爲明挾暴以爲剛乎立大中之道使天下得以共行之而已舜惟能用中于民此所以爲大智也【備旨】不自用而用人是大君當然之則便是中便是宜便是行中加之謂二字是點醒語

上六은敦臨이니吉ᄒᆞ야无咎ᄒᆞ니라

○上六은敦히臨홈이니吉ᄒᆞ야咎ㅣ업ᄉᆞ니라

【傳】上六、坤之極、順之至也、而居臨之終、敦厚於臨也、與初二、雖非正應、然、大率陰求於陽、又其至順、故、志在從乎二陽、尊而應卑、高而從下、尊賢取善、敦厚之至也、故、曰敦臨、所以吉而无咎、陰柔、在上、非能臨者、宜有咎也、以其敦厚於順剛、是以吉而无咎、六居臨之終而不取極義、臨、无過極、故、止爲厚義、上、无位之地、止以在上言、

【本義】居卦之上、處臨之終、敦厚於臨、吉而无咎之道也、故、其象占、如此、朱子曰上六敦臨自是積累至極處有敦篤之義艮上九亦謂之敦艮復上六爻不好了所以只於五爻謂之敦復又曰臨便是好卦不獨說道理自是好讀所謂卦有小大辭有險易此便是大底卦○臨川吳氏曰敦厚也坤之上畫地之最厚處天高而覆物者以上臨下也地厚而載物者以下承上非臨也上六陰柔居高臨下然以坤厚載物之德臨之以俟二陽之進而非敢以柔臨剛也在上而不以高自居厚之至也故曰敦臨此爻取義乃臨卦之正意○雲峯胡氏曰坤與艮皆土也有敦厚之象然皆於終見之復除上六迷復外六五爲復之終曰敦復艮上九艮之終曰敦艮此曰敦臨相與而厚於終者也故吉且无咎○隆山李氏曰以厚接物未有不安者故易之爻辭敦復无悔敦艮吉敦臨吉【備旨】敦厚者始終不渝也此聖王雍熙之化不可以一日而成不可以一身而竟洽此二義看故曰敦

象曰敦臨之吉은志在內也ㅣ라

○象애골오ᄃᆡ敦臨의吉홈은志ㅣ內예이심이라

【傳】志在內、應乎初與二也、志順剛陽而敦篤、其吉、可知也、朱子曰居臨之時二陽得時上進陰不敢與之爭而樂與之應所謂在內者非謂正應只是卦內與二陽應也○雲峯胡氏曰上六非與內之二陽應而其志在二陽斯其爲厚之至也○進齋徐氏曰二剛浸長進逼於柔此雖成卦之體而雜卦又曰臨觀之義或與或求與者又言上下相與爲臨也爻辭初二咸臨此下臨上剛臨柔也三甘臨四至臨五知臨上敦臨此上臨下柔臨剛也上下相臨所謂與也○建安丘氏曰臨有凌逼之義以下之二陽而凌乎上之四陰也然二當任而初不當任故二爲臨主是以在二曰咸臨吉无不利而初曰咸臨貞吉而已其上四陰則皆受陽之臨者而遠者吉近者凶三其最近者也故甘臨无攸利四五則漸遠矣故四至臨无咎五知臨吉也唯上去陽獨遠而志應乎內故有敦臨吉无咎之辭焉豈非臨之道利遠而不利近者乎

䷓ 坤下巽上

【傳】觀、序卦、臨者、大也、物大然後、可觀、故、受之以觀、觀所以次臨也、凡觀、視於物則爲觀、平聲爲觀於下則爲觀、去聲如樓觀、謂之觀者、爲觀於下也、人君、上觀天道、下觀民俗則爲觀、修德行政、爲民瞻仰則爲觀、風行地上、徧觸萬類、周觀之象也、二陽在上、四陰、在下、陽剛、居尊、爲羣下所觀、仰觀之義也、在諸爻則唯取觀見、隨時爲義也、朱子曰自上示下曰觀自下觀上曰觀故卦名之觀去聲而六爻之觀皆平聲

觀은盥而不薦이면有孚하야顒若하리라　觀官喚反下大觀以觀之觀大象觀字並同

○觀은盥하고薦티아년는듯하면孚를두어顒하리라【本義】薦티아니면孚ㅣ이셔

【傳】予、聞之胡翼之先生、曰君子、居上、爲天下之一无之字表儀、必極其莊敬、則下、觀仰而化也、故、爲天下之觀、當如宗廟之祭、始盥之時、不可如既薦之後則下民、盡其至誠、顒然瞻仰之矣、盥、謂祭祀之始、盥手酌鬱鬯於地、求神之時也、薦、謂獻腥獻熟之時也、盥者、事之始、人心、方盡其精誠嚴肅之至也、至既薦之後、禮數、繁縟則人心、散而精一、不若始盥之時矣、居上者、正其表儀、以爲下民之觀、當一作常莊嚴、一作敬如始盥之初、勿使誠意、少散、如既薦之後則天下之人、莫不盡其孚誠、顒然瞻仰之矣、顒、仰望也、或問伊川以爲灌鬯之初誠意猶存至薦羞之後精意懈怠本義以爲致其潔淸而不輕自用其義不同朱子曰盥只是浣手不是灌鬯伊川承先儒之誤若云薦羞之後誠意懈怠則先王祭祀只是灌鬯之初猶有誠意及薦羞之後皆不成禮矣問若爾則是聖人在上視聽言動皆當爲天下法而不敢輕亦猶祭祀之時致其潔淸而不敢輕用否曰然

【本義】觀者、以中正、示人而爲人所仰也、九五、居上、四陰、仰之、又內順外巽而九五、以中正、示天下、所以爲觀、盥、將祭而潔手也、薦、奉酒食以祭也、顒然、尊敬之貌、言致其潔淸而不輕自用則其孚信、在中而顒然可仰、戒占者、當如是也、或曰有孚顒若、謂在下之人、信而仰之也、此卦、四陰、長而二陽、消、正爲八月之卦而名卦繫辭、更取他義、亦扶陽抑陰之意、或問盥而不薦是取未薦之時誠意渾全而未散否朱子曰祭祀无不薦者此是假設來說薦是用事了盥是未用事之初云不薦者言

常持得這誠敬如盥之意常在若薦則是用出用出則纔畢便過了无復有初意矣詩云心乎愛矣遐不謂矣中心藏之何日忘之楚詞云思公子兮未敢言正是此意說出這愛了則都無事可把持矣惟其不說但藏在中心所以常見其不忘也○問有孚顒若承上文盥而不薦蓋致其潔淸而不輕自用則孚信在中而顒然可仰一說下之人信而仰之二說孰長曰從後說則合得彖辭下觀而化之義問前說似好曰當以彖辭爲定○龜山楊氏曰盥而不薦初未嘗致物也威儀度數亦皆未擧而已有孚顒若其所以交神明者蓋有在矣又曰古人脩身齊家治國平天下本於誠吾意而己詩書所言莫非明此者但人自信不及故无其效聖人知其效必本於此故於鄭曰盥而不薦有孚顒若○平庵項氏曰盥者祭之初步方詣東榮盥手於洗凡祭之事百未一爲也薦者祭禮之最盛四海九州之美味四時之和氣无不陳也此但以盥而不薦象恭己无爲耳非重盥而輕薦也先儒謂盥則誠意方專薦則誠意己散仁人孝子之奉祀豈皆至薦而誠散乎○雲峯胡氏曰諸家謂盥者祭之始盥手酌鬱鬯於地以求神之時也本義但以爲將祭而盥手蓋酌鬱鬯之酒以降神灌也非盥也諸家謂薦則誠意己散不復如盥之時本義之意則謂盥豈有不薦者孝子之薦豈皆有至薦而誠散者獨就觀示上發盥而不薦之義以喩二陽在上无爲而化蓋祭必先盥盥者未用事之時祭則薦而用事聖人至德之化如將祭而盥不待見於用事孚信在中己顒然可仰觀之者見其盥未見其薦亦己信而仰之蓋不待觀其行事而化也不薦而孚蓋與未占有孚略同夫觀四陰二陽八月之卦四陽之卦名曰大壯以陽之盛言也四陰豈不可以陰盛言卦名謂之觀取二陽在上爲四陰所仰且就觀字上發出示民神化之妙扶陽抑陰之意深矣

彖曰大觀으로在上ᄒᆞ야順而巽ᄒᆞ고中正으로以觀天下ㅣ니

○彖애ᄀᆞᆯ ᄃᆡ大觀으로上애이서順코巽ᄒᆞ고中正으로ᄡᅥ天下애觀ᄒᆞ이니

【傳】五居尊位、以剛陽中正之德、爲下所觀、其德、甚大、故、曰大觀在上、下坤而上巽、是能順而巽也、五居中正、以巽順中正之德、爲觀於天下也、

【本義】以卦體卦德、釋卦名義、進齋徐氏曰大觀在上以位言順巽中正以德言有其位无其德不足以觀天下有其德无其位亦不足以觀天下○雲峯胡氏曰四陽爲大壯四

陰不曰小者之壯而曰觀取二陽示四陰也釋彖且曰大觀壯以下之四陽爲大觀以上之二陽爲大釋卦名義則以爲大而在上釋卦辭以爲下觀而化上下之分嚴崇陽抑陰之意可見矣

觀盥而不薦有孚顒若은下ㅣ觀而化也ㅣ라 觀如字下觀天大象觀民之觀六爻觀字並同

○觀盥而不薦有孚顒若은下ㅣ觀ᄒᆞ야化홈이라

【傳】爲觀之道、嚴敬、如始盥之時則下民、至誠瞻仰一作仰觀而從化也、不薦、謂不使誠意、少散也、

【本義】釋卦辭、 進齋徐氏曰下觀而化以四陰觀二陽言謂上有精潔誠敬之德顒然可仰則天下有所觀感而化如舜恭己正南面而天下自治文王不大聲以色而萬邦作孚自然之感固如此也○雲峯胡氏曰盥而不薦與神武而不殺朱子皆以爲是聖人不犯手做底蓋盥則必薦不薦是喩聖人致其潔淸而不輕自用武則必殺不殺是喩聖人得其理而不假其物故彼謂之神武而此下文別以神道言之

觀天之神道而四時ㅣ不忒ᄒᆞ니聖人이以神道設敎而天下ㅣ服矣니라

○天의神ᄒᆞᆫ道ᄅᆞᆯ觀ᄒᆞ매四時ㅣ忒디아니ᄒᆞ니聖人이神ᄒᆞᆫ道로ᄡᅥ敎ᄅᆞᆯ設ᄒᆞ매天下ㅣ服ᄒᆞ니라

【傳】天道、至神、故、曰神道、觀天之運行、四時、无有差忒則見其神妙、聖人、見天道之神、體神道、以設敎、故、天下、莫不服也、夫天道、至神、故、運行四時、化育萬物、无有差忒、至神之道、莫可名言、唯聖人、默契體其妙用、設爲政敎、故、天下之人、涵泳其德而不知其功、鼓舞其化而莫測其用、自然仰觀而戴服、故、曰以神道設敎

而天下服矣、

【本義】極言觀之道也、四時不忒、天之所以爲觀也、神道設敎、聖人之所以爲觀也、

朱子曰盥本爲薦而不薦是欲蓄其誠意以觀示民使民觀感而化之義有孚顒若便是那下觀而化却不是說人君身上事聖人以神道設敎是聖人不犯手做底即是盥而不薦之義順而巽中正以觀天下謂以此觀示之也又曰觀天之神道只是自然運行底道理四時自然不忒聖人神道亦是說他有敎人自然觀感處○臨川吳氏曰此廣觀義上文所言感應之速者觀道之神也因言天道之神神者妙不可測之謂服者從而化也人觀天道之神莫知其然而四時代謝終古如一无少差忒觀道亦然常人以言設敎則有聲音以身設敎則有形迹聖人之道如天之妙不可測以之設敎非有聲音非有形迹不設而設不敎而敎天下一觀感之餘其應捷如影響莫不從而化焉應其所感亦如四時之應乎天而无有差忒也蓋所存甚神故所過卽篤恭而天下平如上天之无聲无臭而萬邦皆作孚此其所以爲神道與

象曰風行地上이觀이니先王이以ᄒᆞ야省方觀民ᄒᆞ야設敎ᄒᆞ니라 省悉井反

○象애ᄀᆞᆯ오ᄃᆡ風이地上애行홈이觀이니先王이以ᄒᆞ야方을省ᄒᆞ야民을觀ᄒᆞ야敎를設ᄒᆞ니라

【傳】風行地上、周及兼物、爲由歷周覽之象、故、先王、體之、爲省方之禮、以觀民俗而設政敎也、天子、巡省四方、觀視民俗、設爲政敎、如奢則約之以儉、儉則示之以禮、是也、省方、觀民也、設敎、爲民觀也

【本義】省方、以觀民、設敎、以爲觀、庸齋趙氏曰風行地上徧觸萬物有周觀之象先王體之得風以動之敎以化之之象故以省方觀民設敎○建安丘氏曰坤爲土有土此有民省方觀民乃坤之象巽以申命設敎乃巽之象○三山劉氏曰觀民設敎如齊之末業敎以農桑衛之淫風敎以禮別奢如曹則示之以儉儉如魏則示之以禮之類是也

初六은童觀이니小人은无咎ㅣ오君子는吝이리라

○初六은童의觀이니小人은咎ㅣ업고君子는吝ᄒᆞ리라

【傳】六以陰柔之質、居遠於陽、是以、(一作其)觀見者、淺近、如童稚然、故、曰童觀、陽剛中正、在上、聖賢之君也、近之則見其道德之盛、所觀、深遠、初乃遠之、所見、不明、如童蒙之觀也、小人、下民也、所見、昏淺、不能識君子之道、乃常分也、不足謂之過咎、若君子而如是則可鄙吝也、

【本義】卦以觀示、爲義、據九五爲主也、爻以觀瞻、爲義、皆觀乎九五也、初六、陰柔在下、不能遠見、童觀之象、小人之道、君子之羞也、故、其占、在小人則无咎、君子、得之則可羞矣、臨川吳氏曰下之所觀觀九五中正之道也初最下去五最遠如未有知識之童子而觀不能有所見也○平庵項氏曰初六爲下民日用而不知則其常也故无咎君子而不著不察則可羞矣○雲峯胡氏曰童之象陽位而陰爻陽則男而陰則稚也故蒙六五亦曰童童觀以近爲明初六去二陽最遠故爲兒童之觀又曰遯大壯皆四陽二陰之卦曰君子好遯小人否曰君子用壯小人用罔觀亦四陰二陽故拳拳於君子小人之分蓋以小人而可如此者君子愼不可如此也其愛君子之意至矣

象曰初六童觀은小人道也ㅣ라

○象에ᄀᆞᆯ오ᄃᆡ初六童觀은小人의道ㅣ라

【傳】所觀、不明、如童稚、乃小人之分、故、曰小人道也、朱子曰初六童觀小人道也小人自是如此故无咎

六二는闚觀이니利女貞ᄒᆞ니라

○六二는 闚ᄒᆞ야 觀ᄒᆞ욤이니 女의 貞홈이 利ᄒᆞ니라

【傳】二應於五、觀於五也、五剛陽中正之道、非二陰暗柔弱、所能觀見也、故、但如闚覘之觀耳、闚覘之觀、雖少見而不能甚(一作盡)明也、二旣不能明見剛陽中正之道則利如女子之貞、雖見之不能甚明而能順從者、女子之道也、在女子、爲貞也、二旣不能明見九五之道、能如女子之順從則不失中正、乃爲利也、

【本義】陰柔、居內而觀乎外、闚觀之象、女子之正也、故、其占、如此、丈夫、得之則非所利矣、進齋徐氏曰闚門中覘也陰柔居內而觀外雖與五爲應前爲三四所蔽所見不明闚觀之象○雲峯胡氏曰闚坤闔戶象柔居內而觀乎外有闚觀象初二皆陰故皆有幼稚象初位陽故爲童二位陰故爲女童觀是芒然无所見小人日用而不知者也闚觀是所見者小而不見全體仁者見之謂之仁知者見之謂之知也占曰利女貞則非大丈夫之所爲可知也

象曰闚觀女貞이 亦可醜也ㅣ니라

○象애 골오ᄃᆡ 闚觀女貞이 또 可히 醜ᄒᆞ니라

【傳】君子、不能觀見剛陽中正之大道而僅(一有能字)闚覘其彷彿、雖能順從、乃同女子之貞、亦可羞醜也、

【本義】在丈夫則爲醜也、平庵項氏曰婦人之目所闚者狹婦无公事所知者襪纖女无是非所議者酒食此在女德爲不失男子而寡見謏聞則可醜矣○雲峯胡氏曰小人而爲兒童之觀固其道也丈夫而爲女子之觀豈非可醜乎(備旨)亦可醜全是激之之辭

六三은 觀我生ᄒᆞ야 進退로다

○六三은我의生을觀ᄒᆞ야進ᄒᆞ며退홈이로다

【傳】三、居非其位、處順之極、能順時以進退者也、若居當其位則无進退之義也、觀我生、我之所生、謂動作施爲、出於己者、觀其所生而隨宜進退、所以處雖非正而未知失道也、隨時進退．求不失道、故、无悔咎、一作吝 以能順也、

【本義】我生、我之所行也、六三、居下之上、可進可退、故、不觀九五而獨觀己所行之通塞、以爲進退、占者、宜自審也、朱子曰我者彼我對待之言是以彼觀此觀其生是以此自觀六三之觀我生進退者事君則觀其言聽計從治民則觀其政敎可行齋澤可下可以見自家所施之當否而爲進退○童溪王氏曰我生者吾身之動作施爲也六三處進退之間宜誰從曰進退者時也可以進可以退者我也觀我生以決其進退爾○楊氏曰觀我生而進退所謂可以仕則仕可以止則止我无官守我无言責則進退之間豈不綽〻乎有餘裕哉者是也○誠齋楊氏曰三五皆曰觀我生辭同而德異六三察己以從人九五察人以脩己六三似漆雕開○雲峯胡氏曰三處上下之間有進退之象他卦三不中多不吉二居中多善而觀以遠近取義故如此諸爻皆欲觀五惟近者得之六四最近故可決於進六三上下之間可以進退之地故不必觀五但觀我所爲而爲之進退本義謂占者宜自審蓋當進退之際惟當自審其所爲何如耳

象曰觀我生進退ᄒᆞ니未失道也ㅣ라

○象애ᄀᆞᆯ오ᄃᆡ觀我生進退ᄒᆞ니道를失티아니홈이라

【傳】觀己之生而進退、以順乎宜、故、未至於失道也、中溪張氏曰五爲觀之主近五者宜進遠五者宜退若初二去五遠則无可進之理四去五近則用賓于王矣可進可退唯三之時爲然道觀之道也觀四陰爻惟四得觀之道初二則失觀之道三之進退在我故曰未失道也

六四는觀國之光이니利用賓于王ᄒᆞ니라

○六四는國의光을觀홈이니써王씌賓홈이利ᄒᆞ니라

【傳】觀莫明於近、五、以剛陽中正、居尊位、聖賢之君也、四、切近之、觀見其道、故、云觀國之光、觀見國之盛德光輝也、不指君之身而云國者、在人君而言、豈止觀其行一身乎、當觀天下之政化、則人君之道德、可見矣、四雖陰柔而巽體居正、切近於五、觀見而能順從者也、利用賓于王、夫聖明、在上則懷抱才德之人、皆願進於朝廷、輔戴之、以康濟天下、四既觀見人君之德、國家之治、光華盛美、所宜賓于王朝、效其智力、上輔於君、以施澤天下、故、云利用賓于王也、古者、有賢德之人則人君、賓禮之、故、士之仕進於王朝、則謂之賓、

【本義】六四、最近於五、故、有此象、其占、爲利於朝覲仕進也、閻氏廷瑞曰九五陽明居上是有光華者也○童溪王氏曰觀以遠陽爲晦近陽爲明○漢上朱氏曰古者諸侯入見于王王以賓禮之士而未受祿者亦賓之○雲峯胡氏曰觀國之光四字下與童觀闚觀相反上與九五觀我生相應蓋國之光即九五所謂我生者也特五之自觀則曰生方出於我者也自四觀五則曰光已達於國者也不指君之生而曰國者觀其達於國者則其出於君者可知矣

象曰觀國之光은尙賓也ㅣ라

○象애ᄀᆞᆯ오ᄃᆡ觀國之光은賓을尙홈이라

【傳】君子、懷負才業、志在乎兼善天下、然、有卷懷自守者、蓋時无明君、莫能用其道、不得已也、豈君子之志哉、故、孟子曰中天下而立、定四海之民、君子、樂之、既觀見國之盛德光華、古人所謂非常之遇也、一无也字所以志願、登進王朝、以行其道、故、

云觀國之光、尙賓也、尙、謂尙志、其志意、願慕賓于王朝也、

九五는 觀我生ᄒᆞ되 君子ㅣ면 无咎ㅣ리라

【本義】觀我生이니

○九五는 我의 生을 觀호ᄃᆡ 君子ㅣ면 咎ㅣ 업스리라 (本義) 我의 生을 觀홀디니

【傳】九五、居人君之位、時之治亂、俗之美惡、係乎己而已、觀己之生、若天下之俗、皆君子矣則是己之所爲政化、善也、乃无咎矣、若天下之俗、未合君子之道則是己之所爲政治、未善、不(一作未)能免於咎也、

【本義】九五、陽剛中正、以居尊位、其下四陰、仰而觀之、君子之象也、故、戒居此位得此占者、當觀己所行、必其陽剛中正、亦如是焉則得无咎也、朱子曰九五之觀我生如觀風俗之媺惡民臣之從違可以見自家所施之善惡○爪山潘氏曰九五居尊處正爲觀於下反觀諸己所爲而皆君子則可以无咎矣○進齋徐氏曰九五爲大觀之主巍乎在上乃天下之儀表在下四陰莫不仰之然民皆仰乎五矣五將何所觀乎亦唯先觀我身之所行揭其中正以觀示於天下可也亦必我爲陽明之君子乃能盡觀我之道而无陰侵陽之咎○平庵項氏曰觀本是小人逐君子之卦但以九五中正在上羣陰仰而觀之故聖人取以爲小人觀君子之象象雖如此勢實漸危故五上二爻皆曰君子无咎言君子方危能如九五之居中履正能如上九之謹身在外僅可无咎耳不然則九五建中正以觀天下雖元吉大亨可也豈止无咎而已哉明二陽向消故道大而福小也此即唐武宗之時內之宦者外之牛黨之徒皆欲攻李德裕者也但以武宗剛明在位故仰視而不敢動一日事變萬事去矣○雙湖胡氏曰知時識勢學易之大方項氏深爲得之當觀之君知此所以自處者有道可也

象曰觀我生은 觀民也라ㅣ

○象애ᄀᆞᆯ오ᄃᆡ觀我生은民에觀흠이라

【傳】我生、出於己者、人君、欲觀己之施爲、善否、當觀於民、民俗、善則政化、善也、王弼、云觀民以察己之道、是也、

【本義】此、夫子、以義言之、明人君、觀己所行、不但一身之得失、又當觀民德之善否、以自省察也、建安丘氏曰象言觀民者蓋觀民正所以爲觀我之鑑欲觀吾身所行之當否但觀民俗之善惡而已此本諸身而徵諸民者也書云當於民監亦此意也○雲峯胡氏曰民德之善否生於我身之得失故觀民即所以觀我生乃以義言之非以象言也【備旨】觀民即觀我生以內意王者通天下爲一身觀民即所以自觀非旣觀我而又觀民也

上九는觀其生호ᄃᆡ君子ㅣ면无咎ㅣ리라

【本義】觀其生이니

○上九ᄂᆞᆫ그生을觀호ᄃᆡ君子ㅣ면咎ㅣ업ᄉᆞ리라【本義】그生을觀ᄒᆞᆯ디니

【傳】上九、以陽剛之德、處於上、爲下之所觀而不當位、是賢人君子、不在於位而道德、爲天下所觀仰者也、觀其生、觀其所生也、謂出於己者德業行義也、旣爲天下所觀仰、故、自觀其所生、若皆君子矣則无過咎也、苟未君子則何以使人、觀仰矜式、是其咎也、

【本義】上九、陽剛、居尊位之上、雖不當事任而亦爲下所觀、故、其戒辭、畧與五同、但以我爲其、小有主賓之異耳、朱子曰上九之觀其生是就自家視聽言動應事接物處自觀九五上九君子无咎蓋爲君子有剛陽之德故无咎小人无此德自當不得此爻又

曰觀我是自觀如視履考祥底語勢觀其亦是自觀却從別人說易中其字不說別人只是自家如乘其墉之類○平庵項氏曰上在卦外无民无位小人之進退下民之向背皆不由己但謹視其身思自免咎而已○潛室陳氏曰觀之時爲觀於天下者五也旣欲爲的於天下須當觀省我之所行上九雖无位乃是位高之人亦下之所觀瞻故亦當自觀其所行但避九五不得稱我猶若他人之辭耳六三去九五相遠又不爲觀於人止是自觀其所行當進與不進故不嫌於同辭

象曰觀其生은志未平也ㅣ라

○象애ᄀᆞᆯ오ᄃᆡ觀其生은志ㅣ平티몯홈이라

【傳】雖不在位、然、以人、觀其德、用爲儀法、故、當自愼省、觀其所生、常不失於君子則人不失所望而化之矣、不可以不在於位故、安然放意、无所事也、是其志意、未得安也、故、云志未平也、平、謂安寧也、程子曰上九以剛陽之德居无位之地是賢人君子抱道德而不居其位爲衆人仰觀法式者也雖不當位然爲衆人所觀固不得安然放意謂已无與於天下也必觀其所生君子矣乃得无咎聖人又從而贊之謂志當在此固未得安然平定无所慮也觀聖人致示後賢如是之深賢者存心如是之仁與夫索隱行怪獨善其身者異矣

【本義】志未平、言雖不得位、未可忘戒懼也、或問觀其生志未平也朱子曰其生謂言行事爲之見於外者旣有所省便是未得安然无事○雲峯胡氏曰五與上皆爲下四陰所觀五有位故當觀民以觀我之所爲上雖无位亦不敢安然不自省其所爲也○或問觀卦陰盛而不言凶咎朱子曰此卦取義不同蓋陰雖盛於下而九五之君乃當正位故只取爲觀於下之義而不取陰盛之象也○問觀六爻一爻勝似一爻豈所據之位愈高則所見愈大邪曰上二爻意自別下四爻是所據之位愈近則所見愈親切底意思○建安丘氏曰觀有觀示之義以上二陽而示乎下四陰也然九五得位而上九不得位故五爲觀主是以在五曰觀我生而上曰觀其生而已其下四陰則皆以陽爲觀者而近者吉遠者凶初其最遠者也故曰童觀君子吝二三則漸近矣故二曰闚觀女貞三曰觀我生進退也惟四去陽獨近盡所觀之美故有觀光賓王之象焉豈

非觀之道利近而不利遠者乎【備旨】平作安寧字解此以爲觀於天下之心言上雖无位而其垂世立敎一體萬物之意不能自己故不以无位而安然肆意不自修省也

䷔ 震下離上

【傳】噬嗑、序卦、可觀而後、有所合、故、受之以噬嗑、嗑者、合也、既有可觀然後、有來合之者也、噬嗑、所以次觀也、噬、齧也、嗑、合也、口中、有物間之、齧而後、合之也、卦、上下二剛爻而中柔、外剛中虛、人頤口之象也、中虛之中、又一剛爻、爲頤中、有物之象、口中、有物則隔其上下、不得嗑、必齧之則得嗑、故、爲噬嗑、聖人、以卦之象、推之於天下之事、在口則爲有物、隔而不得合、在天下則爲有强梗或讒邪、間隔於其間故、天下之事、不得合也、一无也字當用刑法、小則懲戒、大則誅戮、以除去之然後、天下之治、得成矣、凡天下、至於一國、一家、至於萬事、所以不和合者、皆由有間也、无間則合矣、以至天地之生、萬物之成、皆合而後、能遂、凡未合者、皆有間也、若君臣父子親戚明友之間、有離貳怨隙者、蓋讒邪、間於其間也、除去之則和合矣、故、間隔者、天下之大害也、聖人、觀噬嗑一作齧之象、推之於天下萬事、皆使去其間隔而合之則无不和且治一作洽矣、噬嗑者治天下之大用也、去天下之間、在任刑罰故、卦取用刑爲義、在二體、明照而威震、乃用刑之象也、

噬嗑(은) 亨(ᄒᆞ니) 利用獄(ᄒᆞ니라)

○噬嗑은亨ᄒᆞ니獄을用홈이利ᄒᆞ니라

【傳】噬嗑亨、卦自有亨義也、天下之事、所以不得亨者、以有間也、噬而嗑之則亨通矣、利用獄、噬而嗑之之道、宜用刑獄也、天下之間、非刑獄、何以(一作不可以)去之、不云利用刑而云利用(一无利用字)獄者、卦有明照之象、利於察獄也、獄者、所以究治情僞、得其情則知爲間之道、然後、可以設防與致刑也、

【本義】噬、齧也、嗑、合也、物有間者、齧而合之也、爲卦、上下兩陽而中虛、頤口之象、九四一陽、間於其中、必齧之而後、合、故、爲噬嗑、其占、當得亨通者、有間故不通、齧之而合則亨通矣、又三陰三陽、剛柔、中半、下動上明、下雷上電、本自益卦六四之柔、上行、以至於五而得其中、是知以陰居陽、雖不當位而利用獄、蓋治獄之道、惟威與明而得其中之爲貴、故、筮得之者、有其德則應其占也、龜山楊氏曰噬嗑除間之卦也除間以刑爲用故利獄獄者所以治間而求其情也治而得其情則刑之而天下服矣故不言利用刑而曰利用獄也○隆山李氏曰噬嗑震下離上震雷離電天地生物有爲造物之梗者必用雷電擊搏之聖人治天下有爲民之梗者必用刑獄斷制之故噬嗑以去頤中之梗雷電以去天地之梗刑獄以去天下之梗也○雲峯胡氏曰凡物不合由有間也必噬而後嗑噬嗑而後亨不曰利用刑而曰利用獄者先之以電之明而雷從之也電之明所以察獄也雷之威所以決獄也雷電有時獄之用亦有時不至如頤中有物强梗者爲之間獄豈宜用哉旣明且威又柔且中治獄之道也不如是獄豈用哉

彖曰頤中有物(일시)曰噬嗑(이니)

○彖애ᄀᆞᆯ오ᄃᆡ頤中애物이이실ᄉᆡᄀᆞᆯ온噬嗑이니

【本義】以卦體、釋卦名義、童溪王氏曰易之立卦其命名立象各有所指鼎井大過棟橈小過飛鳥若此類者遠取諸物也艮背頤頤噬嗑頤中有物若此類者近取諸身也

噬嗑ᄒᆞ야而亨ᄒᆞ니라

○噬ᄒᆞ야嗑ᄒᆞ야亨ᄒᆞ니라

【傳】頤中有物、故、爲噬嗑、有物、間於頤中則爲害、噬而嗑之則其害、亡、乃亨通也、故、云噬嗑而亨、建安丘氏曰頤卦初上二爻皆陽其間四爻皆陰有頤口之象噬嗑變六四而爲九四則爲頤中有物之象去其所謂物者合則无間矣故曰噬嗑夫噬嗑乃賁之反對皆頤中有物之象噬嗑得頤之下動則四九爲梗賁得頤之上止則九三爲梗上止而下不動則无可合之理上止而下動則有噬而合之之象噬嗑而亨乃噬去强梗无所間隔而自亨通也

剛柔ㅣ分ᄒᆞ고動而明ᄒᆞ고雷電이合而章ᄒᆞ고

○剛과柔ㅣ分ᄒᆞ고動코明ᄒᆞ고雷와電이合ᄒᆞ야章ᄒᆞ고

【傳】以卦才、言也、剛爻與柔爻、相間、剛柔分而不相雜、爲明辨之象、明辨、察獄之本也、動而明、下震上離、其動而明也、雷電合而章、雷震而電耀、相須竝見、合而章也、照與威、竝行、用獄之道也、能照則无所隱情、有威則莫敢不畏、上既以二象、言其動而明、故、復言威照竝用之意、龜山楊氏曰剛在下則動柔在上則明動而明也初未章合而後章○進齋徐氏曰剛柔分未噬之象動而明方噬之象雷電合而章己噬之象猶噬物然噬則頤分嗑則頤合也

柔得中而上行ᄒᆞ니雖不當位나利用獄也ㅣ니라上時掌反

○柔ㅣ中을得ᄒᆞ야上ᄒᆞ야行ᄒᆞ니비록位예當티몯ᄒᆞ나獄을用홈이利ᄒᆞ니라

【傳】六五、以柔居中、爲用柔得中之義、上行、謂居尊位、雖不當位、謂以柔居五、爲不當而利於用獄者、治獄之道、全剛則傷於嚴暴、過柔則失於寬縱、五爲用獄之主、以柔處剛而得中、得用獄之宜也、以柔居剛、爲利用獄、以剛居柔、爲利否、曰剛柔、質也、居、用也、用柔、非治獄之宜也、漢上朱氏曰六五柔中雖不當位施之用獄則无若柔中之爲利矣或曰柔足以用獄乎曰爲人君止於仁不以剛斷稱也○龜山楊氏曰古之治獄吏以獄成告于正正聽之正以獄成告于大司寇司寇聽之棘木之下大司寇以獄成告于王王命三公叅聽之三公以獄成告于王王三宥之而後制刑此以柔用之意也

【本義】以卦名卦體卦德二象卦變、釋卦辭、朱子曰彖辭中剛柔分以下都掉了頤中有物只說利用獄爻各自取義不說頤中之物問易中言剛柔分兩處一是噬嗑一是節此頗難解曰據某所見只是一卦三陰三陽謂之剛柔分分猶均也又問易中三陰三陽卦多獨於此言之何也曰偶於此言之其他卦別有義又曰剛柔分語意與日夜分同○雲峯胡氏曰卦辭云噬嗑亨彖傳加一而字謂必噬嗑之而後亨也此以卦名釋辭○臨川吳氏曰剛柔分動而明言未嗑之前以噬而致亨雷電合而章言既噬之後以嗑而致亨此二句解噬嗑亨也柔自六四上行至五雖不當位然以柔居剛爲以剛濟柔而不過於柔治獄所宜也結之以利用獄也四字者此兩句解利用獄也噬嗑而亨何事不利而獨利用獄者六五以柔在上才不當位不足以致大利獨以柔得中利於用獄而己○雲峯胡氏曰動不如雷不能斷獄明不如電不能察獄不柔則失之暴柔而不中則失之縱甚言用獄之難也

象曰雷電이噬嗑이니先王이以ᄒᆞ야明罰勑法ᄒᆞ니라

○象애ᄀᆞᆯ오ᄃᆡ雷와電이噬嗑이니先王이以ᄒᆞ야罰을明ᄒᆞ며法을勅ᄒᆞ니라

【傳】象无倒置者、疑此文、互也、雷電、相須並見之物、亦有嗑象、電明而雷威、先王、觀雷電之象、法其明與威、以明其刑罰、飭其法令、法者、明事理而爲之防者也、

【本義】雷電、當作電雷、或問諸卦象皆順說獨雷電噬嗑倒說何耶朱子曰先儒皆以爲倒寫二字相似疑是如此○中溪張氏曰蔡邕石經本作電雷○臨川吳氏曰明者辨別精審之意勑者整飭嚴警之意明象電光勑象雷威罰者一時所用之法法者平日所定之罰一時所用之允當者示平日所定之信必也故明其罰所以勑其法○進齋徐氏曰明罰者所以示民而使之知所避勑法者所以防民而使之知所畏此先王忠厚之意也未至折獄致刑處故與豊象異然罰之當避人猶有冒法而爲之法之可畏猶有犯法不顧者先王不得已而後用刑焉

初九ᄂᆞᆫ 屨校ᄒᆞ야 滅趾니 无咎ᄒᆞ니라 校音敎

○初九ᄂᆞᆫ 校를 屨ᄒᆞ야 趾를 滅홈이니 咎ㅣ 업ᄉᆞ니라

【傳】九居初、最上、无位者也、下民之象、爲受刑之人、當用刑之始、罪小而刑輕、校、木械也、其過、小、故、屨之於足、以滅傷其趾、人有小過、校而滅其趾則當懲懼、不敢進於惡矣、故、得无咎、繫辭、云、小懲而大誡、此、小人之福也、言懲之於小與初、故、一有後字得无咎也、初與上、无位、爲受刑之人、餘四爻、皆爲用刑之人、初居最下、无位者也、上處尊位之上、過於尊位、亦无位者也、王弼、以爲无陰陽之位、陰陽、係於奇偶、豈容无也、然、諸卦、初上、不言當位不當位者、一作不言位當不當者 蓋初終之義、爲大、臨之初九則以位爲正、若需上六、云不當位、乾上九、云无位、爵位之位、非陰陽之位也、

【本義】初上、无位、爲受刑之象、中四爻、爲用刑之象、初在卦始、罪薄過小、又在

卦下、故、爲屨校滅趾之象、止惡於初、故、得无咎、占者、小傷而无咎也、漢上朱氏曰周官掌四下罪桎桎足械也械亦曰校○臨川吳氏曰屨謂著於其足如納屨然校足械也○雲峰胡氏曰趾乃人之所用以行者屨校滅趾懲之於初使不得行乃小人之福也小人受刑而所傷者尙小故曰无咎○誠齋楊氏曰屨校不懲必至何校滅趾不戒必至滅耳初九之小人能懲於薄刑止其惡而不行則不貽上九惡積罪大之凶禍矣

象曰屨校滅趾는 不行也ㅣ라

○象애ᄀᆞᆯ오ᄃᆡ屨校滅趾는行티몯ᄒᆞ게홈이라

【傳】屨校而滅傷其趾則知懲誡而不敢長其惡、故、云不行也、古人制刑、有小罪則校其趾、蓋取禁止其行、使不進於惡也、

【本義】滅趾、又有不進於惡之象、雲峰胡氏曰下卦爲震滅趾使其不敢如震之動也動則進於惡矣

六二는 噬膚호ᄃᆡ 滅鼻니 无咎ᄒᆞ니라

【本義】噬膚ㅣ나滅鼻ㅣ니无咎ㅣ니라

○六二는膚를噬호ᄃᆡ鼻를滅홈이나咎ㅣ업스니라 (本義) 膚를噬ᄒᆞ나鼻를滅홈이니咎ㅣ업스리라

【傳】二應五之位、用刑者也、四爻、皆取噬爲義、二、居中得正、是用刑、得其中正也、用刑、得其中正則罪惡者、易服、故、取噬膚爲象、噬齧人之肌膚、爲易入也、滅、沒也、深入至沒其鼻也、二以中正之道、其刑、易服、然、乘初剛、是、用刑於剛强之人、

刑剛强之人、必須深痛、故、至滅鼻而无咎也、中正之道、易以服人、與嚴刑以待剛强、義不相妨、厚齋馮氏曰膚皮之表也噬者治獄之人膚肉腊胏四也爻取噬爲治獄之象又取膚爲獄四之象二之滅鼻无咎者指治獄也初之无咎四可无咎也二三五之无咎四不得而咎之也中四爻治獄者也

初上囚之始惡怙終者也

【本義】 祭有膚鼎、蓋肉之柔脆、噬而易嗑者、六二、中正、故、其所治、如噬膚之易、然、以柔乘剛、故、雖甚易、亦不免於傷滅其鼻、占者、雖傷而終无咎也、涑水司馬氏曰噬嗑食也故以食物明之

○臨川吳氏曰膚者豕腹之下柔軟无骨之肉古禮別實于一鼎曰膚鼎○雲峰胡氏曰噬而言膚腊胏肉者取頤中有物之象也各爻雖取所噬之難易而言然因各爻自有此象故其所噬者因而爲之象耳六二柔而中正故所治如噬膚之易入但初剛未服反不能无傷然始雖有傷終而无咎是初之剛終可服也

象曰噬膚滅鼻ᄂᆞᆫ 乘剛也ᄂᆞᆫ시라

○象애ᄀᆞᆯ오ᄃᆡ噬膚滅鼻ᄂᆞᆫ剛을乘ᄒᆞᆯ시라

【傳】 深至滅鼻者、乘剛故也、乘剛、乃用刑於剛强之人、不得不深嚴也、深嚴則得宜、乃所謂中也

六三은 噬腊肉ᄒᆞ다가 遇毒이니 小吝이나 无咎ㅣ리라 腊音昔

○六三은腊肉을噬ᄒᆞ다가毒을遇ᄒᆞᆷ이니져기吝ᄒᆞ나咎ㅣ업스리라

【傳】 三居下之上、用刑者也、六居三、處不當位、自處、不得其當而刑於人則人不服而怨懟悖犯之、如噬齧乾腊堅韌之物而遇毒惡之味、反傷於口也、用刑而人不服、

反致怨傷、是可鄙吝也、然、當噬嗑之時、大要噬間而嗑之、雖其身、處位不當而强梗難服、至於遇毒、然、用刑、非爲不當也、故、雖可吝而一无而字亦小、噬而嗑之、非有咎也、

【本義】腊肉、謂獸腊、全體骨而爲之者、堅韌之物也、陰柔不中正、治人而人不服、爲噬嗑遇毒之象、占雖小吝、然、時當噬嗑、於義、爲无咎也、朱子曰六三噬腊肉遇毒是所噬者堅韌難合三以陰柔不中正而遇此所以遇毒而小吝然此亦是合當治者但難治耳治之雖小吝終无咎也○節初齊氏曰周禮腊人掌田獸之脯注薄物爲脯小物全乾爲腊○雲峰胡氏曰肉因六柔取象腊因三剛取象三至五互坎坎有毒象師有坎故釋象亦曰毒六二柔居柔故所噬象膚之柔六三柔居剛故所噬象腊肉柔中有剛三比之二難矣然三遇毒二亦滅鼻甚言刑之不可輕用也二三皆无咎而三小吝者中正不中正之分也

象曰遇毒은 位不當也ᄅ세라

○象애ᄀᆞᆯ오ᄃᆡ遇毒은位ㅣ當티아닐서라

【傳】六三、一无三字以陰居陽、處位不當、自處、不當、故、所刑者、難服而反毒之也誠齋楊氏曰六三以柔弱之才居剛決之位此弱於齒而噬夫堅者也能不遇毒乎故曰位不當也

九四는 噬乾胏ᄒᆞ야 得金矢나 利艱貞ᄒᆞ니 吉ᄒᆞ리라 乾音干胏緇美反

○九四ᄂᆞᆫ乾胏를噬ᄒᆞ야金과矢을得ᄒᆞ나艱ᄒᆞ고貞ᄒᆞ요미利ᄒᆞ니吉ᄒᆞ리라 (本義

【本義】得金矢니

金과矢를得홈이니

【傳】九四、居近君之位、當噬嗑之任者也、四已過中、是其間、愈大而用刑、愈深也、

故、云噬乾胏、胏、肉之有聯(一无聯字)骨者、乾肉而兼骨、至堅難噬者也、噬至堅而得金矢、
金、取剛、矢、取直、九四、陽德剛直、爲得剛直之道、雖用剛直之道、利在克艱其事
而貞固其守、則吉也、九(一无九字)四、剛而明、體陽而居柔、剛明則傷於果、故、戒以知難、
居柔則守不固、故、戒以堅貞、剛而不貞者、有矣、凡失剛者、皆不貞也、在噬嗑、四最爲
善、

龜山楊氏曰九四合一卦言之則爲間者也以六爻言之則居大臣之位任除間之責者也○建安丘氏曰噬嗑惟四五兩爻能盡治獄之道彖以五之柔爲主故曰柔得中而上行雖不當位利用獄也 利用之言獨歸之五而他爻不與焉爻以四之剛爲主故曰噬乾胏得金矢利艱貞吉吉之言獨歸之四而他爻謂之无咎也主柔而言以仁爲治獄之本主剛而言以威爲治獄之用仁以寓其哀矜威以懲其奸慝剛柔迭用畏愛兼施治獄之道得矣○雙湖胡氏曰以全體言九四爲一卦之間則受噬者在四卦辭利用獄是刑四也以六爻言則受噬者在初上故初上皆受刑四反爲噬之主與三陰爻同噬初上者也卦言其位則梗在其中爻言其才則剛足以噬取其義故不同也

【本義】胏、肉之帶骨者、與胾、通、周禮、獄訟、入鈞金束矢而後、聽之、九四、以剛
居柔、得用刑之道、故、有此象、言所噬、愈堅而得聽訟之宜也、然、必利於艱難正固
則吉、戒占者、宜如是也、

或問古人獄訟要鈞金束矢之意如何朱子曰這不見得想是詞訟時便令他納此敎他无切要之事不敢妄來又問如此則不問曲直一例出此則實有寃枉者亦懼而不敢訴矣曰這箇須是大切要底事古人如平常事又別有所在如劑石之類○周禮秋官大司寇以兩造禁民訟入束矢於朝然後聽之以兩劑禁民獄入鈞金三日乃致於朝然後聽之注訟謂以財貨相告者造至也使訟者兩至既兩至使入束矢乃治之不至不入束矢則是自服其不直者也必入束矢者取其直也束矢百矢也獄謂相告以罪名者劑今券書使獄者各齎券書既兩券書使入鈞金又三日乃治之重刑也不券書不入金則是亦自服不直者也必入金者取其堅也三十斤爲鈞○雲峯胡氏曰胏肉之帶骨者骨因九取象肉因四取象離爲乾卦故爲乾胏腊肉肉藏骨柔中有剛六三柔居剛故所噬如之乾胏骨連肉剛中有柔九四剛居柔故所噬如之三遇毒所治之人不服也四得金矢其人服矣然必艱難正固乃无咎

象曰利艱貞吉은 未光也ㅣ라

○象애골오뒤 利艱貞吉은 光티몯홈이라

【傳】凡言未光、其道、未光大也、戒於(一作以)利艱貞、蓋其所不足也、不得中正故也、

臨川吳氏曰六二以所噬之易而有易心焉故至滅鼻九四則噬之難矣戒以艱貞而後得吉是其道之未光也

六五는 噬乾肉ㅎ야 得黃金이니 貞厲ㅣ면 无咎ㅣ리라

(本義) 貞厲라아

○六五는 乾肉을 噬ㅎ야 黃金을 得ㅎ요미이니 貞ㅎ고 厲ㅎ면 咎ㅣ 업스리라 (本義) 貞ㅎ고 厲ㅎ야아

【傳】五在卦愈上而爲噬乾肉、反易於四之乾胏者、五居尊位、乘在上之勢、以刑於下、其勢、易也、在卦、將極矣、其爲間、甚大、非易嗑也、故、爲噬乾肉也、得黃金、黃、中色、金、剛物、五、居中爲得中道處剛而四、輔以剛、得黃金也、五无應而四居大臣之位、得其助也、貞厲无咎、六五、雖處中剛、然、實柔體、故、戒以必正固而懷危厲則得无咎也、以柔居尊而當噬嗑(一作堅)之時、豈可不貞固而懷危懼哉、(一作忘危懼也)○建安丘氏曰噬嗑三柔爻皆用獄者也而五最勝五之位與二同而五能噬乾肉二但能噬膚者二以柔居柔而五以柔居剛五之才勝乎二之才也五之才與三同而五得黃金三不免遇毒者三之柔不中五之柔得中五之位勝乎三之位也六五之才之位視二三固有間矣而爻辭但无咎而不及九四之吉者五之柔又不如四之剛也然則欲盡噬嗑治獄之道九四其何以哉○西溪李氏曰九四以剛噬六五以柔噬以剛噬者有司執法之公以柔噬者人君不忍之仁也

然猶貞厲則无咎正如穆王訓夏贖刑刑既輕矣猶曰朕言多懼是也

【本義】噬乾肉、難於膚而易於腊胏者也、黃、中色、金、亦謂鈞金、六五、柔順而中、以居尊位、用刑於人、人无不服、故、有此象、然、必貞厲、乃得无咎、亦戒占者之辭也、或問九四利艱貞六五貞厲皆有艱難正固危懼之意故皆爲戒占者之辭朱子曰亦是爻中元自有此道理大抵纔是治人彼必爲敵不是易事故雖是時位卦德得用刑之宜亦須以艱難正固處之○雲峯胡氏曰乾因五取象肉因六取象噬膚噬腊肉噬乾胏一節難於一節六五噬乾肉則易矣五君位也以柔居剛柔而得中用獄之道也何難之有然六三亦以柔居剛遇毒何也六三柔不中正故噬之難而且遇毒六五柔而得中故噬之易而得黃金九四金矢兼得五獨得黃金何也獄訟而出金矢已非尋常小小之訟訟則出矢獄則出金訟爲小獄爲大矣四於獄訟兼得大小兼理之也五君也非大獄不敢以聞書所謂罔攸兼於庶獄是也故獨曰得黃金蓋君臣之分如此

象曰貞厲无咎는 得當也ᄒᆞᆯᄉᆡ라

○象애 ᄀᆞᆯ오ᄃᆡ 貞厲无咎는 當을 得ᄒᆞᆯᄉᆡ라

【傳】所以能无咎者、以所爲、得其當也、所謂當、居中用剛而能守正慮危也、中溪張氏曰得當者謂處剛而得中也剛則不茹中則不偏五貞厲无咎者其以是歟

上九는 何校ᄒᆞ야 滅耳니 凶토다 何何可反

○上九는 校를 何ᄒᆞ야 身을 滅ᄒᆞᆷ이니 凶토다

【傳】上過乎尊位、无位者也、故、爲受刑者、居卦之終、是其間、大、噬之極也、繫辭、所謂惡積而不可掩、罪大而不可解者也、故、何校而滅其耳、凶可、知矣、何、負也、謂在頸也

【本義】何、貿也、過極之陽、在卦之上、惡極罪大、凶之道也、故、其象占、如此、胡氏曰居卦之極罪之大者也校加於首而沒其耳所以凶也○中溪張氏曰上九居噬嗑之極爲用獄之終是小人惡積罪大怙終而不悛者也故有何校滅耳之凶○雲峯胡氏曰本義於初曰過小於上則曰惡極蓋過而不改必流於惡初能改過是止惡於始故曰无咎上則怙惡於終直曰凶矣【備旨】傳曰古人制法罪之大者何之以校凡當誅者必荷木械也

象曰何校滅耳는 聰不明也ㄹ새라

○象애 ᄀᆞᆯ오ᄃᆡ 何校滅耳는 聰이 明티 아니ᄒᆞᆯ시라

【傳】人之聾暗不悟、積其罪惡、以至於極、古人、制法、罪之大者、何之以校、爲其无所聞知、積成其惡、故、以校而滅傷一无傷字其耳、誡聽之不明也、

【本義】滅耳、蓋罪其聽之不聰也、若能審聽而早圖之則无此凶矣、雲峯胡氏曰上卦爲離滅耳言其不能如離之明也明則能審聽而早圖之无此凶矣○建安丘氏曰噬嗑去間之卦也故六爻皆言用獄之事初上无位爲受刑之人初過小而在下爲用獄之始故以屨校滅趾爲象上惡極而怙終爲用獄之終故以何校滅耳爲象中四爻有位爲治獄之人然卦才之剛柔不同故所噬之難易亦異六二以柔居柔純乎柔者故象爲噬膚膚易噬之物也六五以柔居剛爲剛柔得中於象爲噬乾肉乾肉比膚則難矣六三柔中有剛故爲噬腊肉腊則有骨矣比乾肉又難也九四剛中有柔故爲噬乾胏胏則骨大於腊噬之最難者也然二噬膚滅鼻三噬腊遇毒四噬乾胏艱貞五噬乾肉貞厲者皆言治獄之道不可不謹也至於占辭三爻无咎四獨吉者則治獄又以剛爲尙也柔豈去間之道哉【備旨】明罰勑法衰如聰耳曰聰不明何校必滅耳所以刑其聰之不明也

備旨具解原本周易卷之八

備旨具解原本周易卷之八

備旨具解原本周易卷之九

䷕ 離下艮上

【傳】賁、序卦、嗑者、合也、物不可以苟合而已、故、受之以賁、賁者、飾也、物之合則必有文、文、乃飾也、如人之合聚則有威儀上下、物之合聚則有次序行列、合則必有文也、賁所以次噬嗑也、爲卦、山下有火、山者、草木百物之所聚也、下有火則照見其上、草木品彙、皆被其光彩、有賁飾之象、故、爲賁也、

賁는 **亨**하니 **小利有攸往**하니라 賁彼僞反

【本義】賁는亨코

○賁는亨하니往홀빠를두미져기利하니라

【傳】物、有飾而後、能亨、故、曰无本、不立、无文、不行、有實而加飾 則可以亨矣、文飾之道、可增其光彩、故、能小利於進也、

【本義】賁、飾也、卦、自損來者、柔自三來而文二、剛自二上而文三、自既濟而來者、柔自上來而文五、剛自五上而文上、又內離而外艮、有文明而各得其分之象、故、爲賁、占者、以其柔、來文剛、陽得陰助而離明於內、故、爲亨、以其剛、上文柔而艮止於外、故、小利有攸往、 雲峯胡氏曰无本不立无文不行有賁之文所以能亨然不過小利有所往而已何者本爲大文爲小也至彖乃分上下體言亨與小利有攸往亦謂有本而復有文內

離則質本剛而柔文之故亨外艮則質本柔而剛文之故小利有攸往

彖曰賁亨은

【本義】亨字、疑衍、

柔ㅣ來而文剛故로亨ᄒᆞ고分剛ᄒᆞ야上而文柔故로小利有攸往ᄒᆞ니天文也ㅣ오

○彖애ᄀᆞᆯ오ᄃᆡ賁亨은柔ㅣ來ᄒᆞ야 剛을文ᄒᆞᆫ故로亨ᄒᆞ고 剛을分ᄒᆞ야上ᄒᆞ야柔를文ᄒᆞᆫ故로往ᄒᆞᆯ빠를두미져기利ᄒᆞ니天의文이오

【本義】以卦變、釋卦辭、剛柔之交、自然之象、故、曰天文、先儒、說、天文上、當有剛柔交錯四字、理或然也、雲峯胡氏曰柔來而文剛是以剛爲主也剛往文柔必曰分剛上而文柔者亦以剛爲主也故本義於柔文剛則曰陽得陰助於剛文柔而不曰陰得陽助蓋一陰下而爲離則陰爲陽之助而明於內一陽上而爲艮則陽爲陰之主而止於外是知皆以剛爲主而彖傳以陰爲小者此也

文明以止ᄒᆞ니人文也ㅣ니

○文明애ᄡᅥ止ᄒᆞ니人의文이니(本義)文明ᄒᆞ고

【傳】卦爲賁飾之象、以上下二體、剛柔交相、(一作相交)爲文飾也、下體、本乾、柔來文其中而爲離、上體、本坤、剛往文其上而爲艮、乃爲山下有火、止於文明而成賁也、天下之事、无飾、不行、故、賁則能亨也、柔來而文剛、故、亨、柔來文於剛而成文明之象、文

明、所以爲賁也、賁之道、能致亨、實由飾而能亨也、分剛上而文柔、故、小利有攸往、分乾之中爻、往文於艮之上也、事由飾而加盛、由飾而能行、故、小利有攸往、夫往而能利者、以有本也、賁飾之道、非能增其實也、但加之文彩耳、事由文而顯盛、故、爲小利有攸往、亨者、亨通也、往者、加進也、二卦之變、共成賁義而彖、分言(一无言字)上下各主ㄱ、事者蓋離明、足以致亨、文柔、又能小進也、天文也文明以止人文也、此、承上文言陰陽剛柔相文者、天之文也、止於文明者、人之文也、止、謂處於文明也、質必有文、自然之理、理必有對待、生生之本也、有上則有下、有此則、(一作必字)有彼、有質則有文、一不獨立、二則爲文、非知道者、孰能識之、天文、天之理也、人文、人之道也、

【本義】又以卦德、言之、止、謂各得其分、潛齋胡氏曰日月五星之運錯行乎二十八宿經星之次舍此天之文也即卦中剛柔交錯乎六位者也君臣父子兄弟夫婦朋友粲然有禮以相接者文之明也截然有分以相守者文之止也是則卦中離明而艮止者也○雲峯胡氏曰上文以卦變言則剛柔之交可以見天文此以卦德言則文明各得其分可以見人文

觀乎天文ᄒᆞ야以察時變ᄒᆞ며

○天文을觀ᄒᆞ야ᄡᅥ時變을察ᄒᆞ며

【傳】天文、謂日月星辰之錯列、寒暑陰陽之代變、觀其運行、以察四時之遷改也、

觀乎人文ᄒᆞ야以化成天下ᄒᆞᄂᆞ니라

○人文을觀ㅎ야써天下를化ㅎ야成ㅎ느니라

【傳】人文、人理之倫序、觀人文、以敎化天下、天(一无下字)下、(一无下字)成其禮俗、乃聖人用賁之道也、賁之象、取山下有火、又取卦變柔來文剛剛上文柔、凡卦、有以二體之義及二象而(一无而字)成者、如屯取動乎險中與雲雷、訟取上剛下險與天水違行、是也、有取一爻者、成卦之由也、柔得位而上下應之曰小畜、柔得尊位大中而上下應之曰大有、是也、有取二體又取消長之義者、雷在地中復、山附於地剝、是也、有取二象兼取二爻交變爲義者、風雷益兼取損上益下、山下有澤損兼取損下益上、是也、有旣以二象成卦復取爻之義者、夬之剛決柔、姤之柔遇剛、是也、有以用成卦者、巽乎水而上水井、木上有火鼎、是也、鼎又以卦形爲象、有以形爲象者、山下有雷頤頤中有物曰噬嗑、是也、此、成卦之義也、如剛上柔下損上益下、謂剛居上柔在下損於上益於下、據成卦而言、非謂就卦中升降也、如訟无妄、云剛來、豈自上體而來也、凡以柔居五者、皆云柔進而上行、柔、居下者也、乃居尊位、是、進而上也、非謂自下體而上也、卦之變、皆自乾坤、先儒、不達、故、謂賁、本是泰卦、豈有乾坤 重而爲泰、又由泰而變之理、下離、本乾中爻、變而成離、上艮、本坤上爻、變而成艮、離在內、故、云柔來、艮在上、故、云剛上 非自下體而上也、乾坤、變而爲六子、八卦、重而爲六十四、皆由乾坤之變也、(朱子曰伊川說乾坤變爲六子非是卦不是逐一卦畫了旋變去這話難說伊川說兩儀四象自不分明卦不是旋取象了方畫須是都畫了這卦方只就己成底卦上面取象所以有)

剛柔來往上下

【本義】極言賁道之大也、臨川吳氏曰此廣賁義以卦體言交錯者初與二三與四五與上皆以一剛一柔相間在天日月之行星辰之布亦剛柔交錯故曰天文也以卦德言文明者文采著明止者不踰分限在人五典之敘五禮之秩粲然有文而各安所止故曰人文也時變謂四時寒暑代謝之變化謂舊者化新成謂久而成俗○潛齋胡氏曰聖人南面而立視昏旦之星日月之次以知四時寒暑之變觀君臣父子兄弟夫婦朋友之文則導以禮樂風以詩書彰以車服辨以采章而化成於天下

象曰山下有火ㅣ賁니君子ㅣ以ᄒᆞ야明庶政호ᄃᆡ无敢折獄ᄒᆞᄂᆞ니라

【本義】明庶政ᄒᆞ고

○象애ᄀᆞᆯ오ᄃᆡ山下에火ㅣ이쇼미賁니君子ㅣ以ᄒᆞ야庶政을明호ᄃᆡ獄을折호매敢디아니ᄒᆞᄂᆞ니라(本義)庶政을明ᄒᆞ고

【傳】山者、草木百物之(一无之字)所聚生也、火在其(一无其字)下而上照、庶類、皆被其光明、爲賁飾之象也、君子、觀山下有火明照之象、以修明其庶政、成文明之治而无果敢於折獄也、折獄者、人君之所致愼也、豈可恃其(一无其字)明而輕自用乎、乃聖人之用心也、爲戒深矣、象之所取、唯以山下有火、明照庶物、以用明、爲戒而賁、亦自有无敢折獄之義、折獄者、專用情實、有文飾則沒其情矣、故、无敢用文、以折獄也、

【本義】山下有火、明不及遠、明庶政、事之小者、折獄、事之大者、內離明而外艮止、故、取象、如此、或問本義云明庶政是明之小者無敢折獄是明之大者此專是就象上取義伊川說此則又就賁飾上說不知二說可相備否朱子曰明庶政是就離上說無敢折獄是就艮上

說離明在內艮止在外則是事之小者可以用明折獄是大事一折便了有止之義明在內不能及他故止而不敢折也大凡就象中說則意味長若懸空說道理雖說得去亦不甚親切也又曰此與旅卦都說刑獄事但爭艮與離之在內外故其說相反止在外明在內故明庶政而不敢折獄止在內明在外故明謹用刑而不敢留獄粗言之如今州縣治獄禁勘審覆自有許多節次過乎此而不決便是留獄不及乎此而決便是敢於折獄書曰要囚服念五六日至于旬時丕蔽要囚周禮秋官亦有此數句便是有合如此者若獄未是而決之是所謂敢折獄也若獄已具而留之不決是所謂留獄也○雲峯胡氏曰明庶政之小者而不敢折其獄之大者亦以明不及遠故也明離象无敢折艮象○沙隨程氏曰離爲刑獄之象凡四卦賁旅不嫌於用明故稱火豊噬嗑稱電者暫明於幽暗之間不以爲常也

初九는 賁其趾니 舍車而徒ㅣ로다 (舍音捨)

○初九는 그 趾를 賁ᄒᆞᆷ이니 車를 舍ᄒᆞ고 徒ᄒᆞᆷ이로다

【傳】初九、以剛陽、居明體而處下、君子、有剛明之德而在下者也、君子、在无位之地、無所施於天下、唯自賁飾其所行而已、趾、取在下而所以行也、君子修飾之道、正其所行、守節處義、其行 不苟、義或不當則舍車輿而寧徒行、衆人之所羞而君子、以爲賁也、舍車而徒之義、兼於比應、取之、初比二而應四、應四、正也、與二、非正也、九之剛明、守義、不近與於二而遠應於四、舍易而從難、如舍車而徒行也、守節義、君子之賁也、是故、君子所賁、世俗所羞、世俗所貴、(一作賁) 君子所賤、以車徒爲言者、因趾與行爲義也、

【本義】剛德明體自賁於下、爲舍非道之車而安於徒步之象、占者、自處、當如是也、

白雲郭氏曰君子以義爲榮不以徒行爲辱初九以賤自居舍車而徒所謂窮不失義者矣○雲峰胡氏曰壯初剛居剛而健體故壯于趾賁初剛居剛而明體故賁其趾壯初壯于趾不安在下之分者也蓋易之義所乘者在下而乘之

者在上初在下卦之下而无所乘分也然曰賁其趾非徒安分而己舍車之榮而徒行是不以徒爲辱而自以義爲榮
也是故君子行義必於在下之時發足之初觀之

象曰舍車而徒는 義弗乘也ㅣ라

○象애ᄀᆞᆯ오ᄃᆡ舍車而徒ᄂᆞᆫ義예乘티 몯ᄒᆞᆯ디라

【傳】舍車而徒行者、於義、不可以乘也、初、應四、正也、從二、非正也、近舍二之易而從四之難、舍車而徒行也、君子之賁、守其義而已、

【本義】君子之取舍、決於義而巳、雲峯胡氏曰初九以徒爲義不以乘爲義即孟子所謂往役義也往見不義也

六二는 賁其須ㅣ로다

○六二ᄂᆞᆫ그須ᄅᆞᆯ賁ᄒᆞᆷ이로다

【傳】卦之爲賁、雖由兩爻之變而文明之義、爲重、二、實賁之主也、故、主言賁之道、飾於物者、不能大變其質也、因其質而加飾耳、故、取須義、須、隨頤而動者也、動止、惟係於(一无於字)所附、猶善惡、不由於賁也、二之文明、唯爲賁飾、善惡則係其質也

【本義】二以陰柔、居中正、三以陽剛、而得正、皆无應與、故、二附三而動、有賁須之象、占者、宜從上之陽剛而動也、漢上朱氏曰毛在頤曰須在口曰髭在頰曰髯三至上有頤體二在頤下須之象二三剛柔相賁賁其須也夫文不虛生須生於頤血盛則須滋血衰則減耗須所以賁其頤也○臨川吳氏曰須之美者生而美也美由中出不假外飾六二柔麗乎中正固有其美而須之賁非有待於外物而賁者然陰柔不能自動必附麗於陽如須雖有美必附麗於頤也○雲峯胡氏曰

本義以二與三皆無應與故二自附三而動如須附頤而動二柔居中正三剛而得正得其附矣

象曰賁其須는與上興也ㅣ라

○象애골오딕賁其須는上으로더브러興홈이라

【傳】以須爲象者、謂其與上同興也、隨上而動、動止、唯係所附也、猶加飾於物、因其質而賁之、善惡、在其質也、梅巖袁氏曰陰不能以自明也得陽而後明柔不能以自立也得剛而後立下不能以自興也得上而後興

九三은賁如ㅣ濡如ㅎ니永貞ㅎ면吉ㅎ리라

○九三은賁ㅎ요미濡ㅎ니永ㅎ고貞ㅎ면吉ㅎ리라

【傳】三、處文明之極、與二四二陰、間處相賁、賁之盛者也、故、云賁如、如、辭助也、賁飾之盛、光彩、潤澤、故、云濡如、光彩之盛則有潤澤、詩云麀鹿濯濯、永貞吉、三與二四、非正應相比而成相賁、故、戒以常永貞正、賁者、飾也、賁(一作修)飾之事、難乎常也、故、永貞則吉、三、與四相賁、又下比於二、二柔、文一剛、上下、交賁、爲賁之盛也、

【本義】一陽、居二陰之間、得其賁、潤澤者也、然、不可溺於所安、故、有永貞之戒、

童溪王氏曰剛柔相賁相與潤色以成其文此所謂賁如濡如也六二六四柔之正也九三剛之正也相比而相賁不失正道則爲吉矣○節齋蔡氏曰三陷二柔之中有坎象故曰濡如坎剛中心亨故永貞吉○雲峯胡氏曰互坎有濡義亦有陷義既未濟濡首濡尾濡而陷者也九三非不貞也能永其貞則二陰於我爲潤澤之濡我於彼不爲陷溺之濡矣

象曰永貞之吉은 終莫之陵也ㅣ니라

○象애골오ᄃᆡ 永貞의 吉홈은 ᄆᆞᄎᆞᆷ내 陵ᄒᆞ리 업ᄉᆞ니라

【傳】 飾而不常、且非正、(一有則字)人所陵侮也、故、戒能永正則吉也、其賁、旣常而正、誰能陵之平、(節齋蔡氏曰陵侮也三能永貞則二柔雖比己而濡如終莫之陵侮而不至陷溺也)

六四는 賁如ㅣ皤如ᄒᆞ며 白馬ㅣ翰如ᄒᆞ니 匪寇ㅣ면 婚媾ㅣ리라 (皤白波反)

【本義】 匪寇ㅣ라 婚媾ㅣ니라

○六四는 賁ㅣ皤ᄒᆞ며 白馬ㅣ 翰ᄐᆞᆺᄒᆞ니 寇ㅣ 아니면 婚媾ㅣ리라 (本義) 寇ㅣ 아니라 婚媾ㅣ니라

【傳】 四與初、爲正應、相賁者也、本當賁如而爲三所隔、故、不獲相賁而皤如、皤、白也、未獲賁也、馬、在下而動者也、未獲相賁、故、云白馬、其從正應之志、如飛、故、云翰如、匪爲九三之寇讎所隔則婚媾、遂其相親矣、己之所乘與動於下者、馬之象也、初四、正應、終必獲親、第始爲其間隔耳、

【本義】 皤、白也、馬、人所乘、人白則馬亦白矣、四、與初相賁者、乃爲九三所隔而不得遂、故、皤如而其往求之心、如飛翰之疾也、然、九三、剛正、非爲寇者也、乃求婚媾耳、故、其象、如此、(王氏大寶曰皤髮白柔飾於柔陰盛陽衰皤如之象○平庵項氏曰三當賁道之隆四當賁道之變也○雲峯胡氏曰二與五三與上非應則亦非相賁者惟四以初之)

應爲賁而爲三所隔所謂賁如者皤如矣皤白也皤如又曰白馬者人與馬俱白象六四德與位俱柔也白馬而曰翰如者六四陰柔之正下求初九陽剛之正雖爲三所隔而其往求之心如飛翰之疾也然三剛正亦非與己爲寇乃欲與己爲婚媾耳此與屯六二相似屯剛柔始交賁剛柔相雜皆有婚媾象然屯之二乘馬班如應五之心何其緩賁之四白馬翰如應初之心何其急時不同也屯二應五下求上也不可以急賁四應初上求下也不可以緩

象曰六四는當位疑也ㅣ니匪寇婚媾는終无尤也ㅣ라

○象애ᄀᆞᆯ오ᄃᆡ六四ᄂᆞᆫ當ᄒᆞᆫ位ㅣ疑홈이니 匪寇婚媾ᄂᆞᆫᄆᆞᄎᆞᆷ애尤ㅣ업ᄉᆞᆯ디라

【傳】四、與初相遠而三、介於其間、是所當之位、爲可疑也、(一无爲字) 雖爲三寇讎所隔、未得親於婚媾、然、其正應、理直義勝、終必得合、故、云終无尤也、尤、怨也、終得相賁、故、无怨尤也、

【本義】當位疑、謂所當之位、可疑也、終无尤、謂若守正而不與、亦无他患也、

【備旨】三得所賁者也恐其溺於賁故以永貞戒之四不得所賁者也恐其妄於賁故以匪寇婚媾堅之

六五는賁于丘園이니束帛이戔戔이면吝ᄒᆞ나終吉이리라 (戔在干反又音牋)

【本義】賁于丘園이나束帛戔戔이니

○六五ᄂᆞᆫ丘園애賁홈이니束帛이戔戔ᄃᆞᆺᄒᆞ면吝ᄒᆞ나ᄆᆞᄎᆞᆷ내吉ᄒᆞ리라 (本義) 丘園애賁ᄒᆞ나束帛이戔戔ᄒᆞ니

【傳】六五、以陰柔之質、密比於上九剛陽之賢、陰比於陽、復无所係應從之者也、受賁於上九也、自古、設險守國、故、城壘、多依丘坂、丘、謂在外而近且高者、園圃

之地、最近城邑、亦在外而近者、丘園、謂在外而近者、指上九也、六五、雖居君位而陰柔之才、不足自守、與上之剛陽、相比而志從焉、獲賁於外比之賢、賁于丘園也、若能受賁於上九、受(一作隨)其裁制、如束帛而(一无而字)戔戔則雖其柔弱、不能自爲、爲可吝少、然、能從於人、成賁之功、終獲其吉也、戔戔、翦裁分裂之狀、帛、未用則束之、故、謂之束帛、及其制爲衣服、必翦裁分裂、戔戔然、束帛喩六五本質、戔戔、謂受人翦製而成用也、其資於人、與蒙、同而蒙不言吝者、蓋童蒙而賴於人、乃其宜也、非童幼而資賁於人、爲可吝耳、然享其功、終爲吉也、或問伊川解賁于丘園指上九而言看來似好蓋賁三陰皆受賁于陽不應此爻獨異而作敦本務實說也朱子曰如何丘園便能賁人束帛戔戔他解作翦裁之象尤艱曲說不出這八字只平白在這裏若如所說則曲折多意思遠舊說指上九作高尙隱于丘園之賢而用束帛之禮聘召之若不用某說則此說似近若將丘園作上九之象束帛戔戔作翦裁分裂之象則與象意大故相遠也○孔氏曰諸儒以此爻爲賁飾丘園之士且爻象无待士之文此蓋普論爲國之道不尙華飾而貴儉約也若唯用束帛招聘丘園以儉約待賢豈其義也

【本義】六五、柔中、爲賁之主、敦本尙實、得賁之道、故、有丘園之象 然、陰性、吝嗇、故、有束帛戔戔之象、束帛、薄物、戔戔、淺小之意、人而如此、雖可羞吝、然、禮奢寧儉、故、得終吉、朱子曰賁于丘園束帛戔戔此兩句只是當來卦辭非主事而言看如何用者是這箇道理賁于丘園是箇務實底束帛戔戔是賁得不甚大所以說吝兩句是兩意戔戔淺小之意凡淺字箋字皆從戔淺小即是儉之義所以下文云吝終吉吝者雖不好看然終却吉問六五是在艮體故安止于丘園而不復有外賁之象曰雖是止體亦是上比於九漸漸到極處若一向賁飾去亦自不好須是收斂方得問敦本務實莫是反朴還淳之義否曰賁取賁飾之義他今却來賁田園爲農圃之事當賁之時似若鄙吝然儉約故終得吉吉則有喜故象云有喜也○雲峯胡氏曰諸家多言賁于丘園之賢本義謂不賁于市朝而賁于丘園敦本也束帛戔

戔尙實也陰性吝嗇而終吉林放問禮之本夫子答以與其奢也寧儉即此也聖人謂賁以文飾成卦後世必有因飾而過者故於五明敎本尙儉之爲吉又於上見賁極反本之爲无咎也【備旨】丘園專尙質素非華美之處六五不賁於朝市不賁於軒冕而賁于丘園此以不賁爲賁也束帛戔戔與賁於丘園不是二意束帛句就用度言帛所以享神禮賢而亦戔戔則无不非薄矣上句是儉下句是儉之過豈儉貴於適宜一槪以儉施之能无吝乎然在質則於事爲可久守約則漸反於質終可獲吉吝固不足惜矣

象曰六五之吉은有喜也ㅣ라

○象애골오ᄃᆡ六五의吉홈은喜이시미라

【傳】能從人以成賁之功、享其吉美、是有喜也、時苟逐末主世道者必有深憂五能反本而歸一世於質豈不甚可喜非五自喜蓋爲世道喜也

上九는白賁면无咎ㅣ리라

【本義】白賁

○上九는賁를白게ᄒᆞ면咎ㅣ업스리라(本義)賁ㅣ白홈이니

【傳】上九、賁之極也、賁飾之極則失於華僞、唯能質白其賁則无過失之咎、白、素也、尙質素則不失其本眞、所謂尙質素者、非无飾也、不使華沒實耳、

【本義】賁極、反本、復於无色、善補過矣、故、其象占、如此、或問白賁无咎朱子曰賁飾之事太盛則有咎所以處太盛之終則歸于白賁勢當然也○問如本義說六五上九兩爻却是賁極反本之意曰六五已有反本之漸故曰賁于丘園束帛戔戔至上九白賁則反本而復於无飾矣蓋皆賁極之象也白賁无咎据剛上文柔是不當說自然而卦之取象不恁地拘各自說一義○雲峯胡氏曰初取上下之義賁其趾下象也上取始終之義文之極則反爲質白賁終象也賁上卦言白馬言束帛戔戔終言白賁雜卦曰賁无色也可謂一言以蔽之矣履禮也初素履往无咎賁文也終白賁

无咎其反賁之文而爲履之素歟【備旨】白賁非全无色乃自有色而復於无色是自奢而反於儉者也賁飾之極悉僞
而華无復人心世道矣上九變通其間者反而歸之本實回人心以維世敎端在於斯故謂其无咎

象曰白賁无咎는 上得志ㅣ라

○象애 ᄀᆯ오ᄃᆡ 白賁无咎는 上애셔 志를 得흠이라

【傳】白賁无咎、以其在上而得志也、上九、爲得志者、在上而文柔、成賁之功、六五
之君、又受其賁、故、雖居无位之地而實尸賁之功、爲得志也、與他卦居極者、異矣、
旣在上而得志、處賁之極、將有華僞失實之咎、故、戒以質素則无咎、飾不可過也、

或問何謂得志朱子曰居卦之上任事之外不假文飾而有自然之文便是優游自得也○潘氏夢旂曰處賁之極文
變爲素潔白自守其志得矣○進齋徐氏曰內三爻離體以文明爲賁初賁其趾二賁其須三濡如皆有所設飾也外
三爻艮體以篤實爲賁四皤如五丘園上白賁皆尙質素无假外飾故曰賁无色也○建安丘氏曰賁之一卦以卦變
言則柔來文剛剛上文柔而爲賁以二體言則下離上艮文明以止而爲賁以六爻言則三陽三陰相比相賁而爲賁
然陰陽二物有應者以應而相賁無應者以比而相賁四與初應求賁於初故初賁趾而四翰如也二比三而賁乎三
故二賁須而三濡如也五比上而賁乎上故五賁丘園而上白賁也初與四應而相賁者也二與三五與上比而相賁
者也此賁六爻之大旨也【備旨】周公逆料世道必極於文勝故曰丘園曰白賁者垂救世之論也孔子追想先進光景
故自喜曰得志者快反古之心也

䷖ 坤下艮上

【傳】剝、序卦、賁者、飾也、致飾然後、亨則盡矣、故、受之以剝、夫物、至於文飾、亨之極
也、極則必反、故、賁終則剝也、卦、五陰而一陽、陰、始、自下生、漸長至於盛極、羣陰、消
剝於陽、故、爲剝也、以二體言之、山附於地、山、高起地上而反附著於地、頹剝之象也、

剝은不利有攸往ᄒᆞ니라

○剝은往ᄒᆞᆯ빠를두미利티아니ᄒᆞ니라

【傳】剝者、羣陰、長盛、消剝於一无於字陽之時、衆小人、剝喪於一无於字君子、故、君子、不利有所往、唯當巽義晦迹、隨時消息、以免小人之害也、

【本義】剝、落也、五陰、在下而方生、一陽、在上而將盡、陰盛長而陽消落、九月之卦也、陰盛陽衰、小人壯而君子病、又內坤而外艮、有順時而止之象、故、占得之者、不可有所往也、雲峯胡氏曰剝落之也五陰剝一陽欲落之以至於盡也否三陰三陽陰陽猶相等且曰不利君子貞剝五陰而一陽小人盛而君子孤如之何可有所往哉雖然陽無可盡之理也一變而後利有攸往矣○臨川吳氏曰以卦體而言則陰長己至五僅存一陽再往則幷一陽消之矣故不宜有往以占者而言則小人極盛之時當順時而止不可以有所往也

彖曰剝은剝也ㅣ니柔ㅣ變剛也ㅣ니

○彖애글오ᄃᆡ剝은剝홈이니柔ㅣ剛을變홈이니

【本義】以卦體、釋卦名義、言柔進于陽、變剛爲柔也、建安丘氏曰自一柔變剛而爲姤再變遯三變否四變觀五變剝更進則盡變而卦爲純坤矣聖人於姤言柔遇剛者姤相遇逅之謂也此言柔變剛變則盡反其所爲君子悉爲小人天下之事有不忍言者故遇可爲也變不可爲也

不利有攸往은小人이長也ᄅᆞᆫ시라 長丁丈反

利有攸往은剛이長ᄒᆞᆯ시니

○不利有攸往은小人이長ᄒᆞᆯᄉᆡ라

【傳】剝、剝也、謂剝落也、柔變剛也、柔長而剛變也、夏至、一陰、生而漸長、一陰、長則一陽、消、至於(一无於字)建戌則極而成剝是陰柔、變剛陽也、陰、小人之道、方長盛而剝消於(一作剛)陽、故、君子、不利有所往也、建安丘氏曰剝之柔變剛言小人長則復之剛反爲君子長可知矣○隆山陳氏曰夬彖曰剛決柔而剝曰柔變剛何也曰此君子小人之辨也君子剛明果斷小人陰賊險狠君子之去小人聲其罪與天下共棄之名正言順故曰決小人之欲去君子辭不順理不直必萋斐浸潤以侵蝕之使之日消月鑠而不自知故曰變一字之間君子小人之情狀皦然矣

順而止之는觀象也ㅣ니君子ㅣ尙消息盈虛ㅣ天行也ㅣ라

○順ᄒᆞ야止ᄒᆞ요믄象을觀ᄒᆞᆷ이니君子ㅣ消息盈虛를尙ᄒᆞ요미天의行이라

【傳】君子、當剝之時、知不可有所往、順時而止、乃能觀剝之象也、卦有順止之象、乃處剝之道、君子、當觀而體之、君子、尙消息盈虛之理而能順之、乃合乎天行也、理、有消衰有息長、有盈滿有虛損、順之則吉、逆之則凶、君子、隨時敦尙、所以事天也、

【本義】以卦體卦德、釋卦辭、建安丘氏曰剝言不利有攸往則曰順而止復言利有攸往則曰以順行於柔長而戒之使止者所以憂小人之進於剛長而勉之使行者所以喜君子之來觀聖人利不利之辭則知其爲君子發也○雲峯胡氏曰凡卦畫皆象也皆當觀也於剝獨言之者爲處變君子言也消息盈虛四字皆爲陽言復者陽之息姤者陽之消乾者陽之盈坤者陽之虛剝五陰而一陽則陽之消而至於虛者也其變也大矣然亦天行也故剝曰天行復亦曰天行○隆山李氏曰消息盈虛乃時運之使然君子尙之與時偕行雖處剝之時而不至於咨嗟慽憂而變其所守者知其後之必復而屛心寧耐以待之也不然不憤群陰之

進盡力以抗之則必激起其蠆尾之毒甘受其摧剝糜爛之禍而不可救藥矣

象曰山附於地ㅣ剝이니上이以ᄒᆞ야厚下ᄒᆞ야安宅ᄒᆞᄂᆞ니라

○象애ᄀᆞᆯ오ᄃᆡ山이地에附홈이剝이니上이以ᄒᆞ야下ᄅᆞᆯ厚케ᄒᆞ야宅을安ᄒᆞᄂᆞ니라

【傳】艮重於坤、山附於地也、山、高起於地而反附著於地、圮剝之象也、上、謂人君、與居人上者、觀剝之象而厚固其下、以安其居也、下者、上之本、未有基本、固而能剝者也、故、上(一作山)之剝、必自下、下剝則上危矣、爲人上者、知理之如是則安養人民、以厚其本、乃所以安其居也、書、曰民惟邦本、本固、邦寧、

朱子曰厚下若乃所以安宅如山附於地唯其地厚所以山安其居而不搖人君厚下以得民則其位亦安而不搖猶所謂本固邦寧也○雲峯胡氏曰不曰君子而曰上上指一陽下指五陰也陰陽之分明矣厚下坤地象安宅艮土象○節齋蔡氏曰卦以下剝上取義乃小人剝君子也象以上厚下取義乃人君厚生民也下剝上者成剝之義上厚下者治剝之道也○厚齋馮氏曰以上下厚薄取象而不以陰陽消長爲義此聖人用卦之微權也

初六은剝床以足이니蔑貞이라凶ᄒᆞ도다

【本義】蔑貞이면凶ᄒᆞ리라

○初六은牀을剝ᄒᆞᄃᆡ足을벼홈이니貞을蔑홈이라凶ᄒᆞ도다(本義)貞을蔑ᄒᆞ면凶ᄒᆞ리라

【傳】陰之剝陽、自下而上、以牀爲象者、取身之所處也、自下而剝、漸至於身也、剝牀以足、剝牀之足也、剝、始自下、故、爲剝足、陰、自下進、漸消蔑於(一无於字)貞正、凶之

道也、蔑、无也、謂消亡於正道也、一作消亡正道也一作消亡於正也 陰剝陽柔變剛、是邪侵正小人消君子、其凶、可知、

【本義】 剝、自下起、滅正則凶、故、其占、如此、蔑、滅也、節齋蔡氏曰牀者人之所安其體則上實下虛故取以象剝足在下又取以象初○臨川吳氏曰五月姤之一陰始消一陽於下猶剝牀而先及其足也○雲峯胡氏曰正道天地間不可一日無也方其剝之自下未至於滅貞也而曰蔑貞則凶戒小人之辭也○隆山李氏曰剝卦陰爻凡五六三舍群陰以應上九故无咎六五率羣陰以受制於陽故无不利若初六六二六四則居剝之世專以陰剝陽者故三爻皆因剝牀而凶聖人雖於陰類當長之時猶不許小人之害君子其戒昭然也

象曰剝床以足은 以滅下也ㅣ라

○象애ᄀᆞᆯ오ᄃᆡ剝牀以足은ᄲᅧ下애셔滅ᄒᆞᆷ이라

【傳】 取牀足爲象者、以陰、侵沒陽於下也、滅、沒也、侵滅正道、自下而上也、

六二는 剝床以辨이니 蔑貞이라 凶토다

【本義】 蔑貞이면

○六二는牀을剝ᄒᆞᄃᆡ辨을ᄲᅧᄒᆞᆷ이니貞을蔑ᄒᆞᆷ이라凶ᄒᆞ도다(本義)貞을蔑ᄒᆞ면

【傳】 辨、分隔上下者、牀之幹也、陰漸進而上剝、至於辨、愈蔑於正也、凶益甚矣、

【本義】 辨、牀幹也、進而上矣、或問初與二蔑貞凶是以陰蔑陽以小人蔑君子之正道凶之象也不知只是陽與君子當之則凶爲復陰與小人亦自爲凶朱子曰自古小人滅害君子終亦有凶但此爻象只說陽與君子之凶也○孔氏曰辨謂牀身之下足之上分辨處也○雲峯胡氏曰剝自下起剝牀以辨進及上矣然二陰爲遯猶未至於蔑貞辭與初同亦戒之也

象曰剝牀以辨은 未有與也ㅣ라

○象애 ᄀᆞᆯ오ᄃᆡ 剝床以辨은與ㅣ잇디아닐서라

【傳】陰之侵剝於(一作剛)陽、得以益盛、至於剝辨者、以陽、未有應與故也、小人、侵剝君子、若君子、有與則可以勝小人、不能爲害矣、唯其无與、所以被蔑而凶、當消剝之時而无徒與、豈能自存也、言未有與、剝之未盛、有與、猶可勝也、示人之意、深矣、

【本義】言未大盛、 雲峯胡氏曰程傳言陽未有與本義言陰未有與二陰猶未至於五陰之盛也

六三은 剝之无咎ㅣ니라

○六三은剝애咎ㅣ업스니라

【傳】衆陰剝陽之時而三獨居剛應剛、與上下之陰、異矣、志從於正、在剝之時、爲无咎者也、三之爲、可謂善矣、不言吉、何也、曰方羣陰、剝陽、衆小人、害君子、三雖從正、其勢、孤弱、所應、在无位之地、於斯時也、難乎免矣、安得吉也、其義、爲无咎耳、言其无咎、所以勸也、

【本義】衆陰、方剝陽而已獨應之、去其黨而從正、无咎之道也、占者、如是則得无咎、建安丘氏曰剝下五陰皆剝陽者而三處其中獨與上應不忍黨邪以害正是小人而知有君子也故在剝之時爲无咎○梅巖袁氏曰剝雖小人之事以近陽爲善以有應於陽次之近陽者六五是也故可以治剝有應者此爻是也故不爲剝○雲峯胡氏曰剝之三即復之四復六四在五陰中獨與初應而不許以吉剝六三在五陰中獨與上應而許以无咎何也曰復君子之事明道不計功不以吉許之可也剝小人之事小人中獨知有君子不以无咎許

之則无以開其補過之門也

象曰剝之无咎는 失上下也라

○象애ᄀᆞᆯ오ᄃᆡ剝之无咎ᄂᆞᆫ上下와失ᄒᆞᆯ시라

【傳】三、居剝而无咎者、其所處、與上下諸陰、不同、是與其同類、相失、於處剝之道、爲无咎、如東漢之呂强、是也、

【本義】上下、謂四陰、雲峯胡氏曰六三居四陰中而獨與一陽所失者陰是其失乃所以爲得也【備旨】父曰剝之未言所剝爲誰故指出上下字上下本不當同失得其好故目剝之无咎

六四는 剝床以膚ㅣ니 凶ᄒᆞ니라

○六四ᄂᆞᆫ牀을剝ᄒᆞ야膚에ᄡᅥ홈이니凶ᄒᆞ니라

【傳】始剝於牀足、漸至於膚、膚、身之外也、將滅其身矣、其凶、可知、陰長、已盛、陽剝、已甚、貞道、已消、故、更不言蔑貞、直言凶也、

【本義】陰禍、切身、故、不復言蔑貞而直言凶也、白雲郭氏曰六四上體居牀之上則膚矣○臨川吳氏曰初爲牀足二爲牀辨三爲牀上人所臥處四人之身也非牀也非牀而曰剝牀以膚言剝牀而上及於人之肌膚也○建安丘氏曰剝道已成故直言凶而不言蔑貞也○雲峯胡氏曰本義曰蔑貞則凶蓋猶許其不蔑貞則猶未至於凶也剝而及膚小人豈不欲蔑貞哉然正道終不可得而蔑故不言蔑貞而直言凶亦豈獨君子之凶哉【備旨】初二必曰蔑貞凶柔剝足剝辨貞猶无恙可反正也至四而貞已蔑矣即小人亦无自救之策故直曰凶

象曰剝床以膚는 切近災也ㅣ라

○象애ᄀᆞᆯ오ᄃᆡ剝牀以膚ᄂᆞᆫ災예切近ᄒᆞᆷ이라

【傳】五爲君位、剝已及四、在人則剝其膚矣、剝及其膚、身垂於亡矣、切近於災禍也、龜山楊氏曰剝牀以足以辨剝其所安而已六四則剝及膚矣其爲災也不切近乎【傳】禍自外來謂之災災有近而切者亦有切而不近者災已切身而又近而不可逃只爲不早去故至此分明有咎君子意

六五ᄂᆞᆫ貫魚ᄒᆞ야以宮人寵이면无不利리라

○六五ᄂᆞᆫ魚를貫ᄒᆞ야宮人의寵으로ᄡᅥᄒᆞ면利티아님이업스리라(本義)宮人의寵으로ᄒᆞᆷ이니

【本義】以宮人寵이니

【傳】剝及君位、剝之極也、其凶、可知、故、更不言剝而別設義、以開小人遷善之門、五、群陰之主也、魚、陰物、故、以爲象、五能使群陰、順序、如貫魚然、反獲寵愛於在上之陽、如宮人則无所不利也、宮人、宮中之人、妻妾侍使也、以陰言、且取獲寵一作親愛之義、以一陽在上、衆陰、有順從之道、故、發此義

【本義】魚、陰物、宮人、陰之美而受制於陽者也、五爲衆陰之長、當率其類、受制於陽、故、有此象而占者、如是則无不利也、進齋徐氏曰六五以柔居中爲羣陰之長總率群陰順序以聽於陽有后妃以宮人備數進御於君之象○平庵項氏曰六五君位五爲王后與君同處四爲夫人佐后者也三爲九嬪以主九御下卦之長也二爲世婦初爲御妾○臨川吳氏曰宮人衆妾也以之者后也后爲宮人之主五統群陰如后統衆妾衆陰戴陽如后以衆妾進御於王而獲寵愛之象陰長消陽至五極矣不可以再長也一陽在上非可剝者故取群陰順承一陽爲義六三應上九而寧失群陰之心六五比上九而率群陰以求一陽之寵一陽之功大矣天道之不可一日无陽世道之不可一日无君子者此也○雲

峰胡氏曰剝五不取君位如坤遯明夷歸妹旅皆非君所處也剝而至於五是爲剝之極故五不取剝義別設爲貫魚宮寵之象所以開小人改過遷善之門也五爲群陰之尊能率其類受制於陽无不利矣剝牀自足而辨而膚陰以次而剝陽也后以宮人備數進御於君望前先卑望後先尊亦以次而承陽聖人至是則戒之曰與其以次剝陽而至於凶孰若以次承陽之爲利哉象曰不利有攸往爲君子戒也此曰无不利爲小人勉也○建安丘氏曰遯剝皆陰長之卦遯陰長而猶微可制也在遯之九三言陽制陰之道故曰畜臣妾吉剝陰長而已極不可制矣故不復言陽之制陰而言陰之從陽是以六五曰貫魚以宮人寵畜陰之權在陽則告陽以制陰之道剝陽之權在陰則敎陰以從陽之道聖人於陰長之卦其委曲爲君子謀者如此

象曰以宮人寵이면終无尤也ㅣ리라

○象애ᄀᆞᆯ오ᄃᆡ以宮人寵은ᄆᆞᄎᆞᆷ내尤ㅣ업스리라

【傳】群陰、消 一无消字 剝於 一无於字 陽、以至於極、六五、若能長率群陰、駢首順序、反獲寵愛於陽、則終无過尤也、於剝之將終、復發此義、聖人勸遷善之意、深切之至也、 平庵項氏曰剝之五陰但用於午未申酉戌之月亦在天道未爲不利也若用於陽月以侵發生之事則爲厲氣耳此爻別明後宮之義而象釋之曰終无尤者以見小人但以此寵之則終无害也○雙湖胡氏曰易以天道明人事卦至九月五陰既長謂觀九五不剝爲陰不可也特聖人繫爻不言陰剝陽但言處剝之道此便是扶陽抑陰挽回世道之意雖然亦卦爻本有此象聖人因而發之陰陽消長固有自然之勢人事之盡自有轉移之妙也

上九는碩果不食이니君子는得輿ᄒᆞ고小人은剝廬ㅣ리라

○上九ᄂᆞᆫ碩ᄒᆞᆫ果ㅣ食히이디아님이니君子ᄂᆞᆫ輿를得ᄒᆞ고小人은廬를剝ᄒᆞ리라

【傳】諸陽、消剝已盡、獨有上九一爻、尙存、如碩大之果、不見食、將見復生之理、

上九、亦(一作一一作己)變則純陰矣、然、陽无可盡之理、變於上、則生於下、无間可容息也、聖人、發明此理、以見陽與君子之道、不可亡也、或曰剝盡則爲純坤、豈復有陽乎、曰以卦配月則坤當十月、以氣消息言則陽剝、(一有盡字)爲坤、陽(一有復字)來、爲復、(一有然字)陽未嘗盡也、剝盡於上、則復生於下矣、故、十月、謂之陽月、恐疑其无陽也、陰亦然、聖人、不言耳、陰道盛極之時、其亂、可知、亂極則自當思治、故、衆心、願載於君子、君子、得輿也、詩匪風下泉、所以居變風之終也、理既如是、在卦、亦衆陰、宗陽、爲共載之象、小人剝廬、若小人則當剝之極、剝其廬矣、无所容其身也、更不論爻之陰陽、但言小人、處剝極則及其廬矣、廬取在上之象、或曰陰陽之消、(一作交)必待盡而後、復生於下、此在上、便有復生之義、何也、夬之上六、何以言終有凶、曰上九、居剝之極、止有一陽、陽无可盡之理、故、明其有復生之義、見君子之道、不可亡也、夬者、陽消陰、陰、小人之道也、故、但言其消亡耳、何用更言却有復生之理乎、

或問十月何以謂之陽月程子曰十月謂之陽月者陽盡恐疑於无陽也故謂之陽月也然何時无陽如日有夜光之類蓋陰陽之氣有常存而不移者有消長而无窮者○或問伊川云陽无可盡之理剝於上則生於下无間可容息也變於上則生於下矣乃剝復相因之理畢竟須經由坤坤卦純陰无陽如此則陽有斷滅也何以能生於復朱子曰凡陰陽之生一爻當一月須是滿三十日方滿得那腔子做得一畫成今坤卦非是无陽陽始生甚微未滿那腔子做一畫未成非是坤卦純陰便无陽也然此亦不是甚深奧事但伊川當時解不曾分曉道與人故令人做一件大事看○自觀至剝三十日剝方盡自剝至坤三十日方成坤三十日陽漸長至冬至方是一陽第二陽方從此生陰剝每日剝三十分之一一月方剝得盡陽長每日長

三十分之一一月方長得成一陽陰剝時一日十二刻亦每刻中漸漸剝全一日方剝得三十分之一陽長之漸亦如此問十月何以爲陽月曰剝盡爲坤復則一陽生也復之一陽不是頓然便生乃是自坤卦中積來且月三十日以復之一陽分作三十分從小雪後便一日生一分上面趲得一分下面便生一分到十一月半一陽始成也以此便見得天地无休息處○雙峯饒氏曰十月雖當純坤之月而其序介乎剝復二卦之間以言乎前半月則有剝而未盡之陽小雪以前以言乎後半月則有復以方生之陽小雪以後剝之陽方盡於上而復之陽巳生於下矣是烏得爲無陽乎知十月之非无陽則四月之非无陰亦可知矣此陰陽消息之理至精至微自程傳始發之然所言者其理耳而未有以驗其氣數之必然也朱子又從而推明之曰是當以一爻分三十分陰陽日進退一分剝之陽剝於九月之霜降而盡於十月之小雪復之陽則生於小雪而成於十一月之冬至夬之陰决於三月之穀雨而盡於四月之小滿姤之陰則生於小滿而成於五月之夏至於是理與數合然後知陰陽絕續之際果无一息之間斷而程子之言爲益信矣○建安丘氏曰剝爛也復反也剝之上九變則爲復之初九自最高而最下自剝爛而復生故有碩果不食之象木脫僵立幾无一毫生意者此純坤之象也而生意已在其根矣此自坤而復也木未猶有碩大之果不爲人所食則亦剝爛墮而已矣墮則生之所起果中有核實也核中有仁仁也仁則生矣此自剝而復也陽无可盡之理故剝即爲復不必六自坤而復也

【本義】一陽、在上、剝未盡而能復生。君子、在上則爲衆陰所載、小人、居之則剝極於上、自失所覆而无復碩果得輿之象矣、取象・既明而君子小人、其占、不同、聖人之情、益可見矣・

朱子曰上九一陽在上如碩大之果人不及食而獨留如君子在上而小人皆載於下則是君子之得輿也然小人雖載君子而乃欲自下而剝之則是自剝其廬耳蓋唯君子乃能覆蓋小人小人必賴君子以保其身今小人欲剝君子則君子亡而小人亦無所容其身如自剝其廬也且看自古小人欲害君子到害得盡後國破家亡其小人曾有存活得者否故聖人於象曰君子得輿民所載也小人剝廬終不可用也若人占得此爻則爲君子之所爲者必吉而爲小人之所爲者必凶矣其象如此而理在其中矣○小人剝廬是說陰到這裏時把他這些陽都剝了此是自剝其廬舍无安身己處衆小人託這一君子爲芘覆若更剝了是自剝其廬舍便不成剝了○臨川吳氏曰下五陽皆己剝獨存一陽在上如木之果實皆己落獨一碩大之果不爲人所食而猶在木末君子謂一陽坤爲輿五陰承載上九之一陽如人之在車上君子筮得此爻則其象爲得輿而占亦如之小人

謂上九變爲柔也一陽上覆五陰有廬之象奇變爲偶則如廬之破壞穿漏其上而无以蓋覆其下故小人筮得此爻則其象爲剝廬而占亦如之也○雲峯胡氏曰艮爲果蓏艮上陽下陰果陽而蓏陰乾爲木果衆陽皆變而上獨存有碩果不食象果中有仁天地生生之心存焉此一陽也在坤之月則剝之盡而復生在此則剝未盡而能復生指陽之性言也故有取於碩果不食之象碩果專以象言得輿剝廬兼象占而言小人剝廬亦戒辭也牀上之藉下以安者也廬下之藉上以安者也始以剝牀欲上失所安今而剝廬自失所安矣自古小人欲害君子亦豈小人之利哉【備旨】碩果陽實之象不食謂天留之以復生也得輿向承不食說見君子所係之重小人句見其不利於剝陽自古人之云亡邦國殄瘁小人有幾存活者抑揚說下幸君子而戒小人也

象曰君子得輿는民所載也오小人剝廬는終不可用也라

○象애ᄀᆞᆯ오ᄃᆡ君子得輿는民의載ᄒᆞᆫ배오小人剝廬는ᄆᆞᄎᆞᆷ내可히用티몯ᄒᆞᆯ이라

【傳】正道、消剝、既極則人復思治故、陽剛君子、爲民所承載也、若小人、處剝之極則小人之窮耳、終不可用也、非謂九爲小人、但言剝極之時、小人、如是也、建安丘氏曰剝者言一陽在五陰之上而爲陰所剝也故卦以上九爲主其曰碩果不食幸一陽之存也在下五陰爻則有與乎陽者吉无與乎陽者凶六三應陽則无咎六五承陽則无不利以其有與乎陽也餘三陰无陽可與則皆謂之凶然初六六二去陽遠而剝未盡故初蔑貞凶二亦蔑貞凶也至六四則已迫乎陽而剝極矣故不言蔑貞而直言凶也○雙湖胡氏曰下四陰爻雖因己成之卦繫辭其實各原其初剝陽言之蓋卦本純乾也初之蔑貞其姤之時乎二之蔑貞其遯之時乎但以剝陽爲蔑貞不以位論矣三之无咎其否之時乎四之凶其觀之時乎五之以宮人寵正當剝之時也聖人既於觀四別取觀國之光義而於剝五又取率羣陰以受制於陽爲利焉至上九直象之以不食之碩果其扶陽抑陰之意每如此夫

䷗ 震下坤上

【傳】復、序卦、物不可以終盡、剝、窮上反下、故、受之以復、物无剝盡之理、故、剝

極則復來、一无來字陰極則陽生、陽、剝極於上而復生於下、窮上而反下也、復所以次剝也、爲卦、一陽、生於五陰之下、陰極而陽復也、歲十月、陰盛、旣極、冬至則一陽、復生於地中、故、爲復也、陽、君子之道、陽、消極而復反、君子之道、消極而復長也、故、爲反善之義、

朱子曰十月坤卦皆純陰自交過十月節氣固是純陰然潛陽在地下已旋生起來了且以一月分作三十分細以時分之是三百六十分陽生時逐旋生生到十一月冬至方生得就一畫陽這一畫是卦中六分之一在地下二畫又較在上面則箇至三陽則全在地上矣四陽五陽六陽則又層層在上面去不觧到冬至時便頓然生得一畫又曰陽无驟生之理如冬至前半月中氣是小雪陽已生三十分之一分到得冬至前幾日須已生到二十七八分到至日方始成一畫不是昨日全无今日一旦便復了大抵剝盡處便生如列子所謂運轉无已天地密移疇覺之哉凡一氣不頓進一形不頓虧亦是不覺其進不覺其虧蓋陰陽浸消浸長人之一身自少至老莫不皆然○天運流行本無一息間斷豈觧一月无陽且如木之蕾落時萌芽已生了不特如此木之冬靑者必先萌芽而後舊葉方落若論變時天地无時不變如楞嚴經第二卷首段所載非唯一歲有變月亦有之非唯月有變日亦有之非唯日有變時亦有之但人不知耳此說亦是○天地中間此氣升降上下當分爲六層十一月冬至自下面第一層生起直到第六層上至天爲四月陽氣纔生是便消下面陰氣便生只是這一氣升降循環不已往來乎六層之中也大抵發生都只是一箇陽氣只是有消長上面陽消一分下面便陰長一分又不是別討箇陰來只是陽消處便是陰故陽來謂之復復是本來物事陰來謂之姤姤是偶然相遇○臨川吳氏曰復還反也冬至之前六陽消盡而爲純坤冬至之後一陽還反而生於下也○隆山李氏曰承剝之後而一陽來復乃生生之本也天地之運一息不留剝終復始不容少緩若稍遲不及則生理息也

復은**亨**ᄒᆞ니**出入**에**无疾**ᄒᆞ야**朋來**라아**无咎**ㅣ리라

【本義】 復은亨ᄒᆞ니出入에无疾ᄒᆞ며朋來예无咎ㅣ니라

○復은亨ᄒᆞ야出入호매疾ᄒᆞ리업서朋이來ᄒᆞ여야咎ㅣ업스리라(本義) 復은亨ᄒᆞ

니出入ᄒᆞ매疾ᄒᆞ리업스며朋이來ᄒᆞ매咎ㅣ업ᄉᆞ니라

【傳】復亨、既復則亨也、陽氣、復生於下、漸亨盛而生育萬物、君子之道、既復則漸以亨通、澤於天下、故、復則有亨盛之理也、出入无疾、出入、謂生長、復、生於內、入也、長進於外、出也、先云出、語順耳、陽生、非自外也、來於內、故、謂之入、物之始生、其氣、至微、故、多屯艱、陽之始生、其氣、至微、故、多摧折、春陽之發、爲陰寒所折、觀草木於朝暮則可見矣、出入无疾、謂微陽、生長、微害之者也、既微害之而其類、漸進而來則將亨盛、故、无咎也、所謂咎、在氣則爲差忒、在君子(一有之道字)則爲抑塞、不得盡其理、陽之當復、雖使有疾之、固不能止其復也、但爲阻礙耳、而卦之才、有无疾之義、乃復道之善也、一陽、始生、至微、固未能勝群陰而發生萬物、必待諸陽之來然後、能成生物之功而无差忒、以朋來而无咎也、三陽子丑寅之氣、生成萬物、衆陽之功也、若君子之道、既消而復、豈能便勝於小人、必待其朋類、漸盛則能協力、以勝之也、(或問復一陽動於下而云朋來无咎何也朱子曰方一陽生未有朋類畢竟是陽長將次並進以其爲君子之道故亨通而无咎也)

反復其道ᄒᆞ야**七日**애**來復**ᄒᆞ니**利有攸往**이니라 (反復之復芳福反又作覆彖同)

【本義】七日來復이오

○그道ㅣ反復ᄒᆞ야七日에來ᄒᆞ야復ᄒᆞ니往ᄒᆞᆯ배를두미利ᄒᆞ니라(本義) 來ᄒᆞ야復ᄒᆞ고

【傳】謂消長之道、反復迭至、陽之消、至七日而來復、姤、陽之始消也、七變而成復、故、云七日、謂七更也、臨云八月有凶、謂陽長、至於陰長、歷八月也、陽進則陰退、君子道長則小人道消、故、利有攸往也、

程子曰近取諸身百理皆具屈伸往來之義只於鼻息之間見之屈伸往來只是理不必將既屈之氣復爲方伸之氣生生之理自然不息如復言七日來復其間元不斷續陽已復生物極必返其理須如此有生便有死有始便有終又曰凡物之散其氣遂盡无復歸本原之理天地間如紅爐雖生物消鑠亦盡況既散之氣豈有復在天地造化又焉用此既散之氣其造化者自是生氣至如海水潮日出水涸是潮退也其涸者已死也月出則潮水生也非却是將已涸之水爲潮此是氣之終始開闔便是易一闔一闢謂之變

【本義】復、陽、復生於下也、剝盡則爲純坤十月之卦而陽氣、已生於下矣、積之踰月然後、一陽之體、始成而來復、故、十有一月、其卦、爲復、以其陽）既往而復反、故、有亨道、又內震外坤、有陽動於下而以順上行之象、故、其占、又爲己之出入、既得无疾、朋類之來、亦得无咎、又自五月姤卦一陰始生、至此七爻而一陽、來復、乃天運之自然、故、其占、又爲反復其道、至於七日、當得來復、又以剛德、方長、故、其占、又爲利有攸往也、反復其道、往而復來、來而復往之意、七日者、所占來復之期也、

朱子曰七日來復者終不是已往之陽重新將來復生舊底已自過了這裏自然生出來又曰復反也言陽氣既往而來復也夫大德敦化而川流不窮豈假乎既消之氣以爲方息之資也哉亦見其絕於彼而生於此而因以著其往來之象爾唯人亦然大和保合善端无窮所謂復者非曰追夫已放之心而還之錄夫已棄之善而屬之也亦曰不肆焉以騁於外則本心全體即此而存固然之善自有所不能已耳○隆山李氏曰陽反而復生生之氣自此萌動故曰復亨又曰於臨曰八月有凶於復則曰七日來復陽消而數月者幸其消之遲陽長而數日者幸其長之速也○節齋蔡氏曰陽自建午之月漸消漸剝至建子之月而爲復在卦經七爻於時經七月故曰七日來復不言月

而言日者猶詩所謂一之日二之日也○鄭氏剛中曰七者陽數日者陽物故於陽長言七日八者陰數月者陰物臨剛長以陰爲戒故曰八月○雲峯胡氏曰本義於剝之碩果曰剝未盡而復生至此則曰剝盡爲純坤十月之卦而陽氣已生於下蓋陽无頓生之理故先天卦序剝而坤坤而後復陽无可盡之理故後天卦序則以復次剝其曰未盡而能復者指果中之仁而言也可見其所以爲元者未嘗息其曰坤十月陽氣已生於下積之踰月然後一陽之體始成而來復可見其所以至於亨者未嘗驟前乎此自姤而剝陰在內爲主陽常行逆境今自剝而復陽在內爲主陽方行順境故其占爲亨己之出入而得无疾者一陽順而亨也朋類之來亦得无咎者衆陽順而亨也是皆陽順而動之象也反復其道統言陰陽往來其理如此七日來復專言一陽方來其數如此利有攸往則其占又言一陽之長可往而爲臨爲泰以至於乾也

彖曰復亨은 剛反이니

○彖애 ᄀᆞᆯ오ᄃᆡ 復의 亨홈은 剛이 反홈이니

【本義】 剛反則亨、 朱子曰剛反二字是解復亨下云動而以順行是解出入无疾以下大抵彖辭解得易極分明子細尋索儘有條理○臨川吳氏曰剛反釋復字而亨之意在其中剛旣反則日長日盛而亨矣○建安丘氏曰此云剛反言剝之一剛窮上反下而爲復也下文剛長言復之一剛自下進上爲臨爲泰以至爲乾也以其旣去而來反也故亨以其旣反而漸長也故利有攸往剛反言方復之初剛長言已復之後

動而以順行이라 是以出入无疾朋來无咎ㅣ니라

○動ᄒᆞ야 順으로ᄡᅥ 行ᄒᆞᄂᆞᆫ디라 일로ᄡᅥ 出入无疾朋來无咎ㅣ니라

【傳】 復亨、謂剛反而亨也、陽剛、消極而來反、旣來反則漸長盛而亨通矣、動而以順行、是以出入无疾朋來无咎、以卦才、言其所以然也、下動而上順、是動而以順行也、陽剛、反、以順動、是以得出入无疾朋來而无咎也、朋之來、亦順動也

【本義】 以卦德而言、 進齋徐氏曰動而以順行者震動之始以坤順而行也出入朋來陽之動也无疾无咎以順行也○龜山楊氏曰一陽復于下而五陰在上則陽微而陰猶盛小人衆而君子

獨動而不以順行則疾之者至身不能保尙何朋來之有○潘氏夢旂曰剝以順而止復以順而行君子處道消之極至道長之初未嘗一毫之不以順也

反復其道七日來復은天行也ㅣ오

○反復其道七日來復은天의行이오

【本義】陰陽消息、天運、然也、朱子曰反復其道七日來復天行也消長之道自然如此故曰天行處陰之極亂者復治往者復還凶者復吉危者復安天地自然之運也○龜山楊氏曰四時之變浸而爲寒暑固非一日之積也天且不能暴爲之況於人乎

利有攸往은剛長也ㅣ일서니 長丁丈反

○利有攸往은剛이長홀서니

【本義】以卦體而言、旣生則漸長矣、雙湖胡氏曰剛長則自復而臨而泰而壯夬至于乾其勢自不容禦矣○平菴項氏曰剝曰不利有攸往小人長也復曰利有攸往剛長也易之意凡以爲君子謀也○鄱陽董氏曰自外而入者曰來自內而出者曰往疾之者衆則未可往无疾則利於往矣消息盈虛天命之自然而君子不謂命也上文言出入无疾而後朋來无咎朋來无咎而後利有往蓋常不以天命之自來者爲幸而深以人情之難測者爲憂何也來者微而疾其來者衆也來者微則豈可遽以自幸疾其來者衆則豈可不善於自養哉

復애其見天地之心乎ㅣ뎌

○復애그天地의心을볼인뎌

【傳】其道、反復往來、迭消迭息、(一有也字)七日而來復者、天地之運行、如是也、消長、相因、天之理也、陽剛君子之道、長、故、利有攸往、一陽、復於下、乃天地生物之心也、

先儒、皆以靜、爲見天地之心、蓋不知動之端、乃天地之心也、非知道者、孰能識之、

程子曰復其見天地之心一言以蔽之曰天地以生物爲心○復卦非天地之心復則見天地之心聖人无復故未嘗見其心○人說復其見天地之心皆以爲至靜能見天地之心非也復之卦下面一畫便是動也安得謂之靜自古儒者皆言靜見天地之心唯某言動而見天地之心問莫是於動處求靜否曰固是然最難○張子曰復見天地之心咸恒遯壯見天地之情心隱於微情發乎顯○或問程子言動之端乃天地之心切謂十月純坤不爲无陽天地生物之心未嘗間息但未動耳因動而生物之心始可見朱子曰十月陽氣收斂一時關閉得盡天地生物之心固未嘗息但无端倪可見惟一陽動則生意始發露出乃始可見端緒也言動之頭緒於此處起於此處方見得天地之心也○問天地之心動處如何見得曰這處便見得陽氣發生其端已兆於此春了又冬冬了又春都從這裏發去事物間亦可見只是這裏見得較親切問動之端乃心之發處何故云天地之心曰此須就卦上看上坤下震坤是靜震是動十月純坤當貞之時萬物收斂寂无蹤跡到此一陽復生便是動然不直下動字却云動之端端又從此起雖動而物未生未到大段動處凡發生萬物都從這裏起豈不是天地之心○天地以生生爲德元亨利貞乃生物之心也但其靜而復乃未發之體動而通焉則已發之用一陽來復其始生甚微固若靜矣然其實動之機其勢日長而萬物莫不資始焉此天命流行之初造化發育之始天地生生不已之心於是而可見矣若其靜而未發則此心之體雖无所不在然却有未發處此程子所以動之端爲天地之心亦擧用以該其體爾○程子說天地以生物爲心最好此乃是无心之心也又曰天地若果无心則須牛生出馬桃樹上發李花他又却自定心便是主宰處所以謂天地以生物爲心也又曰天地之心動後方見聖人之心應事接物方見○程子云聖人无復故未嘗見其心且堯舜孔子之心千古常在聖人之心周流運行何徃而不可見若言天地之心如春生發育猶是顯著此獨曰聖人无復未嘗見其心者只爲是說復卦繫辭曰復小而辨於物蓋復卦是一陽方生於羣陰之下如幽暗中一點白便是小而辨也聖人賛易而曰復見天地之心今人多言唯是復卦可以見天地之心非也六十四卦无非天地之心但於復卦忽見一陽之復故即此而賛之爾論此者當知有動靜之心有善惡之心各隨事而看今人乍見孺子將入於井因發動而見其惻隱之心未有孺子將入井之時此心未動只靜而已衆人物欲昏蔽便是惡底心及其復也然後本然之善心可見聖人之心純於善而已所以謂未嘗見其心者只是言不見其有昏蔽忽明之心如所謂幽暗中一點白者而已但此等語話只可就此一路看去纔轉入別處便不分明也不可不知又曰天地之氣所以有陽之復者以其有陰故也衆人之心所以有善之復者以其有惡故也若聖人之心則天理渾然初无間斷人孰得以窺其心之起滅耶若靜而復動則亦有之但不可以善惡而爲言耳○復非天地心復則見天地心蓋天地以生物爲心而此卦之下、一陽爻即天地所以生

物之心也至於復之得名則以此陽之復生而己猶言臨泰大壯夬也但於其復而見此一陽之萌於下則是因其復而見天地之心耳○伊川與濂溪說復字不同濂溪就坤上說就回來處說如云利貞者誠之復誠心復其不善之動而已矣皆是就歸來處說伊川却正就動處說如元亨利貞濂溪就利貞上說復字伊川就元字頭說復字以周易卦爻之義推之則伊川之說爲正然濂溪伊川之說道理只一般非有所異只是所指地頭不同以復卦言之下面一畫便是動處伊川云下面一爻正是動如何說靜得看來伊川說得較好

【本義】積陰之下、一陽、復生、天地生物之心、幾於滅息而至此、乃復可見、在人則爲靜極而動惡極而善、本心、幾息而復見之端也、程子、論之詳矣而邵子之詩、亦曰冬至子之半、天心无改移、一陽初動處、萬物未生時、玄酒味方淡、大音聲正希、此言如不信、更請問包羲、至哉、言也、學者、宜盡心焉、或問復見天地之心朱子曰三陽之時萬物蕃新只見物之盛大天地之心却不可見惟是一陽初復萬物未生冷冷靜靜而一陽既動生物之心闖然而見雖在積陰之中自掩藏不得此所以必於復見天地之心也又曰要說得見字親切蓋此時天地之間无物可見天地之心只有一陽初生淨淨潔潔見得天地之心在此若是三陽發生萬物之後則天地之心盡散在萬物不能見得如此端的○問生理初未嘗息但到坤時藏伏在此至復乃見其動之端否曰不是如此這箇只是就陰陽動靜闔闢消長處而言如一堆火自其初發以至漸漸發過消盡爲灰其消之未盡處固天地之心也然那消盡底亦天地之心也但那箇不如那新生底鮮好故指那接頭再生者言之則可以見天地之心親切如云利貞者性情也一元之氣亨通發散品物流形天地之心盡發見在品物上但叢雜難看及到利貞時萬物悉己收斂那時只有箇天地之心丹青著見故云利貞者性情也正與復其見天地之心相似康節云一陽初動處萬物未生時蓋萬物生時此心非不見也但天地之心悉已布散叢雜无非此理呈露倒多了難見若會看者能於此觀之則所見无非天地之心矣惟是復時萬物皆未生只有一箇天地之心昭然著見在這裏所以易看也○靜極而動聖人之復惡極而善常人之復但常人也有靜極而動底時節聖人則不復有惡極而善之復問一陽之復在人言之只是善端萌處否曰以善言之是善端方萌處以惡言之昏迷中有悔悟向善意便是復如睡到忽然醒覺處亦是復氣象又如人之沈滯道不得行到極處忽小亨道雖未大行已有可行之兆亦是復這道理千變萬化隨所在无不渾淪問今寂然至靜在此若一念之動此便是復否曰恁地說不盡復有兩樣有善惡之復有動靜之復兩樣復自不相須各看得分曉終日營營與萬物並馳忽然有惻隱是非羞惡之心發見此善惡爲陰陽也若寂然至靜之中有一念之動此動靜爲陰陽也二者各不同須推敎子細○問冬至子之半日康節此詩最好故某於本義特載之蓋立冬是十月初小雪是十月中大雪十一月初冬至十一月中小寒十二月初大寒十二月中冬至子之半即十一月之半也人言夜半子時冬至蓋夜半以前一半已屬子時今推五行者多不知之然數每從這處起略不差移此所以爲天心然當是時一陽方動萬物未生未有聲臭氣味之可聞可見所謂玄酒味方淡大音聲正希也○問天心无改移謂何曰年年歲歲是如此月月日日是如此○一陽初動處萬物未生時此是欲動未動之間如怵惕惻隱於赤子入井之初方怵惕惻隱而未成怵惕惻隱之時故上云冬至子之半是康節常要就中間說子之半則是未成子方離於亥而爲子方四五分是他常要如此說常要說陰陽之間動靜之間便與周程不同周程只是體用動靜互換无極康節只要說循環便須指消息動靜之間而言○西溪李氏曰窮冬積陰之時幾於无生意矣而陽氣已動於黃泉之下猶之人焉方其物慾之深也幾於无天理矣而性善之端要不可泯也必有時而發就其發處觀之則天地之心見矣○臨川吳氏曰草木不斂其液則不能以敷榮昆蟲不蟄其身則不能以振奮此人之所以貴於復而復之所以貴於靜也寂者感之君翕者闢之根冬之藏一歲之復也夜之息一日之復也喜怒哀樂之未發須臾之復也○雲峯胡氏曰天地生物之心即人之本心也皆於幾熄而復萌之時見之本義辭尙簡要未嘗泛引古語此則全引康節詩殊有意也朱子詩曰忽然夜半一聲雷萬戶千門次第開識得无中含有處許君親見伏羲來學者有得於此詩則可以知康節之詩矣

象曰雷在地中이 復이니 先王이 以ᄒᆞ야 至日에 閉關ᄒᆞ야 商旅ㅣ 不行ᄒᆞ며 后 不省方ᄒᆞ니라

○象애ᄀᆞᆯ오ᄃᆡ雷ㅣ地中애이시미 復이니先王이以ᄒᆞ야至日애關을閉ᄒᆞ야 商旅ㅣ行티아니ᄒᆞ며后ㅣ方을省티아니ᄒᆞ니라

【傳】雷者、陰陽、相薄而成聲、當陽之微、未能發也、雷在地中、陽、始復之時也、陽始生於下而甚微、安靜一作順而後、能長、先王、順天道、當至日陽至始生、安靜以養之故、閉關、使商旅、不得行、人君、不省視四方、觀復之象而順天道也、在一人之身亦然、當安靜以養其陽也、程子曰聖人无一事不順天時故至日閉關

【本義】安靜以養微陽也、月令、是月、齋戒掩身、以待陰陽之所定、朱子曰一陽來復與雷在地中只是一義蓋陽生於閉藏之中至微而未可有爲之時也○問陽始生甚微安靜而後能長故復之象曰先王以至日閉關人於迷途之復其善端之萌亦甚微故須莊敬持養然後能大不然復亡之矣曰然○至日閉關正是於已動之後要安靜以養之蓋一陽初復其氣甚微勞動他不得故當安靜以養微陽如人善端初萌正欲靜以養之方能盛大又曰古人所以四十强而仕者前面許多年亦且養其善端若一下便出來與事物衮了豈不壞事○建安丘氏曰地靜雷動雷在地中靜養動也關宜開者也而閉之商旅出諸塗者也而不行古者歲十一月朔巡守而后於是日則不省方皆法雷在地中之義而養微陽也○丹陽都氏曰舜十一月朔巡守而此言后不省方則知巡守者是月也不省方者是月之至日也○潛室陳氏曰一陽復於地下即是動之端但萌芽方動當靜以候之不可擾也故卦辭言出入无疾而象言閉關息民蓋動者天地生物之心而靜者聖人裁成之道也○雙峯饒氏曰閉關休息所以培養生意使之深潛固密而无所泄于以順陰而固陽也推此以往則政事云爲之間凡可以扶陽抑陰而參贊化育者必將无所不用其至矣○雲峯胡氏曰安靜以養微陽大象從事上說本義引月令從身上說其敎人之意深矣

初九는不遠復이라无祗悔니元吉ᄒᆞ니라

○初九는遠티아니ᄒᆞ야셔復ᄒᆞᆫ디라悔애祗홈이업ᄉᆞ니元ᄒᆞ고吉ᄒᆞ니라

【傳】復者、陽、反來復也、陽、君子之道、故、復爲反善之義、初剛陽、來復、處卦之初、復之最先者也、是不遠而復也、失而後、有復、不失則何復之有、唯失之不遠而復則不至於悔、大善而吉也、祗、宜音柢、抵也、玉篇、云適也、義亦同、无祗悔、不至於悔也、坎卦、曰祗旣平、无咎、謂至旣平也、顏子、无形顯之過、夫子、謂其庶幾、乃

无祇悔也、過旣未形而改、何悔之有、旣未能不勉而中所欲不踰矩、是有過也、然、其明而剛、故、一有不善、未嘗不知、旣知、未嘗不遽改、故、不至於悔、乃不遠復也、祇、陸德明、音支、玉篇、五經文字、羣經音辨、並見衣部、

【本義】一陽、復生於下、復之主也、祇、抵也、又居事初、失之未遠、能復於善、不抵於悔、大善而吉之道也、故、其象占、如此、或問无祇悔祇字何訓朱子曰書中祇字只有這祇字使得別看來只得解做至字又有訓多爲祇者如多見其不知量也多祇也祇與只同○建安丘氏曰坤上震下爲復上體乃坤而靜之時下體乃震而動之始初九又復而反之機初以一陽爲五陰之主居復之最先不遠而復故不至於悔而得大善之吉者也復以修身唯不貳過之顏子其殆庶幾乎○西溪李氏曰一陽在內天地之心性善之端也故六爻以復善爲義○南軒張氏曰復之初九震體也微動之時也當是時而能復焉則去无妄不遠矣及其守之固居之安則纖毫不萌即无妄也即誠也即天之道也即聖人之心也○雲峯胡氏曰春秋公孫敖如京師不至而復公如晉至河乃復皆以不極其往爲復復善貴早故易以不極其往者言之善失之遠而復必至有悔唯失之未遠而即復所以不祇於悔元吉本義云大善而吉是從事上說一本作向善而吉是從心上說讀者詳焉

象曰不遠之復은以脩身也ㅣ라

○象애ᄀᆞᆯ오ᄃᆡ不遠ᄒᆞ야復홈은ᄡᅧ身을脩홈이라

【傳】不遠而復者、君子所以脩身之道也、學問一无問字之道、无他也、唯其知不善、則速改以從善而已、雙峯饒氏曰人之一心善端綿綿本自相續念慮之間雖或小有所差而其慊然不自安之意己萌於中是即天地生物之心之所呈露而孟子所謂怵惕惻隱之心者也人惟省察克治之功不加雖有爲善之幾而无反善之實是以縱欲妄行而其悔至於不可追也善用力者誠能因是心之萌而速反之使不底於悔焉則人欲去而天理還矣此不遠之復以脩身也

六二ᄂᆞᆫ休復이니吉ᄒᆞ니라

○六二ᄂᆞᆫ休ᄒᆞᆫ復이니吉ᄒᆞ니라

【傳】二雖陰爻、處中正而切比於初、志從於陽、能下仁也、復之休美者也、復者、復於禮也、復禮則爲仁、初陽復、復於仁也、二、比而下之、所以美而吉也、

【本義】柔順中正、近於初九而能下之、復之休美、吉之道也、或問休復之吉以下仁也朱子曰初爻爲仁人之體六二爻能下之謂附下於仁者學莫便於近乎仁旣得仁者而親之資其善以自益則力不勞而學美矣故曰休復吉○建安丘氏曰人不能皆賢親賢則賢矣六二下仁之謂也卦惟初九一爻爲陽二非陽而能下之則陰變而陽小人變而君子而復之六二亦變爲臨之九二矣烏得而不吉哉○雲峯胡氏曰遯貴遠遠莫遠於上九而九五能比之故嘉遯遯之美者也復貴不遠初九曰不遠復而六二能比之故曰休復復之美者也里仁爲美亦此意歟

象曰休復之吉은以下仁也ㅣ라

○象애ᄀᆞᆯ오ᄃᆡ復吉홈은仁에下홈으로뼈라

【傳】爲復之休美而吉者、以其能下仁也、仁者、天下之公、善之本也、初復於仁、二能親而下之、是以吉也、進齋徐氏曰仁謂初剛剛復於下在人則惻隱之心仁之端也初不遠復二從初而復故曰以下仁也○南軒張氏曰易三百八十四爻未嘗言仁此獨言之夫子蓋有深旨克己復禮爲仁復禮爲仁克其私心復其天理所以爲仁二去初未遠上无係應能從初而復所以爲下仁也至四但言以從道也而不謂之仁矣蓋道者擧其大凡不若仁爲切至也○李氏閎祖曰天下之公是无一毫私心善之本是萬善從此出○西山眞氏曰伊川語錄中說仁者以天地萬物爲一體說得太寬无捉模處易傳只云四德之元猶五常之仁偏言則一事專言則包四者又云仁者天下之公善之本也只此兩處說仁極平正確實學者且當玩此此是程子手筆也

六三은 頻復이니 厲ᄒᆞ나 无咎ㅣ리라

○六三은 ᄌᆞ조 復홈이니 厲ᄒᆞ나 咎ㅣ 업스리라

【傳】三、以陰躁、處動之極、復之頻數而不能固者也、復貴安固、頻復頻失、不安於復也、復善而屢失、危之道也、聖人、開遷善之道、與其復而危其屢失、故、云厲无咎、不可以頻失而戒其復也、頻失則爲危、屢復、何咎、過在失而不在復也、

【本義】以陰、居陽、不中不正、又處動極、復而不固、屢失屢復之象、屢失故、危、復則无咎、故、其占、又如此、誠齋楊氏曰頻復非危頻過爲危復義故无咎聖人危其頻過故曰厲以警之開其頻復故曰无咎以勸之○雲峯胡氏曰三上下進退之間故曰頻巽以柔爲主九三剛而不中失之失以其比柔故頻巽復以剛爲主六三柔而不中失之失以其比柔位剛故頻復然頻巽吝頻復雖厲无咎此又不同也

象曰頻復之厲는 義无咎也ㅣ니라

○象애 ᄀᆞᆯ오ᄃᆡ 頻復의 厲홈은 義ㅣ 咎ㅣ 업스니라

【傳】頻復頻失、雖爲危厲、然、復善之義則无咎也、臨川吳氏曰頻雖有厲復則能補過矣故於義爲无咎也【備旨】爻曰无咎象又曰義无咎取其究克能復不暇尤其復之爲頻耳

六四는 中行ᄒᆞ되 獨復이로다

○六四ᄂᆞᆫ 中에 行ᄒᆞ되 홀로 復홈이로다

【傳】此爻之義、最宜詳玩、四行羣陰之中而獨能復、自處於正、下應於陽剛、其志、

可謂善矣、不言吉凶者、蓋四以柔、居羣陰之間、初方甚微、不足以相援、無可濟之理、故、聖人、但稱其能獨復而不欲言其獨從道而必凶也、曰然則不言旡咎、何也、曰以陰居陰、柔弱之甚、雖有從陽之志、終不克濟、非旡咎也、

【本義】四、處羣陰之中而獨與初應、爲與衆俱行而獨能從善之象、當此之時、陽氣甚微、未足以有爲、故、不言吉、然、理所當然、吉凶、非所論也、董子、曰仁人者、正其義不謀其利、明其道不計其功、於剝之六三、及此爻、見之、徂徠石氏曰處上下四陰之中故曰中行不從其類而下應初故曰獨復○節初齊氏曰中者隨時取義非一定之謂也就上下二卦則二五爲中就五陰爻則四爲中此所謂時中○雲峯胡氏曰泰二夬五曰中行二五上下之中也益三四曰中行三四在一卦之中也此曰中行六四在五陰之中也然則二五之中也或以三四爲中隨時以取中也

象曰中行獨復은 以從道也ㅣ라

○象애 ᄀᆞᆯ오ᄃᆡ 中行獨復은 道를 從ᄒᆞ모로 ᄡᅵ라

【傳】稱其獨復者、以其從陽剛君子之善道也、雲峯胡氏曰脩身以道脩道以仁小象曰脩身曰仁曰道惟初九當之○白雲郭氏曰剝六三乃復六四反對其義相類在剝取其失上下以應乎陽在復則取其獨復以從道

六五는 敦復이니 无悔ᄒᆞ니라

○六五는 復애 敦ᄒᆞᆷ이니 悔업스니라

【傳】六五、以中順之德、處君位、能敦篤於復善者也、故、旡悔、雖本善、戒亦在其

中矣、陽復、方微之時、以柔居尊、下復无助、未能致亨吉也、能无復悔而已、

【本義】 以中順、居尊而當復之時、敦復之象、无悔之道也、節齋蔡氏曰敦厚也坤象復主初陽五雖與初无繫而處位得中能自厚於復者也可以无悔○雲峯胡氏曰諸家於此爻皆輕看殊不知不遠復者善心之萌敦復者善行之固故初九无祇悔敦復則其復也无轉移可无悔矣又曰不遠復入德之事也敦復其成德之事歟○隆山李氏曰易中陽長之卦凡在上陰柔之主則未嘗不附而順之无所於逆故復爲一陽之長而六五則以敦復无悔臨爲二陽之長而六五則以知臨爲宜泰爲三陽之長而六五則以帝乙歸妹爲祉大壯爲四陽之長而六五則以喪羊于易无悔諸卦六五爻大率皆以下順陽剛而得居上之體作易者當陽長之世以此垂訓要之皆所以爲君子地云耳

象曰敦復无悔ᄂᆞᆫ 中以自考也ㅣ라

○象애 ᄀᆞᆯ오ᄃᆡ 敦復无悔ᄂᆞᆫ 中으로ᄡᅥ 스스로 考홈이라

【傳】 以中道、自成也、五以陰、居尊處中而體順、能敦篤其志、以中道、自成則可以无悔也、自成、謂成其中順之德、

【本義】 考、成也、建安丘氏曰二四待初而復故曰下仁曰從道五不待初而復故曰自考二四其學力之功五其天質之美歟[illegible]生身之初有中方或其自善復之後惟中方能中以自成人性之初一中而已自考即誠者自成意能完其初之謂成不敦不可語成也

上六은 迷復이라 凶ᄒᆞ니 有災眚ᄒᆞ야 用行師ㅣ면 終有大敗ᄒᆞ고 以其國이면 君이 凶ᄒᆞ야 至于十年히 不克征ᄒᆞ리라

(本義) 終有大敗ᄒᆞ야 以其國君凶ᄒᆞ야

○上六은復애迷ᄒᆞ요미라凶ᄒᆞ니災眚이이셔뼈師를行ᄒᆞ면終애大敗ㅣ 잇고뼈그國을ᄒᆞ면君이凶ᄒᆞ야十年애니르히능히征티몯ᄒᆞ리라(本義)終애大敗이셔 그國君으로뼈凶ᄒᆞ야

【傳】以陰柔、居復之終、終迷不復者也、迷而不復、其凶、可知、有災眚、災、天災、自外來、眚、己過、由自作、旣迷不復善、在己則動皆過失、災禍、亦自外而至、蓋所招也、迷道不復、无施而可、用以行師則終有大敗、以之爲國則君之凶也、十年者、數之終、至於十年不克征、謂終不能行、旣迷於道、何時而可行也、或問伊川言災自外來眚自內作是否朱子曰看來只一般微有不同耳災是偶然生於彼者眚是過誤致然書曰眚災肆赦春秋曰肆大眚皆以其過誤而赦之也

【本義】以陰柔、居復終、終迷不復之象、凶之道也、故、其占、如此、以、猶及也、朱子曰上六迷復凶至于十年不克征這是箇極不好底爻故其終如此凡言十年三年五年七月八月三月者想是象數中自有箇數如此故聖人取而言之○問上六迷復至于十年不克征何如曰過而能改則亦可以進善迷而不復自是无說所以无往而不凶凡言三年猶是有箇期限到十年便是无說了○進齋徐氏曰上六位高而无下仁之美剛遠而失遷善之機厚極而有難開之蔽柔終而无改過之勇是昏迷而不知復者也○雲峯胡氏曰坤體而居上體之上先迷者也迷不特凶又有天災有人眚用行師終有大敗及其國君亦凶至于十年終不能行其言迷復之不可也迷復與不遠復相反初不遠而復迷則遠而不復敦復與頻復相反敦无轉易頻則屢易獨復與休復相似休則比初獨則應初也十年不克征亦七日來復之反乾无十坤无一陰數極於六而七則又爲乾之始陽數極於九而十則自爲坤之終故凡言十年者坤終之象也屯十年乃字頤十年勿用皆互坤○南軒張氏曰易之爻辭鮮有如是之詳其凶鮮有如是之極者而獨於復之上六言之蓋自古亡家覆國反道敗德无所不在其源起於一念之微不能制遏之爾夫以陰柔之才去本之遠所謂人欲肆而天理滅者故有大敗終凶之戒也

象曰迷復之凶은反君道也라

○象에ᄀᆞᆯ오ᄃᆡ迷復의凶홈은君道애反ᄒᆞᆯ시라

【傳】復則合道、旣迷於復、與道相反也、其凶、可知、以其國君凶、謂其反君道也、人君、居上而治衆、當從天下之善、乃迷於復、反君之道也、非止人君、凡人、迷於復者、皆反道而凶也、

雲峯胡氏曰剝上九民所載也一陽在上指衆陰之爲民復上六反君道也衆陰之極表一陽之爲君○建安丘氏曰復卦以初九爲主其言不遠无祗悔者喜一陽之來也其上五陰爻則有得乎陽者吉无得乎陽者凶二比初則曰下仁四應初則曰從道此皆有得乎陽者餘三陰无得乎陽者五去初雖遠以居得中位自厚於復无悔三處位不中以去初未遠頻失而頻復者也故雖厲而可以无咎獨上六一爻最遠乎初又居一卦之窮迷而不復者也故凶又曰初爲明睿之君子知過則改上也二四爲樂善之賢者舍己從人次也六五爲不踐迹之善人自厚其身又其次也六三爲改過不勇之人復而失失而復抑又其次也上六則物欲沈溺本心喪失下愚不移者也尙何復之可言哉民斯爲下矣○雙峯饒氏曰復卦辭專以氣數言爻辭專以人事言以氣數言則復有必亨之理如出入无疾朋來无咎皆是復之亨處其所以然者以反復其道七日來復故也此是氣數之常自然如此若以人事言則須不遠復與休復方吉敦復方无悔獨復亦可以免凶咎若頻復則雖厲而亦可以无咎迷復則必至於凶而有災眚矣此皆人事所致君子不可不愼也○習靜劉氏曰動靜天道之復也善惡人道之復也故彖象言動靜之復六爻言善惡之復復者剛之反也自五及初皆以從剛爲復五之自考不如四之從道四之從道不如二之下仁二之下仁不如初之脩身三頻復雖危獨知復也上迷復反道則不知復矣【備旨】反背馳也天君爲主人欲退聽乃自然之道上九迷復是鑿竅伐眞致令本心失其主宰所謂背馳乎君道也

備旨具解原本周易卷之九

備旨具解原本周易卷之十

䷘ 震下乾上

【傳】无妄、序卦、復則不妄矣、故、受之以无妄、復者、反於道也、既復於道則合(一无合字)正理而无妄、故、復之後、受之以无妄也、爲卦、乾上震下、震、動也、動以天、爲无妄、動以人欲則妄矣、无妄之義、大矣哉、(程子曰无妄震下乾上聖人之動以天賢人之動以人若顔子之有不善豈如衆人哉惟只在此間爾蓋猶有己焉至於无我則聖人也○隆山李氏曰人受天地之中以生天神天明本自无妄有生之後人僞誘之妄念乃起又曰乾道變化一氣冥運而生者自生化者自化无不得其性命之正夫安有所謂妄者哉○雙溪王氏曰復者賢人之事无妄者聖人之事无妄則誠而復者所以求至於无妄者也)

无妄은**元亨**ᄒᆞ고**利貞**ᄒᆞ니**其匪正**이면**有眚**ᄒᆞᆯ서**不利有攸往**ᄒᆞ니라

○无妄은크게ᄒᆞ고貞홈이利ᄒᆞ니그正곳아니면眚이이시릴ᄉᆡ往ᄒᆞᆯ빠를두미利티아니ᄒᆞ니라

【傳】无妄者、至誠也、至誠者、(一无者字)天之道也、天之化育萬物、生生不窮、各正其性命、乃无妄也、人能合无妄之道則所謂與天地合其德也、无妄、有大亨之理、君子、行无妄之道則可以致大亨矣、无妄、天之道也、卦言人由无妄之道也、(一无也字)利貞、法无妄之道、利在貞正、失貞正則妄也、雖无邪心、苟不合正理則妄也、乃邪心也、故、有其(一作)匪正則爲過眚、既已无妄、不宜有往、往則妄也、或問程傳云雖无邪心苟不合正理則妄也既无邪心何以不合正理朱子曰有人自是其心全无邪而却不合於正理如賢智者過之他其心豈曾有邪却不合正理佛氏亦豈有邪心者又問莊敬持養此心既存亦可謂之无邪心矣然知有未至理有未窮則於應事接物之際不能處其當則未免於紛擾而敬亦不得行焉雖與流放而不知者異然苟不合正理則亦未免爲妄與邪心也曰所論甚善但所謂雖无邪心而不合正理者實該動靜而言然燕居獨處之時物有來感理所當應而此心頑然固執不動則雖无邪心而只此不動處便非正理又如應事接物處理當如彼而吾所以應之者乃如此則雖未必出於有意之私然只此亦是不合正理既有不合正理則非邪妄而何恐不可專以莊敬持養此心既存爲无邪心而必以未免紛擾敬不得行然後爲有妄之邪心也

【本義】无妄、實理自然之謂、史記、作无望、謂无所期望而有得焉者、其義、亦通、爲卦、自訟而變、九自二來而居於初、又爲震主、動而不妄者也、故、爲无妄、又二體、震動而乾健、九五、剛中而應六二、故、其占、大亨而利於正、若其不正則有眚而不利有所往也、朱子曰无妄本是无望這是沒理會時節忽然如此得來面前朱英所謂无望之福是也問史記作无望若以爲无望則是願望之望非誠妄之妄曰有所願望即是妄但望字說得淺妄字說得深无妄是箇不指望偶然底卦忽然而有福忽然而有禍如人方病忽然勿藥而癒是所謂无妄也據諸爻名義合作无望不知孔子何故說歸无妄○无妄自是大享了又却須是貞正始得若些子不正他那裏便有災來○无妄一卦雖云禍福之來也无常然自家所守者不可不利於正不可以彼之无常而吾之所守亦爲之无常也故曰无妄元亨利貞其匪正有眚若所守匪正則有眚矣眚即災也○厚齋馮氏曰朱子謂史記作无望自文王以來多爲无望之義馬季長鄭康成王子雍皆同斯義古人用字同聲者義亦通之如豫之爲預履之爲禮噬嗑之爲市合不一端而足今觀卦內作无所期望而有得其義多通序卦之意非可如此推也蓋動出於人則爲之而期其成有所望也動而聽命於天非可期望也○建安丘氏曰惟其无妄所以无望也若其處心未免於妄則无道以致福而妄欲徼福非所謂无望之福有過於召災而妄欲免災非所謂无妄之災此皆未免容心於禍福間非所謂无妄也若眞實无妄之人

則純乎任理禍福一付之天而无苟得幸免之心也○雲峯胡氏曰朱子解中庸誠字以爲眞實无妄之謂此解无妄
則以爲實理自然之謂自然二字已兼无所期望之意矣其占元亨而必利於貞者无妄誠也正而固誠之者也不正
則妄矣占辭曰貞曰匪正曰利曰不利其辭一正一反聖人示戒深矣

彖曰无妄은剛이自外來而爲主於內ᄒᆞ니

⊙彖애ᄀᆞᆯ오ᄃᆡ无妄은剛이外로브러來ᄒᆞ야內예主ㅣ되니

【傳】謂初九也、坤初爻、變而爲震、剛自外而來也、震、以初爻爲主、成卦、由之、故、初爲无妄之主、動以天、爲无妄、動而以天、動爲主也、以剛變柔、爲以正去妄之象、又剛正、爲主於內、无妄之義也、九居初、正也、進齋徐氏曰剛自外來而爲主於內以卦變言則下體乾交坤而爲震也非本卦剛柔之往來故曰外來初九爲震動之主爻故曰爲主於內

動而健ᄒᆞ고剛中而應ᄒᆞ야大亨以正ᄒᆞ니天之命也ㅣ라

⊙動코健ᄒᆞ고剛이中ᄒᆞ고應ᄒᆞ야크게亨ᄒᆞ고ᄡᅥ正ᄒᆞ니天의命이라

【傳】下動而上健、是其動、剛健也、剛健、无妄之體也、剛中而應、五、以剛居中正、二、復以中正相應、是順理而不妄也、故、其道、大亨通而貞正、乃天之命也、天命、謂天道也、所謂无妄也、白雲郭氏曰動而健者動以天不以人也○龜山楊氏曰五以剛健中正位乎上二以柔順中正應於下上下相與以正故其大亨也以正而已大亨以正非人之私智所能爲也循天理而已故曰天之命也維天之命於穆不已所謂命者亦誠而已矣

其匪正有眚不利有攸往은无妄之往이何之矣오리天命不祐를

行矣哉아

○其匪正有眚不利有攸往은无妄의往홈이어듸가리오天命이祐티아니호믈行호라

【傳】所謂无妄、正而已、小失於正則爲有過、乃妄也、所謂匪正、蓋由有往、若无妄而不往、何由有匪正乎、无妄者、理之正也、更有往、將何之矣、乃入於妄也、往則悖於天理、天道所不祐、可行乎哉、(龜山楊氏曰大亨以正則亨以正爲體匪正則有眚非順理也故天命所不祐欲往安之乎○進齋徐氏曰行矣哉即州里行乎哉之義)

【本義】以卦變卦德卦體、言卦之善、如此、故、其占、當獲大亨而利於正、乃天命之當然也、其有不正則不利有所往、欲何往哉、蓋其逆天之命而天不祐之、故、不可以有行也、(朱子曰剛自外來說卦變動而健說卦德剛中而應說卦體大亨以正說元亨利貞伊川易傳似不是本意剛自外來是所以做造无妄動而健是有卦後說底○雲峯胡氏曰本義謂自訟而來二之剛來居初也或謂外卦爲乾震之剛自乾來也亦通无妄釋元亨利貞與臨同命即道也叶韻耳无妄之往程子以爲无妄而又往本義只順上文本義解正者天之命不正故不可行也蓋无妄之往與泰卦包荒得尙于中行句相似擧首尾句而包中間也不可泥文而失意)

象曰天下雷行호야**物與无妄**호니**先王**이**以**호야**茂對時**호야**育萬物**호니라

○象애골오듸天下에雷ㅣ行호야物마다无妄을與호니先王아以호야 茂히時를對호야萬物을育호니라

【傳】雷行於天下、陰陽、交和、相薄而成聲、於是、驚蟄藏、振萌芽、發生(一作育)萬物、其所賦與、洪纖高下、各正其性命、无有差妄、一作戉物與无妄也、先王、觀天下雷行發生賦與之象而以茂對天時、養育萬物、使各得其宜、如天與之无妄也、茂、盛也、茂對之爲言、猶盛行永言之比、對時、謂順合天時、天道、生萬物、各正其性命而不妄、王者、體天之道、養育人民、以至昆蟲草木、使各得其宜、乃對時育物之道也、程子曰天下雷行物與无妄天下雷行付與无妄天性豈有妄邪聖人以茂對時育萬物各使得其性也无妄則一毫不可加安可往也往則妄矣无妄震下乾上動以天安有妄乎動以人則有妄矣○天下雷行物與无妄先天後天皆合乎天理者也人欲則僞矣○天下雷行物與无妄動以天理故也其大略如此又須研究之則自有得處

【本義】天下雷行、震動發生、萬物、各正其性命、是物物而與之以无妄也、先王、法此、以對時育物、因其所性而不爲私焉、或問物與无妄是各正性命之意朱子曰然一物與他一箇无妄○節齋蔡氏曰對與對越上帝之對同茂者篤實感發之意至誠之動无時不對无物不育也○中溪張氏曰天之生物不違乎時至誠贊化亦不違乎時聖人與天同一无妄此所謂動以天也○雙湖胡氏曰天下雷行物與无妄以理言之有會萬爲一一實萬分之義以象言之則一震之頃物皆震動邪念頓消是物與之以无妄也聖人茂對天時以養育萬物是亦聖人之雷行物與之以无妄矣○雲峯胡氏曰夫子釋彖從天命上說本義釋夫子大象從性上說性即天之命也天下雷行物物與之以无妄物物各具一性物物各一自然之天聖人因物之所性以育萬物聖人一自然之天也

初九는 无妄이니 往에 吉ᄒᆞ리라

○初九ᄂᆞᆫ 无妄이니 往애 吉ᄒᆞ리라

【傳】九以陽剛、爲主於內、无妄之象、以剛實、一无實字變柔而居內、中誠不妄者也、以

无妄而往、何所不吉、卦辭、言不利有攸往、謂旣无妄、不可復有往也、過則妄矣、爻言往吉、謂以无妄之道而行則吉也、

【本義】以剛在內、誠之主也、如是而往、其吉、可知、故、其象占、如此、 進齋徐氏曰初剛當位而動爲无妄之主動以正者如是而行何往非吉○隆山李氏曰初陽无應而爻辭謂之往吉何也兩剛相遇不牽於係應之私是之謂无妄此初所以吉四所以无咎也若夫六二九五應六三上九應而三不免於災五不免於疾上不免於眚有應者反不若无應之爲愈可見矣震陽初動誠一未分剛實无私以此而往動與天合其又奚必有應而後能往哉此初九之往所以得无心之吉也○雲峯胡氏曰釋彖曰剛自外來而爲主於內本義於此曰以剛在內誠之主也主字最有力蓋妄者誠之反也誠之主如此妄自然无矣如斯而往其吉固宜此占辭而本義以爲象者初九之剛爲主於內誠之主之象也○蘭氏廷瑞曰初則當行終則當止行止適當則无妄不妄則吉无妄之初當行者也故往則有吉无妄之終當止者也故行則有眚

象曰无妄之往은**得志也**ㅣ라

○象애ᄀᆞᆯ오ᄃᆡ无妄으로往홈은志를得ᄒᆞ리라

【傳】以无妄而往、无不得其志也、蓋誠之於物、无不能動、以之脩身則身正、以之治事則事得其理、以之臨人則人感而化、无所往而不得其志也、 誠齋楊氏曰九本乾體初居震始動以天者也焉往而不吉不得志哉○丹陽都氏曰二陰在前无陽以拒之故吉故得志

六二는**不耕**ᄒᆞ야**穫**ᄒᆞ며**不菑**ᄒᆞ야**畬**ㅣ니**則利有攸往**ᄒᆞ니라 菑側其反 畬音餘

【本義】不耕穫ᄒᆞ며不菑畬ㅣ니

○六二는耕티아니ᄒᆞ야穫ᄒᆞ며菑티아니ᄒᆞ야畬홈이니往홀빠두미利ᄒᆞ니라

【本義】耕ᄒᆞ며穫디아니며菑ᄒᆞ며畬티아니마니

【傳】凡理之所然者、非妄也、人所欲(一无欲字)爲者、乃妄也、故、以耕穫菑畬、譬之、六二、居中得正、又應五之中正、居動體而柔順、爲動能順乎中正、乃无妄者也、故、極言无妄之義、耕、農之始、穫、其成終也、田一歲曰菑、三歲曰畬、不耕而穫不菑而畬、謂不首造其事、因其事理所當然也、首造其事則是人心所作爲、乃妄也、因事之當然則是順理應物、非妄也、穫與畬、是也、蓋耕則必有穫、菑則必有(一作爲)畬、是事理之固然、非心意之所造作也、如是則爲无妄、不妄則所往、利而无害也、或曰聖人、制作、以利天下者、皆造端也、豈非妄乎、曰聖人、隨時制作、合(一作因)乎風氣之宜、未嘗先時而開之也、若不待時則一聖人、足以盡爲矣、豈待累聖繼作也、時乃事之端、聖人、隨時而爲也、

廣平游氏曰不耕穫不菑畬以明君子之於物應而不唱其於事述而不作非樂通物也樂循理也○朱子曰耕菑固必因時而作然對穫畬而言則爲首造矣易中取象亦不可以文害辭辭害義若必字字拘泥則不耕而望穫不菑而望畬亦豈有此理耶○問程傳爻辭恐未明白竊謂无不耕而穫不菑而畬之理只是不於耕而計穫之利如程子所解象辭移之以解爻辭則可曰易傳爻象之辭雖若相反而意實相近特辭有未足耳爻辭言嘗循理象辭言不計利循理則不計利計利非循理也但考之經文則若有可疑者若曰不耕而穫則多却而字若曰不於耕而求穫之利則又須增數字方通嘗謂此爻乃自始至終都不營爲而偶然有得之意耕穫菑畬擧事之始終而言也當无妄之世事蓋有如此者若以義言則聖人之无爲而治學者之不要人爵而人爵從之皆是也大抵此爻所謂无妄之福而六三則所謂无妄之禍也○潛室陳氏曰伊川大意只謂不爲穫而耕不爲菑而畬凡有所爲而爲者皆計利之私心即妄也但經文中不如此下語故易傳中頗費言語始謂不耕而穫不菑而畬謂不首造其事則似以耕菑爲私意中謂耕則必有穫菑則必有畬非心造意作則以耕穫菑畬爲非私意終

謂既耕則必有穫既菑則必成畬非必以穫畬之富而爲則又似以穫畬爲私意三說不免自相牴牾所以本義但據經文直說謂无耕穫菑畬之私心蓋農夫治田都无計利之私心當无妄之時皆不可有此意想如農夫之耕穫則於經文甚直无繳繞之礙又曰不首造者謂作事之始不可萌計較課功意乃明道不計功之說也

【本義】柔順中正、因時順理而无私意期望之心、故、有不耕穫不菑畬之象、言其无所爲於前、无所冀於後也、占者、如是則利有所往矣、

朱子曰六二在无妄之時居中得正故吉其曰不耕穫不菑畬是四事都不做蓋自有一様時節都不須得作爲事事都不動作亦自利有攸往看來无妄合是无望之義如无妄之災无妄之疾都是沒巴鼻恁地伊川作三意說不耕而穫耕而不穫耕而不必穫看來只是見成領會他○西溪李氏曰无妄誠也實理也有一毫求得於外之心便害无妄之體耕穫菑畬求得於外也必无耕穫菑畬之心然後可以有所往二以陰居陰雖得中然未實也中未實則必外求因有此戒○廬陵龍氏曰耕穫菑畬而得穀此常理也然天命偶然亦有不用力而穫者无妄之福也若有如此福利自然至前則宜有所往矣則字喚得分明然利往與否又在占者審擇此未定之占○雲峯胡氏曰耕穫者種而斂之也菑畬者墾而熟之也諸家以爲不耕而穫不菑而畬是從外添一而字惟本義以爲一歲之農始於耕終於穫三歲之田始於菑終於畬不耕穫不菑畬六二柔順中正終始无所作爲之象而必曰因時順理者理本自然无所作爲亦有時可如此不煩作爲者六二柔雁之至因其時順其理自始至終絶无計功謀利之心无所望而有得焉者也故其占曰利有攸往或曰利有攸往則宜於有爲矣而以爲无所作爲者何也曰惟其因時順理而不自作爲此所以可有爲也

象曰不耕穫은 未富也ㅣ라

(象애 ᄀᆞᆯ오ᄃᆡ 不耕穫은 富호려 홈이 아니미라

【傳】未者、非必之辭、臨卦、曰未順命、是也、不耕而穫不菑而畬、因其事之當然、既耕則必有穫、既菑則必成畬、非必以(一无以字 一无必字)穫畬之富而爲也、其始耕畬、乃設心、在於求(一无求字)穫畬、是、以其富也、心有欲而爲者則妄也、

【本義】富、如非富天下之富、言非計其利而爲之也、雲峯胡氏曰无妄天也計其利而爲之則人而非天矣

六三은 无妄之災니 或繫之牛ᄒᆞ나 行人之得이 邑人之災로다

○六三은无妄애災니或牛을繫ᄒᆞ나行人의得홈이邑人의災로다【本義】或이繫ᄒᆞᆫ牛를

【本義】或繫之牛를

【傳】三以陰柔而不中正、是爲妄者也、又志應於上、欲也、亦妄也、在无妄之道、爲災害也、人之妄動、由有欲也、妄動而得、亦必有失、雖使得其所利、其動而妄、失已大矣、況復凶悔、隨之乎、知者、見妄之得則知其失、必如與稱也、故、聖人、因六三有妄之象而發明其理、云无妄之災或繫之牛行人之得邑人之災、言如三之爲妄、乃无妄之災害也、設如有得、其失、隨至、如或繫之牛、或、謂設或也、或繫得牛、行人得之以爲有得、邑人、失牛、乃是災也、借使邑人、繫得馬則行人失馬、乃是災也、言有得則有失、不足以爲得也、行人邑人、但言有得則有失、非以爲彼己也、妄得之福、災亦隨之、妄得之得、失亦稱之、固不足以爲得也、人能知此則不爲妄動矣、臨川吳氏曰此假設其象以明之如或繫一牛於此乃邑人之牛也偶脫所繫而爲行人所得邑人有失牛之災亦適然不幸爾非己有以致之是謂无妄之災六三之遇此災莫之致而至者也○誠齋楊氏曰我求而我得者有妄之災非我求而我得者无妄之災

【本義】卦之六爻、皆无妄者也、六三、處不得正、故、遇其占者、无故而有災、如行

人、牽牛以去而居者、反遭詰捕之擾也、或問无妄之災朱子曰此卦六爻皆是无妄但六三地頭不正故有无妄之災言无故而有災也如行人牽牛己去而居人反遭捕詰之擾此正无妄之災之象○習靜劉氏曰六三才柔而位不當所謂匪正者也故有災然出於意料之外故曰无妄之災○雲峯胡氏曰六爻皆无妄三之時則无妄而有災者也六二得位而有无妄之福時也六三失位而有无妄之禍亦時也行人牽牛以去而居人反受詰捕之擾其災出於意料之外雜卦曰无妄災也其此之謂乎○雙湖胡氏曰三周是无妄之災然亦其不正之所致使九三得正寧有是乎

象曰行人得牛ㅣ邑人災也ㅣ라

○象애골오되行人의牛를得홈이邑人의災라

【傳】行人得牛、乃邑人之災也、有得則有失、何足以爲得乎、臨川吳氏曰其得者无妄之福其失者无妄之災以无妄之人居无妄之時災福皆非以妄而致也【備旨】此象意在言外一團慨嘆意

九四는可貞이니无咎ㅣ리라

○九四는可히貞홈이니咎ㅣ업스리라

【傳】四、剛陽而居乾體、復无應與、无妄者也、剛而无私、豈有妄乎、可貞固守此、自无咎也、九、居陰、得爲正一作貞乎、曰以陽居乾體、若復處剛則爲一无爲字過矣、過則妄也、居四、无尙剛之志也、可貞、與利貞、不同、可貞、謂其所處、可貞固守之、利貞、謂利於貞也、

【本義】陽剛乾體、下无應與、可固守而无咎、不可以有爲之占也、進齋徐氏曰九四得乾體之剛下无係應无妄

者也但可貞與利貞不同利貞謂利於貞也可者僅可之辭謂以九居四剛而不中僅可堅守其剛貞而勿動爾妄動則有咎也○雙湖胡氏曰四處不中正故戒之以可貞則无咎不正則有咎也可之云者有悔之之意○雲峯胡氏曰貞正而固也曰利貞則訓正字而兼固字之義曰不可貞則專訓固字而无正字之義不可不辯九四陽剛健體下无應與僅可貞固守之而其占不可有爲不如初之吉亦不至如上之凶僅得无咎而已

象曰可貞无咎는 固有之也일서라

○象애 ᄀᆞᆯ오ᄃᆡ 可貞无咎ᄂᆞᆫ 구디 둘ᄉᆡ라

【傳】 貞固守之則无咎也、

【本義】 有、猶守也、

九五는 无妄之疾은 勿藥이면 有喜리라

【本義】 无妄之疾이니 勿藥有喜리라

○九五ᄂᆞᆫ 无妄의 疾은 藥디 아니면 喜이 시리라 (本義) 无妄의 疾이니 藥디 아녀셔 喜이 시리라

【傳】 九以中正、當尊位、下復以中正、順應之、可謂无妄之至者也、其道、无以加矣、疾、爲之病者也、以九五之无妄、如其有疾、勿以藥治則有喜也、人之有疾則以藥石、攻去其邪、以養其正、若氣體、平和、本无疾病而攻治之則反害其正矣、故、勿藥則有喜也、有喜、謂疾自亡也、无妄之所謂疾者、謂若治之而不治、率之而不從、化之而不革、以妄而爲无妄之疾、舜之有苗、周公之管蔡、孔子之叔孫武叔、是也、既已无妄而有疾之者則當自如、无妄之疾、不足患也、若遂自攻治、乃是渝其无妄而遷妄也、五、旣處无妄之極、故、唯戒在動、動則妄矣、

【本義】乾剛中正、以居尊位而下應、亦中正、无妄之至也、如是而有疾、勿藥而自愈矣、故、其象占、如此、或問九五陽剛中正以居尊位无妄之至何爲而有疾朱子曰此是不期而有此但聽其自爾久則自定所以勿藥有喜而无疾也大抵无妄一卦固是无妄但亦无故非意之事故聖人因象以示戒○白雲郭氏曰易以乘剛爲疾如豫六五自取之也非无妄也九五以剛乘剛居中有得正非自取之疾道故爲无妄疾之也人之有疾以藥石攻其邪然以治豫之貞疾則可治无妄之疾則不可也○雲峯胡氏曰豫六五以柔乘剛貞疾固宜无妄九五剛健中正下應柔順中正无妄之至也如是而有疾文王羑里之囚周公流言之變也不殄厥慍亦不隕厥問公孫碩膚德音不瑕文王周公之疾不藥而自愈矣

象曰无妄之藥은 不可試也ㅣ니라

○象애 골오ᄃᆡ 无妄의 藥은 試티 몯ᄒᆞᆯ꺼시라

【傳】人之有妄、理必修改、旣无妄矣、復藥以治之、是反爲妄也、其可用乎、故、云不可試也、試、暫用也、猶曰少嘗之也、

【本義】旣己无妄而復藥之則反爲妄而生疾矣、試、謂少嘗之也、中溪張氏曰无妄而疾又无妄而藥則反爲妄而起其疾矣此无妄之藥所以不可試也孔子曰某未達不敢嘗聖人不試无妄之藥如此【備旨】爻言不必藥象言不可藥皆以戒妄動也秦人以求富强爲疾輔之以啓鞅之烏喙晉人以求淸虛爲疾下之以王衍之甘遂疾未愈而身從之故賢人不試无妄之藥

上九는 无妄에 行이면 有眚ᄒᆞ야 无攸利ᄒᆞ니라

【本義】无妄애行이니

○上九는无妄애行이면眚이이셔利흔배업ᄉ니라(本義)无妄애行흠이니

【傳】上九、居卦之終、无妄之極者也、極而復行、過於理也、過於理則妄也、故、一作矣上九而行則有過眚而无所利矣、

【本義】上九、非有妄也、但以其窮極而不可行耳故其象占、如此、西溪李氏曰處卦之終其位不正所謂匪正有眚也○中溪張氏曰上九居乾之終則純乎天矣苟復動而妄行則失於亢故有過眚而无所利卦辭所謂匪正有不利有攸往即指此也漢武漠北之征唐皇雲南之師此爻之謂矣(傳旨)自恃无妄不可行而行行即妄矣彖止言有眚 言行有眚則不行猶或可免執定要行便是不知變通之道所以有眚

象曰无妄之行은窮之災也ㅣ라

○象애골오ᄃᆡ无妄의行은窮의災라

【傳】无妄、旣極而復加進、乃爲妄矣、是窮極而爲災害也、雲峯胡氏曰六爻皆无妄也特初九得位而爲震動之主時之方來故无妄往吉上九失位而居乾體之極時已去矣故其行雖无妄有眚无攸利是故善學易者在識時初曰吉二曰利時也三曰災五曰疾上曰眚非有妄以致之也亦時也初與二皆可往時當動而動也四可貞五勿藥上行有眚時當靜而靜也○楊氏文煥曰无妄動以天也拂天而動則妄矣下三爻震體初往吉二利往三行人之得利於動也在下當動動則應天上三爻乾體四可貞五勿藥戒在動也動則拂天上行有眚已之天也動將何之故當動而不動與不當動而動皆妄也夫(傳旨)行與偕極故曰窮窮之災也即在行處見得无妄之行而曰窮即欲往何之之意三猶可該其災於天上實造其眚於己○一下三爻貴動則居者災上爻貴靜則行者災

䷙ 乾下艮上

【傳】大畜、序卦、有无妄然後、可畜、故、受之以大畜、无妄則爲有實、故、可畜聚、大畜所以次无妄也、爲卦、艮上乾下、天而在於山中、所畜、至大之象、畜爲畜止、又爲畜聚、止則聚矣、一有又字取天在山中之象則爲蘊畜、取艮之止乾則爲畜止、止而後、有積、故、止爲畜義、朱子曰小畜以巽之柔順而畜三陽畜他不住大畜則以艮畜乾畜得有力所以喚作大畜○趙氏曰乾健上進爲艮所止故有畜義艮陽卦也陽爲大故曰大畜大小畜所畜皆乾所別者艮巽耳是故以大畜大謂之大畜○隆山李氏曰以陰畜陽所畜之力小故謂之小畜以陽畜陽所畜之力大故謂之大畜

大畜은利貞ᄒᆞ니不家食ᄒᆞ면吉ᄒᆞ니利涉大川ᄒᆞ니라

【本義】不家食ᄒᆞ야吉ᄒᆞ고

○大畜은貞홈이利ᄒᆞ니家애食디아니ᄒᆞ면吉ᄒᆞ니大川을涉홈이利ᄒᆞ니라(本義)家애食디아니ᄒᆞ야吉ᄒᆞ고

【傳】莫大於天而在山中、艮在上而止乾於下、皆蘊畜至大之象也、在人、爲學術道德、充積於內、乃所畜之大也、凡所畜聚、皆是、專言其大者、人之蘊畜、宜得正道、故、云利貞、若夫異端偏學、所畜、至多而不正者、固有矣、旣道德、充積於內、宜在上位、以享天祿、施爲於天下、則不獨於一无於字一身之吉、天下之吉也、若窮處而自食於家、道之否也、故、不家食則吉、所畜、旣大、宜施之於時、濟天下之艱險、乃大畜之用也、故、利涉大川、此、只據大畜之義而言、彖、更以卦之才德而言、諸爻則惟有

止畜之矣、蓋易、體道隨宜、取明且近者、 白雲郭氏曰賢不家食祿之也古之人不仕无祿則耕而食之於家也仕而祿足以代耕則不耕矣非家食也○建安丘氏曰大畜利貞言所畜者大而利於貞正也不家食吉言賢者當與之共天位享天祿食於朝而不食於家則吉也然有所畜者必有所用有所養者必有所施賢人又當出而濟天下之艱險以究大畜之才故曰利涉大川利涉者乾健於行也

【本義】大、陽也、以艮畜乾、又畜之大者也、又以內乾、剛健、外艮、篤實輝光、是以、能日新其德而爲畜之大也、以卦變、言、此卦、自需而來、九自五而上、以卦體、言、六五尊而尙之、以卦德、言、又能止健、皆非大正、不能、故、其占、爲利貞而不家食吉也、又六五、下應於乾、爲應乎天、故、其占、又爲利涉大川也、不家食、謂食祿於朝、不食於家也、 朱子曰大畜利貞不家食吉利涉大川只是占得大畜者爲利貞不家食而吉利於涉大川至於剛上尙賢等處乃孔子發明各有所主爻象亦然○雲峯胡氏曰大畜大壯皆四陽卦故皆謂之大其占皆曰利貞者大壯而不貞其壯也剛而无禮大畜而不貞其畜也博而寡要不家食是賢者不畜于家而畜於朝涉大川又似有畜極而通之意要之兩利字一吉字占辭自分而爲三不必泥而一之也

彖曰大畜은剛健코篤實코輝光ᄒᆞ야日新其德이니

○彖애ᄀᆞᆯ오ᄃᆡ大畜은剛健ᄒᆞ고輝光ᄒᆞ야日로그德을新흠이니

【傳】以卦之才德而言也、乾體、剛健、艮體、篤實、人之才、剛健篤實則所畜、能大、充實而有輝光、畜之不已則其德、日新也、

【本義】以卦德、釋卦名義、 朱子曰篤實便有輝光艮止便能篤實○雲峯胡氏曰諸卦艮德只一止字此則有篤實輝光四字蓋大畜之所重者在艮上一爻卦名畜字已具艮止之義此曰篤實艮一陽之所以能畜也曰輝光陽能畜諸中而見諸外也○東谷鄭氏曰畜有三義以畜養言之畜賢也以畜止言之畜健也以蘊畜言之畜德也養賢以及萬民此畜養之大者乾天下之至健而四五能畜之此畜止之大者

剛健篤實輝光日新其德此蘊畜之大者故彖傳兼此三者言之

剛上而尙賢ᄒᆞ고能止健이大正也ㅣ라

○剛이上ᄒᆞ야賢을尙ᄒᆞ고能히健을止ᄒᆞ요미크게正홈이라

【傳】剛上、陽居上也、陽剛居尊位之上、爲尙賢之義、止居健上、爲能止健之義、止乎健者、非大正則安能、以剛陽、在上、與尊尙賢德、能止至健、皆大正之道也、

【本義】以卦變卦體、釋卦辭、朱子曰能止健都不說健而止見得是艮來止這乾以艮之止 止乾之健也○中溪張氏曰止健以二德言不曰健而止而曰能止健者蓋 乾之爲物也最健而處於艮之下甘受其畜止而不辭以剛畜剛乃大者之正也故曰大正此釋利貞之義○臨川吳氏曰二柔尊尙一剛於己之上其能止健者一剛之大正也而非二柔之小者爲之不以止健之功歸之於陰小蓋聖人之微意

不家食吉은養賢也ㅣ오

○不家食吉은賢을養홈이오

【本義】亦取尙賢之象、

利涉大川은應乎天也ㅣ라

○利涉大川은天을應홈이라

【傳】大畜之人、所宜施其所畜、以濟天下、故、不食於家則吉、謂居天位享天祿也、國家、養賢、賢者、得行其道也、利涉大川、謂大有蘊畜之人、宜濟天下之艱險也、彖、更發明卦才云所以能涉大川者、以應乎天也、六五、君也、下應乾之中爻、乃大畜之

君、應乾而行也、所行、能應乎天、无艱險之不可濟、况其他乎、

【本義】亦以卦體而言、 臨川吳氏曰涉險非乾健之力不能六五下應乎乾故能涉大川也○雲峯胡氏曰卦有乾體者多曰利涉大川健故也

象曰天在山中이 **大畜**이니 **君子**ㅣ **以**ᄒᆞ야 **多識前言往行**ᄒᆞ야 **以其畜德**ᄒᆞᄂᆞ니라 識如字又音志行下孟反

○象애ᄀᆞᆯ오ᄃᆡ天이山中에이쇼미大畜이니君子ㅣ以ᄒᆞ야前言과往行을만히識ᄒᆞ야ᄡᅥ그德을畜ᄒᆞᄂᆞ니라

【傳】天爲至大而在山之中、所畜、至大之象、君子、觀象、以大其蘊畜、人之蘊畜、由學而大、在多聞前古聖賢之言與行、考跡以觀其用、察言以求其心、識而得之、以畜成其德、乃大畜之義也、

【本義】天在山中、不必實有是事、但以其象、言之耳、 雙湖胡氏曰天包地外地外有天山雖在地上然地下之天即山中有天也中字只作下字解如地中有山雷在地中以卦體言只是下義○鶴山魏氏曰天在山中譬則心之體也聞一言焉見一行焉審問而謹思明辯而篤行即所以畜其心之德蓋畜故乃所以養新而新非自外至也昭昭之多止於所不見是以愈畜而愈大○建安丘氏曰風以氣畜氣息則散故風行天上爲小畜山以形畜形畜則固故天在山中爲大畜大畜言畜德小畜言懿文德畜德雖同而文德則德之小者也

初九는 **有厲**니리 **利已**니라 已夷止反

○初九는厲홈이이시리니마로미利ᄒᆞ니라

【傳】大畜、艮止畜乾也、故、乾三爻、皆取被止(一作止之)爲義、艮三爻、皆取止之爲義、初以陽剛、又健體而居下、必上進者也、六四、在上、畜止於己、安能敵在上得位之勢、若犯之而進則有危厲、故、利在己而不進也、在他卦則四與初、爲正應、相援者也、在大畜則相應、乃爲相止畜、上與三、皆陽則爲合志、蓋陽、皆上進之物、故、有同志之象而无相止之義、

【本義】乾之三陽、爲艮所止、故、內外之卦、各取其義、初九、爲六四所止、故、其占、往則有危而利於止也、 中溪張氏初九乾體志於上進六四下與之應而畜止之四雖柔而止體當畜之時剛不能進初若恃其陽剛方銳之勢而欲遽往則爲所畜制而有厲矣故曰有厲利己子夏傳曰居而俟命則利往而違上則厲○雲峯胡氏曰他卦取陰陽相應此取相畜內卦受畜以自止爲義外卦能畜以止之爲義獨三與上居內外卦之極畜極而通不取止義

象曰有厲利己는不犯災也ㅣ라

○象에ᄀᆞᆯ오ᄃᆡ有厲利己는災를犯티아니홈이라

【傳】有危則宜己、不可犯災危而行也、不度其勢而進、有災、必矣、 中溪張氏曰厲災也惟己故不犯

九二는輿說輹이로다 說吐活反輹音服又音福

○九二는輿ㅣ輹을說홈이로다

【傳】二爲六五所畜止、勢不可進也、五據在上之勢、豈可犯也、二雖剛健之體、然、

其處、得中道、故、進止无失、雖志於進、度其勢之不可則止而不行、如車輿、脫去一有其字輪輹、謂不行也、

【本義】九二、亦爲六五所畜、以其處中、故、能自止而不進、有此象也、雲峯胡氏曰初剛居剛性欲上進曰利己者勉其止也二剛中自能止而不行可謂知時者矣○漢上朱氏曰初剛正也二剛中也四五柔也柔能畜剛剛知其不可遽犯而安之時也夫氣雄九軍者或屈於賓贊之儀才力蓋世者或聽於委裘之命故曰大畜時也○童溪王氏曰小畜之九三見畜於六四而曰輿說輻四說其輻也大畜之九二受畜於六五亦曰輿說輹是自說其輹也夫說人之輻與自說其輹語其勢之逆順蓋有間矣何者九三剛過而九二則剛得中故也剛而得中則進无止失故象釋之曰中无尤也○蘭氏廷瑞曰小畜以一陰而畜五陽而六四爲小畜之主近畜九三以小畜大以陰畜陽又非正應所以九三不受畜而有夫妻反目之象大畜則艮能止三陽之健九二在下卦之中而上受六五大君所畜以君畜臣以上畜下二五皆中又其正應居中相應何尤之有所以不同也

象曰輿說輹은中이라无尤也ㅣ라

象애ᄀᆞᆯ오ᄃᆡ輿說輹은中ᄒᆞᆫ디라尤ㅣ업스니라

【傳】輿說輹而不行者、蓋其處、得中道、動不失宜、故、无過尤也、善莫善於剛中、柔中者、不至於過柔耳、剛中、中而才也、初九、處不得中、故、戒以有危宜已、二、得中、進止自无過差、故、但言輿說輹、謂其能不行也、不行則无尤矣、初與二、乾體剛健而不足以進、四與五、陰柔而能止、時之盛衰、勢之强弱、學易者所宜深識也、息齋余氏曰小畜待陰迫之而後說輻故反目大畜才及中而自說其輹此有知幾之吉彼有來迫之嫌故无尤

九三은良馬逐이니利艱貞ᄒᆞ니曰閑輿衛면利有攸往ᄒᆞ리라 曰讀爲日

○九三은良馬ㅣ逐홈이니艱코貞홈이利ᄒᆞ니日로輿와衛를閑ᄒᆞ면往홀ᄲᅢ를두미利ᄒᆞ리라

【傳】三、剛健之極而上九之陽、亦上進之物、又處畜之極而思變也、與三、乃不相畜而志同、相應以進者也、三、以剛健之才而在上者、與合志而進、其進、如良馬之馳逐、言其速也、雖其進之勢、速一作志、不可恃其才之健、與上之應而忘備與愼也、故、宜艱難其事而由貞正之道、輿者、用行之物、衛者、所以自防、當自一无自字日常閑習其車輿、與其防衛則利有攸往矣、三、乾體而居正、能貞者也、當有銳進、故、戒以知難與不失其貞一作正也、志既銳於進、雖剛明、有時而失、不得不誠也、

【本義】三、以陽居健、極、上、以陽居畜極、極而通之時也、又皆陽爻、故、不相畜而俱進、有良馬逐之象焉、然、過剛銳進、故、其占、必戒以艱貞閑習、乃利於有往也、曰、當爲日月之日

朱子曰九三一爻不爲所畜而欲進與上九合志同進俱爲畜極而通之時故有良馬逐何天之衢亨之象但上九己通達无礙只是滔滔去三過剛銳進故戒以艱貞閑習蓋初二兩爻皆爲所畜獨九三一爻自進耳問九六爲正應皆陰皆陽則爲无應獨畜卦不爾何也曰陽遇陰則爲陰所畜九三與上九皆陽皆欲上進故但以同類相求也小畜亦然○雲峯胡氏曰閑習也日閑猶言時習閑輿衛又因二之輿三之馬取象輿者乘內之二陽衛者防外之二陰良馬逐者上一陽與己同志三逐上以上而下二陽又逐三以進之象也初利己戒其進也二說輹喜其不進也三可進矣而猶戒之艱難貞固日閑習輿衛之事者懼其可進而銳於進也二之輿既說輹而不進三復閑輿衛而不輕進至是則初之利己者三可利往矣○平庵項氏曰衛古書之稱皆武衛也考工記周人上輿車有六等之數戈也人也殳也戟也矛也軫也皆衛名○節齋蔡氏曰凡剛進而上遇柔則利遇

剛則不利如大壯之四曰藩決不羸大畜之三曰良馬逐皆前遇乎柔也大壯之初曰征凶三曰羝羊觸藩羸其角大畜之初曰有厲利已皆前遇乎剛也

象曰利有攸往은**上**이**合志也**ᅵᆯ서라

象애골오ᄃᆡ利有攸往은上이志ㅣ合홀서라

【傳】所以利有攸往者、以與在上者、合志也、上九陽性、上進、且畜已極、故、不下畜三而與（一有三字）合志上進也、

六四ᄂᆞᆫ**童牛之牿**이니**元吉**ᄒᆞ니라（牿古毒反）

六四ᄂᆞᆫ童牛의牿홈이니元코吉ᄒᆞ니라

【傳】以位而言則四、下應於初、畜初者也、初居最下、陽之微者、微而畜之則易制、猶童牛而加牿、大善而吉也、概論畜道則四、艮體、居上位而得正、是、以正德、居大臣之位、當畜之任者也、大臣之任、上畜止人君之邪心、下畜止天下之悪人、（一无人字）人之悪、止於初則易、既盛而後、禁則扞格而難勝故、上之悪、既甚則雖聖人、救之、不能免 違拂、下之悪、既甚則雖聖人、治之、不能免刑戮、莫若止之於初、如童牛而加牿則元吉也、牛之性、觝觸以角、故、牿以制之、若童犢、始角而加之以牿、使觝觸之性、不發則易而无傷、以況六四、能畜止上下之悪於未發之前則大善之吉也、（程子曰教人之備若童牛之牿當其未能觸時己先制之其次則豶豕之牙豕之有牙既己難制以百方制之終不能使之改惟豶其勢則自調伏雖有牙亦不能爲害如有不率教之人却須置其檟楚別以道格其心則不須檟楚將自化矣○藍田呂

氏曰六四六五皆以柔畜剛止健者也牛之剛健在角豕之剛健在牙○厚齋馮氏曰小畜之畜乾者六四也九居五爲之助者也大畜之畜陽者六四六五也九居上爲之助者也夫外无陽爻則坤順而不能畜內无陰爻則同類而不相畜然則成大畜之義者在艮之上九而能畜乾之陽者在艮之六四六五也○建安丘氏曰或謂小畜大畜皆以六四下畜乾初在小畜有復自道之吉在大畜有有厲利已之戒何也曰小畜以巽畜乾巽陰卦也而四又柔爻故未能畜初大畜以艮畜乾艮陽卦也四雖柔爻而實艮體故初爲所畜而不能進二爻雖同爲柔而巽艮畜乾之義異矣

【本義】童者、未角之稱、牿、施橫木於牛角、以防其觸、詩所謂楅衡者也、止之於未角之時、爲力、則易、大善之吉也、故、其象占、如此、學記曰禁於未發之謂豫、正此意也、朱子詩傳曰楅衡施於牛角所以止觸也周禮封人凡祭飾其牛牲設其楅衡學記禁於未發之謂豫註云豫者先事之謂○雲峯胡氏曰祭天地之牛角繭栗童則猶未有角其天全矣此時牿之禁於未發者也用力甚易故其占大善而吉【備旨】此大臣佐君以畜天下之惡者刑禁於已發之後禮防於未發之先童牛之牿象其止惡於未發所謂以禮防民者也

象曰六四元吉은 有喜也ㅣ라

象애 골오ᄃᆡ 六四元吉은 喜이 ᄋᆞᆷ이라

【傳】天下之惡、已盛而止之則上勞於禁制而下傷於刑誅、故、畜止於微小之前則大善而吉、不勞而无傷、故可喜也、四之畜初、是也、上畜、亦然、【備旨】有喜就在元吉上見猷銷天下之惡而不煩刑誅此心豈不大快故曰有喜

六五豶豕之牙ㅣ니 吉ᄒᆞ니라 (豶符云反)

○六五는 豕의 牙를 豶ᄒᆞᆫ ᄋᆞᆷ이니 吉ᄒᆞ니라

【傳】六五、居君位、止畜天下之邪惡、夫以億兆之衆、發其邪欲之心、人君、欲力以制

之、雖密法嚴刑、不能勝也、夫物、有總攝、事有機會、聖人、操得其要則視（一无視字）億兆之心、猶一心、道之斯行、止之則戢、故、不勞而治、其用、若豶豕之牙也、豕、剛躁之物而牙爲猛利、若强制其牙則用力、勞而不能止其躁猛、雖縶之維之、不能使之變也、若豶去其勢則牙雖存而剛躁、自止、其用、如此、所以吉也、君子、發豶豕之義、知天下之惡、不可以力制也、則察其機持其要、塞絕其本原、故、不假刑法嚴峻而惡自止也、且如止盜、民有欲心、見利則動、苟不知敎而迫於飢寒、雖刑殺、日施、其能勝億兆利欲之心乎、聖人則知所以止之之道、不尙威刑而脩政敎、使之有農（一作耕桑）之業、知廉恥之道、雖賞之、不竊矣、故、止惡之道、在知其本得其要而已、不嚴刑於彼而脩政於此、是猶患牙之利、不制其牙而豶其勢也、程子曰豶豕之牙豕牙最能噬害人只制其牙如何制得今人爲惡却只就他惡禁之便无由禁止此見聖人機會處○進齋徐氏曰牡豕曰豭攻其特而去之曰豶所以去其勢也豕之害物在牙人不能去其牙之猛利惟去其勢以絕其剛躁之性則牙雖存亦不能害物矣豕牙二也豶之者五也二陽已壯則難制五得其要領而能制也制於已壯之後猶欲去豕牙之害而豶之此用柔畜剛之道也

【本義】陽已進而止之、不若初之易矣、然、以柔居中而當尊位、是以、得其機會而可制、故、其象、如此、占雖吉而不言元也、朱子曰大畜下三爻取其能自畜而不進上三爻取其能畜彼而不使進然四能止之於初故爲力易五則陽已進而止之則難但以柔居尊得其機會可制故亦吉但不能如四之元吉耳○雲峯胡氏曰初之陽未進而止之用力猶易二陽已進則亦難矣六五柔中居尊故得其機會而可制如豶豕然然已不如初之易故曰吉而不如初之元吉也或曰牛與豕皆陰物而以象陽者何也曰牛之剛在角豕之剛在牙四五下畜二剛蓋取牿牛防其角豶豕防其牙之象也【備旨】天下之健不可以力畜也在得其情而已豶去其勢則牙不噬頗遂其情則健不爭故衣食足而民不偷男

女別而民不亂衣食非止偸之法男女非懲亂之刑而民自不至偸至亂者順其情弭其欲也此是扶本淸源之治

象曰六五之吉은有慶也ㅣ라

○象애ᄀᆞᆯ오ᄃᆡ六五의吉홈은慶이이슴이라

【傳】在上者、不知止惡之方、嚴刑以敵民欲則其傷、甚而无功、若知其本、制之有道則不勞无傷而俗革、天下之福慶也、備旨論用六五不如四之易故四曰元吉而五止曰吉時不同也論成功四不如五之廣故五曰有慶而四止曰有喜位不同也

上九ᄂᆞᆫ何天之衢ㅣ니亨ᄒᆞ니라

○上九ᄂᆞᆫ天의衢ㅣ니亨ᄒᆞ니라(本義)어디天의衢오

【本義】何天之衢오

【傳】予、聞之胡先生、曰天之衢亨、誤加何字、事極則反、理之常也、故、畜極而亨、小畜、畜之小、故、極而成、大畜、畜之大、故、極而散、極旣當變、又陽性、上行、故、遂散也、天衢、天路也、謂虛空之中、雲氣飛鳥往來故、謂之天衢、天衢之亨、謂其亨通曠闊、无有蔽阻也、在畜道則變矣、變而亨、非畜道之亨也、

【本義】何天之衢、言何其通達之甚也、畜極而通、豁達无礙、故、其象占、如此、朱子曰何天之衢亨或如伊川說衍一何字亦不可知○陳氏臯曰陽久被抑今而亨通故曰何訝之也實喜之也○雙湖胡氏曰艮爲徑路衢亦路也在上故爲天衢○厚齋馮氏曰五天位也上位乎天之上乾三陽上達于此之路故曰天衢○雲峯胡氏曰隨畜隨發不足爲大畜惟畜之極而通豁達无礙如天衢然何之一字讚之之辭也蓋曰是何通達之甚如此也此不徒爲仕者之占大學章句所謂用力之久一旦豁然貫通者亦是此意多識前言往行以畜其德者以之可也

【備旨】太虛之中雲行鳥飛謂之天衢何者驚喜之辭天衢即是亨謂治化四達无間也此爻與四五一例作畜惡看不必作蘊畜言

象曰何天之衢오道ㅣ大行也라

【本義】何天之衢는

○象애ᄀᆞᆯ오ᄃᆡ엇데天의衢오道ㅣ크게行홈이라

【傳】何以謂之天衢、以其无止礙、道路、大通行也、以天衢、非常語、故、象、特設問曰何謂天之衢、以道路、大通行、取空豁之狀也、以象、有何字、故、爻下、亦誤加之、開封耿氏曰下體受畜者也上體畜下者也受畜者至於九三則良馬逐矣无復如初二也畜下者至於上九則天衢亨矣无復如四五也○白雲郭氏曰觀童牛之牿則知有厲利己矣觀豶豕之牙則知輿說輹矣觀良馬逐則知何天之衢亨矣蓋乾健爲艮所止是以三爻各相類○建安丘氏曰大畜六爻上三爻艮爲畜者也下三爻乾受畜者也初與四應受四之畜者故初言有厲利己四言童牛之牿二與五應受五之畜者故二言輿說輹而五言豶豕之牙此四爻皆己成畜者也至三與上應始與上合志而同進故三言良馬逐而上言天衢亨也畜而至此畜道散矣【備旨】藏於吾心謂之德顯於政治謂之道大行本大畜來畜者大而後行者大也此之謂乃應乎天

䷚ 震下艮上

【傳】頤、序卦、物畜然後、可養、故、受之以頤、夫物旣畜聚則必有以養之、无養則不能存息、頤所以次大畜也、卦、上艮下震、上下二陽爻、中含四陰、上止而下動、外實而中虛、人頤頷之象也、頤、養也、人口、所以飮食、養人之身、故、名爲頤、聖人、設卦、推養之義、大至於天地、養育萬物、聖人、養賢、以及萬民、與人之養生養形、養

德養人、皆頤養之道也、動息節宣、以養生也、飮食衣服、以養形也、威儀行義、以養德也、推己及物、以養人也、

頤는 貞ᄒᆞ면 吉ᄒᆞ니 觀頤ᄒᆞ며 自求口實이니라

○頤는貞ᄒᆞ면吉ᄒᆞ니頤ᄒᆞ여스스로口實求ᄒᆞᆷ을觀ᄒᆞᆯ디니라

【傳】頤之道、以正則吉也、人之養身養德養人養於人、皆以正道則吉也、天地造化、養育萬物、各得其宜者、亦正而已矣、觀頤自求口實、觀人之所頤、與其自求口實之道則善惡吉凶、可見矣、平庵項氏曰頤貞吉總言一卦之義觀頤自求口實乃觀頤之道○中溪張氏曰觀頤者觀其所養之道於人也主上下二陽言陽爲實唯實故能養人自求口實者觀其自養之道於己也主中四陰而言陰爲虛唯虛故求口實陽實則能養陰陰虛則受養於陽頤養之道當以靜爲本靜則知止而不妄求所以得貞而吉一累於動專爲口體之奉則失所養之正而凶矣

【本義】頤、口旁也、口食物以自養、故、爲養義、爲卦、上下二陽、內含四陰、外實內虛、上止下動、爲頤之象、養之義也、貞吉者、占者、得正則吉、觀頤、謂觀其所養之道、自求口實、謂觀其所以養身之術、皆得正則吉也、朱子曰頤須是正則吉何以觀其正不正蓋觀頤是觀其養德是正不正自求口實是又觀其養身是正不正未說到養人處○問觀其所養之道觀其所以養身之術曰所養之道如學聖賢之道則爲正黃老申商則爲非凡見於修身行義皆是也所養之術則飮食起居是也○建安丘氏曰頤頷也養也輔上九之象車初九之象中四陰衆齒之象上覆下承衆齒森然全頤之象見矣○隆山李氏曰頤中有物曰噬嗑頤中有物則害其所以爲養故不取頤養之義而頤中之虛元未有物則以貞吉告之方其未受外物之間要當擇其所養故正則吉不正則不吉也

彖曰頤貞吉은 養正則吉也니 觀頤는 觀其所養也오 自求口

實은觀其自養也ㅣ라

○彖애ᄀᆞᆯ오ᄃᆡ頤貞吉은養ᄒᆞᆷ이正ᄒᆞ면吉ᄒᆞᆷ이니觀頤ᄂᆞᆫ그養ᄒᆞᄂᆞᆫ바ᄅᆞᆯ보미오自求口實은그自養ᄒᆞᆷ을보미라

【傳】貞吉、所養者、正則吉也、所養、謂所養之人、與養之之道、自求口實、謂其自求養身之道、皆以正則吉也、臨川吳氏曰所養養人自養養己○平庵項氏曰觀其所養指上九言觀其自養指初九言初上二陽上下兩卦之主爻也非夫子賛辭明白則後儒必不分作養己養人兩條也○雲峰胡氏曰槃澗董氏嘗問朱子曰本義謂觀頤觀其所養之道自求口實觀其所以養身之術與程傳以觀頤爲所以養人之道自求口實謂所以自養之道如何朱子沈吟良久曰程傳使勝蓋下體三爻皆是自養上體三爻皆是養人先人而後己者君子觀頤之象自上而下於上體則觀其所以養人者於下體則求其所以自養者要在皆得正則吉爾

【本義】釋卦辭、朱子曰觀其所養亦只是說君子之所養養浩然之氣模樣自養則如爵祿下至飮食之類是說自求口實又曰這兩句是解養正則吉所養之道與養生之術正則吉不正則不吉○隆山李氏曰古之觀人每每觀其所養而所養之大小則必以其所自養者觀之夫重道義之養而略口體此養之大者也急口體之養而輕道義此養之小者也養其大體則爲大人養其小體則爲小人天之賦予初无小大之別而人之所養各殊則其所成就者亦異○開封耿氏曰不觀其養心之大而觀其自求口實何也人之所以忘其大體者以從事於口體之養也口體之養求不失義則養其大體可知矣是以觀其自求口實足以知其自養矣

天地ㅣ養萬物ᄒᆞ면聖人이養賢ᄒᆞ야以及萬民ᄒᆞᄂᆞ니頤之時ㅣ大矣哉라

○天地ㅣ萬物을養ᄒᆞ면聖人이賢을養ᄒᆞ야ᄡᅥ萬民애밋ᄂᆞ니頤의時ㅣ크다

【傳】聖人、極言頤之道而賛其大、天地之道則養育萬物、養育萬物之道、正而已矣、聖人則養賢才、與之共天位、使之食天祿、俾施澤於天下、養賢以及萬民也、養賢、

所以養萬民也、夫天地之中、品物之衆、非養則不生、聖人、裁成天地之道、輔相天地之宜、以養天下、至於鳥獸草木、皆有養之之政、其道、配天地、故、夫子、推頤之道、贊天地與聖人之功曰頤之時大矣哉、或云義或云用或止云時、以其大者也、萬物之生與養、時爲大、故、云時、

【本義】極言養道而贊之、龜山楊氏曰頤之義養也而以貞正爲道天地養萬物失其正則陰陽繆戾而物不遂其生矣聖人養賢不以正則賢者不安其位而民不被其澤矣夫天地之養物聖人之養賢與人之自養各當其可然後得其正得其正而後吉則頤之時豈不大矣哉

象曰山下有雷ㅣ頤ㅣ니君子ㅣ以ᄒᆞ야愼言語ᄒᆞ며節飮食ᄒᆞᄂᆞ니라

○象애ᄀᆞᆯ오ᄃᆡ山下에雷ㅣ이ᄋᆞᆷ이頤ㅣ니君子ㅣ以ᄒᆞ야言語ᄅᆞᆯ愼ᄒᆞ며飮食을節ᄒᆞᄂᆞ니라

【傳】以二體言之、山下有雷、雷震於山下、山之生物、皆動其根荄、發其萌芽、爲養之象、以上下之義言之、艮止而震動、上止下動、頤頷之象、(一有也字)以卦形言之、上下二陽、中含(一无含字)四陰、外實中虛、頤口之象、口所以養身也、故、君子觀其象、以養其身、愼言語、以養其德、節飮食、以養其體、不唯就口取養(一无養字)義、事之至近而所係、至大者、莫過於言語飮食也、在身、爲言語、於天下則凡命令政敎出於身者、皆是、愼之則必當而无失、在身、爲飮食、於天下則凡貨資財用養於人者、皆是、節之則適宜而无傷、推養之道、(一有則字)養德養天下、莫不然也、

【本義】二者、養德養身之切務、 朱子曰諺云禍從口出病從口入甚好此語前輩曾用以解頤之象愼言語節飮食○中溪張氏曰愼言語所以養其德也出而動者爲言語不愼則妄出而招禍節飮食所以養其體也入而動者爲飮食不節則妄入而致疾皆取止其動爲義○西山眞氏曰頤之爲義在天地則養萬物在聖人則養賢以及萬民功用至博大也而象獨以言語飮食爲言何哉盖己得其養然後可推以及人未有不先成吾身而能達之天下者也白圭有詩南容復之金人有銘孔門識之可不謹乎三爵之過猶爲非禮萬錢之奉適以賈禍可不節乎曰謹曰節云者皆養之之功也○誠齋楊氏曰愼言非默當其可則諫死不美括囊節食非矯當其可則采薇不羨林肉

初九는 舍爾靈龜ᄒᆞ고 觀我ᄒᆞ야 朶頤니 凶ᄒᆞ니라 舍音捨

○初九는 爾의 靈龜를 舍ᄒᆞ고 我를 보와 頤를 朶ᄒᆞ니 凶ᄒᆞ니라

【傳】蒙之初六、蒙者也、爻乃主發蒙而言、頤之初九、亦假外而言、爾、謂初也、舍爾之靈龜、乃觀我而朶頤、我、對爾而設、初之所以朶頤者、四也、然、非四謂之也、假設之辭爾、九、陽體剛明、其才智、足以養正者也、龜能咽息不食、靈龜、喩其明智而可以不求養於外也、才雖如是、然、以陽居動體而在頤之時、求頤、人所欲也、上應於四、不能自守、志在上行、說所欲而朶頤者也、心旣動則其自失、必矣、迷欲而失己、以陽而從陰則何所不至、是以凶也、朶頤、爲朶動其頭頷・人、見食而欲之則動頤垂涎、故、以爲象、

【本義】靈龜、不食之物、朶、垂也、朶頤、欲食之貌、初九、陽剛在下、足以不食、乃上應六四之陰而動於欲、凶之道也、故、其象占、如此、 朱子曰凡卦中說龜底不是正得箇離卦必是伏箇離卦如觀我朶頤卦雖无離卦却是伏得這卦○進齋徐氏曰以頤二體合而觀之似乎離體之中虛離爲龜惟虛故靈故曰靈龜龜能咽息不食以氣自養可以不求養於外者也爾者初也我者四也舍爾觀我若四語初之辭也靈龜以靜而爲養朶頤以動而

爲養朶動也初九居震體之下亦足以爲自養之賢而不必求養於人今乃舍爾靈龜而朶頤於我失其靜養之道而溺於動養之欲雖與四爲正應不能自守乃仰觀六四而朶頤是陽說乎陰而動念垂涎矣孔子曰棖也慾焉得剛苟誠剛也則豈屈於欲哉○雲峯胡氏曰觀三五皆曰觀我各指本爻而言此曰觀我獨指外爻而言何也蓋如靈龜可貴也自不知貴故爾之在此者爲爾則在彼者反爲主而以我稱矣中孚九二曰我有好爵吾與爾靡之此爲我則彼爲爾爾我二字理欲內外之分如此其嚴矣哉

象曰觀我朶頤ᄒᆞ니亦不足貴也ㅣ로다

○象애ᄀᆞᆯ오ᄃᆡ 我ᄅᆞᆯ보와頤ᄅᆞᆯ朶ᄒᆞ니 ᄯᅩ足히貴ᄐᆡ아니ᄒᆞ도다

【傳】九、動體、朶頤、謂其說陰而志動、既爲欲所動則雖有剛健明智之才、終必自失、故、其才、亦不足貴也、人之貴乎剛者、爲其能立而不屈於欲也、貴乎明者、爲其能照而不失於正也、既惑所欲而失其正、何剛明之有、爲可賤也、中溪張氏曰初九陽本可貴而累於動體縱慾而動則飮食之人人皆賤之鳥得而不凶此樂正子之徒餔啜所以見斥於孟子也○平庵項氏曰亦不足貴者示其本貴也

六二ᄂᆞᆫ顚頤라拂經이니于丘에頤ᄒᆞ야征ᄒᆞ면凶ᄒᆞ리라

【本義】顚頤면拂經이오于丘頤면征ᄒᆞ야凶ᄒᆞ리라

○六二ᄂᆞᆫ顚ᄒᆞ야頤홈이라 經애拂ᄒᆞ니丘에頤ᄒᆞ요려ᄒᆞ야征ᄒᆞ면 凶ᄒᆞ리라(本義)顚ᄒᆞ야頤ᄒᆞ면經애拂ᄒᆞ고丘에頤ᄒᆞ면征ᄒᆞ야凶ᄒᆞ리라

【傳】女不能自處、必從男、陰不能獨立、必從陽、二、陰柔不能自養、待養於人者也、天子、養天下、諸侯、養一國、臣、食君上之祿、民、賴司牧之養、皆以上養下、理之正

也、二、旣不能自養、必求養於剛陽、若反下求於初則爲顚倒、故、云顚頤、頤則拂違經常、不可行也、若求養於丘則往必有凶、丘、在外而高之物、謂上九也、卦止二陽、旣不可顚頤于初、若求頤于上九、往則有凶、在頤之時、相應則相養者也、上非其應而往求養、非道妄動、是以凶也、顚頤則拂經、不獲其養爾、妄求於上、往則得凶也、今有人、才不足以自養、見在上者勢力、足以養人、非其族類、妄往求之、取辱得凶、必矣、六二、中正、在他卦、多吉而凶、何也、曰時、然也、陰柔、旣不足以自養、初上二爻、皆非其與、故、往求則悖理而得凶也、

【本義】求養於初則顚倒而違於常理、求養於上則往而得凶、丘、土之高者、上之象也、雲峯胡氏曰初上二陽衆陰所資以養者也二在初之上反受養於初則爲顚頤又違五正應則爲拂經若往而求養於上必有凶六二在他卦爲柔順中正在頤則爲動於口體初動於六四二則下爲初九所動上爲上九所動兩有所從一无所利艮爲山上九在外而高有丘象○雙湖胡氏曰二之顚頤與四同拂經與五同而吉凶異者頤養之道以安靜爲无失二動體故顚拂而凶四五靜體故雖顚拂亦吉震三爻凶艮三爻吉可見矣

象曰六二征凶은 行이 失類也ㅣ라

○象애 골오ᄃᆡ 六二征凶은 行이 類를 失홈이라

【傳】征而從上則凶者、非其類故也、往求而失其類、得凶、宜矣、行、往也、

【本義】初上、皆非其類也、雲峯胡氏曰初上二陽皆非其應故曰失類

六三은 拂頤貞이라 凶ᄒᆞ야 十年勿用이라 无攸利ᄒᆞ니라

【本義】拂頤면貞이라도凶ᄒᆞ야

○六三은頤의貞에拂ᄒᆞᆫ디라凶ᄒᆞ야十年이라도用티마를디라利ᄒᆞᆯ빼업스니라（本義）頤에拂ᄒᆞ면貞이라도凶ᄒᆞ야

【傳】頤之道、唯正則吉、三、以陰柔之質而處一有又字不中正、又在動之極、是柔邪不正而動者也、其養、如此、拂違於頤之正道、是以凶也、得頤之正則所養、皆吉、求養養人則合於義、自養則成其德、三乃拂違正道、故、戒以十年勿用、十、數之終、謂終不可用、无所往而利也、

【本義】陰柔不中正、以處動極、拂於頤矣、旣拂於頤、雖正、亦凶、故、其象占、如此

雙湖胡氏曰六三不正而云貞凶者蓋謂拂頤之常理雖貞且凶況不正乎其凶必矣○雲峯胡氏曰諸家多以爲拂頤之貞故凶本義謂旣拂於頤雖正亦凶蓋謂之拂頤貞凶疑與拂經同意但曰拂頤則又不止拂經而已雖貞亦凶況不貞乎三陰柔不中正又居動極人皆求頤於上三獨拂之而隨下體之動是自拂於頤矣故不但曰凶且曰十年勿用无攸利下三爻皆動故凶三動之極故貞十數之終互坤象

象曰十年勿用은道ㅣ大悖也ㅣ라

（象애ᄀᆞᆯ오ᄃᆡ十年勿用은道ㅣ크게悖ᄒᆞᆷ이라

【傳】所以戒終不可用、以其所由之道、大悖義理也、中溪張氏曰悖釋拂義

六四는顚頤나吉ᄒᆞ니虎視眈眈ᄒᆞ며其欲逐逐ᄒᆞ면无咎ㅣ리라

○六四는顚ᄒᆞ야頤ᄒᆞ나虎의視ㅣ眈眈ᄒᆞᆺᄒᆞ며그欲이逐逐ᄒᆞ면咎ㅣ업스리라

【傳】四在人上、大臣之位、六、以陰居之、陰柔、不足以自養、況養天下乎、初九、以剛陽居下、在下之賢也 與四爲應、四又柔順而正、是能順於初、賴初之養也、以上養下則爲順、今反求下之養、顚倒也、故、曰顚頤、然、己不勝其任、求在下之賢而順從之、以濟其事則天下、得其養而己、无曠敗之咎、故、爲吉也、夫居上位者、必有才(一作其)德威望、爲下民所尊畏則事行而衆心、服從、若或下易其上則政出而人違、刑施而怨起、輕於陵犯、亂之由也、六四、雖能順從剛陽、不廢厥職、然、質本陰柔、賴人以濟、人之所輕、故、必養其威嚴、眈眈然如虎視則能重其體貌、下不敢易、又從於人者、必有常、若間或无繼則其政、敗矣、其欲、謂所須用者、必逐逐相繼而不乏則其事可濟、若取於人而无繼則困窮矣、旣有威嚴、又所施、不窮、故、能无咎也、二、顚頤則拂經、四則吉、何也、曰二、在上而反求養於下、下非其應類、故、爲拂經、四則居上位、以貴下賤、使在(一無在字)下之賢、由己以行其道、上下之志、相應而(一有澤字)施於民、何吉如之、自三以下、養口體者也、四以上、養德義者也、以君而資養於臣、以上位而賴養於下、皆養德也、

【本義】柔居上而得正、所應、又正而賴其養、以施於下、故、雖顚而吉、虎視眈眈、下而專也、其欲逐逐、求而繼也、又能如是則无咎矣、 朱子曰頤六四一爻理會不得雖是恁地鮮畢竟曉不得如何是施於下又如何是虎六五陰柔之才但守正則吉故不可以涉患難問虎視眈眈本義以爲下而專也蓋賴其養以施於下必有下專之誠方能无咎程傳作欲立威嚴恐未必然曰頤卦難看正謂此等且虎視眈眈必有此象但今未曉耳董銖曰晉辯載

馬氏云眈眈虎下視貌則當爲下而專矣曰然又問其欲逐逐如可曰求養於下以養人必當繼繼求之不厭乎數然後可以養人而不窮不然則所以養人者必无繼矣以四而賴養於初亦是顚倒但是求養以養人所以雖顚而吉○南軒張氏曰虎視常垂首按荀九家易艮有虎象○臨川吳氏曰陰柔不能自養而求養在下之正應如在上之人才有不足而求益於在下之賢以養其德者夫求養於外者莫如虎虎視常下四之於初其下賢求益之心必如虎之視下求食而後可其視下也專一而不它其欲食也繼續而不歇如是則於人不貳於己不自足乃得居上求下之道苟下賢之心不專則賢者不樂告以善矣求益之心不繼則未少有得而止矣○雲峯胡氏曰二與四柔順得正皆曰顚頤而吉凶不同何也卦有二陽衆陰所資以養者二下比初之陽又欲上求上之陽兩用其心故凶六四柔順唯知下應初剛上非其應也虎視眈眈下視初九之陽而專不以上之陽間之也其欲逐逐求於初之陽者不已也求養於下以養人求之既專又繼繼求之不厭乎數故其養人不窮非特吉且无咎矣【備旨】精神注於目故言視聚於所好故言欲周公恐大臣養賢及民要虛名而鮮實顚故借眈眈逐逐四字摹出吐握之眞懇兩意要合看方見

象曰顚頤之吉은 **上施**ㅣ **光也**ᄒᆞ시라 施始豉反

○象애 ᄀᆞᆯ오ᄃᆡ 顚頤의 吉홈은 上의 施ㅣ 光ᄒᆞᆯ시니라

【傳】 顚倒求養而所以吉者、蓋得剛陽之應、以濟其事、致己居上之德施、光明被于天下、吉孰大焉、

六五ᄂᆞᆫ **拂經**이나 **居貞**ᄒᆞ면 **吉**ᄒᆞ려니와 **不可涉大川**이니라

○六五ᄂᆞᆫ 經애 拂ᄒᆞ나 貞애 居ᄒᆞ면 吉ᄒᆞ려니와 可히 大川은 涉디 몯ᄒᆞᆯ디니라

【傳】 六五、頤之時、居君位、養天下者也、然、其陰柔之質、才不足以養天下、上有剛陽之賢、故、順從之、賴其養己、以濟天下、君者、養人者也、反賴人之養、是違拂於經常、既以己之不足而順從於賢師傅、上、師傅之位也、必居守貞固、篤於委信則

能輔翼其身、澤及天下、故、吉也、陰柔之質、无貞剛之性、故、戒以能居貞則吉、以陰柔之才、雖倚賴剛賢、能持循於平時、不可處艱難變故之際、故、云不可涉大川也、以成王之才、不至甚柔弱也、當管蔡之亂、幾不保於周公、况其下者乎、故、書、曰王亦未敢誚公、賴二公、得終信、故、艱險(一作難)之際、非剛明之主、不可恃也、不得已而濟艱險者則有矣、發此義者、所以深戒於爲君也、於上九則據爲臣致身盡忠之道言、故、不同也、

【本義】六五、陰柔不正、居尊位而不能養人、反賴上九之養、故、其象占、如此 朱子曰六五居貞吉猶洪範用靜吉用作凶所以不可涉大川六五不能養人反賴上九之養是己拂其常矣故守常則吉而涉險阻則不可也此卦下體三爻皆是自養上體三爻皆是養人不能自求所養而求人以養己則凶故下三爻皆凶求於人以養其下雖不免於顚拂畢竟皆好故上三爻皆吉○古爲徐氏曰上養下者常也五以君位无剛健之德不足以養天下方待上九之養亦拂其常者也於是獨不言頤而於上九言由頤其意微矣○瀘川毛氏曰六五君也養人者其事也養賢者其道也而爻則陰也二者胥失之是拂其常者也无事猶可以分相靡故曰居貞吉欲有所爲則難以濟矣故曰不可涉大川○雲峯胡氏曰二與四言顚頤者皆在初之上而反求養於初也五與二皆言拂經者二五相應經也今則二拂五而求養於初五拂二而求養於上也五獨不言頤者由豫在九四故五獨不言豫由頤在上九故五獨不曰頤也然彼貞疾而此居貞吉彼在豫之時以柔乘剛此在頤之時以柔承剛也六二亦拂頤而彼曰凶此曰吉者何也下三爻動皆凶上三爻靜皆吉故曰征凶動而凶也曰居貞吉靜而吉也居貞吉猶云用靜吉謂自養可也不可涉大川猶云用作凶謂欲以養人不可也艮爲止有居之象[備旨]人君養賢以及民拂經正是貞處但慮其有自用之心而不居耳居之即吉矣不可涉大川正是足居貞之意有主守常濟變者非

象曰居貞之吉은 順以從上也근시라

象애ᄀᆞᆯ오ᄃᆡ居貞의吉ᄒᆞᆷ은順ᄒᆞ야ᄡᅥ上을從ᄒᆞᆯ시라

【傳】居貞之吉者、謂能堅固順從於上九之賢、以養天下也、中溪張氏曰五不恃其尊能柔順以從上九之賢賴之以養天下眞聖人養賢以及萬民之事也然六二拂經而凶者以動而求上也六五拂經而吉者以靜而從上也

上九ᄂᆞᆫ由頤니厲ᄒᆞ면吉ᄒᆞ니利涉大川ᄒᆞ니라

○上九ᄂᆞᆫ由ᄒᆞ야頤ᄒᆞᆷ이니厲ᄒᆞ면吉하니大川을涉ᄒᆞᆷ이利ᄒᆞ니라

【傳】上九、以剛陽之德、居師傅之任、六五之君、柔順而從於己、賴己之養、是當天下之任、天下、由之以養也、以人臣而當是任、必常懷危厲則吉也、如伊尹周公、何嘗不憂勤兢畏、故、得終吉、夫以君之才不足、以倚賴於己、身當天下一有之字大任、宜竭其才力、濟天下之艱危、成天下之治安、故、曰利涉大川、得君、如此之專、受任、如此之重、苟不濟天下艱危、何足稱委遇而謂之賢乎、當盡誠竭力而不顧慮、然、惕厲則不可忘也、

【本義】六五、賴上九之養、以養人、是物由上九以養也、位高任重、故、厲而吉、陽剛在上、故、利涉川、建安丘氏曰養人之權在五而已居其上爲衆所歸位高任重易失之專故必以危厲處之而後得吉也○雲峯胡氏曰六五君也君不能養人而賴上九之養以養天下是上九者頤之由五不利涉大川而上則利涉大川五柔而上剛也○隆山李氏曰豫九四曰由豫者即由頤之謂也由豫在四猶下於五也而已有可疑之跡乃今由頤在上則過中而嫌於不安故厲然艮止之性雖使之當權亦必不致於侵暴以招凶而況君子居此要之以仁德爲養使天下皆被其澤何嫌之有故由豫則終於勿疑由頤則雖厲而吉也此非周公之才德不足以勝此【備旨】天下之養由上一人不但負荷之重便有己溺己飢之意故必厲而後吉所謂一夫失所

時予之辜也利涉正是由頤中大經濟葢任專責大不是小小德澤可以塞責者故必如涉大川而後可然實與厲吉无兩層

象曰由頤厲吉은 **大有慶也**ㅣ라

○象애골오ᄃᆡ由頤厲吉은크게慶이이숌이라

【傳】若上九之當大任、如是、能兢畏、如是、天下、被其德澤、是大有福慶也、

朱子曰頤卦下三爻是資人以爲養上三爻是養人六四六五雖是資初與上之養其實是他居尊位藉人以養而又推以養人故此三爻似都是養人之事○厚齋馮氏曰頤者養也養人亦所以自養也六爻之中動以從人以求養者皆凶靜而受人之養者皆吉○隆山李氏曰頤六爻上三爻皆吉下三爻皆凶葢下體震易失於妄動上體艮知止其所當止故也觀此則君子之所養當如何哉○西溪李氏曰口容止故頤貴止不貴動而艮上三爻皆吉震下三爻皆凶○建安丘氏曰陽實陰虛實者養人虛者求人之養故四陰皆求養於陽者然養之權在上是二陽爻又以上爲主而初陽亦求養者也故直於上九一爻曰由頤焉

備旨具解原本周易卷之十

備旨具解原本周易卷之十

備旨具解原本周易卷之十一

䷛ 巽下兌上

【傳】大過、序卦、曰頤者、養也、不養則不可動、故、受之以大過、凡物、養而後、能成、成則能動、動則有過、大過所以次頤也、爲卦、上兌下巽、澤在木上、滅木也、澤者、潤養於木、乃至滅沒於木、爲大過之義、大過者、陽過也、故、爲大者過、過之大、與大事過也、聖賢道德功業、大過於人、凡事之大過於常者、皆是也、夫聖人、盡人道、非過於理也、其制事、以天下之正理、矯失之用、小過於中者則有之、如行過乎恭、喪過乎哀、用過乎儉、是也、蓋矯之小過而後、能及於中、乃求中之用也、所謂大過者、常事之大者耳、非有過於理也、唯其大、故、不常見、以其比常所見者、大、故、謂之大過、如堯舜之禪讓、湯武之放伐、皆由一有此字道也、道、无不中无不常、以世人所不常一作嘗見、故、謂之大過於常也、或問程易說大過以爲大過者常事之大者耳非有過於理也聖人盡人道非過於理是此意否朱子曰正是如此○易傳云道无不中无不常聖人有小過无大過看來亦不消如此說聖人旣說有大過直是有此事雖云大過亦是常理始得○問大過小過先生與伊川之說不同曰然伊川此論正是如以反經合道爲非相似殊不知大過自有大過時節小過自有小過時節處大過之時則當爲大過之事處小過之時則當爲小過之事○大過是事之大過小過是事之小過大過便如堯舜之揖遜湯武之征伐獨立不懼遯世无悶這都是常人做不得底事唯聖人大賢以上便做得故謂之大過是大過人底事小過便如行過乎恭喪過乎哀用過乎儉事之小過得些子底常人皆能之若當大過時做大過底事當小過時做小過底事當過而過理也如此則豈可謂事之過不是事之過只是事之平常也大過之事聖人極是不得己處且如堯舜之有朱均豈不欲多擇賢輔以立其子然理到這裏做不得只得如此湯武之於桀紂豈不欲多方恐

懼之使之悔過自省然理到這裏做不得只得放伐而後已皆是事之不得已處只著如此做故雖過乎事而不過乎理也

大過는 棟이 橈ㅣ니 利有攸往ᄒᆞ야 亨ᄒᆞ니라 (橈乃敎反)

○大過ᄂᆞᆫ 棟이 撓홈이니 往ᄒᆞᆯ빠ᄅᆞᆯ 둠이 利ᄒᆞ야 亨ᄒᆞ니라

【傳】小過、陰過於上下、大過、陽過於中、陽過於中而上下、弱矣 故、爲棟橈之象、棟、取其勝重、四陽、聚於中、可謂重矣、九三九四、皆取棟象、謂任重也、橈、取其本末、弱、中强而本末、弱、是、以橈也、(一作橈取其中强而本末弱本末弱是以橈也) 陰弱而陽强、君子盛而小人衰、故、利有攸往而亨也、棟、今人、謂之檩、

【本義】大、陽也、四陽、居中過盛、故、爲大過、上下二陰、不勝其重、故、有棟橈之象、又以四陽、雖過而二五、得中、內巽外說、有可行之道、故、利有所往而得亨也、

隆山李氏曰四陽橫而居中有棟之象而上下二陰柔而无力是上无所附而下无所寄也安得不橈大壯凡四陽而在下者亦壯故上棟下宇取諸其象者得所載也今大者過乎剛而无所附小者過乎柔而不能載是棟將壓而危之甚也雜卦曰大過顚也大廈之顚非一木所能支是必過而求濟然後可故曰利有攸往亨○雲峯胡氏曰既曰棟橈又曰利有攸往亨何也曰棟橈以卦象言也利往而務亨是不可无大有爲之才而天下亦无不可爲之事以占言也

○臨川吳氏曰大過陽之盛也有棟橈之象何也中有四陽之强而上下猶有二陰之弱也聖人崇陽之意多以其未能如純乾之六陽故取大者雖過而棟猶橈蓋有所不足於此也

彖曰大過는 大者ㅣ過也ㅣ오

○彖애 ᄀᆞᆯ오ᄃᆡ 大過ᄂᆞᆫ 大ᄒᆞᆫ거시 過홈이오

【傳】大者過、謂陽過也、在事、爲事之大者過、與其過之大、

【本義】以卦體、釋卦名義

棟橈는 本末이 弱也ㅣ라

○棟橈는本과末이弱홈이라

【傳】謂上下二陰、衰弱、陽盛則陰衰、故、爲大者過、在小過則曰小者過、陰過也、

【本義】復以卦體、釋卦辭、本、謂初、末、謂上、弱謂陰柔、史氏詠曰古文篆體本末字皆旡句脚兩字皆當從木以一陽畫藏於木之下則根株回暖故爲本以一陽畫散於木之上則技葉向榮故爲末而大過卦體巽下兌上四陽畫積於中二陰畫處於初上猶之木焉上缺下短所以爲本末弱也

剛過而中ᄒᆞ고 巽而說行이라 利有攸往ᄒᆞ야 乃亨ᄒᆞ니 說音悅

○剛이過호되中ᄒᆞ고巽코說로行ᄒᆞ는디라往홀빠를둠이利ᄒᆞ야이예亨ᄒᆞ니

【傳】言卦才之善也、剛雖過而二五、皆得中、是處不失不失一作得中道也、下巽上兌、是、以巽順和說之道而行也、在大過之時、以中道巽說而行、故、利有攸往、乃所以能亨也、

【本義】又以卦體卦德、釋卦辭、進齋徐氏曰卦以初爲本上爲末初上皆柔故曰本末弱剛過而中以二五言巽而說以二德言處大過之世四陽過盛必用剛而得中內巽而外說則可以抑中强之弊而扶本末之弱雖過不過矣以是而往宜其亨也○建安丘氏曰棟橈本末弱此以成卦之義言大過也剛過而中巽而說行此以卦才言所以救過之道蓋剛而得中則不過巽而說行則能往所以亨也

大過之時ㅣ 大矣哉라

○大過의時ㅣ크다

【傳】大過之時、其事、甚大、故、賛之曰大矣哉、如立非常之大事、興不世之大功、成絕俗之大德、皆大過之事也、

【本義】大過之時、非有大過人之材、不能濟也、故、歎其大、進齋徐氏曰時字當玩自是時節當如此適其時當其事雖曰大過而不悖於道所謂剛過而中巽而說行者如堯舜之禪授而謳歌獄訟之皆歸湯武之放伐而後后迎師之恐後所以成大功而濟於時焉苟非其時則堯舜亦且傳子而不傳賢矣湯武亦只是守臣節而不敢革夏革殷矣時不可失此聖賢所以當大運立大事成大業也否則大亂之道而謂之利且亨可乎○雲峯胡氏曰他卦多是釋卦辭後復引天地聖人而言之是極言以賛其時之大大過方釋卦辭遽曰大過之時大矣哉故本義以大過人之才言之所謂才者指上文卦才而言也蓋大過之事甚大无時不可過有其時无其才愈不可過本義之意深矣

象曰澤滅木이 大過ㅣ니 君子ㅣ以ᄒᆞ야 獨立不懼ᄒᆞ며 遯世无悶ᄒᆞᄂᆞ니라

○象애 ᄀᆞᆯ오ᄃᆡ 澤이 木을 滅ᄒᆞᆷ이 大過ㅣ니 君子ㅣ 以ᄒᆞ야 獨立ᄒᆞ야 懼티 아니ᄒᆞ며 世예 遯ᄒᆞᄃᆡ 悶ᄒᆞᆷ이 업ᄂᆞ니라

【傳】澤、潤養於木者也、乃至滅沒於木則過甚矣、故、爲大過、君子、觀大過之象、以立其大過人之行、君子所以大過人者、以其能獨立不懼、遯世无悶也、天下、非之而不顧、獨立不懼也、擧世不見知而不悔、遯世无悶也、如此然後、能自守、所以爲大過人也、一无人字

【本義】澤滅於木、大過之象也、不懼无悶、大過之行也、朱子曰澤滅木澤在下而木在上今澤水高漲乃至浸沒于木是爲大過木雖爲水浸而未嘗動故君子觀之而獨立不懼遯世无悶○建安丘氏曰澤本潤木今在木上而至於沒木大過之象也然木在澤下澤過乎木而木不仆君子觀象以之立大過人之行故用之則獨立不懼舍之則遯世无悶人之常情獨立而莫我輔者必懼遯世而莫我知者必悶惟聖賢之卓行絕識大過乎人故能不懼无悶獨立不懼巽木象周公當

之遯世无悶兌說象顔子當之○童溪王氏曰當大過之時獨立不懼遯世无悶非所養之大過人者不足以語此孔子曰勇者不懼仁者不憂是己

初六은藉用白茅ㅣ니无咎ㅎ니라 藉在夜反

○初六은藉호ᄃᆡ白茅를써홈이니咎ㅣ업스니라

【傳】初、以陰柔巽體而處下、過於畏愼者也、以柔在下、用茅藉物之象、不錯諸地而藉以茅、過於愼也、是以无咎、茅之爲物、雖薄而用可重者、以用之能成敬愼之道也、愼守斯術而行、豈有失乎大過之用也、繫辭、云苟錯諸地、而可矣、藉之用茅、何咎之有、愼之至也、夫茅之爲物、薄而用、可重也、愼斯術也、以往、其无所失矣、言敬愼之至也、茅雖至薄之物、然、用之可甚重、以之藉薦則爲重愼之道、是用之重也、人之過於敬愼、爲之非難而可以保其安而无過、苟能愼思一有字斯道、推而行之、於事、其无所失矣、

【本義】當大過之時、以陰柔居巽下、過於畏愼而无咎者也、故、其象占、如此、白茅、物之潔者 朱子曰藉用白茅亦有過愼之意此是大過之初所以其過尙小○節齋蔡氏曰錯諸地而又藉以茅過於厚也藉以初言柔以六言○中溪張氏曰茅柔物也巽爲白○雲峯胡氏曰成卦以棟橈爲象三四爻亦取棟橈使六爻不出乎棟橈之一說則付天下之事於不可爲然後已故又因爻象而別發其義初九以柔承上剛剛易缺折而柔以藉之則可无傷如物措諸地可矣而必有以藉之藉之用茅可矣而必用白茅此戒愼恐懼之過者也故其占无咎

象曰藉用白茅는柔在下也ㅣ라

○象애ᄀᆞᆯ오ᄃᆡ藉用白茅는柔로下에在ᄒᆞᆷ이라

【傳】以陰柔處卑下之道、唯當過於敬愼而已、以柔在下、爲以茅藉物之象、敬愼之道也隆山陳氏曰柔在下上承四剛故有白茅藉物之象也

九二는枯楊이生稊ᄒᆞ며老夫ㅣ得其女妻ㅣ니无不利ᄒᆞ니라 稊徒稽反

○九二는枯ᄒᆞᆫ楊이稊ㅣ生ᄒᆞ며老夫ㅣ그女妻를得ᄒᆞᆷ이니利티아니미업스니라

【傳】陽之大過、比陰則合、故、二與五、皆有生象、九二、當大過之初、得中而居柔、與初密比而相與、初既切比於二、二復无應於上、其相與、可知、是剛過之人而能以中自處、用柔相濟者也、過剛則不能有所爲、九三、是也、得中用柔則能成大過之功、九二、是也、楊者、陽氣易感之物、陽過則枯矣、楊、枯槁而復生稊、陽過、而未至於極也、九二、陽過而與初、老夫、得女妻之象、老夫而得女妻則能成生育之功、二、得中居柔而與初、故、能復生稊而无過極之失、无所不利也、在大過、陽爻、居陰則善、二與四、是也、二不言吉、方言无所不利、未遽至吉也、稊、根也、劉琨勸進表、云生繁華於枯荑、謂枯根也、鄭玄易、亦作荑字、與稊同、

【本義】陽過之始而比初陰、故、其象占、如此、稊、根也、榮於下者也、榮於下則生於上矣、夫雖老而得女妻、猶能成生育之功也、雲峯胡氏曰巽爲木兌爲澤楊近澤之木故以取象枯楊大過象稊初在下象老夫九象女妻初柔在下象九二陽雖過而下比於陰如枯楊雖過於老稊榮於下則復生於上矣老夫而得女妻雖過以相與終能成生育之功无他以陽從陰過而不過生道也○涑水司馬氏曰大過剛已過矣止可濟之以柔不可濟之以剛也故大過之陽皆以居陰爲吉

不以得位爲美○龜山楊氏曰聞之蜀僧云四爻之剛雖同爲木然或爲楊或爲棟棟負衆榱則木之强者也楊爲早則木之弱者也此卦本末皆弱二近於本五近於末故均爲木之弱也

象曰老夫女妻는**過以相與也**ㅣ라

象애 골오ᄃᆡ 老夫女妻는 過히 뻐 서르 與홈이라

【傳】老夫之說少女、少女之順老夫、其相與、過於常分、謂九二初六陰陽相與之和、過於常也、【備旨】剛過是過濟之以柔則不過矣故曰剛過而中重相與上

九三은 **棟**이 **橈**ㅣ니 **凶**ᄒᆞ니라

○九三은 棟이 橈홈이니 凶ᄒᆞ니라

【傳】夫居大過之時、興大過之功、立大過之事、非剛柔、得中、取於人以自輔則不能也、旣過於剛强則不能與人同、常常之功、尙不能獨立、況大過之事乎、以聖人之才、雖小事、必取於人、當天下之大任則可知矣、九三、以大過之陽、復以剛自居而不得中、剛過之甚者也、以過甚之剛、動則違於中和而拂於衆心、安能當大過之任乎、故、不勝其任、如棟之橈、傾敗其室、是以凶也、取棟爲象者、以其无輔而不能勝重任也、或曰三巽體而應於上、豈无用柔之象乎、曰言易者、貴乎識勢之重輕、時之變易、三居過而用剛、巽旣終而且變、豈復有用柔之義、應者、謂志相從也、三方過剛、上能繫其志乎、

【本義】三四二爻、居卦之中、棟之象也、九三、以剛居剛、不勝其重、故、象橈而占凶、

雲峯胡氏曰屋以棟爲中三視四則在下棟橈於下之象四在上棟隆於上之象然三之橈有二以剛居剛過剛則折一也應上之柔柔不能輔二也○雙湖胡氏曰九三以剛居剛本无橈象而本義云不勝其重故橈者非謂九三自不

勝其重指初六柔弱故不勝其重耳又以全體觀之三四爲棟三在四下亦有傾橈之象象稱棟橈獨九三當之其致橈之由者歟○西溪李氏曰下卦上實而下弱下弱則上傾故三居下卦之上而曰棟橈凶言下弱而无助也上卦上弱而下實下實則可載故四居上卦之下而曰棟隆吉言下實而不橈也此二爻當分上下體看

象曰棟橈之凶은不可以有輔也라

○象애 ᄀᆞᆯ오ᄃᆡ 棟橈의 凶홈은 可히 뻐 輔홈을 두디 몯ᄒᆞᆯ시라

【傳】剛强之過則不能取於人、人亦不能(一作肯)親輔之、如棟、橈折、不可支輔也、棟、當室之中、不可加助、是不可以有輔也、或問大過棟橈是初上二陰不能勝四陽之重故有此象九三是其重剛不中自不能勝其任亦有此象兩義自不同否朱子曰是如此九三又是與上六正應亦皆不好不可以有輔自是過於剛强輔他不得九四棟隆只是隆便不橈乎下○中溪張氏曰雖卦云大過顚也大廈之顚非一木所能支三以剛居剛剛之過者過剛則折故棟橈之凶九三獨當之况三與上應上復以柔居柔不勝其重故曰不可以有輔也【備旨】不可二字宜玩非人不能輔三乃三自用不可輔且說三之不可輔未服責上之不來輔

九四는棟隆이니吉커니와有它면吝ᄒᆞ리라

○九四ᄂᆞᆫ 棟이 隆홈이니 吉커니와 它을 두면 吝ᄒᆞ리라

【傳】四居近君之位、當大過之任者也、居柔、爲能用柔相濟、既不過剛則能勝其任、如棟之隆起、是以吉也、起隆、(一有兼字)取不下橈之義、大過之時、非陽剛、不能濟、以剛處柔、爲得宜矣、若又與初六之陰、相應則過也、既剛柔、得宜而志復應陰、是有它也、有它則有累於剛、雖未至於大害、亦可吝也、蓋大過之時、動則過也、有它、謂更有它志、吝、爲不足之義、謂可少也、或曰二比初則无不利、四若應初則爲吝、何也、曰二得中而

比於初、爲以柔相濟之義、四與初、爲正應 志相繫者也、九旣居四、剛柔、得宜矣、復牽繫於陰、以害其剛則可吝也、潘氏夢旂曰九四爲大臣之位亦棟象也以剛居柔乃適其平是以隆而吉也然下與初六之小人爲應非惟不足以信用而又益以陰則反過乎柔矣故有宅則吝也○徂徠石氏曰四雖與初爲應然上附九五之君不爲初所橈故得棟隆之吉

【本義】以陽居陰、過而不過、故、其象、隆而占吉、然、下應初六、以柔濟之則過於柔矣、故、又戒以有它則吝也、節齋蔡氏曰它謂初也四位高初柔在下不能致橈故曰棟隆吉然與初應或牽於柔亦吝道也故曰有它吝○雲峯胡氏曰九四棟隆亦有二義剛而能柔一也三應上是救其末四應初是救其本上六以柔居柔爲陰之極初六以柔居剛猶可以不橈乎下二也蓋惟其柔而居剛故二比之則如稊之復生於下四應之則如棟之不橈乎下也傳旨棟隆吉是就本爻說有它吝是就應爻說六四剛柔合德已可建立宏勛而又戒以有他吝者蓋當大過時人皆知有不可過之說見初爲四正應必謂四當資初以自輔不知四用不着初用之反足以滋害然其說最易惑人恐四主張不定爲其所惑故特提明以戒之

象曰棟隆之吉은不橈乎下也ㅣᆯ시라

○象애 ᄀᆞᆯ오ᄃᆡ 棟隆의 吉홈은 下에 橈티 아니ᄒᆞᆯ시리

【傳】棟、隆起則吉、不橈曲以就下也、謂不下繫於初也、臨川吳氏曰下謂初也不橈乎下謂不因下之弱而至於橈也○合沙鄭氏曰大過棟橈由本末弱然實以本爲重四居大臣之位而應乎初救其本也救其本於未過之初故棟隆而不橈乎下其下不橈其棟烏得而不隆哉三所居不得位而應乎上救其末也救其末於已過之後故棟橈而不可以有輔則知救過於其末不若救過於其本也傳旨橈者惑亂之意不撓乎下乃稱无宅所以得棟隆之吉也

九五ᄂᆞᆫ枯楊이生華ᄒᆞ며老婦ㅣ得其士夫ㅣ니无咎ㅣ나无譽ㅣ리라

○九五ᄂᆞᆫ 枯ᄒᆞᆫ 楊이 華ㅣ 生ᄒᆞ며 老婦ㅣ 그 士夫를 得홈이니 咎업스나 譽업스리라

【傳】九五、當大過之時、本以中正、居尊位、然、下无應助、固不能成大過之功而上

比過極之陰、其所相濟者、如枯楊之生華、枯楊、下生根稊則能復生、如大過之陽、興成事功也、上生華秀、雖有所發、无益於枯也、上六、過極之陰、老婦也、五雖非少、比老婦則爲壯矣、一作壯夫 一作士夫 於五、无所賴也、故、反稱婦得、過極之陰、得陽之相濟、不爲无益也、以士夫而得老婦、雖无罪咎、殊非美也、故、云无咎无譽、象、復言其可醜也

【本義】九五、陽過之極、又比過極之陰、故、其象占、皆與二反、藍田呂氏曰九二在初六之上老於初六故曰女妻女未嫁者也九五在上六之下少於上六故曰士夫士未娶者也○雲峰胡氏曰枯楊而稊可以復生枯楊而華速其死也老夫得其女妻猶可生育士夫而有老婦无復生道矣故反稱老婦得其士夫謂上六也陰柔過極得陽不爲无益云无咎者陰欲陽非陽之咎也然亦非美矣○厚齋馮氏曰合二五兩爻象觀之九二枯楊老夫之象也初六生稊女妻之象也則九五當爲楊而今以上六爲枯楊老婦九五反爲生華士夫何也易之意蓋以枯象老在陽爻則爲夫在陰爻則爲婦而楊者不拘於陰陽之爻也又曰聖人立象以盡意天下事物之變无不備者老夫之得女妻再娶女之夫也老婦之得士夫婦再嫁而夫未娶也凡人倫之變備見於象矣○兼山郭氏曰老夫女妻剛爲主而柔輔之大過之得也故无不利老婦士夫則柔爲主而剛輔之大過之失也故无譽備旨此爻與九二對看二過之如又得初陰故能濟五過之極又比上六故不濟枯楊二句總是不能濟事之喩无咎无譽重无咎士五多譽而曰无譽深鄙之之辭

象曰枯楊生華ㅣ何可久也ㅣ며老婦士夫ㅣ亦可醜也ㅣ로다

象애 ᄀᆞᆯ오ᄃᆡ 枯楊生華ㅣ 엇디 可히 久ᄒᆞ며 老婦士夫ㅣ 또ᄒᆞᆫ 可히 醜홈도다

【傳】枯楊、不生根而生華、旋復枯矣、安能久乎、老婦而得士夫、豈能成生育之功、亦爲可醜也古爲徐氏曰二以剛居柔初以柔居剛此不過者也又在卦初故其過以相與可以成生育之功五以剛居剛上以柔居柔皆過者也又在卦終故其陰陽相比祇以爲醜備旨象四句分釋正意在言外无發榮之機故不可久无生育之功故亦可醜皆鄙之之辭

上六은 過涉滅頂이라 凶ᄒᆞ니 无咎ᄒᆞ니라

【本義】 過涉滅頂이니 凶ᄒᆞ나 无咎ㅣ니라

○上六은 過히 涉ᄒᆞ야 頂을 滅홈이라 凶ᄒᆞ니 咎홀ᄃᆡ 업ᄉᆞ니라 (本義) 過히 涉ᄒᆞ야 頂을 滅홈이니 凶ᄒᆞ나 咎ㅣ 업ᄉᆞ니라

【傳】 上六、以陰柔、處過極、是小人、過常之極者也、小人之所謂大過、非能爲大過人之事也、直過常越理、不恤危亡、履險蹈禍而已、如過涉於水、至滅沒其項、其凶、可知、小人、狂躁以自禍、蓋其宜也、復將何尤、故、曰无咎、言自爲之、无所怨咎也、因澤之象而取涉義、誠齋楊氏曰水溢而過於涉者不足以濟川而徒沒其頂任重以過其才者不足以濟難而徒滅其身其凶大矣○中溪張氏曰上以陰柔而躐居四陽之上乃過之首者首即頂也若過涉於水本欲有濟苟不量深淺而至於滅沒其頂凶則宜矣非无咎也不可歸咎於人當自咎爾

【本義】 處過極之地、才弱不足以濟、然於義、爲无咎矣、蓋殺身成仁之事、故、其象占如此 朱子曰過涉滅頂凶无咎恐是他做得是了不可以咎他不似伊川說○雲峯胡氏曰初六藉用白茅過於畏懼者也故无咎上六過涉滅頂過於冲裂者也其事雖凶於義亦无咎然亦惟其時而已初者事之端能愼其端往可无失上者事之極極則不可有爲矣故本義以殺身成仁之事當之

象曰過涉之凶은 不可咎也ㅣ니라

○象애 ᄀᆞᆯ오ᄃᆡ 過涉의 凶홈은 可히 咎티 몯홀거시라

【傳】 過涉至溺、乃自爲之、不可以有咎也、言无所怨咎、朱子曰過涉滅頂凶无咎象曰不可咎也如東漢諸人不量深淺至於殺身亡家此雖是凶然而其心何罪故不可咎也又曰大過陽剛過盛不相對値之義故六爻中无全吉者除了初六是過於畏愼无咎外九二雖无不利然老夫得女妻畢竟是不相當所以象言過以相與也九四雖吉而又有他則吝九五所謂老婦者乃是指客爻而言老婦而得士夫但能无咎无譽亦不爲全吉至於上六過涉滅頂凶无咎則是事雖凶而義則无咎也○厚齋馮氏曰易大抵上下晝停者從中分反對爲象非他卦相應之例也頤中孚小過皆然而此卦尤

明三與四對皆爲棟象上隆下橈也二與五對皆爲枯楊之象上華下稊也初與上對初爲藉用白茅之愼上爲過涉滅頂之凶也○建安丘氏曰大過四陽二陰陽過乎陰論全卦則三四兩爻重剛不中過者也重剛而不中則是過在三四而不在二五論爻位則二四以剛居柔不過者也故一吉而一利三五以剛居剛過者也故一凶一可醜是過在三五而不在二四觀爻所指之辭可見矣至初上二柔亦以不過者爲美然初陰伏於四陽之下承剛也故藉用白茅无咎上陰蹤乎四陽之上乘剛也故過涉滅頂凶是知處大過之世不惟不欲剛之過而柔亦不容過於剛也○雙湖胡氏曰或疑頤與大過對者也何不名爲小過中孚與小過對者也何不名爲大過蓋大過以四陽在中言小過以四陰在外言此是聖人內陽外陰之微意以陽自內而過者爲主陰自外而過者爲客大過四陽過盛於內而主勝於客若頤之四陰在內不可以陰爲主矣故不名之曰小過而自取象於頤小過四陰過盛於外而客勝於主若中孚之四陽在外不可以陽爲客矣故不名之曰大過而自取象於中孚況當大過之時陽之在內者四而陰之在外惟二陽盛而陰衰也今至小過陽之在內者僅存其二陰之在外者浸消陽而有四是陰反盛而陽反衰矣此大過小過之辨也

䷜ 坎下坎上

【傳】習坎、序卦、物不可以終過、故、受之以坎、坎者、陷也、理无過而不已、過極則必陷、坎所以次大過也、習、謂重習、他卦雖重、不加其名、獨坎、加習者、見其重險、險中復有險、其義、大也、卦、中一陽、上下二陰、陽實陰虛、上下无據、一陽、陷於二陰之中、故、爲坎陷之義、陽居陰中則爲陷、陰居陽中則爲麗、凡陽、在上者、止之象、在中、陷之象、在下、動之象、陰、在上、說之象、在中、麗之象、在下、巽之象、陷則爲險、習、重也、如學習溫習、皆重複之義也、坎、陷一作險也、卦之所言、處險難之道、坎、水也、一始於中、有生之最先者也、故、爲水、陷、水之體也、或問程傳云一始於中有生之最先者也故爲水夫陽氣之生必始於下復卦之象是也今曰始於中其義如何朱子曰氣自下而上爲始程說別是一義各有所主不相妨然亦不可相雜○隆山李氏曰乾坤三畫以初相易而成震巽以中相易而成坎離以三相易而成艮兌故乾坤者陰陽之祖而坎離則天地之中也坎居正北於時爲子爲夜之中離居正南於時爲午爲日之中夜之中而一陽生焉故坎之三畫一陽居中日之中而一陰生焉故離之三畫一陰居中天地陰陽之中此乃造化張本之地故易上經始乾坤而終坎離皆其得天地陰陽之中而爲易之用也且天一下降坎中在物爲水而在人爲精以畫觀之坎之一陽居中而中實即在精藏於中而水積於淵之象也地二上兆離中在物爲火而在人爲神以畫觀之離之一陰在中而中虛即神寓于心而火明于空之象也坎之中實是爲誠離之中虛是爲明中實者坎之用中虛者離之用也作易者因坎離之中而寓誠明之用誠明起于中者易之妙用而古聖人之心學也

習坎은 有孚ᄒᆞ야 維心亨이니 行ᄒᆞ면 有尙이리라

○習坎은孚ㅣ이셔心으로亨ᄒᆞ니行ᄒᆞ면尙이이시리라

【傳】陽實、在中、爲中有孚信、維心亨、維其心、誠一、故、能亨通、至誠、可以通金石蹈水火、何險難之不可亨也、行有尙、謂以誠一而行則能出險、有可嘉尙、謂有功也、不行則常在險中矣、

【本義】習、重習也、坎、險陷也、其象、爲水、陽陷陰中、外虛而中實也、此卦、上下皆坎、是爲重險、中實、爲有孚心亨之象、以是而行、必有功矣、故、其占、如此、平庵項氏曰重卦坎字在六十四卦之先故加習字以起後例示離震艮兌巽皆當以重習起義也乾坤不加習字者六爻只一爻故也○建安丘氏曰人之處坎身可陷而心不可陷故曰維心亨心亨則非坎矣心不亨則失處險之道又曰坎一陽處二陰之中陰虛則流故亨通○誠齋楊氏曰水內陽而外陰故其明內景維心亨也○中溪張氏曰九二九五陷于坎中而剛德自若此維心亨之象也○雲峯胡氏曰六子卦皆重此獨加一習字或以爲序卦適居六子之先坎言重他可知矣或以爲象曰龜蛇方曰北曰朔而太玄配罔與冥人之腎兩皆有重義他卦亨字本義例以爲占維此則曰中實爲有孚心亨之象蓋他卦言占事之亨也此言象心之亨也陽實有孚之象陽明在內心亨之象心有主則實此心見得事理實是如此心既透徹由是斷然行之无疑不然此心微有不通即是險阻即不可行矣故本義以亨爲象有尙爲占也

彖曰習坎은 **重險也**ㅣ니 重直龍反

○彖애ᄀᆞᆯ오ᄃᆡ習坎은重ᄒᆞᆫ險시니

【本義】 釋卦名義

水ㅣ **流而不盈**ᄒᆞ며 **行險而不失其信**이니

○水ㅣ流ᄒᆞ야盈티아니ᄒᆞ며險애行호ᄃᆡ그信을失티아니ᄒᆞ요미니

【傳】 習坎者、謂重險也、上下、皆坎、兩險、相重也、初六、云坎窞、是坎中之坎、重險也、水流而不盈、陽動於險中而未出於險、乃水性之流行而未盈於坎、既盈則出乎坎矣、行險而不失其信、剛陽中實、居險之中、行險而不失其信者也、坎中實、水就下、皆爲信義有孚也、

【本義】 以卦象、釋有孚之義、言內實而行有常也、朱子曰水流不盈是說一坎滿便流出去一坎又滿又流出去行險而不失其信則是說決定如此○坎水只是平不觧滿盈是滿出來○雲峯胡氏曰水字當讀流而不盈行險而不失其信兩句皆指水言以水之內實行有常者釋卦辭有孚之義也○臨川吳氏曰流者一陽之動於中不盈者陷於二陰而未能出險謂中能陷人隔絕內外不失其信謂逝者如斯不舍晝夜○建安丘氏曰坎爲水流水也兌爲澤止水也兌陰卦陰靜故止坎陽卦陽動故流惟流故不盈惟不盈故可出險若待盈而後流則澤水也

維心亨은 **乃以剛中也**ㅣ오

○維心亨은剛中으로ᄡᅵ오(本義)剛이中홈으로ᄡᅵ오

【傳】 維其心、可以亨通者、乃以其剛中也、中實、爲有孚之象、至誠之道、何所不通、

一作亨 以剛中之道而行則可以濟險難而亨通也、

行有尙은往有功也ㅣ라

○行有尙은往ᄒᆞ면功이이시미라

【傳】以其剛中之才而往則有功、故、可嘉尙、若止而不行則常在險中矣、一作也 坎、以能行、爲功、

【本義】以剛在中、心亨之象、如是而往、必有功也、節齋蔡氏曰剛中二五也往有功動則出坎也○息齋余氏曰行有尙即節九五之往有尙所謂通也

天險은不可升也ㅣ오地險은山川丘陵也ㅣ니王公이設險ᄒᆞ야以守其國ᄒᆞᄂᆞ니險之時用이大矣哉라

○天險은可히升티몯ᄒᆞᆯ꺼시오地險은山川과丘陵이니王公이險을設ᄒᆞ야뻐그國을守ᄒᆞᄂᆞ니險의時와用이크다

【傳】高不可升者、天之險也、山川丘陵、地之險也、王公君人者、觀坎之象、知險之不可陵也、故、設爲城郭溝池之險、以守其國、保其民人、是有用險之時、其用、甚大故、賛其大矣哉、山河城池、設險之大端也、若夫尊卑之辨、貴賤之分、明等威、異物采、凡所以杜絕陵僭、限隔上下者、皆體險之用也、

【本義】 極言之而贊其大也、臨川吳氏曰不可升者无形之險山川丘陵者有形之險王公因有形之險爲无形之險設此以固守其國是謂人險○厚齋馮氏曰險有時有用因時而設險則國可守而與天地相爲長久其用豈不大矣哉○建安丘氏曰坎六爻四陰陷二陽四陰坎也二陽坎中之水也君子觀二陽中實之象故體水之德爲有孚維心亨所以處險也觀四陰險陷之象故因坎之形設險守國所以用險也彖易聖人於往有功以上專以水言而明處險之道自天險不可升以下專以險言而明用險之方也

象曰水ㅣ洊至ㅣ習坎이니君子ㅣ以ᄒᆞ야常德行ᄒᆞ며習敎事ᄒᆞᄂᆞ니라 洊在薦反 行下孟反

○象애ᄀᆞᆯ오ᄃᆡ水ㅣ洊히至홈 이習ᄒᆞᆫ坎이니君子ㅣ以ᄒᆞ야 德行을덛덛이ᄒᆞ며敎事를習ᄒᆞᄂᆞ니라

【傳】 坎爲水、水流、仍洊而至、兩坎相習、水流仍洊之象也、水自涓滴、至於尋丈、至於江海、洊習而不驟一作讓者也、其因勢就下、信而有常、故、君子、觀坎水之象、取其有常則常久其德行、人之德行、不常則僞也、故、當如水之有常、取其洊習相受則以習熟其敎令之事、夫發政行敎、必使民、熟於聞聽然後、能從、故、三令五申之、若驟告未喩、遽責其從、雖嚴刑以驅之、一无之字不能也、故、當如水之洊習、

【本義】 治己治人、皆必重習然後、熟而安之、建安丘氏曰洊再也水再至則爲重習之坎初六乃內水之方至者六四乃外水之洊至者君子體之重習不已常德行者以此進德也習敎事者以此敎民也○涑水司馬氏曰水之流也習而不止以成大川人之學也習而不已以成大賢故君子以常德行習敎事○潘氏夢旂曰六子皆重卦也坎曰水洊至離曰明兩作震曰洊雷艮曰兼山巽曰隨風兌曰麗澤皆取重復之義乾坤純體也故直曰天行地勢云

初六은習坎애入于坎窞이니凶ᄒᆞ니라 窞徒坎陵感二反

○初六은習坎애坎窞애入홈이니凶ᄒᆞ니라

【傳】初以陰柔(一无柔字)居坎險之下、柔弱无援而處不得當、非能出乎險也、唯益陷於深險耳、窞、坎中之陷處、已在習坎中、更入坎窞、其凶、可知、

【本義】以陰柔、居重險之下、其陷、益深、故、其象占、如此、臨川吳氏曰坑坎中小穴旁入者曰窞坎之柔畫象水旁兩岸其缺象岸側小穴故曰入于坎窞○王氏曰最處坎底无應援是以凶也○雲峯胡氏曰初六六三皆以陰居坎下水性本下而又居下坎體本陷而又居陷中之陷故皆入于坎窞初又下卦之下也其占之凶固宜

象曰習坎入坎은失道ㅣ라凶也ㅣ라

○象애ᄀᆞᆯ오ᄃᆡ習坎入坎은道를失ᄒᆞᆫ디라凶홈이라

【傳】由習坎而更入坎窞、失道也、是以、凶、能出於險、乃不失道也、中溪張氏曰初深入於險失其出險之道其凶可知是以君子惡居下流者以此

九二는坎애有險ᄒᆞ나求를小得ᄒᆞ리라

○九二는坎애險이이시나求를져기得ᄒᆞ리라

【傳】二當坎險之時、陷上下二陰之中、乃至險之地、是有險也、然、其剛中之才、雖未能出乎險中、亦可小自濟、不至如初、益陷入于深險、是所求、小得也、君子、處險難而能自保者、剛中而已、剛則才足自衛、中則動不失宜、

【本義】處重險之中、未能自出、故、爲有險之象、然、剛而得中、故、其占、可以求

小得也、丹陽都氏曰陰爲險者也陰趨下者出乎一陰之上而掩乎一陰之下故爲有險○潘氏夢旂曰陽剛之才而在險中可以小得而未能出險也○雲峯胡氏曰初在重險之下其占曰凶三在重險之間其占曰勿用二之占乃曰求小得何也剛得中故也豫九四互坎而曰大有得坎九二剛中而僅小得何也豫之剛動乎坤順之上故不求而所得者大坎之剛陷於坎險之中故雖求之而所得者小

象曰求小得은 未出中也ᄅ새라

○象애ᄀᆞᆯ오ᄃᆡ求를져기得홈은中애出티몯ᄒᆞᆯ시라

【傳】方爲二陰所陷、在險之地、以剛中之才、不至陷於深險、是所求小得、然、未能出坎中之險也・【備旨】未出險中即有險也故上可求小得明非才德之不足也所能者人所不能者惟九二有焉

六三은 來之애 坎坎ᄒᆞ며 險애 且枕ᄒᆞ야 入于坎窞이니 勿用이니라 枕針甚反

【本義】來之坎坎ᄒᆞ야險且枕ᄒᆞ야

○六三은來ᄒᆞ욤과之ᄒᆞ욤매坎코坎ᄒᆞ며險애ᄯᅩ枕ᄒᆞ야坎窞에入ᄒᆞ니用티마롤디니라(本義)險ᄒᆞ고ᄯᅩ枕ᄒᆞ야

【傳】六三、在坎陷(一作險)之時、以陰柔而居不中正、其處、不善、進退與居、皆不可者也、來下則入于險之中、之上則重險也、退來與進之、皆險、故、云來之坎坎、既進退皆險而居亦險、枕、謂支倚、居險而支倚、以處、不安之甚也、所處、如此、唯益入於深險耳、故、云入于坎窞、如三所處之道、(一无之道字)不可用也、故、戒勿用、

【本義】以陰柔不中正而履重險之間、來往、皆險、前險而後枕、其陷、益深、不可用

也、故、其象占、如此、枕、倚著未安之意、朱子曰險且枕只是前後皆是險枕便如枕頭之枕問來之坎坎曰經文中疊字如兢兢業業之類是重字來之自是兩字各有所指謂下來亦坎上往亦坎之徃也進退皆險也○疊溪王氏曰乾之三處二乾之間故曰終日乾乾坎之三處二坎之間故曰來之坎坎○雙湖胡氏曰險下險也且枕又將枕上險矣入于坎窞指六四象○雲峯胡氏曰前險而後枕枕有兩意謂下卦爲前險而六三枕之可也謂六三處前險而四又枕之亦可也初與三皆曰入于坎窞彼凶此但勿用彼之入未能出此之入將可出也

象曰來之坎坎은終无功也ㅣ리라

○象애ᄀᆞᆯ오ᄃᆡ來之坎坎은終애功이업슬이라

【傳】進退皆險、處又不安、若用此道、當益入于險、終豈能有功乎、以陰柔、處不中正、雖平易之地、尙致悔咎、況處險乎、險者、人之所欲出也、必得其道、乃能去之、求去而失其道、益困窮耳、故、聖人、戒如三所處、不可用也、備旨曰終无功是斷定之辭身履重險即命世之才猶難克濟況庸流乎求不速亡幸矣安望有功

六四는樽酒와簋貳를用缶ᄒᆞ고納約自牖ㅣ면終无咎ᄒᆞ리라

【本義】樽酒簋오貳用缶ᄒᆞ고納約自牖ㅣ니

○六四ᄂᆞᆫ樽酒와簋ㅣ貳를缶를用ᄒᆞ고約을納호ᄃᆡ牖로브터ᄒᆞ면ᄆᆞᄎᆞᆷ내咎ㅣ업스리라(本義)樽酒와簋오貳호ᄃᆡ缶를用ᄒᆞ고約을納호ᄃᆡ牖로브터홈이니

【傳】六四、陰柔而下无助、非能濟天下之險者、以其在高位、故、言爲臣處險之道、大臣、當險難之時、唯至誠見信於君、其交、固而不可間、又能開明君心則可保无咎矣、

一作也 夫欲上之篤信、唯當盡其質實而已、多儀而尙飾、莫如燕享之禮、故、以燕享、喩之、言當不尙浮飾、唯以質實、所用、一樽之酒、二簋之食、復以瓦缶、爲器、質之至也、其質實如此、又須納約自牖、納約、謂進結於君之道、牖、一有有字 開通之義、室之暗也、故、設牖、所以通明、自牖、言自通明之處、以況君心所明處、詩云天之牖民、如壎如篪、毛公、訓牖爲道、亦開通之謂、一作義 人臣、以忠信善道、結於君心、必自其所明處、乃能入也、人心、有所蔽、有所通、所蔽者、暗處也、所通者、明處也、當就其明處而告之、求信則易也、故、云納約自牖、能如是則雖艱險之時、終得无咎也、且如君心、蔽於荒樂、唯其蔽也故爾、雖力詆其荒樂之非、如其不省、何、必於所不蔽之事、推而及之則能悟其心矣、自古、能諫其君者、未有不因其所明者也、故、訐直强勁者、率多取忤而溫厚明辯者、其說、多行、且如漢祖、愛戚姬、將易太子、是其所蔽也、群臣爭之者、衆矣、嫡庶之義、長幼一作少長 之序、非不明也、如其蔽而不察、何、四老者、高祖、素知其賢而重之、此其不蔽之明心也、故、因其所明而及其事則悟之如反手、且四老人之力、孰與張良群公卿及天下之士、其言之切、孰與周昌叔孫通、然而不從彼而從此者、由攻其蔽與就其明之異耳、又如趙王太后、愛其少子長安君、不肯使質於齊、此其蔽於私愛也、大臣、諫之雖强、既曰蔽矣、其能聽乎、愛其子而欲使之長久富貴者、其心之所明也、故、左師觸龍、因其一有所字 明而導之以長久之計、故、其聽也、如響、非惟告於君者、如此、爲敎者、亦然、夫敎、必就人之所長、所長者、心之所明也、從其心之所明而入然後、推及其餘、孟子所謂成德達才、是也、

【本義】鼂氏云先儒、讀樽酒簋爲一句、貳用缶爲一句、今從之、貳、益之也、周禮、大祭、三貳、弟子職、左執虛豆、右執挾匕、周旋而貳、是也、九五、尊位、六四、近之在險之時、剛柔、相際、故、有但用薄禮、益以誠心、進結自牖之象、牖、非所由之正、而室之所以受明也、始雖艱阻、終得无咎、故、其占、如此、或問六四舊讀樽酒簋句貳用缶句本義從之其說如何朱子曰旣曰樽酒簋貳又曰用缶亦不成文理貳益之也又曰人硬說作二簋其實无二簋之實陸德明自註斷人自不曾去看如所謂貳乃大祭三貳之貳是副貳之義六四居近尊位而在險之時剛柔相際故有但用薄禮益以誠心進結自牖之象問牖非所由之正乃室中受明之處豈險難之時不容由正以進耶曰非是不可由正蓋事變不一勢有不容不自牖者不由戶而自牖以言艱險之時不可直致也○納約自牖雖有向明之意然非是路之正終无咎者始雖不甚好然於義理无害故終无咎无咎者善補過之謂也○臨川吳氏曰以尊盛酒以簋盛食又以缶盛酒貳其尊虞翻云貳副也禮有副尊故貳用缶按周官大祭三貳其下云皆有酌數皆有器量鄭氏註謂酌器所用注尊中者缶即酌器也爲尊之副尊中之酒不滿則酌此器之酒以益之也○雲峰胡氏曰缶之器實有誠實象酒簋之禮至薄當坎之時不得已而用之非益之以誠不可也納約不自戶而自牖亦坎之時不得已也○潘氏夢旂曰樽酒簋貳用缶與損之二簋可用享同意皆言其窮約之時不事多儀而尙誠實也納約自牖與暌之遇主于巷同意皆言其艱難之時自間道而通於君也六四居大臣之位當坎險之時盡其誠實雖自牖而納約非其正道終无咎也居治平之世由間道而結於君則不可矣暌坎之時爲然

象曰樽酒簋貳는**剛柔際也**라ᄒᆞ시

○象애ᄀᆞᆯ오ᄃᆡ樽酒簋貳ᄂᆞᆫ剛과柔ㅣ際홀시라

【傳】象、只擧首句、如此、比多矣、樽酒簋貳、質實之至、剛柔相際接之道、能如此則可終保无咎、君臣之交、能固而常者、在誠實而已、剛柔、指四與五、謂君臣之交際也、

【本義】鼂氏曰陸氏釋文本、无貳字、今從之、隆山李氏曰八純卦六爻俱无應惟以比而相交際爲義居坎險之時以漸出上爲貴六四離下體進而附五有欲出險之意眞情相向期於濟難不待繁文縟禮以達誠意也【備旨】重剛際柔遽提一際字便見精神相洽形迹可忘使此時尙存忌諱便不免負君倚庇之心

九五는 坎不盈ㅣ니 祇既平ᄒᆞ면 无咎ㅣ리라

【本義】坎不盈이나 祇既平이니

○九五ᄂᆞᆫ 坎이 盈티 몯ᄒᆞ야 시나 임의 平홈애 니르면 咎ㅣ 업스리라 (本義) 坎이 盈티 몯ᄒᆞ여사 나 임의 平홈애 이를디니

【傳】九五、在坎之中、是不盈也、盈則平而出矣、祇、宜音秖、抵也、復卦、云无祇悔、必抵於已平則无咎、既曰不盈則是未平而一无而字尙在險中、未得无咎也、以九五剛中之才、居尊位、宜可以濟於險、然、下无助也、二、陷於險中、未能出、餘皆陰柔、无一作非濟險之才、人君、雖才、安能獨濟天之險、居君位而不能致天下、出於險則爲有咎、必祇既平、乃得无咎、

【本義】九五、雖在坎中、然、以陽剛中正、居尊位而時亦將出矣、故、其象占、如此、

朱子曰坎不盈祗既平祇字他无說處看來只得作衹字解復卦亦然不盈未是平但將來必會平二與五是陷於陰中畢竟是陽會動陷他不得如有孚維心亨如行有尙皆是也○雲峯胡氏曰坎不盈猶有險也抵既平則无險矣二居重險之中五將出重險之外所以二之有險不如五之既平○瀘川毛氏曰水之性行則亨止則盈水以亨爲用不以盈也盈則有泛溢之虞不盈所以抵於既平○厚齋馮氏曰五在上卦之中有剛明之才居大君之位宜有以出險矣而上猶有一陰焉此所以不盈而祇既平也蓋下有坎故水流而不盈上无陰則爲盈之象矣尙未出險故祇既平而已上一陰猶岸也龍門之險水流湍激至孟津而平乃利涉焉以水既平也既平則險可濟故无咎卦中惟二五才足以出險而皆陷焉二在下上又一坎故曰有險五在上流下坎焉故曰不盈

象曰坎不盈은**中**이**未大也**ㅣ라

○象애ᄀᆞᆯ오ᄃᆡ坎不盈은中이大티몯홈이라

【傳】九五、剛中之才而得尊位、當濟天下之險難而坎尙不盈、乃未能平乎險難、是其剛中之道、未光大也、險難之時、非君臣、協力、其能濟乎、五之道、未大、以无臣也、人君之道、不能濟天下之險難則爲未大、不稱其位也、

【本義】有中德而未大、朱子曰水之爲物其在坎只能平自不能盈故曰不盈盈高之義中未大者平則是得中不盈是未大也○雲峯胡氏曰大有六五以柔居五則曰大中坎九五以剛居中乃曰中未大者大有之時柔能統剛重坎之時剛猶陷於柔也【備旨】二之得小五之求大皆以坎中故耳少康一旅恢復舊物孰謂坎不可平乎未大以時言

上六은**係用徽纆**ᄒᆞ야**寘于叢棘**ᄒᆞ야**三歲**라도**不得**이니**凶**ᄒᆞ니라

○上六은係호ᄃᆡ徽纆으로ᄡᅥᄒᆞ야叢棘에寘ᄒᆞ야三歲라도得디몯홈이니凶ᄒᆞ니라

【傳】上六、以陰柔而居險之極、其陷之深者也、以其陷之深、取牢獄爲喩、如係縛

之以徽纆、囚寘於叢棘之中、陰柔而陷之深、其不能出矣、故、云至于三歲之久、不得免也、其凶、可知、

【本義】以陰柔、居險極、故、其象占、如此、陸氏德明曰三股曰徽兩股曰纆皆索名○莆陽張氏曰坎爲刑獄荀九家易坎爲叢棘傳曰叢棘如今之棘寺○雲峯胡氏曰係之徽纆而又寘于叢棘重險之象三歲亦復不得出以陰柔處坎險之極故也○隆山李氏曰上六當出險矣而陰柔下比无出險之才下乘五剛將有係寘之患猶人陷犴獄擧手掛徽纆投足蹈叢棘者也三歲不得凶猶困坎在下初六亦曰三歲不覿凶遇坎而三歲羈縻一律也○臨川吳氏曰周官司圜收敎罷民能改者上罪三年而舍其不能改而出圜土者殺三歲不得其罪大而不能改者歟

象曰上六失道ᄂ凶三歲也ㅣ라

○象애ᄀᆞᆯ오ᄃᆡ上六이道를失ᄒᆞ믄凶이三歲리라

【傳】以陰柔而自處極險之地、是其失道也、故、其凶、至于三歲也、三歲之久而不得免焉、終凶之辭也、言久、有曰十、有曰三、隨其事也、陷于獄、至于三歲、久之極也、他卦、以年數言者、亦各以其事也、如三歲不興十年乃字、是也、雲峯胡氏曰初六以柔居險之初失道上六以柔居險之極无復出險亦失道坤初上皆曰其道坎初上皆曰失道首尾相應○建安丘氏曰坎陷也以一陽而陷于二陰也上下皆坎則二五皆陷然坎之性下下坎則爲陷之太甚故上坎爲安以五得位而二不得位故五之祇既平異乎二之求小得也其四陰爻則處陽外而陷陰者最凶是以初言入于坎窞上言寘于叢棘以在二五兩陽之外也若中二陰三則失位乘陽而无功四則得位承陽而无咎也備旨上六二字正是凶之禍根重看道即有孚心亨之道惟陽剛則得之陰柔必失是矣此與初爻交以失道責之者聖人言人不言天也

䷝ 離下 離上

【傳】離、序卦、坎者、陷也、陷必有所麗、故、受之以離、離者、麗也、陷於險難之中則必有所附麗、理、自然也、離所以次坎也、離、麗也、明也、取其陰、麗於上下之陽則爲附麗之義、取其中虛則爲明義、離爲火、火體、虛、麗於物而明者也、又爲日、亦以虛明之象、

隆山李氏曰文王序卦以乾坤坎離居上經乾坤者陰陽之純而坎離者陰陽之中不若震巽艮兌爲陰陽之偏也以六十四卦之序觀之乾坤居六十四卦之首坎離居六十四卦之中尤有深意蓋坎離二卦爲天地心天地造化之本坎藏天之陽中受明爲月離麗地之陰中含明爲日坎爲水而司寒離爲火而司暑坎爲月而司夜離爲日而司晝水火日月之用寒暑晝夜之運天地造化之妙孰有出於此哉

離는 **利貞**ᄒᆞ니 **亨**ᄒᆞ니 **畜牝牛**ᄒᆞ면 **吉**ᄒᆞ리라 畜許六反

○離는貞홈이利ᄒᆞ니亨ᄒᆞ니牝牛를畜듯ᄒᆞ면吉ᄒᆞ리라

【傳】離、麗也、萬物、莫不皆有所麗、有形則有麗矣、在人則爲（一无爲字）所親附之人、所由之道、所主之事、皆其所麗也、人之所麗、利於貞正、得其正則可以亨通、故、曰離利貞亨、畜牝牛吉、牛之性、順而又牝焉、順之至也、既附麗於正、必能順於正道、如牝牛則吉也、畜牝牛、謂養其順德、人之順德（一无德字）、由養以成、既麗於正、當養習以成其順德也、

【本義】離、麗也、陰麗於陽、其象、爲火、體陰而用陽也、物之所麗、貴乎得正、牝牛、柔順之物也、故、占者、能正則亨而畜牝牛則吉也、

朱子曰離便是麗附著之意易中多說做麗也有兼說明處也有單說明處明是離之體麗是麗著底意思離字古人多用做離著說然而物相離去也只是這字古來自有這般兩用底字如亂字又喚做治

○問火體陰而用陽是如何曰此言三畫卦中陰而外陽者也坎象爲陰水體陽而用陰蓋三畫卦中陽而外陰者又

○曰火中虛暗則離中之陰也水中虛明則坎中之陽也○問離卦是陽包陰占利畜牝牛便也是宜畜柔順之物曰然○臨川吳氏曰牛牝皆坤象離中畫一陰坤之中畫也故象牝牛○平庵項氏曰坤以全體配乾而行故爲牝馬之行地離以二五附乾而居故爲牝牛之畜養○雲峯胡氏曰本義於坎曰中實而外虛則知離中虛而外實於離曰體陰而用陽則知坎體陽而用陰互見也夫麗則易至於不正麗而正則亨矣以畜牝牛乃吉何也坎之明在內以剛健而行之於外離之明在外當柔順以養之於中也坎水潤下愈下則陷矣故以行爲尙離火炎上愈上則焚矣故以止爲吉○雙湖胡氏曰文王於坤取牝馬象於離取牝牛象固自不同也後之言象者但見說卦乾爲馬坤爲牛於是坤之馬反欲求之乾離之牛反欲求之坤未免膠泥而有不通者豈知夫子於說卦取象又自有所見本不必盡同於先聖豈可以夫子之象爲文王周公之象哉

彖曰離는麗也니日月이麗乎天ᄒᆞ며百穀草木이麗乎土ᄒᆞ니

○彖애ᄀᆞᆯ오ᄃᆡ離ᄂᆞᆫ麗홈이니日月이天에麗ᄒᆞ며百穀草木이土에麗ᄒᆞ니

【傳】離、麗也、謂附麗也、如日月則麗於天、百穀草木則麗於土、萬物、莫不各有所麗、天地之中、无无麗之物、在人、當審其所麗、麗得其正則能亨也、節初齊氏曰龜山楊氏云火无常形麗物而有形最得本旨人之生也得水爲精得火爲神其合也氣聚而形成於有其分也氣散而神泯於无蓋精所以爲形而神麗於形者也天地形之大者也日月麗天百穀草木麗土其神之發見而可見者也

重明으로以麗乎正ᄒᆞ야乃化成天下ᄒᆞᄂᆞ니라 重直龍反

○重明으로ᄡᅥ正애麗ᄒᆞ야天下를化ᄒᆞ야成ᄒᆞᄂᆞ니라

【傳】以卦才、言也、上下、皆離、重明也、五二、皆處中正、麗乎正也、君臣上下、皆有

明德而處中正、可以化天下成文明之俗也

【本義】 釋卦名義、朱子曰彖辭重明自是五二兩爻爲君臣重明之義大象又自說繼世重明之義不同○平庵項氏曰日月麗乎天而成明百穀草木麗乎土而成文故離爲文又爲明重明以麗乎正此統論一卦之義以釋卦名也○建安丘氏曰五爲天位故離上有日月麗乎天之象此以氣麗氣者也二居地位故離下有百穀草木麗乎土之象此以形麗形者也上下皆離故曰重明君臣上下重明而共麗乎正則可以成天下文明之化矣

柔ㅣ麗乎中正故로亨ᄒᆞ니是以畜牝牛吉也ㅣ라

○柔ㅣ中正애麗ᄒᆞᆫ故로亨ᄒᆞ니일로ᄡᅥ畜牝牛吉也ㅣ라

【傳】 二五、以柔順、麗於中正、所以能亨、人能養其至順、以麗中正則吉、故、曰畜牝牛吉也、或曰二則中正矣、五、以陰居陽、得爲正乎、曰離主於所麗、五、中正之位、六、麗於正位、乃爲正也、學者、知時義而不失輕重則可以言易矣

【本義】 以卦體、釋卦辭、朱子曰六二中正六五中而不正今言麗乎正麗乎中正次第說六二分數多此卦唯這爻較好○平庵項氏曰柔麗乎中正此以二五成卦之爻釋卦辭也五麗乎中二麗乎正中人能附順乎中正之道故亨是以畜牝牛吉加是以二字明柔附本非令德以能附麗乎中正是以吉也苟附麗非正則安得吉哉○雲峯胡氏曰坎之剛中九五分數多故九五曰坎不盈卦辭釋有孚亦曰水流而不盈離之中正六二分數多故卦辭曰畜牝牛而六二爻辭亦曰黃離元吉

象曰明兩이作離ᄒᆞ니大人이以ᄒᆞ야繼明ᄒᆞ야照于四方ᄒᆞᄂᆞ니라

(本義) 明兩作이離니

○象애골오딕明兩이離를作ᄒᆞ니大人이以ᄒᆞ야明을繼ᄒᆞ야四方애照ᄒᆞᄂᆞ니라（本義）明이두번作흠이離니

【傳】若云兩明則是二明、不見繼明之義、故、云明兩明而重兩、謂相繼也、作離、明兩而爲離、繼明之義也、震巽之類、亦取洊隨之義、然、離之義、尤重也、大人、以德言則聖人、以位言則王者、大人、觀離明相繼之象、以世繼其明德、照臨于四方、大凡以明相繼、皆繼明也、擧其大者、故、以世襲繼照、言之

【本義】作、起也、 朱子曰明兩作猶言水洊至今日明來日又明明字便是指日而言若說兩明却是兩箇日只是這一箇明兩番作非明兩乃兩作也○開封耿氏曰重明者上下明也繼明者前後明也彖言二五君臣故以重明言之象言明兩作者君也故以繼明言之○蘭氏廷瑞曰離爲火爲日爲電而獨言明者蓋指一偏則不足以盡繼明之義六十四卦唯離稱大人○平庵項氏曰繼明如言聖繼聖○雲峯胡氏曰程傳明兩句絕本義以水洊至例之故訓作爲起

初九ᄂᆞᆫ履ㅣ錯然ᄒᆞ니敬之면无咎ㅣ리라 錯七各反

○初九ᄂᆞᆫ履ㅣ錯然ᄒᆞ니敬ᄒᆞ면咎ㅣ업스리라

【傳】陽固好動、又居下而離體、陽居下則欲進、離性、炎上、志在上麗、幾於躁動、其履、錯然、謂交錯也、雖未進而跡己動矣、動則(一无則字)失居下之分而有咎也、然、其剛明之才、若知其義而敬愼之則不至於咎矣、初、在下、无位者也、明其身之進退、乃所麗之道也、其志、旣動、不能敬愼則妄動、是不明所麗、乃有咎也、

【本義】以剛居下而處明體、志欲上進、故、有履錯然之象、敬之則无咎矣、戒占者、

宜如是也、進齋徐氏曰履在下之象錯然交雜之貌居離之始才剛而妄動識淺而未明所履乖錯未得其當烏能无咎惟能敬愼則其咎可免矣○雙湖胡氏曰錯然是事物紛錯之意能敬則心有主宰酬應不亂可免於咎不能敬則反是

象曰履錯之敬은 以辟咎也ㅣ라 辟音避

○象애ᄀᆞᆯ오ᄃᆡ履錯의敬홈은ᄡᅥ咎를辟홈이라

【傳】履錯然欲動而知敬愼不敢進、所以求辟免過咎也、居明而剛、故、知而能辟、不剛明則妄動矣、中溪張氏曰初居離之始所履之邪正善惡紛錯而未知適從也不敬則妄動而獲咎矣故履錯之敬可以避咎【備旨】要知敬在履先一人於錯便已是咎敬是先事而圖的念頭敬則不錯故可避咎

六二는 黃離니 元吉ᄒᆞ니라

【本義】元吉이리라

○六二는黃ᄒᆞᆫ離니元코吉ᄒᆞ니라

【傳】二、居中得正、麗於中正也、黃、中之色、文之美也、文明中正、美之盛也、故、云黃離、以文明中正之德、上同於文明中順之君、其明、如是、所麗、如是、大善之吉也、

【本義】黃、中色、柔麗乎中而得其正、故、其象占、如此、朱子曰六二一爻柔麗乎中而得其正故元吉至六五雖是柔麗乎中而不得其正特借中字而包正字○雲峰胡氏曰離六二以黃言者離之二自坤來也二與五皆自坤來而五不以黃離言者坤五爻皆臣道故於五曰黃裳元吉離五君二臣故於二曰黃離元吉況離性炎上上之中又不如下之中也○李氏開曰六二本坤之中爻黃地之中色與黃裳元吉同裳下飾而離爲日此其異也【備旨】註得正從麗中看出只重得中秉中德以事一人此便是人臣之正道所以元吉

象曰黃離元吉은得中道也ㅣ라

○象애ᄀᆞᆯ오ᄃᆡ黃離元吉은中道를得홈이라

【傳】所以元吉者、以其得中道也、不云正者、離、以中爲重、所以成文明、由中也、正在其中矣、

節齋蔡氏曰坎之時用在中二五皆卦之中也五當位而二不當位故五爲勝離之時用在中二五皆卦之中也二當位而五不當位故二爲勝○雲峰胡氏曰坎五之中中而未大離二之中聖人特以得中道許之備旨須知中道就是黃離但要玩一得字麗主原有中道但人不能得而二得之耳

九三은日昃之離니不鼓缶而歌면則大耋之嗟ㅣ라凶ᄒᆞ리라

○九三은日이昃ᄒᆞᆫ離니缶를鼓ᄒᆞ야歌티아니면大耋을嗟ᄒᆞ논디라凶ᄒᆞ리라

【傳】八純卦、皆有二體之義、乾、內外、皆健、坤、上下、皆順、震、威震、相繼、巽、上下、順隨、坎、重險、相習、離、二明、繼照、艮、內外、皆止、兌、彼己、相說而離之義、在人事、最大、九三、居下體之終、是前明、將盡、後明、當繼之時、人之始終、時之革易也、故、爲日昃之離、日下昃之明也、昃則將沒矣、以理言之、盛必有衰、始必有終、常道也、達者、順理爲樂、缶、常用之器也、鼓缶而歌、樂其常也、不能如是則以大耋、爲嗟憂、乃爲凶也、大耋、傾沒也、人之終盡、達者則知其常理、樂天而已、遇常皆樂、如鼓缶而歌、不達者則恐恒有將盡之悲、乃大耋之嗟、爲其凶也、此、處死生之道也、耋、與昳、同、

【本義】重離之間、前明、將盡、故、有日昃之象、不安常以自樂則不能自處而凶矣、

戒占者、宜如是也、或問日昃之離朱子曰死生常理也若不能安常以自樂則不免有嗟戚又問生之有死猶晝之必夜故君子當觀日昃之象以自處曰人固知常理如此只是臨時自不能安耳○雲峰胡氏曰日昃晝而將夜也晝之必夜生之必死皆常道也缶常用之器不鼓缶而歌是不安常以自樂也不安其常則不能自處而以大耋爲嗟矣嗟者歌之反故凶○藍田呂氏曰詩云今我不樂逝者其耋與此意同○庸齋趙氏曰離爲日三過中前明將盡有日昃之象於是時也鼓缶而歌是以樂消日也王羲之所謂年在桑榆賴絲竹陶寫是也入耋之嗟是以憂度日也趙孟所謂焉能恤遠朝不謀夕是也

象曰日昃之離ㅣ何可久也ㅣ리오

○象애 ᄀᆞᆯ오ᄃᆡ 日昃之離ㅣ 엇디 可히 오라리오

【傳】日既傾昃、明能久乎、明者、知其然也、故、求人以繼其事、退處以休其身、安常處順、何足以爲凶也、

九四는 突如其來如ㅣ라 焚如ㅣ니 死如ㅣ며 棄如ㅣ니라

【本義】突如其來如ㅣ니 焚如ㅣ며

○九四는 突히 그 來ᄒᆞᄂᆞᆫ디라 焚ᄒᆞ니 死ᄒᆞ며 棄홈이니라(本義)突히 그 來ᄒᆞ니 焚ᄒᆞ며

【傳】九四、離下體而升上體、繼明之初、故、言繼承之義、在上而近君、繼承之地也、以陽居離體而處四、剛躁而不中正、且重剛、以不正而剛盛之勢、突如而來、非善繼者也、夫善繼者、必有巽讓之誠、順承之道、若舜啓然、今四、突如其來、失善繼之道也、又承六五陰柔之君、其剛盛陵爍之勢、氣焰、如焚然、故、云焚如、四之所行、不善、如此、必被禍害、故曰死如、失繼紹之義、承上之道、皆逆德也、衆所棄絕、故、云

棄如、至於死棄、禍之極矣、故、不假言凶也、

【本義】後明將繼之時而九四、以剛迫之、故、其象、如此、朱子曰九四有侵陵六五之象故突如其來如又曰只是說九四陽爻突出來逼拶上爻離爲火故有焚如之象焚如是不戢自焚之意棄是死而棄之之意○漢上朱氏曰九四處不當位不善繼而求繼者也○臨川吳氏曰繼承之際不善如此必至身殞國亡○雲峯胡氏曰離以二五爲主本義所謂前明後明者指二與五也三近二則前明將盡四近五則後明將繼突如其來四迫五也坎三離四正上下之交故兩卦於此深致意焉坎性下三在下卦之上故曰突如其來來而下也離性上四在上卦之下故曰突如其來來而上也水本下又來而之下入于坎窞而後已火本上又來而之上焚如死如棄如而後已然坎之三有枕象三枕下之險而四又下枕三故三之入也愈深離之四有突象四既上突而迫乎五三亦上突而迫乎四故四之焚也愈甚[illegible]突如句形容其剛暴已下皆言是此非咎其來咎其來之突也

象曰突如其來如는 无所容也ㅣ니라

(象애 골오딕 突如其來如는 容홀 빼 업ㅅ니라

【傳】上陵其君、不順所承、人惡衆棄、天下所不容也、

【本義】无所容、言焚死棄也、

六五는 出涕沱若ᄒᆞ며 戚嗟若이니 吉ᄒᆞ리라 沱徒河反

【本義】戚嗟若이면

○六五는 涕를 出홈을 沱히ᄒᆞ며 戚嗟홈이니 吉ᄒᆞ리라(本義) 戚嗟ᄒᆞ면

【傳】六五、居尊位而守中、有文明之德、可謂善矣、然、以柔居上、在下无助、獨附麗於剛强之間、危懼之勢也、唯其明也、故、能畏懼之深、至於出涕、憂慮之深、至於戚

嗟、所以能保其吉也、出涕戚嗟、極言其憂懼之深耳、時、當然也、居尊位而文明、知憂畏、如此、故、得吉、若自恃其文明之德、與所麗、中正、泰然不懼 一作慮 則安能保其吉也、

【本義】以陰居尊、柔麗乎中、然、不得其正而迫於上下之陽、故、憂懼如此、然後、得吉、戒占者、宜如是也、 朱子曰五介于兩陽之間憂懼如此然處得其中故不失其吉○潘氏夢旂曰五居尊位天下之所附麗也明德在中慮事深遠出涕戚嗟憂懼之至所以吉也○雲峯胡氏曰坎中有離自牖離虛明之象也離中有坎沱若坎水象戚嗟若心憂之象也九三大耋之嗟以死生爲憂者也不當憂而憂故凶六五戚嗟若居君位而能憂者也憂所當憂故吉○東谷鄭氏曰二五皆以柔麗剛二之辭安五之辭危者二得位五失位也失位則危知危則吉【備旨】出涕三句串說下總是形容其憂懼之至要之非徒空空憂懼焉當自以番振刷善反之正處所以能格好而得吉

象曰六五之吉은 離王公也ㅣ라 離音麗

○象애 ᄀᆞᆯ오ᄃᆡ 六五의 吉홈은 王公애 離홀ᄉᆡ라

【傳】六五之吉者、所麗、得王公之正位也、據在上之勢而明察事理、畏懼憂虞以持之、所以能吉也、不然、豈能安乎、 孔氏曰五爲土位而言公者便文以協韻也

上九는 王用出征이면 有嘉ㅣ니

○上九ᄂᆞᆫ 王이 ᄡᅥ 出ᄒᆞ야 征ᄒᆞ면 嘉ㅣ 이실이니

【傳】九、以陽居上、在離之終、剛明之極者也、明則、能照、剛則能斷、能照、足以察邪惡、能斷、足以行威刑、故、王者、宜用如是剛明、以辨天下之邪惡而行其征伐、則

有嘉美之功也、征伐、用刑之大者、節齋蔡氏曰以剛居上處離之極剛明可以及遠故用之出征則有嘉美之功○西溪李氏曰繼體之君自當出征有扈之戰啓所以承禹商奄淮夷之征成王所以繼武王周公作立政終之曰其克詰爾戎兵以陟禹之跡召公畢公命康王无他意惟曰張皇六師无壞我高祖寡命而已蓋不如是不足以正邦也然則出征豈細事哉

折首코 獲匪其醜ㅣ면 无咎ㅣ리라

【本義】王用出徃ᄒᆞ야有嘉折首ㅣ오獲匪其醜니

○首를折ᄒᆞ고獲이그醜아니면咎ㅣ업스리라 (本義) 王이ᄡᅥ出征ᄒᆞ야首만折홈을嘉ᄒᆞ고獲이그醜아니니

【傳】夫明極則无微不照、斷極則无所寬宥、不約之以中則傷於嚴察矣、去天下之惡、若盡究其漸染詿誤則何可勝誅、所傷殘、亦甚矣、故、但當折取其魁首、所執獲者、非其醜類則无殘暴之咎也、書、曰殲厥渠魁、脅從、罔治、

【本義】剛明、及遠、威震而刑不濫、无咎之道也、故、其象占、如此、朱子曰有嘉折首是句○西溪李氏曰有嘉折首王者之兵只誅首惡醜類不獲不以爲咎也○南軒張氏曰離有甲胄兵戈之象而周官司馬之職列于夏官蓋有以也○雲峯胡氏曰坎水內明而外暗上六暗於外者也故必陷於刑離火內暗而外明上九明於外者也故可用行兵本義云剛明及遠威震而刑不濫蓋剛遠則威震故曰折首明遠則刑不濫故曰獲匪其醜[備旨]上九能敵王所愾者也非王也乃王用之耳有嘉以功言下折首二句正是功之嘉處无咎頂上二句說亦是發有嘉之意

象曰王用出征은 以正邦也ㅣ라

○象에ᄀᆞᆯ오ᄃᆡ王用出征은ᄡᅥ邦을正ᄒᆞ요미라

【傳】王者、用此上九之德、明照而剛斷、以察除天下之惡、所以正治其邦國、剛明、居上之道也、中溪張氏曰征之爲言正也故曰以正邦也○建安丘氏曰離麗也以一陰而麗二陽也上下皆離則二五皆麗然離之性上上離則炎上之太過故下離爲安又二得位而五不得位也故二之黃離元吉異乎五之出涕沱若也其四陽爻則處陰內而爲陰所麗者最凶是以三言日昃之離四言焚如棄如以皆在二五兩陰之內也若初上二陽初明在下則知以敬而辟咎上剛在外則能以征而正邦也【備旨】玩以正邦二字見兵非聖王之所樂用亦聖王之所不得不用上能善體王意故特謂王用以嘉之

備旨具解原本周易卷之十一

備旨具解原本周易卷之十二

周易下經

䷞ 艮下兌上

【傳】咸、序卦、有天地然後、有萬物、有萬物然後、有男女、有男女然後、有夫婦、有夫婦然後、有父子、有父子然後、有君臣、有君臣然後、有上下、有上下然後、禮義有所錯、天地、萬物之本、夫婦、人倫之始、所以上經、首乾坤、下經、首咸繼以恒也、天地、二物、故、二卦、分爲天地之道、男女、交合而成夫婦、故、咸與恒、皆二體、合爲夫婦之義、咸、感也、以說爲主、恒、常也、以正爲本而說之道、自有正也、正之道、固有說焉、巽而動、剛柔、皆應、說也、咸之爲卦、兌上艮下、少女少男也、男女相感之深、莫如少者、故、二少、爲咸也、艮體、篤實、止爲誠慤之義、男志、篤實以下交、女心、說而上應、男、感之先也、男、先以誠感則女、說而應也、

建安丘氏曰咸二少相交者夫婦之始也所以論一時交感之情故以男下女爲象男先下於女婚姻之道成矣恒二長相承者夫婦之終也所以論萬世處家之道故以男尊女卑爲象女下於男居室之倫正矣或曰卦以二少二長相重者不有損益乎曰損雖二少而男不下女咸感之義微矣益雖二長而女居男上恒久之義悖矣此下經所以不首損益而首咸恒也○雲峯胡氏曰先天八卦之象說卦凡兩言之先言天地而卽繼之以山澤繼言水火雷風而終之以山澤相薄者有貴於不相悖不相射者有貴於相逮唯通氣則兩言之不改然則上經首於乾坤者天地定位也下經首於咸者山澤通氣也位欲其分故乾坤分而爲二卦氣欲其合故山澤合而爲一卦又易八純卦六爻皆不應泰否咸恒損益旣未濟六爻皆應泰否天地相應故居上篇咸損少男

少女相應恒益長男長女相應既未濟中男中女相應故居下篇咸以少男下少女又應之切至者故居下篇之首故上經彖辭不言女下經咸取女吉家人利女貞姤勿用取女漸女歸吉多言婚娶之事而首於咸見之

咸은亨ᄒᆞ니利貞ᄒᆞ니取女ㅣ면吉ᄒᆞ리라 取七具反

○咸은亨ᄒᆞ니貞홈이利ᄒᆞ니女를取ᄒᆞ면吉ᄒᆞ리라

【傳】咸、感也、不曰感者、咸有皆義、男女、交相感也、物之相感、莫如男女而少復甚焉。凡君臣上下、以至萬物、皆有相感之道、物之相感則有亨通之理、君臣、能相感則君臣之道、通。上下、能相感則上下之志、通、以至父子夫婦親戚朋友、皆情意、相感則和順而亨通、事物、皆然、故、咸有亨之理也、利貞、相感之道、利在於正也、不以正則入於惡矣、如夫婦之以淫姣、君臣之以媚說、上下之以邪僻、皆相感之不以正也、取女吉、以卦才、言也、卦有柔上剛下、二氣、感應相與、止而說、男下女之義、以此義取女則得正而吉也、

【本義】咸、交感也、兌柔、在上、艮剛、在下而交相感應、又艮止則感之專、兌說則應之至、又艮、以少男、下於兌之少女、男先於女、得男女之正、婚姻之時、故、其卦、爲咸、其占、亨而利貞、取女則吉、蓋感有必通之理、然、不以貞則失其亨而所爲、皆凶矣、西溪李氏曰易无思也无爲也寂然不動感而遂通天下之故有心於求感非易之道也故去心而名卦以咸○閭丘氏昕曰感非其正則夫婦不以禮合君臣不以道合朋友不以義合終必至於睽離故曰亨利貞○中溪張氏曰物之相感莫如男女之少者故二少爲咸上下交感則有亨通之理然相感之道利在守正以此道而取女其吉可知○雲峯胡氏曰咸感也不曰感而曰咸咸皆也无心之感也无心於感者无所不感也感則必通而利在於貞凡

言感之道當如此取女吉專言取女者當如此女以靜正爲主男不下女而女從之非貞女也不可取矣○雙湖胡氏曰文王於咸卦自取取女象一卦重在三上兩爻三爲艮主上爲兌主男女皆得其正故曰利貞故取女吉也況二五又正其不正者初四而已曰取女二體又以艮爲重而咸之所以得名亦由於艮艮爲感主而兌巳是應體本義謂艮止則感之專兌說則應之至己盡卦義此所以二少尤有夫婦感應之道而爲下經之首與乾坤分主上下經也先儒謂上經乾坤以二老對立下經咸以二少合體深爲得之

彖曰咸은 感也ㅣ니

○彖애 ᄀᆞᆯ오ᄃᆡ 咸은 感ᄒᆞ요미니

【本義】 釋卦名義、 臨川吳氏曰卦之二體陽感而陰應陰感而陽應六畫皆相與卦之所以得咸感之名也 ○建安丘氏曰咸者感也所以感者心也无心者不能感故咸加心而爲感有心於感者亦不能咸感故感去心而爲咸咸皆也唯无容心於感然後无所不感聖人以咸名卦而彖以感釋之所以互明其旨也

柔上而剛下ᄒᆞ야 二氣ㅣ 感應以相與ᄒᆞ야 止而說ᄒᆞ고 男下女ㅣ라 是以亨利貞取女吉也ㅣ니라 說音悅男下之下遐嫁反

○柔ㅣ 上ᄒᆞ고 剛이 下ᄒᆞ야 二氣ㅣ 感ᄒᆞ며 應ᄒᆞ야 ᄡᅥ 서ᄅᆞ 與ᄒᆞ야 止ᄒᆞ고 說ᄒᆞ고 男이 女애 下ᄒᆞᄂᆞᆫ디라 일로ᄡᅥ 亨利貞取女吉也ㅣ니라

【傳】 咸之義、感也、在卦則柔爻、上而剛爻、下、柔上變剛而成兌、剛下變柔而成艮、陰陽、相交、爲男女交感之義、又兌女、在上、艮男、居下、亦柔上剛下也、陰陽二氣、相感相應而和合、是相與也、止而說、止於說、爲堅慤之意、艮止於下、篤誠相下也、兌

說於上、和說相應也、以男下女、和之至也、相感之道、如此、是以能亨通而得正、取女、如是則吉也、卦才、如此、大率感道、利於正也、厚齋馮氏曰剛柔以質言感應以氣言乾之氣感乎坤坤應之而成兌是坤與乾也坤之氣感乎乾乾應之而成艮是乾與坤也○縉雲馮氏曰柔上剛下感應相與所以爲亨止而說所以利貞男下女所以取女吉也○龜山楊氏曰止而說以卦才言也夫婦之道止而不說則離說而不止則亂男不下女則剛柔不接非夫婦之正也○建安丘氏曰柔上上也六本居三上與乾交而爲兌也剛下三也九本居上下與坤交而爲艮也二氣感應以相與山澤通氣也不言山澤者言山澤則不見相與之義故以二氣言之觀恒言雷風相與則知二氣相與之爲山澤爾此釋咸亨義止而說以二德言人心之說動易失正唯止而能說則無徇情從欲之失此釋利貞義男下女以二象言謂以艮之少男下於兌之少女也凡婚姻之道无女先男者必女守貞靜男先下之則爲得男女之正此釋取女吉義故下以是以二字總結之

【本義】以卦體卦德卦象、釋卦辭、或以卦變、言柔上剛下之義曰咸自旅來、柔上居六、剛下居五也、亦通、雲峯胡氏曰以卦體釋亨以卦德釋利貞止而後說所以爲貞不止非貞也以卦象釋取女吉

天地ㅣ感而萬物이化生ᄒᆞ고聖人이感人心而天下ㅣ和平ᄒᆞᄂᆞ니觀其所感而天地萬物之情을可見矣리라

○天地ㅣ感ᄒᆞ매萬物이化生ᄒᆞ고聖人이人心을感ᄒᆞ매天下ㅣ和平ᄒᆞᄂᆞ니그感ᄒᆞᆫ바를보매天地와萬物의情을可히보리라

【傳】既言男女相感之義、復推極感道、以盡天地之理、聖人之用、天地二氣、交感而化生萬物、聖人、至誠以感億兆之心而天下、和平、天下之心、所以和平、由聖人、感

之也、觀天地、交感化生萬物之理、與聖人、感人心致和平之道則天地萬物之情、可見矣、感通之理、知道者、默而觀之、可也、

【本義】極言感通之理、胡氏曰天地感而萬物化生言乾坤交而大化行也聖人感人心而天下和平言二五交而治化行也○張氏彭老曰分而言之則天地萬物以化生相感應聖人天下以和平相感應天地自天地聖人自聖人也合而言之此之呼吸語默即彼之翕張闔闢此之喜怒哀樂即彼之慘舒榮悴道化之宰生意之充天地即聖人聖人即天地也○中溪張氏曰天地之感也以氣聖人之感人也以心天地交感而萬物有化生之理聖人感人心而天下有和平之治寂然不動性也感而遂通情也於其所感而觀之而天地萬物之情可得而見矣情者感而動者也○節齋蔡氏曰天地萬物之情感而必應應感之間情无所遁矣○雲峯胡氏曰上經首乾氣化之始而曰品物流形下經首咸形化之始而曰二氣感應氣與形固未嘗相離也上經首乾彖傳言性下經首咸彖傳言情復之彖言天地之心咸言人心學易者於此常有悟矣

象曰山上有澤이咸이니君子ㅣ以ᄒᆞ야虛로受人ᄒᆞᄂᆞ니라

○象애ᄀᆞᆯ오ᄃᆡ山上의澤이이심이咸이니君子ㅣ以ᄒᆞ야虛로人애受ᄒᆞᄂᆞ니라

【傳】澤性、潤下、土性、受潤、澤在山上而其漸潤通徹、是二物之氣、相感通也、君子、觀山澤通氣之象而虛其中、以受於人、夫人、中虛則能受、實則不能入矣、虛中者、无我也、中无私主則无感不通、以量而容之、擇合(一作交)而受之、非聖人有感必通之道也、朱子曰山上有澤當如伊川說水潤土燥有受之義土若不虛如何受得上兌下艮兌上缺有澤口之象兌下二陽畫有澤底之象艮上一畫陽有土之象下二陰畫中虛便是滲水之象○問程傳以量而容之莫是要着意容之否曰非也以量者乃是隨我量之大小以容之便是不虛了○中溪張氏曰水之性潤下土之性受潤土之中虛者則於潤无所不受心之中虛者則於人何所不容實則不能相入矣

【本義】山上有澤、以虛而通也、白雲郭氏曰山澤通氣而後萬物化生君子法之以虛受人唯虛故受受故能感不能感者以不能受故也不能受者以不能虛中故也○建

安丘氏曰山上有澤其中必虛虛則山澤之氣通而感應之理以生君子觀虛而能感之象而以虛受人人之一心其寂然不動感而遂通者虛故也苟以私意實之則先入者爲主而感應之氣窒雖有至者皆捍之而不受矣故山以虛則能受澤心以虛則能受人○雲峯胡氏曰咸取无心之義以虛受人无心之感也上經首乾坤自强反諸己厚德施於人下經首咸恒虛以施於人立則反諸己

初六은咸其拇ㅣ라 拇茂后反

○初六은咸에그拇ㅣ라

【傳】初六、在下卦之下、與四、相感、以微處初、其感、未深、豈能動於人、故、如人拇之動、未足以進也、拇、足大指、人之相感、有淺深輕重之異、識其時勢則所處、不失其宜矣、

【本義】拇、足大指也、咸以人身、取象、感於最下、咸拇之象也、感之尙淺、欲進未能、故、不言吉凶、此卦、雖主於感、然、六爻、皆宜靜而不宜動也、

藍田呂氏曰初與四應四以心感而初以足行不曰足而曰拇者以陰居下靜而未行蓋心感而跡未應也○厚齋馮氏曰九四心之象咸之主也下體自拇而腓腓而股皆聽命於心而初六正應九四則尤爲所感之專者特去四尙歷三爻視腓之近以爲行故未有吉凶吉凶生乎動者也○雙湖胡氏曰拇只取下體初象解九四解而拇亦指初也嘗觀文王於兩體重在三上兩爻以男女之正取婚姻之象周公於六爻又自以人身取象以四當心位爲感之主絕无卦辭之意卦爻不同如此使爻辭皆作於文王必互相發明矣○雲峯胡氏曰咸恒初爻皆淺之地咸拇感之未深而艮性能止故不言吉凶恒初未可求深而巽性善入雖貞亦凶淺深輕重異宜學易者信不可不知時也

象曰咸其拇는志在外也ㅣ라

○象애ᄀᆞᆯ오ᄃᆡ咸其拇는志ㅣ外애이심이라

【傳】初志之動、感於四也、故、曰在外、志雖動而感未深、如拇之動、未足以進也、中溪
張氏曰初與四爲正應所感雖淺然觀其拇之動則知其志己在乎外卦之九四矣

六二는咸其腓면凶ᄒᆞ니居ᄒᆞ면吉ᄒᆞ리라 腓房非反

【本義】咸其腓니

○六二는咸이그腓면凶ᄒᆞ니居ᄒᆞ면吉ᄒᆞ리라(本義)咸이그腓니

【傳】二以陰、在下、與五、爲應、故、設咸腓之戒、腓、足肚、行則先動、足乃擧之、非如腓之自動也、二若不守道、待上之求而如腓之動則躁妄自失、所以凶也、安其居而不動、以待上之求則得進退之道而吉也、二、中正之人、以其在咸而應五、故、爲此戒、復云居吉、若安其分、不自動則吉也、

【本義】腓、足肚也、欲行則先自動、躁妄而不能固守者也、二當其處、又以陰柔、不能固守、故、取其象、然、有中正之德、能居其所、故、其占、動凶而靜吉也、進齋徐氏曰咸體宜靜二柔不知順理而躁妄失正故凶○中溪張氏曰六二在下體之中故曰咸其腓二與五爲正應當待五之感而後動今乃不待九五之感而先動躁妄自失所以凶也然以柔履柔則當其位苟能居以俟之不亦吉乎○楊氏曰六二之感以腓可謂凶矣然居而不行靜而不動故可以易凶而吉易害而利矣○誠齋楊氏曰鍾不扣而鳴則妖石非言之物而言則恠物有不感而自動者乎故以居爲吉○雲峯胡氏曰咸艮皆取身爲象咸六二即艮六二艮其腓不言吉凶咸其腓則曰凶者躁動故凶也居吉即艮其腓之謂也在咸下體則凶如艮本體則吉

象曰雖凶居吉은順ᄒᆞ면不害也ㅣ라

○象애골오ᄃᆡ비록凶ᄒᆞ여도居ᄒᆞ면吉홈은順ᄒᆞ면害티아니홈이라

【傳】二、居中得正、所應、又中正、其才、本善、以其在咸之時、質柔而上應、故、戒以先動、求君則凶、居以自守則吉、象、復明之云非戒之不得相感、唯順理則不害、謂守道不先動也、中溪張氏曰陰性本靜二能順其性而不動則不至有私感之害矣六二之居吉即洪範之用靜吉也

九三은咸其股ㅣ라執其隨ㅣ니往ᄒᆞ면吝ᄒᆞ리라

○九三은咸이그股ㅣ라執이그隨홈이니往ᄒᆞ면吝ᄒᆞ리라

【傳】九三、以陽居剛、有剛陽之才而爲主於內、居下之上、是宜自得於正道、以感於物而乃應於上六、陽、好上而說陰、上居感說之極、故、三、感而從之、股者、在身之下足之上、不能自由、隨身而動者ㅣ니、故、以爲象、言九三、不能自主、隨物而動、如股然、其所執守者、隨於物也、剛陽之才、感於所說而隨之、如此而往、可羞吝也、東谷鄭氏曰初與二陰也感於陽而動故其咸爲拇爲腓三陽爲艮主宜止而不動今亦說上陰而應之故爲咸其股

【本義】股、隨足而動、不能自專者也、執者、主當持守之意、下二爻、皆欲動者、三亦不能自守而隨之、往則吝矣、故、其象占、如此、中溪張氏曰九三居下體之上故曰咸其股股不能自行而隨足以動是堅執下隨之說者也以此而往誠可羞吝○雲峯胡氏曰腓居下體之中二象股居下體之上三象程子謂三隨上蔡氏謂三動而二隨之本義以爲股隨足而動象三隨二與初而動艮言隨在二二腓隨三之限而止也咸言隨在三三股隨下之足而動也○進齋徐氏曰世之君子位居人上所守不正感不以道而反徇夫褻御臣僕在下者之私情至於多行可愧者皆執其隨者也

象曰咸其股ᄂᆞᆫ亦不處也ㅣ니志在隨人ᄒᆞ니所執이下也ㅣ라

○象애ᄀᆞᆯ오ᄃᆡ咸其股ᄂᆞᆫᄯᅩᄒᆞᆫ處티아니홈이니志ㅣ人을隨ᄒᆞ매이시니執ᄒᆞᆫ배下홈이라

【傳】云亦者、蓋象辭、(一作體)本不與易、相比、自作一處、故、諸爻之象辭、意有相續者、此言亦者、承上爻(一有象字)辭也、上云咸其拇志在外也、雖凶居吉順不害也、咸其股、亦不處也、前(一作下)二陰爻、皆有感而動、三雖陽爻、亦然、故、云亦不處也、不處、謂動也、有剛陽之質而不能自主、(一作立 一作處)志反在於隨人、是所操執者、卑下之甚也、

【本義】言亦者、因前二爻、皆欲動而云也、二爻、陰躁、其動也、宜、九三、陽剛、居止之極、宜靜而動、可吝之甚也、(建安丘氏曰下卦二陰感物而動故不知止三剛而止體乃亦如二陰之爲故曰亦不處陽在上而下隨二陰故曰所執下也○雲峯胡氏曰彼不處而我亦不處不能自立而日究乎汚下者也)

九四ᄂᆞᆫ貞이면吉ᄒᆞ야悔ㅣ亡ᄒᆞ리니憧憧往來면朋從爾思ㅣ리라(憧昌容反 又音童)

○九四ᄂᆞᆫ貞이면吉ᄒᆞ야悔ㅣ亡ᄒᆞ리니憧憧히往來ᄒᆞ면朋만爾의思를從ᄒᆞ리라

【傳】感者、人之動也、故、皆就人身取象、拇、取在下而動之微、腓、取先動、股、取其隨、九四、无所取、直言感之道、不言咸其心、感乃心也、四在中而居上、當心之位、故、爲感之主而言感之道、貞正則吉而悔亡、感不以正則有悔也、又四、說體居

陰而應初、故、戒於貞、感之道、旡所不通、有所私係則害於感通、乃有悔也、聖人感天下之心、如寒暑雨暘、旡不通旡不應者、亦貞而已矣、貞者、虛中旡我之謂也、憧憧往來朋從爾思、夫貞一則所感、旡不通、若往來憧憧然、用其私心以感物則思之所及者、有能感而動、所不及者、不能感也、是其朋類則從其思也、以有係之私心、旣主於一隅一事、豈能廓然旡所不通乎、繫辭、曰天下、何思何慮、天下、同歸而殊塗、一致而百慮、天下、何思何慮、夫子、因咸極論感通之道、夫以思慮之私心、感物、所感、狹矣、天下之理、一也、塗雖殊而其歸則同、慮雖百而其致（一有極字 一作極致）則一、雖物有萬殊、事有萬變、統之以一則旡能違也、故、貞其意則窮天下旡不感通焉、故曰天下何思何慮、用其思慮之私心、豈能旡所不感也、日往則月來、月往則日來、日月、相推而明生焉、寒往則暑來、暑往則寒來、寒暑、相推而歲成焉、往者、屈也、來者、信也、屈信、相感而利生焉、此、以往來屈信、明感應之理、屈則有信、信則有屈、所謂感應也、故、日月、相推而明生、寒暑、相推而歲成、功用、由是而成、故、曰屈信相感而利生焉、感、動也、有感、必有應、凡有動、皆爲感、感則必有應、所應、復爲感（一有所字）感復有應、所以不已也、尺蠖之屈、以求信也、龍蛇之蟄、以存身也、精義入神、以致用也、利用安身、以崇德也　過此以往、未之或知也、前云屈信之理矣、復取物以明之、尺蠖之行、先屈而後、信、蓋不屈則旡信、信而後、有屈、觀尺蠖則知感應之理矣、龍蛇之藏、所以存息其身而後、能奮迅也、不蟄則不能奮矣、動息相感、乃屈信也、君子、潛心精微之義、入於神妙、所以致其用也、潛心精微、積也、致用、施也、積與施、乃屈信也、利用安身以崇德也、承上文致用而言利其施用、安處其身、所以崇大其德業也、所爲合理則事正而身安、聖人(一作賢)能事、盡於此矣、故、云過此以往未之或知也、窮神知化德之盛也、旣云過此以往未之或知、更以此語、終之云窮極至神之妙知化育之道、德之至盛也、无加於此矣、

程子曰咸九四言貞吉悔亡言感之不可以心也○天地之間只有一箇感與應而已更有甚事○天地之常以其心普萬物而无心聖人之常以其情順萬物而无情故君子之學莫若廓然而大公物來而順應○窮神知化化之妙者神也○易聖人所以立道窮神則无易矣○或問咸九四傳說虛心貞一處全似敬朱子曰蓋嘗有此語曰敬心之貞也○問感通之理曰感是事來感我通是自家受他感處之意○問明道云莫若廓然而大公物來而順應如何曰廓然大公便不是憧憧物來順應便不是朋從爾思此只是比而不周周而不比之意○問伊川解屈信往來一段以屈伸爲感應屈伸之與感應若不相似何也曰屈則感伸伸則感屈自然之理也今以鼻息觀之出則必入出感入也入則必出入感出也故曰感則有應應復爲感所感復有應屈伸非感應而何○凡在天地間无非感應之理造化與人事皆是感應且如雨暘雨不成只管雨便感得箇暘來暘不成只管暘暘已是應處又感得雨來寒暑晝夜无非此理如人夜睡不成只管睡至曉須著起來一日運動向晦亦須當息凡一死一生一出一入一往一來一語一默皆是感應如古今天下有一盛必有一衰聖人在上兢兢業業必曰保治及到衰廢自是整頓不起然不成一向如此必有興起時節○問如日往則感得那月來月往則感得那日來寒往則感得那暑來暑往則感得那寒來一感一應一往一來其理无窮感應之理是如此曰此以感應之理言之非有情者云有動皆爲感似以有情者言父慈則感得那子愈孝子孝則感得那父愈慈其理亦只一般○又問感應之理於學者工夫有用處否曰此理无乎不在如何學者用不得精義入神以致用也利用安身以崇德也正是這道理○易傳中說過此以往未之或知也之意爲學正如推車子相似才用力推得動了便自轉將去更不費力○節初齊氏曰憧憧動心之貌貞則靜靜則虛虛則一一則於來也无迎於往也无將旣應之後蓋猶未應之初也靜亦定動亦定寂也未嘗不感感也未嘗不寂何憧憧之有○誠齋楊氏曰九四適當心位不言心而言思者責其廢心而任思也以思窮物適

以物窮思安能窮神知化而成光大之盛德哉子曰天下何思何慮此之謂也○龜山楊氏曰初言咸其拇二言咸其腓三言咸其股五言咸其脢上言咸其輔頰舌而九四一爻由一身觀之則心是也獨不言心其說蓋有心以感物則其應必狹唯无心而待物之感故能无所不應焉其繇曰貞吉悔亡憧憧往來朋從爾思夫思皆緣其類而已不能周也所謂朋從者以類而應故也故繫辭曰天下何思何慮天下同歸而殊塗一致而百慮天下何思何慮夫心猶鏡也居其所而物自以形來則所鑑者廣矣若執鏡隨物以度其形其照幾何

【本義】九四、居股之上脢之下、又當三陽之中、心之象、咸之主也、心之感物、當正而固、乃得其理、今九四、乃以陽居陰、爲失其正而不能固、故、因占設戒、以爲能正而固則吉而悔亡、若憧憧往來、不能正固而累於私感則但其朋類、從之、不復能及遠矣、或問程傳云貞者虛中无我之謂本義云貞者正而固不同何也朱子曰某尋常解經只要依訓詁說字如貞字作正而固子細玩索自有滋味若曉得正而固則虛中无我亦在裏面○問貞吉悔亡憧憧往來朋從爾思蓋一往一來皆感應之常理也加憧憧焉則私矣此以私感彼以私應所謂朋從爾思非有感必通之道矣曰然○問憧憧往來朋從爾思曰往來自不妨天地間自是往來不絕只不合著憧憧了便是私意聖人未嘗不教人思只是不可憧憧這便是私了感應自有箇自然底道理何必思他若是義理却不可不思○問憧憧往來朋從爾思莫是此感彼憧憧是添一箇心否曰往來固是感應憧憧是一心方欲感他一心又欲他來應如正其義便欲謀其利明其道便欲計其功又如赤子入井之時此心方怵惕要去救他又欲他父母道我好這便是憧憧底病○問往來是心中憧憧然往來猶言往來于懷否曰非也繫辭分明說日往則月來月往則日來寒往則暑來暑往則寒來安得爲心中之往來這箇只是對那日往則月來底說那箇是自然之往來此憧憧者是加私意不好底往來憧憧只是加一箇忙迫底心不能順自然之理猶言助長正心與計獲相似方往時又便要來方來時又便要往只是一箇忙○問憧憧往來如霸者以私心感人便要人應自然往來如王者我感之也无心而感其應我也无心而應周徧公溥无所私係如此是否曰是如此又問此以私而感恐彼之應者非以私而應只是應之者有限量否曰也是以私而應如自家以私惠及人少間被我之惠者則以我爲恩不被我之惠者則不以我爲恩矣王者之感如云王用三驅失前禽去者不以爲恩獲者不以爲怨如此方是公而无私心○感應二字有二義以感對應而言則彼感而此應專於感而言則感又衆應意○易咸感處伊川說得未備往來自還他有自然之理唯正靜爲主則吉而悔亡至於憧々則私意爲主而思慮之所及者朋從所不及者不從矣是以事未至則迎之事己過則將之全掉脫他不下今人皆病於无公平之心所以事物之來少有私意雜焉則陷於所偏重矣○往來是感應合當底憧憧是私感應自是當有只是不當私感應爾○問感只是內感曰物固有內感者然亦不專是內感固有外感者所謂內感如一動一靜一往一來此只是一物先後自相感如人語極須默默極須語此便是內感若有人自外來喚自家只是喚做外感感於內?自是內感於外者自是外如此看方周徧平正只做內感便偏頗了○節齋蔡氏曰四當心位不曰咸其心者感通之道如天地聖人无不感通者亦唯此理之公无係於物云爾有心則拘矣故不言心○雙湖胡氏曰四不正而云貞吉悔亡者貞則吉而悔可亡戒之也蓋四與初爲往來之爻而二爻皆不正故戒以憧憧往來則所感者狹而不廣矣四當心象而不言心者以心在內而不可見故特言心之用思者心之用也○雲峯胡氏曰爻言貞吉悔亡凡四卦皆先占後象巽九五咸大壯未濟皆九四九居四本非貞而有悔聖人因占設戒兩開其端以爲貞者正而固也如是則吉而悔亡若憧憧於往來則失其正而固者矣寂然不動心之體感而遂通天下之故心之用憧憧往來己失其寂然不動之體所思者朋類之從爾安能感而遂通天下之故哉

象曰貞吉悔亡은未感害也오憧憧往來는未光大也ㅣ라

○象애ᄀᆯ오ᄃᆡ貞吉悔亡은感에害티아니홈이오憧憧往來ᄂᆞᆫ光大티몯홈이라

【傳】貞則吉而悔亡、未爲私感所害也、係私應則害於感矣、憧憧往來、以私心相感、感之道、狹矣、故、云未光大也、

【本義】感害、言不正而感則有害也、中溪張氏曰四當心位而不言心爻言思象言感者即心也夫本然虛靜之天純乎貞一未有私感之害故吉而悔亡若憧憧然往來乎比應之間則意向不定其所感者狹矣匪其朋則不從故曰未光大也○雲峯胡氏曰二與四皆有吉四正而感則亦免於害

九五ᄂᆞᆫ咸其脢니无悔리라

脢武盃反 又音每

○九五는咸이그脢니悔ㅣ업스리라

【傳】九居尊位、當以至誠、感天下而應二比上、若係二而說上則偏私淺狹、非人君之道、豈能感天下乎、脢、背肉也、與心、相背而所不見也、言能背其私心、感非其所見而說者則得人君感天下之正而无悔也、或問程傳曰感非其所見而說者此是任貞一之理則如此朱子曰武王不泄邇不忘遠是其心量該遍故周流如此是此義也○西溪李氏曰悔亡是有悔而亡之也无悔是无復有悔也○中溪張氏曰九五尊居君位可以感人心而天下和平矣而僅能无悔何耶蓋五與六二爲應又比上六係二而說上所感以私非聖人感人心之正道亦猶背肉之脢與心相背而昧无所見也

【本義】脢、背肉、在心上而相背、不能感物而无私係、九五、適當其處、故、取其象而戒占者以能如是則雖不能感物而亦可以无悔也、節齋蔡氏曰脢无所感者无所感故无悔○雲峯胡氏曰子夏云在脊曰脢諸爻象拇象股象心者戒其感於物而動五象脢不動矣而又不能感物諸爻動而无靜五靜而无動皆非心之正也但以其无私係故曰无悔非深取之也

象曰咸其脢는志末也일새라

【本義】志末也ㅣ라

○象애ᄀᆞᆯ오ᄃᆡ咸其脢는志ㅣ末ᄒᆞᆯ시라(本義)志ㅣ末홈이라

【傳】戒使背其心而咸脢者、爲其存心(一作志)淺末、係二而說上感於私欲也、

【本義】志末、謂不能感物、雲峯胡氏曰初曰志在外三曰志在隨人五雖无私係不能感物其志如此亦末矣

上六은咸其輔頰舌이라

○上六은咸이그輔ㅣ며頰이며舌이라

【傳】上、陰柔而說體、爲說之主、又居感之極、是其欲感物之極也、故、不能以至誠、感物而發見於口舌之間、小人女子之常態也、豈能動於人乎、不直云口而云輔頰舌、亦猶今人、謂口過曰脣吻曰頰舌也、輔頰舌、皆所用以言也、

【本義】輔頰舌、皆所以言者而在身之上、上六、以陰居說之終處咸之極、感人以言而无其實、又兌爲口舌、故、其象、如此、凶咎、可知、或問上六咸其輔頰舌竊意此爻宜有悔吝而不言悔吝何也朱子曰吉凶悔吝係乎邪正此但見其不足以感人之意耳未見有失故不得以悔吝言也○童溪王氏曰上六居感之極常以兌之口舌務爲柔媚極感之事此小人女子之常態故曰咸其輔頰舌○雲峯胡氏曰拇腓股動於下輔頰舌動於上感宜靜不宜動况動以口乎感以言非矣况无實乎艮象輔咸象輔頰舌咸極於說艮終於止○新安程氏曰初與四應故拇與心皆在前二與五應故腓與脢皆在後三與上應故股與輔頰皆在兩旁而舌居中有至理存焉【備旨】舌動則輔應而頰隨之皆所以言者聖人惡佞獨深故擧取三象以醜惡之

象曰咸其輔頰舌은滕口說也ㅣ라

○象애골오딕咸其輔頰舌은口說에滕홈이라

【傳】唯至誠、爲能感人、乃以柔說、騰揚於口舌言說、豈能感於人乎、

【本義】滕騰、通用、童溪王氏曰夫以心思感人所感已狹况滕口說以求感其能感人乎此感道之衰也○中溪張氏曰蘇秦張儀之徒縱橫其說即滕口說也○或問咸內卦艮止也何以皆說動朱子曰艮雖是止然咸有交感之義都是要動所以都說動卦體雖是動然纔動便不吉動之所以不吉者以其內卦屬艮也○艮咸二卦皆就人身取義皆主靜如艮ㅣ雖能止其動便无咎艮其腓腓亦動物故止之不拯其隨是不能

拯止其隨限而動也故其心不快限即腰所在咸其拇自是不合動咸其腓亦是欲隨股而動動則凶不動則吉○咸
就人身取象看來便也是有些取象說咸上一畫如人口中三畫有腹背之象下有人脚之象艮就人身取象便也如
此上一陽畫有頭之象中二陰有口之象所以艮其輔於五爻見內卦之下亦有足之象○厚齋馮氏曰吉凶悔吝生
乎動者咸感於物而動故六爻之中吉凶悔吝之辭備焉然感生於心唯心正則所感正而所動皆正故以貞吉戒九
四蓋吉凶悔吝之所由生也下三爻足之象感於動者也上二爻喉舌之象感於言者也○建安丘氏曰咸六爻以人
身取象上卦象上體下卦象下體初在下體之下爲拇二在下體之中爲腓三在下體之上爲股此下卦三爻之序也
四在上體之下爲心五在上體之中爲脢上在上體之上爲口此上卦三爻之序也拇腓股隨體而動應感者也脢不
能思无感者也輔頰舌以言爲說不足以感人者也皆不能盡乎感之道唯四居心位爲感之主似知感之義者然无
心者固无所感而有心者憧憧往來亦不能以咸感感之道其難哉大傳曰夫易无思也无爲也寂然不動感而遂通
天下之故必如是而後可以言咸感之道【備旨】據說文縢其張口騁辭貌以口說感人己无其寔况出於縢乎一縢字
足以盡輔頰舌三字之狀

䷟ 巽下震上

【傳】恒、序卦、夫婦之道、不可以不久也、故、受之以恒、恒、久也、咸、夫婦之道、夫婦、一有之道字終身不一有可字變者也、故、咸之後、受之以恒也、咸、少男、在少女之下、以男下女、是男女交感之義、恒、長男、在長女之上、男尊女卑、夫婦居室之常道也、論交感之情則少爲親切、論尊卑之序則長當謹正、故、兌艮、爲咸而震巽、爲恒也、男在女上、男動于外、女順于內、人理之常、故、爲恒也、又剛上柔下、雷風、相與、巽而動、剛柔相應、皆恒之義也、程子曰咸恒體用也體用无先後○節齋蔡氏曰上篇首乾坤言天地氣化之道下篇首咸恒言男女形化之道氣形之分雖有兩端究其所自則一原耳形化即氣化也使形化
或息則氣化復作矣積土之草木聚水之蟲魚皆自然而生者也○孫氏曰咸以男下女以成其家既成其家不可以
不正也猶君先下臣以成其國既成其國不可以不治也故恒以二長相與因見正家之道○隆山李氏曰易中諸卦

大率皆以兩兩相從而合兩爲一陰陽相等則其爲用可以至於久大不爾偏陰偏陽造化將无所寄其作用矣然以巽遇艮而陰老陽少則爲蠱以兌遇震而陽老陰少則爲歸妹不若咸少男少女之相配恒長男長女之相匹陰陽之氣等而无差此其所以爲下經之首歟

恒은亨ᄒᆞ야无咎ᄒᆞ니利貞ᄒᆞ니利有攸往ᄒᆞ니라

【本義】无咎ᄒᆞ나

○恒은亨ᄒᆞ야咎ㅣ업스니貞홈이利ᄒᆞ니往홀빠를두미利ᄒᆞ니라 (本義)咎ㅣ업스나

【傳】恒者、常久也、恒之道、可以亨通、恒而能亨、乃无咎也、恒而不可以亨、非可恒之道也、爲有咎矣、如君子之恒於善、可恒之道也、小人、恒於惡、失可恒之道也、恒所以能亨、由貞正也、故、云利貞、夫所謂恒、謂可恒久之道、非守一隅而不知變也、故、利於有往、唯其有往、故、能恒也、一定則不能常矣、又常久之道、何往不利、

【本義】恒、常久也、爲卦、震剛、在上、巽柔、在下、震雷巽風二物、相與、巽順震動、爲巽而動、二體六爻、陰陽、相應、四者、皆理之常、故、爲恒、其占、爲能久於其道則亨而无咎、然、又必利於守貞則乃爲得所常久之道而利有所往也、中溪張氏曰恒常久也恒字左旁從立心右旁從一日乃立心如一日也男下女上男尊女卑長男居外長女居內乃居室之恒故爲恒也恒而能久有亨之理亨則无咎而利於貞正利有攸往也○進齋徐氏曰聞之師曰恒有二義有不易之恒有不已之恒利貞者不易之恒也利有攸往者不已之恒也合而言之乃常道也倚於一偏則非道矣○雲峯胡氏曰乾坤氣化之始故曰元亨利貞咸恒形化之始故曰亨而不言元然咸亨不以正徃爲人欲之感恒亨不以正亦非天理之常也故皆以利貞戒之

彖曰恒은久也니

○彖애골오ᄃᆡ恒은久ᄒᆞᆷ이니

【傳】恒者、長久之義也、 朱子曰恒是箇一條物事徹頭徹尾不是尋常字古字作恒其說象一隻船兩頭靠岸可見徹頭徹尾

剛上而柔下ᄒᆞ고雷風이相與ᄒᆞ고巽而動ᄒᆞ고剛柔ㅣ皆應이恒이니

○剛이上ᄒᆞ고柔ㅣ下ᄒᆞ고雷風이서르與ᄒᆞ고巽ᄒᆞ고動ᄒᆞ고剛柔ㅣ다應ᄒᆞ요미恒이니

【傳】卦才、有此四者、成恒之義也、剛上而柔下、謂乾之初、上居於四、坤之初、一作四下居於初、剛爻、上而柔爻、下也、二爻、易處則成震巽、震上巽下、亦剛上而柔下也、剛處上而柔居下、乃恒道也、雷風相與、雷震則風發、二者相須、交助其勢、故、云相與、乃其常也、巽而動、下巽順上震動、爲以巽而動、天地造化、恒久不已者、順動而已巽而動、常久之道也、動而不順、豈能常也、剛柔皆應一有恒字一卦剛柔之爻、皆相應、剛柔相應、理之常也、此四者、恒之道也、卦所以爲恒也、雙湖胡氏曰剛上柔下乾坤交而雷風相與矣巽而後動卦體成而剛柔皆應矣此名卦所以有取於恒也○兼山郭氏曰剛上柔下剛柔之常也雷風相與二氣之常也剛柔皆應交感之常也○臨溪王氏曰恒之六爻剛柔皆應自初至上三剛三柔各居相應之地理之常也○中溪張氏曰不能體常者不可與盡變不能盡變者不可以體常天地所以能常久者以其能盡變也經曰易窮則變變則通通則久久而无弊者其變之謂乎知柔上剛下者爲變則知剛上柔下者爲常矣知震雷暴風爲變則知雷風相與爲常矣

【本義】以卦體卦象卦德、釋卦名義、或以卦變、言剛上柔下之義曰恒、自豐來、剛

上居二、柔下居初也、亦通、 雲峯胡氏曰咸以卦體卦德卦象釋卦辭恒亦兼是三者僅以釋卦名義蓋咸之感者易知也恒之所以爲久者未易知也

恒亨无咎利貞은 久於其道也ㅣ니

○恒亨无咎利貞은 그道애久ᄒᆞ요미니

【傳】恒之道、可致亨而无過咎、但所恒、宜得其正、失正則非可恒之道也、故、曰久於其道、其道、可恒之正道也、不恒其德、與恒於不正、皆不能亨而有咎也、 雲峯胡氏曰咸恒皆言利貞咸止而說即是貞恒巽而動動未必貞也故彖詳焉

天地之道ㅣ 恒久而不已也ㅣ니라

○天地의道ㅣ恒久ᄒᆞ야마디아니ᄒᆞ니라

【傳】天地之所以不已、蓋有恒久之道、人能恒於可恒之道則合天地之理也、

【本義】恒固能亨、且无咎矣、然、必利於正、乃爲久於其道、不正則久非其道矣、天地之道所以長久、亦以正而已矣、 朱子曰正便能久天地之道恒久而不已這箇只是說久○雙湖胡氏曰亨无咎者以其利在於貞也恒久之大者莫如天地天地之道亦貞觀而已卦自乾坤交故以天地言也

利有攸往은 終則有始也ㅣ론서니라

○利有攸往은終ᄒᆞ면始이실식니라

【傳】天下一作地之理、未有不動而能恒者也、動則終而復始、所以恒而不窮、凡天地

所生之物、雖山嶽之堅厚、未有能不變者也、故、恒、非一定之謂也、一定則不能恒矣、唯隨時變易、乃常道也、故、云利有攸往、明理之如是、懼人之泥於常也、或問易傳云恒非一定之謂一定則不能恒矣唯隨時變易乃常道也竊謂有不一定而隨時變易者有一定而不可變易者朱子曰他政是論物理之始終變易所以爲恒而不窮處然所謂不易者亦須有變通乃能不窮如君尊臣卑分固不易然上下不交也不得父子固是親親然所謂命士以上父子皆異宮則又有變焉唯其如此所以爲恒論其體終是常然體之常所以爲用之變用之變所以爲體之常又曰恒非一定之謂故晝則必夜夜而復晝寒則必暑暑而復寒若一定則不能常也其在人冬日則飮湯夏日則飮水可以仕則仕可以止則止今日道合便從明日不合則去又如孟子辭齊王之金而受薛宋之餽皆隨時變易故可以爲常也○能常而後能變能常而不已所以能變及其變也常亦只在其中伊川却說變而後能常非是○童溪王氏曰天地之道自白刻積而爲晝夜自晝夜積而爲寒暑晝夜寒暑相爲往來遲速進退機緘不停故終始相循如環无端者蓋有恒而然也唯其有恒故有往而利如此也如使有往而不利則止有今日之晝夜今歲之寒暑烏有來日晝夜來歲寒暑乎

【本義】久於其道、終也、利有攸往、始也、動靜相生、循環之理、然、必靜爲主也、臨川吳氏曰天地之道非以一定爲可恒久以其變易相禪連動不已也所謂利有攸往者欲其終則復始如環无端而後可恒久也○雙湖胡氏曰利有攸往者以二體相仍終則有始也巽終於三有震陽以始之震終於上又有巽陰以始之无間容息也○雲峯胡氏曰本義釋乾彖曰始即元也終則貞也不終則无始不貞則无以爲元乾言天道之終始此言人之於道其始終當如此不貞无以爲元不靜无以爲動其爲始終循環之妙一也

日月이 得天而能久照ᄒᆞ며 四時ㅣ 變化而能久成ᄒᆞ며 聖人이 久於其道而天下ㅣ 化成ᄒᆞᄂᆞ니 觀其所恒而天地萬物之情을 可見矣리라

○日月이天을得ᄒᆞ야能히오래照ᄒᆞ며四時ㅣ變化ᄒᆞ야能히오래成ᄒᆞ며聖人이그道애久ᄒᆞ야天下ㅣ化ᄒᆞ야成ᄒᆞᄂᆞ니그恒ᄒᆞᆫ바를보매天地萬物의情을可히보리라

【傳】此、極言常理、日月、陰陽之精(一有二字)氣耳、唯其順天之道、往來盈縮、故、能久照而不已、得天、順天理也、四時、陰陽之氣耳、往來變化、生成萬物、亦以得天、故、常久不已、聖人、以常久之道、行之有常而天下、化之、以成美俗也、觀其所恒、謂觀日月之久照、四時之久成、聖人之道、所以能常久之理、觀此則天地萬物之情理、可見矣、天地常久之道、天下常久之理、非知道者、孰能識之、

【本義】極言恒久之道、朱子曰物各有箇情有箇人在此決定是有箇善惡惻隱是非辭讓之情性只是箇物事情却多般或起或滅然而頭面却只一般長長恁地這便是觀其所恒而天地萬物之情可見之義○誠齋楊氏曰天地能變故三百六十五度之推移終古而不息日月能變故或一月一周天或一歲一周天故其明不已四時能變故溫凉者繼之以寒凛寒凛者繼之以溽暑循環不已即是而推无非由變而恒恒而變也○白雲郭氏曰彖言所以爲恒者四剛上而柔下雷風相與巽而動剛柔相應是也又言恒之所以爲道者二久於其道也終則有始也久於其道雖天地亦如之終則有始雖日月四時亦如之此所以見天地萬物之情也

象曰雷風이恒이니君子ㅣ以ᄒᆞ야立不易方ᄒᆞᄂᆞ니라

○象애ᄀᆞᆯ오ᄃᆡ雷와風이恒이니君子ㅣ以ᄒᆞ야立ᄒᆞ야方을易디아니ᄒᆞᄂᆞ니라

【傳】君子、觀雷風相與成恒之象、以常久其德、自立於大中常久之道、不變易其方所也、西溪李氏曰雷風天下之至震動者衆人當雷風震動之時必倉皇自失改其常度唯德至於舜然後弗迷是舜能有常故處風雷震動之時視如平日可見胸中之有常故君子於此常立不易方若做箇事確爾如是初不因人作輟也○建安丘氏曰巽入也而在內震出也而在外二物各居其位則謂之恒故君子體之而立不易方方者理之所不可易者若雷入而從風風出而從雷二物易位而相從則謂之益矣故君子體之亦有遷改之義此恒益

二象之所以不同也○雲峯胡氏曰雷風雖變而有不變者存體雷風之變者爲我之不變者善體雷風者也○霅溪王氏曰大學曰於止知其所止而其所止之目則曰爲人君止於仁爲人臣止於敬爲人子止於孝爲人父止於慈與國人交止於信此不易之地也君子立其身於此地則所謂有常之德也

初六은浚恒이라貞ᄒᆞ야凶ᄒᆞ니无攸利ᄒᆞ니라

【本義】貞이라도凶ᄒᆞ야

○初六은浚ᄒᆞᆫ恒이라貞ᄒᆞ야凶ᄒᆞ니利ᄒᆞᆫ배업ᄉᆞ니라(本義)貞ᄒᆞ야도凶ᄒᆞ야

【傳】初、居下而四爲正應、柔暗之人、能守常而不能度勢、四、震體而陽性、以剛居高、志上而不下、又爲二三所隔、應初之志、異乎常矣、而初、乃求望之深、是知常而不知變也、浚、深之也、浚恒、謂求恒之深也、守常而不度勢、求望於上之深、堅固守此、凶之道也、泥常、如此、无所往而利矣、世之責望故素而致悔咎(一作吝)者、皆浚恒者也、志既上求之深、是不能恒安其處者也、柔微而不恒安其處、亦致凶之道、凡卦之初終、淺與深微與盛之地也、在下而求深、亦不知時矣、

【本義】初與四、爲正應、理之常也、然、初居下而在初、未可以深有所求、四、震體而陽性、上而不下、又爲二三所隔、應初之意、異乎常矣、初之柔暗、不能度勢、又以陰居巽下、爲巽之主、其性、務入、故、深以常理求之、浚恒之象也、占者、如此則雖貞、亦凶而无所利矣、

或問浚恒貞凶恐是不安其常而深以常理求人之象朱子曰未見有不安其常之象只是欲深以常理求人耳○雲峯胡氏曰此以時位言也本義兼卦德言震體性上而不下初爲巽主其性務入兩性字得其指矣二四相應固理之常時方初也而深以常理入之雖貞亦凶矣○雙湖胡氏曰恒初乃咸上之反兌澤反爲巽入故有浚恒象爻不正故戒以貞亦凶況於不貞乎○漢上朱氏曰初居巽下以

深入爲恒上居震極以震動爲恒在始而求深在上而好動皆凶道也初如未信而諫未信而勞其民之類上如秦皇漢武之類有是也

象曰浚恒之凶은始에求深也ᄅᆞᆯ서라

○象애ᄀᆞᆯ오ᄃᆡ浚恒의凶ᄒᆞᆷ은始에求ᄒᆞᆷ을深히ᄒᆞᆯᄉᆡ라

【傳】居恒之始一作常而求望於上之深、是、知常而不知一无知字度勢之甚也、所以凶、陰暗不得恒之宜也、或問劉蕡程子曰浚恒之凶始求深也曰然則宜如何曰尺蠖之屈以求伸也疎逖小臣一旦欲以新間舊難矣○中溪張氏曰初以陰柔而居下相應之始而求望於九四者太深是以凶也○進齋徐氏曰大凡交際之道自有淺深交之深則可求之深若交淺而遽以深望之豈常理哉【集旨】在初爲交始巽八爲求深求深則難應況始而求深乎交淺言深之戒初不可不謹也

九二ᄂᆞᆫ悔ㅣ亡ᄒᆞ리라

○九二ᄂᆞᆫ悔ㅣ亡ᄒᆞ리라

【傳】在恒之義、居得其正則常道也、九、陽爻、居陰位、非常理也、處非其常、本當有悔而九二、以中德而應於五、五復居中、以中而應中、其處與動、皆得中也、是能恒久於中也、能恒久一无久字於中則不失正矣、中、重於正、中則正矣、正不必中也、九二、以剛中之德而應於中、德之勝也、足以亡其悔矣、人能識重輕之勢則可以言易矣、或問伊川云中无不正正未必中如何朱子曰如君子而時中則是中无不正若君子有時乎不中卽正未必中蓋正是骨子好了而所作事未有恰好處故未必中也又曰中重於正正不必中一件物事自以爲正却有不中在且如飢渴飮食是正若過些子便非中節中節處乃中也責善正也父子之間不責善

【本義】以陽居陰、本當有悔、以其久中、故、得亡也、中溪張氏曰二以陽而居陰非恒也處非其恒宜有悔也然二五相應唯能恒久於中道守而不變其悔乃亡○雲峯胡氏曰咸恒六爻非不相應得者不過悔亡而已咸九四曰貞吉悔亡九與四非貞也故必貞然後悔亡恒九二亦非貞也但曰悔亡而不勉以貞何也咸九四不正又不中恒九二不正而得中是爲久於中者也所謂中重於正者此也○沙隨程氏曰大壯九二解初六及本爻皆不著其所以然蓋以爻明之也備旨中字固是中德然要切恒性看久中者守此恒性不使失故能改其不正以歸於正然非一朝一夕可能故曰久中中字重久字亦重

象曰九二悔亡은 能久中也ㅣ라

○象애ᄀᆞᆯ오ᄃᆡ九二悔亡은能히中애久ᄒᆞ요미라

【傳】所以得悔亡者、由其能恒久於中也、人能恒久於中、豈止亡其悔、德之善也、張子曰以陽係陰用以爲常不能无悔以其久中故免○臨川吳氏曰有悔而悔亡者以能常久於中而不過於剛也○白雲郭氏曰可久之道无他中焉而已矣過猶不及皆非可久也糴雲峯胡氏曰九二提出能久中三字諸爻不中故不久皆可見也

九三은 不恒其德이라 或承之羞ㅣ니 貞이면 吝ᄒᆞ리라

【本義】或承之羞ㅣ니貞이라도吝이리라

九三은그德이恒티아니ᄒᆞᆫ디라或羞ㅣ承ᄒᆞ리니貞ᄒᆞ면吝ᄒᆞ리라(本義) 或이羞를承홈이니貞ᄒᆞ야도吝ᄒᆞ리라

【傳】三陽爻、居陽位、處得其位、是其常處也、乃志從於上六、不唯陰陽、相應、風復從雷、於恒處而不處、不恒之人也、其德、不恒則羞辱、或承之矣、或承之、謂有時

而至也、貞吝、固守不恒、以爲恒、豈不可羞吝乎、

【本義】位雖得正、然、過剛不中、志從於上、不能久於其所、故、爲不恒其德或承之羞之象、或者、不知其何人之辭、承、奉也、言人皆得奉而進之、不知其所自來也、貞吝者、正而不恒、爲可羞吝、申戒占者之辭、朱子曰承如承奉之承如人送羞辱與之也○兼山郭氏曰九三剛已過中而巽爲不果進退无常不恒其德者也○中溪張氏曰三以剛躁而處雷風之交德之不恒者也不恒其德則或承受其羞辱矣雖貞亦吝○雲峯胡氏曰九二得中故悔亡九三不中故羞且吝蓋在恒之時二爲久於中三不中則不能久也○厚齋馮氏曰巽爲進退不果九二與九三同也然九二以剛處柔而位得中是以悔亡九三過剛而不中其究爲躁卦是以不恒其德也六五體震而以柔處尊位而得中故爲恒其德象意甚明

象曰不恒其德ᄒᆞ니无所容也ㅣ로다

○象애ᄀᆞᆯ오ᄃᆡ 그德을恒티아니ᄒᆞ니容ᄒᆞᆯ빠업도다

【傳】人旣无恒、何所容處、當處之地、旣不能恒、處非其據、豈能恒哉、是不恒之人、无所容處其身也、東谷鄭氏曰三過剛而純乎剛旣不常其德又以其剛介於二剛之間進退无所容於人也○中溪張氏曰无常之人孔子謂不可爲巫醫况其他乎宜其无所容身於天地間也【備旨】我有以自容將何所不容其不恒而取羞返之淸夜亦不能自容豈得容身於天地之間縱凶害不及亦是愧死矣

九四는田无禽이라

○九四ᄂᆞᆫ田ᄒᆞᄃᆡ禽이업ᄉᆞ미라

【傳】以陽居陰、處非其位、處非其所、雖常何益、人之所爲、得其道則久而成功、不得其道則雖久、何益、故、以田爲喩、言九之居四、雖使恒久、如田獵而无禽獸之獲、

謂徒用力而无功也、

【本義】以陽居陰、久非其位、故、爲此象、占者、田无所獲而凡事、亦不得其所求也、

節齋蔡氏曰四爲震體而處位不中好變者也以好變之心應浚恒之初必不能相有也故曰无禽○雲峯胡氏曰本義謂九四以陽居陰久非其位然九二亦陽居陰而曰悔亡者唯中則可常九二中九四不中故也師之六五曰田有禽五柔中而所應者剛剛實故曰有禽恒之四以剛居不中而所應者柔柔虛故曰无禽

象曰久非其位어니 安得禽也리오

○象애 골오듸 그 位아 닌듸 久ᄒᆞ거니 엇디 禽을 得ᄒᆞ리오

【傳】處非其位、雖久、何所得乎、以田爲喩、故、云安得禽也、臨川吳氏曰非其位謂居柔丈夫以剛爲有才居柔則是无才也安能得禽哉○厚齋馮氏曰久非其位處不當位也位不當與九二爻同而休咎異者中不中之辨也【備旨】安得二字是提醒他猶云以有用之心而用之无用之地大是沒益爻是惜其久而无得象是惟其所以无得

六五는 恒其德이면 貞ᄒᆞ니 婦人은 吉ᄒᆞ고 夫子는 凶ᄒᆞ니라

【本義】恒其德이니 貞ᄒᆞ나

○六五는 그 德을 恒ᄒᆞ며 貞ᄒᆞ니 婦人은 吉ᄒᆞ고 夫子는 凶ᄒᆞ니라(本義) 그 德을 恒홈이니 貞ᄒᆞ나

【傳】五應於二、以陰柔而應陽剛、居中而所應、又中、陰柔之正也、故、恒久其德則爲貞也、一則字在其字上 夫以順從、爲恒者、婦人之道、在婦人則爲貞、故、吉、若丈夫而以順從於人、爲恒則失其剛陽之正、乃凶也、五、君位而不以君道、言者、如六五之義、在

丈夫、猶凶、況豈(一作)人君之道乎、在宅卦、六、居君位而應剛、未爲失也、在恒故、不可耳、君道豈可以柔順爲恒也、

【本義】以柔中而應剛中、常久不易、正而固矣、然、乃婦人之道、非夫子之宜也、故、其象占、如此、

或問恒其德貞婦人吉夫子凶德指六謂常其柔順之德固貞矣然此婦人之道非夫子之義蓋婦人從一而終以順爲正夫子則制義者也若從婦道則凶朱子曰固是如此然須看得象占分明六五有恒其德貞之象占者若婦人則吉夫子則凶大抵看易須是曉得象占分明所謂吉凶者非爻之能吉凶爻有此象而占者視其德而有吉凶耳且如此爻不是旣爲婦人又爲夫子只是有恒其德貞之象而以占者之德爲吉凶耳又如恒卦固能亨而无咎然必占者能久於其道方亨而无咎又如九三不恒其德非是九三能不恒其德乃九三有此象耳占者遇此雖正亦吝若占者能恒其德則无羞吝〇童溪王氏曰恒其德與不恒其德反九三之剛太過而六五以柔居中故也〇雙湖胡氏曰六五不正故戒之曰若以柔爲貞則婦人吉而夫子凶矣蓋柔非夫子所宜也必陽剛之貞乃可以反於吉耳〇建安丘氏曰二以陽居陰五以陰居陽皆位不當而得中者也在二則悔亡而五有夫子凶之戒者蓋二以剛中爲常而五以柔中爲常也以剛處常能常者也其悔可亡以柔爲常則是婦人之道非夫子所尙此六五所以有從婦之凶恒九四之才與二同而位異故四之久不如二之久六五之位與二同而才異故五之柔中又不如二之剛中也是以爻辭於四言无禽於五言夫子凶而於二獨稱悔亡歟〇雲峯胡氏曰六五中矣然剛而中可恒也柔而中婦人之常非夫子之所當常也又曰咸其腓戒二之動也五咸其脢不動矣而又不能感或承之羞戒三之不恒也五恒其德貞矣而又執一不通故二爻皆无取焉易貴於知時識變固如此哉(備旨)君出令夫道也臣從令婦道也君虛己下臣暫川之則可耳奈何恒其德以爲貞而守之乎婦人吉者无成有終人臣之福也夫子凶者偏聽生奸亂亡之階也曰婦人吉正以深言夫子之凶

象曰婦人은貞吉ᄒᆞ니從一而終也ㄹ새오夫子ᄂᆞᆫ制義어늘從婦ᄒᆞ면凶也ㅣ라

○象애 ᄀᆞᆯ오ᄃᆡ 婦人은 貞ᄒᆞ야 吉ᄒᆞ니 一을 從ᄒᆞ야 終ᄒᆞᆯ시오 夫子ᄂᆞᆫ 義로 制ᄒᆞᆯ디어늘 婦ᄅᆞᆯ 從ᄒᆞ면 凶ᄒᆞ리라

【傳】如五之從二、在婦人則爲正而吉、婦人、以從爲正、以順爲德、當終守於從一、夫子則以義制者也、從婦人之道則爲凶也、象山郭氏曰柔而在中位有餘而才不足稱也婦人吉夫子凶何也婦人從一而終可也夫子制義從婦之義可乎是以伯夷聖之淸孟子謂之隘伯姬守禮而不去孔子取其恭於此可見也【備旨】象兩申爻意亦重夫子過從婦是蹈婦人之爲以順從爲事非從婦人也義者隨時變化之用制義者義之所在確然斷制也

上六은 振恒이니 凶ᄒᆞ니라

○上六은 振ᄒᆞᆫ 恒이니 凶ᄒᆞ니라

【傳】六、居恒之極、在震之終、恒極則不常、震終則動極、以陰居上、非其安處、又陰柔、不能堅固其守、皆不常之義也、故、爲振恒、以振爲恒也、振者、動之速也、如振衣如振書、抖擻運動之意、在上而其動、无節、以此爲恒、其凶、宜矣、

【本義】振者、動之速也、上六、居恒之極、處震之終、恒極則不常、震終則過動、又陰柔、不能固守、居上、非其所安、故、有振恒之象而其占則凶也、雲峯胡氏曰本義謂恒極則不常以一卦之極言震終則過動以上卦之極言陰柔不能固守居上非其所安以上六一爻言必合此四者而後振恒之象備矣咸不宜動恒亦以動之速爲凶咸卦六爻吉凶悔吝之辭皆備反對爲恒亦如之吉凶悔吝生乎動者也動其可不愼乎【備旨】振作與安靜反一味振作无些安靜意是搔擾太甚故凶有作學問說謂初戒其穿鑿上戒其助長者說亦佳

象曰振恒在上ᄒᆞ니 大无功也ㅣ로다

○象애 ᄀᆞᆯ오ᄃᆡ 振恒으로 上애 이시니 크게 功이 업도다

【傳】居上之道、必有恒德、乃能有功、若躁動、不常、豈能有所成乎、居上而不恒、

其凶、甚矣、象、又言其不能有所成立、故、曰大无功也、楊氏曰在下以入爲常浚恒也在上以動爲常振恒也在下而求浚非也在上而求振亦非也上六之振恒宜乎其无功也○中溪張氏曰上六居恒終震極之位而以震動爲恒豈特凶而已矣而且大无功也天下本无事庸人自擾之是之謂矣○節齋蔡氏曰恒常也一體而含二義蓋將自其不易者而觀之則窮天地亘古今而不可變也自其不已者而觀之則寒暑晝夜而其變未嘗已也故知不易者則拘常知不已者則厭常皆不得恒之正也初柔拘常而過求乎常故凶上柔居終三四位不正皆偏乎不已者也或厭常或亂常故凶且吝唯二五居中幾於得恒之正者然五位雖剛而爻柔故不能制義而凶二爻雖剛而位柔僅能久中无悔而皆非有得乎恒之正也語恒之正其唯彖乎○建安丘氏曰恒中道也中則能恒不中則不恒矣恒卦六爻无上下相應之義唯以二體而取中焉則恒之義見矣初在下體之下四在上體之下皆未及乎恒者故泥常而不知變是以初浚恒四田无禽也三在下體之上上在上體之上皆已過乎恒者故好變而不知常是以三不恒而上振恒也唯二五得上下體之中似知恒之義者而五位剛爻柔以柔中爲恒故不能制義而但爲婦人之吉二位柔爻剛以剛中爲恒而居位不當亦不能盡守常之義故特言悔亡而已恒之道豈易言哉○隆山李氏曰咸恒二卦其象甚善而六爻之義鮮有全吉者蓋以爻而配六位則陰陽得失承乘逆順之理又各不同故也

艮下乾上

【傳】遯、序卦、恒者、久也、物不可以久居其所、故、受之以遯、遯者、退也、夫久則有去、相須之理也、遯所以繼恒也、遯、退也、避也、去之之謂也、爲卦、天下有山、天、在上之物、陽性、上進、山、高起之物、形雖高起、體乃止物、有上陵之象而止不進、天乃上進而去之、下陵而上去、是相違遯、故、爲遯去之義、二陰、生於下、陰長將盛、陽消而退、小人、漸盛、君子、退而避之、一作避而去之故、爲遯也、

遯은亨ᄒᆞ니小利貞ᄒᆞ니라

【本義】 小ᄂᆞᆫ

○遯은亨ᄒᆞ니저기貞홈이利ᄒᆞ니라(本義) 小ᄂᆞᆫ貞홈이利ᄒᆞ니라

【傳】 遯者、陰長陽消、君子、遯藏之時也、君子、退藏、以伸其道、道不屈則爲亨、故、遯所以有亨也、在事、亦有由遯避而亨者、雖小人道長之時、君子、知幾退避、固善也、然、事有不齊、與時消息、无必同也、陰柔、方長而未至於甚盛、君子、尙有遲遲致力之道、不可大貞而尙利小貞也、白雲郭氏曰二陰浸長不利君子進則否而遯則亨也○李氏曰遯亨雖遯也乃所以亨也○單氏曰三陰進而爲否然後不利君子貞二陰方進而未至於否猶可小利貞也○中溪張氏曰遯字從豚從走埤雅曰豚微物而遁逸蓋遯取豚之遁逸也遯退也陰進陽退此君子見幾而作之時也然身之窮乃道之亨也自遯二而上更進一陰則不利君子貞无復小利貞之望矣

【本義】 遯、退避也、爲卦、二陰、浸長、陽當退避、故、爲遯、六月之卦也、陽雖當遯、然、九五、當位而下有六二之應、若猶可以有爲、但二陰、浸長於下則其勢、不可以不遯、故、其占、爲君子、能遯則身雖退而道亨、小人則利於守正、不可以浸長之故而遂侵迫於陽也、小、謂陰柔小人也、此卦之占、與否之初二兩爻、相類、或問遯小利貞本義謂小人也按易中小字未有以爲小人者如小利有攸與小貞吉之類皆大小之小耳未知此義如何朱子曰經文固无此例然以彖傳推之則是指小人而言今當且依經而存傳耳○建安丘氏曰遯亨爲君子言也告君子使去不去則見害於小人矣安得亨小利貞爲小人言也勉小人以正小人而不守正則淩迫乎君子雖己亦有所不利也卦辭止五字聖人雖爲君子謀亦未嘗不爲小人謀也○雲峯胡氏曰復臨泰壯夬卦名皆主陽而言姤遯否觀剝主陰而言

可也然謂之姤者陽之勢上盛而陰得遇之也謂之遯者陰之勢浸長而陽當避之也聖人於陰卦主陽而言其愛君子之意可見矣復臨泰皆曰亨陽之亨也遯亨疑若主陰之亨而言然其下曰小利貞爲小人計也則遯亨爲君子言也君子以遯爲亨小人以靜正爲利本義於臨卦謂二陽浸長以迫於陰於遯曰小人不可以浸長之故而遂侵迫於陽然則陽浸長而逼陰可也陰浸長而逼陽不可也陰陽之大分明矣本義又曰此卦之占與否初二兩爻相類蓋否初惡未形故戒以貞遯二陰猶未成否也故戒以利貞誠恐小者於此不知利貞遂至於否則不利君子貞也臨遯之對曰利貞大壯遯之反曰利貞皆爲君子謀也遯亦曰利貞者其猶冀小人可化而爲君子乎

彖曰遯亨은 **遯而亨也**ㅣ니

(本義) 遯而亨也ㅣ니

○彖애 ᄀᆞᆯ오ᄃᆡ 遯亨은 遯ᄒᆞ야 亨ᄒᆞ나 (本義) 遯ᄒᆞ야 亨ᄒᆞ요미니

【傳】小人道長之時、君子遯退、乃其道之亨也、君子遯藏、所以伸道也、此、言處遯之道、自剛當位而應以下則論時與卦才、尙有可爲之理也、中溪張氏曰遯本无亨義蓋以小人道長之時君子身雖退遯而道未嘗不亨也故卦止曰遯亨彖則曰遯而亨也加一而字其義明矣

剛當位而應이라이 **與時行也**ㅣ니라

(本義) 與時行也ㅣ오

○剛이 位를 當ᄒᆞ야 應ᄒᆞᆫ디라 時로더브러 行ᄒᆞᆯ거시니라 (本義) 時로더브러 行ᄒᆞ요미오

【傳】雖遯之時、君子、處之、未有必遯之義、五以剛陽之德、處中正之位、又下與六二、以中正相應、雖陰長之時、如卦之才、尙當隨時消息、苟可以致其力、无不至誠

自盡、以扶持其道、未必於遯(一作退)藏而不爲、故曰與時行也、中溪張氏曰剛當位而應者以九居五而應乎二也二陰在下長而未驟四陽居上盛而未衰尙可與時消息以行其道未可專諉於遯藏而退避不爲也

【本義】以九五一爻、釋亨義、或問遯亨遯而亨也分明是說能遯便亨下面更說剛當位而應與時行也是如何朱子曰此所以遯而亨也陰方微爲他剛當位而應所以能知時而遯是能與時行不然便是與時背也○蘭氏廷瑞曰九五陽剛剛當位反應六二與時之義也○臨川吳氏曰彖辭遯亨爲四陽言也彖傳專言九五者九五四陽之統得處遯之宜有致亨之道也○隆山李氏曰陰陽寒暑之運各有時方陰道長盛乃小人得勢之時君子要須隱忍遜避以待天定終以必勝不然不勝其忿盡力以抗之是不知天時必取凶敗猶漢元成之時弘恭石顯得勢於內而蕭望之劉向朱雲之徒不遜其跡以避終以及禍桓靈之除曹節王甫得志於內而李膺陳蕃竇武之徒不遜其跡以避終被誅戮此遯之時剛當位而應者蓋所以隨時用權也

小利貞은 浸而長也ㄹ새니 長丁丈反

○小利貞은浸ᄒᆞ야長ᄒᆞᆯ시니

【本義】以下二陰、釋小利貞、或問小利貞浸而長也是見其浸長故設戒令其貞正且以寬君子之患然亦是他之福朱子曰是如此此與否初二爻相似○問小利貞以彖辭小利貞浸而長也之語觀之則小當爲陰柔之小人如小往大來小過小畜之小言君子能遯則亨小人則利於守正不可以浸長之故而侵迫於陽也此與程傳遯者陰之始長君子知微故當深戒而而聖人之意未便遽已故有與時行小利貞之敎之意不同曰若如程傳所言則於剛當位而應與時行也之下當云止而健陰進而長故小利貞今但言小利貞浸而長也而不言陰進而長則小指陰小之小可知況當遯去之時事勢已有不容正之者程說雖善而有不通矣○臨川吳氏曰小者利於貞以其浸而長以消陽也於斯時也君子其可以不遯乎○中溪張氏曰陰柔之道利於守貞不可以浸長之勢而侵迫乎陽剛浸長者如水之浸物以漸而長也況二陽爲臨二陰爲遯遯者臨之反對也臨之彖曰剛浸而長遯之彖不曰柔浸而長而止曰浸而長者蓋剛之長可言也柔之長不可言也

遯之時義ㅣ大矣哉라ㅣ

○遯의時와義ㅣ크다

【傳】當陰長之時、不可大貞而尙小利貞者、蓋陰長、必以浸漸、未能遽盛、君子、尙可小貞、其道、所謂小利貞、扶持、使未遂亡也、遯者、陰之始長、君子、知微、故、當深戒而聖人之意、未便使一作遽已也、故、有與時行小利貞之教、聖賢之於天下、雖知道之將廢、豈肯坐視其亂而不救、必區區致力於未極之間、强此之衰、艱彼之進、圖其暫安、苟得爲之、孔孟之所屑爲也、王允謝安之於漢晋、是也、若有可變之道可亨之理、更不假言也、此、處遯時之道也、故、聖人、贊其時義大矣哉、或久或速、其義、皆大也、朱子曰伊川說小利貞云尙可以有爲陰已浸長如何可以有爲所說王允謝安之於漢晋恐也不然允是算殺了董卓謝安是乘桓溫之老病皆是他衰微時節不是浸長之時也兼他是大臣亦如何去此爲在下位有爲之兆者則可以去大臣任國安危君在與在君亡與亡如何去

【本義】陰方浸長、處之爲難、故、其時義、爲尤大也、雙湖胡氏曰遯以二陰之長成卦以四陽之遯得名易爲君子謀名卦必以陽爲主如是則時義之大亦以陽之能遯爲大也○雲峯胡氏曰遯與旅之時皆非順境也故本義皆曰處之爲難時在天義在我觀君子所處可以知其義之大也

象曰天下有山이遯이니君子ㅣ以ᄒᆞ야遠小人호ᄃᆡ不惡而嚴ᄒᆞᄂᆞ니라 遠袁萬反

○象애ᄀᆞᆯ오ᄃᆡ天下에山이이심이遯이니君子ㅣ以ᄒᆞ야小人을멀리호ᄃᆡ惡디아니ᄒᆞ고嚴ᄒᆞᄂᆞ니라

【傳】天下有山、山、下一作上起而乃止、天、上進而相遠、是遯避之象也、君子、觀其象、以避遠乎小人、遠小人之道、若以惡聲厲色、適足以致其怨忿、唯在乎矜莊威嚴、使知敬畏則自然遠矣、

【本義】天體、无窮、山高、有限、遯之象也、嚴者、君子自守之常而小人、自不能近、

或問遯字雖是逃隱大抵亦取遠去之意天上山下相去勢甚遼絕象之以君子遠小人則君子如天小人如山相絕之義須是如此方得所以六爻在上而漸遠者愈善也朱子曰恁地推亦好○童溪王氏曰遯之象有取於天下有山云者天非有心而與山較高下也而山之於天自有不可侵不可及之勢焉故爲遯之象君子之於小人也亦然○中溪張氏曰天之與山勢本遼絕自下觀之山之巓即天也及登山之巓以觀天而天愈高愈遠不可及矣此遯之象也君子善於退遯故以遠小人爲尋使之自不可近不待惡聲之至而凛乎有不可犯之嚴則小人自遠矣不惡而嚴即不怒而威也遠小人亦敬小人而遠之之意遠小人艮止之象不惡而嚴乾剛之象○雲峯胡氏曰天之窮也非以遠山山自絕於天君子之嚴也非以絕小人小人自絕於君子

初六은遯尾라厲ᄒᆞ니勿用有攸往이니라

○初六은遯애尾라厲ᄒᆞ니뻐갈빠를두디마롤디니라

【傳】他卦、以下爲初、遯者、往遯也、在前者、先進、故、初乃爲尾、尾、在後之物也、遯而在後、不及者也、是以危也、初、以柔處微、既已後矣、不可往也、往則危矣、微者、易於晦藏、往既有危、不若不往之无災也、

【本義】遯而在後、尾之象、危之道也、占者、不可以有所往、但晦處靜俟、可免災耳、

或問遯尾厲勿用有攸往者言不可有所往但當晦處靜俟耳此意如何朱子曰程傳作不可往謂不可去也言遯已後矣不可往往則危往既危不若不往之爲无災某切以爲不然遯而在後尾也既已危矣豈可更不往乎若作占辭

看尤分明又曰遯尾厲到這時節去不迭了所以危厲不可有所往只得看他如何賢人君子有這般底多○節齋蔡氏曰遯剛退也以柔居下見剛者遯亦從而遯凡從物者必居後故曰尾不當遯而遯故厲勿用有攸往以其質居其時不可遯也

象曰遯尾之厲는不往이면何災也ㅣ리오

○象애글오ᄃᆡ遯尾의厲홈은往티아니ᄒᆞ면므슴災리오

【傳】見幾先遯、固爲善也、遯而爲尾、危之道也、往旣有危、不若不往而晦藏、可免於災、處微故也、古人、處微下、隱亂世而不去者、多矣、【備旨】不往何災可見災即在往聖人提出一災字所以深醒不遯者之必及於災也

六二는執之用黃牛之革이라莫之勝說이니라

勝音升說傳如字本義吐活反

○六二는執홈을黃牛의革을ᄡᅧᄒᆞ논디라이긔여說티몯ᄒᆞ리니라(本義)이긔여說티몯ᄒᆞ리니라

【傳】二與五、爲正應、雖在相違遯之時、二以中正、順應於五、五、以中正、親合於二、其交、自固、黃、中色、牛、順物、革、堅固之物、二五、以中正順道、相與、其固、如執係之以牛革也、莫之勝說、謂其交之固、不可勝言也、在遯之時、故、極言之、

【本義】以中順、自守、人莫能解必遯之志也、占者固守、亦當如是、朱子曰此言象而占在其中六二亦有此德也○三山吳氏曰六二居大臣之位任國家之責不當遯者也故六二不言遯○雲峯胡氏曰五在上得中二以中順固結之有黃牛之革之象莫之勝說喜二之從五者固也○雙湖胡氏曰遯以二陰之長成卦而以四陽之遯得名

故初遯則厲二不言遯三四五上皆言遯豈非以陰爻无取於遯之義歟【備旨】二之善於處遯固在於說尤在於用惟於執中有妙用存焉自能樂則行之憂則違之因時當可而莫觧其中順之守莫之勝說與執用黃牛无二意

象曰執用黃牛는固志也ㅣ라

象애ᄀᆞᆯ오ᄃᆡ執用黃牛는志ㅣ固홈이라

【傳】上下、以中順之道、相固結、其心志、甚(一作其)堅、如執之以牛革也、

九三은係遯이라有疾ᄒᆞ야厲ᄒᆞ니畜臣妾애는吉ᄒᆞ니라(畜許六反)

○九三은係ᄒᆞᆫ遯이라疾이이셔厲ᄒᆞ니臣妾을畜홈앤吉ᄒᆞ니라

【傳】陽志、說陰、三與二、切比、係乎二者也、遯、貴速而遠、有所係累則安能速且遠也、害於遯矣、故、爲有疾也、遯而不速、是以危也、臣妾、小人女子、懷恩而不知義、親愛之則忠其上、係戀之私恩、懷小人女子之道也、故、以畜養臣妾則得其心、爲吉也、然、君子之待小人、亦不如是也、三與二、非正應、以暱比、相親、非待君子之道、若以正則雖係、不得爲有疾、蜀先主之不忍棄士民、是也、雖危、爲无咎矣、

或問伊川曰係戀之私恩懷小人女子之道也故以畜養臣妾則得其心爲吉也小人女子近之則不遜遠之則怨若專以私恩懷之未必不有悔吝而此爻以爲吉何耶朱子曰此爻不可大事但可畜臣妾耳御下而有以懷之未爲失正但恐所以懷之者失其正耳○問傳言待臣妾之道君子之待小人亦不如是如何曰君子小人便不可相對更不可與相接若臣妾是終日在自家脚手頭若无以係之則望望然去矣

【本義】下比二陰、當遯而有所係之象、有疾而危之道也、然、以畜臣妾則吉、蓋君

子之於小人、惟臣妾則不必其賢而可畜耳、故、其占、如此、進齋徐氏曰係戀也比乎二陰宜遯而係故曰係遯遯之爲義宜遠小人以陽附陰有所係戀不能遠害故有疾柔將剝剛故有危臣妾謂二陰三之係遯以畜臣妾則吉施於大事則不可也○中溪張氏曰艮爲閽寺臣妾之象○厚齋馮氏曰乾三陽所以得遯而避二陰之長者以有九三以止之也今九三爲二陰所拘係而不得脫將爲陰柔所薄而元氣危矣能如人主之畜臣妾柔而服之使二陰止於內而不往乃吉道也作易者以陰陽消長之會寄之九三爻之治之其所以爲君子慮者不其周乎○節初齊氏曰剝五天子也故稱宮人寵遯三諸侯也故稱畜臣妾大概待小人之道當如此耳故彼无咎而此吉【備旨】係是爲小人牽維不能決去此便是疾惟其有疾故爲小人所指摘而厲畜臣妾吉非謂有一節之可取乃極言係之无所利也

象曰係遯之厲는有疾ᄒ야憊也ㅣ오畜臣妾吉은不可大事也ㅣ니라

○象애 골오ᄃᆡ 係遯의 厲홈은 疾이 이셔 憊ᄒ고 畜臣妾吉은 可히 大事는 몯홀꺼시니라

【傳】遯而有係累、必以困憊、致危、其有疾、乃憊也、蓋力亦不足矣、以此暱愛之心、畜養臣妾則吉、豈可以當大事乎、厚齋馮氏曰憊困也解厲字○中溪張氏曰二陰浸長於下以勢觀之九三不可以不遯當遯而係故有疾而厲至於憊乏也爲九三者惟當以剛自守止在下之二陰而畜之以臣妾之道然後獲吉又豈可當大事乎況遯爲二陰之卦浸長不己九三一變而爲六三則遯其否矣可不謹哉【備旨】凡人外面堅確必本中心來惟固守其志確乎其不可拔則堅乎內而順乎外故曰執用黃牛之革

九四는好遯이니君子는吉코小人은否ᄒ니라 好呼報反否傳音鄙本義方有反

【本義】否ᄒ리라

○九四는 好ᄒ나 遯홈이니 君子는 吉ᄒ고 小人은 否ᄒ니라 (本義) 小人은 몯ᄒ리라

【傳】四與初、爲正應、是所好愛者也、君子、雖有所好愛、義苟當遯則去而不疑、所謂克己復禮以道制欲、是以吉也、小人則不能以義處、暱於所好 牽於所私、至於陷辱其身而不能已、故、在小人則否也、否、不善也、四、乾體、能剛斷者、聖人、以其處陰而有係、故、設小人之戒、恐其失於正也、

【本義】下應初六而乾體、剛健、有所好而能絕之以遯之象也、惟自克之君子、能之而小人、不能、故、占者、君子則吉而小人、否也、厚齋馮氏曰有情好而遯以義制欲而必去之象○中溪張氏曰九四與初六爲正應是四與初有交好也故曰好遯君子雖其心有所好義之當遯則必剛絕其私愛勇退而不顧所以吉也小人溺於私好則不能遯故否也○雲峯胡氏曰三比陰四應陰本義於三則曰遯而有所係於四曰有所好而絕之以遯何也皆因下文而言也係遯之下曰有疾厲爲其有所係故陽將爲陰所係而元氣危也好遯之下曰君子吉有所好而能絕之以遯惟剛健自克之君子能之小人不能也然九剛可爲君子四柔亦能爲小人在其所處何如耳故設小人之戒【備旨】原无所好遯亦不難惟絕所好以爲遯是第一等剛决的人品第一等光明的心事故君子吉小人否葢以致深嘉樂與之意小人不指一陰葢言有好不絕雖號爲君子亦小人

象曰君子ᄂᆞᆫ好遯ᄒᆞ고小人ᄋᆞᆫ否也ㅣ니라

(象애ᄀᆞᆯ오ᄃᆡ君子ᄂᆞᆫ好遯ᄒᆞ고小人ᄂᆞᆫ否ᄒᆞ리라(本義)小人ᄋᆞᆫ몯ᄒᆞ리라

【傳】君子、雖有好而能遯、不失於義、小人則不能勝其私意而至於不善也、侯氏曰君子剛斷故能捨之小人係戀必不能也【備旨】小人否對好遯看好遯不可望之小人是嘉與君子之遯亦砥礪其必遯也

九五ᄂᆞᆫ嘉遯이니貞ᄒᆞ야吉ᄒᆞ니라

【本義】貞ᄒᆞ면吉ᄒᆞ리라

○九五는嘉흔遯이니貞ᄒ야吉ᄒ니라

【傳】九五、中正、遯之嘉美者也、處得中正之道、時止時行、乃所謂嘉美也、故、爲貞正而吉、九五、非无係應、然、與二、皆以中正自處、是其心志、及乎動止、莫非中正而无私係之失、所以爲嘉也、在彖則槩言遯時、故、云與時行小利貞、尙有濟避之意、於爻、至五、遯將極矣、故、唯以中正處遯、言之、遯(一无遯字)非人君之事、故、不主君位言、然、人君之所避遠、乃遯也、亦在中正而已、

【本義】剛陽中正、下應六二、亦柔順而中正、遯之嘉美者也、占者、如是而正則吉矣、或問九五嘉遯以陽剛中正漸向遯極故爲嘉美未是極處故戒以貞正則吉朱子曰是如此便是剛當位而應處是去得恰好時節小人亦未嫌自家只是自家合去莫見小人不嫌却與相接而不去便是不好所以戒約他貞正始得○漢上朱氏曰剛中處外可行則行不復而往不柔而應不安於疾憊不係於情好遯之至美也○趙氏善譽曰九五當位雖與二應而與時偕行當遯則遯不必專於也豈非遯之嘉美者與○雲峯胡氏曰非正應而相昵曰係以中正而相應曰嘉隨九五孚于嘉蓋因六三之係而見也然則此之嘉遯亦因三之係而見與(備旨)五正剛當位而與時行者遯何以嘉只是遯得恰好不露形跡而靜處晦俟无往不宜故嘉貞吉旣就嘉處贊而許之

象曰嘉遯ᅵ貞吉은以正志也ᅵ라

○象애골오ᄃᆡ嘉遯貞吉은ᄡᅥ志를正홈이라

【傳】志正則動必由正、所以爲遯之嘉也、居中得正而應中正、是其志、正也、所以爲吉、人之遯也 止也、唯在正其志而已矣、白雲郭氏曰以正志者九五嘉遯隨而不流无係也无執也无好也不事於外正其在我之志而已此其所以爲嘉也○雲峯胡氏曰二以陰應陽其志當堅五以陽從陰其志當正(備旨)正志當動看作推源說不正其外而正其志爵祿榮名之念一齊拋棄正哲人知幾之妙

上九는肥遯이니无不利ᄒᆞ니라

○上九는肥ᄒᆞᆫ遯이니利티아님이업ᄉᆞ니라

【傳】肥者、充大寬裕之意、遯者、唯飄然遠逝、无所係滯之爲善、上九、乾體剛斷、在卦之外矣、又下无所係、是遯之遠而无累、可謂寬綽有餘裕也、遯者、窮困之時也、善處則爲肥矣、其遯如此、何所不利、

【本義】以剛陽、居卦外、下无係應、遯之遠而處之裕者也、故、其象占、如此、肥者、寬裕自得之意、

節齋蔡氏曰遯者陽避陰君子所以遠小人貴速不貴遲貴遠不貴近上九去柔最遠高而无應剛而能決遯之速者也故无不利○開封耿氏曰陽道常饒其或損者陰剝之也本爻超然處外不累於陰无有疾厲故稱肥爲○王氏湘卿曰遯以最深爲美故四之好不如五之嘉五之嘉不如上之肥○雲峯胡氏曰三且遯且係依違牽制非遯而亨者也遯而亨其惟乾之三爻乎乾爲天與山絕遠故皆得於遯非特剛健之力亦其界限素嚴故能飄然遠逝而无礙上以陽居卦外尤其寬裕自得者三與二非應而係故疾憊上與二陰无應无係故肥肥者疾憊之反也【備旨】肥者從容暇裕之意處不逃名遯而不遯出不菅祿不遯而遯進退之間綽有餘裕故曰无不利

象曰肥遯无不利는无所疑也라

○象에골오ᄃᆡ肥遯无不利는疑ᄒᆞᆫ배업슴이라

【傳】其遯之遠、无所疑滯也、蓋在外則已遠、无應則无累、故、爲剛決无疑也、

雲峯胡氏曰三有所係則疾上无所疑故肥○誠齋楊氏曰上九以剛健之極居遯世无位之地遯之首者也自非道德之豊腴仁義之膏澤安能去之无不利決之无所疑乎○中溪張氏曰非心廣體胖剛而善斷者不能決然遯去而无所疑也

○平庵項氏曰下三爻艮也主於止故爲不往爲執革爲係遯上三爻乾也主於行故爲好遯爲嘉遯爲肥遯也○建安丘氏曰遯剛退也二陰長而四陽退也而六二乃遯之所以爲遯者故此爻不言遯而曰執之用黃牛之革莫之勝說蓋恐其迫陽之遯也遯貴速而遠緩則不能去矣其上四剛爻三與二最近係而不能遯故曰係遯有疾厲四遠二而應初則爲好遯而有小人之戒五得中而應二則爲嘉遯而有貞吉之戒以皆有累於陰也至上則取二遠且无應於內遯之從容優裕者故曰肥遯无不利惟初與二同體位在衆陽之後則又以不遯爲无災也

備旨具解原本周易卷之十二

備旨具解 **原本周易** 乾

重 版 發 行 ●1999年 5月 1日
重 版 2刷 發 行●2015年 10月 27日

校 閱●明 文 堂 編輯部
發行者●金 東 求

發行處●明 文 堂(1923. 10. 1 창립)
서울특별시 종로구 안국동 17~8
우체국 010579-01-000682
전화 (영) 733-3039, 734-4798
(편) 733-4748
FAX 734-9209
Homepage www.myungmundang.net
E-mail mmdbook1@hanmail.net
등록 1977. 11. 19. 제1~148호

값 15,000원
ISBN 89-7270-592-6 94140
ISBN 89-7270-045-2(전2권)